E-Book inside.

Mit folgendem persönlichen Code erhalten Sie die E-Book-Ausgabe dieses Buches zum kostenlosen Download.

3r65p-6wox0-
18801-on261

Registrieren Sie sich unter
www.hanser-fachbuch.de/ebookinside
und nutzen Sie das E-Book
auf Ihrem Rechner*, Tablet-PC
und E-Book-Reader.

* Systemvoraussetzungen:
Internet-Verbindung und Adobe® Reader®

D1754995

Inge Hanschke

Strategisches Management der IT-Landschaft

Ein praktischer Leitfaden für das Enterprise Architecture Management

3., aktualisierte und erweiterte Auflage

HANSER

Die Autorin:
Inge Hanschke, München

Alle in diesem Buch enthaltenen Informationen, Verfahren und Darstellungen wurden nach bestem Wissen zusammengestellt und mit Sorgfalt getestet. Dennoch sind Fehler nicht ganz auszuschließen. Aus diesem Grund sind die im vorliegenden Buch enthaltenen Informationen mit keiner Verpflichtung oder Garantie irgendeiner Art verbunden. Autoren und Verlag übernehmen infolgedessen keine juristische Verantwortung und werden keine daraus folgende oder sonstige Haftung übernehmen, die auf irgendeine Art aus der Benutzung dieser Informationen – oder Teilen davon – entsteht.

Ebenso übernehmen Autoren und Verlag keine Gewähr dafür, dass beschriebene Verfahren usw. frei von Schutzrechten Dritter sind. Die Wiedergabe von Gebrauchsnamen, Handelsnamen, Warenbezeichnungen usw. in diesem Buch berechtigt deshalb auch ohne besondere Kennzeichnung nicht zu der Annahme, dass solche Namen im Sinne der Warenzeichen- und Markenschutz-Gesetzgebung als frei zu betrachten wären und daher von jedermann benutzt werden dürften.

Bibliografische Information der Deutschen Nationalbibliothek:
Die Deutsche Nationalbibliothek verzeichnet diese Publikation in der Deutschen Nationalbibliografie; detaillierte bibliografische Daten sind im Internet über http://dnb.d-nb.de abrufbar.

Dieses Werk ist urheberrechtlich geschützt.

Alle Rechte, auch die der Übersetzung, des Nachdruckes und der Vervielfältigung des Buches, oder Teilen daraus, vorbehalten. Kein Teil des Werkes darf ohne schriftliche Genehmigung des Verlages in irgendeiner Form (Fotokopie, Mikrofilm oder ein anderes Verfahren) – auch nicht für Zwecke der Unterrichtsgestaltung – reproduziert oder unter Verwendung elektronischer Systeme verarbeitet, vervielfältigt oder verbreitet werden.

© 2013 Carl Hanser Verlag München, www.hanser.de
Lektorat: Brigitte Bauer-Schiewek
Herstellung: Irene Weilhart
Copy editing: Petra Kienle, Fürstenfeldbruck
Layout: Manuela Treindl, Fürth
Umschlagdesign: Marc Müller-Bremer, www.rebranding.de, München
Umschlagrealisation: Stephan Rönigk
Grafiken: Inge Hanschke, München, und Frank Fischer, Ottobrunn
Datenbelichtung, Druck und Bindung: Kösel, Krugzell
Ausstattung patentrechtlich geschützt. Kösel FD 351, Patent-Nr. 0748702
Printed in Germany

print-ISBN: 978-3-446-43509-4
e-book-ISBN: 978-3-446-43585-8

Hanschke

Strategisches Management der IT-Landschaft

Bleiben Sie auf dem Laufenden!

Der Hanser Computerbuch-Newsletter informiert Sie regelmäßig über neue Bücher und Termine aus den verschiedenen Bereichen der IT. Profitieren Sie auch von Gewinnspielen und exklusiven Leseproben. Gleich anmelden unter
www.hanser-fachbuch.de/newsletter

Inhalt

Vorwort IX

1   Einleitung 1

2   Strategisches IT-Management 9
2.1   Einordnung und Abgrenzung 11
2.2   Aktuelle Herausforderungen im strategischen IT-Management 16
    2.2.1   Operational Excellence 16
    2.2.2   Strategic Excellence 20
2.3   Stellenwert und strategische Positionierung der IT 25
    2.3.1   Den Standort der IT im Unternehmen bestimmen 25
    2.3.2   Strategische Positionierung der IT festlegen 32
2.4   Lean IT-Management-Instrumentarium 39
    2.4.1   Bestandteile eines IT-Management-Instrumentariums 40
    2.4.2   Ableitung Ihres IT-Management-Instrumentariums 49

3   Strategische IT-Planung 73
3.1   Einordnung und Abgrenzung 75
3.2   Planungsebenen und Granularitäten 80
3.3   Ziel-Bild im Detail 93
    3.3.1   Vorgehen bei der Ableitung der IT-Ziele 93
    3.3.2   Beispiel für die Ableitung der IT-Ziele 95
3.4   Leitplanken im Detail 97
    3.4.1   Prinzipien 98
    3.4.2   Strategien zur Absicherung der Zielerreichung 104
    3.4.3   Technische Vorgaben 129
    3.4.4   Fachliche und organisatorische Randbedingungen 130
3.5   IT-Strategie 130
    3.5.1   Inhalte einer IT-Strategie 131
    3.5.2   IT-Strategiedokument 133
    3.5.3   Leitfaden zur unternehmensspezifischen Ausgestaltung der IT-Strategie 136

4	**EAM-Leitfaden für den CIO**	**143**
4.1	Was ist EAM überhaupt?.	144
4.2	Welchen Beitrag leistet EAM zur Bewältigung der CIO-Herausforderungen?.	150
4.3	EAM, das Fundament des strategischen IT-Managements	155
4.4	Wesentliches zur Einführung und zum Betrieb von EAM.	159
	4.4.1 Vorgehen bei der Einführung von EAM.	159
	4.4.2 Aufwand und Nutzen von EAM	163
4.5	Argumentationsleitfaden für EAM	176
5	**EAM-Grundlagen.**	**185**
5.1	EAM Frameworks	186
5.2	EAM Best-Practices (EAMe²)	193
5.3	Best-Practice-Unternehmensarchitektur.	196
	5.3.1 Die richtige Granularität.	199
	5.3.2 Planungshorizonte.	201
	5.3.3 Best-Practice-Unternehmensarchitektur im Detail.	203
5.4	Best-Practice-Visualisierungen	235
	5.4.1 Fachliches Domänenmodell	241
	5.4.2 Blueprint-Grafik.	245
	5.4.3 Bebauungsplan-Grafik.	246
	5.4.4 Portfolio-Grafik.	253
	5.4.5 Informationsfluss-Grafik.	255
	5.4.6 Zuordnungstabelle.	256
	5.4.7 Life-Cycle-Grafik	257
	5.4.8 Masterplan-Grafik.	258
	5.4.9 Plattform-Grafik.	259
	5.4.10 IT-Roadmap-Grafik.	260
	5.4.11 Nachfolger-Grafik.	261
5.5	Informationsbedarf der Stakeholder befriedigen.	263
6	**EAM Einsatzszenarien**	**269**
6.1	Ziele und Einsatzszenarien im Überblick.	270
6.2	Operational Excellence	272
	6.2.1 Einstieg in eine neue IT-Management-Funktion.	273
	6.2.2 Compliance Management	276
	6.2.3 Management der Unternehmenssicherheit.	278
	6.2.4 Gewährleistung eines zuverlässigen und kostengünstigen Geschäftsbetriebs.	279
	6.2.5 Betriebsinfrastrukturkonsolidierung.	282
	6.2.6 Projektabwicklung und Releasemanagement.	286
	6.2.7 Sourcing, Ressourcen- und Partnermanagement.	291
	6.2.8 Standardisierung und Homogenisierung	294
	6.2.9 Konsolidierung der IS-Landschaft.	298

	6.2.10	Projektportfoliomanagement und Multiprojektmanagement	304
	6.2.11	Produkt- und Roadmap-Planung	309
	6.2.12	Identifikation von Handlungsbedarf und Optimierungspotenzial im Geschäft	313
	6.2.13	Stammdatenmanagement	318
	6.2.14	Demand Management	320
6.3	Strategic Excellence		328
	6.3.1	IS-Portfoliomanagement	328
	6.3.2	Strategische Planung der IS-Landschaft (IS-Bebauungsplanung)	330
	6.3.3	Strategische Steuerung der Weiterentwicklung der IT-Landschaft	334
	6.3.4	Businessorientierte Planung und Steuerung der IT	337
	6.3.5	Flexibilisierung der IT	342
	6.3.6	IT-Innovationsmanagement	346
	6.3.7	Business-Transformation	350

7	EAM-Methodensammlung		365
7.1	Einschätzung Ihres EAM-Reifegrads		366
7.2	Stakeholder-Analyse		379
	7.2.1	Identifikation von möglichen Stakeholder-Gruppen	379
	7.2.2	Einschränkung der Stakeholder-Gruppen entsprechend Soll-Vision und Ausgangslage	387
	7.2.3	Festlegung der zu involvierenden Stakeholder	388
7.3	Leitfaden für die Einführung und den Ausbau von EAM		389
	7.3.1	Standardvorgehensweise für die Konzeption einer Ausbaustufe von EAM im Überblick	391
	7.3.2	Schritt-für-Schritt-Anleitung für die Konzeption einer Ausbaustufe von EAM	395
	7.3.3	Leitfaden für die Erstellung eines Pflegekonzepts	416
7.4	Management der Geschäftsarchitektur		424
	7.4.1	Strategisches Prozessmanagement	425
	7.4.2	Business Capability Management	430
	7.4.3	Leitfaden für die Gestaltung Ihres funktionalen Referenzmodells	437
	7.4.4	Ableitung von Business-Services	448
7.5	IT-Bebauungsmanagement		474
	7.5.1	Identifikation von Handlungsbedarf und Optimierungspotenzial	476
	7.5.2	IS-Bebauungsplanung	479
7.6	Technologiemanagement		503
	7.6.1	(Weiter-)Entwicklung des Blueprints	509
	7.6.2	Steuerung der Verbauung der technischen Standards	517
7.7	Management der Betriebsinfrastruktur		518

8	EAM Governance	519
8.1	Einordnung und Abgrenzung	521
8.2	Organisatorische Aspekte der EAM Governance	523
	8.2.1 Rollen und Verantwortlichkeiten im EAM	524
	8.2.2 Entscheidungsfelder und Gremien	530
	8.2.3 IT-Organisationsform	537
	8.2.4 Veränderung der IT-Organisation	544
8.3	EAM-Regelwerk	545
	8.3.1 Pflegekonzept	546
	8.3.2 Modellierungsrichtlinien	551
	8.3.3 Visualisierungsempfehlungen	552
	8.3.4 Steuerungsinstrumentarium	552
8.4	EAM-Prozesse	574
	8.4.1 Pflege der EAM-Datenbasis	575
	8.4.2 Steuerung der Weiterentwicklung der IT-Landschaft	577
8.5	Verankerung in der Organisation	579

Glossar 585

Abkürzungen 619

Literatur 621

Stichwortverzeichnis 629

Vorwort

Am besten erledigt man die Dinge systematisch.

Hesiod von Böotien (um 700 v. Chr.)

Veränderungen in den Geschäftsmodellen und kürzer werdende Innovations- und Produktlebenszyklen stellen neben einem zuverlässigen kostengünstigen Geschäftsbetrieb hohe Anforderungen an IT-Verantwortliche. Um vorausschauend agieren und fundierte Entscheidungen treffen zu können, brauchen Sie eine übergreifende Sicht auf das Geschäft und die IT in ihrem Zusammenspiel. Sie müssen Ihre Ausgangssituation verstehen und Ihre IT entsprechend Ihrer Ziele, Randbedingungen und Geschäftsanforderungen flexibel und schnell weiterentwickeln.

Hier benötigen Sie ein ganzheitliches und systematisches Instrumentarium zum strategischen Management Ihrer IT-Landschaft. In der Praxis scheitern viele Unternehmen daran, ein angemessenes, handhabbares und gleichzeitig effektives Instrumentarium bereitzustellen. Die Gründe dafür sind vielfältig. Beispiele hierfür sind:

- Fehlendes Management-Commitment
- Unzureichende Skills im strategischen IT-Management
- Fehlende Stakeholder-, Ziel- und Nutzenorientierung
- Keine Konzentration auf das Wesentliche
- Schlechtes Aufwand/Nutzen-Verhältnis

Wie kommen Sie zu einem wirkungsvollen Instrumentarium? Wie müssen Sie vorgehen und mit welchem Aufwand müssen Sie rechnen? Rechtfertigt der Nutzen den Aufwand?

In der Literatur findet man zwar diverse Ansätze. Die Informationen sind jedoch sehr verstreut und decken nicht alle relevanten Aspekte mit dem notwendigen Praxisbezug ab. Zudem fehlen direkt nutzbare Hilfestellungen. Dies erschwert die Einarbeitung der Verantwortlichen in die anspruchsvolle Thematik des strategischen IT-Managements.

Motiviert durch die Herausforderung, ein ganzheitliches und praktikables Instrumentarium für das strategische Management der IT-Landschaft zusammenzustellen, entstand dieses Buch. Es kondensiert die Erfahrungen vieler Kundenprojekte und die Erkenntnisse aus dem intensiven Austausch mit einer großen Zahl von Experten sowohl aus Anwenderunternehmen, der Beratungsbranche als auch der Wissenschaft. Das Buch betrachtet das Thema ganzheitlich und gibt aber vor allem konkrete Hilfestellungen für das Aufsetzen, den Ausbau und die Verankerung des strategischen Managements der IT-Landschaft in der Organisation.

Mit Hilfe eines auf Sie zugeschnittenen Instrumentariums können Sie Ihre IT im Griff behalten, strategisch weiterentwickeln und zum Partner oder sogar Enabler vom Business werden. Zugeschnitten auf Ihre Bedürfnisse können Sie Ihr Instrumentarium in machbaren Schritten gestalten und mit jeweils sichtbaren Erfolgen einführen. Manchmal sind es nur kleine Schritte, manchmal aber auch drastische Einschnitte. Die Veränderung muss geplant und gesteuert werden. Nur wenn der Nutzen im Management, in den Fachbereichen und in der IT-Organisation selbst erkannt wird, sind die Investitionen für den weiteren Ausbau argumentierbar.

Mit diesem Buch können Sie erfolgreich in das strategische Management der IT-Landschaft einsteigen und es dann kontinuierlich ausbauen. Der erste Schritt ist entscheidend. Eine zweite Chance gibt es selten.

München, im Februar 2013

Inge Hanschke

■ Vorwort zur zweiten Auflage

Motiviert durch die Herausforderungen vieler Enterprise Architecture Management (EAM)-Projekte in Bezug auf die fachliche Sicht, das Business-Alignment der IT und das Zusammenspiel zwischen EAM und serviceorientierten Architekturen werden diese Aspekte in der zweiten Auflage mehr betont. So finden Sie in der zweiten Auflage ein neues Kapitel „Geschäftsarchitektur" sowie weitere Optimierungen und Detaillierungen der Methode in den Kapiteln, die auch schon in der ersten Auflage enthalten waren. Insbesondere wird auch der EAM Governance einen größeren Stellenwert eingeräumt.

■ Vorwort zur dritten Auflage

Getrieben durch das Ziel, das Instrumentarium immer weiter zu optimieren und auch mehr bei der internen oder externen Vermarktung zu unterstützen, entstand die dritte Auflage dieses Buchs. Durch einen CIO-Leitfaden für EAM sowie anschauliche Einsatzszenarien für EAM werden konkret anwendbare Hilfestellungen für die Entscheidungsfindung gegeben.

Das IT-Management-Instrumentarium wird darüber hinaus noch systematischer und ganzheitlicher betrachtet. Sie finden konkrete Hilfestellungen, wie Sie mit Hilfe der wesentlichen strategischen IT-Management-Disziplinen sowohl für die Planung und Steuerung als auch für das Management von Veränderungen erfolgreich Ihr Enterprise Architecture Management schrittweise einführen und ausbauen können. Insbesondere werden praxistaugliche Prozesse der Strategieentwicklung, des Demand Managements und des Projektportfoliomanagements im Zusammenspiel mit dem Enterprise Architecture Management aufgezeigt und Leitfäden für die konkrete Anwendung in der Praxis gegeben.

■ Danksagung

Vielen Dank an mein iteratec-Team und Kollegen aus befreundeten Unternehmen für den intensiven Austausch insbesondere im Kontext der Konzeption und Entwicklung des EAM-Werkzeugs iteraplan.

Danke an meine Diskussionspartner, Reviewer und Unterstützer, die durch wertvolle Kommentare und Feedback das Buch in der ersten, zweiten und dritten Auflage maßgeblich mitgestaltet haben: Dr. Christian Schweda, Fabian Kainzinger, Nina Pak, Anja Berry, Tobias Dietl, Klaus Eberhardt, Gunnar Giesinger, Daniel Goetze, Dr. Rainer Lorenz, Brigitte Bauer-Schiewek, Margarete Metzger, Sarah Merz, Dr. Edgar-Philipp Stoffel, Karsten Voges, Irene Weilhart und weitere geschätzte Personen, die nicht genannt werden wollen.

Zu guter Letzt vielen Dank an Frank Fischer für die grafische Unterstützung und die redaktionellen Hilfestellungen durch Melanie Dupper und Anja Berry.

Besonderen Dank an meine Familie, die mir den Rücken freigehalten hat und mich auch durch Feedback tatkräftig unterstützt hat.

In Gedenken an meinen geliebten viel zu früh verstorbenen Mann Philipp

1 Einleitung

> *Every morning in Africa, a gazelle wakes up.*
> *It knows it must run faster than the fastest lion or it will be killed.*
> *Every morning a lion wakes up.*
> *It knows it must outrun the slowest gazelle or it will starve to death.*
> *It doesn't matter whether you are a lion or a gazelle.*
> *When the sun comes up, you better start running.*
>
> Thomas L. Friedman: The World Is Flat, 2005

Globalisierung, Fusionen, zunehmender Wettbewerb und kürzer werdende Innovationszyklen zwingen Unternehmen, ihre Geschäftsmodelle in immer kürzeren Zeitabständen zu überdenken und anzupassen. Die veränderten Geschäftsanforderungen müssen mithilfe adäquater IT-Lösungen einfach, schnell und zu marktgerechten Preisen umgesetzt werden. Die IT muss entsprechend dem obigen Zitat von Friedman für den nächsten großen „Run" bereitgemacht werden.

Bild 1.1 zeigt die in vielen Unternehmen anzutreffende Situation. Die vielen sich über die Zeit verändernden Geschäftsanforderungen und Randbedingungen führen zu einem heterogenen und komplexen Gesamtgebilde, in dem ein kostengünstiges und vor allem schnelles Agieren kaum mehr möglich ist. Die IT-Landschaft ähnelt einem Flickenteppich unterschiedlicher IT-Systeme, individueller Prozesse, Technologien, Methoden und Standards.

BILD 1.1 Häufige Ausgangslage

Dabei waren die einzelnen Komponenten ursprünglich durchaus solide, leistungsfähig, technisch ausgereift und funktional. Wo liegt also das Problem?

In vielen Unternehmen ist die installierte IT-Landschaft im Laufe von Jahrzehnten gewachsen. Einmal erstellte IT-Systeme oder Schnittstellen werden gemäß dem Grundsatz „never touch a running system" nur verändert, wenn dies zwingend notwendig erscheint. Erweiterungen werden häufig nicht sauber integriert, sondern als „Rucksack" implementiert. Das führt zu unnötigen Schnittstellen und einer technologischen Vielfalt. Unter dem Druck von kurzfristig umzusetzenden Geschäftsanforderungen wird die Implementierung einer neuen Stand-alone-Lösung und deren Integration in die bestehende Landschaft als der einfachere Weg angesehen, anstatt wartungsintensive und inflexible Altsysteme abzulösen und die vorhandene IS-Landschaft zu konsolidieren. „Operationen am offenen Herzen" werden vermieden, da schon kleine Änderungen in einem derart komplexen Gesamtsystem verheerende Auswirkungen haben können.

Neue Technologien, Fachkräftemangel, gesetzliche Vorschriften und die zunehmenden Sicherheits- und Compliance-Anforderungen verschärfen die Situation zusätzlich. So werden neue Technologien eingeführt, ohne dass ältere Technologien im gleichen Maße abgebaut werden. Mit zunehmendem Alter wird die Wartung oder Ablösung eines IT-Systems oder einer Schnittstelle immer schwieriger: Die Technologie verändert sich, das Wissen der Mitarbeiter über die Details der bestehenden Implementierung veraltet, der zuständige Mitarbeiter verlässt das Unternehmen, qualifizierte neue Mitarbeiter stehen nicht ausreichend zur Verfügung und eine Dokumentation liegt, wenn überhaupt, nur in rudimentärer Form vor. Die Konsolidierung von Technologien und insbesondere die vollständige Ablösung von wartungsintensiven Altsystemen erfordern einen langen Atem. Nur so können aber nachhaltig die laufenden Kosten gesenkt werden.

Veränderungen in den Geschäftsmodellen und kürzer werdende Innovations- und Produktlebenszyklen stellen neben einem zuverlässigen kostengünstigen Geschäftsbetrieb zudem hohe Anforderungen an IT-Verantwortliche. Um vorausschauend agieren und fundierte Entscheidungen treffen zu können, brauchen Sie eine ganzheitliche Sicht auf das Geschäft und die IT in ihrem Zusammenspiel. Sie müssen Ihre Ausgangssituation verstehen und Ihre IT auf Veränderungen vorbereiten und entsprechend Ihrer Ziele, Randbedingungen und Geschäftsanforderungen flexibel und schnell weiterentwickeln.

Wenn Sie Ihre IT-Kosten im Griff haben und für den „großen Run" bereit sein wollen, müssen Sie Ihren Flickenteppich in Ordnung bringen. Das strategische Management der IT-Landschaft hilft Ihnen dabei.

Strategisches Management der IT-Landschaft

Mit einem geeigneten Instrumentarium für das strategische Management Ihrer IT-Landschaft werden die aktuelle IT-Landschaft und ihr Beitrag zum Geschäft transparent. Zudem können Sie die Weiterentwicklung Ihrer IT-Landschaft einfach und effektiv planen und steuern. Hierzu müssen Sie geeignete Planungs- und Entscheidungsprozesse und -gremien für alle wesentliche Aspekte festlegen, etablieren und mit den Durchführungsprozessen integrieren. Wesentlich sind hierbei die folgenden Prozesse:

- **Strategieentwicklung in Business und IT**
  Festlegen von Zielvorgaben und Rahmenbedingungen

- **Projektportfoliomanagement**
  Treffen von Investitionsentscheidungen
- **Demand Management**
  Sicherstellen, dass die Geschäftsprozesse und die IT-Landschaft entsprechend der Geschäftsanforderungen weiterentwickelt werden
- **Enterprise Architecture Management** (EAM)
  Festlegen der Strukturen in Business und IT sowie Bereitstellen eines Planungs- und Steuerungsinstrumentariums
- **Projektabwicklung und Wartungsmaßnahmen**
  Operationalisieren der Strategie und der Geschäftsanforderungen
- **Strategisches IT-Controlling**
  Bereitstellen von entscheidungsrelevanten Informationen für das Management

In diesem Buch werden diese Disziplinen ausführlich in ihrem Zusammenspiel vorgestellt. Den Schwerpunkt bildet jedoch EAM, da es eine gemeinsame fachliche Sprachbasis, Ordnungsstrukturen und ein Instrumentarium für die Planung und Steuerung bereitstellt. Es schafft eine unabdingbare Grundlage für das strategische Management der IT-Landschaft.

EAM hilft, das Unternehmen als Ganzes und den Beitrag der IT zum Unternehmenserfolg besser zu verstehen. Es verknüpft Business-Strukturen wie z. B. Geschäftsprozesse, fachliche Funktionen oder Produkte mit IT-Strukturen wie z. B. Informationssysteme und deren Schnittstellen. Die komplexen Zusammenhänge zwischen und innerhalb von Business und IT werden deutlich. Dadurch werden Trends erkennbar und Handlungsbedarf und Optimierungspotenzial lassen sich ableiten. Die so gewonnene Transparenz bedient das vielfältige Informationsbedürfnis und schafft eine sicherere Basis für Entscheidungen. Auf dieser Basis kann die zukünftige IT-Landschaft vorausschauend gestaltet und deren Umsetzung und insbesondere auch die IT-Konsolidierung wirksam gesteuert werden.

EAM zielt zudem auf die Verbesserung des Business-IT-Alignment und der IT-Unterstützung vom Geschäft ab. Optimierungspotenzial, wie z. B. fachliche Redundanzen oder Systembrüche, werden transparent und können so in der Planung berücksichtigt werden. Durch das Analyse- und Planungsinstrumentarium von EAM wird die Gestaltung der optimalen zukünftigen IT-Unterstützung des Geschäfts häufig überhaupt erst machbar. Nur so kann eine auf die Geschäftsanforderungen zugeschnittene IT-Unterstützung zu marktgerechten Preisen bereitgestellt werden.

> **Definition Enterprise Architecture Management (EAM):**
> EAM ist ein systematischer und ganzheitlicher Ansatz für das Verstehen, Kommunizieren, Gestalten und Planen der fachlichen und technischen Strukturen im Unternehmen. Es hilft dabei, die Komplexität der IT-Landschaft zu beherrschen und die IT-Landschaft strategisch und businessorientiert weiterzuentwickeln. EAM ist ein wesentlicher Bestandteil des strategischen IT-Managements und beinhaltet alle Prozesse für die Dokumentation, Analyse, Qualitätssicherung, Planung und Steuerung der Weiterentwicklung der IT-Landschaft und der Geschäftsarchitektur.

Das Themengebiet EAM wird daher in diesem Buch ausführlich dargestellt. Hierbei wird einerseits für IT-Verantwortliche sowohl ein Überblick über EAM als auch Hilfestellungen für die Argumentation und das Vermarkten von EAM gegeben. Andererseits wird für die Unternehmensarchitekten das Themengebiet EAM systematisch erläutert. Hierzu werden sowohl Standards vorgestellt, Best-Practices anhand von häufigen Einsatzszenarien erläutert als auch konkrete Leitfäden und Templates für die unmittelbare Anwendung in Ihrem Unternehmen gegeben.

Wegweiser durch dieses Buch

Die Gliederung des Buchs ist in Bild 1.2 dargestellt. Sie können die Kapitel in der genannten Reihenfolge oder aber auch selektiv lesen. Sie sind inhaltlich in sich abgeschlossen.

Kapitel 2 erläutert, warum welche Disziplinen des strategischen IT-Managements erforderlich sind und wie diese zusammenwirken, um die aktuellen IT-Herausforderungen zu lösen. Sie finden hier Hilfestellungen für die Standortbestimmung der IT, die strategische IT-Positionierung, die Ableitung Ihrer IT-Strategie, die Konzeption Ihres Lean IT-Management-Instrumentariums und dessen organisatorischen Einbettung.

In *Kapitel 3* wird die strategische IT-Planung auf unterschiedlichen Planungsebenen vorgestellt. Die wesentlichen Ergebnisse werden mit Hilfe aussagekräftiger Beispiele verdeutlicht. Zudem erhalten Sie Hilfestellungen für die Ableitung Ihrer IT-Strategie.

In *Kapitel 4* finden Sie einen EAM-Leitfaden für CIOs. Ausgehend von den aktuellen Herausforderungen eines CIO wird der Beitrag von EAM aufgezeigt und Ihnen einen Argumentationsleitfaden für die Durchsetzung von EAM an die Hand gegeben. Wichtig sind hierfür auch die wesentlichen Aspekte bei der Einführung und beim Betrieb von EAM. So bekommen Sie

BILD 1.2 Kapitelstruktur

ein Gefühl für die erforderlichen Aufwände und das Aufwand-Nutzen-Verhältnis. Auf dieser Basis können Sie EAM im Unternehmen verargumentieren.

In *Kapitel 5* werden die Grundlagen für EAM gelegt. Sie lernen Standards und Best-Practices für Enterprise Architecture Frameworks kennen. Die erforderlichen Strukturen und Visualisierungen werden im Detail vorgestellt. Sie erhalten Hilfestellungen für die Anpassung an Ihre Bedürfnisse.

Kapitel 6 zeigt Ihnen die unterschiedlichen Einsatzszenarien von EAM im Kontext von Operational Excellence, wie z. B. Compliance Management, und Strategic Excellence, wie z. B. Flexibilisierung der IT. Die Einsatzszenarien werden ausführlich beschrieben und der Beitrag von EAM wird anhand von Beispielen anschaulich dargestellt.

Kapitel 7 liefert Ihnen eine Best-Practice-Sammlung zur Einführung und zum Ausbau von EAM. Sie finden Hilfestellungen und Leitfäden, um die für Sie relevanten EAM-Stakeholder zu ermitteln und ein auf deren Fragestellungen zugeschnittenes EAM abzuleiten. Sie erhalten alle wesentlichen Informationen für alle Teilarchitekturen einer Unternehmensarchitektur:

- **Management der Geschäftsarchitektur**
  Hier wird insbesondere das strategische Prozessmanagement und Business Capability Management in seinem Zusammenspiel mit EAM erläutert. Sie finden darüber hinaus eine Anleitung für die Erstellung Ihres fachlichen Domänenmodells und Beispiele aus der Praxis.

- **IT-Bebauungsmanagement**
  (strategisches Management der Informationssystemlandschaft)
  Das IT-Bebauungsmanagement wird in diesem Abschnitt erläutert, insbesondere werden Hilfestellungen für die strategische Planung und Steuerung der Weiterentwicklung der Informationssystemlandschaft gegeben. Ein Schritt-für-Schritt-Leitfaden für die Bebauungsplanung hilft Ihnen bei der praktischen Durchführung.

- **Technologiemanagement**
  Hier erhalten Sie konkrete Hilfestellungen und Leitfäden für die Festlegung und Durchsetzung von technischen Standards.

- **Management der Betriebsinfrastruktur**
  Schwerpunkte sind hier die Planung und die Steuerung der Konsolidierung der Betriebsinfrastruktur.

Kapitel 8 enthält eine Sammlung von Best-Practices im Umfeld der IT-Governance. Sie finden verschiedene Hilfestellungen, um Ihr IT-Management-Instrumentarium und EAM zum Fliegen zu bekommen.

Jedes Kapitel enthält darüber hinaus zahlreiche Literaturhinweise als Empfehlung für die Vertiefung des jeweiligen Themas.

Wer sollte dieses Buch lesen?

Das Buch adressiert alle Personengruppen in Business und IT, die an der Dokumentation, Gestaltung und Planung der IT-Landschaft beteiligt sind. Insbesondere die folgenden Personengruppen erhalten Antworten auf wichtige Fragen:

- CIO und IT-Verantwortliche sowie IT-Stabsstellen
  - Welche Abhängigkeiten und Zusammenhänge bestehen in und zwischen den Business- und IT-Strukturen?

- Welchen Handlungsbedarf und welches Potenzial für die Optimierung der IT und der Business-Unterstützung gibt es?
- Welche Abhängigkeiten und Auswirkungen haben geplante Veränderungen?
- Wie standardkonform ist Ihre IT-Landschaft?
- Welche Möglichkeiten zur IT-Konsolidierung haben Sie?
- Wie können Sie Ihre IT strategisch auf zukünftige Veränderungen vorbereiten?
- Wie können Sie die Weiterentwicklung Ihrer IT-Landschaft strategisch planen?
- Wie steuern Sie die Weiterentwicklung der IT-Landschaft wirksam?
- Wie können Sie den Beitrag der IT zum Unternehmenserfolg darstellen?
- Welches EAM ist für Sie angemessen? Welche Kosten fallen an?
- Wie können Sie den Nutzen von EAM verargumentieren?
- Business-Verantwortliche und Personen aus dem Umfeld Prozessmanagement oder Geschäftsprozessoptimierung
    - Wie finden Sie Handlungsbedarfe und Optimierungspotenziale für die Optimierung der Business-Unterstützung mithilfe der IT?
    - Wie können Sie erkennen, ob die IT-Landschaft hinreichend zukunftssicher, einfach und robust für die zuverlässige Gewährleistung des Geschäftsbetriebs ist?
    - Wie decken Sie Abhängigkeiten und Auswirkungen von Business-Veränderungen auf?
- Verantwortliche für Business-Transformationen wie z. B. Fusionen oder Umstrukturierungen
    - Wie identifizieren Sie fachliche und IT-Anteile, die lose oder eng gekoppelt sind? Wie können Sie die Auswirkungen einer Umstrukturierung analysieren und bewerten?
    - Wie können Sie Planungsalternativen inhaltlich analysieren und gegenüberstellen?

Webseite zum Buch

Auf der Webseite zum Buch finden Sie unter http://downloads.hanser.de weitergehende Informationen.

- Download-Anhang A: Sammlung von Analysemustern für die Identifikation von Handlungsbedarf und Optimierungspotenzial in der IT-Landschaft
- Download-Anhang B: Sammlung von Gestaltungsmustern für den Entwurf der Ziel-IT-Landschaft
- Download-Anhang C: Sammlung von Planungsmustern für die Ableitung der Roadmap zur Umsetzung der Ziel-IT-Landschaft
- Download-Anhang D: Liste von Fragestellungen und Hilfestellungen für die Ableitung Ihrer Unternehmensarchitektur sowie geeigneter Visualisierungen zur Beantwortung Ihrer Fragestellungen
- Download-Anhang E: Charakteristika der Reifegrade des Enterprise Architecture Management
- Download-Anhang F: Modellierungsrichtlinien für die Geschäftsarchitektur und die IS-Landschaft

Abgrenzung und weiterführende Literatur

Operatives IT-Management sowie Business- und IT-Controlling werden in diesem Buch nur gestreift. Mehr Informationen zum operativen IT-Management finden Sie in [Ahl06], [Blo06], [Buc05], [Buc07], [Fer05], [Foe08], [GPM03], [Krc05], [Mai05], [Rom07], [Tie07] und [Zin04]. Ebenso finden Sie weitere Informationen zum IT-Controlling in [Ahl06], [Blo06], [Hei01], [Küt06], [Küt07] und [KüM07].

In diesem Buch wird nicht explizit zwischen dem strategischen und taktischen IT-Management unterschieden, da die Grenze zwischen beiden fließend und für die Hilfestellungen nicht von Belang ist. Bezüglich der Unterscheidung sei auf einschlägige Literatur wie z. B. [Mül05] verwiesen.

Die Betriebsinfrastrukturplanung wird im Folgenden nicht weiter detailliert. Hier sei auf die Literatur [Joh07] und [itS08] verwiesen.

In diesem Buch wird die Werkzeugunterstützung nur am Rande beschrieben. Einen Marktvergleich der kommerziellen EAM-Produkte finden Sie in [Seb08]. Des Weiteren sei auf das Open-Source-Produkt iteraplan (www.iteraplan.de) hingewiesen. iteraplan unterstützt einen schnellen Einstieg in das strategische Management der IT-Landschaft.

2 Strategisches IT-Management

*Heute schon tun, woran andere erst morgen denken –
denn nur beständig ist der Wandel*

Heraklit (450 v. Chr.)

Das strategische IT-Management spielt im Wachstums- und Verdrängungswettbewerb der Zukunft eine entscheidende Rolle. Gerade in Zeiten wirtschaftlicher Krisen, Globalisierung, zunehmenden Wettbewerbs und kürzer werdenden Innovationszyklen sind die Unternehmen gezwungen, ihre Geschäftsmodelle in immer kürzeren Zeitabständen zu überdenken und anzupassen. Durch das strategische Management (siehe [Bea09] und [Mül05]) wird die Veränderung im Unternehmen aktiv gestaltet und vorangetrieben. Der IT kommt sowohl in der Umsetzung als auch als Innovationsmotor eine zweifache Schlüsselrolle zu. Ohne adäquate IT-Unterstützung sind Veränderungen an Organisation, Geschäftsprozessen oder Produkten nicht schnell genug und auch nicht zu marktgerechten Preisen realisierbar. IT-Innovationen sind häufig Grundlage für Business-Innovationen und daraus resultierende neue Geschäftsmodelle. Nur so können mit genügend Zeitvorsprung vor dem Wettbewerb neue, innovative Produkte hervorgebracht und neue Märkte erschlossen werden.

Durch das strategische IT-Management wird die IT an den Unternehmenszielen und geschäftlichen Erfordernissen ausgerichtet sowie auf den ständigen Wandel des Unternehmens und seines Marktumfelds vorbereitet. Ein adäquates IT-Management-Instrumentarium schafft die Voraussetzungen, Entscheidungen zeitnah und fundiert zu treffen. Die erforderlichen Informationen werden prägnant bereitgestellt sowie Handlungsoptionen mit ihren Auswirkungen, verbundenen Chancen und Risiken systematisch ermittelt.

Vorausschauendes Handeln und fundierte Entscheidungen sind nur auf Basis einer ganzheitlichen Sicht auf das Geschäft und die IT in ihrem Zusammenspiel möglich. Sie benötigen Transparenz über Ihre Ausgangslage, Unternehmensstrategie, Randbedingungen und Geschäftsanforderungen, um auf dieser Grundlage Ihre IT-Strategie und Ihre Soll-Vision abzuleiten und die IT zielgerichtet zu steuern. Ein Flugzeug-Cockpit, siehe Bild 2.1, veranschaulicht dies gut.

Sie als „Pilot" der IT benötigen ein wirkungsvolles und ausbaufähiges Instrumentarium, um

- auf einen Blick die aktuelle Ausgangslage zu erfassen,
- die Zukunft zielgerichtet zu gestalten (den richtigen Weg zu finden) und
- sicherzustellen, dass die Soll-Vision auch wie geplant umgesetzt wird.

BILD 2.1 Cockpit für einen CIO

Dies hört sich in der Theorie ganz einfach an. Jedoch hat die IT gar keine Möglichkeit, einen spürbaren Wertbeitrag zu leisten, wenn sie nur als Kostenfaktor gesehen wird. Sie muss sich erst einen höheren Stellenwert erobern, um als Partner auf Augenhöhe vom Fachbereich und Management wahrgenommen zu werden. Erst dann kann sie eine Beratungs- und Gestaltungsrolle für die Weiterentwicklung des Geschäfts einnehmen. Ein entsprechendes Leistungspotenzial ist dafür aber Voraussetzung. Denn wenn die IT nicht in der Lage ist, Geschäftsanforderungen schnell und zu marktgerechten Preisen umzusetzen, wird sie nach wie vor nur als Kostenfaktor wahrgenommen. Diesen Teufelskreis müssen Sie durchbrechen. Sie müssen die IT in den Griff bekommen, auf Veränderungen im Geschäft vorbereiten und aktiv an der Weiterentwicklung des Geschäfts mitwirken. So können Sie das Business und die Unternehmensführung überzeugen und zum Partner oder Enabler des Business (siehe Abschnitt 2.5) werden.

Dieses Kapitel gibt einen Überblick über das strategische IT-Management. Sie finden eine Sammlung von Best-Practices für die Standortbestimmung der IT, die strategische IT-Positionierung, die Ableitung Ihrer IT-Strategie, die Konzeption eines für Sie handhabbaren IT-Management-Instrumentariums und dessen organisatorische Einbettung. Es wird erläutert, warum welche Disziplinen des strategischen IT-Managements erforderlich sind und wie diese zusammenwirken sollten, um die Vision des Cockpits umzusetzen und Ihre IT zum Partner oder Enabler des Business weiterzuentwickeln.

In diesem Kapitel finden Sie Antworten auf folgende Fragen:
- Was sind die wesentlichen Bestandteile des strategischen IT-Managements und wie spielen diese zusammen?
- Welchen Herausforderungen muss sich ein CIO oder IT-Verantwortlicher aktuell stellen? Welche Handlungsschwerpunkte leiten sich daraus ab?
- Wie finde ich heraus, wie die IT aktuell positioniert ist? Wie bestimme ich das gegenwärtige Leistungspotenzial?
- Wie kann ich den Stellenwert der IT steigern? Welches Leistungspotenzial ist dafür notwendig?
- Wie sieht ein Lean-IT-Management-Instrumentarium aus? Aus welchen Bestandteilen setzt es sich zusammen? Wie komme ich zu dem zu mir passenden Instrumentarium?

2.1 Einordnung und Abgrenzung

Strategisches IT-Management umfasst alle übergreifenden Planungs- und Steuerungsaufgaben in der IT. Es zielt darauf ab, einerseits einen zuverlässigen, sicheren und kostengünstigen Geschäftsbetrieb zu gewährleisten und andererseits die Veränderung und Weiterentwicklung des Geschäfts durch IT möglichst gut zu unterstützen und, soweit möglich, sogar aktiv zu gestalten.

Ziel des strategischen IT-Managements ist es, die IT an der Unternehmensstrategie und den geschäftlichen Erfordernissen auszurichten und auf den ständigen Wandel des Unternehmens und seines Marktumfelds vorzubereiten. Hierbei sind interne und externe Randbedingungen wie z. B. gesetzliche und Compliance-Anforderungen oder Kompetenzen zu berücksichtigen.

In Bild 2.2 ist die IT im Zusammenspiel mit dem Geschäft und den wesentlichen strategischen und operativen IT-Management-Disziplinen dargestellt. Im Rahmen der **IT-Strategieentwicklung** werden die Vision und das Ziel-Bild sowie die Leitplanken, die Rahmenvorgaben, für die strategischen und operativen Planungs-, Entscheidungs- und Durchführungsprozesse in der IT gesetzt. Wesentlichen Input für die strategische IT-Planung liefert hierbei das IT-Innovationsmanagement, das Enterprise Architecture Management (kurz EAM) und das strategische IT-Controlling. Das **IT-Innovationsmanagement** identifiziert relevante technische Trends und steuert diese in die technische Standardisierung ein. Das **Enterprise Architecture Management** ist die Spinne im Netz des strategischen IT-Managements. Mit Hilfe vom Enterprise Architecture Management wird einerseits Transparenz über die IT-Landschaft und deren Geschäftsunterstützung geschaffen. Andererseits wird die zukünftige IT-Landschaft und die Roadmap zur Umsetzung gestaltet und die Umsetzung der Planung unterstützt. Das **strategische IT-Controlling** zeigt dahingegen den Status der Umsetzung von strategischen Vorgaben und Planungen auf.

BILD 2.2 Strategisches IT-Management im Überblick

Das **Demand Management** steuert den Zufluss von strategischen und operativen Geschäftsanforderungen in die Umsetzung. Es hat sowohl strategische als auch taktische und operative Anteile. Daher ist es zwischen dem strategischen und operativen IT-Management im Bild positioniert.

Die strategischen Disziplinen geben durch die Vision und die Planung der zukünftigen IT-Landschaft sowie umzusetzenden Geschäftsanforderungen einen Orientierungs-, Gestaltungs- und Ordnungsrahmen für das operative IT-Management vor. Die wesentlichen Disziplinen des operativen IT-Managements sind hierbei die Projektabwicklung, die Wartungsmaßnahmen, der IT-Betrieb (häufig auch Servicemanagement genannt), das Lieferantenmanagement und das operative IT-Controlling.

Die Disziplinen und deren Zusammenspiel werden im Detail in Abschnitt 2.4 erläutert.

Granularitäten

Die für die Planung und Steuerung im strategischen IT-Management erforderlichen Informationen und Steuerungsgrößen sind im Vergleich zum operativen IT-Management grob granular. Die Informationen aus dem strategischen IT-Management liegen im operativen IT-Management in einer höheren Detaillierungsebene vor. Tabelle 2.1 zeigt Beispiele für die unterschiedliche Granularität.

TABELLE 2.1 Beispiele für unterschiedliche Granularitäten

Strategisches IT-Management	Operatives IT-Management
Prozesslandkarte und Geschäftsprozesse auf Wertschöpfungskettenebene	Geschäftsprozesse auf Aktivitätenebene und detaillierte Prozessbeschreibungen
Business Capability Map	Detaillierte Funktions- oder Servicebeschreibungen
Geschäftsobjekte, z. B. Kunden oder Vertrag	Datenmodelle, Entitäten und Attribute
Überblick über die IT-Landschaft	Details zu allen IT-Systemen und deren Zusammenspiel
	Anforderungen an den Geschäftsbetrieb, z. B. detaillierte SLAs
Informationssysteme, z. B. SAP im Überblick	Deployment-Pakete, Klassendiagramme, Configuration Items (CMDB)
Technische Standards wie z. B. eine SOA-Referenzarchitektur	Patches von technischen Komponenten wie z. B. Oracle Version 9 Patch 4
Grobgranulare Betriebsinfrastrukturen, z. B. Lieferantenintegrationsinfrastruktur	Bestandteile der IT-Systeme, Hardwareeinheiten wie z. B. Server und Netzwerkkomponenten und ihr Zusammenspiel sowie ihre Topologie
	Configuration Items (CMDB)
Kennzahlen im Kontext der Effektivität „Die richtigen Dinge tun" wie z. B. Strategie- und Wertbeitrag, Geschäftskritikalität, Standard- oder Strategiekonformität	Kennzahlen im Kontext der Effizienz „Die Dinge richtig tun", z. B. SLA-Erfüllung inkl. der Verfügbarkeit, Antwortzeiten und Zuverlässigkeit für die verschiedenen IT-Systeme
Grobgranulare Fortschrittskennzahlen	Messwerte für operative Kennzahlen und Ist-Werte zu Plan-Werten

> **Wichtig:**
> Achten Sie auf die richtige Granularität! Das strategische IT-Management erfordert Überblick. Bei zu fein granularen Informationen sehen Sie den „Wald vor lauter Bäumen" nicht mehr.

Um dies zu verdeutlichen, finden Sie in Bild 2.3 das Zusammenspiel zwischen der fachlichen, strategischen und operativen IT-Planungs- und Steuerungsebenen dargestellt. In der fachlichen Planung wird eine Prozesslandkarte (siehe Abschnitt 5.4.1) abgebildet.

Die fachlichen Einheiten werden in der strategischen IT-Planung beplant. Es werden sowohl Rahmenvorgaben als auch eine Vision und ein Ziel-Bild für die Umsetzung für eine bestmögliche Unterstützung der fachlichen Einheiten entwickelt. Im Bild 2.3 ist das Ziel-Bild in Form einer Bebauungsplan-Grafik (siehe Abschnitt 5.4.3) dargestellt. Die Verbindung zwischen der fachlichen und strategischen IT-Ebene wird über die Beziehung der IT-Elemente zu den fachlichen Elementen, in diesem Fall den Prozessen, hergestellt. Im Rahmen der strategischen IT-Planung wird die „ideale" Geschäftsunterstützung gestaltet.

BILD 2.3 Zusammenspiel zwischen den verschiedenen Planungs- und Steuerungsebenen

In der strategischen IT-Planungsebene wird die IT-Landschaft im Überblick lang- und mittelfristig geplant. Zur operativen IT-Planungsebene gibt es dann eine Verfeinerungsbeziehung, die in Bild 2.3 über die Detaillierung von Informationssystemen in die Infrastrukturelemente angedeutet ist.

Über die Verbindungen zwischen den Ebenen können Sie businessorientierte Vorgaben an die IT weitergeben. So lassen sich z. B. die mit den Geschäftsprozessen verbundenen Ziele als Vorgaben für die diese Geschäftsprozesse unterstützenden Informationssysteme verwenden.

Durch die Verknüpfung der Kennzahlen der strategischen IT-Steuerungsebene mit den Messgrößen auf der operativen Steuerungsebene entsprechend der aufgezeigten Verbindungen wird die Basis für eine fundierte Steuerung der IT geschaffen. Die Messgrößen können z. B. über das System-Monitoring auf Ebene der Betriebsinfrastruktur erfasst, zu sinnvollen Informationen aggregiert, auf einige wenige Kennzahlen verdichtet und in einem Cockpit zugeschnitten auf die jeweilige Sicht des Stakeholder verfügbar gemacht werden. Siehe hierzu Abschnitt 8.2.

> **Wichtig:**
> Fachliche und technische Strukturen sind eine wesentliche Grundlage für die fachliche sowie die strategische und operative IT-Planung und -Steuerung. Auf dieser Basis werden sowohl die Bezugspunkte und Verknüpfungen zwischen den Ebenen gesetzt als auch eine gemeinsame Sprache geschaffen. Verknüpfen Sie die Informationen aus dem strategischen IT-Management mit den detaillierteren Informationen des operativen IT-Managements.
>
> Nur so können Sie einen Plan/Ist-Vergleich zwischen den strategischen Vorgabewerten und den Ist-Werten für die Messgrößen aus dem operativen IT-Management durchführen.
>
> Etablieren Sie ein strategisches Steuerungsinstrumentarium für den Plan-Ist-Vergleich und die IT-Steuerung (siehe Abschnitt 8.3.4). Sie wissen nur dann, wo Sie stehen, wenn Sie die Abweichungen der realen Ist-Werte von den strategischen Vorgabewerten kennen.

Wesentlich für das strategische IT-Management sind die aktuellen Herausforderungen für CIOs und IT-Verantwortliche. Diese werden im nächsten Abschnitt kurz beschrieben bevor wir in den folgenden Abschnitten Hilfestellungen für deren Bewältigung geben.

2.2 Aktuelle Herausforderungen im strategischen IT-Management

Nach Jahren mit dem Fuß auf der Kostenbremse hat sich der Fokus von CIOs und IT-Verantwortlichen zunehmend in Richtung Business-Orientierung verschoben. Von der IT wird ein hoher Beitrag zur Wettbewerbsdifferenzierung und Agilität erwartet. Differenzierende Geschäftsmodelle mit innovativen Produkt-, Marktzugangs- und Kundenbindungsstrategien sind mitzugestalten. Merger & Acquisitions, neue Kooperationsmodelle und Umstrukturierungen sind schnell und sicher zu bewältigen (siehe [Gau09]).

Dies stellt hohe Anforderungen an den CIO. Er muss sowohl das IT-Handwerk, das Geschäft als auch das Management beherrschen und gleichzeitig folgende Herausforderungen meistern:

- Operational Excellence herbeiführen,
- IT auf Veränderungen im Business vorbereiten (Agilität) und
- kontinuierlich den Wert- und Strategiebeitrag der IT steigern, um zum „Business Enabler" oder „Money-Maker" (siehe [Gar10]) zu werden.

Sehen wir uns die Herausforderungen für CIOs im Folgenden genauer an. Die beiden letzten Herausforderungen werden unter Strategic Excellence zusammengefasst erläutert.

2.2.1 Operational Excellence

Operational Excellence ist die Fähigkeit, das aktuelle Geschäft kostenangemessen und zuverlässig mithilfe der IT zu unterstützen und dabei die IT-Unterstützung kontinuierlich zu verbessern. Insbesondere Verlässlichkeit und Sicherheit des Geschäftsbetriebs sind für das Unternehmen überlebenswichtig. Der Basisbetrieb muss sicher, performant, stabil und kostenoptimiert gewährleistet werden, um die Geschäftstätigkeit des Unternehmens nicht zu gefährden. Die IT muss zudem über die Kompetenz verfügen, das Business bezüglich effizienzsteigernder Maßnahmen wie z. B. im Kontext der Automatisierung von Geschäftsprozessen zu beraten. Hierbei müssen immer IT-Trends und deren möglichen Auswirkungen auf das Business und die IT im Auge behalten werden. Beispiele für technische Trends sind die „Consumerization" und „Cloud Computing" und ihre vielfältigen Auswirkungen auf die Infrastruktur. Strategien, wie z. B. „bring you own device", kurz BYOD, sind omnipräsent und müssen adressiert werden.

Eine hinreichende Operational Excellence ist notwendig, um den erforderlichen Freiraum für Veränderungen zu schaffen. In der Regel werden mit zunehmender Operational Excellence, wie in Bild 2.4 dargestellt, die Kosten im operativen Geschäftsbetrieb nachhaltig reduziert. Damit stehen selbst bei sinkendem IT-Budget mehr Mittel für Innovationen in Business und IT zur Verfügung, um Agilität sicherzustellen und den Wert- und Strategiebeitrag der IT zu steigern.

Wesentliche Aspekte der Operational Excellence sind:

- **Risiken angemessen managen** (Zuverlässigkeit)
  Gewährleistung eines zuverlässigen IT-Betriebs und Erfüllung der wachsenden Sicherheits- und Compliance-Anforderungen.

BILD 2.4 Durch Operational Excellence Freiraum für Veränderungen schaffen

- **Kostenreduktion im IT-Basisbetrieb**
  Die Kosten im IT-Basisbetrieb müssen nachhaltig durch Konsolidierung der Betriebsinfrastruktur und angemessene Sourcing-Entscheidungen reduziert werden, um Freiraum für Innovationen zu schaffen.

- **Beherrschung und/oder Reduktion der IT-Komplexität**
  Die zunehmende IT-Komplexität führt dazu, dass IT-Verantwortliche die IT nicht mehr im Griff haben. Zudem verursacht IT-Komplexität immense Kosten, die es durch Konsolidierungsmaßnahmen einzudämmen gilt.

- **Optimierung des Tagesgeschäfts**
  Ohne IT ist das Tagesgeschäft kaum mehr durchzuführen. Der IT kommt damit auch eine tragende Rolle im Hinblick auf die Optimierung des Tagesgeschäfts z. B. durch Automatisierung zu. Durch die Unterstützung bei der Optimierung des Tagesgeschäfts erhöht sich der Wertbeitrag der IT, das Business-IT-Alignment wird verbessert.

Die ersten drei Aspekte können unter „die IT in den Griff bekommen" zusammengefasst werden. Die Aspekte werden im Folgenden weiter beschrieben. In Abschnitt 2.4 finden Sie Hilfestellungen für die Bewältigung dieser Herausforderungen.

Risiken angemessen managen

Unzureichende Zuverlässigkeit im Geschäftsbetrieb sowie Nichterfüllung von Compliance- und Sicherheitsanforderungen sind wesentliche Risiken, die durch das IT-Management adressiert werden müssen. Dies wird im Folgenden weiter ausgeführt.

Ein **zuverlässiger IT-Betrieb** ist für einen reibungslosen Geschäftsbetrieb entscheidend. Die Betriebsinfrastruktur muss stabil und leistungsfähig sein. Sicherheit, Skalierbarkeit,

Ausfallsicherheit, Verfügbarkeit und Performance sind sowohl auf Hardware-, Netzwerk-, Betriebssystem-, Laufzeitumgebungs- als auch auf Anwendungsebene erforderlich. Zudem ist ein ausreichendes Know-how bei den Mitarbeitern im IT-Betrieb bzw. beim IT-Dienstleister notwendig. Über entsprechende Service-Level-Vereinbarungen (Service Level Agreement – kurz SLA) werden der Leistungsumfang (funktional und nichtfunktional) und der Preis in der Regel festgelegt.

Der CIO oder IT-Verantwortliche muss ein systematisches Notfall- und Krisenmanagement zur Bewältigung von denkbaren Situationen durchführen. Es sind alle Situationen, die zum Stillstand kritischer Prozesse führen und damit das Überleben des Unternehmens bedrohen können, zu identifizieren und dafür Notfallkonzepte zu erstellen. Dies wird Business Continuity Management (kurz BCM) genannt. Siehe hierzu Abschnitt 6.2.4.

Die Risiken im Kontext von **Compliance und Sicherheit** nehmen immer weiter zu. Die sich laufend verändernden und erweiterten Compliance- und Sicherheitsanforderungen müssen bewältigt werden. Verstöße gegen gesetzliche oder freiwillige Auflagen können zu gravierenden wirtschaftlichen Schäden und persönlichen Haftungsrisiken von Vorständen und Geschäftsführern führen. Das Compliance-Management ist damit ein wesentlicher Bestandteil des unternehmensweiten Risikomanagements und strahlt in alle Unternehmensbereiche aus. Für die Umsetzung nahezu aller Compliance-Anforderungen resultierend aus Sarbanes-Oxley Act (SOX), MaK, Basel II, KonTraG oder Solvency II muss die Ordnungsmäßigkeit der Prozesse und Systeme in der Systementwicklung und im Systembetrieb nachgewiesen werden. Daraus folgen umfangreiche Berichtspflichten und zudem teilweise sehr lange Aufbewahrungsfristen von Dokumenten und Daten. Siehe hierzu Abschnitt 6.2.2.

Ähnlich sieht es mit dem Sicherheitsmanagement aus. Die Sicherheitsbedrohungen und die damit verbundenen möglichen Schäden nehmen auch wegen der globalen Vernetzung und Mobilität immer weiter zu. Bedrohungsanalysen müssen durchgeführt, unternehmensspezifische Sicherheitsrichtlinien erstellt und umgesetzt werden. Der IT-Sicherheit kommt hier zunehmend mehr Bedeutung zu. Siehe hierzu Abschnitt 6.2.3.

Kostenreduktion im IT-Basisbetrieb

Die IT-Kosten stehen nach wie vor unter Druck. Ansatzpunkte für eine nachhaltige Kostenreduktion sind:

- **Betriebsinfrastrukturkonsolidierung**
  Beispiele hierfür sind Lizenzmanagement, Virtualisierung, Plattformen und Plattform-Services, SLA-Management, Cloud Computing und Datacenter Management (siehe Abschnitt 6.2.5).

- **Standardisierung und Homogenisierung der Betriebsinfrastruktur und der technischen Bausteine**
  Nutzung von Skaleneffekten, einer zentralen Verhandlungsmacht im Einkauf und Know-how-Bündelung sowie Reduzierung von Lizenz-, Wartungs- und Betriebskosten (siehe Abschnitt 6.2.8).

- **Angemessene Sourcing-Entscheidungen**
  Viele Services, die nicht zum Kerngeschäft der Unternehmens-IT gehören oder aber nicht zu einem marktgerechten Preis bereitgestellt werden, werden häufig extern bezogen (siehe Abschnitt 6.2.7).

- **Definition vom Produkt- und Dienstleistungsangebot mit Service-Level-Vereinbarungen**
  Festlegung der angebotenen Leistungen, wie z. B. Bereitstellung eines Heimarbeitsplatzes, mit Service-Level und Preisen in einem Servicekatalog. Die damit verbundenen standardisierten Leistungen können dann schrittweise optimiert und damit kostengünstiger bereitgestellt werden. Siehe hierzu Abschnitt 6.2.7.

Beherrschung und/oder Reduktion der IT-Komplexität

Ein wesentlicher Erfolgsfaktor für Operational Excellence ist die Beherrschung und/oder Reduktion der IT-Komplexität. Die technologische Vielfalt, die Abhängigkeiten zwischen Systemen, die funktionalen Redundanzen, Datenredundanzen und -inkonsistenzen sowie unnötige Systeme und Schnittstellen führen zu immensen Wartungs- und Betriebskosten. Die zunehmende Komplexität ist zudem für die IT-Verantwortlichen nicht mehr zu bewältigen. Zeitnah fundierte Entscheidungen zu treffen, wird immer schwieriger.

Ohne eine Konsolidierung der Landschaft wird die Komplexität immer größer. Die IT-Landschaft muss vereinfacht, standardisiert und homogenisiert werden. Der Wildwuchs muss aufgeräumt werden.

Beispiele für Maßnahmen zur IT-Konsolidierung sind die fachliche und technische Standardisierung, die Reduktion von Redundanzen und Abhängigkeiten, die Homogenisierung, die Ablösung von überflüssigen Technologien oder Systemen sowie die Vereinfachung auf allen Ebenen.

> **Wichtig:**
>
> Die IT-Konsolidierung ist eine langwierige und fortwährende Aufgabe. Bis Systeme abgeschaltet oder Technologien komplett abgelöst werden, vergehen häufig Jahre. Der Nutzen entsteht aber erst mit der vollständigen Ablösung.
>
> Die IT-Konsolidierung muss in der strategischen und operativen IT-Planung und in den Entscheidungsprozessen eine zentrale Rolle spielen. Jedes Projekt und jede Wartungsmaßnahme muss einen messbaren Beitrag zum „Aufräumen" leisten. Dies ist eine wichtige Steuerungsaufgabe. Nur so reduzieren Sie die Komplexität Ihrer IT-Landschaft nachhaltig.

Optimierung des Tagesgeschäfts

Die IT muss fundierten Input für die Optimierung des Geschäfts liefern und damit ihren Wertbeitrag erhöhen. Einerseits können Handlungsbedarf und Optimierungspotenzial aufgezeigt werden. Andererseits können die Auswirkungen von Business- und IT-Ideen schnell und fundiert nachvollzogen werden. So werden die „time-to-market" verkürzt und die Entscheidungssicherheit wird erhöht. Dies liefert für das Business spürbaren Nutzen und hilft der IT, sich als Partner oder Enabler des Business zu etablieren (siehe Abschnitt 2.3).

Die Einsparungsmöglichkeiten, z. B. durch Effizienzsteigerung in Geschäftsprozessen, oder aber das Wertsteigerungspotenzial, z. B. aufgrund von verbessertem Service durch eine bessere Service-Datenbasis, sind enorm. Der Nutzen kann aber nur unternehmensspezifisch bewertet werden.

> **Wichtig:**
> Eine hinreichende Operational Excellence, d. h. die effiziente und zuverlässige Beherrschung des Tagesgeschäfts, ist für die IT Pflicht. Wenn das Tagesgeschäft nicht funktioniert, sind Sie nur ein Kostenfaktor und gleichzeitig ein Geschäftsrisiko. Sie müssen Operational Excellence beweisen. Nur so schaffen Sie sich den Freiraum für Innovationen.

2.2.2 Strategic Excellence

Strategic Excellence ist die Fähigkeit, das Unternehmen oder den jeweiligen Verantwortungsbereich strategisch auszurichten und systematisch weiterzuentwickeln. Aufgrund der sich immer schneller ändernden Randbedingungen und Geschäftsanforderungen müssen hierzu gegebenenfalls auch das Geschäftsmodell, die Organisationsstrukturen und die Geschäftsprozesse hinterfragt und gegebenenfalls angepasst werden.

> **Definition Geschäftsmodell:**
> Ein Geschäftsmodell beschreibt die Geschäftsinhalte und deren Differenzierung gegenüber dem Wettbewerb gesamthaft für das Unternehmen oder aber für eine Geschäftseinheit.
>
> Das Geschäftsmodell ist der Kern der Unternehmensstrategie. Es bestimmt das Was und das Wie. Im Geschäftsmodell werden zur Konkretisierung der Ziele im Wesentlichen die Dimensionen Produkte, Kunden und Ressourcen festgelegt.

Mit zunehmender Business-Orientierung wird Strategic Excellence immer wichtiger für CIOs und IT-Verantwortliche in ihrem Verantwortungsbereich.

Wesentliche Herausforderungen sind dabei:

- **Strategische Ausrichtung der IT am Business**
  Ableitung der IT-Strategie aus der Unternehmensstrategie und den Geschäftsanforderungen und deren Umsetzung sicherstellen
- **Beitrag der IT zur Weiterentwicklung des Geschäfts** durch Business-Agilitäts-Enabling und Unterstützung von Business-Innovationen und -Transformationen
  - **Business-Agilitäts-Enabling**
    Vorbereitung und Flexibilisierung der IT, so dass diese schnell auf Veränderungen in den Geschäftsanforderungen reagieren kann und Business-Transformationen schneller und risikoärmer umsetzen kann.
  - **Beitrag der IT zur Weiterentwicklung des Geschäftsmodells (Business-Innovation und -Transformation)**
    Beitrag der IT zu attraktiveren Produkten und Dienstleistungen oder zur Erreichung neuer Kundensegmente oder Regionen sowie Umsetzung von Business-Transformationen

Diese Herausforderungen werden im Folgenden weiter beschrieben. In Abschnitt 6.3 finden Sie Hilfestellungen für die Bewältigung dieser Herausforderungen.

Strategische Ausrichtung der IT am Business

Die zukünftige IT-Landschaft und das IT-Produkt- und Dienstleistungsportfolio muss entsprechend der Anforderungen aus der Unternehmensstrategie und den Geschäftsanforderungen gestaltet werden. Nur so können bei der hohen Abhängigkeit von der IT die Unternehmensziele und das angestrebte Geschäftsmodell umgesetzt werden. Hierzu müssen strategische Ziel- und Rahmenvorgaben gesetzt und deren Einhaltung überwacht werden.

Eine aus der Unternehmensstrategie abgeleitete IT-Strategie, abgeleitet (siehe Abschnitt 3.3.1) mit konkreten Rahmen- und Zielvorgaben, bildet die Grundlage für die Umsetzung der strategischen Ausrichtung der IT. Durch eine enge Verzahnung von IT-Strategieentwicklung und Business-Planung wird das Business-IT-Alignment gestärkt und eine angemessene businessorientierte IT-Unterstützung des Geschäfts erreicht (siehe Abschnitt 3.5 IT-Strategieentwicklung). Durch eine kontinuierliche Überprüfung und Einbezug von Feedback muss die IT-Strategie an die veränderten Geschäftsanforderungen und Randbedingungen angepasst werden.

Eine Planung ohne Umsetzung bleibt unwirksam. Die Vorgaben müssen kommuniziert und vor allen Dingen in den Planungs-, Entscheidungs- und Durchführungsprozessen berücksichtigt werden. Von daher müssen die strategischen Vorgaben durch ein entsprechendes Steuerungsinstrumentarium verzahnt mit den Planungs-, Entscheidungs- und Durchführungsprozessen operationalisiert werden. So kann nachvollziehbar der Fortschritt der Umsetzung überwacht werden (siehe hierzu Abschnitt 8.5).

Business-Agilität-Enabling (Time-to-Market)

Die IT muss sich auf Veränderungen in den Geschäftsmodellen und kürzer werdende Innovations- und Produktlebenszyklen sowie Business-Transformationen, wie z. B. Merger & Acquisitions, Outsourcing und Umstrukturierungen, vorbereiten. Neue oder veränderte Geschäftsanforderungen müssen schnell und in hoher Qualität mit Zeitvorsprung vor dem Wettbewerb umgesetzt werden. Die IT muss hierzu flexibler und agiler werden.

Dies ist nicht so einfach, wenn die IT-Landschaft „historisch" gewachsen ist. Schon kleine Änderungen können in dem komplexen Gesamtsystem verheerende Auswirkungen haben. Um flexibel und schnell auf neue Anforderungen reagieren zu können, müssen Änderungen möglichst lokal an wenigen Stellen durchgeführt werden können. Änderungen an Geschäftsregeln oder Workflows sollten einfach modelliert oder konfiguriert werden können. Eine modulare IT-Landschaft mit einer Integrationsarchitektur ist hierzu erforderlich.

Vorhandene IT-Systeme sind aber häufig monolithisch. Um eine ausreichende Flexibilität zu erreichen, bestehen zwei Möglichkeiten. Systeme können durch neue modulare Systeme abgelöst oder aber vorhandene Systeme können in Komponenten zerlegt werden. Die Umsetzung erstreckt sich bei komplexen Systemen in beiden Fällen über viele Jahre.

> **Wichtig:**
> Wenn Sie Ihre IT auf Veränderungen im Business ausrichten wollen, dann müssen Sie diese „komponentisieren" und mit einer Integrationsarchitektur versehen. Wie dies aussehen kann, wird im Folgenden erläutert.
>
> Die Komponentisierung der IT-Landschaft und die Einführung einer Integrationsarchitektur sind wichtiger Bestandteil der IT-Konsolidierung. Eine solche IT-Konsolidierung können Sie nur mit großem Durchhaltewillen über viele Jahre hinweg im Rahmen von Projekten und Wartungsmaßnahmen umsetzen. Dies verursacht sicherlich bei den ersten Projekten Mehrkosten, um die fachliche und technische Architektur und Infrastruktur zu schaffen. Nur so erreichen Sie aber die gewünschte Flexibilität. Vermeiden Sie dabei reine IT-Konsolidierungsprojekte, da hier der Business-Nutzen in der Regel nicht unmittelbar vorhanden ist.
>
> Nutzen Sie möglichst jedes Projekt und auch Wartungsmaßnahmen, um Ihre IT schrittweise vorzubereiten (Komponentisierung und Integrationsarchitektur). Die Argumentation gegenüber der Unternehmensführung ist sicherlich nicht einfach. Wenn die Fachbereiche bislang unzufrieden mit Dauer und Kosten der Umsetzung von Geschäftsanforderungen sind, können Sie diese „Pains" für Ihre Argumentation nutzen.

Die bei der Modularisierung der Systeme gebildeten Komponenten sind letztendlich die Business-Services (siehe Abschnitt 7.4.4). Sie sollten sich an den Business Capabilities des Unternehmens ausrichten. **Business Capabilities** beschreiben die vorhandenen oder benötigten (Geschäfts-)Fähigkeiten des Unternehmens ablauf-, werkzeug- und organisationsunabhängig. Business Capabilities sind Fähigkeiten, die eine Organisation, eine Person oder ein System besitzt und auf die sich das Unternehmen stützt, um seine Geschäftsziele zu erreichen. Sie sind „stabiler" als Geschäftsprozesse, da sie beschreiben, was zu tun ist, und nicht, wie es zu tun ist (siehe [Dom11]) und [Mic07]). Für die Bereitstellung und Nutzung der Business Capabilities sind jedoch Menschen, Organisation, Prozesse und Technologie notwendig (siehe [Bit11] und [TOG09]).

Neue oder veränderte Geschäftsanforderungen haben, solange sich das Geschäftsmodell nicht ändert, keine Auswirkungen auf die Business Capabilities. Lediglich die Abläufe, die Werkzeuge und die Organisation, mit denen sie umgesetzt werden, gilt es zu verändern. Wenn sich das Geschäftsmodell zum Beispiel im Rahmen von Fusionen oder großen Umstrukturierungen ändert (siehe Business-Transformationen in Abschnitt 6.3.7), sind die vom Unternehmen abzudeckenden Business Capabilities ebenfalls anzupassen. Dies ist jedoch nur selten der Fall. Aber auch hier leisten Capabilities einen wertvollen Dienst. Sie schaffen einen fachlichen Bezugsrahmen, anhand dessen z. B. fusionierende Unternehmen inhaltlich verglichen werden können.

Mithilfe der neuen oder veränderten Business Capabilities kann das neue Geschäftsmodell schnell, zuverlässig und flexibel gestaltet werden. Wesentlicher Grund hierfür ist das durch das Business Capability Management vorgegebene prägnante und gleichzeitig kompakte fachliche Gesamtbild des Unternehmens. Anhand dessen können wesentliche Inhalte des Geschäftsmodells und der Unternehmensstrategie übersichtlich und überzeugend präsentiert und strategische Entwicklungen diskutiert werden. Weitere Erläuterungen zum Business Capability Management finden Sie in Abschnitt 7.4.2.

> **Definition Business Capability Management:**
> Business Capability Management liefert ein Instrumentarium, um das aktuelle Geschäft besser zu verstehen und zu optimieren sowie das zukünftige Geschäft und dessen IT-Umsetzung zu gestalten. Wie dies erfolgt, wird in den folgenden Abschnitten beschrieben.

Business Capabilities sind gleichzeitig ein geeignetes Mittel, um funktionale Redundanzen zu identifizieren. Durch die funktionale Abdeckungsanalyse von Informationssystemen werden diese transparent. Die Reduktion von funktionalen Redundanzen ist notwendig, um die Auswirkungen von Änderungen zu begrenzen. Nach Beseitigung der Redundanzen muss nur noch lokal an den „betroffenen" Business Capabilities und dem „Glue" gearbeitet werden.

Eine Integrationsarchitektur liefert unternehmensspezifische Vorgaben für die serviceorientierte Umsetzung von Geschäftsanforderungen. Hierzu zählen Technologie-, Softwarearchitektur- und Infrastrukturaspekte für Entwicklung, Betrieb und Governance der involvierten Einzelsysteme und deren Zusammenspiel (End-to-end). Siehe hierzu Abschnitt 7.4.4.

Beispiele hierfür sind Architekturvorgaben für die lose Kopplung von Komponenten über einen ESB (Enterprise Service Bus) oder aber die Herauslösung der Geschäftsregeln und Ablaufsteuerung aus dem Programmcode und die Hinterlegung dieser in einer Rules Engine und einem BPMS (Business Process Management System). Änderungen an Geschäftsregeln, z. B. veränderte Preisberechnung, und Abläufen, z. B. Änderung des Genehmigungsverfahrens, ziehen keine Auswirkungen an den Business-Services nach sich. Business-Services, wie z. B. Provisionsabrechnung, können einfach ersetzt werden.

Neben dem inhaltlichen Aufräumen (IT-Konsolidierung) müssen die „Klingen geschärft" werden. Eine adäquate IT-Organisationsform und schlanke, aber wirksame und agile IT-Prozesse sind für eine schnelle und fundierte Informationsbeschaffung sowie kurze Entscheidungswege maßgeblich. Vor allem ist aber ein **effizientes Software-Engineering-Instrumentarium**, bestehend aus Werkzeugen für Entwicklung, Test, Inbetriebnahme, Betrieb, Management und Governance, notwendig, um schnell und zuverlässig neue Anforderungen umsetzen zu können. Agile Methoden, Software-Engineering-Methoden und -Umgebungen sind wichtige Bausteine.

Eine agile Vorgehensweise (wie z. B. Scrum [Glo11] und GAME[2] [HGG12]) und ein explizites Veränderungsmanagement (Change Management) integriert in die Planungs-, Entscheidungs- und insbesondere in die Projektabwicklungsprozesse sind wichtig. Die agile Kultur ermöglicht schnelle Feedback-Zyklen und gleichzeitig das frühzeitige Erkennen von Änderungsbedarf insbesondere an Strukturen.

Beitrag der IT zur Weiterentwicklung des Geschäftsmodells (Business-Innovation und -Transformation)

Die IT muss einen Beitrag zu attraktiveren Produkten und Dienstleistungen oder zur Erreichung neuer Kundensegmente oder Regionen leisten. Hierzu muss der Wert- und Strategiebeitrag der IT kontinuierlich gesteigert werden. Aufbauend auf einer hinreichenden Operational Excellence muss sich die IT schrittweise in Richtung „Business-Enabler" und „Money-Maker" (siehe Abschnitt 2.3.1) vortasten. Diese Zielsituation lässt sich wie folgt charakterisieren:

Die IT ist integraler Bestandteil des Geschäfts, bietet gegebenenfalls auch Produkte und Dienstleistungen nach außen an („Money-Maker") und generiert mit IT-Innovationen und der geschickten Anwendung der bestehenden IT-Technik in enger Kooperation mit dem Business neue Business-Innovationen. Der Strategie- und Wertbeitrag wird von der Unternehmensführung und den Fachabteilungen deutlich wahrgenommen.

Wesentlich sind insbesondere das **Business-Alignment der IT** und das **IT-Innovationsmanagement**. Eine gemeinsame fachliche Sprache sowie eine businessorientierte Planung und Steuerung der IT sind essenziell, um die IT am Business auszurichten. Der Grad und die Qualität der Unterstützung des aktuellen und zukünftigen Geschäfts müssen kontinuierlich erhöht werden. Das zukünftige Geschäft muss identifiziert und abgesichert werden.

IT-Innovationsmanagement ist essenziell für die kontinuierliche Weiterentwicklung der unternehmensspezifischen technischen Standards (des Blueprints). Im IT-Innovationsmanagement werden vorausschauend neue Technologien beobachtet, evaluiert und bewertet. Die Reife und das Potenzial für den Einsatz im Unternehmen werden eingeschätzt.

Die technischen Standards werden überprüft und gegebenenfalls aktualisiert, um deren Tragfähigkeit und Zukunftssicherheit sicherzustellen. So werden z. B. neue Technologien mit in den Blueprint aufgenommen oder Technologien und IT-Produkte, die am Ende ihres Lebenszyklus stehen, als „auslaufend" gekennzeichnet und die Nutzung in Projekten eingeschränkt.

In der höchsten Ausbaustufe leistet das IT-Innovationsmanagement einen wichtigen Input für Business-Innovationen und damit für den zeitlichen Vorsprung des Unternehmens gegenüber dem Wettbewerb. Business-Ideen können gemeinsam mit dem Business generiert, evaluiert, ggf. pilotiert und als Business-Innovationen umgesetzt werden. Dieses explizite IT-Innovationsmanagement muss mit dem Business-Innovationsmanagement gekoppelt bzw. integriert werden, um schnell technologische Möglichkeiten mit neuen Business-Ideen in Einklang zu bringen bzw. neue Business-Ideen in Diskussionen in gemischten Teams erst entstehen zu lassen.

> **Wichtig:**
> Um zum Business-Enabler und Money-Maker zu werden, muss der CIO fortwährend die Effizienz und Innovationskraft der IT steigern, die Sprache des Business sprechen und die IT businessorientiert steuern und weiterentwickeln. ∎

Fundamentale Veränderungen im Business, wie z. B. gravierende Umstrukturierungen, Merger und Akquisitionen, neue oder veränderte Kooperationsmodelle mit Partnern und Lieferanten oder Prozessstandardisierung müssen möglichst schnell und risikoarm bewältigt werden. Weitere Informationen hierzu finden Sie im Anwendungsszenario Business-Transformation in Abschnitt 6.3.7.

Wichtige Voraussetzungen für den weiteren Ausbau des Wert- und Strategiebeitrags der IT sind:

- **Unbürokratische und durchsetzbare IT-Strategie**, über die klare Rahmenvorgaben gesetzt werden,
- **Passende IT-Organisation**, in der die kundennahen Dienstleistungsfunktionen gestärkt und die notwendige Steuerungsfunktion wahrgenommen werden,
- **Klare und effektive IT-Governance-Regeln**, die strikt eingehalten werden.

Dies hört sich in der Theorie sehr einfach an. Das skizzierte Ziel-Bild ist für viele Unternehmen in weiter Ferne.

Wie können Sie die obigen Voraussetzungen erreichen?

Hierauf gibt es keine Universalantwort. Abhängig von Ihrer Ausgangslage und Ihren Zielen können Sie in beherrschbaren Schritten den Wertbeitrag der IT steigern und gleichzeitig die Positionierung der IT verbessern. Dies erfordert sicherlich viel Kommunikation und Durchhaltevermögen, um Bürokratie zu überwinden, die erforderlichen Ressourcen mit adäquaten Skills aufzubauen, die zum Teil obsoleten Systeme und die zu hohen laufenden Kosten in den Griff zu bekommen. Ein Veränderungsprozess muss initiiert und nachhaltig vorangetrieben werden.

In der Praxis bedeutet dies, dass Sie ganzheitlich die Ziele, Strategien, Produkte, Geschäftsprozesse und Organisation in Business und IT „beherrschen" müssen. Viele Beteiligte sind unter einen Hut zu bekommen. Nicht alle stehen dem aufgeschlossen gegenüber. Sie müssen schnell Nutzen aufzeigen und sowohl die Unternehmensführung als auch die Fachbereiche und die IT-Organisation selbst durch Erfolge überzeugen.

Einstiegspunkt, wie könnte es anders sein, ist eine Standortbestimmung. Das gegenwärtige IT-Leistungspotenzial und der Stellenwert der IT müssen ermittelt werden. Auf der Basis der strategischen Positionierung der IT durch das Top-Management können die Soll-Vision und die ersten Umsetzungsstufen festgelegt werden. Hilfestellungen hierfür finden Sie im nächsten Abschnitt 2.3.

2.3 Stellenwert und strategische Positionierung der IT

Eine Standortbestimmung und die strategische Positionierung bilden den Startpunkt für das Aufsetzen Ihres strategischen IT-Management-Instrumentariums. Nur wenn Sie das aktuelle und das angestrebte Leistungspotenzial und den Stellenwert Ihrer IT kennen, können Sie die IT wirksam ausrichten. Hierzu erhalten Sie im Folgenden Hilfestellungen.

2.3.1 Den Standort der IT im Unternehmen bestimmen

Die strategische IT-Planung kann nur realistische Vorgaben machen, wenn sie von der jeweiligen Situation im Unternehmen ausgeht. Eine Standortbestimmung ist durchzuführen. Sie müssen einschätzen, ob und in welchem Maße Ihre IT ein kompetenter Dienstleister für die Fachbereiche ist. Maßgeblich hierfür ist, inwieweit die IT die Nutzer aktiv berät und deren Geschäftsanforderungen mit angemessenen und wirtschaftlichen IT-Lösungen im Rahmen der Vorgaben umsetzt. Letztendlich geht es darum, inwieweit die folgenden Kernaufgaben der IT umgesetzt werden:

- **Operative Sicherstellung des Geschäftsbetriebs**
  Ist der IT-Betrieb hinreichend zuverlässig und sicher? Wird ein reibungsloser Geschäftsbetrieb ermöglicht? Werden die gesetzlichen, aufsichtsrechtlichen und regulatorischen Anforderungen umgesetzt?
- **Angemessene und kostengünstige IT-Unterstützung**
  Ist die IT-Unterstützung adäquat für die bestehenden Geschäftsanforderungen? Überwiegt der Nutzen die Kosten? Ist die IT-Unterstützung im Vergleich mit externen Dienstleistern kostengünstig?
- **Sicherstellung der Zukunftsfähigkeit der IT-Landschaft**
  Wird die IT-Landschaft an den Unternehmenszielen und Geschäftsanforderungen kontinuierlich ausgerichtet? Sind technologische Standards als Vorgaben für die Weiterentwicklung der IT-Landschaft gesetzt? Sind diese hinreichend tragfähig (siehe Kapitel 7.6) und etabliert?
- **Optimierung und Enabling des Geschäfts**
  Leistet die IT einen Beitrag zur Optimierung des Geschäfts? Kann die IT flexibel und schnell auf veränderte Geschäftsanforderungen reagieren? Gibt die IT Impulse für Business-Innovationen durch IT-Innovationen?

Sie können den Standort der IT bestimmen, indem Sie die Fragen „Wie ist das gegenwärtige Leistungspotenzial der IT?" und „Welchen Stellenwert hat Ihre IT im Unternehmen?" beantworten.

Wie ist das gegenwärtige Leistungspotenzial der IT?

Sie können das gegenwärtige IT-Leistungspotenzial auf der Basis des Dienstleistungs- und Produktportfolios einschätzen. Bild 2.5 zeigt ein Beispiel. Hier wird einerseits das Leistungsspektrum der IT dargestellt und andererseits die Bedeutung der IT für die verschiedenen Geschäftsfelder dem relativen IT-Aufwand gegenübergestellt. Beratungsleistungen wie z. B. für sicherheitstechnische Fragestellungen, der IT-Betrieb und die IT-Infrastruktur-Bereitstellung sowie Service- und Support-Leistungen sind hierbei Teil des Leistungsspektrums der IT (siehe auch Abschnitt 2.5.3).

BILD 2.5 Aktuelles Leistungspotenzial der IT

Das Dienstleistungs- und Produktportfolio kann anhand der Analyse des Beitrags der IT für die Geschäftsfelder und für deren Wertschöpfungsketten ermittelt werden (siehe [Por85]). Das Dienstleistungs- und Produktportfolio lässt sich nach den verschiedenen organisatorischen Bereichen der IT unterscheiden, wie Bild 2.5 zeigt (siehe auch Abschnitt 8.2). Für die Analyse müssen die konkreten Leistungen der organisatorischen Bereiche der IT für die Geschäftsfelder beziehungsweise Wertschöpfungsketten aufgenommen und deren Bedeutung abgeschätzt werden. Diese ergeben in Summe letztendlich das Dienstleistungs- und Produktportfolio der IT.

Konkrete IT-Leistungen sind z. B. die Bereitstellung eines Außendienstarbeitsplatzes oder aber die Prozessmodellierung. Diese in der Regel durch Interviews ermittelten konkreten IT-Leistungen werden häufig in den verschiedenen Geschäftsfeldern beziehungsweise Wertschöpfungsketten unterschiedlich benannt. Eine Konsolidierung ist erforderlich, um zu einem Leistungskatalog mit definierten IT-Produkten mit klaren Leistungsinhalten und Preisen zu gelangen (siehe [Küt06]).

Um eine Vergleichbarkeit mit anderen Unternehmen herzustellen, sollten Sie standardisierte Modelle wie z. B. Cobit, ITIL oder CMMI verwenden (siehe [Her06], [Joh11], [Foe08] und [Zin04]).

Auf der Basis der konsolidierten IT-Leistungen kann die Einschätzung des Leistungspotenzials für die verschiedenen Geschäftsfelder bzw. Wertschöpfungsketten erfolgen. Zur realistischen Einschätzung des Leistungspotenzials müssen alle IT-Leistungen bewertet werden. Auf der Basis des Leistungskatalogs lässt sich das Leistungspotenzial kontinuierlich überprüfen.

> **Wichtig:**
>
> Häufig reicht die relative Bewertung der Bedeutung der IT-Leistungen in z. B. sehr hoch, hoch, mittel und gering aus, um einen Eindruck von der Leistungsfähigkeit zu gewinnen.
>
> Die Einschätzung des gegenwärtigen Leistungspotenzials sollte sowohl von der IT selbst als auch von „außen" (Anwender und Management) durchgeführt werden. So kann das Eigen- und das Fremdbild ermittelt werden. Falls diese voneinander abweichen, müssen Sie die Ursachen ermitteln und geeignete Maßnahmen ergreifen. Häufig ist ein aktiveres Marketing durchzuführen und der Mehrwert der IT deutlicher darzustellen.

Welchen Stellenwert hat Ihre IT im Unternehmen?

Mithilfe des ermittelten Leistungspotenzials können Sie den Stellenwert Ihrer IT im Unternehmen ableiten. Der Stellenwert der IT kann anhand der folgenden vier Stufen beschrieben werden (siehe Bild 2.6 und [Her06]):

- „IT ist ein Kostenfaktor"
  Die IT ist lediglich interner Dienstleister für IT-Commodity-Produkte, wie z. B. die Auftragserfassung, Rechnungsdruck oder Endgerätebereitstellung. Analog zu anderen internen Dienstleistern, wie z. B. der Finanzbuchhaltung, wird die IT als ein notwendiges, aber lästiges Übel gesehen und soll so kostengünstig wie möglich sein. Die IT hat keinen Einfluss auf das Geschäft.

	Geschäftsfelder			
DL- und Produktportfolio / IT-Produktportfolio	Vertrieb & Marketing	Produktion	...	
IT-Beratung	10%	5%	...	20%
IT-Betrieb	15%	25%	...	51%
IT-Infrastruktur Service / Support	8%	7%	...	17%
⋮	⋮	⋮	⋮	⋮
	33%	37%	...	100%

Legende:
Farbe – Bedeutung
- ■ Sehr hohe Bedeutung
- ■ Hohe Bedeutung
- □ Mittlere Bedeutung
- □ Geringe Bedeutung

Relativer IT-Aufwand in %

BILD 2.6 Stellenwert der IT

- **„IT ist ein Vermögenswert"**
  IT-Lösungen werden als ein wesentlicher Bestandteil des Kerngeschäfts und als unabdingbar für die Umsetzung der gesetzlichen, Sicherheits- und Compliance-Anforderungen gesehen. „Operational Excellence" ist die Zielvorgabe für die IT. Der Fokus liegt auf der Steigerung der Effizienz und Qualität in Business durch IT aufgrund von verbesserten Geschäfts- und Entscheidungsprozessen. Die IT stellt einen zuverlässigen und kostengünstigen Basisbetrieb sicher und kann das Business bezüglich effizienzsteigernder Maßnahmen wie z. B. im Kontext der Automatisierung von Geschäftsprozessen beraten. Der Grad der erreichten „Operational Excellence" definiert den Wertbeitrag der IT.

- **„IT ist ein Business-Partner"**
  Die IT schafft in der Wahrnehmung des Business nicht nur einen Wert-, sondern auch einen Strategiebeitrag. Neben dem zuverlässigen und kostengünstigen Geschäftsbetrieb leistet die IT einen wesentlichen Beitrag zur Effektivität, d. h. zur Umsetzung der Unternehmensstrategie. Die IT liefert einen fundierten Input für Business-Entscheidungen und zur Optimierung des Geschäfts z. B. durch Standardisierung der IT-Unterstützung von Geschäftsprozessen. Geschäftsanforderungen werden auf der Basis von konsolidierten, flexiblen und tragfähigen IT-Strukturen schnell und kostengünstig umgesetzt. Durch das Aufzeigen von Auswirkungen und Abhängigkeiten von Business- und IT-Ideen ist die IT ein Gesprächspartner des Business auf Augenhöhe. Die enge Verzahnung von IT- und Business-Planung ist Voraussetzung dafür, dass der Geschäftsnutzen über Investitionen entscheidet und geschäftsorientierte IT-Produkte mit fachbereichsadäquaten SLAs entstehen.

- **„IT ist ein Enabler und Money-Maker"**
  Nur wenn in der Wahrnehmung des Business neue Geschäftsmodelle durch die IT aktiv mitgestaltet werden, wird die IT als „Enabler" für das Geschäft eingeschätzt. Durch eine

starke Business-Orientierung und vorausschauendes Agieren entstehen Impulse durch neue Technologien und flexible, tragfähige IT-Strukturen, die eine rasche Veränderung des Geschäfts überhaupt erst ermöglichen. Die IT sieht sich als Teil des Geschäfts, bietet gegebenenfalls auch Produkte und Dienstleistungen nach außen an („Money-Maker") und generiert mit IT-Innovationen und der geschickten Anwendung der bestehenden IT-Technik neue Business-Ideen.

Wenn Ihre IT lediglich als interner Dienstleister für IT-Commodity-Produkte, wie z. B. die Endgerätebereitstellung, gesehen wird, ist der Einfluss der IT niedrig. Die IT-Leistungen könnten ebenso gut von einem externen IT-Dienstleister bezogen werden. Die IT ist ein reiner Kostenfaktor und wird deshalb nur nach Kostenzielen gesteuert. Die Folge sind immer weiter zurückgehende IT-Budgets. Dabei müssen Sie Ihre IT-Services zu einem Preis anbieten, der dem Vergleich mit einem externen Dienstleister standhält. Fixiert auf reine Kostenziele werden der Einfluss und der Gestaltungsspielraum Ihrer IT immer kleiner; auf Dauer verliert sie sogar ihr Innovationspotenzial.

Sie müssen diesen Teufelskreis durchbrechen, um einen höheren Stellenwert im Unternehmen zu erobern. Sie müssen dafür Sorge tragen, dass Sie bei der Planung von IT-Lösungen und Projekten mit den Fachabteilungen an einem Tisch sitzen. Nur so können Sie das „Fremdbild" über Ihre IT ändern.

Die Eroberung eines höheren Stellenwerts erfordert einen lang andauernden Veränderungsprozess im Unternehmen. Sie müssen konsequent und hartnäckig Schritt für Schritt im Rahmen Ihrer Möglichkeiten Veränderungen herbeiführen. Sie müssen die „Nähe Ihrer Kunden" suchen, die Sprache des Kunden und dessen Probleme und Wünsche kennen lernen. Hierfür bieten sich insbesondere Projekte und Projektplanungsrunden an. Über das aktive Einbringen bei der Gestaltung der IT-Umsetzung von Geschäftsanforderungen kommen Sie diesem Ziel einen großen Schritt näher.

Um als Vermögenswert gesehen zu werden, muss die IT vom Business als wesentlicher Bestandteil oder Voraussetzung für das Kerngeschäft gesehen werden. Die IT muss einen nachweisbaren Beitrag zur Wertschöpfung des Unternehmens leisten. Wichtig ist hier für die IT, dass diese permanent nach Potenzialen für die Optimierung der Geschäftsprozesse sucht und diese dem Business widerspiegelt. Insbesondere durch die Effizienzsteigerung, Vereinfachung und Harmonisierung von Geschäftsprozessen kann ein hoher Wertbeitrag geleistet werden. Alleine schon die Dokumentation von Geschäftsprozessen inklusive deren IT-Unterstützung führt dazu, dass Ansatzpunkte für die Optimierung offensichtlich werden. Durch die Vereinfachung von Berichtspflichten oder aber Aufzeigen von Konsolidierungspotenzial und Automatisierungsmöglichkeiten in der IT-Landschaft kann zusätzlich schnell Mehrwert geschaffen werden.

Nur wenn die Business-Ausrichtung der IT im Unternehmen deutlich wahrgenommen wird und sich die IT als „nützlich" erwiesen hat, wird die IT vom Business aktiv involviert. Gleichzeitig darf die IT ihre Basispflichten aber nicht verletzen. Sie muss einen kostengünstigen zuverlässigen und sicheren Geschäftsbetrieb gewährleisten. Wesentlich hierfür ist es in einem Zusammenspiel zwischen IT-Innovationsmanagement, Technologiemanagement und Enterprise Architecture Management, zukunftsfähige und tragfähige Standards zu etablieren und die IT-Landschaft permanent zu konsolidieren. So bleibt die IT preislich wettbewerbsfähig und handlungsfähig und kann sich auf Veränderungen im Business vorbereiten, um diese möglichst schnell und sicher umzusetzen.

Als Business-Partner haben Sie durch kontinuierliche IT-Konsolidierung die Operational-Excellence-Voraussetzungen geschaffen, um das Business in der Optimierung des Geschäfts zu beraten. Gleichzeitig schaffen Sie die Voraussetzungen, um schnell und sicher auf Veränderungen im Business reagieren zu können. Sie flexibilisieren die IT entsprechend der bestehenden Geschäftsanforderungen durch Komponentisierung und Einführung von Integrationsarchitekturen (siehe Abschnitt 7.4.4). Durch das Zusammenspiel von IT-Innovationsmanagement, Technologiemanagement und Enterprise Architecture Management stellen Sie sicher, dass zukunftsfähige und tragfähige Standards gesetzt und angewendet werden.

Als Enabler oder Money-Maker haben Sie es geschafft. Sie können das Geschäftsmodell mitgestalten, werden in die Business-Planung einbezogen und leisten einen nachweislichen Strategiebeitrag. Das IT-Innovationsmanagement ist auf Business-Innovationen ausgerichtet. Die IT wird businessorientiert gesteuert und ist auf Veränderungen im Business vorbereitet. Grundlage hierfür ist insbesondere die Umsetzung von fachlichen Domänenmodellen auf der Basis von Capabilities und das agile Change-Management-Instrumentarium, wie in Abschnitt 7.4 ausgeführt.

TABELLE 2.2 Bestimmung des Stellenwerts der IT

IT ist …			
Kostenfaktor	Vermögenswert	Business-Partner	Enabler und Money-Maker
Dienstleistungs- und Produktspektrum			
IT-Commodity-Produkte wie z. B. Bereitstellung von Endgeräten und standardisierter IT-Basisbetrieb (z. B. Betrieb von Standardsoftware)	Zusätzlich: Sicherstellung des Geschäftsbetriebs durch einen zuverlässigen und kostengünstigen IT-Basisbetrieb (hohes Service-Level) und Umsetzung der Sicherheits- und Compliance-Anforderungen IT-Beratungsleistungen gegenüber Fachbereichen	Zusätzlich: Geschäftsrelevante IT-Produkte, z. B. fokussiert auf die Geschäftsprozesse oder Produkte des Unternehmens	Zusätzlich: Business-Impulse durch neue Technologien und geschäftsrelevante IT-Produkte
IT-Planung mit Fokus			
Reaktiv Entscheidung: Outsourcing/ Insourcing Effizienz in der IT	Operative IT-Planung auf der Basis der Business-Planung Transparenz über IT-Landschaft Technische Standardisierung Effizienz im Business durch die IT Selektives Outsourcing	Strategische und operative IT-Planung in Abstimmung mit der Business-Planung Mittelfristige und langfristige Soll-Planungen Effizienz und Effektivität im Business durch die IT Selektives Outsourcing	Verzahnung von Business- und IT-Planung Vorausschauende Planung und Prognose, z. B. Zukunftsszenarien Effektivität und Effizienz in Business und IT Selektives Outsourcing

TABELLE 2.2 (*Fortsetzung*) Bestimmung des Stellenwerts der IT

IT ist …			
Kostenfaktor	**Vermögenswert**	**Business-Partner**	**Enabler und Money-Maker**
IT-Steuerung mit Fokus			
Kostensenkung	Kosten/Nutzen und „Operational Excellence" und Wertbeitrag Benchmarks	Wert- und Strategiebeitrag sowie Kosten/Nutzen	Innovationsgrad sowie Wert- und Strategiebeitrag und Kosten/Nutzen
IT-Organisation und Sourcing-Strategie			
Rumpf-IT-Organisation zur Dienstleistersteuerung Eigenständiger Service-Dienstleister (Shared Service Center) oder Profit-Center Strategie Outsourcing	Für die Nicht-IT-Commodity-Produkte: Abteilung oder Geschäftsbereich im Unternehmen Strategie: Kompetenzaufbau und selektives Outsourcing Für die IT-Commodity-Produkte: Konkurrenzfähige Service-IT inhaus oder außerhalb Strategie: Shared Service Center oder Outsourcing	Abteilung oder Geschäftsbereich im Unternehmen Für die IT-Commodity-Produkte analog wie bei Vermögenswert Aufteilung in Business- und Service-IT; Business-IT ist dem Geschäft entsprechend organisiert Stabsstellen zur strategischen IT-Planung	Geschäftsbereich im Unternehmen Für die IT-Commodity-Produkte analog wie bei Vermögenswert Aufteilung in Business- und Service-IT; Business-IT ist dem Geschäft entsprechend organisiert Stabsstellen zur strategischen IT-Planung und Innovationsmanagement, integriert in Business-Planung
Organisatorische Einbettung			
Steuerung des Service-Dienstleisters über Verträge mit Service-Level-Vereinbarungen (SLAs)	IT-Verantwortlicher berichtet an Mitglied des Executive Board (z. B. Geschäftsleitung oder Bereichsleitung)	IT-Verantwortlicher berichtet direkt an Executive Board oder ist dort vertreten	IT-Verantwortlicher ist im Executive Board vertreten
IT-Kosten-Verrechnung			
Umlage der gesamten IT-Kosten als Pauschale oder aber festgelegte Kosten pro IT-Service	Systeme zur innerbetrieblichen Leistungsverrechnung Für IT-Commodity-Produkte: Umlageverfahren oder Kostenstellen-basierte Zuordnung der festgelegten Kosten pro IT-Service Für Nicht-IT-Commodity-Produkte: Zuordnung zu Kostenstellen und teilweise Kostenträgern	Analog wie bei Vermögenswert, wobei Zuordnung soweit möglich verursachungs-gerecht auf Kostenträger z. B. Projekte und Produkte sowie Kostenstellen erfolgt	Analog wie bei Vermögenswert, wobei Zuordnung soweit möglich verursachungs-gerecht auf Kostenträger z. B. Projekte und Produkte sowie Kostenstellen erfolgt

> **Wichtig:**
> Je größer der Stellenwert der IT ist, desto mehr Einfluss hat die IT. Je „nützlicher" die IT ist, desto mehr kann sie das Geschäft aktiv mitgestalten. Die IT kann z. B. Input für Business-Entscheidungen durch fundierte Aussagen über Business- und IT-Auswirkungen einbringen oder sogar als „Partner oder Gestalter des Business" in die Business-Planung einbezogen werden.

Die richtige Einschätzung der Ausgangslage ist Voraussetzung für die Initiierung des Veränderungsprozesses. Die Einschätzung muss von der Unternehmensführung mitgetragen und kommuniziert werden. In Tabelle 2.2 finden Sie typische Kennzeichen der verschiedenen Stufen, die Ihnen helfen, den Stellenwert der IT in Ihrem Unternehmen zu bestimmen.

> **Das Wesentliche auf einen Blick:**
> Das Leistungspotenzial Ihrer IT sollten Sie auf Basis des Dienstleistungs- und Produktportfolios der IT sowie standardisierter Modelle ermitteln.
>
> Der Stellenwert und das Leistungspotenzial der IT muss richtig eingeschätzt werden, da dies den Ausgangspunkt für die strategische Positionierung bildet. Für die Einschätzung des Stellenwerts können Sie die Tabelle 2.2 als Hilfestellung nutzen.

2.3.2 Strategische Positionierung der IT festlegen

„Wo wollen wir hin?" oder „Wie will sich die IT zukünftig positionieren?"

Die IT muss sich darüber klar werden, welchen Stellenwert sie zukünftig einnehmen möchte, und die Unternehmensführung und die einflussreichen Stakeholder mithilfe der richtigen Argumente davon überzeugen.

Nur: Wie findet man die richtigen Argumente? Wir empfehlen hier eine fundierte Darstellung des Wert- und Strategiebeitrags der IT. Die IT kann, wie in Bild 2.7 gezeigt, auf unterschiedliche Art und Weise ihren Beitrag zum aktuellen und zukünftigen Geschäftsmodell leisten (siehe auch [Kag06]):

- **Differenzierung gegenüber dem Wettbewerb durch Individualisierung oder Kostenführerschaft**
  Durch leistungsfähige, auf die Geschäftsanforderungen zugeschnittene, effiziente und/oder flexible IT-Lösungen sowie eine gute Informationsversorgung können Sie einen wichtigen Beitrag zur Differenzierung leisten. Wesentlich für eine gute Informationsversorgung ist die zeitnahe Bereitstellung von aussagekräftigen Informationen über Märkte, Kundenbedürfnis, Wettbewerber und Konkurrenzprodukte sowie Kosten und Nutzen der Produkte und der Beschaffungsalternativen der Kunden.

- **Zeitvorsprung vor dem Wettbewerb**
  Der Zeitvorsprung vor dem Wettbewerb kann nur durch Business-Innovationen und eine schnelle Produktentwicklung und -bereitstellung erreicht werden. Die IT kann dies durch vorausschauende strategische IT-Planung, flexible und tragfähige Unternehmens- und Softwarearchitekturen sowie technische IT-Innovationen unterstützen.

2.3 Stellenwert und strategische Positionierung der IT

BILD 2.7 Beitrag der IT zum Geschäftsmodell

- **Sicherstellung und Optimierung des Kundenzugangs**
  Die IT kann einen wesentlichen Beitrag zur Verbesserung des Kundenzugangs leisten. Beispielsweise können Self-Service-Portale auf die Kundenanforderungen zugeschnittene Vertriebskanäle und Servicezugänge bereitstellen. Ein weiteres Beispiel sind Community- oder Kollaborationsplattformen, die z. B. einen direkten Austausch von Informationen unter Experten ermöglichen.

- **Verbesserung der Kundenbindung bzw. Kundenabhängigkeit**
  Durch die Bereitstellung von auf den Kunden zugeschnittenen und kostengünstigen IT-Lösungen kann das Kerngeschäft des Kunden maßgeblich unterstützt und vereinfacht werden. Insbesondere Komfort und Entlastung von z. B. Routinevorgängen führen zu einer hohen Kundenzufriedenheit und emotionalen Bindung. Durch individualisierte Lösungen wird gleichzeitig die Kundenabhängigkeit erhöht. Ein Beispiel hierfür ist die automatische Lieferantenintegration in einer Just-in-time-Fertigung oder aber eine individuelle Informationsbereitstellung durch eine Business-Intelligence-Lösung.

- **Effizienter Ressourceneinsatz**
  Der Ressourceneinsatz sollte sowohl in der IT als auch im Business optimiert werden. Ersteres wird im nächsten Punkt unter „Kosteneinsparung" adressiert. Die Optimierung im Business hat großes Potenzial. Durch eine adäquate IT-Unterstützung der Geschäftsprozesse, wie z. B. Verschlankung oder Automatisierung von Geschäftsprozessen, eine Vernetzung von Lieferketten, elektronische Kooperation über Portale oder die Vermeidung von Medienbrüchen, kann die Effizienz in den Geschäftsabläufen erheblich verbessert und damit der Freiraum für Business-Innovationen geschaffen werden. Die IT kann hier Handlungsbedarf und Optimierungspotenzial aufzeigen und gemeinsam mit dem Business das Potenzial über Projekte und Wartungsmaßnahmen heben.

- **Kosteneinsparung**
  Mithilfe von Standardisierung bzw. Homogenisierung der IT-Landschaft sind enorme Kosteneinsparungen möglich. So können Skaleneffekte genutzt und z. B. Lizenzkosten eingespart werden. Durch kontinuierliche Konsolidierung der IT-Landschaft kann diese vereinfacht und damit lassen sich die Betriebs- und Wartungsaufwände reduzieren. Eine Know-how-Bündelung, Konsolidierung des Produkt- und Dienstleistungsportfolios sowie Konzentration auf die Kerneigenleistungen mit z. B. Outsourcing von Serviceleistungen schaffen darüber hinaus große Einsparungspotenziale.

- **Agilität zur Veränderung des Geschäftsmodells**
  Die Agilität, d. h. die Geschwindigkeit der Anpassung an sich verändernde Rahmenbedingungen und neue Marktsituationen, ist eine der wichtigsten Herausforderungen für Unternehmen. Innovative Lösungen differenzieren vom Wettbewerb lediglich so lange, bis die Konkurrenz nachgezogen hat. Die Transformationsgeschwindigkeit wird genauso wichtig wie das Geschäftsmodell selbst. Der IT kommt hier eine Schlüsselrolle zu, da sie heute praktisch alle Geschäftsprozesse unterstützt. Reaktionsgeschwindigkeit und Flexibilität der IT sind direkt mit dem Unternehmenserfolg verbunden. Durch eine flexible und tragfähige Unternehmens- und SoftwareArchitektur kann schnell auf Veränderungen reagiert werden.

> **Wichtig:**
> Durch die Analyse, welcher dieser Wertbeitragsaspekte Ihre IT erfüllt oder erfüllen könnte, liefern Sie Argumente für eine höherwertige Positionierung.

Folgende Fragen haben sich bei der strategischen Positionierung bewährt:

- **Wie kann die IT bei der Reduktion von Business-Risiken mitwirken?**
  Können mithilfe der IT die Business-Risiken auf ein vertretbares Niveau gesenkt oder aber die Geschäftsanforderungen in Bezug auf Compliance, Business Continuity Management und Sicherheit umgesetzt werden? Ist der Geschäftsbetrieb zuverlässig und sicher?
  Beispiel I: Sicherheitsrisiken in Geschäftsprozessen und Informationssystemen transparent machen (siehe Abbildung 6.5), indem der Schutzbedarf des Geschäftsprozesses dem Sicherheitslevel der geschäftsprozessunterstützenden Informationssysteme gegenübergestellt wird.
  Beispiel II: Bereitstellung von vollständigen Applikationslisten mit dedizierten Informationen z. B. über Verantwortlichkeiten und Sicherungsvorkehrungen, anhand derer Compliance-Vorgaben überprüft werden können.

- **Wie kann die IT die Kosten im Basisbetrieb nachhaltig reduzieren?**
  Liefert die IT durch IT-Konsolidierung, Sourcing und Beratungsleistungen angemessene Kostenstrukturen für einen aber gleichzeitig zuverlässigen Basisbetrieb? Nachhaltig?
  Beispiel I: marktübliche Verrechnungspreise für PC-Infrastruktur-Leistungen oder für die Nutzung eines Auftragsabwicklungssystems wie z. B. die Kosten für Betrieb/Wartung der erforderlichen Infrastruktur.
  Beispiel II: Reduzierung der Lizenzkosten sowie Wartungs- und Betriebsaufwände durch Konsolidierung der IT-Landschaft mittels Standardisierung und Homogenisierung von

Business-Intelligence-Plattformen (kurz BI-Plattformen). Durch die Homogenisierung fallen insbesondere viele wartungsintensive Schnittstellen zwischen Altsystemen und der nicht mehr notwendigen Vielzahl von BI-Plattformen weg. So werden die Komplexität und damit neben den Lizenzkosten vor allen Dingen auch die Wartungs- und Betriebskosten erheblich reduziert (siehe Abschnitt 6.2).

- **Wie kann die IT Geschäftsprozesse effizienter gestalten und das aktuelle Geschäftsmodell möglichst optimal unterstützen?**
  Kann die IT einen Beitrag zur Kosteneinsparung in der IT oder im Business leisten? Kann die IT nachweislich den Business-Nutzen beziehungsweise den Wertbeitrag steigern? Wie kann das Tagesgeschäft durch verbesserte IT-Unterstützung optimiert werden?

  Beispiel I: Virtual Reality Technology zur Erstellung von Marketingunterlagen einsetzen

  Beispiel II: Redundanzen und Medienbrüche in Geschäftsprozessen aufdecken und beseitigen

  Beispiel III: Vereinfachung in der Veränderung von Geschäftsregeln durch den Einsatz einer Rule Engine oder aber mittels einer einfachen durch den Anwender selbst ausführbaren Konfiguration

  Beispiel IV: Vereinfachte Informationsbeschaffung für die Fachbereiche durch Bereitstellung eines Data Warehouse mit hoher Datenqualität sowie einer für den Anwender einfach nutzbaren Auswertungsplattform mit vorkonfigurierten Auswertungsbausteinen

- **Wie kann die IT bei der strategischen Ausrichtung vom Geschäft unterstützen?**
  Leitet sich die IT-Strategie aus den Unternehmenszielen und Geschäftsanforderungen ab? Wie werden die strategischen Vorgaben operationalisiert? Wie wird deren Umsetzung sichergestellt?

  Beispiel I: IT-Strategieentwicklung läuft verzahnt mit der Business-Planung. Lösungsszenarien für strategische Unternehmensziele und operative Geschäftsanforderungen werden von der IT zeitnah erstellt und in der Business-Planung berücksichtigt. Die IT ist in Gremien für Investitionsentscheidungen vertreten und kann so an der Gestaltung des Portfolios mitwirken.

  Beispiel II: Lean-IT-Management-Instrumentarium verzahnt mit den Planungs-, Entscheidungs- und Durchführungsprozessen, wie in Abschnitt 8.5 beschrieben.

- **Wie kann die IT zu einer erhöhten Business-Agilität im Unternehmen beitragen?**
  Lässt sich mithilfe der IT ein Zeitvorsprung vor dem Wettbewerb erreichen? Kann die IT die Umsetzung von Geschäftsanforderungen und die Transformation des Unternehmens beschleunigen?

  Beispiel I: eine agile Vorgehensweise (wie z. B. Scrum [Glo11] und GAME[2][HGG12]) und ein explizites Veränderungsmanagement (Change Management) integriert in die Planungs-, Entscheidungs- und insbesondere in die Projektabwicklung gepaart mit einer konsolidierten komponentisierten IT-Landschaft mit einer Integrationsarchitektur unterstützt, um schnell auf veränderte Anforderungen reagieren zu können. Die agile Kultur ermöglicht schnelle Feedback-Zyklen und gleichzeitig die Änderbarkeit von Strukturen.

  Beispiel II: flexible IT-Architekturen auf der Basis von flexibel orchestrierbaren Komponenten und standardisierten Schnittstellen wie z. B. SOA bereitstellen.

- **Welchen Beitrag kann die IT zu neuen Geschäftsmodellen leisten?**
  Welchen Beitrag kann die IT zu attraktiveren Produkten und Dienstleistungen oder zur Erreichung neuer Kundensegmente oder Regionen leisten?

  Beispiel: Explizites IT-Innovationsmanagement gekoppelt mit dem Business-Innovationsmanagement, um schnell technologische Möglichkeiten mit neuen Business-Ideen in Einklang zu bringen bzw. neue Business-Ideen in Diskussion in gemischten Teams erst entstehen zu lassen.

  Beispiele:
  - Neue Versicherungsprodukte wie z. B. Familienversicherung einfach und flexibel durch die Bündelung von bestehenden Produkten über einen Produktkonfigurator erstellen.
  - Ein Maklerportal für die engere Integration des Außendienstes bereitstellen.

Letztendlich muss die Unternehmensführung auf Basis der Argumente, die Sie liefern, über die zukünftige Positionierung der IT („Kostenfaktor", „Vermögenswert", „Partner" oder „Enabler") entscheiden. Diese Entscheidung kann jedoch die IT maßgeblich durch Aufzeigen der aktuellen und möglichen zukünftigen Leistungsfähigkeit beeinflussen. Wenn Sie die IT-Verantwortlichen überzeugen, können Sie den Stellenwert der IT erhöhen.

Die IT-Verantwortlichen erreichen jedoch nicht alleine von sich aus einen höheren Stellenwert im Unternehmen. Sie brauchen die Unterstützung der Unternehmensführung, die die Rolle der IT klar festlegt. Insbesondere muss sie alle Entscheidungsrechte und Verantwortlichkeiten zu den Schlüsselfragen klar kommunizieren. Die Entscheidungsbefugnisse und -verfahren bzgl. IT-Investitionen und Priorisierung von Geschäftsanforderungen müssen ebenso festgelegt werden wie das Modell zur Zusammenarbeit zwischen Business und IT (siehe Abschnitt 6.2.14).

> **Wichtig:**
> Wenn die Rolle der IT durch die Unternehmensführung nicht klar festgelegt und kommuniziert ist oder aber keine expliziten Regelungen existieren, werden diese Fragen nur durch das tägliche Handeln oder Unterlassen entschieden. Dann hat die IT wegen fehlender Grundlagen in der Regel keinen nachhaltigen Einfluss auf das Business und ist gleichzeitig nur schwer steuerbar. Das unterstreicht auch das folgende Zitat aus der *Economist-Studie Business 2010* (siehe [Kag06]):
>
> „The question of whether or not IT is a commodity becomes redundant – it will be a commodity for companies with poor business models and organizational processes and a competitive advantage for those companies that use it to support and execute on a strong business model."

Die strategische Positionierung sollte durch die Formulierung der Mission und der Vision in der IT-Strategie dokumentiert werden. Eine Mission ist der Zweck einer Organisation, der ihre Existenz rechtfertigt. Eine Vision ist die langfristig ausgerichtete Zielsetzung, an der sich sämtliche Aktivitäten orientieren.

> **Beispiel:**
> - **Vision: Partner des Business**
>   Wir identifizieren gemeinsam mit den IT-Kunden Optimierungspotenziale zur Effizienzsteigerung und zum Wachstum des Geschäfts sowie Möglichkeiten zur Vermeidung von Risiken.
>   Wir stellen „Operational Excellence" sicher.
>   Wir sind ein Team von hochqualifizierten IT-Managern, fachlichen Architekten, Softwarearchitekten, Infrastrukturexperten mit einem breiten Netzwerk von kompetenten Beratern.
> - **Mission: Messbarer Wertbeitrag der IT**
>   Wir schaffen einen bilanzwirksamen Nutzen und für unsere Gesellschafter eine Kapitalrendite, die eine faire und langjährige Partnerschaft sichert.
>   Für unsere Mitarbeiter schaffen wir herausfordernde Aufgaben, die sowohl eine hohe Motivation als auch eine persönliche Weiterentwicklung ermöglichen.

Welches zukünftige Leistungspotenzial der IT ist möglich?

Die strategische Positionierung muss durch die Spezifikation des angestrebten zukünftigen Leistungspotenzials der IT untermauert werden. Hierzu muss das zukünftige Dienstleistungs- und Produktportfolio entsprechend der strategischen Positionierung festgelegt werden. Ausgehend vom gegenwärtigen Leistungsspektrum kann durch die Analyse des Veränderungsbedarfs das zukünftige Leistungspotenzial in Schritten entwickelt werden.

BILD 2.8 Beispiel zukünftiges Leistungspotenzial der IT

In Bild 2.8 werden aufbauend auf dem aktuellen Leistungsspektrum der IT (siehe Abschnitt 2.2) die Veränderungen des Leistungsspektrums der IT durch Wachstumspfeile angegeben.

Das zukünftige Dienstleistungsportfolio kann z. B. neben dem zuverlässigen Basisbetrieb für die Kernanwendungen und Support-Dienstleistungen auch Beratungsleistungen wie z. B. im Kontext der Prozessmodellierung beinhalten. Das zukünftige Produktportfolio kann z. B. neben technischen Softwareprodukten auch geschäftsprozessorientierte Produkte wie z. B. eine Allround-Vorort-Service-Unterstützung für Außendienstmitarbeiter umfassen.

> **Das Wesentliche auf einen Blick:**
> - Werden Sie sich darüber klar, welchen Stellenwert die IT zukünftig einnehmen soll.
> - Das angestrebte zukünftige Leistungspotenzial der IT muss mit der strategischen Positionierung konform und erreichbar sein!
>   Sowohl eine Unter- als auch eine Überschätzung sind irreführend, weil dadurch eine falsche Erwartungshaltung bei den Anwendern beziehungsweise Kunden entsteht.
> - Zeigen Sie das künftige Leistungspotenzial anhand des geplanten Dienstleistungs- und Produktportfolios auf.
> - Überzeugen Sie die Unternehmensführung durch eine fundierte Darstellung des Wert- und Strategiebeitrags der IT und erhöhen Sie so den Stellenwert der IT.
> - Unabhängig davon, welche Rolle die IT im Unternehmen spielt, muss die strategische Positionierung der IT von der Unternehmensführung vertreten und im Unternehmen klar artikuliert werden. Nur so bewegt sich die IT auf „sicherem Grund".

Nach der Standortbestimmung und strategischen Positionierung der IT kennen Sie deren aktuelle und angestrebte Leistungsfähigkeit. Auf der Basis können Sie nun Ihr Instrumentarium für das strategische IT-Management gestalten. Im nächsten Abschnitt erhalten Sie Hilfestellungen hierfür.

2.4 Lean IT-Management-Instrumentarium

Die in Abschnitt 2.2 genannten Herausforderungen an CIOs und IT-Verantwortliche sind gewaltig. Sie müssen einer Operational Excellence näher kommen, die IT auf Veränderungen im Geschäft vorbereiten (Business-Agilität) und diese Veränderungen schnell und angemessen managen sowie versuchen, das Geschäft mitzugestalten. Die hohe Kunst besteht nun darin, die richtigen Schwerpunkte zu setzen, die Organisation und Prozesse passend dazu festzulegen und die Rahmenbedingungen für das Team zu schaffen. In Abhängigkeit von Ihrer Ausgangslage gibt es hierbei unterschiedliche Prioritäten (siehe Abschnitt 2.3).

Hierzu müssen Sie die richtigen Rückschlüsse aus der Unternehmensstrategie, den Geschäftsanforderungen und den technologischen Innovationen für die Ausrichtung der IT ziehen und diese in Rahmenvorgaben und Planungsprämissen gießen. Manifestiert in einer adäquaten Organisation und in den Planungs-, Entscheidungs- und Durchführungsprozessen können dann die Herausforderungen umgesetzt werden.

Für die Umsetzung sind die folgenden Aspekte besonders wichtig:

- Die Vision, die strategischen Rahmenbedingungen und die „Pains" in Business und IT identifizieren und dokumentieren
- Aus der Unternehmensstrategie und aus den wesentlichen Geschäftsanforderungen die Anforderungen an die IT ableiten und diese zu Handlungsfeldern bündeln.
- Für die Handlungsfelder möglichst angemessene Lösungen nachvollziehbar gestalten
- Klare und verbindliche Zielvorgaben als Maßstab für das strategische IT-Controlling festlegen und bekannt machen.
- Konkretisieren der Zielvorgaben durch ein Ziel-Bild sowie Ableitung einer IT-Roadmap und Einsteuerung konkreter Themenbereiche in die Investitionsplanung sowie das Projektportfolio-Management.
- Aufbau eines Steuerungsinstrumentariums, in dem der Status und der Fortschritt der Umsetzung der strategischen Vorgaben, insbesondere auch die Entwicklung der Kosten und des Wert- und Strategiebeitrags, transparent werden
- Etablierung einer angemessenen Organisation und von schlanken Prozessen sowie Verankerung dieser, um das Ganze zum Leben zu bringen (siehe Kapitel 8).

Zur Bewältigung der Herausforderungen benötigen Sie ein schlankes, aber wirkungsvolles und ausbaubares Instrumentarium für das strategische IT-Management, das zur aktuellen Standortbestimmung und strategischen Positionierung Ihrer IT passt.

Ein schlankes Instrumentarium ist insbesondere in Anbetracht der schwindenden Budgets und gleichzeitig immer steigenden Anforderungen an die IT und das IT-Management essenziell. IT-Verantwortliche sind im Spagat zwischen IT-Dienstleister und Business-Partner häufig überlastet. Alleine die Bewältigung der operativen Aufgaben zur Gewährleistung des Betriebs und Umsetzung der Compliance- und Sicherheitsanforderungen nehmen häufig die IT-Verantwortlichen voll in Beschlag. Gleichzeitig noch ein komplexes IT-Management-Instrumentarium einzuführen und in der Organisation zu verankern, ist nicht zu leisten.

Hier ist Konzentration auf das Wesentliche entsprechend des Zitats von Antoine de Saint-Exupéry gefragt: „Perfektion ist nicht dann erreicht, wenn man nichts mehr hinzufügen, sondern wenn man nichts mehr weglassen kann". Der Kern muss identifiziert und richtig angegangen werden, unnötigen Ballast gilt es abzuschütteln. Systematisches Vorgehen mit viel Kommunikation auf der Basis eines guten Vertrauensverhältnisses zwischen der IT und den Kunden (externe Kunden oder interne Fachabteilungen) ist Voraussetzung, um herauszufinden, was der Kunde wirklich will. Gepaart mit Hintergrundwissen und Lösungskompetenz kann ermittelt werden, was der Kunde wirklich braucht. Auf dieser Basis kann der Kunden entsprechend beraten werden. So können enorme Kosten durch frühzeitige Prüfung auf Sinn, Konsistenz und Wichtigkeit von Geschäftsanforderungen eingespart werden. Unnötige Doppelarbeiten und wertvernichtende Projekte werden vermieden.

Am Ende zählen immer die Zufriedenheit bzw. Begeisterung der Abnehmer der IT-Leistungen sowie eine Kosten-Nutzen-Angemessenheit. Durch einen expliziten Feedback-Prozess muss die Kundenzufriedenheit eingeholt und geordnet in den kontinuierlichen Veränderungsprozess eingesteuert werden.

Im Folgenden werden die wesentlichen Bestandteile eines Lean-IT-Management-Instrumentariums beschrieben. Im Anschluss werden Hilfestellungen für die Anpassung des Instrumentariums entsprechend der unternehmensspezifischen Anforderungen unter Einbezug der Ergebnisse der Standortbestimmung und strategischen Positionierung gegeben.

2.4.1 Bestandteile eines IT-Management-Instrumentariums

Ein IT-Management-Instrumentarium umfasst Disziplinen, Verantwortlichkeiten und Gremien, um einerseits die IT-Komplexität zu beherrschen und andererseits die Veränderungen und Weiterentwicklung der IT-Landschaft zielgerichtet zu planen und zu steuern. Das Enterprise Architecture Management und das Demand Management nehmen dabei eine Schlüsselrolle ein.

Der wirkliche Nutzen entsteht jedoch nur im Zusammenspiel mit den anderen Disziplinen des strategischen IT-Managements. So nutzt es wenig, wenn transparent ist, dass ein Projekt nicht konform zur Planung ist, wenn die Strategiekonformität nicht als Kriterium in Investitionsentscheidungen eingeht. Die Soll-Bebauungspläne und Standards können nur umgesetzt werden, wenn sie insbesondere über das Projektportfoliomanagement durchgesetzt werden.

Ein Instrumentarium für das strategische IT-Management besteht häufig aus den in Bild 2.9 im rechten Bereich mit der Überschrift „IT" dargestellten Disziplinen. Die Zuordnung zu Business oder IT muss bei den Disziplinen, die auf der Grenze zwischen Business und IT oder im Business selbst angesiedelt wurden, unternehmensindividuell festgelegt werden. Die Zuordnung in Bild 2.9 ist sehr verbreitet.

Die Namen der Disziplinen variieren unternehmensspezifisch. Die Disziplinen können in Abhängigkeit von z. B. Stellenwert, Reifegrad und organisatorischen Randbedingungen zusammengefasst oder weiter differenziert werden. Hierzu finden Sie am Ende des Abschnitts weitere Hilfestellungen.

- **Unternehmensstrategieentwicklung und Business-Planung**
  Die Unternehmensstrategieentwicklung und Business-Planung liefern einen wesentlichen Input für das strategische IT-Management sowie für das Demand Management und alle Planungs- und Entscheidungsprozesse. Wesentliche Ergebnisse sind u. a. ein Business-Plan und eine Unternehmensstrategie.

2.4 Lean IT-Management-Instrumentarium

	Geschäftsfelder			
DL- und Produktportfolio		Vertrieb & Marketing	Produktion	...
IT-Beratung	10% ↑↑	5% ↑	...	20%
IT-Betrieb	15% →	25% ↑	...	51%
IT-Infrastruktur Service / Support	8% ↓	7% ↓	...	17%
⋮	⋮	⋮	⋮	⋮
	33%	37%	■■■	100%

Legende:
Farbe – Bedeutung
- Sehr hohe Bedeutung
- Hohe Bedeutung
- Mittlere Bedeutung
- Geringe Bedeutung

Relativer IT-Aufwand in %

↑↑ hohes Wachstum
↑ Wachstum
→ Stagnation
↓ Reduktion

BILD 2.9 IT-Management-Disziplinen in ihrem Zusammenspiel

Ein Business-Plan ist das unternehmerische Gesamtkonzept für ein geplantes Geschäftsvorhaben und mündet nach der Verwirklichung in die Unternehmensstrategie beziehungsweise das Geschäftsmodell des Unternehmens. In der Unternehmensstrategie werden die langfristigen Vorgaben, das Geschäftsmodell und die Organisation festgeschrieben. Die Unternehmensstrategie gibt Antwort auf folgende essentielle Fragen: „Wo stehen wir mit unserem Unternehmen? (Ist-Zustand)", „Wo wollen wir hin? (Ziel- und Soll-Zustand)" und „Wie kommen wir dorthin? (Weg zum Ziel)" (siehe [Tie07]). Die Unternehmensstrategie sollte regelmäßig an die veränderten Rahmenbedingungen im Rahmen des Unternehmensstrategieentwicklungsprozesses angepasst werden.

Wichtig:

Leider findet man in vielen Unternehmen nach wie vor häufig noch keine dokumentierte Unternehmensstrategie. Damit fehlen die strategischen Vorgaben für die strategische und operative Planung und Steuerung der Weiterentwicklung des Unternehmens.

In diesem Fall dokumentieren Sie Ihr Verständnis von beziehungsweise Ihre Annahmen über die Unternehmensstrategie und verwenden Sie diese Ergebnisse zur Abstimmung und als Ausgangspunkt für die strategische Planung und Steuerung in Business und IT und insbesondere auch für das Demand Management und die Entscheidungsprozesse, wie z. B. das Projektportfoliomanagement.

- **IT-Strategieentwicklung**
  Die IT-Strategie wird aus der Unternehmensstrategie abgeleitet. Die IT-Strategie gibt den formalen und verbindlichen Rahmen für die verschiedenen Handlungsfelder der IT vor und stellt Planungsprämissen und Leitlinien für die Weiterentwicklung der IT für die nächsten Jahre auf. Insbesondere werden durch die IT-Strategie Prinzipien wie z. B. „Make-or-Buy", Strategien und strategische IT-Ziele als Vorgaben für die strategische Planung und Steuerung der IT gesetzt.

  Nach initialer Erstellung wird die IT-Strategie in regelmäßigen Zeitabständen an veränderte Rahmenbedingungen angepasst. Die Aktualisierung erfolgt häufig jährlich (siehe Abschnitt 3.5).

- **Strategisches Prozessmanagement**
  Das strategische Prozessmanagement definiert die Geschäftsprozesse des Unternehmens und erzeugt Transparenz über deren Verknüpfung untereinander und mit den Geschäftsprozessen von Geschäftspartnern. Der Prozessmanager identifiziert Anforderungen an die Geschäftsprozesse aus der Unternehmensstrategie und dem Geschäftsmodell und schafft einen langfristigen und unternehmensweiten Plan zur Weiterentwicklung der Geschäftsprozesse des Unternehmens. Zudem definiert er die dafür erforderlichen Maßnahmen, kontrolliert deren Umsetzung und steuert gegebenenfalls nach, um vorhandenes Erfolgspotenzial zu sichern und neues Erfolgspotenzial aufzubauen.

  Das operative Prozessmanagement wickelt die bestehenden Prozesse im Tagesgeschäft bestmöglich ab, um vorgegebene Leistungskennzahlen zu erreichen und die Potenziale bestehender Prozesse auszuschöpfen. Hierzu werden die Prozesse innerhalb der Verantwortungsbereiche modelliert, analysiert, designt und gemessen. Das operative Prozessmanagement treibt die kontinuierliche Prozessverbesserung und verantwortet das Change Management für seine Prozesse (siehe auch [Sch10]).

  Die durch das strategische Prozessmanagement vorgegebenen übergeordneten fachlichen Strukturen geben einen fachlichen Ordnungsrahmen für die Planung und Steuerung der IT, das Demand Management und alle Entscheidungsprozesse vor. Das strategische Prozessmanagement ist in der Regel ein wesentlicher Aspekt vom Management der Geschäftsarchitektur. Das strategische Prozessmanagement ist entweder Bestandteil vom Enterprise Architecture Management oder stellt zumindest die Ist- und Soll-Prozesse als fachlichen Bezugsrahmen für das Enterprise Architecture Management bereit. Dies ist in Bild 2.9 durch die Verbindungspunkte zwischen diesen beiden Disziplinen angedeutet. Das Analyse- und Steuerungsinstrumentarium des strategischen und operativen Prozessmanagements kann darüber hinaus für die Gestaltung der fachlichen Lösungsideen im Demand Management genutzt werden.

- **Business Capability Management**
  Business Capability Management ist ein systematischer Ansatz zur Identifikation der aktuell oder zukünftig für das Unternehmen relevanten Fähigkeiten (Business Capabilities) und zur schnellen Anpassung des Geschäftsmodells und der Geschäftsprozesse sowie deren IT-Unterstützung an veränderte Marktanforderungen und Wettbewerbsbedingungen. Ergebnis des Business Capability Managements ist eine Business Capability Map, auch funktionales Referenzmodell (siehe 5.6.1) genannt, eine spezifische Ausprägung eines fachlichen Domänenmodells. Die Identifikation und Festlegung der Business Capabilities werden in Abschnitt 7.4.2 ausführlich beschrieben.

Ein fachliches Domänenmodell bündelt die wesentlichen fachlichen Strukturen des aktuellen oder zukünftigen Geschäfts des Unternehmens, gibt damit eine gemeinsame Sprache vor und schafft Bezugspunkte für die Verknüpfung mit den IT-Strukturen. Hiermit wird ein Rahmen für die Weiterentwicklung in Business und IT vorgegeben.

Das Business Capability Management erfordert einen hohen Reifegrad. In einem niedrigen Reifegrad wird häufig nicht trennscharf zwischen Fähigkeiten, Funktionalitäten und von der IT bereitgestellten Business-Services unterschieden.

Das Business Capability Management ist ebenso wie das strategische Prozessmanagement ein wesentlicher Aspekt des Managements der Geschäftsarchitektur. Es ist entweder Bestandteil oder stellt zumindest die Ist- und Soll-Capabilities in einem funktionalen Referenzmodell als fachliche Funktionen für das Management der IT-Strukturen bereit (siehe Abschnitt 5.4.1). Das fachliche Domänenmodell bildet einen fachlichen Bezugsrahmen für die Verortung der IT-Systeme. Durch die Zuordnung von Informationssystemen zu den Business Capabilities kann die funktionale Abdeckung durch Informationssysteme (die IT-Funktionen) dokumentiert, analysiert und die IT-Landschaft serviceorientiert gestaltet werden. Dies ist in Bild 2.9 durch die Verbindungspunkte zwischen diesen beiden Disziplinen angedeutet.

Im Demand Management werden die durch das Business Capability Management Top-down vorgegebenen Strukturen genutzt und anforderungsgetrieben, d. h. Bottom-up, detailliert beziehungsweise justiert. Diese fachlichen Strukturen und Sprache werden auch in den Entscheidungsprozessen, wie z. B. Projektportfoliomanagement (siehe Abschnitt 8.2.2), und im strategischen IT-Controlling genutzt.

- **Enterprise Architecture Management**
Enterprise Architecture Management (EAM) ist ein systematischer und ganzheitlicher Ansatz für das Verstehen, Kommunizieren, Gestalten und Planen der fachlichen und technischen Strukturen im Unternehmen. Es hilft dabei, die Komplexität der IT-Landschaft zu beherrschen und die IT-Landschaft strategisch und businessorientiert weiterzuentwickeln. EAM ist ein wesentlicher Bestandteil des strategischen IT-Managements und beinhaltet alle Prozesse für die Dokumentation, Analyse, Qualitätssicherung, Planung und Steuerung der Weiterentwicklung der IT-Landschaft und der Geschäftsarchitektur.

EAM liefert für das strategische IT-Management Struktur und Inhalt. Es wird eine gemeinsame Sprache und ein Ordnungsrahmen im Idealfall unternehmensübergreifend vorgegeben. So wird festgelegt, welche fachlichen und technischen Domänen, Geschäftsprozesse, Informationssysteme und technische Bausteine verwendet werden. Es werden die Namen, die Beschreibung und das Zusammenspiel von z. B. Geschäftsprozessen, Informationssystemen und technischen Bausteinen dokumentiert. Diese Begrifflichkeiten bilden eine gute Kommunikationsgrundlage für die unterschiedlichen Beteiligten. Dies alleine ist schon ein großer Wert. Häufig gibt es in Unternehmen noch keine abgestimmten Listen von z. B. Geschäftsprozessen oder Informationssystemen.

Neben der Dokumentation der aktuellen werden die zukünftigen fachlichen und technischen Inhalte im Enterprise Architecture Management gestaltet. Dies ist neben Analyseergebnissen ein wesentlicher Input für die IT-Strategieentwicklung.

Fachliche oder technische Ordnungsrahmen (siehe Bild 2.3), wie z. B. eine Business Capability Map, eine Prozesslandkarte oder Blueprint (siehe Bild 2.10), geben das Bezugssystem für die Planung und Steuerung vor („die Struktur"). Dieses besteht aus fachlichen oder technischen Domänen, wie z. B. Vertrieb oder Produktion in der Capability Map.

Für die Domänen und für deren Inhalte, wie z. B. Capabilities, Geschäftsprozesse, Informationssysteme und/oder technische Bausteine, werden häufig im Rahmen der IT-Strategieentwicklung Rahmenvorgaben gesetzt oder über ein Ziel-Bild Orientierungshilfe für die mittel- und langfristige Gestaltung und Weiterentwicklung gegeben. Rahmenvorgaben können z. B. fachliche, technische und organisatorische Randbedingungen, Prinzipien, Strategien und technische Standards sein. Weitere Informationen finden Sie hierzu in den Abschnitten 7.4 und 7.6.

EAM stellt für das Demand Management, das Projektportfoliomanagement und das strategische Controlling zudem auf deren Belange zugeschnittene fundierte Informationen aus der Analyse und Planung der IT-Landschaft im Zusammenspiel mit der Geschäftsarchitektur bereit. Das Analyse-, Gestaltungs- und Planungsinstrumentarium vom Enterprise Architecture Management (siehe Kapitel 7) wird hierzu genutzt. Entsprechend der organisatorischen Verankerung kann EAM in unterschiedlichem Ausmaß Empfehlungen für die Lösungskonzeption von Projekten und Gestaltung des Projektportfolios einbringen und die Steuerung dieser aktiv unterstützen. Siehe hierzu Kapitel 8.

BILD 2.10 Fachliche und technische Ordnungsrahmen

> **Wichtig:**
> EAM ist, wie in Bild 2.9 dargestellt, die Spinne im Netz des strategischen IT-Managements. Die Informationen und Visualisierungen aus EAM sind unabdingbar für wirksame Planungs-, Entscheidungs- und Durchführungsprozesse. Über die Integration in diese Prozesse kann EAM Einfluss nehmen. Dabei ist insbesondere die Verankerung in das Projektportfoliomanagement wichtig, da dort Investitionsentscheidungen getroffen werden. Andererseits kann EAM aber nur dann hinreichend aktuelle und qualitativ hochwertige Ergebnisse liefern, wenn die Pflege und Qualitätssicherung der EAM-Datenbasis sichergestellt sind. Auch hierfür ist eine Integration in die Planungs-, Entscheidungs- und Durchführungsprozesse unabdingbar. ■

- **IT-Innovationsmanagement**
Durch kontinuierliche Markt- und Trendbeobachtung werden frühzeitig relevante technologische Neuerungen und Trends identifiziert sowie hinsichtlich der technologischen Reife und Potenzial sowie der damit verbundenen Risiken bewertet. Relevante Trends werden in die technische Standardisierung geordnet eingesteuert. So werden die technischen Standards zukunftsorientiert weiterentwickelt.

  In der höchsten Ausbaustufe leistet das IT-Innovationsmanagement einen wichtigen Input für Business-Innovationen und damit für den zeitlichen Vorsprung des Unternehmens gegenüber dem Wettbewerb. Business-Ideen können gemeinsam mit dem Business generiert, evaluiert, ggf. pilotiert und als Business-Innovationen umgesetzt werden. Weitere Informationen hierzu finden Sie in Abschnitt 6.3.6.

- **Projektportfoliomanagement und Multiprojektmanagement**
Unter Projektportfoliomanagement wird die regelmäßige Planung, Priorisierung, übergreifende Überwachung und Steuerung aller Projekte eines Unternehmens oder einer Geschäftseinheit verstanden. Angesichts immer knapper werdender Budgets kommt der Auswahl der richtigen Projekte besondere Bedeutung zu.

  Multiprojektmanagement ist die übergreifende Steuerung und Überwachung von mehreren voneinander abhängigen Projekten. Aufgrund der fachlichen und technischen Abhängigkeiten können Projekte nicht isoliert betrachtet werden. Entscheidungen in einem Projekt können Auswirkungen auf andere Projekte haben. Diese Wechselwirkungen werden im Rahmen des Multiprojektmanagements behandelt.

  Im Projektportfoliomanagement wird über die Umsetzung von Projektanträgen und damit letztendlich Geschäftsanforderungen entschieden. In der Unternehmensstrategieentwicklung und IT-Strategieentwicklung werden die Entscheidungsprozesse und die Bewertungsmaßstäbe für das Projektportfolio festgelegt. Das Enterprise Architecture Management liefert Strukturen und Plandaten und das Demand Management fachlichen Input (Projektanträge und fachliche Inhalte) für das Projektportfoliomanagement und das Multiprojektmanagement. Weitere Informationen hierzu finden Sie im Abschnitt 8.2 und in [Rat08], [Sei11] und [Hir11].

- **Demand Management**
Das Demand Management ist eine organisatorische Einheit, Stab oder Organisationseinheit, bestehend aus Business-Analysten für das Management der strategischen und operativen Geschäftsanforderungen. Das Demand Management vermittelt und dolmetscht zwischen den Fach- und IT-Abteilungen. Die wesentliche Tätigkeit im Demand Management ist die

Business-Analyse, d. h. die Identifikation, Aufnahme, Bündelung, fachliche Planung, Bewertung und Steuerung der Umsetzung von Geschäftsanforderungen. Durch das Demand Management wird der Zufluss von neuen Geschäftsanforderungen in die Umsetzung gesteuert. Im Demand Management wird Business-Analyse durchgeführt. Das Demand Management stellt sicher, dass die wirklich relevanten Geschäftsanforderungen erkannt und auch entsprechend der Geschäftserfordernisse umgesetzt werden. Die wesentlichen Aufgaben des Demand Managements sind (siehe [HGG12]):

- **Business-IT-Koordination**
  Das Demand Management ist eine Schnittstellenfunktion zwischen Business und IT mit starker Business-Orientierung und gleichzeitig IT-Sachverstand. Die Business-IT-Koordination ist daher ein wichtiger Querschnittsaspekt, der sich auch der anderen Demand-Management-Aufgabenbereiche bedient.
- **Unterstützung bei der Budgetierung**
  Die Budgetierung ist ein Teil des Gesamtplanungsprozesses einer Organisation. Das Demand Management unterstützt dabei. In der Regel nehmen die Business-Analysten Budgetpositionen auf, entwickeln und bewerten Lösungsszenarien sowie schätzen diese monetär ab. Dies wird im Rahmen der strategischen IT-Planung (siehe Kapitel 3) weiter detailliert.
- **Ableiten von strategischen Geschäftsanforderungen**
  Wenn strategische Geschäftsanforderungen nicht prägnant aufgeschrieben vorliegen, müssen sie aus der Unternehmensstrategie abgeleitet werden. Das Demand Management kann hier sowohl die Unternehmensstrategie- als auch IT-Strategieentwicklung unterstützen (siehe Abschnitt 6.2.14).
- **Aufnehmen, Gestalten und fachliches Planen von Geschäftsanforderungen**
  Die wesentlichen Anforderungen müssen identifiziert und angemessene fachliche Lösungen gefunden werden. Dies erfolgt sowohl in der Projektportfolio- und Roadmap-Planung als auch in der Projekt- und Iterationsplanung (siehe Abschnitt 3.2).
- **Fachliches Steuern der Umsetzung**
  Der Business-Analyst muss sicherstellen, dass die Geschäftsanforderungen wirklich umgesetzt werden. Entsprechend der organisatorischen Einbettung kann dies unterschiedlich ausgestaltet sein. Siehe hierzu Abschnitt 6.2.14.

Das Demand Management gewinnt zunehmend insbesondere in der IT als wichtige Disziplin der „CIO-Organisation" an Bedeutung. Das Demand Management kann aber auch im Business oder aber verteilt in Business und IT angesiedelt sein. In jedem Fall orientiert sich die Organisationsstruktur im Demand Management an der Organisation im Business, da die Geschäftseinheiten möglichst optimal bei der Umsetzung deren Geschäftsanforderungen unterstützt werden sollen.

Wichtig:
Das Demand Management ist eine, wenn nicht sogar die wesentliche Disziplin für das Management von Veränderungen. Ziel ist es, im Zusammenspiel zwischen Business und IT die veränderten Rahmenbedingungen und Geschäftsanforderungen möglichst angemessen, kostengünstig und trotzdem tragfähig zeitgerecht umzusetzen. Ein gutes Demand Management wird zum Differenzierungsmerkmal im Hinblick auf Business-Agilität.

- **Strategisches IT-Controlling**
  Der Leitsatz des strategischen IT-Controllings lautet: „Die richtigen Dinge tun." So werden Effektivität und damit die Zielsetzung des strategischen Controllings salopp umschrieben. Das strategische IT-Controlling sichert die Erreichung der langfristigen Ziele und Rahmenbedingungen ab, unter denen der operative Leistungsprozess erfolgt. Es unterstützt das IT-Management bei der Formulierung, Umsetzung und Überwachung der strategischen Vorgaben und Planungen. Mittels Frühindikatoren werden Abweichungen frühzeitig erkannt.

  Beim strategischen IT-Controlling werden insbesondere Status und Fortschritt der Umsetzung der strategischen Vorgaben und Planungen transparent gemacht. Basis bilden die Zielvorgaben aus der Unternehmens- und IT-Strategie sowie aus den Entscheidungsprozessen, wie z. B. Projektportfoliomanagement, sowie die Zielzustände und Strukturen aus EAM. Es wird ein Soll-Ist-Vergleich durchgeführt und auf adäquate Steuerungsgrößen zurückgegriffen (siehe Abschnitt 8.3.4), die mit operativen Messgrößen aus der Projektabwicklung und dem Betrieb in Beziehung gesetzt werden.

  Umgekehrt nutzen die Disziplinen die strategischen Steuerungsgrößen aus dem strategischen IT-Controlling für ihre Planungs- und Steuerungsaufgaben. Im EAM sind die Steuerungsgrößen insbesondere notwendig, um die Weiterentwicklung der IT-Landschaft wirksam zu steuern. In Abschnitt 8.3.4 finden Sie zugeordnet zu den Herausforderungen von CIOs häufig verwendete Kennzahlen.

- **Operatives IT-Controlling**
  Im Gegensatz zum strategischen IT-Controlling adressiert das operative IT-Controlling im Wesentlichen die Effizienz: „Die Dinge richtig tun." Maßstab für das operative IT-Controlling sind häufig Kosteneinsparungen oder aber Gewinn- bzw. Rentabilitätssteigerungen im Unternehmen. Durch die Festlegung von Kennzahlen und durch das Reporting wird Input für die operative Steuerung der Leistungserbringung gegeben.

  Über das operative IT-Controlling werden Ist-Werte z. B. für die Kosten von Projekten oder Informationssystemen ermittelt, die im strategischen IT-Controlling den Planwerten gegenübergestellt werden können.

- **Projektabwicklung**
  Die Projektabwicklung ist die Durchführung des kompletten Projektablaufs vom Anfang bis zum Ende des Projekts, d. h. vom Zuschnitt beziehungsweise von der Konzeption bis zum Roll-out. Die Projekte werden in einer zu Projektbeginn festzulegenden Projektorganisation (insbesondere Steuerkreis, Projektleiter und Projektteam) gemäß ihrer Leistungs-, Termin- und Kostenziele entsprechend des unternehmensspezifischen Projektvorgehensmodells (z. B. Scrum in [Wol10] und [Glo11] oder V-Modell XT [Kuh11]) umgesetzt.

  Wesentliche Kernaktivitäten der Projektabwicklung sind das Anforderungsmanagement, der Softwarearchitekturentwurf, die Entwicklung, das Testen, das Qualitäts- und das Projektmanagement. Der für das Demand Management verantwortliche Business-Analyst oder aber der Geschäftsarchitekt für die fachliche Domäne aus dem EAM muss in geeigneter Weise in die verschiedenen Kernaktivitäten eingebunden werden. Von besonderer Bedeutung ist hierbei das Zusammenspiel mit dem Anforderungsmanagement in Projekten. Dies wird im Rahmen der Beschreibung der organisatorischen Einbettung in Abschnitt 8.5 weiter detailliert.

Das Demand Management und EAM liefern einen wichtigen Input bereits für die Projekt- und Maßnahmendefinition. Die Projekt- und Maßnahmeninhalte und die Abgrenzung können durch die vorliegende Dokumentation der Ist-, Plan- und Soll-Bebauung schärfer gefasst werden. Anhaltspunkte für Tiefenbohrungen lassen sich zudem aufzeigen. Dies verkürzt die Definition und das Aufsetzen von Projekten erheblich. Durch zeitgerechte fundierte Analysen entsprechend den Fragestellungen aus dem Projektkontext kann EAM einen wesentlichen Input insbesondere in der Konzeptionsphase des Projekts oder der Maßnahme liefern.

Im EAM werden die Inhalte und Zeitpunkte der Umsetzung aller Projekte vom Projektportfoliomanagement übernommen und in Beziehung zu den fachlichen und technischen Strukturen in der EAM-Datenbasis gebracht. Die betroffenen Applikationen, Capabilities und Geschäftsprozesse usw. sind damit zugeordnet. So können Konfliktpotenziale aufgedeckt und ein wichtiger Beitrag zur Projektsynchronisation geleistet werden.

- **Wartung**
Die Wartung adressiert die Veränderung eines IT-Produkts nach dessen Auslieferung, um Fehler zu beheben, Performanz oder andere Attribute zu verbessern oder Anpassungen an die veränderte Umgebung vorzunehmen (Definition gemäß IEEE 610.12-1990).

Kleinere Geschäftsanforderungen werden in vielen Unternehmen als Wartungsmaßnahme umgesetzt. Die Verantwortlichkeiten hier sind sehr unternehmensspezifisch geregelt. So kann sich z. B. das Demand Management um die Klärung, die Detaillierung und insbesondere auch die Priorisierung und die Steuerung der Umsetzung der Wartungsmaßnahmen kümmern.

- **IT-Betrieb**
Der IT-Betrieb stellt den zuverlässigen Geschäftsbetrieb sicher. Er wird häufig nach dem internationalen De-facto-Standard ITIL (IT Infrastructure Library siehe [Joh11]) organisiert. Die für den Betrieb notwendigen Prozesse, die Aufbauorganisation und die Werkzeuge orientieren sich dann an der durch ITIL empfohlenen Strukturierung und den ITIL Best-Practices, wobei die ITIL-Implementierungen unternehmensspezifisch ausgeprägt sind.

Das Change-Management ist ein wesentliches Themengebiet aus ITIL. Ziel des Change-Managements ist es, Anpassungen an der IT-Infrastruktur kontrolliert, effizient und unter Minimierung von Risiken für den Betrieb durchzuführen.

- **Lieferantenmanagement**
Die Beziehungen zu den Lieferanten werden systematisch geplant und gesteuert. Bei niedriger Fertigungstiefe kommt dem Lieferantenmanagement eine große Bedeutung zu. Das Lieferantenmanagement ist häufig organisatorisch im Einkauf beheimatet.

> **Wichtig:**
> Nicht alle in Bild 2.9 aufgeführten Disziplinen sind für jeden Unternehmenskontext notwendig. Legen Sie Ihr Instrumentarium entsprechend Ihrer Ziele und Rahmenbedingungen aus und wählen Sie die Disziplinen in der für Sie geeigneten Ausbaustufe aus. Hilfestellungen hierfür finden Sie in den folgenden Abschnitten.

Das Zusammenspiel der Disziplinen und die erforderlichen Gremien müssen unternehmensspezifisch ausgeprägt werden. Wichtige Gestaltungspunkte werden im folgenden Abschnitt ausgeführt.

2.4.2 Ableitung Ihres IT-Management-Instrumentariums

Gestalten Sie Ihr strategisches IT-Management-Instrumentarium in Abhängigkeit von Ihrer Ausgangslage und Positionierung (siehe Abschnitt 2.3) sowie Ihrem organisatorischen Kontext und Reifegrad. Das Instrumentarium muss auf Ihr Unternehmen maßgeschneidert sein, um wirkungsvoll zu sein. Im Folgenden erhalten Sie Hilfestellungen für die individuelle Gestaltung.

> **Leitfaden für die Ableitung Ihres IT-Management-Instrumentariums im Überblick:**
>
> 1. **Ermitteln Sie Ihren organisatorischen Kontext.**
>   (Unternehmensgröße, Organisationsform und Unternehmenskultur)
>   Dies ist ein wesentlicher Input für die Festlegung der Planungs- und Steuerungsprozesse sowie der Gremienlandschaft. Für unabhängige oder sehr heterogene Geschäftseinheiten können zudem durchaus verschiedene Ausbaustufen des IT-Management-Instrumentariums zum Einsatz kommen.
>
> 2. **Analysieren Sie Ihren aktuellen und legen Sie Ihren angestrebten Stellenwert der IT fest.**
>   Hiermit legen Sie bereits grundlegende Rahmenbedingungen für die Gestaltung Ihres IT-Management-Instrumentariums, da nicht alle Disziplinen in Vollausbau insbesondere bei niedrigem Stellenwert praktikabel oder sinnvoll sind.
>
> 3. **Analysieren Sie Ihren Reifegrad pro Disziplin.**
>   Ermitteln Sie den aktuellen Reifegrad pro Disziplin und gegebenenfalls pro Geschäftseinheit, falls hier unterschiedliche Reifegrade zu erwarten sind.
>   Hier werden Aspekte wie Sponsoren, Skills, organisatorische Einheit, Reife und organisatorische Verankerung der Prozesse, Methodenreife, Wirksamkeit und Werkzeugunterstützung analysiert.
>
> 4. **Legen Sie Ihr strategisches IT-Management-Instrumentarium einhergehend mit Ihrer IT-Organisation und IT-Governance fest.**
>   Auf der Basis des Stellenwerts und der Reifegrade können Sie eine Entscheidung darüber treffen, welche Disziplinen Sie überhaupt und in welcher organisatorischen Einheit zusammenfassen oder aufteilen sowie wie Sie die IT-Governance gestalten. Achten Sie hierbei auf schlanke und wirksame Prozesse und Gremien.
>
> In den folgenden Abschnitten werden die Schritte im Detail ausgeführt und konkrete Hilfestellungen für die Ausführung gegeben. ∎

Für alle Schritte im Leitfaden finden Sie im Folgenden separate Abschnitte.

2.4.2.1 Ermittlung des organisatorischen Kontextes

Der organisatorische Kontext gibt ebenso wie der aktuelle und zukünftige Stellenwert der IT Rahmenvorgaben für die Gestaltung des strategischen IT-Management-Instrumentariums vor. Er wirkt sich insbesondere auf die Planungs- und Steuerungsprozesse sowie die Gremienlandschaft aus. So müssen z. B. bei dezentralen Organisationen in der übergreifenden Planung und Steuerung der IT die dezentralen Geschäftseinheiten eingefangen werden. Gremien mit Vertretern der dezentralen Geschäftseinheiten sind notwendig. Die Entscheidungskompetenzen und -verfahren müssen klar geregelt werden, was nicht immer einfach ist, da in der Regel Interessenkonflikte bestehen.

Daneben müssen Kultur, Reife und Interessen der einzelnen Einheiten analysiert und berücksichtigt werden, da diese sehr unterschiedlich ausgeprägt sein können und damit das notwendige Instrumentarium auch sehr unterschiedlich gestaltet werden muss.

Wesentliche Aspekte bei der Ermittlung des organisatorischen Kontextes sind:

- **Unternehmensgröße**
  Die Anzahl und Heterogenität der Themenstellungen steigt mit der Größe von Unternehmen. Daher hat die Unternehmensgröße auch einen wichtigen Einfluss auf die Ausgestaltung des strategischen IT-Management-Instrumentariums.

  Für die Einschätzung der Unternehmensgröße bilden die Bilanzsumme, Umsatzerlöse und Beschäftigtenzahl die entscheidenden Maßstäbe. Die EU hat zur Klassifizierung folgende Einteilung der Unternehmensgröße getroffen (siehe [Gün09]):

  - Kleinstunternehmen: 19 oder weniger Mitarbeiter
  - Kleine Unternehmen: 20 bis 99 Mitarbeiter
  - Mittlere Unternehmen: 100 bis 499 Mitarbeiter
  - Große Unternehmen: mehr als 500 festangestellte Mitarbeiter

  Firmen bis zur Klassifikation „mittlere Unternehmen" werden oft unter „KMU" zusammengefasst; die Abkürzung steht für Kleine und Mittlere Unternehmen.

- **Organisationsform** (zentral, dezentral oder Mischformen)
  In dezentralen IT-Organisationen sind Einflussnahme und Durchsetzung von strategischen Vorgaben ungleich schwerer als in zentralen IT-Organisationen.

  Wesentlich ist hier insbesondere auch das Sourcing-Modell, d. h. insbesondere auch „Wo sind welche IT-Einheiten angesiedelt (Business/unternehmensinterne IT-Einheit/externe IT-Einheit und individuelle Datenverarbeitung im Business)?". Siehe hierzu Abschnitt 8.2.

- **Unternehmenskultur**
  Die Unternehmenskultur lässt sich durch eine Tendenz in Richtung entweder einer offenen Leistungskultur oder einer angstgeprägten Absicherungskultur charakterisieren. Eine **offene Leistungskultur** basiert auf Vertrauen, Respekt, Toleranz, Fairness und Integrität. In einem engen Austausch zwischen allen Beteiligten werden kollaborativ Ergebnisse erarbeitet. Dies vereinfacht die Zusammenarbeit und führt zu mehr Effizienz und Effektivität.

  Im Gegensatz hierzu findet man bei einer **angstgeprägten Absicherungskultur** formale Prozesse, wo es im Wesentlichen auf die Einhaltung von Regeln ankommt. Menschen sind nicht bereit, Entscheidungen zu treffen, weil sie Angst vor den Konsequenzen haben, wie z. B. ein Tobsuchtsanfall eines cholerischen Chefs, der sie in Meetings vor dem Kollegenkreis zusammenfalten könnte. Verantwortung wird nur ungerne übernommen oder auf möglichst viele Schultern verteilt. Anzeichen hierfür sind eine Mail-Flut von Bandwurm-Mails, in der viele Personen per cc oder bcc angesprochen werden, und viele Problemmeetings.

- **Leistungsverrechnung**
  Die Leistungsverrechnung kann tendenziell über eine **Umlage von Gemeinkosten** oder **verursachungsgerecht** erfolgen. Entsprechend der Ausprägung muss insbesondere das Steuerungsinstrumentarium unterschiedlich ausgestaltet werden.

  Die IT-Kosten können in vielen Unternehmen nicht verursachungsgerecht zugeordnet und damit nicht wirklich gesteuert werden. Sie sind häufig nur ein intransparenter Gemeinkostenblock. Durch die Definition von IT-Produkten und -Dienstleistungen mit klar definierten Leistungsinhalten, Service-Levels und Preisen kann hier Abhilfe geschaffen werden. Der Weg dahin ist aber sehr lang.

Ermitteln Sie Ihren organisatorischen Kontext. Beim Aspekt Unternehmenskultur reicht eine grobe Einschätzung der Tendenz gegebenenfalls pro Geschäftseinheit aus.

2.4.2.2 Festlegung des Stellenwerts der IT

Bestimmen Sie die aktuelle Ausgangslage und die strategische Positionierung der IT. Der aktuelle und zukünftige Stellenwert der IT bestimmen maßgeblich den Einfluss der IT im Unternehmen insbesondere in den fachlichen Planungs- und Entscheidungsprozessen. So nimmt mit zunehmendem Stellenwert auch das Top-Management Commitment zum strategischen IT-Management-Instrumentarium zu. Dies vereinfacht dessen Etablierung und Ausbau.

Die Disziplinen, wie z. B. das Demand Management, das Enterprise Architecture Management und das Projektportfoliomanagement müssen entsprechend der Rahmenbedingungen gestaltet werden. Wenn die IT nicht in die fachliche Planung und das Projektportfoliomanagement eingebunden wird, kann z. B. das Demand Management auf der IT-Seite nur in der operative Umsetzung wirken.

Nutzen Sie für die Einschätzung des aktuellen und zukünftigen Leistungspotenzials die Hilfestellungen aus Abschnitt 2.3.1.

> **Wichtig:**
> Zeigen Sie das aktuelle und zukünftige Leistungspotenzial anhand des geplanten Dienstleistungs- und Produktportfolios auf. So kommen Sie zu einer realistischeren Einschätzung Ihres aktuellen und angestrebten Stellenwerts. Nutzen Sie diese Einschätzung für die Ableitung Ihres strategischen IT-Management-Instrumentariums (siehe Tabelle 2.2). ∎

Auf Basis der Einschätzung des aktuellen und angestrebten Stellenwerts der IT kann bereits ein erstes Grundkonfigurieren des strategischen IT-Management-Instrumentariums erfolgen. Nutzen Sie hierzu die Tabelle 2.3. Ein „-" steht hier für keine Beteiligung der IT oder nicht vorhanden.

Lediglich für die Disziplinen, die im angestrebten Stellenwert sinnvollerweise etabliert werden sollten, müssen Sie den aktuellen Reifegrad ermitteln.

TABELLE 2.3 Typische Grundkonfiguration des Instrumentariums in Abhängigkeit vom Stellenwert der IT

	Kostenfaktor	Vermögenswert	Business-Partner	Enabler und Money-Maker
Unternehmensstrategieentwicklung und Business-Planung	–	IT wird über Ergebnis informiert	Eingebunden	Aktive Teilnahme auch bei der Geschäftsmodell-(weiter-)entwicklung
Strategisches Prozessmanagement	–	IT wird über Ergebnis informiert; Informationen von der IT werden selektiv eingeholt	Entweder strategisches Prozessmanagement oder Business Capability Management	Entweder strategisches Prozessmanagement oder Business Capability Management
Business Capability Management	–	IT wird über Ergebnis informiert		
IT-Strategieentwicklung	Rudimentär	Schwerpunkt Technologiemanagement, Sourcing und IT-Betrieb	Abgedeckt	Zusätzlich Erweiterung in Richtung Innovationsmanagement
EAM-Management der Geschäftsarchitektur	–	Rudimentäre Befüllung entsprechend Zulieferung aus dem Business sowie IT-Annahmen	Abgedeckt	Abgedeckt
EAM-Management der IT-Architektur	Falls überhaupt dann Fokus auf IT-Basisbetrieb	Fokus auf Business-IT-Alignment, Technologiemanagement und Betrieb	Vollumfänglich	Vollumfänglich
Demand Management	Operativer Schwerpunkt; Fokus auf IT-Servicemanagement	Operativer Schwerpunkt; Unterstützung bei der Budgetierung im Hinblick auf die IT-Kosten	Vollumfänglich	Vollumfänglich; Ausbau im Kontext strategische Planung und Programm-/Produktplanung
Projektportfoliomanagement	IT-internes Projektportfoliomanagement	IT-internes Projektportfoliomanagement	Gemeinsam Business und IT	Gemeinsam Business und IT
Strategisches IT-Controlling	–	Rudimentär mit Schwerpunkt auf zuverlässiger kostengünstiger Geschäftsbetrieb	Schwerpunkt auf Operational und Strategic Excellence	Schwerpunkt auf Operational und Strategic Excellence sowie Innovationsmanagement

2.4.2.3 Ermittlung des Reifegrads pro Disziplin

Analysieren Sie Ihren Reifegrad für alle von Ihnen aktuell praktizierten Einzeldisziplinen. Falls in den unterschiedlichen Geschäftseinheiten (siehe organisatorischer Kontext) unterschiedliche Reifegrade zu erwarten sind, betrachten Sie diese einerseits unabhängig voneinander und andererseits übergreifend in ihrem Zusammenspiel mit den anderen Geschäftseinheiten.

> **Definition Reifegradmodell:**
>
> Ein Reifegradmodell gibt verschiedene Reifegradstufen vor. Jede Reifegradstufe beschreibt Anforderungen oder Qualitätsniveaus, die erfüllt sein müssen, damit diese Stufe als „erreicht" gilt. Die Einstufung erfolgt mit Hilfe eines definierten Assessment-Verfahrens. Reifegradmodelle dienen der systematischen Analyse der Ist-Situation, der Definition der Soll-Situation und der Roadmap zur Umsetzung.

Typischerweise gibt es drei oder fünf Reifegradstufen (siehe [Joh07], [itS08], [Luf00], [HGG12] oder in Abschnitt 7.1). Im Folgenden wird von drei Reifegradstufen (Einstieg, Fortgeschritten, Experte) ausgegangen. Diese bauen aufeinander auf und lassen sich wie folgt grob charakterisieren.

- **Einstieg**
  Die Disziplin ist im Unternehmen noch nicht wirklich etabliert. Es gibt nur wenige Sponsoren; häufig auch nicht im Top-Management. Es gibt in der Regel keine separate organisatorische Einheit, Organisationseinheit oder (Teilzeit-)Stabstelle für diese Disziplin. Die Skills müssen erst noch aufgebaut werden. Bislang existiert noch wenig Erfahrungswissen. Es kommen grundlegende methodische Konzepte und Ergebnistypen zum Einsatz, mit denen Erfahrungen gesammelt und die schrittweise mit zunehmendem Erkenntnisgewinn optimiert werden. Schwerpunkt bildet dabei oft die Schaffung von Transparenz, häufig auch nur für einen Ausschnitt des Unternehmens. Entsprechend Ihrer aktuellen Fragestellungen erweitern Sie das Repertoire an Ergebnistypen, das Sie einsetzen, um die Informationsbeschaffung besser zu unterstützen. Die Prozesse und deren Governance sind einfach gestaltet. Die Notwendigkeit der organisatorischen Verankerung und Werkzeugunterstützung ist erkannt, wird erprobt und in Schritten etabliert.

- **Fortgeschritten**
  Ihr Unternehmen hat eine organisatorische Einheit für diese Disziplin mit den erforderlichen Skills aufgebaut und verfügt bereits über erste Erfahrungen in der Disziplin und deren organisatorischen Verankerung. Die Disziplin ist zunehmend bekannter und hat ihren Mehrwert gezeigt und vermarktet. Es gibt zumindest einige Sponsoren. Es besteht ein Management-Commitment auf Topmanagement-Ebene. Transparenz über z. B. Geschäftsanforderungen im Demand Management oder über die Ist-Bebauung im Enterprise Architecture Management wurde geschaffen, die Prozesse und die organisatorische Verankerung hierzu sind etabliert. Schwerpunkt bildet die strategische Planung und deren organisatorische Verankerung in die Entscheidungs- und Durchführungsprozesse sowie in die anderen Planungsprozesse. Der Mehrwert für insbesondere Investitionsentscheidungen (u. a. Projektportfoliomanagement und Projektsteuerung) wird gezeigt und so schrittweise die Planung als separater Teilprozess in der Disziplin mit Werkzeugunterstützung aufgesetzt und etabliert sowie mit den Planungs-, Entscheidungs- und Durchführungsprozessen verzahnt.

Es gibt in der Regel aber noch viele Widerstände bei der organisatorischen Verankerung der Disziplin. Diese nehmen jedoch zunehmend ab. Häufig wird in einem Teilbereich des Unternehmens gestartet und die Disziplin schrittweise auf das Gesamtunternehmen ausgerollt. Die Disziplin ist zunehmend akzeptiert und wirkt übergreifend.

- **Experte**

Die Disziplin ist etabliert und in der Organisation verankert. Sie haben ein durchgängiges systematisches Instrumentarium, mit dem Sie die Transparenz schaffen und die zukünftige IT-Unterstützung des Geschäfts wirkungsvoll aktiv planen. Übergreifende Synergiepotenziale werden gehoben. Schwerpunkt des Methodenausbaus bildet die effektive und effiziente Steuerung der Weiterentwicklung der IT. Der Fortschritt in der Umsetzung ist einfach ersichtlich. Veränderungen können schnell eingesteuert und deren Auswirkungen fundiert analysiert und bewertet werden. Die Disziplin ist in der Organisation etabliert, wirkt unternehmensweit und wird als „unentbehrlich" wahrgenommen.

Hinweis: Im EAM-Reifegradmodell (siehe Abschnitt 7.1) gibt es fünf Stufen. Die ersten drei Stufen werden auf „Einstieg" abgebildet.

TABELLE 2.4 Wesentliche Aspekte zur Einschätzung des Reifegrads

Aspekt	Beschreibung
Sponsor	Sponsoren sind die Auftraggeber oder gegebenenfalls andere nutznießende Stakeholder. Sie geben bei der Einführung der Disziplin Rückendeckung. Sie haben Einfluss und sorgen initial für die entsprechenden Budgets und dafür, dass die richtigen Personen im Einführungsprojekt und später in der Linie mitwirken. Später machen sie aktiv Marketing mit den Erfolgen und helfen, die Disziplin „zum Fliegen zu bekommen". Ermitteln Sie die Sponsoren und schätzen Sie deren Einfluss und Interesse an der Disziplin ein. Sponsoren können mittels einer Stakeholder-Analyse (siehe Abschnitt 7.2) anhand eines Organigramms ermittelt werden. In der Regel wissen Sie genau, wer von den potenziell relevanten Entscheidern Nutzen aus der Disziplin ziehen könnte und gleichzeitig aufgeschlossen dafür ist. Wichtig ist dabei, die Ziele und auch die „hidden Agenda" der möglichen Sponsoren zu verstehen.
Anzahl und Skills der Hauptakteure	Hauptakteure sind z. B. die Business-Analysten im Demand Management oder die Unternehmensarchitekten im Enterprise Architecture Management. Für alle diese Rollen müssen Sie im Unternehmen Skill-Profile erstellen. Ein Skill-Profil für Unternehmensarchitekten finden Sie in Abschnitt 8.2.1, für das Demand Management in [HGG12], für das Prozessmanagement in [HLo12], für das Projektportfoliomanagement in Abschnitt 8.2, für die IT-Strategie in Abschnitt 3.5 und für das strategische IT-Controlling in Abschnitt 8.3.4. Bestimmen Sie die Anzahl und Skills der Hauptakteure pro Disziplin und ggf. pro Geschäftseinheit.
Organisatorische Einheit	Eine organisatorische Einheit kann entweder eine Organisationseinheit oder (Teilzeit-)Stabstelle sein. Für jede relevante Disziplin muss deren organisatorische Zuordnung festgelegt werden. Es kann entweder eine eigene organisatorische Einheit existieren oder geschaffen oder die Aufgaben einer anderen Einheit zugeordnet werden.

TABELLE 2.4 *(Fortsetzung)* Wesentliche Aspekte zur Einschätzung des Reifegrads

Aspekt	Beschreibung
Reife der (Teil-)Prozesse	Über Reifegradmodelle, wie z. B. [Joh07], [itS08] und [Luf00] sowie [HGG12] und Abschnitt 7.1 für EAM kann das Potenzial in den Prozessen der Disziplin ermittelt werden. So lassen sich Lücken insbesondere in den kritischen Prozessen identifizieren und gegenüber dem Management aufzeigen.
	Bei der Festlegung des strategischen IT-Management-Instrumentariums muss insbesondere auch dem (Teil-)Prozessreifegrad der einzelnen Disziplinen Rechnung getragen werden. Wenn z. B. die Fähigkeiten für die strategische IT-Planung noch nicht vorhanden sind, dann sollte dies noch nicht versucht werden, firmenübergreifend zu etablieren.
	Analysieren Sie daher den Prozessreifegrad für die Disziplin bzw. deren Teilprozesse, wie beim Enterprise Architecture Management (siehe Abschnitt 7.1) und Demand Management (siehe [HGG12]). Wichtige Aspekte hierbei sind die Vollständigkeit, die Dokumentation bzw. Kenntnis über die Prozesse und die Durchführbarkeit der Prozesse.
	Eine grobe Einschätzung in „Einstieg", „Fortgeschritten" und „Experte" reicht völlig aus. Sicherlich kann man sich auch an detaillierteren Reifegradmodellen, siehe oben, orientieren.
Organisatorische Verankerung der Prozesse	Die Disziplinen müssen mit den Planungs-, Entscheidungs- und Durchführungsprozessen verzahnt sein, um Wirkung zu entfalten. Diese Verdrahtung müssen Sie für alle Disziplinen einschätzen. Als Hilfestellung können Sie die Kanten in Bild 2.9 heranziehen. Dokumentieren Sie, welche Verzahnung wie aktuell umgesetzt ist, und schätzen Sie deren Reife und Vollständigkeit ein. Dokumentieren Sie die Lücken, um die Wirksamkeit zu entfalten. Für diese Lücken müssen Sie dann andere Governance-Mechanismen bereitstellen.
Systematische Methode	Schätzen Sie ein, inwieweit die Methode (Ergebnistypen und Vorgehen) systematisch, verständlich, angemessen und durchgängig ist. Überprüfen Sie hierbei, ob es konsistente und einfach verständliche vollständige Vorgaben für die Dokumentation gibt. Wesentliche Aspekte für die Angemessenheit sind die Granularität der Elemente und deren Beziehungen und die Wartbarkeit/Pflegbarkeit und der damit verbundene Aufwand von z. B. Datenbasen oder Dokumentationen. Schreiben Sie die Verbesserungsbedarfe auf.
Wirksamkeit	Die Vollständigkeit der Umsetzung in der Organisation (die Reichweite), der Einfluss auf die Planung und Steuerung und die Einhaltung von strategischen Vorgaben, wie z. B. die Überprüfung auf Standardkonformität, sollten bei der Einschätzung der Wirksamkeit der Disziplin adressiert werden. Zusätzlich kann über ein geeignetes Performance-Management eine Effektivitäts- und Effizienzkontrolle durchgeführt werden (siehe [Haf04]).
Werkzeugunterstützung	Schätzen Sie auch den Umfang der Werkzeugunterstützung, deren Handhabbarkeit, Automation und Integration sowie Anpassbarkeit an die unternehmensspezifischen Bedürfnisse ein.

TABELLE 2.5 Anhaltspunkte für eine qualitative Bewertung des Reifegrades

	Einstieg	Fortgeschritten	Experte
Sponsor	Mindestens ein Sponsor mit hinreichendem Einfluss	Mehrere Sponsoren; mindestens einer im Top-Management	Top-Management und ggf. mehrere weitere Sponsoren
Anzahl und Skills der Hauptakteure	Mindestens ein Hauptakteur für jede separat zu berücksichtigende Geschäftseinheit Hauptakteure haben die grundlegenden Voraussetzungen. Einige Teil-Skills müssen noch auf- oder ausgebaut werden.	Mehrere Hauptakteure für jede separat zu berücksichtigende Geschäftseinheit Hauptakteure verfügen über einen Großteil der erforderlichen Skills. Alle Hauptakteure (pro Geschäftseinheit) haben gesamthaft die erforderlichen Skills.	Mehrere Hauptakteure für jede separat zu berücksichtigende Geschäftseinheit Hauptakteure verfügen über alle wesentlichen Skills.
Organisatorische Einheit	Separate Rolle(n) in einer bereits etablierten organisatorischen Einheit	Separate organisatorische Einheit	Separate organisatorische Einheit
Reife der (Teil-)Prozesse	Erste Versuche/Lernphase	Erprobt und optimiert	Etabliert und kontinuierlich verbessert
Organisatorische Verankerung der Prozesse	Notwendigkeit erkannt Einbindung, weil es sein muss („sanfter Druck")	Verzahnt mit den Planungsprozessen Einbindung als akzeptierter Partner	Verzahnt mit den Planungs- und Steuerungsprozessen Einbindung als unentbehrlich empfunden
Systematische Methode	Einfache Ergebnistypen z. T. noch ohne Erfahrung damit Schwerpunkt auf Transparenz herstellen	Erfahrung mit einfachen Ergebnistypen; schrittweiser Ausbau entsprechend der Fragestellungen Schwerpunkt auf Planung	Durchgängige und systematische Auswahl der Ergebnistypen Beherrschung aller Ergebnistypen Schwerpunkt auf Planung und Steuerung
Wirksamkeit	In einzelnen Projekten Noch kein oder wenig Einfluss auf die Planung	In einigen Geschäftseinheiten projektübergreifend Einfluss auf die Planung	Unternehmensweit Einfluss auf die Planung und Steuerung
Werkzeugunterstützung	Partielle Werkzeugunterstützung; ggf. nicht integriert	Integrierte Werkzeugunterstützung für die wesentlichen Teilprozesse, ausgerichtet auf die Hauptakteure	Durchgängige Werkzeugunterstützung für die Hauptakteure und für Nutznießer sowie Datenlieferanten

Für die Bewertung der Einzelaspekte lassen sich eine Systematik und ein einheitliches Bewertungsschema angeben. So können Bewertungen objektiviert und auch unternehmensübergreifend verglichen werden. Hierzu ordnet man den einzelnen Aspekten mögliche Ausprägungen zu, aus denen man dann im Rahmen der Bewertung auswählt. Die Bewertungen der Einzelaspekte lassen sich zu einer Gesamtbewertung zusammenfassen. Das Ergebnis wird häufig in Form eines Spider-Diagramms dargestellt (siehe [Mül05]).

Eine qualitative Bewertung reicht jedoch völlig aus, um ihren Reifegrad zu bestimmen. Für die Einschätzung können Sie die Tabelle 2.5 heranziehen.

Schätzen Sie den aktuellen Reifegrad für alle entsprechend des Stellenwerts der IT relevanten Disziplinen ein. Dies ist eine wichtige Grundlage für die Festlegung des strategischen IT-Management-Instrumentariums. Die Ableitung dieses Instrumentariums wird im Folgenden erläutert.

2.4.2.4 Festlegung Ihres strategischen IT-Management-Instrumentariums

Mit Hilfe Ihres strategischen IT-Management-Instrumentariums wollen Sie eine deutliche Steigerung der Kundenorientierung sowie von Effizienz und Effektivität in der IT erreichen. Hierfür müssen Sie auf Basis Ihrer Rahmenbedingungen (organisatorischer Kontext und Stellenwert sowie gegenwärtiger Reifegrad in den Disziplinen) die richtigen Ansatzpunkte identifizieren.

Ausgangspunkt können die folgenden typischen Szenarien in Abhängigkeit vom Stellenwert der IT bilden. Auf dieser Basis können Sie unter Berücksichtigung Ihres organisatorischen Kontextes und Ihrer Ziele Ihr strategisches IT-Management-Instrumentarium ableiten.

IT ist ein Kostenfaktor

Ein typisches Szenario sieht wie folgt aus: Die IT hat keinen Einfluss auf das Geschäft und wird auch nicht fachlich in die Unternehmensstrategieentwicklung, Business-Planung und das Management der Geschäftsanforderungen eingebunden. Definierte IT-Services für IT-Commodity-Produkte, wie z. B. „Bereitstellung eines Vertriebsarbeitsplatzes", werden zu festgelegten Konditionen und Service-Level-Vereinbarungen (SLA) angefordert. Vorgaben und Anforderungen, die über den festgelegten IT-Leistungskatalog hinausgehen, werden „über den Zaun" zur Schätzung der Kosten geworfen. Häufig werden auch Vergleichsangebote eingeholt, da ein Misstrauen gegenüber der IT herrscht. Nach Leistungserbringung erfolgt eine formale Abnahme. Aufgrund der eingeschränkten Kommunikation gibt es häufig Missverständnisse. Das Ergebnis erfüllt die Erwartungen nicht und die Teufelsspirale dreht sich weiter.

Das strategische IT-Management-Instrumentarium fokussiert also stark nach innen. D.h., es gibt eine mehr oder weniger formale Schnittstelle zwischen Business und IT. Wenn die IT externer Service-Dienstleister ist, dann gibt es formale Verträge mit Service-Level-Vereinbarungen. In Bild 2.11 finden Sie ein Beispiel eines IT-Management-Instrumentariums. Business und IT ist hier strikt getrennt. Es gibt eine klare Schnittstelle zum Business über ein Kunden-, Auftrags- oder/und Servicemanagement. Dies ist eine Art „formales" Demand Management mit stark operativem Fokus. Lediglich die Teilaufgaben „Business-IT-Koordination" und „Fachliches Steuern der Umsetzung" sind im Wesentlichen relevant. Ggf. darf die IT noch den Aufwand für die Umsetzung von Geschäftsanforderungen abschätzen. Damit erschöpft sich aber in der Regel die Einbindung. Durch ein professionelleres Demand Management

BILD 2.11 Beispiel eines IT-Management-Instrumentariums im Stellenwert „Kostenfaktor"

(Reifegrad „Fortgeschritten" oder „Experte"), das auch die strategischen Aufgaben abdeckt, kann das Business durch Kompetenz überzeugt und so schrittweise der Stellenwert der IT erhöht werden. Dies ist aber ein sehr kraftanstrengender und langandauernder Prozess, der durch das Management auf beiden Seiten unterstützt und gewollt sein muss.

Die anderen Disziplinen sind auch strikt getrennt. Die IT-Strategieentwicklung bekommt zwar gegebenenfalls einen Input aus der Unternehmensstrategie. Dies sind aber in der Regel eher nur Rahmenbedingungen und strategische Vorgaben. EAM fokussiert sich auf das Management der IT-Architektur und macht maximal Annahmen über die Geschäftsarchitektur, die in der Regel nicht mit dem Business abgestimmt sind. Das Projektportfoliomanagement adressiert nur die IT-Projekte. Strategisches IT-Controlling gibt es häufig gar nicht, da die IT eigentlich nur operative Ziele hat.

Dies spiegelt sich auch in der IT-Organisation und in der Gremienstruktur und -zusammensetzung wider. Siehe hierzu Abschnitt 8.2.

> **Wichtig:**
> Wenn die IT nur als Kostenfaktor gesehen wird, hat sie keinen Einfluss auf das Business. Die IT muss effizient und kostengünstig im Wettbewerbsvergleich agieren und die Einhaltung der Verträge mit dem Business sicherstellen. Der Schwerpunkt liegt auf der technischen Standardisierung und der Optimierung des IT-Basisbetriebs. Das strategische IT-Management-Instrumentarium muss daraufhin ausgerichtet werden.
>
> Je formaler die Grenze zwischen Business und IT ist (Beispiel verschiedene Unternehmen), desto schwieriger ist es für die IT, sich einen höheren Stellenwert zu erobern (siehe Abschnitt 2.3).

IT ist ein Vermögenswert

Ein typisches Szenario bei diesem Stellenwert sieht wie folgt aus: Die IT wird als wichtige und unverzichtbare Voraussetzung für einen funktionierenden und kostengünstigen Geschäftsbetrieb und die IT-technische Sicherstellung der gesetzlichen, Compliance- und Sicherheitsanforderungen gesehen. In der Unternehmensstrategieentwicklung, in der Business-Planung und in fachlichen Investitionsentscheidungen wird die IT vom Business nur als Informationslieferant eingebunden. Der Fokus der IT liegt auf Effizienz und Zuverlässigkeit sowie insbesondere eine möglichst gute Business-Unterstützung.

Das strategische IT-Management-Instrumentarium kann dann wie in Bild 2.12 dargestellt aussehen. Die IT und das Business sind noch stark getrennt. Es gibt aber schon mehr Zusammenarbeit insbesondere im Demand Management sowie im Projektportfoliomanagement und in der Projektabwicklung. Der Grad der Zusammenarbeit variiert zwar unternehmensspezifisch, tendenziell wird die IT aber als Gesprächspartner zumindest für die Umsetzung geschätzt. Die IT wird zwar immer noch nicht in der Unternehmensstrategieentwicklung und Business-Planung einbezogen. Sie erhält aber, soweit überhaupt vorhanden, diese Informationen für die IT-Strategieentwicklung und Gestaltung der IT-Architektur im Enterprise Architecture Management. Die Gestaltung der Geschäftsarchitektur läuft in der Regel komplett im Business ab. Die IT unterstützt hier lediglich gegebenenfalls methodisch und durch Werkzeuge. Häufig gibt es im Business Prozessmanagement-Organisationseinheiten, die z. B. in einer Organisationsabteilung oder aber als Stab in den Geschäftseinheiten angesiedelt sind. Business Capability Management ist zwar anstelle vom Prozessmanagement auch möglich. Man findet es in der Praxis aber eher selten.

Das Prozessmanagement oder Business Capability Management tauscht sich in der Regel zumindest mit dem Enterprise Architecture Management auf der IT-Seite, falls vorhanden, aus. Das Prozessmanagement hat die Hoheit über die Geschäftsprozesse und deren Zuordnung zu Organisationseinheiten und häufig auch die Zuordnung der IT-Systeme, die diese Geschäftsprozesse unterstützen. Die Liste der Informationssysteme erhält das Prozessmanagement vom Enterprise Architecture Management. Umgekehrt nutzt das Enterprise Architecture Management für die Analyse und Gestaltung der IT-Landschaft im Kontext des Business-IT-Alignments die Geschäftsprozess- oder Business Capability Informationen.

BILD 2.12 Beispiel eines strategischen IT-Management-Instrumentariums im Stellenwert „Vermögenswert"

Das Enterprise Architecture Management fokussiert sich neben dem Technologiemanagement und Management der Betriebsinfrastruktur auf das Business-IT-Alignment. Im Kontext des Business-IT-Alignment wird Transparenz über die IT-Unterstützung des Geschäfts geschaffen und gegebenenfalls Handlungsbedarf und Optimierungspotenzial für die Geschäftsunterstützung aufgezeigt. Die zukünftige Gestaltung der IS-Landschaft wird in der Regel jedoch durch konkrete strategische oder operative Geschäftsanforderungen aus dem Business angestoßen. Da die IT noch nicht aktiv bei der Weiterentwicklung des Geschäfts einbezogen wird, hat sie für eine aktive Gestaltung der IS-Landschaft keine fachliche Grundlage und Autorität. Schwerpunkt im Enterprise Architecture Management bildet neben tragfähigen, zuverlässigen und sicheren Strukturen in der Anwendungsentwicklung und Betrieb die IT-Konsolidierung, um die IT-Kosten nachhaltig zu senken und sich so Freiraum für Innovationen zu schaffen.

Das Enterprise Architecture Management ist in der Regel im Reifegrad „Einstieg" bis „Fortgeschritten".

Das Demand Management ist beim Stellenwert „Vermögenswert" in der Regel organisatorisch zwischen Business und IT aufgeteilt. Die Schnittstellenfunktion wird also jeweils durch Vertreter im Business und in der IT wahrgenommen. Im Business sind dies Fachbereichsvertreter sowohl im Management als auch Schlüsselpersonen mit dem fachlichen Know-how. Die Schlüsselpersonen im Business werden häufig IT-Koordinatoren oder auch IT-Beauftragte genannt. Sie sind klar einem Fachbereich (z. B. Vertrieb) zugeordnet und dem Fachbereichsverantwortlichen disziplinarisch unterstellt. Sie sind die Vermittler zwischen dem Fachbereich, z. B. Vertrieb, und der IT. Diese Zuordnung bringt den Vorteil mit sich, dass der IT-Koordinator organisatorisch eng mit dem Fachbereich verdrahtet und von diesem akzeptiert ist. Er hat so das Mandat, die Interessen des Fachbereichs zu vertreten.

Die IT-Beratung und gegebenenfalls auch die IT-Projektabwicklung und die Durchführung von Wartungsmaßnahmen sind häufig entsprechend der Business-Organisation aufgestellt. So gibt es z. B. jeweils eine separate Einheit für den Vertrieb und die Fertigung. Business-Analysten sind dann die Vermittler für eine zugeordnete Business-Einheit (oder eines Teilausschnitts daraus) zu den Applikationsverantwortlichen der entsprechenden Umsetzungseinheit. Sie werden z. B. Kunden- oder Fachbereichsverantwortliche genannt. Die Umsetzungsnähe ist der Vorteil dieser Zuordnung.

Diese typische Konstellation wird auch in Bild 2.13 beschrieben. So kann sowohl eine Fachbereichs- als auch eine Umsetzungsnähe erreicht werden. Bei kleineren und mittleren Organisationen sollten möglichst wenige Organisationseinheiten geschaffen werden, da die „Grenzen" dieser Einheiten immer Aufwand nach sich ziehen.

DM – Demand Management KV – Kundenverantwortlicher
GE – Geschäftseinheit M&V – Methoden und Verfahren

BILD 2.13 Best-Practice-Ansatz für die organisatorische Zuordnung der Demand-Management-Einheiten

In Bild 2.13 sind die IT-Koordinatoren in der Demand Management Einheit für die Geschäftseinheiten vorzufinden. Im Bild finden Sie zudem noch übergreifende Querschnittsrollen und ggf. auch Organisationseinheiten für Methoden und Verfahren auf der IT-Seite und ein geschäftseinheitenübergreifendes Demand Management, um Synergieeffekte übergreifend heben zu können und die Methoden zu standardisieren.

Für die übergreifende Abstimmung von Geschäftsanforderungen wird häufig ein IT-Koordinatoren-Gremium installiert. Auf diese Weise können übergreifende Synergiepotenziale identifiziert und letztendlich gehoben werden. Ein Beispiel hierfür sind gleiche oder ähnliche Bedarfe ähnlicher Dringlichkeit verschiedener Fachbereiche. Diese können gegebenenfalls zusammengefasst werden.

Inhaltlich unterstützen die Demand-Management-Vertreter auf Business- und IT-Seite bei der Budgetierung, beim Aufnehmen, Gestalten und fachlichen Planen von Geschäftsanforderungen sowie beim fachlichen Steuern der Umsetzung. Der Fokus liegt sowohl beim fachlichen Gestalten und Planen als auch bei der fachlichen Steuerung eher auf der operativen Projektebene. Die strategische Planung und die Projektportfolio- und Roadmap-Planung (siehe Abschnitt 3.2) sind noch nicht stark ausgeprägt. Das Demand Management ist in der Regel im Reifegrad „Einstieg" bis „Fortgeschritten".

Beim Stellenwert „Vermögenswert" findet aber auch eine Zusammenarbeit in Projekten statt. Die Art der Zusammenarbeit hängt stark vom verwendeten Vorgehensmodell ab. Bei klassischer wasserfallorientierter Vorgehensweise (siehe [Hes92]) gibt es häufig eine Aufteilung, in der die Fachbereiche für die Fachkonzeption verantwortlich sind und die IT für die Umsetzung. Die Fachbereiche reviewen und nehmen die Umsetzung dann nach Fertigstellung ab. Bei agilen Vorgehensmodellen (wie z. B. Scrum [Glo11]) gibt es engere Feedback-Schleifen und damit eine intensivere Zusammenarbeit.

Entscheidend ist jedoch die Zusammenarbeit im Projektportfolio- und Multiprojektmanagement, da hier letztendlich über das, was umgesetzt wird, entschieden wird. Im Stellenwert „Vermögenswert" gibt es hier zumindest schon in vielen Unternehmen ein übergreifendes Projektportfoliomanagement, in dem auch die IT vertreten ist. Die IT hat bei diesem Stellenwert aber häufig lediglich beratende Funktion.

Ein strategisches IT-Controlling verfolgt, wenn überhaupt vorhanden, vorrangig die Einhaltung der IT-Ziele, wie z. B. Standardisierung oder IT-Performance.

IT ist ein Business-Partner

Ein typisches Szenario sieht wie folgt aus: Die IT wird bei der Unternehmensstrategieentwicklung, Business-Planung und bei Investitionsentscheidungen mit einbezogen. Die IT leistet neben Ihrer Pflichtaufgabe „Operational Excellence" (siehe Abschnitt 2.2.1) auch einen wesentlichen Strategiebeitrag. Sie zeigt nicht mehr nur Handlungsbedarf und Optimierungspotenzial auf, sondern macht aktiv Gestaltungsvorschläge. Das Ziel dabei ist, die Effizienz und Effektivität im Business durch eine möglichst gute IT-Unterstützung zu steigern. Zudem geht es darum, die IT auf Veränderungen im Business vorzubereiten.

Das strategische IT-Management-Instrumentarium kann dann wie in Bild 2.14 dargestellt aussehen. Die IT und das Business sind miteinander verzahnt. Die Unternehmensstrategieentwicklung und die IT-Strategieentwicklung sind eng miteinander verzahnt. Dies ist durch den Doppelpfeil zwischen den Disziplinen dargestellt.

BILD 2.14 Beispiel eines strategischen IT-Management-Instrumentariums für den Stellenwert „Vermögenswert"

Das Enterprise Architecture Management wird unternehmensübergreifend im Zusammenspiel zwischen der Geschäfts- und der IT-Architektur betrachtet. Häufig wird hierbei ein anderer Name als EAM verwendet, da der Architekturbegriff oft sehr technisch belegt ist. In Abhängigkeit vom organisatorischen Kontext kann es durchaus noch verschiedene organisatorische Einheiten mit unterschiedlichen Schwerpunkten (wie z. B. Prozessmanagement oder Technologiemanagement) geben, die aber eng über Gremien und z. B. Kompetenzzentren (z. B. CoC) zusammenarbeiten. EAM übernimmt zunehmend eine Gestaltungs- und ggf. auch eine Steuerungsfunktion. Es wird als essenziell für die Umsetzung von größeren Geschäftsanforderungen und Business-Transformationen gesehen. Der Reifegrad ist in der Regel mindestens „Fortgeschritten" oder „Experte".

Das Demand Management ist eine zentrale Disziplin, da hierdurch die Veränderungen im Geschäft geplant und die Umsetzung inhaltlich gesteuert werden. Alle Teilaufgaben des Demand Managements auf strategischer, taktischer und operativer Ebene sind dafür notwendig. Der Reifegrad ist mindestens „Fortgeschritten" oder „Experte". Insbesondere die vorausschauende Planung im Kontext der Budgetierung und Projektportfolio- und Roadmap-Planung (siehe Abschnitt 3.2) gewinnt an Bedeutung.

Organisatorisch ist das Demand Management häufig, wie beim Stellenwert „Vermögenswert" beschrieben, zwischen Business und IT aufgeteilt. Durch entsprechende Prozesse und Gremien agiert es aber wie eine Einheit, die die Vorteile der fachlichen und technischen Nähe kombiniert.

Das Projektportfolio- und Multiprojektmanagement ist bei diesem Stellenwert typischerweise eine gemeinsame Disziplin zwischen Business und IT, in die die IT auch z. B. reine IT-Vorhaben einbringt. Die IT ist im entsprechenden Gremium (siehe Abschnitt 8.2.2) gleichberechtigter Partner. So bekommt die IT einen tieferen Einblick in die geschäftlichen Erfordernisse und die Vertreter verdrahten sich persönlich, was insbesondere zu mehr Akzeptanz führt.

Das IT-Innovationsmanagement ist ein wesentlicher Bestandteil des Instrumentariums, um die IT auf Veränderungen im Business vorzubereiten und technologisch fit für die hereinströmenden Geschäftsanforderungen zu sein (siehe Abschnitt 2.2.2). Dieses findet aber vorwiegend in der IT lokal statt und ist noch nicht mit dem Business-Innovationsmanagement verzahnt.

Das strategische IT-Controlling fokussiert neben den IT-Zielen, wie z. B. Standardisierung oder IT-Performance, insbesondere auch Ziele im Kontext der Effektivität und Strategiebeitrag. Die Projektabwicklung erfolgt partnerschaftlich. Vom Grundmodell her gelten aber die Aussagen beim Stellenwert „Vermögenswert".

IT ist ein Enabler oder Money-Maker

Ein typisches Szenario sieht wie folgt aus: Die IT gibt Business-Impulse durch ihre starke Business-Orientierung und ihr vorausschauendes Agieren. Die IT wird als fester Bestandteil des Geschäfts gesehen und bietet auch Dienstleistungen oder Produkte nach außen an. Die IT adressiert alle Ziele von „Operational Excellence" und „Strategic Excellence" (siehe Abschnitte 2.2.1 und 2.2.2).

Die IT-Strategieentwicklung ist ebenso wie die Fachstrategien z. B. im Vertrieb ein wesentlicher Bestandteil der Unternehmensstrategieentwicklung. Die Disziplinen wachsen immer mehr zusammen. Dies ist im Beispielinstrumentarium in Bild 2.15 durch die Zusammenfassung angedeutet.

Einen weiteren Unterschied gibt es zum Stellenwert „Partner". Das Innovationsmanagement ist nicht mehr isoliert in Business und IT. In interdisziplinären Teams werden z. B. technische Trends und deren Möglichkeiten im Business diskutiert (siehe Abschnitt 6.3.6).

EAM und Demand Management sind essenzielle Disziplinen in ihrem höchsten Ausbaugrad, da erst durch deren Planungs- und Steuerungsunterstützung die richtigen Informationen zum richtigen Zeitpunkt an den richtigen Stellen ankommen. Der Reifegrad muss hier in Richtung „Experte" gehen. Bezüglich des Planungs- und Steuerungsinstrumentariums sei auf die Abschnitte 8.3.4 verwiesen.

Im Projektportfolio wird auf eine Ausgewogenheit von strategischen und operativen Maßnahmen geachtet, um sowohl die strategischen Initiativen voranzutreiben als auch den operativen Handlungsbedarfen gerecht zu werden. So wird der Beitrag zur IT-Konsolidierung explizit in der Bewertung von Projekten berücksichtigt, wie z. B. auch Strategiebeitrag, Innovationsgrad, Wertbeitrag sowie Kosten, Nutzen und Umsetzungsrisiken.

Das strategische IT-Controlling ist mit dem übergreifenden strategischen Controlling integriert und liefert so alle Steuerungsgrößen für „Operational Excellence" und „Strategic Excellence". Siehe hierzu Abschnitt 8.3.4.

BILD 2.15 Beispiel für ein strategisches IT-Management-Instrumentarium im Stellenwert „Enabler und Money-Maker"

Vorgehen für die Ableitung Ihres strategischen IT-Management-Instrumentariums

Ausgangspunkt für die Ableitung bilden die typischen Szenarien in Abhängigkeit vom Stellenwert der IT. Auf dieser Basis können Sie unter Berücksichtigung Ihres organisatorischen Kontextes und Ihrer Ziele Ihr strategisches IT-Management-Instrumentarium festlegen. Gehen Sie hier am Besten in vier Schritten vor:

1. **Wählen Sie ein Grundszenario** entsprechend des Stellenwerts Ihrer IT **aus**.

2. **Verfeinern Sie das Szenario** insbesondere in den Disziplinen Demand Management, Enterprise Architecture Management, Projektportfoliomanagement und strategisches IT-Controlling. Nutzen Sie hierbei Ihre unternehmensspezifische Sprache.

   Orientieren Sie sich an den beschriebenen Teilaufgaben in Abschnitt 2.4.1 sowie die darin enthaltenen Verweise auf die Detailbeschreibungen.

   Legen Sie die Gremien und Entscheidungsfelder unter Berücksichtigung Ihres organisatorischen Kontextes fest und ordnen Sie diese den Disziplinen zu. Hilfestellungen hierfür finden Sie in Abschnitt 8.2.2.

Beschreiben Sie die Informationsflussbeziehungen zwischen den Disziplinen.

Analysieren Sie die Planungs- und Entscheidungsprozesse sowie Ihre Zielerreichung anhand des verfeinerten Szenarios.

3. **Verschlanken Sie das Instrumentarium**, um das Ganze handhabbar zu gestalten. Nutzen Sie hierzu die Hilfestellungen aus dem nächsten Abschnitt. Häufig ist hierfür eine erneute Verfeinerung notwendig.

4. **Stimmen Sie sich mit allen wesentlichen Beteiligten ab und modifizieren Sie das Instrumentarium entsprechend des Feedbacks.**

   Binden Sie insbesondere die Hauptakteure und die relevanten Entscheider mit ein. Stellen Sie deren Commitment sicher. Häufig dürfen hierbei auch „hidden Agendas" nicht außer Acht gelassen werden (siehe Abschnitt 4.4.1).

Schlankes strategisches IT-Management-Instrumentarium

Achten Sie darauf, dass Ihr strategisches IT-Management-Instrumentarium schlank („lean") bleibt. Der Aufwand muss in einem angemessenen Verhältnis zum Nutzen stehen. Deshalb müssen Sie sich auf das konzentrieren, was Ihnen hilft, Ihre Ziele zu erreichen. Einfachheit und Klarheit sind essenziell. Nur was verstanden wird, kann auch gemanagt werden. Hier können Anleihen vom Lean Management übernommen werden.

> **Definition Lean Management:**
> Lean Management ist ein Führungs- und Organisationskonzept zur schlanken, aber gleichzeitig trotzdem effektiven und effizienten Gestaltung der Aufbau- und Ablauforganisation einer Geschäftseinheit oder eines Unternehmens. Operational und Strategic Excellence wird ohne Verschwendung in einem kontinuierlichen Verbesserungsprozess angestrebt. Wichtig ist dabei die Konzentration auf die für die Wertschöpfung wesentlichen Aktivitäten, diese optimal aufeinander abzustimmen und jegliche Form von Verschwendung und Blindleistung, wie z. B. überflüssige Prozesse, Prozessschritte oder organisatorische Einheiten sowie Formalien, zu vermeiden.

Wesentliche Aspekte des Lean Managements sind:

- **Kundenorientierung**
  Der Kunde steht im Mittelpunkt aller Aktivitäten und unternehmerischer Entscheidungen.
- **Konzentration auf das Wesentliche und Wertschöpfende** ist entsprechend des Zitats von Antoine de Saint-Exupéry gefragt: „Perfektion ist nicht dann erreicht, wenn man nichts mehr hinzufügen, sondern wenn man nichts mehr weglassen kann." Prozesse und Organisation müssen auf Sinn, Mehrwert, Konsistenz und Wichtigkeit hin überprüft werden. So können enorme Kosten durch Vermeidung von Verschwendung, wie z. B. unnötiger Doppelarbeiten und wertvernichtender Aktivitäten, vermieden werden. Dies ist zudem ein wichtiges Mittel für die Komplexitätsreduktion und -beherrschung.
- **Sofortige Fehlerabstellung an der Wurzel** (siehe [Boe95])
  Jeder Fehler wird als Störung des Prozesses angesehen und deshalb werden für jeden Fehler die Ursachen sofort gesucht und beseitigt. Die Folge ist ein Effizienz- und Qualitätsgewinn

durch eine Reduktion von Fehlleistungen und ein frühes Reagieren auf Fehler (Reduktion der Fehlerkosten).

- **Schlanke Organisation** mit flachen Hierarchien, Dezentralisierung und ein hohes Maß an Eigenverantwortung der Mitarbeiter sowie nur wenige Vorgaben und Kontrollen. Wesentlich sind hier einfache Organisationsmethoden, stabile und überschaubare Prozesse mit klaren Verantwortlichkeiten und Kompetenzen. Diese führen zu stabilen und beherrschbaren Prozessen, aus denen qualitativ hochwertige Produkte entstehen.

- Eine **offene Leistungskultur** basiert auf Vertrauen, Respekt, Toleranz, Fairness, Partizipation und Integrität. In einem engen Austausch zwischen allen Beteiligten werden kollaborativ Ergebnisse erarbeitet. Dies vereinfacht die Zusammenarbeit und führt zu mehr Effizienz und Effektivität. Wesentlich sind hier eine offene Kommunikation und Feedback-Prozesse und auch Eigenverantwortung, Teamarbeit und Empowerment.

  Über einen gesteuerten Veränderungsprozess muss die Organisation schrittweise weiterentwickelt werden. Die Führungskräfte benötigen Fingerspitzengefühl und einen langen Atem, um die traditionellen Denk- und Arbeitsstrukturen und die Kultur nachhaltig zu verändern.

- **Eigenverantwortung und persönliche Verpflichtung zu Qualität gepaart mit Lösungskompetenz und Fachwissen**, um die wirklichen Anforderungen der Kunden zu ermitteln und für die Kunden zufriedenstellende angemessene Lösungen oder Produkte wirtschaftlich bereitzustellen. Over-Engineering wird so vermieden. Im Mittelpunkt stehen die Mitarbeiter mit ihrer praktischen Erfahrung, da darauf die Lösungskompetenz und Prozessbeherrschung fußt. Klare Verantwortlichkeiten anstatt genauer Vorgaben ist entscheidend.

- **Vorausschauende Planung**, um so viele wie möglich zukünftige Probleme zu vermeiden. Je mehr die zukünftigen Aktivitäten durchdacht sind, desto leichter kann auf unerwartete Ergebnisse reagiert werden. Die Planung muss dabei aber leichtgewichtig erfolgen. Die Granularität ist den Planungserfordernissen, wie in Kapitel 3 ausgeführt, anzupassen. Eine zu frühe Detaillierung ist zu vermeiden, da sich die Geschäftsanforderungen und auch Ziele über die Zeit ändern. Die Planung sollte erst dann erfolgen, wenn das Planungsergebnis wirklich benötigt wird. Die vorausschauende Planung geht einher mit einer Verantwortungsbereitschaft für die Planungsergebnisse und einem praktizierten Risikomanagement.

- **Überschaubare beherrschte Schritte**, um schnell zu Ergebnissen zu kommen, für das Feedback eingeholt werden kann und dann auf diesem sicheren Terrain das Erreichte über den nächsten Schritt weiter auszubauen. So nimmt einerseits die Gesamtumsetzungsgeschwindigkeit durch die schnellen, sicheren Schritte zu und andererseits steigt die Motivation durch den ständigen Fortschritt.

- **Kontinuierlicher gesteuerter Verbesserungsprozess** (KVP siehe [HLo12]) zur Optimierung der Geschäftsprozesse und Organisation entsprechend des Feedbacks und der Erfahrungen. Feedback wird explizit zu jeder Aktivität eingeholt.

  Jeder Mitarbeiter muss einen Beitrag zur ständigen Verbesserung der Geschäftsprozesse zielgerichtet auf die Umsetzung der Unternehmensstrategie und der Geschäftsanforderungen leisten. Die ständige Verbesserung bestimmt das tägliche Denken.

Was bedeutet dies für Ihr strategisches IT-Management-Instrumentarium?

Nachdem Sie auf Basis der Grundszenarien Ihr verfeinertes Szenario erstellt haben, müssen Sie dieses auf „Schlankheit" überprüfen. Hierzu können Sie die oben aufgeführten Prinzipien und die folgenden Tipps und Regeln nutzen.

> **Wichtig:**
> Die Verschlankung erfordert gerade auch im Hinblick auf kulturelle und organisatorische Aspekte einen langen gesteuerten Veränderungsprozess. Um das Ziel zu erreichen, müssen Sie eine Vision entwickeln und mit dem Veränderungsprozess starten.

Ein paar Tipps und Regeln, die Ihnen sowohl bei der Entwicklung des Ziel-Bilds als auch beim ersten Umsetzungsschritt helfen können:

- **Versuchen Sie nicht Unmögliches.** Wenn z. B. der Stellenwert Ihrer IT niedrig ist, haben Sie keine realistische Chance, kurzfristig mit in die Business-Planung einbezogen zu werden. Überprüfen Sie alle Aufgabenbereiche, ob diese aufgrund der Randbedingungen überhaupt umsetzbar sind.

- **Stellen Sie sicher, dass Ihre Hauptakteure in den Disziplinen die Skills des geforderten Reifegrads haben.** Nur so können die Aufgaben wirklich wahrgenommen und entsprechende Ergebnisse erzielt werden. Wenn die Skills noch nicht ausreichen, qualifizieren Sie Ihre Hauptakteure oder verstärken Sie sich.

  Solange die Skills noch nicht hinreichend vorhanden sind, sollten Sie die jeweiligen Aufgaben lediglich pilothaft durchführen und nach außen noch nicht so stark in Erscheinung treten. Siehe hierzu die Tipps für die Einführung einer (Teilaufgabe einer) Disziplin.

- **Weglassen.** Stellen Sie explizit immer, nachdem Sie eine initiale Konzeption erstellt haben, die Frage: Was kann weggelassen werden? Beispiele für Detailfragen (jeweils anstelle von Disziplin auch Teilaufgabe der Disziplin):

  - Hat die Disziplin wirklich eine Berechtigung? Was leistet sie, wem nutzt sie? Welche Planung kann nicht oder nur mühsamer oder in schlechterer Qualität erstellt werden? Welche Risiken bestehen dann? Welches Ziel kann nicht erreicht werden, wenn die Disziplin nicht ausgeübt wird? Welcher Aufwand verursacht die Disziplin? Ist dieser Aufwand gerechtfertigt? Gibt es ggf. eine andere, „billigere" Möglichkeit, das Ergebnis zu erzielen?

  - Muss die Disziplin wirklich in einer neuen organisatorischen Einheit angesiedelt werden oder kann eine bestehende dies mit übernehmen oder ist sie dort sogar besser aufgehoben? Hier können Sie analoge Fragen wie oben stellen.

- **Beschreiben Sie Inhalte in prägnanten Modellen und vermeiden Sie Papierberge und Formalien.** Man glaubt, sich mit Papierbergen abzusichern, doch der Anforderungssteller weiß häufig nicht wirklich, was er „beauftragt".

  Die wesentlichen Aussagen müssen klar, übersichtlich und prägnant in Business- oder/und IT-Modellen, zugeschnitten auf die Bedürfnisse der jeweiligen Beteiligten, dokumentiert werden. Prägnante Modelle sind eine wesentliche Grundlage für Abstimmungen und Budget- oder Projektentscheidungen. Unnötiger Ballast muss abgeworfen werden, da komplexe und überladene Darstellungen regelrecht kontraproduktiv wirken. Mehrdeutige oder unklare Aussagen führen häufig zu völlig unbeabsichtigten Schlussfolgerungen, was letztendlich verheerende Fehlentscheidungen bewirken kann. Papierberge zu erstellen, kostet zudem eine Menge Geld und Zeit; ein Großteil ist häufig verschwendet und dient nur der Absicherungskultur. Mit Einfachheit geht in der Regel also auch Effizienz einher.

- **Legen Sie Rollen und Verantwortlichkeiten und Gremienstruktur klar fest und beschreiben Sie diese prägnant und kurz.** Ansonsten haben die Hauptakteure damit zu kämpfen, dass es keine klare Rollenbeschreibung für ihr Aufgabengebiet gibt. Ist ihr Verantwortungs- und Entscheidungsbereich nicht klar geregelt, können sie ihre Aufgaben nicht zielführend wahrnehmen.
- **Fassen Sie Rollen und Verantwortlichkeiten**, die inhaltlich eng verbunden sind, gleiche Skill-Anforderungen aufweisen und von Personen gleichzeitig zu leisten sind, **zusammen**. Beispiele hier sind:
  - Business-Analysten im Demand Management sind und sollten häufig die gleichen Personen sein, die in der Rolle Geschäftsarchitekt die Geschäftsarchitektur und als Prozessmanager oder Business Capability Manager das Geschäftsmodell gestalten. Diese raren Personen haben die notwendige Fach- und Methodenkompetenz, um diese Aufgaben durchzuführen.
  - Projektarchitekten und technische Unternehmensarchitekten haben ähnliche Skill-Anforderungen und zudem einen hohen inhaltlichen Überschneidungsbereich.
- **Achten Sie generell auf angemessene Lösungen mit einem guten Kosten/Nutzen-Verhältnis.** Hinterfragen Sie immer den Nutzen und stellen Sie ihn den Kosten gegenüber.
- **Etablieren Sie einen gesteuerten und nachhaltigen Veränderungsprozess im Unternehmen und bauen Sie Ihr strategisches IT-Management-Instrumentarium schrittweise aus.** Führen Sie jede (Teil-)Disziplin in drei Phasen ein:
  - **Konzeptionsphase**
    In kleinen Schritten mit vielen Feedback-Iterationen und einer engen Zusammenarbeit mit allen Beteiligten wird, wie ausgeführt das Instrumentarium, abgeleitet.

    > **Wichtig:**
    > Bevor Sie das Instrumentarium oder Teile davon in Stein meißeln, erproben Sie es an repräsentativen Beispielen und pilotieren Sie es. Stellen Sie möglichst kurze Feedback-Schleifen sicher, um das Konzept gegebenenfalls zu justieren.

  - **Pilotierung**
    Die Konzeption jeder Ausbaustufe müssen Sie erst anhand von repräsentativen Ausschnitten pilotieren und ggf. optimieren, bevor Sie sie im Unternehmen ausrollen können. Insbesondere die Strukturen, Prozesse und die organisatorische Einbettung gilt es iterativ zu verfeinern und ihre Tragfähigkeit in einem ausreichend großen und realistischen Kontext zu erproben. Durch die konkrete Verwendung der Ergebnisse in Projekten, im Projektportfoliomanagement oder aber in der strategischen Planung oder Steuerung wird Veränderungs- und Erweiterungsbedarf deutlich. So können z. B. in der Konzeption das Demand Management erweitert oder abgespeckt werden. Nach der Erprobung ist klar, ob sich Ihr Konzept als tragfähig erweist. Unzulänglichkeiten müssen auf den Prüfstand, um Ihre Ziele wirklich zu erreichen.

    > **Wichtig:**
    > Halten Sie die administrativen und Governance-Aufwände bei der pilothaften Umsetzung so klein wie möglich. Erst wenn das Konzept sich bewährt hat, sollten Sie die entsprechende Organisation und Governance aufbauen, etablieren und vermarkten.

- **Verankerung in der Organisation**
Das „Patentrezept" für die Verankerung in der Organisation könnte man wie folgt zusammenfassen: schnell realisierbare Ziele vorgeben und dann die Breite und Tiefe entsprechend den Erfordernissen über die aktive Einbindung von Geschäftseinheiten, wichtiger Projekte und Integration in die Prozesse erhöhen. Dabei neue Förderer finden sowie Signale durch sichtbare Erfolge setzen.

Im Rahmen der Etablierung des Instrumentariums ist die Kommunikation ein Schlüsselerfolgsfaktor. Über einen formalen Kommunikationsplan und die Definition zentraler Schlüsselbotschaften muss sichergestellt sein, dass die relevanten Stakeholder ständig über den Wertbeitrag sowie über Fortschritte informiert werden und so kommunizieren, dass die Adressaten verstehen, worum es geht.

Festzulegen sind ferner die Kommunikationsmedien, derer sich alle bedienen, sowie ein Aktionsplan mit Zeitvorgaben und Zuständigkeiten. Um sicherzustellen, dass der Kommunikationsplan funktioniert, sollte ein Feedback-Prozess etabliert werden.

Wichtig:

Trotz methodischer Vorgehensweise sollte allen Beteiligten klar sein: Der Weg ist anstrengend und erfordert Veränderung. Veränderungen machen Angst. Veränderungen bedeuten für viele, Abschied zu nehmen von liebgewonnenen Gewohnheiten, und bedrohen ggf. deren Interessen. Dies führt häufig zu Widerständen. Eine derartige Neuausrichtung der IT verlangt Disziplin und Durchhaltewillen. Der Erfolg basiert im Wesentlichen darauf, dass die Menschen den Wandel verstehen, aktiv mitgestalten und vor allem mittragen wollen.
Es wird bei der Umsetzung reichlich „menscheln". Durchsetzung und Durchhalten sind häufig alles andere als einfach. Alle wichtigen Stakeholder stehen im Allgemeinen unter hohem Zeitdruck und haben daher weder Zeit noch Lust, zusätzlichen Aufwand ohne erkennbaren Nutzen zu leisten. Nur durch „erkannten" Nutzen und sicherlich auch den „sanften Druck" seitens des IT-Managements und der Unternehmensführung kann die Unterstützung aller erforderlichen Stakeholder gewonnen und erhalten werden.

So können Sie das strategische IT-Management-Instrumentarium aufbauen und damit einen wichtigen Beitrag zur Sicherstellung des Geschäftsbetriebs sowie der Zukunftsfähigkeit der IT-Landschaft, zur IT-Investitionssteuerung und Projektsteuerung sowie zum Ressourcenmanagement leisten.

Erfahrene und kommunikationsstarke Hauptakteure in allen Disziplinen sind Voraussetzung für den Erfolg und ein gesteuerter Veränderungsprozess, in dem auf Basis der Erfahrungen und des Feedbacks das Instrumentarium den Gegebenheiten angepasst wird.

Die Einführung des Lean-IT-Management-Instrumentariums muss in kleinen machbaren Schritten erfolgen, da erst Sponsoren gefunden, überzeugt und schrittweise der Nutzen gezeigt werden kann. Der weitere Ausbau geht einher mit einem Lern- und Veränderungsprozess im Unternehmen. In diesem Zusammenhang muss aber, wie bereits ausgeführt, auch das erforderliche IT-Management-Instrumentarium angepasst werden.

Von wesentlicher Bedeutung für ein funktionierendes IT-Management-Instrumentarium sind:
- die strategische IT-Planung mit insbesondere dem Enterprise Architecture Management, um die Vision, das Ziel-Bild und die Leitplanken zu setzen,
- das Demand Management, um den Zufluss von Geschäftsanforderungen zu steuern,
- und eine passende IT-Governance, um die IT angemessen zu steuern und das IT-Management-Instrumentarium zum Fliegen zu bekommen.

Dieses Instrumentarium muss handhabbar gestaltet werden.

> **Wichtig:**
> Ein Lean IT-Management-Instrumentarium liefert alle Hilfsmittel für die Planung und Steuerung der IT – dies aber handhabbar und zielorientiert. Durch die „Formel"
> Lean IT-Management = KISS + Agile + Change
> werden die wesentlichen Aspekte zusammengefasst:
> - KISS – Keep it simple and smart
>   Finden einer möglichst einfachen, aber passenden Lösung.
> - Agile
>   Ausrichtung auf Veränderungen und Feedback sind wesentlich für das Vorgehen.
>
> Change
> Ein geplanter und gesteuerter Änderungsprozess ermöglicht die Verankerung in der Organisation.

Die strategische IT-Planung wird im folgenden Kapitel im Überblick erläutert, bevor in den Kapiteln 4 bis 7 die Schlüsseldisziplin Enterprise Architecture Management im Detail vorgestellt wird. Das Demand Management wird in Abschnitt 6.2.14 kurz vorgestellt. Für detaillierte Informationen sei auf [HGG12] verwiesen. Die wesentlichen Aspekte der IT-Governance werden in Kapitel 8 erläutert.

> **Erfolgsfaktoren für das strategische IT-Management:**
> Schätzen Sie das aktuelle Leistungspotenzial der IT richtig ein und positionieren Sie die IT mit Unterstützung der Unternehmensführung strategisch. So steuern Sie die Erwartungshaltung der Stakeholder.
>
> Legen Sie Ihr Instrumentarium für das strategische IT-Management systematisch anhand Ihres organisatorischen Kontextes und Reifegrads sowie Ihrer Ziele und Herausforderungen fest.
>
> Achten Sie auf ein schlankes Instrumentarium und bauen Sie dieses in kleinen Schritten auf. Nur so bekommen Sie Ihr strategisches IT-Management zum Fliegen.

3 Strategische IT-Planung

Eine Planung ohne Strategie ist wie ein Brunnen ohne Wasser.

Julian Scharnau

Veränderungen in den Geschäftsmodellen und kürzer werdende Innovations- und Produktlebenszyklen stellen neben einem zuverlässigen Geschäftsbetrieb hohe Anforderungen an IT-Verantwortliche. Effizienz und Qualität in der Leistungserbringung, Time-to-market, Flexibilität und Innovationsfähigkeit sind die zentralen Herausforderungen, die gleichzeitig mit zunehmender IT-Komplexität bewältigt werden müssen. Die IT muss strategisch ausgerichtet und auf Veränderungen vorbereitet werden, um den Wertbeitrag der IT signifikant zu erhöhen. Die strategische IT-Planung gewinnt daher immer mehr an Bedeutung.

Ziel der strategischen IT-Planung ist es, die IT an den Unternehmenszielen und geschäftlichen Erfordernissen auszurichten und auf den ständigen Wandel des Unternehmens und seines Marktumfelds vorzubereiten. Sie schafft ein ganzheitliches Verständnis vom Geschäftsmodell, der Unternehmensstrategie, der strategischen Positionierung der IT und von der IT selbst. Die strategische IT-Planung gibt eine Vision und ein Ziel-Bild vor und setzt Planungsprämissen und Leitplanken für IT-Entscheidungen, deren Einhaltung über das strategische IT-Controlling und die IT-Steuerung sichergestellt werden muss.

Ohne gemeinsame Strategie arbeiten alle Beteiligten in unterschiedliche Richtungen (siehe Bild 3.1). Viel Energie und Kraft verpufft, da die Arbeiten nicht aufeinander abgestimmt sind. Siehe hierzu auch das Zitat von Julian Scharnau „Eine Planung ohne Strategie ist wie ein Brunnen ohne Wasser". Durch eine gemeinsame Vision, ein Ziel-Bild und Leitplanken können die Kräfte gebündelt werden und an der Umsetzung des Ziel-Bilds gemeinsam gearbeitet werden (siehe Bild 3.2).

In diesem Kapitel beantwortete Fragen:

- Was sind die wesentlichen Ergebnisse und Bestandteile der strategischen IT-Planung und wie spielen diese zusammen?
- Worauf kommt es bei der strategischen IT-Planung an?
- Wie können IT-Ziele aus den Unternehmenszielen abgeleitet werden? Welche Prinzipien und Strategien sind für Sie passend?
- Welche Inhalte hat eine IT-Strategie? Wie sieht ein IT-Strategiedokument aus?
- Wie kommen Sie zu einer angemessenen IT-Strategie?

BILD 3.1 Planung ohne gemeinsame Strategie

BILD 3.2 Gemeinsame Vision, Ziel-Bild und Leitplanken

3.1 Einordnung und Abgrenzung

Die strategische IT-Planung besteht im Wesentlichen aus der IT-Strategieentwicklung, dem Enterprise Architecture Management (EAM) und den strategischen und taktischen Anteilen aus dem Demand Management (siehe Abschnitt 2.4.1). In der IT-Strategieentwicklung wird letztendlich das IT-Strategiedokument (siehe Abschnitt 3.5.2) erstellt und fortgeschrieben. Hierin werden die wesentlichen Planungsprämissen und Leitplanken gesetzt sowie das Ziel-Bild für alle Planungs-, Entscheidungs- und Durchführungsprozesse innerhalb der IT vorgegeben.

EAM detailliert das Ziel-Bild und liefert für die Leitplanken Struktur und Inhalt. Fachliche und technische Strukturen, wie Geschäftsprozesse oder Informationssysteme, bilden den Ordnungs- und Gestaltungsrahmen für die Planung und Steuerung der IT. EAM schafft Transparenz über die aktuellen und gestaltet die zukünftigen Strukturen sowie die Roadmap zur Umsetzung maßgeblich mit. EAM ist, wie schon in Kapitel 2 ausgeführt, die „Spinne im Netz" des strategischen IT-Managements, da es die inhaltlichen Verbindungen zwischen den Disziplinen schafft. Daher vertiefen wir das Enterprise Architecture Management in den Kapiteln 4 bis 7.

Das Demand Management ist eine organisatorische Einheit für das Management der strategischen und operativen Geschäftsanforderungen. Es vermittelt und dolmetscht zwischen den Fach- und IT-Abteilungen. Die wesentliche Tätigkeit im Demand Management ist die Business-Analyse, d. h. die Identifikation, Aufnahme, Bündelung, fachliche Planung, Bewertung und Steuerung der Umsetzung von Geschäftsanforderungen. Es hilft Ihnen zu verstehen, wie Ihr Unternehmen aktuell funktioniert und was Sie tun müssen, um Ihre Unternehmensziele zu erreichen und um die „wirklichen" Geschäftsanforderungen umzusetzen. Es ist die wesentliche Disziplin, um die Veränderungen und Business-Transformationen im Unternehmen zu verstehen, zu planen und zu steuern.

Durch das Zusammenspiel der Disziplinen und deren Verankerung in den fachlichen Planungsprozessen sowie in den Entscheidungs- und Durchführungsprozessen kann die strategische IT-Planung im Unternehmen etabliert werden (siehe Abschnitt 2.4). In diesem Kapitel gehen wir weiter ins Detail, um das abstrakte Thema IT-Planung greifbar zu machen. Wir beschreiben im Folgenden erst mal im Überblick das „Was?", „Warum?" und „Wie?" bevor wir dies in den folgenden Abschnitten und Kapiteln weiter konkretisieren.

Was macht die strategische IT-Planung aus?
Welche Ergebnisse hat die strategische IT-Planung?

Die strategische IT-Planung gibt einerseits eine Vision und ein Ziel-Bild als Orientierung und andererseits Leitplanken für die Umsetzung vor. Die eigentliche Umsetzung der strategischen IT-Planung erfolgt im Rahmen von Projekten oder Wartungsmaßnahmen.

> **Wichtig:**
> Eine Vision ist die langfristig ausgerichtete Zielsetzung, an der sich sämtliche Aktivitäten orientieren. Sie dient als Leitgedanke für alle Beteiligten. In der Vision ist die aktuelle Ausgangslage berücksichtigt, damit ist sie prinzipiell umsetzbar. Eine Vision kann für ein gesamtes Unternehmen, für einzelne Produkte eines Unternehmens oder für fachliche Domänen gelten. Ein Beispiel hierfür ist die im Leitmotiv „einfach und effektiv" zusammengefasste Produktvision des Open-Source-EAM-Werkzeugs iteraplan (siehe www.iteraplan.de).
>
> Die Vision kann wie eine Pressemeldung oder ein Produkt-Flyer aufbereitet sein. Dadurch kann das Ziel-Bild effektiv (intern und/oder extern) beworben und verkauft werden. Ein griffiges Leitmotiv (wie „einfach und effektiv") hilft, die Vision in den Köpfen der Beteiligten zu verankern. Die Vision wird über fachliche Inhalte, die Themenbereiche und Features, konkretisiert.

Das **Ziel-Bild** ist letztendlich der angestrebte Zustand in circa drei bis fünf Jahren[1]. Es setzt zudem grobe Eckwerte und Planungsprämissen für die Umsetzung, die Roadmap. Das Ziel-Bild beinhaltet Zielvorgaben und den taktischen „Plan" bezüglich aller IT-Assets, wie z. B. das Dienstleistungs-, Produkt- und Lieferantenportfolio, die IS-Landschaft, die technischen Standards (Blueprint) und den Betrieb. In Bild 3.3 werden die IT-Ziele über die Zielscheibe und der „Plan" über den Bebauungsplan im Pfeil symbolisiert.

Die **Leitplanken** sind in Bild 3.4 als „Begrenzer" für Projekte und Wartungsmaßnahmen gepunktet dargestellt. Auf der fachlichen Seite handelt es sich bei den Leitplanken um Vorgaben aus der Unternehmensstrategie sowie z. B. die fachlichen und organisatorischen Randbedingungen. Auf der IT-Seite sind die Leitplanken im Wesentlichen Prinzipien (z. B. „Make-or-Buy"-Präferenzen), Strategien (z. B. eine Sourcing-Strategie) und technische Vorgaben (z. B. technische Standards oder Betriebsmodelle). Die Leitplanken geben den Rahmen für die Planung und Umsetzung der Geschäftsanforderungen insbesondere in Projekten und Wartungsmaßnahmen vor. Die Einhaltung der Leitplanken muss über eine angemessene IT-Governance sichergestellt werden (siehe Kapitel 8). Hier kann z. B. mittels Reviews zu wichtigen Meilensteinen die Einhaltung der vorgegebenen technischen Vorgaben überprüft werden. Über klare Regeln muss festgelegt werden, was wie zu tun ist. Insbesondere muss klar aufgezeigt werden, wie bei Verstößen verfahren wird.

Die Leitplanken schränken die Freiheitsgrade für Projekte und Wartungsmaßnahmen ein. Das Ziel-Bild und die Leitplanken werden im Rahmen der IT-Strategieentwicklung (siehe Abschnitt 3.5.3) in der Regel jährlich oder auch nach Bedarf, z. B. bei großen Vorhaben, angepasst. Das Ergebnis wird im IT-Strategiedokument (siehe Abschnitt 3.5.2) beschrieben. Das IT-Strategiedokument ist also das wesentliche Ergebnisdokument der strategischen IT-Planung. Es muss in allgemein verständlicher Sprache verfasst sein und einen nachvollziehbaren Bezug zu den Unternehmenszielen aufweisen. Weitere Informationen zum Ziel-Bild, zu den Leitplanken und dem IT-Strategiedokument finden Sie in den nächsten Abschnitten.

---

[1] In der Regel jedoch nicht über zehn Jahre.

BILD 3.3 Ziel-Bild

BILD 3.4 Vom Ist zum Soll

Warum strategische IT-Planung?

Die Frage nach dem „Warum" führt direkt zu der Detailfrage: „Wer hat welches Interesse an der strategischen IT-Planung und warum?" Die strategische IT-Planung ist für CIOs und IT-Verantwortliche ein Kernbestandteil ihrer Aufgaben, um die IT im Griff zu behalten, die IT vorzubereiten und Geschäftsanforderungen und Business-Transformationen schnell und angemessen umzusetzen. Das Zielspektrum kann hier aber, wie in Abschnitt 2.2 ausgeführt, sehr heterogen sein und alle Ziele aus Operational und Strategic Excellence beinhalten. So verfolgen CIOs und IT-Gesamtverantwortliche eher übergeordnete strategische oder taktische Ziele. Beispiele hierfür sind, die IT im Griff zu behalten, strategisch auszurichten und die Geschäftsunterstützung zu verbessern. IT-Verantwortliche für den Betrieb werden in der Regel an Kostenzielen und der Servicequalität gemessen. Entsprechend fokussieren sie auch eher operativere Zielsetzungen.

Daneben gibt es aber noch eine Reihe anderer möglicher Stakeholder aus anderen Unternehmensbereichen. Um diese und deren Ziele zu ermitteln, sollte man eine Stakeholder-Analyse durchführen (siehe hierzu Abschnitt 7.2). Beispiele für weitere Stakeholder sind:

- **Unternehmensführung und Führung von Geschäftseinheiten**
  Interesse: Vertrauen darin stärken, dass die IT das Richtige richtig tut. Wesentliche Aspekte sind hier der zuverlässige, sichere und kostengünstige Geschäftsbetrieb, aber auch die Schnelligkeit in der Umsetzung von Geschäftsanforderungen und Business-Transformationen. Sicherlich sind hier auch andere Aspekte von Relevanz. So ist z. B. motiviert durch die persönliche Haftung von Managern in Compliance-Aspekten für diese ein gutes Gefühl darüber wichtig, dass die Compliance-Anforderungen auch wirklich umgesetzt werden. Dies ist zwar vom Charakter her ein operatives Thema. Häufig sind aber in einer IT-Landschaft die Voraussetzungen für die Umsetzung von Compliance-Anforderungen, wie eine Identitätsverwaltung oder klare Zuordnung von Verantwortlichen für Geschäftsprozesse oder Systeme, noch nicht geschaffen und müssen erst geplant und umgesetzt werden. Compliance- und Sicherheitsanforderungen müssen daher in die strategische Planung mit einfließen.

- **Fachbereichsvertreter** (Schlüsselpersonen und Verantwortliche)
  Interesse: angemessene IT-Unterstützung und schnelle adäquate Umsetzung von aktuellen Geschäftsanforderungen

- **Verantwortliche für Compliance oder Sicherheit**
  Interesse: Transparenz und/oder Steuerung der Umsetzung von Compliance- beziehungsweise Sicherheitsanforderungen

- **Innovationsmanager**
  Interesse: Sicherstellung, dass Innovationen auch wirklich umgesetzt werden

- **Business-Planer und Leiter Organisation**
  Interesse: Unterstützung bei der fachlichen Planung sowie bei der Umsetzung von Business-Transformationen, wie Merger & Akquisitionen und Umstrukturierungen, sowie Analyse von organisatorischem Handlungsbedarf wie z. B. fehlende Verantwortlichkeiten oder organisatorische Brüche

Über die Stakeholder-Analyse wird ermittelt, welche Stakeholder welche Ziele mit der strategischen IT-Planung verfolgen. Als Hilfestellung können Sie die Stakeholder-Analyse in Abschnitt 7.2 und für die Bestimmung der Ziele die in Abschnitt 2.2 beschriebenen Herausforderungen verwenden.

Auf Basis der Ziele und konkreten Anliegen können die für die Umsetzung erforderlichen Ergebnisse (das WAS) bestimmt und somit die strategische IT-Planung an Ihre Bedürfnisse angepasst werden.

Wie erfolgt die strategische IT-Planung?

Die strategische IT-Planung ist keine eigenständige IT-Management-Disziplin. Vielmehr erfolgt sie im Rahmen der IT-Strategieentwicklung (siehe Abschnitt 3.5.3), im Enterprise Architecture Management (siehe Kapitel 4 bis 8) und zum Teil auch im Demand Management (siehe Abschnitt 6.2.14) sowie den anderen Planungsprozessen, wie in der Organisationsentwicklung. Ausgehend von der Unternehmensstrategie und Geschäftsanforderungen werden die Vision, das Ziel-Bild und die Leitplanken für die Umsetzung abgeleitet, die Organisation und IT-Governance festgelegt sowie die erforderlichen Maßnahmen und Investitionen geplant.

Die IT-Strategieentwicklung erfolgt in der Regel durch IT-Strategen im Zusammenspiel mit Unternehmensarchitekten, Business-Analysten und Schlüsselpersonen aus allen Unternehmensbereichen (siehe Abschnitt 3.5.3). In einem jährlichen Prozess wird die IT-Strategie an die veränderten Ziele, Geschäftsanforderungen und Rahmenbedingungen angepasst. Alle Ergebnisse auch der anderen IT-nahen Planungsprozesse werden im IT-Strategiedokument zusammengefasst. Dies wird in den nächsten Abschnitten detailliert beschrieben. Details zur Bebauungsplanung finden Sie in Abschnitt 7.5.2 und zum Demand Management in Abschnitt 6.2.14. Im Folgenden schauen wir uns die Planungsebenen und die dort verwendeten Granularitäten und im Anschluss das Ziel-Bild und die Leitplanken etwas genauer an.

Das Wesentliche auf einen Blick:
- Durch die Vision, das Ziel-Bild und die Leitplanken wird ein verbindlicher Orientierungs- und Gestaltungsrahmen für das IT-Management gesetzt. Über eine adäquate IT-Governance muss die Einhaltung der strategischen Vorgaben sichergestellt werden.
- Die Umsetzung erfolgt in der Regel durch Projekte und Wartungsmaßnahmen. Projekte können unterschiedlichen Charakter haben, z. B. Organisations-, Softwareentwicklungs- oder Infrastrukturprojekte.

3.2 Planungsebenen und Granularitäten

Die strategische Planung und Steuerung der IT erfolgt auf unterschiedlichen Granularitäten. Auf **strategischer Ebene** werden grobgranular Eckwerte und Orientierungshilfen für einen langfristigen Planungszeitraum gesetzt. Dies sind insbesondere, wie schon ausgeführt, die Vision, das grobe Ziel-Bild und die Leitplanken.

Darüber hinaus werden auf der strategischen Planungsebene die Budgets für die nähere Zukunft (in der Regel ein Jahr) im Rahmen einer Investitionsplanung initial festgelegt und rollierend an die jeweiligen Geschäftsanforderungen und Randbedingungen angepasst. Es wird auf Unternehmens- und Geschäftseinheitenebene festgelegt, in welche Themenfelder in einer Planungsperiode vorrangig investiert werden soll. Die (in der Regel beschränkten) finanziellen und personellen Ressourcen werden auf mehrere Investitionsthemen verteilt. Im Ergebnis sind damit für eine Planungsperiode die einzelnen Investitionsthemen und eine Budget-Obergrenze je Investitionsthema festgelegt. Um diese Festlegung treffen zu können, können vom Business-Analysten im Demand Management Kandidaten für Investitionsthemen ermittelt, grob bewertet und priorisiert werden. Für die Bewertung und Priorisierung müssen Investitionsthemen ggf. in einzelne Themenbereiche heruntergebrochen werden, da erst dadurch die Inhalte „greifbar" werden (siehe [HGG12]). Die Budgets bilden eine Rahmenvorgabe für die taktische Planungsebene.

Die in der strategischen Planungsebene vorgegebene Vision, die Leitplanken und Investitionsthemen werden in der **taktischen Ebene** weiter detailliert. Es wird das Ziel-Bild konkretisiert, die Roadmap für die Umsetzung grob gestaltet und für einen planbaren und überschaubaren Zeitraum in der Zukunft[2] aus Geschäftsanforderungen Projekte oder Produkt-Releases geformt oder angepasst. Produkte können sowohl Fertigungserzeugnisse oder Dienstleistungen als auch IT-Kaufprodukte und Individualsoftware sein.

> **Wichtig:**
>
> Diese taktische Planungsebene ist von besonderer Bedeutung, da hier frühzeitig und mit verhältnismäßig geringem Aufwand sichergestellt werden kann, dass das Richtige getan wird. So können Fehlinvestitionen vermieden und die relevanten Geschäftsanforderungen schnell und angemessen umgesetzt werden. Die strategische IT-Planung erhält Bodenhaftung. Die strategischen Vorgaben werden fassbar und damit auch umsetzbar.
>
> Wenn man von der strategischen IT-Planung spricht, umfasst dies daher in der Regel sowohl die strategische als auch die überwiegenden Anteile der taktischen Planungsebene. So wird der Begriff auch in diesem Buch gebraucht.

---

[2] Im wasserfallorientierten Umfeld ist der Planungszeitraum hier deutlich größer als im agilen Umfeld.

BILD 3.5 Beispiel für einen Soll-Bebauungsplan

In Bild 3.6 sind die wesentlichen Ergebnisse auf der taktischen Planungsebene dargestellt. Dies sind das Ziel-Bild, die Roadmap zur Umsetzung, ein Synchroplan (siehe Bild 3.10) sowie das Projektportfolio. In Bild 3.5 ist ein Beispiel eines Soll-Bebauungsplans zur Konkretisierung des Ziel-Bilds dargestellt. Weitere Details zum Ziel-Bild finden Sie in Abschnitt 3.3. Bild 3.11 zeigt eine Produkt-Roadmap für ein IT-System oder einen Systemverbund.

Der Synchroplan ist ein wichtiges Planungselement auf der taktischen Planungsebene. Durch einen Synchroplan werden die verschiedenen Maßnahmen zur Umsetzung des Ziel-Bilds, z. B. Projekte, zu einem Gesamtplan konsolidiert, der sowohl die inhaltlichen als auch zeitlichen Abhängigkeiten berücksichtigt. Auf grober Ebene ist der Synchroplan quasi ein Masterplan.

> **Wichtig:**
> Ein Masterplan ist ein strategischer Multiprojektplan, in dem die wesentlichen grobgranularen Maßnahmen zur Umsetzung des Ziel-Bilds gesamthaft aufgeführt sind. Die Planung in der absehbaren Zukunft ist konkreter und, je weiter es in die Zukunft geht, umso visionärer wird der Plan. Der Masterplan wird entsprechend der Veränderungen in der Strategie, Geschäftsanforderungen und Randbedingungen fortgeschrieben.

Das Projektportfoliomanagement (siehe Kapitel 8) lässt sich ebenso der taktischen Planungsebene zuordnen. Hier wird häufig für ein Jahr das Projektportfolio grob geplant und rollierend an die veränderten Geschäftsanforderungen und Randbedingungen angepasst.

Die Ergebnisse der taktischen Planung werden wiederum in der **operativen Planungsebene** verfeinert. In der Projekt- und Iterationsplanung werden die im Rahmen der Projektportfolio- und Roadmap-Planung festgelegten Initiativen zumindest für die ersten Projektphasen oder Inkremente detaillierter geplant.

BILD 3.6 Planungsebenen

Granularitäten von Geschäftsanforderungen

Auf den verschiedenen Planungsebenen müssen verschiedene Granularitäten von Geschäftsanforderungen betrachtet werden. Hier hat sich eine Unterscheidung in Investitionsthemen, Themenbereiche, Features und Realisierungsanforderungen bewährt (siehe Bild 3.7 aus [HGG12]):

- **Investitionsthemen** beschreiben Maßnahmen zur Umsetzung der Ziele eines Unternehmens oder einer Geschäftseinheit. Sie werden im Rahmen der Budgetierung ermittelt, bewertet und mit Budget versehen. Die Budgetzuordnung erfolgt in der Regel für eine Planungsperiode (z. B. ein Jahr) und kann im Rahmen einer rollierenden Planung z. B. je Quartal angepasst werden.

```
Investitionsthema: Kooperation mit Energy Verde
    Themenbereich: Auftragsabwicklung und Betrieb
        Feature: Aufträge bearbeiten
            Teil-Feature: Aufträge einstellen
            Teil-Feature: Aufträge anzeigen
            ...
        Feature: Support erbringen
        ...
    Themenbereich: Smart-Home-Steuerung
        Feature: Geräte-Steuerungs-Portal
        ...
```

BILD 3.7
Detaillierungsebenen für Geschäftsanforderungen

Investitionsthemen werden häufig durch Schlagworte benannt, wie z. B. „Einführung CRM (Customer Relationship Management)" oder „Partnerintegration des Unternehmens Energy Verde". Investitionsthemen werden durch die Untergliederung in Themenbereiche konkretisiert.

- **Themenbereiche** beschreiben die Kundenbedürfnisse auf höchster Ebene. Sie füllen die Investitionsthemen mit Inhalten, so dass diese grob abgeschätzt und priorisiert werden können. Jeder Themenbereich kann jeweils unabhängig bewertet und priorisiert werden. Die Umsetzung eines Themenbereichs erfolgt über Projekte oder Wartungsmaßnahmen in einem oder mehreren Releases eines oder mehrerer IT-Systeme. Der Inhalt eines Themenbereichs wird in der Regel in wenigen Sätzen oder Aufzählungspunkten beschrieben. Die verfolgten Ziele müssen dabei klar hervorgehen.

  Beispiele für Themenbereiche für das Investitionsthema „CRM" sind „Geschäftspartnermanagement", „Call-Center-Unterstützung" und „Servicesteuerung".

- **Features** sind funktionale oder nichtfunktionale Eigenschaften (fachliche Funktionen) eines oder mehrerer Systeme oder Produkte, die für den Anwender einen unmittelbaren Wert darstellen. Sie werden vom Anwender als eine in sich geschlossene Einheit (ein sinnvolles Ganzes) wahrgenommen. Bei (Software-)Produkten wird häufig bei der Bestimmung der Features hinterfragt, ob dieses für den Käufer kaufentscheidend ist.

  Ein Feature wird über ein Projekt oder eine Wartungsmaßnahme in einem Release in einem oder mehreren miteinander verbundenen IT-Systemen umgesetzt. Für die Priorisierung und Umsetzungsplanung werden Features häufig in Teil-Features zerlegt, wenn ein Feature nicht in einer Iteration umgesetzt werden kann.

  Beispiele für Features für den Themenbereich „Geschäftspartnermanagement" sind „Geschäftspartner-Stammdatenverwaltung", „Geschäftspartner-Segmentierung" und „Marketingaktions-Schnittstelle". Teil-Features der „Geschäftspartner-Stammdatenverwaltung" sind „Geschäftspartner-Stammdatenpflege", „Beziehungsgeflechtpflege" und „Kündigungsbearbeitung".

- Eine **Realisierungsanforderung** ist eine Aussage über eine Eigenschaft oder eine Leistung, die ein IT-System aus Sicht des Anforderungsstellers erbringen muss. Sie beschreibt nicht, wie diese Leistung zu erbringen ist. Realisierungsanforderungen werden im Rahmen des Anforderungsmanagements in Projekten oder Wartungsmaßnahmen ermittelt. Eine Realisierungsanforderung bezieht sich immer auf ein System oder Produkt.

  Eine Realisierungsanforderung wird über ein Projekt oder eine Wartungsmaßnahme in einer Iteration umgesetzt.

  Im agilen Umfeld wird häufig stattdessen die Einheit einer User Story (siehe [Coh04]) verwendet.

Investitionsthemen sind die gröbsten Einheiten, Realisierungsanforderungen sind am detailliertesten. Investitionsthemen sind in der Regel rein problemorientiert und drücken die Bedürfnisse der Stakeholder ohne konkreten Lösungsansatz aus („Problembereich"). Durch die prägnante Beschreibung und Konzentration auf die für die strategische bzw. taktische Planungsebene relevanten Informationen kann passend zu dieser Planungs- und Steuerungsebene leichtgewichtig mit verhältnismäßig wenig Aufwand eine inhaltlich fundierte Planung erstellt werden.

Die Detaillierung erfolgt im Rahmen der Konzeption der fachlichen Lösungsideen in der Business-Analyse und des Lösungsentwurfs in Projekten. Mit zunehmender Detailtiefe gehen immer mehr Umsetzungsaspekte mit ein und wir befinden uns im „Lösungsbereich". Wir nähern uns ausgehend von der strategischen und taktischen Ebene immer mehr der operativen Ebene an. Damit nehmen die Detaillierung und auch der Aufwand für die Dokumentation zu. Für die Projekt- und Iterationsplanung ist dieser höhere Detaillierungsgrad aber erforderlich und der Dokumentationsaufwand angemessen.

Granularitäten im Zusammenspiel

In Bild 3.8 finden Sie die Granularitäten der Geschäftsanforderungen den verschiedenen Planungsebenen zugeordnet. Darüber hinaus werden diesen zur Orientierung noch Granularitäten aus dem Enterprise Architecture Management und Prozessmanagement grob gegenübergestellt.

Beim Enterprise Architecture Management werden hierbei in Bezug auf die IT-Architektur folgende Granularitäten unterschieden:

- **Strategisches IT-System**
  Ein strategisches IT-System ist eine grobe Planungseinheit für die strategische IT-Planung, die die Funktionalitäten für eine fachliche (Teil-)Domäne bereitstellt. Häufig hat das strategische IT-System noch keinen Namen und es wird stattdessen nur eine grobe strategische Aussage zum angestrebten Soll-Zustand wie z. B. SAP im Geschäftsfeld A und Microsoft im Front-Office oder auch nur eine strategischen Vorgabe für eine fachliche oder technische Domäne, wie z. B. „Kauflösung" gemacht.

- **Logisches IT-System**
  Ein logisches IT-System konkretisiert ein strategisches IT-System. Es hat bereits einen Namen und gegebenenfalls eine grobe Release-Nummer, z. B. ACTAC V4. Die Funktionalitäten und auch die Abgrenzung zu anderen logischen IT-Systemen sind auf grober Granularität beschrieben. Der Lifecycle ist noch nicht im Detail festgelegt.

  Auf Ebene von Themenbereichen und Features kann die Produkt-Roadmap für das IT-System grob geplant werden (siehe Bild 3.11).

3.2 Planungsebenen und Granularitäten

Granularitäten

Planungsebene	Enterprise Architecture Management	Demand Management	Prozess-management
Strategisch „Strategische Vorgaben & Investitionen planen"	Strategische IT-Systeme	Investitionsthemen	Prozesslandkarte
Taktisch „Grobplanung der Umsetzung"	Logische IT-Systeme	Themenbereiche / Features	Geschäftsprozesse / Teilprozesse
Operativ „Feinplanung der Umsetzung"	Releases der IT-Systeme / Instanzen der IT-Systeme	Teil-Features / Realisierungsanforderungen	Aktivitäten

BILD 3.8 Granularitäten auf den verschiedenen Planungsebenen

- **IT-System-Release**
  Ein Release besteht aus einer Menge von Softwareeinheiten, die als Ganzes für die Nutzung bereitgestellt werden. Die Funktionalitäten werden im Rahmen der Release-Planung auf Ebene von Teil-Features festgelegt (siehe Abschnitt 3.2).

  Ein logisches IT-System kann viele Releases besitzen. So kann die Anwendung ACTAC V4 die Releases ACTAC V4.1, V4.2 und V4.3 besitzen.

- **Logische Instanz eines IT-Systems**
  Eine logische Instanz ist eine spezifische Ausprägung eines Release, orientiert z. B. an einem Standort. So kann z. B. ein IT-System-Release für den Standort A eine andere Schnittstelle nutzen als am Standort B. Häufig werden logische Instanzen von IT-Systemen zur Rollout-Planung (siehe Abschnitt 3.2) genutzt.

- **Physikalische Instanz eines IT-Systems**
  Eine physikalische Instanz ist eine betriebsinfrastrukturspezifische Ausprägung eines Release. So kann z. B. ein IT-System-Release für den Standort A auf einer Serverplattform X und für den Standort B auf einer anderen Serverplattform Y installiert sein. Auf den Serverplattformen X und Y laufen dann Instanzen der IT-System-Releases. Die Planung erfolgt auf operativer Ebene, da detaillierte Betriebs- oder organisatorische Aspekte zu berücksichtigen sind.

Weitere Details hierzu finden Sie in Abschnitt 3.2.

Im Prozessmanagement werden in der Regel die Granularitätsebenen Wertschöpfungskette, Geschäftsprozess, Teilprozess und Aktivität unterschieden:

- **Wertschöpfungskette**
  Die Wertschöpfungskette stellt die Geschäftsprozesse des Unternehmens in ihrem Zusammenwirken grafisch dar. Sie gibt eine fachliche Strukturierung für das Unternehmen vor, die sich in der Regel in der Organisation widerspiegelt. Sie gibt einen fachlichen Bezugsrahmen und ein Begriffssystem für die strategische Planung vor. Eine Wertschöpfungskette wird in der Regel durch eine Prozesslandkarte (siehe Abschnitt 5.4.1) dargestellt.

- **Geschäftsprozess**
  Geschäftsprozesse bestehen aus einer Abfolge von zielgerichteten Aktivitäten zur Umsetzung des Geschäftsmodells des Unternehmens. Geschäftsprozesse leisten einen unmittelbaren Beitrag zur Wertschöpfung oder unterstützen andere wertschöpfende Geschäftsprozesse. Geschäftsprozesse haben einen definierten Anfang und ein definiertes Ende mit einem klar festgelegten Ergebnis. In der Regel werden Geschäftsprozesse mehrfach durchgeführt.

  Geschäftsprozesse sind die wesentlichen Einheiten der Prozesslandkarte und bestehen aus Teil-Geschäftsprozessen.

- **Teil-Geschäftsprozess**
  Teil-Geschäftsprozesse umfassen fachlich oder organisatorisch zusammenhängende Aktivitäten eines Geschäftsprozesses. Durch die Zusammenfassung entsteht eine grobere Granularität, die die taktische Planung handelbar macht.

- **Aktivität**
  Aktivitäten sind feingranulare Bausteine von (Teil-)Geschäftsprozessen. Ein Geschäftsprozess umfasst mehrere zusammenhängende, strukturierte Aktivitäten, die gemeinsam ein Ergebnis erzeugen, das für Kunden einen Wert darstellt.

  Die Beschreibung von Prozessabläufen erfolgt in der Regel zum Teil in der Projekt- und Iterationsplanung und im Detail in der Umsetzungsphase.

Weitere Informationen zu den Granularitäten im Prozessmanagement finden Sie in [HGG12].

Empfehlung:
Die Detaillierungsebenen können unternehmensspezifisch ausgeprägt werden. Legen Sie für Ihr Unternehmen die Detaillierungsebenen entsprechend Ihrer Randbedingungen und Ziele klar und unmissverständlich fest. Nur so erhalten Sie eine einheitliche Granularität von Geschäftsanforderungen, IT-Prozess-Strukturen für die Abstimmung, Planung und Steuerung.

Wichtig ist aber insbesondere der Zusammenhang zwischen den Granularitäten und den Planungsebenen. Dies wird im Folgenden weiter ausgeführt.

Zusammenhang zwischen Granularitäten und Planungsebenen

Auf der **strategischen Planungsebene** werden eine langfristige Perspektive und die wesentlichen Produktbereiche, Aktivitäten des Unternehmens oder das Unternehmen als Ganzes adressiert. Die Planung ist eher abstrakt und global und erfolgt in dieser Planungsebene auf der Grundlage von groben Zielrichtungen, Investitionsthemen und Themenbereichen. Diese werden häufig in ein fachliches Domänenmodell, wie eine Prozesslandkarte, einsortiert. Wenn bereits in Richtung Umsetzung geplant wird, bewegt man sich hier in der Regel auf Ebene von strategischen IT-Systemen. Diese verfeinern die Vision und bestimmen das grobe Ziel-Bild maßgeblich.

> **Wichtig:**
>
> Für die Auswahl der weiter zu verfolgenden Investitionsthemen ist häufig eine grobe Abschätzung in den Bewertungsdimensionen Aufwand, Nutzen, Wert- und Strategiebeitrag und Risiko ausreichend. Im Vordergrund steht die relative Bewertung der Investitionsthemen zueinander, nicht die detaillierte Bewertung eines einzelnen Investitionsthemas. Betrachten Sie Details nur soweit, wie sie für diese relative Bewertung und zur Entscheidungsfindung notwendig sind. Halten Sie den Aufwand für die Detaillierung von Investitionsthemen möglichst gering.
>
> Erst wenn ein Investitionsthema weiter verfolgt werden soll, ist die Detaillierung in Themenbereiche zwingend erforderlich, um Features und Teil-Features ableiten zu können.

Die Planung und Steuerung erfolgen auf der **taktischen Ebene** in einer mittelfristigen Perspektive von einem bis fünf Jahre. Die Planung ist detaillierter als bei der strategischen Ebene, sie fokussiert aber zumeist nur die wesentlichen Bestandteile des Unternehmens oder der Aktivitäten. Die Planung erfolgt in dieser Planungsebene auf der Grundlage von Features und Teil-Features. Von der Umsetzung her wird auf Ebene von logischen und grob auf Releases von IT-Systemen geplant. Ein Soll-Bebauungsplan (siehe Bild 3.5) und eine grobe Roadmap zur Umsetzung entstehen. Diese konkretisieren das Zielbild.

Ein wesentlicher Bestandteil der taktischen Planung ist, wie schon ausgeführt, die Roadmap-Planung. Eine Roadmap beschreibt grob den Weg vom Ist-Zustand zum Ziel-Zustand. Eine Roadmap kann z. B. über eine Folge von Bebauungsplänen (siehe Bild 3.9), einen Synchroplan (siehe Bild 3.10) oder aber aus der Sicht einzelner Produkte etwas detaillierter als eine Abfolge von Releases dargestellt werden. Produkte können sowohl Fertigungserzeugnisse oder Dienstleistungen als auch IT-Kaufprodukte und Individualsoftware sein.

Im Synchroplan in Bild 3.10 werden die verschiedenen Projekte zur Umsetzung des Zielbilds dargestellt. Zu wesentlichen Synchronisationspunkten, wie z. B. das Ende von wichtigen Projekten, wird der resultierende Bebauungsplan konsolidiert dargestellt.

Eine Produkt-Roadmap beschreibt die Planung aus Sicht eines Produkts. Sie besteht aus einer Abfolge von Releases mit dem Ziel, schrittweise die (Produkt-)Vision umzusetzen. Zu jedem Release werden festgelegt:

88 3 Strategische IT-Planung

BILD 3.9 Roadmap als eine Abfolge von Bebauungsplänen

- (grob) geplanter Release-Termin,
- Schwerpunktthema des Release, abgeleitet aus den Themenbereichen,
- priorisierte Liste von (Teil-)Features, die mit Abschluss des Release umgesetzt sein sollen.

Die Roadmap-Planung für Produkte ist quasi eine grobgranulare Release-Planung. Es werden (Teil-)Features zu den definierten Release-Terminen in Umsetzungseinheiten zusammengefasst.

Schwerpunktthemen für die einzelnen Releases ergeben sich aus den Themenbereichen, wie sie im Rahmen der Unternehmensplanung festgelegt wurden. Die Umsetzung eines Themenbereichs kann sich dabei über mehrere Releases erstrecken. Jeder Themenbereich wird, wenn nicht bereits erfolgt, priorisiert und entsprechend seiner Priorität analysiert, bewertet und über Features und ggf. Teil-Features weiter detailliert. Die am höchsten priorisierten Themenbereiche werden dabei vorrangig betrachtet. Der eigentliche Projektschnitt bzw. die Roadmap-Planung erfolgt dann auf Basis der Features und, soweit notwendig, Teil-Features. Eine technische Architekturvision und Rahmenbedingungen können z. B. durch eine Referenzarchitektur (siehe Abschnitt 7.4.4) oder aber durch Architektur-Features vorgegeben und so in die Umsetzung eingesteuert werden.

BILD 3.10 Beispiel Synchroplan

BILD 3.11 Beispiel einer Produkt-Roadmap

Die Roadmap muss entsprechend veränderter Anforderungen und Rahmenbedingungen regelmäßig angepasst werden. Je weiter man in die Zukunft schaut, desto größer ist die Planung der Releases. Das zeitlich nächste Release wird in der Regel auf Ebene von Teil-Features geplant. Für Folgereleases sind oft nur Features oder Themenbereiche angegeben.

Bei der Entwicklung von Kaufprodukten wird häufig der erwartete Funktionsumfang schon frühzeitig festgelegt. Basis hierfür ist ein funktionales Referenzmodell (siehe Abschnitt 5.4.1), das den erwarteten Funktionsumfang zumindest bis auf Ebene von Features weitgehend vollständig beschreibt.

> **Wichtig:**
> Schließen Sie die Lücke zwischen der strategischen Planung und der operativen Umsetzung. Die Planungsebenen Unternehmensplanung und die Projekt- und Iterationsplanung sind in der Regel in den Unternehmen etabliert. Die Projektportfolio- und Roadmap-Planung wird dahingehend noch stiefmütterlich behandelt. Hierdurch wird jedoch viel Nutzenpotenzial verschenkt. Wenn man sich das Bild 3.6 anschaut, wird dies offensichtlich. Wenn die Projektportfolio- und Roadmap-Planung fehlt, dann klafft eine Lücke zwischen der Unternehmensplanung und der Projekt- und Iterationsplanung.
>
> In der Projektportfolio- und Roadmap-Planung wird dafür gesorgt, dass die wirklich wichtigen und strategisch in der Investitionsplanung beabsichtigten Dinge auch umgesetzt werden. Durch eine Planung auf Ebene von Themenbereichen und Features wird mit überschaubarem Aufwand ein inhaltlicher Rahmen für die Projekt- und Iterationsplanung geschaffen. Durch die Verknüpfung zwischen den (Teil-)Features und Realisierungsanforderungen wird die Grundlage für die Steuerung der Umsetzung geschaffen. Das, was beabsichtigt wurde, wird wirklich umgesetzt. Natürlich können sich im Rahmen der Umsetzung Veränderungen ergeben, diese müssen dann aber auf grober Ebene auch wieder in die Projektportfolio- und Roadmap-Planung einfließen. So können Veränderungen auf taktischem Level adäquat – überschaubarer Aufwand – gemanagt werden.

Das Tagesgeschäft liegt im Fokus der **operativen Planung**. Hier werden kurzfristige Zeithorizonte von weniger als einem Jahr, häufig auch die laufende Rechnungs- bzw. Berichtsperiode, für einen Teil des Unternehmens oder Aktivitäten adressiert.

In der Projekt- und Iterationsplanung werden die im Rahmen der Projektportfolio- und Roadmap-Planung festgelegten Initiativen im Detail geplant. Die Planung erfolgt in dieser Planungsebene auf der Grundlage von Realisierungsanforderungen.

Die priorisierten (Teil-)Features, Ergebnis der grobgranularen Roadmap-Planung, sind der Input für die Projekt- und Iterationsplanung. (Teil-)Features müssen den Iterationen und Inkrementen des Projekts zugeordnet werden. Features bzw. Teil-Features sind als Grundlage für die konkrete Planung häufig noch zu grobgranular und werden daher auf Realisierungsanforderungen heruntergebrochen. Bei agilen Projekten mit Iterationen von drei oder vier Wochen müssen die Realisierungsanforderungen entsprechend klein gehalten werden.

Auf der Basis der Realisierungsanforderungen erfolgt die Projektplanung im Detail. Die Aktivitäten für die Umsetzung der Realisierungsanforderungen müssen geplant und die Umsetzung entsprechend gesteuert werden. Weitere Hinweise hierzu finden Sie in [GPM03] sowie [Lit05].

> **Wichtig:**
> Durch die Verfeinerung in (Teil-)Features und Realisierungsanforderungen und Verlinkung mit diesen kann der Business-Analyst die bestimmungsgemäße Verwendung von Budgets nachhalten. Wesentlich ist hierbei aber, dass er auch bei der Budgetfreigabe und Budgetsteuerung für Projekte und Wartungsmaßnahmen eingebunden ist (siehe [HGG12]).

Die Ausführungen haben gezeigt, wie wesentlich eine systematische und einheitliche Beschreibung der Anforderungen und der Umsetzungsplanung auf unterschiedlichen Detaillierungsebenen entsprechend der Erfordernisse der verschiedenen Planungs- und Steuerungsebenen ist.

> **Empfehlung:**
> - Berücksichtigen Sie, dass für die unterschiedlichen Planungsebenen unterschiedliche zeitliche Planungshorizonte gelten. Eine Detaillierung von Geschäftsanforderungen oder strategischen und logischen IT-Systemen über diese Planungshorizonte hinaus kann zu unnötigem Planungs-, Änderungs- und Verwaltungsaufwand führen und ist damit wirtschaftlich nicht sinnvoll. Die Planungshorizonte sind unternehmensspezifisch, in einem Unternehmen teilweise auch produktspezifisch, ausgeprägt.
>   Bei einer agilen Vorgehensweise sind typische Planungshorizonte:
>   - Produktvision: mehrere Jahre
>   - Unternehmensplanung: ein Jahr
>   - Produkt- und Portfolioplanung: die nächsten Monate
>   - Projekt- und Iterationsplanung: die nächsten Wochen
> - Detaillieren Sie Geschäftsanforderungen und IT-Systeme in den einzelnen Planungsebenen jeweils nur so weit, dass Sie ausreichend Informationen haben, um den jeweils „nächsten Schritt" gehen zu können.
> - Ein Plan ist eine auf dem aktuellen Kenntnisstand und bestimmten Annahmen nach bestem Wissen getroffene Aussage zu einer möglichen Entwicklung in der Zukunft. Es gibt keine Garantie, dass ein Plan zu 100 % „erfüllt" wird. Nutzen Sie Pläne, um Abweichungen zu erkennen. Wenn es Abweichungen gibt, suchen Sie die Ursachen dafür. Passen Sie die Planung aufgrund der neu gewonnenen Erkenntnisse in enger Abstimmung mit Ihren Stakeholdern hinsichtlich Inhalten, Terminen und Kosten an.
> - Planänderungen sind eher die Regel als die Ausnahme. Etablieren Sie Abstimmungs- und Entscheidungsprozesse, in denen festgelegt ist, wie bei Planänderungen vorzugehen ist.

Als Nächstes schauen wir uns das Ziel-Bild und die Leitplanken noch etwas näher an, bevor wir uns der eigentlichen IT-Strategieentwicklung widmen.

BILD 3.12 Beispiel für Bebauungspläne zur Konkretisierung des Ziel-Bilds

3.3 Ziel-Bild im Detail

> *Wer den Hafen nicht kennt, in den er segeln will, für den ist kein Wind ein günstiger.*
>
> Lucius Annaeus Seneca

Das Ziel-Bild setzt Eckwerte und gibt Orientierung für alle Planungs-, Entscheidungs- und Durchführungsprozesse. Es wird ausgehend von der strategischen Positionierung der IT auf Basis der Unternehmensstrategie und der Geschäftsanforderungen entwickelt. Das Ziel-Bild besteht im Wesentlichen aus IT-Zielen und der Planung bezüglicher aller IT-Assets, z. B. durch Bebauungspläne. Die IT-Ziele und Pläne bilden den Bewertungsmaßstab für die Überprüfung der Umsetzung.

Die IT-Ziele beschreiben den angestrebten zukünftigen Zustand, dessen Erreichung überprüft werden kann. IT-Ziele müssen „rapp" und „smart" sein.

- „*rapp*" steht für die vier Eigenschaften **r**ichtungsweisend (zukunftsorientiert und verbindlich), **a**nspornend (fordernd und Enthusiasmus erzeugend), **p**lausibel (ambitioniert, aber erreichbar, einleuchtend und glaubwürdig) und **p**rägnant (einfach, knapp und eingängig).
- „*smart*" steht für die Eigenschaften **s**pezifisch, **m**essbar, **a**ngemessen, **r**ealistisch und **t**erminiert.

Die IT-Ziele und deren Ableitungsprozess schauen wir uns im nächsten Abschnitt näher an.

In Bild 3.12 sehen Sie Diagramme und Pläne als Teil eines detaillierten Ziel-Bilds. Diese Bebauungspläne werden typischerweise im Rahmen vom Enterprise Architecture Management (siehe Kapitel 4 bis 7) entwickelt. Für die unterschiedlichen Teilarchitekturen (siehe Abschnitt 5.3) werden die verschiedenen fachlichen und technischen Strukturen beplant. In der Geschäftsarchitektur werden die zukünftigen fachlichen Strukturen, wie z. B. Soll-Geschäftsprozesse oder Capabilities, als fachlicher Bezugsrahmen für die strategische IT-Planung gesetzt (siehe Abschnitt 5.4.1). Dies ist durch eine Capability Map und eine Prozesslandkarte in Bild 3.12 symbolisiert.

In der IS-Architektur werden das Portfolio von Informationssystemen oder aber Soll-Bebauungspläne erstellt (siehe Abschnitt 7.5.2), in der die zukünftige Unterstützung des Geschäfts geplant wird. In der technischen Architektur (siehe Abschnitt 7.6) werden die technischen Standards festgelegt und in der Betriebsinfrastrukturarchitektur (siehe Abschnitt 7.7) die groben Eckwerte für den IT-Betrieb. Weitere Informationen hierzu finden Sie in den nächsten Kapiteln.

3.3.1 Vorgehen bei der Ableitung der IT-Ziele

Die Ableitung der IT-Ziele aus den Unternehmenszielen erfolgt in der Regel innerhalb der IT-Strategieentwicklung (siehe Abschnitt 3.5.3). Die Ableitung muss nachvollziehbar sein. Nur so lässt sich die Konformität zur Unternehmensstrategie überprüfen. In Bild 3.13 wird ein in der Praxis bewährter Ableitungsprozess dargestellt und im Folgenden beschrieben.

BILD 3.13 Ableitung der IT-Ziele

> **Wichtig:**
> Die Ableitung der IT-Ziele aus der Unternehmensstrategie und den Geschäftsanforderungen muss in vertretbarem Aufwand zu leisten sein. Sie haben in der Regel weder die Zeit noch das „Geld", um die Geschäftsanforderungen im Detail zu analysieren und Lösungskonzepte zu erstellen. Die IT-Ziele müssen aber gleichzeitig hinreichend fundiert sein. Das folgende Vorgehen hilft Ihnen, diesen Spagat zu machen.
>
> Wesentlich ist, einerseits die wirklichen Geschäftstreiber zu identifizieren und andererseits systematisch bei der Ableitung vorzugehen, um alle wesentlichen Aspekte zu adressieren.

In einem iterativen Prozess aus Analyse & Identifikation sowie Verfeinerung & Festlegung werden die IT-Ziele abgeleitet. Folgende Aktivitäten sind durchzuführen:

1. Sammeln Sie aktuelle Geschäftsanforderungen zu Handlungsfeldern („Pains"). Identifizieren und analysieren Sie die Geschäftstreiber aus den Unternehmenszielen und der strategischen Positionierung und leiten Sie daraus weitere strategische Geschäftsanforderungen ab.
2. Verfeinern Sie die gesammelten Geschäftsanforderungen zu aussagekräftigen Anforderungen an die IT so lange, bis diese konkret genug sind, um daraus IT-Ziele abzuleiten, die „rapp" und „smart" sind. In der Regel reicht es hier aus, auf die Granularität Themenbereiche oder Features (siehe Abschnitt 3.2) zu verfeinern.

> **Wichtig:**
> Brechen Sie die Geschäftsanforderungen entlang der fachlichen Dimensionen Geschäftsprozesse, Produkte, fachliche Funktionen, Vertriebskanäle, Geschäftspartner, Geschäftsdaten und organisatorische Strukturen herunter. Analysieren Sie, inwieweit Abhängigkeiten und Möglichkeiten der IT-Unterstützung bestehen.
>
> Beispiel: Unternehmensziel: Die Entwicklungszeit für ein neues Produkt soll um ein Drittel verkürzt werden.
>
> Erster Schritt der Verfeinerung: Für die Reduzierung der Entwicklungszeit müssen der Geschäftsprozess „Forschung & Entwicklung" und der Teilprozess „Serienanlauf" des Geschäftsprozesses „Fertigung" näher betrachtet werden.

3. Ermitteln und dokumentieren Sie die Anforderungen an die IT. Analysieren Sie hierzu alle IT-Assets in Bezug auf Abhängigkeiten und Möglichkeiten der IT-Unterstützung. Zu den IT-Assets gehören das Dienstleistungs- und Produkt-Portfolio der IT, die IS-Landschaft, die bestehenden technischen Standards, die Betriebsinfrastruktur sowie die externen und internen Ressourcen.
4. Verfeinern und bewerten Sie die Anforderungen an die IT und leiten Sie daraus „smarte" IT-Ziele ab. Kosten, Nutzen und Risiko sollten dabei die wesentlichen Bewertungskriterien sein.

> **Wichtig:**
> Häufig liegt die Unternehmensstrategie nicht in schriftlicher Form vor. Dann müssen Sie Annahmen treffen, diese dokumentieren und z. B. in einer Folge von Workshops mit Vertretern der Unternehmensführung abstimmen.
> Die explizite Dokumentation der Unternehmensziele, der Randbedingungen und Annahmen ist entscheidend, da die IT nur dann businessorientiert gesteuert werden kann, wenn ihr Nutzen für das Unternehmen bekannt ist.
> Die Ableitung der IT-Ziele muss nachvollziehbar sein.
> Mithilfe einer Excel-Tabelle können die Verknüpfungen gut dokumentiert und nachvollzogen werden. So können Sie auch, wenn sich Annahmen ändern, deren Auswirkungen einfach analysieren.

Im Folgenden finden Sie ein Beispiel für die Ableitung der IT-Ziele.

3.3.2 Beispiel für die Ableitung der IT-Ziele

In einem produzierenden Unternehmen ALPHA sollen die Absatzvolumina in dem Produktbereich X in Europa um 20 % gesteigert und die Service-Kosten um 30 % reduziert werden. Diese beiden Unternehmensziele sind in Tabelle 3.1 und Tabelle 3.2 beschrieben.

Diese Unternehmensziele sind bereits entsprechend den fachlichen Dimensionen heruntergebrochen, d. h., die Schritte 1 und 2 sind hier nicht mehr notwendig.

TABELLE 3.1 Unternehmensziel Absatzvolumina

Unternehmensziel:	Steigerung der Absatzvolumina im Produktbereich X
Kontext:	Produkt-Komfortoffensive zur Steigerung der europäischen Absatzvolumina im Produktbereich X
Inhalt:	Optimierung der Produkte im Produktbereich X entsprechend den europäischen Kunden-Komfortanforderungen zur Steigerung der Absatzvolumina in Europa im Produktbereich X
Auswirkungen:	Größter Player in Europa im Produktbereich X
Messgrößen:	Steigerung des Absatzvolumens in Europa um 20%

TABELLE 3.2 Unternehmensziel Service-Kosten

Unternehmensziel:	Reduzierung der Service-Kosten im Produktbereich X
Kontext:	Wirtschaftlichere Erbringung der Service-Leistungen für Produkte im Produktbereich X in Europa
Inhalt:	Reduktion des Vorort-Services durch Service-Techniker im Produktbereich X in Europa
Auswirkungen:	Service-Kosten in Europa im Produktbereich X vergleichbar mit dem Wettbewerb
Messgrößen:	Reduktion der Service-Kosten um 30%

Im Schritt 3 werden Ansatzpunkte für die Steigerung der Absatzvolumina und Senkung der Service-Kosten im Produktbereich X gesucht. Durch die Analyse der Informationssysteme, die den Produktbereich X unterstützen, und der vorhandenen technischen Bausteine werden u. a. personalisierte Self-Service-Portale als möglicher Ansatzpunkt für die Steigerung der Kundenbindung und damit der Absatzvolumina sowie zur Senkung der Service-Kosten identifiziert. Bei der Analyse des Dienstleistungs- und Produkt-Portfolios werden als weitere Ansatzpunkte die nutzungsabhängige Abrechnung der Nutzung von Softwarekomponenten und die Erweiterung der Produkte im Produktbereich X um VR-Softwarekomponenten als feste konfigurierbare Bestandteile der Produkte identifiziert.

Aus diesen Ansatzpunkten wurde durch eine Bewertung von Aufwand und Nutzen und weiterer Kriterien der Vorschlag „personalisiertes Self-Service-Portal" ausgewählt (siehe Tabelle 3.3).

> **Wichtig:**
> Detaillieren Sie die IT-Ziele so weit, dass Sie Kennzahlen mit konkreten Messgrößen festlegen können. Bezüglich Kennzahlen und Kennzahlensysteme sei auf den Abschnitt 8.3.4 verwiesen.

Durch die transparente Ableitung der IT-Ziele und der Operationalisierung mit Kennzahlen kann im Rahmen des strategischen Controllings überprüft werden, ob die Unternehmensziele erreicht und die Geschäftsanforderungen erfüllt werden.

TABELLE 3.3 IT-Ziel „Personalisiertes Self-Service-Portal"

IT-Ziel:	**Personalisiertes Self-Service-Portal für Produktbereich X in Europa**
Inhalt:	Bereitstellung einer Portalinfrastruktur mit einfachem Bedienungsinterface, so dass Endanwender direkt neue Softwarestände und Informationen zu den Produkten in Produktbereich X herunterladen können
Auswirkungen:	Erster Anbieter für Self-Service-Lösungen im Produktbereich X im europäischen Markt
	Weniger Vor-Ort-Service durch Service-Techniker notwendig
Messgrößen:	I Anteil-Vor-Ort-Service pro Auftragsbestand sinkt um 30 %
	II Anzahl Kunden im Self-Service-Portal mindestens 2000
Beitrag zum Unternehmensziel:	**Steigerung der Absatzvolumina im Produktbereich X**
	Messgröße II hat keine direkte Korrelation.
Beitrag zum Unternehmensziel:	**Reduzierung der Service-Kosten im Produktbereich X**
	Messgröße I geht entsprechend dem Anteil des Vor-Ort-Service bei den Service-Kosten mit ein.

> **Das Wesentliche zur Ableitung der IT-Ziele auf einen Blick:**
> - Die Ableitung der IT-Ziele muss nachvollziehbar sein.
>   Nur so können Sie den Beitrag der IT zum Unternehmenserfolg nachweisen.
> - Brechen Sie die IT-Ziele so weit herunter, dass diese operationalisiert werden können.
> - Zur Überprüfung der Zielerreichung müssen Sie für alle IT-Ziele Kennzahlen festlegen, für die sich konkrete Messgrößen nennen lassen.

■ 3.4 Leitplanken im Detail

Die Leitplanken geben Regeln für die Planungs-, Entscheidungs- und Durchführungsprozesse vor und schränken so die Freiheitsgrade ein. Die Einhaltung der Leitplanken muss über eine angemessene IT-Governance sichergestellt werden. Über klare Regeln muss insbesondere festgelegt werden, wie bei Verstößen verfahren wird. Wenn die Leitplanken lediglich eine Orientierung darstellen, dann wird in der Regel nur die Abweichung transparent gemacht. Bei einem höheren Grad der Verbindlichkeit ist ein Entscheidungsgremium, wie ein Projektlenkungsausschuss (siehe Abschnitt 8.2.2) gefragt, der die Auswirkungen der Verstöße auf die Projektdurchführung festlegen muss. Wie konkret verfahren werden soll, muss in der unternehmensspezifischen IT-Governance (siehe Kapitel 8) festgelegt werden.

Zu den Leitplanken zählen insbesondere:

- **Prinzipien**
  Prinzipien sind konkrete und verbindliche IT-Grundsätze und Orientierungshilfen wie z. B. „Make-or-Buy"-Präferenzen oder „Best-of-Breed".
- **Strategien**
  Strategien sind Maßnahmen zur Absicherung der Erreichung der Ziele. Sie geben an, in welcher Weise die Ziele erreicht werden sollen. Beispiele für Strategien sind Informationssystem-Portfolio-Strategie, Sourcing- oder Innovationsstrategie.
- **Technische Vorgaben**
  Durch die Vorgabe von technischen Standards wie Datenbanken oder eine SOA-Referenzarchitektur wird eine Homogenisierung und damit Kostenreduktion sowie eine technische Qualitätssteigerung und/oder Flexibilisierung der IT-Landschaft angestrebt.
- **Fachliche und organisatorische Randbedingungen**
  Das Geschäftsmodell und die Unternehmensstrategie geben fachliche Randbedingungen für die Umsetzung vor. So werden z. B. die Tiefe der Wertschöpfung und die Art der Zusammenarbeit mit anderen Partnern festgelegt.

  Die bestehende Organisationsstruktur, Firmengröße und Firmenkultur setzen weitere Randbedingungen, die bei der Umsetzung eines IT-Management-Instrumentariums berücksichtigt werden müssen. So müssen in einem dezentral organisierten Unternehmen diese dezentralen Einheiten in der IT-Governance z. B. in der Gremienstruktur mit berücksichtigt werden (siehe Kapitel 8).

Die verschiedenen Aspekte werden in den folgenden Abschnitten weiter erläutert.

3.4.1 Prinzipien

Prinzipien sind voneinander unabhängige Grundsätze, die einen Entscheidungskorridor vorgeben. Beispiele für Prinzipien sind die Auswahl von Softwarelösungen, die Bewertung von Projekten, die Gestaltung der Ziellandschaft oder das Vorgehen bei der Einführung von Software. Die Prinzipien sind grundsätzlicher Natur. Abweichungen von den Grundsätzen sind nur mit einer entsprechenden Begründung möglich. Prinzipien sind an sich beständig, werden also nicht durch den schnellen Technologie- oder Produktwechsel beeinflusst.

> **Hinweis:**
> Häufig wird der Begriff „Leitlinien" anstelle von Prinzipien verwendet. Leitlinien sind ihrem Charakter nach weniger verbindlich als Prinzipien. Leitlinien geben lediglich Hilfestellungen und sind Orientierungshilfen. Ob Sie sich für Prinzipien oder Leitlinien entscheiden, müssen Sie angesichts der konkreten Situation in Ihrem Unternehmen entscheiden.

Prinzipien werden durch ihren Namen, eine Kurzbeschreibung des Prinzips selbst, die Voraussetzungen für die Anwendung, den Anwendungskontext und Anwendungshinweise dokumentiert (siehe Tabelle 3.4).

TABELLE 3.4 Template zur Beschreibung von Prinzipien

Prinzip <Name des Prinzips>	
Beschreibung	<Beschreibung des Prinzips>
Begründung	<Erläuterungen zum Prinzip, d. h. „Warum dieses Prinzip?">
Voraussetzungen	<Voraussetzungen für die Anwendung>
Anwendungskontext	<Ausschluss oder Einschluss von Anwendungsfeldern, z. B. Einschränkung auf organisatorische Bereiche>
Anwendungshinweise	<Besondere Hinweise zur Anwendung wie z. B. notwendige Folgeaktivitäten>

TABELLE 3.5 Beispiel-Prinzip „Make-or-Buy"

Prinzip Präferenz für Standardsoftware (Make-or-Buy)	
Beschreibung	Wenn die fachlichen Anforderungen von einer Standardsoftware hinreichend abgedeckt werden, ist der Kauf der Standardsoftware einer Eigenentwicklung vorzuziehen.
Begründung	Time-to-System und SLA-Erfüllung ist in der Regel bei Standardsoftware besser als bei Eigenentwicklungen.
Voraussetzungen	Eine hinreichende Abdeckung setzt die Umsetzung aller K.-o.-Kriterien und Kernanforderungen in der aktuellen Produktversion zum Entscheidungszeitpunkt sowie ihre Konformität zu den technischen Standards voraus. Die K.-o.-Kriterien und die Kernanforderungen müssen vor der Evaluierung dokumentiert vorliegen.
Anwendungskontext	Keine Einschränkungen
Anwendungshinweise	Zugang zum Source-Code ist bei Vertragsabschluss sicherzustellen (Investitionssicherheit). Die Umsetzung von offenen Anforderungen muss der Hersteller abschätzen und zusichern.

In Tabelle 3.5 finden Sie ein Beispiel für ein verbreitetes Prinzip im Kontext der „Make-or-Buy"-Entscheidung.

Die Entscheidung, wann Standardsoftware und wann Eigenentwicklung der Vorzug gegeben wird, sollten Sie in Abhängigkeit von Kriterien wie Wettbewerbsdifferenzierung und Eigenleistungsfähigkeit sowie Ihrer Sourcing-Strategie treffen. Eine häufig verbreitete Aussage in diesem Kontext ist: „Standardisierung, wo möglich; Varianz, wo nötig".

Für alle IT-Assets und für alle strategischen und operativen IT-Managementaufgaben sind Prinzipien als Rahmenvorgabe für Entscheidungen notwendig. Hier folgt eine Sammlung von bewährten/verbreiteten Prinzipien (siehe unter anderem [Boa99], [Bur04], [Der06], [War02] und [Wei04]). Diese Prinzipien können einzeln oder auch in Kombination angewendet werden.

Prinzipien im Kontext der Auswahl von IT-Lösungen

Im Folgenden finden Sie verbreitete Prinzipien im Kontext der Auswahl von IT-Lösungen.

„Best-of-Breed" („Rosinen picken")
Beim „Best-of-Breed"-Ansatz ist die jeweils „beste" Lösung bzw. das „beste" Produkt für jedes Anwendungsfeld entsprechend vorgegebener Kriterien auszuwählen. Die verschiedenen Lösungen und Produkte müssen zu einem Ganzen integriert werden.

> **Wichtig:**
> Die Anwendung des „Best of Breed"-Prinzips erzeugt oft einen schwer handhabbaren Flickenteppich, der durch häufige Release-Wechsel und das Management zahlreicher Lieferanten geprägt ist.

„Make-or-Buy"
Beim „Make-or-Buy"-Prinzip wird eine Präferenz für Standardsoftware oder Eigenentwicklung (Beispiel siehe Tabelle 3.7) festgelegt.

„OpenSource-Auswahlstrategie"
OpenSource-Software wird Priorität gegenüber Kauf- und Individualsoftware eingeräumt.

„Guter Gesundheitszustand"
Der Gesundheitszustand einer IT-Lösung kann sowohl fachlich als auch technisch betrachtet werden. Der fachliche Gesundheitszustand beschreibt den Grad bzw. die Qualität der Abdeckung von Geschäftsanforderungen. Der technische Gesundheitszustand ist bestimmt durch technische Qualitätsanforderungen. Diese entscheiden maßgeblich darüber, ob z. B. ein System wirtschaftlich sinnvoll und planbar an neue Geschäftsanforderungen angepasst und anschließend gewartet werden kann: Stimmt die Architektur nicht oder verhindert ein schlechtes Design die Weiterentwicklung, so sind sowohl das zugrunde liegende System selbst als auch die Lieferantenbeziehung gefährdet.

„TCO minimieren"
TCO steht für Total Cost of Ownership und bezeichnet alle anfallenden Kosten von der Entwicklung, Nutzung und dem Betrieb über die gesamte Lebensdauer. Durch die Minimierung des TCO wird versucht, ein Augenmerk auf die laufenden Kosten zu legen. Die laufenden Kosten für Wartung und Betrieb von Anwendungen überwiegen in der Regel deutlich um ein Vielfaches die eigentlichen Entwicklungskosten.

Leitlinien zur Auswahl und Bewertung von Projekten

Folgende Leitlinien werden häufig für die Auswahl und Bewertung von Projekten herangezogen.

„Priorität Kerngeschäft"
Projekte mit dem Schwerpunkt „Sicherstellung des Kerngeschäfts" erhalten eine hohe Priorität. Analog können andere Bewertungskriterien wie Wettbewerbsdifferenzierung oder Strategie- und Wertbeitrag herangezogen werden.

„Minimierung von Abhängigkeiten"
Abhängigkeiten können auf verschiedenen Ebenen bestehen. So können IT-Systeme von anderen oder von Komponenten/Produkten abhängig sein. Es kann auch eine Abhängigkeit

von Lieferanten oder Know-how-Trägern bestehen. Das Prinzip „Minimierung von Abhängigkeiten" zielt auf die Risikominimierung ab. Die Abhängigkeiten, die als großes Risiko eingeschätzt werden, sollten beseitigt oder minimiert werden. Die Risikominimierung kann zudem eine Leitlinie für die Auswahl und Bewertung von Projekten sein. Beispiele für Risiken im technischen Umfeld sind die bedingte Betreibbarkeit, unzureichende Performance, unzureichende Erfüllung von Compliance- oder Sicherheitsanforderungen, fehlende Skalierbarkeit, unzureichende Interoperabilität, unzureichende Verfügbarkeit oder Zuverlässigkeit.

„Infrastrukturprojekte zuerst"
Wenn bei Softwareprojekten die IT-Infrastruktur gravierend angepasst werden muss, sollte die Infrastrukturanpassung vorab in einem separaten Infrastrukturprojekt erfolgen. Im Rahmen dieses Infrastrukturprojekts sollten sicherlich auch fachliche Aspekte abgedeckt werden, diese sollten aber einen geringen Umfang aufweisen. Das fachliche Pilotprojekt, das auf die neue Infrastruktur aufsetzt, muss sehr sorgfältig ausgewählt werden. Er sollte einerseits fachlich von Interesse sein und andererseits die wesentlichen technischen Herausforderungen abdecken. Nur so kann der Pilot im Erfolgsfall vermarktet werden.

Entwurfsprinzipien

Folgende Entwurfsprinzipien findet man häufig:

„Einfachheit und Verständlichkeit"
Um die Komplexität zu verstehen und zu beherrschen, muss jede unnötige Komplexität vermieden werden (siehe Vorwort).

„Prozess- oder Funktionsorientierung"
Die Gestaltung soll sich hier an den Geschäftsprozessen oder Funktionalitäten orientieren. Häufig wird dieses Prinzip kombiniert mit der „Organisationsneutralität". So soll sichergestellt werden, dass (häufige) organisatorische Änderungen nicht zu stark auf die Umsetzungsstrukturen niederschlagen.

„Vermeidung von Heterogenität"
Redundante technische Bausteine oder Informationssysteme sind durch die Technische Standardisierung und Homogenisierung (siehe Kapitel 6) zu konsolidieren.

„Komponentisierung oder Serviceorientierung"
Zur Steigerung der Flexibilität wird häufig angestrebt, die Informationssysteme in möglichst orthogonale IT-Funktionalitäten zu zerlegen und diese über Services zu entkoppeln.

„Technische Struktur folgt fachlicher Strukturierung"
Informationssysteme sind entsprechend fachlichen Kriterien wie fachlichen Komponenten oder Domänen zu strukturieren.
Verwandte Prinzipien sind u. a. „klare Datenhoheit", „klare Prozesshoheit" oder „Berücksichtigung von Änderungswahrscheinlichkeiten".

„Vermeidung von Redundanzen"
Redundanzen in der IT-Unterstützung und in der technischen Bebauung sind zu vermeiden. So sollte nur ein Informationssystem für eine fachliche Funktion oder aber nur ein führendes System für die jeweiligen Stammdaten existieren.

„Nur das führende System ändert Stammdaten"
Für alle Stammdaten ist das führende System festzulegen. Nur das führende System darf die Stammdaten verändern.

„Zentrale Stammdatenverteilung"
Für alle Stammdaten, die von mehr als einem System benötigt werden, ist eine zentrale Stammdatenverwaltung z. B. über einen Stammdaten-Hub vorzusehen.

Vorgehensweisen und Prinzipien bei der strategischen IT-Planung

Folgende Vorgehensweisen und Prinzipien findet man häufiger im Kontext der strategischen IT-Planung:

„Divide & Conquer"
Probleme sind in kleinere Teilprobleme zu zerlegen, die dann einzeln gelöst werden können. Die Teillösungen sind wieder zu einer Gesamtlösung zusammenzufügen.

„Tuning"
Die bestehende IS-Landschaft ist zu optimieren und zu stabilisieren, bevor in neue Lösungen investiert wird. Für jedes neue Informationssystem ist zu prüfen, ob an seiner Stelle nicht einfach die bestehenden Informationssysteme erweitert oder verändert werden können.

„Housekeeping" (auch „Survive", „Opportunistische Entwicklung" oder „Quarantäne-Ansatz" genannt)
Mit der bestehenden IT-Landschaft muss man zunächst mal „überleben". Für die IT bedeutet dies Entwicklungsstopp oder aber eine Weiterentwicklung bzw. Erweiterung der bestehenden IT-Landschaft, die auf das Notwendigste reduziert ist. Man konzentriert sich auf „Muss-Themen".

Die IT-Landschaft ist durch einfache Sofortmaßnahmen mit wenig Aufwand „am Leben" zu halten. Typische Beispiele für Sofortmaßnahmen sind die Bereinigung und Konsolidierung von Stammdaten, die Verbesserung der Erreichbarkeit der IT-Serviceorganisation, die Zentralisierung des IT-Einkaufs, die Überprüfung der Lizenzen und der Wartungsverträge sowie die Fehlerbeseitigung in den bestehenden Informationssystemen und die Sicherstellung der finanziellen Berichterstattung.

Dieses Prinzip wird häufig beim „Ausprobieren" neuer Geschäftsmodelle angewendet. Wenn noch offen ist, ob das Geschäftsmodell trägt, wird erst mal nicht investiert. Erst, wenn der Erfolg absehbar ist, wird eine neue Ziellandschaft aufgebaut.

„One-IT"-Ansatz
Die IS-Landschaft ist durch die Einführung *einer* umfassenden IT-Lösung (Kauf oder Eigenentwicklung) für ein Anwendungsfeld zu konsolidieren. Die „One-IT"-Lösung muss die Kernfunktionen des Anwendungsfelds hinreichend abdecken.

Dieses Prinzip wird häufig bei Merger & Acquisitions in etwas abgewandelter Form angewandt. Häufig wird die IT-Lösung des „stärkeren" Partners dem „schwächeren" Partner übergestülpt. Die Daten des zu migrierenden Unternehmens müssen in die ausgewählte IT-Lösung „verbracht" werden. Hier ist im Allgemeinen eine Konsolidierung von Stammdaten erforderlich.

Häufig wird dieses Prinzip auch im Zusammenhang mit der Entscheidung für Standardsoftware verfolgt, die dann für möglichst viele Anwendungsfelder eingesetzt wird.

„Bewährt sticht Neu"
Vorhandene und bewährte Informationssysteme sind der Einführung von neuen Informationssystemen vorzuziehen.

„Ablöse-Strategie" (auch Erneuerungsstrategie genannt)
Die Ablösung der Altsysteme ist zu forcieren.

> **Wichtig:**
> Die Einführung eines neuen Informationssystems dauert häufig wesentlich länger als die Veränderung der bestehenden IS-Landschaft. Das Umsetzungsrisiko (insbesondere Migrationsrisiken) ist sehr hoch. Dies lässt sich nur durch Business-Perspektiven rechtfertigen, die neue, zusätzliche Gestaltungsmöglichkeiten eröffnen.
>
> Da eine umfassende Gesamtlösung in der Regel nicht verfügbar ist, sind auch beim Einsatz von Standardsoftware häufig Anpassungen notwendig, d. h., das „One-IT"-Prinzip wird aufgeweicht.
>
> Für die Dauer eines lang dauernden Einführungsprojekts wird im Allgemeinen eine „Survive"-Strategie gefahren.

Vorgehen bei der Einführung von Informationssystemen

Bei der Einführung von Informationssystemen haben sich folgende Prinzipien bewährt.

„Big Bang"
Neue Informationssysteme sind in einem Schritt ohne Zwischenstufen einzuführen. Auf diese Weise sind schnell große Veränderungen möglich. Das Umsetzungsrisiko ist jedoch hoch.

„Evolutionärer Ansatz"
Neue Informationssysteme sind in Inkrementen einzuführen. Die Systemerneuerung erfolgt schrittweise über Zwischenlösungen. Der Gesamtaufwand ist höher als beim Big-Bang-Ansatz; das Einführungsrisiko ist jedoch begrenzt.

Steigerung der technischen Qualität

Zur Steigerung der technischen Qualität finden sich häufiger die folgenden Prinzipien.

„Flexibilisierung"
Komponenten- und Serviceorientierung, Integrationsfähigkeit und Standardisierung sind die wesentlichen Eckpfeiler für die Weiterentwicklung der Informationssystemlandschaft.

„Entflechtung"
Systeme sind in möglichst lose gekoppelte Komponenten entsprechend fachlicher Kriterien zu strukturieren.

Hintergrund: Fehlende Modularisierung bzw. hohe Verflechtung der Systeme führt in gewachsenen Landschaften zu sehr komplexen Projekten.

„Entkopplung"
Systeme und lose abhängige Komponenten sind über einen Broker oder einen ESB zu entkoppeln. So wird auch die Interoperabilität verbessert.

„Kapselung"
Anwendungsbereiche sind z. B. durch die Einführung von Schnittstellen und Standardisierung von Zugriffen abzuschotten.

Effizienz im Betrieb

Für die Steigerung der Effizienz im Betrieb findet man häufig die Virtualisierung als Prinzip.

„Virtualisierung"
Virtualisierungstechnologien sind zur Skalierung der Betriebsinfrastruktureinheiten einzusetzen.

> **Wichtig:**
> Die „richtigen" Prinzipien gibt es nicht, da sich Unternehmen in Geschäftsmodell, Kultur oder strategischer Ausrichtung unterscheiden. Wählen Sie die Prinzipien entsprechend Ihren Anforderungen aus.
>
> Sie sollten für alle IT-Assets und für alle IT-Managementaufgaben Prinzipien festlegen.

3.4.2 Strategien zur Absicherung der Zielerreichung

Strategien sind Maßnahmen, die das Erreichen der strategischen Ziele absichern. Sie geben an, in welcher Weise die Ziele erreicht werden. Von ihrer Intention her können sie aggressiv, moderat[3] oder defensiv sein.

Strategien dienen als Orientierungshilfe und Rahmenvorgabe für IT-Entscheidungen. Die Umsetzung der Strategien erfolgt im Allgemeinen im Rahmen von Projekten und in den Planungsprozessen. Für alle IT-Assets können Strategien zur Unterstützung der Entscheidungsfindung festgelegt werden. Mehr dazu finden Sie in [War02].

> **Wichtig:**
> Die Prinzipien und Strategien müssen klar und verständlich sein. Sie müssen kommuniziert und festgeschrieben werden. In der Regel sollten Sie nur wenige ausgewählte Basisprinzipien und -strategien verwenden, da nur so klare und verbindliche Vorgaben gesetzt werden.
>
> Mit zunehmender Anzahl von Prinzipien und Strategien werden deren Abhängigkeiten und Wechselwirkungen zunehmend unüberschaubar. Es können sogar Inkonsistenzen auftreten. Die Kommunikation und insbesondere die Steuerung z. B. über Messgrößen werden immer komplexer und aufwendiger.

Folgende Arten von Strategien finden sich in der Literatur (siehe unter anderem [Ber03-2], [Boa99], [Nie05], [Rüt06], [War02] und [Wei04]):

- **Informationssystemstrategie**
  Eine Informationssystemstrategie (kurz IS-Strategie) gibt Vorgaben und Hilfestellungen für den effektiven und effizienten Einsatz von Informationssystemen zur Unterstützung des Geschäfts. Beispiele hierfür sind Hilfestellungen zur Steigerung der Flexibilität durch z. B. serviceorientierte Architekturen.

---
[3] Vorsichtiges Probieren z. B. mittels Pilotprojekten

- **Technische Standardisierungsstrategie**
  Im Rahmen der technischen Standardisierungsstrategie können z. B. Vorgaben für die technische Realisierung für Software-, HW- oder NW-Komponenten gemacht werden. Auf diese Weise vermeiden Sie Wildwuchs und senken Kosten. Siehe Abschnitt 6.2.8.

- **Innovationsstrategie**
  Durch eine Innovationsstrategie wird die Art und Weise des Umgangs mit neuen Technologien geregelt. So kann z. B. die vorausschauende Bewertung neuer Technologien für den Einsatz im Unternehmen vorgegeben werden. Siehe Abschnitt 6.3.6

- **Investitionsstrategie**
  Investitionsentscheidungen werden entsprechend der unternehmensspezifischen Investitionsstrategie gesteuert. Die Entscheidungskriterien wie Kosten, Nutzen, Risiko, Strategie- und Wertbeitrag werden dabei häufig in einer Projektportfolio-Grafik visualisiert.

- **Sourcing-Strategie**
  Durch die Sourcing-Strategie wird die klassische Fragestellung beantwortet: Welche IT-Leistungen kann bzw. soll ein Unternehmen selbst erbringen bzw. welche Leistungen einkaufen?

  Durch eine adäquate Sourcing-Strategie soll die Kostenstruktur verbessert, das operative Risiko reduziert, eine höhere Flexibilität und mehr Kontrolle erreicht werden.

- **Weitere Beispiele**:
  - **Lieferantenstrategie**
    Durch eine Lieferantenstrategie werden die Auswahl und das Management von Lieferanten unterstützt. Beispiel hierfür ist eine „Preferred-Supplier-Strategie", mit deren Hilfe man Wildwuchs vermeidet, Kosten senkt und wichtiges Lieferanten-Know-how sichert.
  - **Datenstrategie**
    Die wesentlichen Inhalte einer Datenstrategie sind Regelungen im Hinblick auf Data Ownership, Compliance, Datenschutz und Sicherheitsvorschriften sowie Art und Umfang der Umsetzung von Datenqualitätsanforderungen.
    - Diverse Strategien, wie z. B. Partneranbindungsstrategie, Integrationsstrategie, Open-Source-Strategie, Netzwerk/Hardware-Strategie und Desaster-, Präventions- und Recovery-Strategie.

Die verschiedenen Strategien stehen miteinander in Wechselwirkung. So macht z. B. die technische Standardisierungsstrategie Vorgaben für die Informationssystemstrategie.

> **Wichtig:**
> Achten Sie darauf, dass die ausgewählten Strategien konform zu Ihrer strategischen Positionierung, zu den IT-Zielen sowie den Prinzipien sind und miteinander im Einklang stehen.

Für die Darstellung dieser Strategien werden überwiegend Portfoliografiken verwendet, weil sie Zusammenhänge auf einen Blick veranschaulichen. Die Portfolioanalyse ist eine Planungsmethode des strategischen Managements. Das Portfoliomanagement ist ein einfacher, aber gleichzeitig strukturierter Managementansatz, der z. B. in der Mittelfristplanung die IT-Organisation dabei unterstützt, die Steuerungsobjekte wie z. B. Projekte oder Informationssysteme zu kategorisieren, zu evaluieren, zu priorisieren, zu clustern, zu steuern und daraus abgeleitete Ergebnisse kommunizierbar zu machen.

Das Portfoliomanagement beschäftigt sich mit der Entwicklung und Steuerung von Portfolios von z. B. Projekten oder Informationssystemen. In einem Portfolio werden die betrachteten Steuerungsobjekte – z. B. Projekte oder Informationssysteme – nach Kriterien bewertet und visualisiert. Häufig verwendete Kriterien sind z. B. Nutzenpotenziale, Kosten, Strategie- und Wertbeitrag sowie Risiken.

Portfolios können sowohl genutzt werden, um den Ist-Zustand zu veranschaulichen, als auch, um den Soll- oder Plan-Zustand oder deren Kombination anhand verschiedener Kriterien aufzuzeigen. So lassen sich Planungsszenarien entwickeln, die als Leitlinie für die Weiterentwicklung der IT-Landschaft genutzt werden können.

Portfoliografiken verbessern die Kommunikation zwischen IT-Fachleuten, dem Management und den Schlüsselpersonen im Business und sind daher ein wichtiges Hilfsmittel, um die Akzeptanz der IT in der Rolle des strategischen Partners zu erhöhen.

> **Wichtig:**
> Portfoliografiken eignen sich sehr gut für die Visualisierung von Strategien. Dies hängt u. a. damit zusammen, dass das Portfoliomanagement eine überwältigende Akzeptanz in den Unternehmen gefunden hat. Das Management wird nicht von einer Datenflut erschlagen. Portfolios helfen, die wesentlichen Informationen übersichtlich konsolidiert darzustellen.

Im Folgenden finden Sie eine Sammlung von in der Praxis bewährten Strategien. Aus dieser Sammlung können Sie die für Sie passenden auswählen.

3.4.2.1 Informationssystemstrategien

Folgende Best-Practice-Ansätze für Informationssystemstrategien haben sich im praktischen Einsatz bewährt:

- Informationssystemstrategie in Abhängigkeit von der Klassifikation der Geschäftsprozesse
- IS-Portfolio „Strategiebeitrag und Wertbeitrag" in Anlehnung an Ward/Peppard [War02]
- IS-Portfolio „Geschäftswert und technologische Eignung" (siehe [Buc05])
- IS-Portfolio „Geschäftswert und Risiko" (siehe [Buc05])
- IS-Portfolio „Technische Qualität und Geschäftswert" in Anlehnung an Maizilish/Handler [Mai05]

Diese in der Praxis bewährten Informationssystemstrategien werden im Folgenden detailliert beschrieben. Darüber hinaus gibt es noch eine Reihe weiterer Kriterien zur Bewertung von Informationssystemen in der Literatur. Hierzu zählen unter anderem das IS-Portfolio „Strategiefit" und „Bebauungsplanfit" und dessen Kombination mit einem Kosten/Nutzen-Portfolio (siehe [Krc05]). Weitere Kriterien finden Sie in [Ber03-1] und [Coe03].

Informationssystemstrategie in Abhängigkeit von der Klassifikation der Geschäftsprozesse

In der Portfoliografik in Bild 3.14 werden die Geschäftsprozesse entsprechend ihrer Wettbewerbsdifferenzierung und Veränderungsdynamik klassifiziert. Die Wettbewerbsdifferenzierung von Geschäftsprozessen ist hoch, wenn diese wesentlich für den Erhalt oder Ausbau des Geschäfts sind. Die Veränderungsdynamik ist hoch, wenn Geschäftsprozesse aufgrund von z. B. veränderten Geschäftsanforderungen sowie Wettbewerbs- oder Rahmenbedingungen häufig anzupassen sind.

Für jeden Quadranten werden Strategien für die dort einsortierten Geschäftsprozesse und Informationssysteme wie „Automatisiert & integriert", „Agil", „Automatisiert & Standard" und „Manuell & Standard" gegeben. Informationssysteme werden in einen Quadranten einsortiert, wenn sie Geschäftsprozesse unterstützen, die diesem Quadranten zugeordnet werden.

Wettbewerbsdifferenzierende Geschäftsprozesse (Quadrant „Automatisiert & integriert" und „Agil") können die Marktstellung des Unternehmens verbessern. Typischerweise finden sich hier Kundengewinnungsprozesse im Vertrieb und Marketing oder aber Prozesse zur Verhinderung von „Kundenverlusten" und zur Verbesserung des Images des Unternehmens am Markt. Zu Letzteren kann z. B. ein Call-Center, ein Auskunftssystem im Internet oder aber ein Data Warehouse einen Beitrag leisten.

Wettbewerbsdifferenzierende Geschäftsprozesse müssen möglichst individuell gehalten werden. Hier wird typischerweise Individualsoftware eingesetzt. Wenn die Geschäftsprozesse einer nur geringen Veränderungsdynamik unterworfen sind, dann sollten sie und damit verbunden die Schnittstellen zwischen Systemen und Partnern möglichst eng integriert und

BILD 3.14 IS-Strategie in Abhängigkeit von der Klassifikation der Geschäftsprozesse automatisiert sein. Die Abläufe können „verdrahtet" werden, da die Änderungsrate nicht hoch ist und somit der Effizienzgewinn den Aufwand in der Regel übersteigt. So können einerseits eine Geschäftspartnerbindung erzielt, andererseits Effizienz gewonnen und damit Kosten eingespart werden. Ein Beispiel hierfür ist z. B. die Integration von Zulieferern im Hinblick auf eine Just-in-time-Fertigung.

Wenn die Veränderungsdynamik bei wettbewerbsdifferenzierenden Prozessen hoch ist, dann müssen die Geschäftsprozesse so gestaltet werden, dass „agil" auf Veränderungen reagiert werden kann. Ein Beispiel hierfür ist das Produktmanagement bei Telekommunikationsanbietern. Hier werden hohe Anforderungen an Informationssysteme gestellt. Die Informationssysteme müssen flexibel konfigurierbar und orchestrierbar sein. Dies setzt einen komponentenorientierten Aufbau und eine flexible Infrastruktur, wie z. B. eine SOA-Infrastruktur, voraus. Geeignete Kaufkomponenten können ebenso wie Individualkomponenten genutzt werden.

Geschäftsprozesse wie die Lohnbuchhaltung, das Rechnungswesen oder die Personalwirtschaft zeichnen sich durch eine niedrige Veränderungsdynamik und eine niedrige Wettbewerbsdifferenzierung aus (Quadrant „Automatisiert & Standard"). Diese Prozesse sind möglichst effizient und kostengünstig abzuwickeln und so weit wie möglich zu standardisieren. Immer wiederkehrende Aufgaben und die Geschäftspartnerintegration lassen sich automatisieren; so kann ein Effizienzgewinn erzielt werden.

Zur Unterstützung von nicht wettbewerbsdifferenzierenden Geschäftsprozessen sollte so weit wie möglich Standardsoftware eingesetzt werden. Bei geringer Veränderungsdynamik sollten Effizienzgewinne durch z. B. Automatisierung möglichst genutzt werden, was auch „fest verdrahtet" sein kann. Falls jedoch eine hohe Flexibilität gefordert ist, darf dies nicht durch aufwendig zu erstellende und zu betreibende IT-Systeme umgesetzt werden. Es gilt, einen möglichst kostengünstigen Basisbetrieb für die Hauptgeschäftsvorfälle sicherzustellen. Ausnahmefälle müssen manuell bearbeitet werden.

In der Praxis werden auch andere Kriterien für die Prozessklassifikation wie Strategie- und Wertbeitrag, die Risikoeinschätzung oder die Kosten verwendet (siehe [War02], [Wei04] und [Wei06]).

IS-Portfolio-Grafik „Strategiebeitrag/Wertbeitrag" in Anlehnung an Ward/Peppard [War02]

Dieses IS-Portfolio leitet sich aus den Ansätzen von McFarlan (siehe [War02]) ab und ist sehr weit verbreitet. Durch die kompakte Darstellung des Beitrags der IT für den aktuellen und den zukünftigen Geschäftserfolg eignet es sich gut für die Abstimmung der Weiterentwicklung des IS-Portfolios zwischen der Fach- und der IT-Seite.

Auch bei dieser Informationssystemstrategie wird eine Portfoliodarstellung zur Visualisierung genutzt. Die Informationssysteme werden entsprechend ihres Wert- und ihres Strategiebeitrags klassifiziert. Der Wertbeitrag bestimmt den Grad der Unterstützung der wettbewerbsdifferenzierenden Geschäftsprozesse, z. B. im Vertrieb und in der Fertigung. Der Strategiebeitrag gibt an, welchen Beitrag das Informationssystem zur Umsetzung der Unternehmensstrategie leistet, d. h., wie groß der Beitrag des Informationssystems zum künftigen Geschäftserfolg ist. Erläuterungen zu den Kennzahlen finden Sie in Abschnitt 8.3.4.

3.4 Leitplanken im Detail

BILD 3.15 IS-Portfolio-Grafik „Strategie- und Wertbeitrag"

Die vier Quadranten lassen sich wie folgt charakterisieren (siehe Bild 3.15):

- **Hohes Potenzial („WILDCATS")**
  Die „WILDCATS" sind möglicherweise für den zukünftigen Geschäftserfolg von großer Bedeutung. Es werden z. B. IT-lastige Versuchsballone wie SOA-Infrastruktur-Projekte gestartet, die nur beschränkt fachliche Inhalte aufweisen. Da der Beitrag zum zukünftigen Geschäft noch unbekannt ist, werden solche Projekte möglichst wenig in die IS-Landschaft integriert. Zudem ist eine stetige Kostenkontrolle unerlässlich. Falls solche Projekte kostenmäßig aus dem Ruder laufen oder sich als nicht zielführend erweisen, ist das Projekt unverzüglich zu stoppen.

- **Strategisch („STARS")**
  Informationssysteme mit einem hohen Wert- und Strategiebeitrag sind die „STARS" unter den Informationssystemen. Sie sichern sowohl das aktuelle als auch das zukünftige Geschäft des Unternehmens ab. Durch stetige businessorientierte Innovation werden die strategischen Ziele adressiert (siehe Abschnitt 6.4.2). Eine effektive und effiziente Businessunterstützung und die enge Integration der Geschäftspartner (vertikale Integration) haben eine große Bedeutung.

- **Kerngeschäft („CASH COWS")**
  „CASH COWS" sichern im Vergleich zu den „STARS" nur das aktuelle Kerngeschäft ab. Alle Geschäftsfunktionen müssen zuverlässig, effizient und sicher ausführbar sein, wie z. B. die Fakturierung von Rechnungen. Risiken durch z. B. technische Experimente sollten vermieden werden.

  „CASH COWS" werden häufig als „Legacy"-Software bezeichnet. Hier stellt sich die Frage, wie viel Aufwand investiert wird, um die „Legacy"-Software am Leben zu erhalten (defensive Investition). Dementsprechend muss entschieden werden, ob sich ein permanentes Renovieren lohnt oder ob nicht Modernisieren oder ein Neukauf/Neubau besser wäre.

TABELLE 3.6 Hilfestellung für die Klassifikation der Informationssysteme

	Hohes Potenzial	Strategisch	Kerngeschäft	Unterstützung
Kann durch das IS ein klarer Wettbewerbsvorteil für das Geschäft erzielt werden?		Ja (1)		
Unterstützt das IS ein konkretes Geschäftsziel und/oder einen kritischen Erfolgsfaktor?		Ja (1)		
Beseitigt das IS einen Geschäftsnachteil im Verhältnis zum Wettbewerber?			Ja	
Verhindert das IS, dass ein vorhersehbares Geschäftsrisiko in der nahen Zukunft zu einem größeren Problem wird?			Ja	
Erhöht sich durch das IS die Produktivität des Geschäfts oder können nachhaltige Kostensenkungen erzielt werden?				Ja
Unterstützt das IS bei der Erfüllung von formalen Vorschriften?			Ja (2)	
Kann das IS zu zukünftigem Nutzen oder Wert für das Unternehmen führen?	Ja			

(1) Wenn der Geschäftsnutzen klar benannt werden kann und verstanden ist, wie dieser erreicht werden kann; sonst hohes Potenzial
(2) Wenn die Nichtbefolgung zu bedeutenden Geschäftsrisiken führt; sonst Unterstützung

- **Unterstützung („DOGS")**

  „DOGS" sind Informationssysteme, die nicht wettbewerbsdifferenzierende Geschäftsprozesse wie z. B. Lohnbuchhaltung oder Personalwesen unterstützen.

  Diese Informationssysteme müssen effizient und vor allen Dingen kostengünstig betrieben werden. Hierzu sind Rationalisierungs- und Automatisierungspotenziale zu heben. Neue Projekte werden häufig nur wegen veränderter gesetzlicher oder Compliance-Anforderungen aufgesetzt (Desinvestition).

In Tabelle 3.6 finden Sie die Fragen, die Sie stellen müssen, um Informationssysteme zu klassifizieren und den vier Quadranten zuzuordnen (siehe [War02]).

Bild 3.16 zeigt ein Beispiel für ein IS-Portfolio. Neben den klassifizierenden Attributen Strategie- und Wertbeitrag werden in diesem Beispiel auch die Kosten und der Gesundheitszustand der Informationssysteme abgebildet.

Durch die Erweiterung des Portfolios um die geplanten Informationssysteme sowie der Pfeile und der Kennzeichnung für die abzulösenden Systeme kann die geplante Weiterentwicklung anschaulich visualisiert werden. Die geplanten Informationssysteme sind über den Planungsstatus Plan und Soll gekennzeichnet. Plan-Informationssysteme sind Informationssysteme, die konkret schon über Projekte geplant sind. Soll-Informationssysteme sind dagegen noch nicht so konkret geplant. So ist z. B. festgelegt, dass ein neues Vertriebsinformationssystem erstellt wird. Hierbei bleibt ggf. noch offen, ob dieses Informationssystem mittels einer Standardsoftware oder einer Individualentwicklung umgesetzt wird.

BILD 3.16 Beispiel eines IS-Portfolio „Strategie- und Wertbeitrag"

> **Tipp:**
> Geben Sie bei der IS-Portfolio-Grafik jeweils den Zeitstempel für die verschiedenen Planungsstände an. So können Sie später nachvollziehen, welcher Ist-Stand (z. B. am 1.1.2009), welcher Planungsstand (z. B. Projektportfolio zum 1.1.2014) und welcher Soll-Zustand (z. B. 2020) verwendet wurden.

IS-Portfolio „Geschäftswert/technologische Eignung" in Anlehnung an [Buc05]

Bei dieser Informationssystemstrategie in Anlehnung an [Buc05] werden die Informationssysteme entsprechend ihrem Geschäftswert und ihrer technologischen Eignung klassifiziert. In diesem Portfolio werden anstelle von vier Quadranten fünf Bereiche unterschieden.

Die technologische Eignung subsumiert sowohl die technische Qualität, Modernität („state-of-the-art") und Komplexität als auch das Alter des Informationssystems und der Betriebsinfrastruktur, auf der das System betrieben wird, den Lebenszyklus des Informationssystems und die verfügbaren IT-Ressourcen[4]. Erläuterungen zu den Kennzahlen sind in Abschnitt 8.3.4 zu finden.

Die Positionierung innerhalb des Portfolios gibt Aufschluss darüber, wo investiert werden soll und wo in der IT Kostensenkungsmaßnahmen ansetzen können, ohne die Zukunftsfähigkeit der Informationssysteme zu gefährden.

---

[4] Hier wird spezielles Know-how wie Assembler-Programmierung berücksichtigt.

BILD 3.17
IS-Portfolio-Grafik „Geschäftswert und technologische Eignung"

Entsprechend der Zuordnung zu einem Bereich leiten sich Strategien für die Weiterentwicklung der Informationssysteme ab:

- **„Investitionen nachholen"**
  Die diesem Bereich zugeordneten Informationssysteme haben einen hohen Geschäftswert, aber eine ungenügende technologische Eignung. Da diese Informationssysteme für das Unternehmen kritisch sind, müssen sie sorgfältig überwacht werden. IT-Defizite müssen verringert oder beseitigt oder aber ggf. durch andere technologisch hochwertigere Informationssysteme ersetzt werden, die die fachlichen Funktionen ebenso gut abdecken.

- **„Nutzen ausschöpfen"**
  Die Informationssysteme in diesem Bereich sind sowohl vom Geschäftswert her als auch technologisch geeignet. Hier sollten der Nutzen für das Unternehmen möglichst umfassend abgeschöpft und die Informationssysteme z. B. in andere Standorte ausgerollt werden.

- **„Zurzeit ausgewogen, weiterführen"**
  Bei den Informationssystemen in der Mitte des Portfolios besteht ein ausgewogenes Verhältnis zwischen Geschäftswert und technologischer Eignung. Beispiele hierfür sind IT-Systeme für Unterstützungsprozesse wie Finanzbuchhaltung oder Personalwesen. Es besteht also kein Handlungsbedarf bei diesen Systemen.

- **„Investitionen beschränken"**
  Die Informationssysteme in diesem Bereich sind technologisch geeignet; haben aber nur einen geringen Geschäftswert. Die Investitionen sollten daher auf funktionale Erweiterungen konzentriert werden, die den Geschäftswert erhöhen.

- **„Überwachen, ggf. investieren und aussortieren"**
  Die Informationssysteme in diesem Bereich unterstützen das Geschäft nur wenig und sind gleichzeitig technologisch ungeeignet. Diese Informationssysteme sollten sorgfältig im Auge behalten und ggf. durch andere Systeme abgelöst werden.

IS-Portfolio „Geschäftswert/Risiko" (siehe [Buc05])

Bei dieser Informationssystemstrategie werden die Informationssysteme entsprechend ihres Geschäftswerts und Risikos in vier Quadranten klassifiziert. Der Geschäftswert beinhaltet sowohl den Strategiebeitrag als auch den Wertbeitrag eines Informationssystems. Die Risikoeinschätzung kann unternehmensindividuell festgelegt werden. Hier können der fachliche und der technische Gesundheitszustand und die Komplexität als Teilfaktoren mit eingehen. Erläuterungen zu den Kennzahlen sind in Abschnitt 8.3.4 zu finden.

Durch die integrierte Darstellung von Business- und IT-Aspekten wird unmittelbar sichtbar, ob der Geschäftsbetrieb für das Kerngeschäft ggf. gefährdet ist. Entsprechend der Zuordnung zum Quadranten leiten sich Strategien für die Weiterentwicklung der Informationssysteme ab:

- „Quick Wins"
  Die Informationssysteme mit einem niedrigen Risiko und einem hohen Geschäftswert sind im Hinblick auf einen zuverlässigen Basisbetrieb von großer Bedeutung. Neue oder geplante Informationssysteme sollten idealerweise in diesem Quadranten liegen. Quick Wins können unter anderem durch eine verständliche und erprobte technische Basis und Infrastruktur sowie Komponentisierung der Informationssysteme erzielt werden.

- „Strategische Positionierung"
  Die Informationssysteme in diesem Quadranten haben zwar einen hohen Geschäftswert, aber gleichzeitig auch ein hohes Risiko. Beispiele hierfür sind neu geplante Informationssysteme, die im Rahmen von großen strategischen Projekten entstehen, z. B. SAP-Einführungsprojekte oder Stammdatenkonsolidierungsprojekte. Aufgrund der Komplexität besteht ein hohes Risiko. Hier sollte aber nicht zugleich ein technologisches Risiko bestehen. In diesem Fall (Gesundheitszustand 2 oder 3 in Bild 3.18) muss das Weiterbestehen des Informationssystems im IS-Portfolio ernsthaft hinterfragt werden.

BILD 3.18 IS-Portfolio-Grafik „Technische Qualität und Geschäftswert"

- **„Aufgeben"**
  Wenn der Geschäftswert niedrig und das Risiko hoch ist, werden Informationssysteme hier einsortiert. Diese Informationssysteme sind typische Ablösekandidaten.
- **„Betrieb sicherstellen"**
  Informationssysteme, die in diesen Quadranten einsortiert werden, haben ein niedriges Risiko und gleichzeitig einen niedrigen Geschäftswert. Beispiele hierfür sind unterstützende Informationssysteme, z. B. Finanzbuchhaltung oder Personalwesen. Für diesen Typus von Informationssystemen muss ein zuverlässiger und effizienter Betrieb sichergestellt werden.

IS-Portfolio „Technische Qualität/Geschäftswert" in Anlehnung an Maizilish/Handler [Mai05]

Bei dieser Informationssystemstrategie werden die Informationssysteme entsprechend ihrer technischen Qualität und ihres Geschäftswertes in vier Quadranten klassifiziert. Die technische Qualität bezieht sich sowohl auf den Status im Lebenszyklus des Systems als auch auf den Grad der Umsetzung von Qualitätsanforderungen wie Performance oder Sicherheit. Die technische Qualität, häufig auch technischer Gesundheitszustand genannt, bestimmt maßgeblich den Aufwand bei der Weiterentwicklung eines Systems. Der Geschäftswert beinhaltet sowohl den Strategiebeitrag als auch den Wertbeitrag eines Informationssystems. Erläuterungen zu den Kennzahlen sind in Abschnitt 8.3.4 zu finden.

Durch die integrierte Darstellung von Business- und IT-Aspekten wird unmittelbar sichtbar, ob der Geschäftsbetrieb für das Kerngeschäft ggf. gefährdet ist. Entsprechend der Zuordnung zum Quadranten leiten sich Strategien für die Weiterentwicklung der Informationssysteme ab:

BILD 3.19 IS-Portfolio-Grafik „Technische Qualität und Geschäftswert"

Quadranten (Technische Qualität hoch / niedrig × Geschäftswert niedrig / hoch):
- „Fragezeichen" (hoch/niedrig): Informationssystem neu bewerten / neu positionieren
- „Hüten & Ausbauen" (hoch/hoch): Informationssystem instandhalten / weiterentwickeln
- „Abstoßen" (niedrig/niedrig): Informationssystem zurückziehen / konsolidieren
- „Überarbeiten" (niedrig/hoch): Informationssystem überarbeiten / austauschen

- **„Fragezeichen"**

  Ein Informationssystem, das unter „Fragezeichen" einsortiert ist, hat zwar eine hohe technische Qualität, aber wenig Business-Bezug.

  Alle Informationssysteme in diesem Quadranten stehen unter Beobachtung. Es muss regelmäßig überprüft werden, ob die Informationssysteme im IS-Portfolio verbleiben sollen oder ggf. fachlich erweitert und somit neu positioniert werden sollten.

  Häufig werden vorwiegend IT-lastige Versuchsballons oder fachlich unnötige Informationssystemteile, die z. B. in Folge von Veränderungen des Geschäftsmodells nicht mehr benötigt werden, als Fragezeichen eingestuft. Ein typisches Beispiel sind Berichte, die für einen nicht mehr aktuellen Zweck erstellt und nie „aufgeräumt" wurden.

- **„Hüten & Ausbauen"**

  Ein so klassifiziertes Informationssystem ist sprichwörtlich das „ideale" Informationssystem. Sowohl die technische Qualität als auch der Geschäftswert sind hoch. Diese Informationssysteme sind zu „hegen und zu pflegen", d. h. so zu pflegen, dass das Informationssystem technisch qualitativ hochwertig bleibt. Soweit sinnvoll, sollten die Informationssysteme fachlich weiter ausgebaut werden.

- **„Überarbeiten"**

  Diese Informationssysteme sind wesentlich für das Kerngeschäft des Unternehmens, weisen aber eine niedrige technische Qualität auf. Bei Ausfall der Systeme ist die Geschäftstätigkeit des Unternehmens gefährdet. Daher müssen diese mit einer hohen Dringlichkeit modernisiert bzw., falls dies nicht möglich ist, durch andere Systeme mit einer hohen technischen Qualität ersetzt werden.

- **„Abstoßen"**

  Informationssysteme, die sowohl für das aktuelle als auch das zukünftige Geschäft weder wichtig noch technisch tragfähig sind, sollten „abgestoßen" und deren Funktionalität in andere Informationssysteme mit einer besseren technischen Qualität verlagert werden.

Zusammenfassung IS-Strategien

Alle hier aufgeführten IS-Strategien und die damit verbundenen Informationssystemstrategien wurden bereits mehrfach in verschiedenen Unternehmen erfolgreich zur strategischen Planung und Steuerung der IS-Landschaft genutzt.

Für die Portfolios werden verschiedene Kennzahlen genutzt. Hinweise zur Herleitung beziehungsweise Berechnung der Kennzahlen finden Sie in Abschnitt 8.3.4.

> **Tipp:**
>
> Die Einordnung der Informationssysteme kann in einer ersten Ausbaustufe auch pragmatisch erfolgen. Organisieren Sie einen Workshop mit Teilnehmern aus Business und IT und lassen Sie die Informationssysteme klassifizieren. Die dabei entstehenden Diskussionen und die gemeinsame Abstimmung führen in der Regel effizient zu einer gemeinsamen Einschätzung.
>
> In der Praxis gibt es auf diesem Wege selten Uneinigkeit!

BILD 3.20 Roadmap für die strategische Weiterentwicklung

Ausgehend von einem aktuellen IS-Portfolio kann eine Roadmap für die Weiterentwicklung der IS-Landschaft in den nächsten Jahren erstellt werden. In Bild 3.20 sehen Sie ein Beispiel auf Basis des IS-Portfolios „Technische Qualität/Geschäftswert". Informationssysteme werden entsprechend den bereits ausgeführten Strategien „abgelöst", „erweitert", „neu positioniert und erweitert" oder „überarbeitet".

> **Wichtig:**
> In einem IS-Portfolio lassen sich entweder nur Ist-Informationssysteme oder aber auch geplante Informationssysteme darstellen. Für die Darstellung der Veränderungen über die Zeit können entweder Pfeile oder aber eine Abfolge von Portfolios über die Zeit (Roadmap) verwendet werden.

3.4.2.2 Technische Standardisierungsstrategien

Technische Standardisierungsstrategien zielen darauf ab, den Wildwuchs zu reduzieren und damit Kosten zu senken und die Qualität, den Gesundheitszustand der IT-Landschaft, zu steigern. Die technische Standardisierung kann auf unterschiedlichen Ebenen, wie technische Produkte wie Datenbanken, oder durch Vorgabe von Referenzarchitekturen, Softwareentwicklungs- oder Systemmanagementumgebungen erfolgen.

In der Regel wird für die technische Standardisierung ein Blueprint mit Standards gegebenenfalls unterschiedlicher Verbindlichkeit vorgegeben. Weitere Informationen hierzu finden Sie in Abschnitt 3.4.3.

BILD 3.21
Technische Standardisierungsstrategie in Abhängigkeit von der Klassifikation der Geschäftsprozesse

Ergänzend hierzu können aber auch Prinzipien, wie Serviceorientierung, oder technische Standardisierungsstrategien eingesetzt werden. Für die technischen Standardisierungsstrategien werden häufig auch Portfoliografiken eingesetzt.

In Bild 3.21 finden Sie eine technische Standardisierungsstrategie in Abhängigkeit von der Klassifikation der Geschäftsprozesse. In dem Portfolio werden die Geschäftsprozesse entsprechend ihrer Wettbewerbsdifferenzierung und Veränderungsdynamik klassifiziert. Siehe hierzu auch die entsprechende IS-Strategie.

Für jeden Quadranten werden Strategien für die dort einsortierten Geschäftsprozesse und technischen Bausteine wie z. B. „Automatisiert & integriert", „Agil", „Automatisiert & Standard" und „Manuell & Standard" gegeben. Technische Bausteine werden in einen Quadranten einsortiert, wenn sie für Informationssysteme genutzt werden, die Geschäftsprozesse unterstützen, die diesem Quadranten zugeordnet werden. Siehe hierzu auch die entsprechende IS-Strategie. Für die technischen Bausteine werden durch „Standard-IT-Infrastruktur", „EAI- und B2X-Infrastruktur" und „SOA-Infrastruktur" Vorgaben gemacht. Wenn also neue technische Bausteine in dem jeweiligen Quadranten geplant werden, ist die jeweilige technische Vorgabe zu beachten.

Neben diesen Dimensionen können natürlich auch andere Dimensionen, wie z. B. der Gesundheitszustand und das Skill-Level, verwendet werden, um die unternehmensspezifische technische Standardisierungsstrategie zu beschreiben.

3.4.2.3 Innovationsstrategie

Business-Innovationen sind wesentlich für die kontinuierliche Weiterentwicklung und das Überleben des Unternehmens. Die IT kann durch neue Technologien Impulse geben und

BILD 3.22 Innovationsstrategie Reife/Potenzial

(Diagramm: Achsen „Reife" (niedrig → hoch) und „Potenzial" (niedrig → hoch); Quadranten: „Fragezeichen" – Beobachten & überprüfen; „Stars" – Einsteuern in die Planung; „Irrelevant" – Nicht weiter verfolgen; „Hinterfragen" – Business-Potenziale Voraussetzung für Einsatz.)

gemeinsam mit dem Business Ideen entwickeln, wie diese Technologien gewinnbringend im Business genutzt werden können. Wesentlich ist dafür aber ein systematischer Innovationsmanagement-Prozess (siehe Abschnitt 6.3.6). Durch eine Innovationsstrategie kann hierbei unterstützt werden, indem die Art und Weise des Umgangs mit neuen Technologien geregelt wird. So können z. B. aus der Flut der neuen technologischen Entwicklungen die relevanten ausgewählt werden („Innovation-Screening"). Hierauf zielt das Beispiel in Bild 3.22 ab. Hier wird einerseits das Potenzial der Technologien sowohl aus Business-Sicht (Business-Nutzen) als auch aus IT-Sicht (IT-Nutzen) bewertet (zu Kennzahlen sei auf Abschnitt 8.3.4 verwiesen). Andererseits wird der Reifegrad abgeschätzt (siehe Abschnitt 7.1). Auf dieser Basis werden die Technologien grob klassifiziert. Technologien mit einem hohen Potenzial, aber niedrigem Reifegrad sind die „Fragezeichen". Hier ist offen, ob eine ausreichende Reife, z. B. Betreibbarkeit, herstellbar ist. Die Technologien müssen weiter beobachtet und gegebenenfalls ein Proof-of-Concept (PoC) durchgeführt werden, um die Reife zu überprüfen. Dies ist insbesondere auch für die wahrscheinlich relevanten Technologien notwendig, bei denen die Reife unternehmensintern nur schwer einschätzbar ist. Wenn dagegen die Reife hoch und das Potenzial gering ist, muss abgewogen werden, ob insbesondere das Business-Potenzial die Aufwände übersteigt. Dementsprechend stehen hier wirtschaftliche Abwägungen im Vordergrund. Da das Business-Potenzial zu einem frühen Zeitpunkt häufig schwierig einzuschätzen ist, erfolgt die Abwägung oft ausschließlich aufgrund der Kosten.

Die Technologien mit einer hohen Reife und Potenzial sind die „Stars". Für diese können dann Ideen für Business-Innovationen in interdisziplinären Innovationsteams weiter vorangetrieben werden (siehe Abschnitt 6.3.6). Das für die Technologieeinschätzung angenommene Potenzial muss sowohl aus Business- als auch aus IT-Sicht für alle weiterverfolgten Technologien auf Basis des jeweils neuen Erkenntnisstandes zu einem späteren Zeitpunkt, bevor die Innovation in eine Test-/Pilotphase geht, überprüft werden.

3.4.2.4 Investitionsstrategie

Investitionsentscheidungen werden in den unternehmensspezifischen Entscheidungsprozessen wie der Budgetierung (siehe Abschnitt 3.2) oder dem Projektportfoliomanagement auf Grundlage der unternehmensspezifischen Investitionsstrategie getroffen. Das Projektportfoliomanagement hat hierbei besondere Bedeutung, da Projekte das wesentliche Mittel für die Umsetzung von Veränderungen sind.

Das Projektportfoliomanagement umfasst die regelmäßige Planung, Priorisierung, übergreifende Überwachung und Steuerung aller Projekte eines Unternehmens oder einer Geschäftseinheit. Ziel des Projektportfoliomanagements ist es, die richtigen Projekte zum richtigen Zeitpunkt im richtigen Umfeld durchzuführen.

Zu den Aufgaben des Projektportfoliomanagements gehören

- die Definition von Projekten und Programmen,
- die Bewertung von Projektanträgen,
- die Bewilligung, Zurückstellung und Ablehnung von Projektanträgen,
- die laufende Überwachung von Projekten aus der Sicht der Auftraggeber,
- die Wahrnehmung übergreifender Projekt- und Qualitätsmanagementaufgaben
- sowie das projektübergreifende Informations- und Wissensmanagement.

> **Definition Projektportfolio:**
> Das Projektportfolio eines Unternehmens beinhaltet alle aktiven Projekte des Unternehmens von deren Genehmigung bis zu deren Beendigung. Da Projekte laufend neu genehmigt, neu priorisiert, verworfen und beendet werden, ändert sich das Projektportfolio ständig.

Die Entscheidungskriterien wie z. B. Kosten, Nutzen, Risiko, Strategie- und Wertbeitrag werden dabei häufig in einer Projektportfolio-Grafik visualisiert. Viele der oben beschriebenen IS-Portfolios können auch für Projektportfolios verwendet werden.

Im Folgenden werden bewährte Investitionsstrategien anhand von Projektportfolio-Grafiken beschrieben:

- **Projektportfolio-Grafik „Schwierigkeit/Nutzen"** nach [Buc05]
  Klassifikation der Projekte entsprechend deren Schwierigkeitsgrad[5] und deren Nutzen
- **Projektportfolio-Grafik „Risiko/Nutzen"** nach Krcmar [Krc05]
  Klassifikation der Projekte entsprechend deren Risiko und deren Nutzen
- **Projektportfolio-Grafik „Strategiefit/Bebauungsfit"** nach Krcmar [Krc05]
  Klassifikation der Projekte entsprechend deren Strategiefits und deren Bebauungsfits
- **Projektportfolio-Grafik „kombiniert"** nach Krcmar [Krc05]
  Klassifikation der Projekte entsprechend der kombinierten Bewertung aus dem „Risiko/Nutzen"- und dem „Strategiefit/Bebauungsfit"-Portfolio.

---

[5] Schwierigkeitsgrad der Umsetzung = f (Projektrisiko, Projektkomplexität)

- **Projektportfolio-Grafik „Kosten/Nutzen und Risiko"**
  Klassifikation der Projekte entsprechend deren Kosten/Nutzen-Verhältnis und deren Risiko
- **Projektportfolio-Grafik „Bedeutung/Dringlichkeit"**
  Klassifikation der Projekte entsprechend ihrer Bedeutung (unternehmensspezifische Ermittlung) und deren Dringlichkeit
- **Projektportfolio-Grafik „Strategiebeitrag/Wirtschaftlichkeit"**
  Klassifikation der Projekte entsprechend deren Strategiebeitrag und deren Wirtschaftlichkeit

Die verschieden Strategien werden im Folgenden weiter erläutert.

Projektportfolio: Nutzen/Schwierigkeitsgrad

In diesem Portfolio in Anlehnung an [Buc05] werden die Projekte bzw. Projektanträge entsprechend ihres Nutzens und ihres Schwierigkeitsgrads bewertet. Der Projektnutzen wird hierbei aus dem finanziellen Nettonutzen und der strategischen Relevanz ermittelt. Der Schwierigkeitsgrad wird aus dem Projektrisiko und der Projektkomplexität abgeleitet. Siehe hierzu Abschnitt 8.3.4.

Die Positionierung innerhalb des Portfolios gibt Aufschluss über die Handlungsempfehlungen:

- **Bewilligung**
  Projekte in diesem Quadranten haben die höchste Priorität, da sie vergleichsweise einfach umsetzbar und gleichzeitig einen hohen Nutzen aufweisen. Projektanträge sollten bewilligt werden.

BILD 3.23 Projektportfolio-Grafik „Nutzen/Schwierigkeitsgrad" – in Anlehnung an [Buc05]

- **Einzelfallentscheidung**
  Falls die Projektanträge entweder einen niedrigen Schwierigkeitsgrad und einen niedrigen Nutzen oder aber einen hohen Schwierigkeitsgrad und einen großen Nutzen haben, kann keine allgemeine Empfehlung abgegeben werden. Es muss eine Abwägung im Gesamtprojektportfolio erfolgen.
- **Zurückstellung**
  Wenn sowohl der Schwierigkeitsgrad hoch ist als auch kaum Nutzen vorhanden ist, sollte der Projektantrag abgelehnt oder zurückgestellt werden. Es gibt nicht wirklich einen Grund für die Durchführung des Projekts.

Die konkreten Handlungsempfehlungen hängen insbesondere auch vom Projektfortschritt ab. Tendenziell werden Projekte mit einem hohen erwarteten Nutzen, die schon vergleichsweise weit in der Umsetzung fortgeschritten sind, mit einer hohen Priorität versehen. Projekte in der Planungsphase mit einer geringen Nutzenerwartung werden tendenziell zurückgestellt. Projekte mit einer geringen Nutzenerwartung und einem hohen Schwierigkeitsgrad droht als Erstes ein Stopp.

Projektportfolio: „Risiko/Nutzen"

In diesem Portfolio in Anlehnung an Krcmar [Krc05] werden die Projekte entsprechend ihres Risikos und ihres Nutzens klassifiziert. Das Projektrisiko kann z. B. durch die Projektdauer, die Projektgröße, die Ressourcenverfügbarkeit und die Abhängigkeiten bestimmt werden. Der Projektnutzen kann aus der Wirtschaftlichkeit, der Nutzungsdauer, dem nicht quantifizierbaren Nutzen, der Mitarbeiterorientierung und Potenzialentwicklung ermittelt werden. Siehe hierzu Bild 3.24.

BILD 3.24 Projektportfolio „Risiko/Nutzen" – in Anlehnung an Krcmar [Krc05]

Die Projekte werden entsprechend des Risikos eines Fehlschlags und des erwarteten Nutzens bewertet. Prinzipiell gilt, dass ein höheres Risiko durch einen höheren erwarteten Nutzen ausgeglichen werden muss, um bei der Projektpriorisierung nicht direkt durchzufallen.

Projektportfolio: „Strategiefit/Bebauungsplanfit"

In diesem Portfolio in Anlehnung an Krcmar [Krc05] werden die Projekte entsprechend ihres Strategiefits und Bebauungsplanfits, d. h. ihrer Konformität zur IT-Strategie und zum Bebauungsplan, klassifiziert. Der Strategiefit kann z. B. durch das gewichtete Mittel des Beitrags zu den Einzelzielen ermittelt werden. Der Bebauungsplanfit kann z. B. durch einen Konformitätsgrad zur Soll-IS- und Soll-Technologie-Bebauung ermittelt werden. Siehe hierzu Bild 3.25.

BILD 3.25 Projektportfolio-Grafik „Strategiefit/Bebauungsplanfit" – in Anlehnung an Krcmar [Krc05]

Die Projekte werden entsprechend ihrer Konformität zur Strategie und zum Bebauungsplan bewertet. Prinzipiell gilt, dass Projekte mit Ausnahme der Muss-Projekte, die aufgrund von z. B. gesetzlichen Vorschriften auf jeden Fall durchzuführen sind, sowohl ein hohen Strategiefit als auch einen hohen Bebauungsplanfit haben sollten. Kann-Projekte, die weder noch haben, sollten zurückgestellt werden.

Projektportfolio: Kombination des „Risiko/Nutzen"- und des „Strategiefit/Bebauungsplanfit"-Projektportfolios

In diesem Portfolio in Anlehnung an Krcmar [Krc05] werden die Bewertungsergebnisse der beiden vorhergehenden Portfolios in einer Gesamtbewertung zusammengefasst. Siehe hierzu Bild 3.26.

BILD 3.26 Kombiniertes Projektportfolio – in Anlehnung an Krcmar [Krc05]

Für die Konsolidierung der beiden Teilportfolios zum Gesamtportfolio wird beim Risiko/Nutzen-Projektportfolio die Bewertung bestimmt und mit dem strategischen Projektportfolio konsolidiert. Hierzu wird beim Risiko/Nutzen-Projektportfolio die Bewertung gespiegelt und mittels einer Senkrechten vom entsprechenden Projekt auf die Diagonale des Portfolios mit dem strategischen Projektportfolio konsolidiert. Damit lassen sich für beide Achsen die Werte auch automatisch bestimmen.

Die Positionierung innerhalb des Portfolios gibt Aufschluss über die Handlungsempfehlungen:

- **Einzelfallentscheidung**
  Falls die Projektanträge entweder einen niedrigen Beitrag im Strategischen Portfolio oder aber im Risiko/Nutzen-Portfolio haben, kann keine allgemeine Empfehlung abgegeben werden. Es muss eine Abwägung im Gesamtprojektportfolio und damit eine Einzelfallentscheidung erfolgen.
- **Bewilligung**
  Projekte in diesem Quadranten haben die höchste Priorität, da sie einen hohen Wertbeitrag bei geringem Risiko und gleichzeitig einen hohen Beitrag im strategischen Portfolio haben. Projektanträge sollten bewilligt werden.
- **Zurückstellung**
  Wenn weder noch gegeben ist, sollte der Projektantrag abgelehnt oder zurückgestellt werden. Es gibt nicht wirklich einen Grund für die Durchführung des Projekts.

Projektportfolio: „Kosten/Nutzen und Risiko"

In diesem Portfolio werden die Projekte entsprechend ihres Kosten/Nutzen-Verhältnisses und ihres Risikos klassifiziert. Siehe hierzu Bild 3.27.

Die Positionierung innerhalb des Portfolios gibt Aufschluss über die Handlungsempfehlungen Bewilligung, Zurückstellung und Einzelfallentscheidung.

Projektportfolio: „Bedeutung und Dringlichkeit"

In diesem Portfolio werden die Projekte entsprechend ihrer Bedeutung (unternehmensspezifisch) und ihrer Dringlichkeit klassifiziert. Siehe hierzu Bild 3.28.

Die Positionierung innerhalb des Portfolios gibt Aufschluss über die Handlungsempfehlungen Bewilligung, Zurückstellung und Einzelfallentscheidung. Siehe hierzu das vorhergehende Portfolio.

Projektportfolio: „Strategiebeitrag und Wirtschaftlichkeit"

In diesem Portfolio werden die Projekte entsprechend ihres Strategiebeitrags und der Wirtschaftlichkeit des Projekts klassifiziert. Siehe hierzu Bild 3.29.

Die Positionierung innerhalb des Portfolios gibt Aufschluss über die Handlungsempfehlungen Bewilligung, Zurückstellung und Einzelfallentscheidung. Siehe hierzu das vorhergehende Portfolio.

BILD 3.27 Projektportfolio-Grafik „Kosten/Nutzen und Risiko"

BILD 3.28 Projektportfolio-Grafik „Bedeutung und Dringlichkeit"

BILD 3.29 Projektportfolio-Grafik „Strategiebeitrag/Wirtschaftlichkeit"

3.4.2.5 Sourcing-Strategie

Beim Sourcing muss das Leistungspotenzial der IT ermittelt, Lieferanten müssen sorgfältig ausgewählt und gemanagt werden. Sie müssen zwischen dem strategischen und dem nichtstrategischen Teil der IT unterscheiden. Der nichtstrategische Teil kann als „Commodity" zugekauft werden. Die frei gewordenen Ressourcen und das Kapital können somit in strategische Aufgaben investiert werden. Der strategische Teil differenziert das Unternehmen vom Wettbewerber.

Die klassische Sourcing-Frage muss beantwortet werden: Welche IT-Leistungen kann bzw. soll ein Unternehmen selbst erbringen bzw. welche Leistungen sollen eingekauft werden?

Die IT kann den Fremdbezug von Leistungen nutzen, um ihre Fertigungstiefe zu variieren, auf Nachfrageschwankungen flexibel zu reagieren, Qualitäts- und Preisvorteile einzukaufen und auf spezielle, selten gebrauchte Skills zuzugreifen. Durch eine partnerschaftliche Vernetzung mit den Lieferanten und ihre Einbeziehung in den Innovationsprozess lässt sich der Wertbeitrag der IT steigern. Der Lieferant bringt dann zusätzliche Kompetenzen und Ideen „ohne Mehrkosten" mit ein.

Je nach strategischen und operativen Kriterien sollten Sie entscheiden, welche Leistungen, von einem strategischen Blickwinkel aus betrachtet, ausgelagert werden können. Fachliche Kernkompetenzen und strategische Aufgabenbereiche verbleiben im Allgemeinen im Unternehmen. Bei den restlichen Aufgabenbereichen ist der Vergleich insbesondere der Transaktionskosten der internen und externen Leistungserbringung eine wesentliche Entscheidungsgrundlage. Hier müssen sowohl die eigentlichen Transaktionskosten als auch die Koordinations- und Controlling-Aufwände mit berücksichtigt werden.

Beim Outsourcing werden externe Ressourcen genutzt und IT-Prozesse zu einem externen Anbieter verlagert. Ziel ist es, Kosten insbesondere durch Skalenvorteile zu reduzieren. Typische Beispiele hierfür sind der Dokumentendruck, das Rechnungswesen, das Gebäude- und Flottenmanagement, der Rechenzentrumsbetrieb von IT-Systemen, z. B. SAP, das Billing, Customer-Care-Funktionen und die Auskunft.

Durch die Standardisierung von IT-Prozessen z. B. durch CobiT und ITIL (siehe [Joh11] und [itS08]) wird eine Möglichkeit zum Vergleich verschiedener Outsourcing-Anbieter geschaffen.

Insourcing bezeichnet die Eigenerstellung von bisher extern eingekauften Produkten bzw. Leistungen. Es erfolgt eine Ausweitung der Wertschöpfungskette auf die bisher extern eingekauften Leistungen. So können Kosten gesenkt, insbesondere aber neue Geschäftsfelder eröffnet werden.

Im Rahmen des Offshoring werden häufig IT-Leistungen in Niedriglohnländer wie Indien (Offshore) oder Rumänien (Nearshore) verlagert, um die Personalkosten durch das Lohnkostengefälle zu senken. Das Einsparpotenzial muss unternehmensspezifisch eingeschätzt werden. Häufig wird auch die Organisationsform eines Offshore-Entwicklungszentrums gewählt. IT-Funktionen werden in Niedriglohnländer verlagert und externe Ressourcen in einem eigenen Unternehmen oder Joint Venture gebündelt.

Nach der Identifikation der potenziellen Insourcing-, Outsourcing- und Offshoring-Bereiche müssen Stärken und Schwächen sowie Chancen und Risiken analysiert und abgewogen werden. Es müssen insbesondere die Kernkompetenzen, Ressourcen, Kosten und Risiken betrachtet werden.

Basis der Festlegung der Sourcing-Strategie (siehe Abschnitt 2.4.3) ist die Analyse und Bewertung des Leistungspotenzials der IT. Alle operativen und strategischen IT-Management-Funktionen und alle IT-Assets müssen betrachtet und mögliche Insourcing-, Outsourcing- oder Offshoring-Bereiche identifiziert werden. Eine mögliche Vorgehensweise zur Einschätzung des Leistungspotenzials finden Sie in Abschnitt 2.3.

Durch eine adäquate Sourcing-Strategie wird die Kostenstruktur verbessert, das operative Risiko reduziert, eine höhere Flexibilität und bessere Steuerbarkeit erreicht (siehe [Bal08] und [Keu08]). Outsourcing, Offshoring und Insourcing müssen jedoch sorgfältig geplant werden, um einen zuverlässigen operativen Basisbetrieb kontinuierlich zu gewährleisten. Die Risiken wie die Abhängigkeit vom Outsourcing-Anbieter oder aber das Risiko des Kompetenzverlusts sind ebenso wie das Vertrags- und das Qualitätsrisiko durch geeignete Maßnahmen so weit wie möglich zu reduzieren.

Auf der Basis der festgelegten Kerneigenleistungen sowie der festgelegten Sourcing-Strategie lässt sich das Lieferantenmanagement wirkungsvoll durchführen, d. h. das Lieferantenportfolio entwickeln und steuern. Als zentrale Entscheidungskriterien für externe Dienstleister kommen immer häufiger Eigenschaften wie Zuverlässigkeit, Vertragsflexibilität oder aber die Risikoübernahme und Managementkompetenzen zum Zuge. Für die Auswahl von Partnern gibt es eine Vielzahl von Entscheidungshilfen, z. B. Kostenvergleichsmodelle oder Scoring-Modelle. Diese beschreiben wir hier nicht weiter und verweisen auf die entsprechende Literatur (siehe [Bal08] und [Keu08]).

Die IT muss sich hierfür ihrer Kernkompetenzen bewusst sein und diese konsequent an den Business-Zielen orientiert ausbauen. Die Führung der internen und externen Dienstleister wird mit zunehmender Auslagerung immer mehr zu einer Schlüsselaufgabe der IT.

BILD 3.30
Portfolio-Grafik einer Sourcing-Strategie

In Bild 3.30 finden Sie ein Beispiel für eine Sourcing-Strategie. In diesem Portfolio werden die Inhouse-IT-Leistungen entsprechend dem aktuellen Leistungspotenzial und ihrem Geschäftswert (Strategie- und Wertbeitrag) klassifiziert. Die Positionierung innerhalb des Portfolios gibt Aufschluss über die Sourcing-Empfehlung.

Das Wesentliche zur Sourcing-Strategie auf einen Blick:

- Ermitteln Sie Ihr Leistungspotenzial und Ihre Kerneigenleistungsfähigkeit!
  Legen Sie Ihr künftiges Leistungspotenzial und Ihre Fertigungstiefe in Ihrer IT-Strategie fest.
- Legen Sie Ihre Sourcing-Strategie im Rahmen der IT-Strategieentwicklung fest.
- Tendenziell gilt:
  Kernkompetenzen sollten im Unternehmen verbleiben. Hierzu zählt auch das Enterprise Architecture Management!
  Ressourcen sollten nur dann im Unternehmen verbleiben, wenn sie „bleibende" Werte schaffen. Durch die Zuordnung des Geschäftswerts zu den verschiedenen IT-Leistungen und deren Zuordnung zu den Ressourcen kann z. B. eine Entscheidungsgrundlage geschaffen werden. Daneben muss die Angebotssituation analysiert werden.
  Wenn im Markt überhaupt kein Anbieter für die Leistung zur Verfügung steht, ist der Aufwand der Analyse umsonst.

Leiten Sie Ihre Strategien aus Ihren unternehmensspezifischen Zielen und Geschäftsanforderungen ab. Nutzen Sie die hier aufgeführten Beispiele als Input.

> **Das Wesentliche auf einen Blick zu Strategien:**
>
> Es gibt unterschiedliche Arten von Strategien, wie Innovationsstrategien oder Informationssystemstrategien.
>
> Es gibt zahlreiche Best Practices für insbesondere die Informationssystemstrategien. Diese können Sie nutzen, um zugeschnitten auf Ihre Fragestellungen Ihre Informationssystemstrategie zu entwickeln.
>
> Portfoliografiken sind ein nützliches Hilfsmittel für die Visualisierung von Strategien. ∎

3.4.3 Technische Vorgaben

Technische Vorgaben sind ebenso Leitplanken. Durch technische Vorgaben soll Wildwuchs verhindert werden. Technische Standards werden in einem sogenannten Blueprint festgeschrieben (siehe Abschnitt 7.6). Über Governance-Regeln muss festgelegt werden, wie bei Verstößen verfahren wird. In Bild 3.31 finden Sie ein Beispiel eines Blueprints. Ein Blueprint besteht aus technischen Domänen, den „Schubläden", die mit den technischen Bausteinen gefüllt sind. Die technischen Bausteine können einen unterschiedlichen Freigabestatus haben. Darüber kann der Grad der Verbindlichkeit vorgegeben werden. Weitere Informationen zu technischen Vorgaben und die erforderliche Governance finden Sie in der Detaillierung des Technologiemanagements in Abschnitt 7.6.

Technische Vorgaben werden häufig auch als technische Randbedingungen bezeichnet.

BILD 3.31 Beispiel eines Blueprint

3.4.4 Fachliche und organisatorische Randbedingungen

Das Geschäftsmodell und die Unternehmensstrategie geben fachliche Vorgaben und Randbedingungen für die Umsetzung vor. Sie geben Bedingungen vor, die nicht beeinflussbar sind und daher als feststehende Größe berücksichtigt werden müssen. Fachliche Randbedingungen werden über z. B. das Geschäftsmodell, eine Prozesslandkarte oder aber eine Capability Map in den fachlichen Kontext gesetzt (siehe Bild 3.12). Weitere Informationen hierzu finden Sie in Abschnitt 5.4.1.

Form, Größe und Kultur einer Organisation sind wichtige weitere Randbedingungen, die bei der Festlegung der individuellen Governance in allen Planungs-, Entscheidungs- und Durchführungsprozessen berücksichtigt werden müssen. So werden z. B. die Tiefe der Wertschöpfung und die Art der Zusammenarbeit mit anderen Partnern festgelegt. Details hierzu finden Sie in Abschnitt 8.2.

Zudem gibt es andere Randbedingungen, beispielsweise rechtliche Randbedingungen, wie z. B. Normen und Gesetze, ökonomische Randbedingungen, wie z. B. Budgetgrenzen, oder zeitliche Randbedingungen, wie z. B. Deadlines. Die relevanten Randbedingungen müssen unternehmensspezifisch durch eine Analyse ermittelt werden.

■ 3.5 IT-Strategie

*Good business leaders create a vision, articulate the vision
and relentlessly drive it to completion.*

Jack Welch

Die IT-Strategie konsolidiert die wesentlichen Teilergebnisse der strategischen IT-Planung. Ausgerichtet an der Unternehmensstrategie gibt die IT-Strategie also die Vision, das Ziel-Bild und die Leitplanken für die Weiterentwicklung der IT in den nächsten Jahren vor und verbindet das Vorhandene mit dem notwendigen Neuen. Die IT-Strategie dokumentiert die aktuelle Ausgangslage, die strategische Positionierung, die Vision, das Ziel-Bild und die Leitplanken (die strategischen IT-Vorgaben) und, soweit bekannt, die erforderlichen Maßnahmen zur Umsetzung. Sie setzt dadurch formale und verbindliche Rahmenbedingungen und Planungsprämissen für das strategische und operative IT-Management. Eine IT-Strategie gibt Antwort auf folgende Fragen (siehe [Coe03], [Dic85] und [Win03]):

- Aktuelle Ausgangslage: Wo stehen wir heute?
- Ziel- und Soll-Zustand: Wo wollen wir hin?
- Weg zum Ziel: Wie kommen wir dort hin?

Eine IT-Strategie wird regelmäßig – häufig jährlich – überprüft und bei Bedarf angepasst. Sie schafft damit eine verlässliche Grundlage für die zielgerichtete Planung und Steuerung der IT sowie für die Leistungserbringung der IT.

3.5.1 Inhalte einer IT-Strategie

Die wesentlichen Bestandteile einer IT-Strategie sind im IT-Strategiehaus (siehe Bild 3.32) abgebildet. Die IT-Strategie wird aus der Unternehmensstrategie und den Geschäftsanforderungen unter Berücksichtigung der externen und internen Randbedingungen, wie z. B. gesetzliche Vorschriften, technische Trends oder aber die zur Verfügung stehenden Ressourcen, abgeleitet.

BILD 3.32 IT-Strategie-Haus

Die strategische Positionierung, die Vision, das Ziel-Bild und die Leitplanken bilden das „Dach" des IT-Strategie-Hauses. Die wesentlichen IT-Assets werden im IT-Strategie-Haus als horizontale Balken dargestellt:

- **DL- und Produktportfolio**
  Die Gesamtheit aller IT-Dienstleistungen und IT-Produkte, die von der IT für ihre Kunden bereitgestellt werden (siehe hierzu Abschnitt 2.3)
  Beispiel: Applikationsbetrieb, Infrastrukturbereitstellung, IT-Support, IT-Beratung oder aber Unterstützungsleistungen für die Geschäftsprozessmodellierung

- **IS-Landschaft**
  Die Gesamtheit aller betrieblichen Informationssysteme im Unternehmen. Informationssysteme sind fachlich logische „Code-Einheiten", die Funktionalitäten bereitstellen, die im Rahmen von Geschäftsprozessen genutzt werden können.
  Beispiel: Informationssystem „SAP R4.7"

- **Technische Architektur**
  Im Rahmen des Technologiemanagements werden neue technologische Entwicklungen im Hinblick auf ihre Einsetzbarkeit und Auswirkungen im Unternehmen bewertet und technische Standards vorgegeben. Durch die Vorgabe von technischen Standards wie Datenbanken oder Laufzeitumgebungen wird die technische Homogenisierung und Standardisierung der IT-Landschaft unterstützt. Die technischen Standards werden im Allgemeinen in Form eines Standardisierungskatalogs, auch Blueprint genannt, für Projekte und Wartungsmaßnahmen verbindlich vorgegeben und als Bedingung für die Inbetriebnahme eines Informationssystems gesetzt (siehe Abschnitt 7.6).

- **Betriebsinfrastruktur**
  Eine Betriebsinfrastruktur besteht im Wesentlichen aus der Hardware- und Netzwerk-Infrastruktur, auf der die Informationssysteme betrieben werden. Durch eine adäquate Betriebsinfrastruktur müssen die Verfügbarkeit, Skalierbarkeit, Zuverlässigkeit und Sicherheit der IT-Unterstützung entsprechend der Geschäftsanforderungen abgesichert werden.

- **Lieferanten & Mitarbeiter**
  Mitarbeiter und Lieferanten sind die Ressourcen der IT. In Abhängigkeit von der Kerneigenleistungsfähigkeit werden die IT-Aufgaben intern oder extern durchgeführt. Von den Fähigkeiten und der Anzahl der Ressourcen hängt letztendlich die Qualität der Leistungserbringung ab.

Die strategierelevanten Aspekte werden im IT-Strategie-Haus als vertikale Balken abgebildet:

- **Anforderungen an die IT**
  Die Anforderungen an die IT müssen nachvollziehbar aus der Unternehmensstrategie, den Geschäftsanforderungen und Randbedingungen abgeleitet werden. Siehe hierzu Abschnitt 2.4.1.

- **Ist-Zustand & Handlungsfelder**
  Auf der Basis eines transparenten Ist-Zustands[6], der gesammelten Anforderungen an die IT und der strategischen Vorgaben kann die Standortbestimmung (siehe Abschnitt 2.2) durchgeführt werden. Aktuelle Handlungsbedarfe werden aufgenommen. Weitere Handlungsbedarfe und Optimierungspotenziale können durch die Analyse des aktuellen Zustands im Hinblick auf die Umsetzung der strategischen Vorgaben und der Anforderungen an die IT identifiziert werden. Die Handlungsbedarfe und Optimierungspotenziale werden zu Handlungsfeldern zusammengefasst.

- **Soll-Zustand & Roadmap**
  Entsprechend der Handlungsfelder werden die Zielvorgaben für alle IT-Assets wie z. B. die zukünftigen technischen Standards und die Ziel-IS-Landschaft inkl. einer groben Roadmap zur Umsetzung der Anforderungen an die IT gestaltet. Siehe hierzu das Themengebiet Bebauungsplanung in Abschnitt 7.5.2.

Die strategischen Vorgaben und die Planung müssen in einem Steuerungsinstrumentarium und in der Organisation verankert werden.

---

[6] Gegebenenfalls ist hierfür eine Bestandsaufnahme aller IT-Assets, d. h. des DL- und Produktportfolios, der IS-Landschaft, der technischen Architektur, der Betriebsinfrastruktur sowie der Ressourcensituation, erforderlich.

- **Maßnahmen- und Investitionsplanung**
  Die Maßnahmenplanung übersetzt die aus dem Soll-Zustand und der Roadmap abgeleiteten strategischen Maßnahmen in eine strategische Projektplanung, auch Masterplan genannt. Der Masterplan zeigt einen groben Weg zur Umsetzung des Soll-Zustands auf.

  In der Investitionsplanung (auch Budgetierung genannt) werden die Budgets für die nähere Zukunft (in der Regel ein Jahr) initial festgelegt und rollierend an die jeweiligen Geschäftsanforderungen und Randbedingungen angepasst (siehe Abschnitt 3.2).

- **Steuerungsinstrumentarium**
  Mittels Steuerungsgrößen, eingebettet in ein IT-Steuerungsinstrumentarium (z. B. Balanced Score Card oder aber Cockpit), wird die Umsetzung der strategischen Vorgaben und Planung gesteuert. Dies ist ein wesentlicher Bestandteil der IT-Governance.

- **Sicherheit und Compliance**
  Sicherheit und Compliance sind wichtige Querschnittsaspekte mit einer großen Tragweite. Die Konsequenzen von fehlender IT-Sicherheit oder einer unzureichenden Umsetzung von Compliance-Anforderungen sind für das ganze Unternehmen enorm. Daher nehmen sie in der IT-Strategie auch einen hohen Stellenwert ein.

  Hier sind sowohl die relevanten Compliance- und rechtlichen Anforderungen (z. B. SOX, Solvency II, Basel II, BDSG, KonTraG oder Arbeitsrecht) als auch die Sicherstellung von Vertraulichkeit, Integrität und Verfügbarkeit entsprechend den unternehmensspezifischen Sicherheitsanforderungen und der -politik zu berücksichtigen.

Orthogonal zu den verschiedenen Aspekten und IT-Assets sind die IT-Organisation und Prozesse. Nur durch klar definierte Rollen und Verantwortlichkeiten und festgelegte Planungs-, Entscheidungs- und Durchführungsprozesse kann die IT-Strategie wirksam umgesetzt werden. Die IT-Organisation und Prozesse bilden das Fundament des IT-Strategie-Hauses. Siehe hierzu Abschnitt 8.2.

Abhängig vom Leistungspotenzial und der strategischen Positionierung der IT sowie von der Größe des Unternehmens oder der Komplexität des Geschäftsmodells können sich die Ausprägungen der Ziele, Prinzipien und Strategien sowie das erforderliche Steuerungsinstrumentarium erheblich voneinander unterscheiden.

3.5.2 IT-Strategiedokument

Die wesentlichen Aussagen der IT-Strategie werden im IT-Strategiedokument niedergeschrieben. Ein IT-Strategiedokument sollte möglichst kurz (ca. 20 Seiten) und prägnant formuliert sein. Die wesentlichen Aspekte und insbesondere die Vorgaben müssen deutlich und unmissverständlich beschrieben werden. Die folgende Struktur für das IT-Strategiedokument hat sich sehr bewährt (siehe auch Bild 3.33):

Management-Zusammenfassung (Kap. 1)
Strategische Positionierung — Zusammenfassende Kernaussagen

Anforderungen an die IT (Kap. 2)	Ziel-Bild & Leitplanken (Kap. 3)	Ist-Zustand & Handlungsfelder (Kap. 4)	Soll-Zustand & Roadmap (Kap. 5)
Unternehmensstrategie	IT-Ziele inkl. Ableitung	DL- & Produktportfolio	DL- & Produktportfolio
Geschäftsanforderungen	Prinzipien	IS-Landschaft	IS-Landschaft
		Techn. Architektur	Techn. Architektur
		Betriebsinfrastruktur	Betriebsinfrastruktur
Randbedingungen	Strategien	Mitarbeiter & Lief.	Mitarbeiter & Lief.

(Pfeile: Anforderungen an die IT)

Maßnahmen- und Investitions-Planung (Kap. 6)
Budgets — Masterplan — Projektportfolio

Steuerungsinstrumentarium (Kap. 7)
Kennzahlensystem

IT-Organisation & Prozesse (Kap. 8)

BILD 3.33 Struktur des IT-Strategiedokuments

- **Kap. 1: Managementzusammenfassung**
  Zusammenfassung der strategischen Positionierung und der zentralen Kernaussagen und Ergebnisse
- **Kap. 2: Anforderungen an die IT**
  Knappe Zusammenfassung der Unternehmensstrategie, der aktuellen Geschäftsanforderungen (insbesondere der „Pains") sowie der internen und externen Rahmenbedingungen wie gesetzliche Randbedingungen und nachvollziehbare Ableitung der Anforderungen an die IT. Hier sind insbesondere auch Compliance- und Sicherheitsanforderungen zu berücksichtigen.

  In der knappen Zusammenfassung werden im Idealfall folgende Fragen beantwortet: Womit verdient das Unternehmen sein Geld? Welche Märkte, Regionen oder Kundensegmente werden adressiert? Wie soll sich das Geschäftsmodell in welchem Zeitraum verändern? Welche Anforderungen an die IT resultieren daraus? Welche aktuellen Handlungsbedarfe oder Optimierungspotenziale liegen vor? Welche fachlichen oder organisatorischen Randbedingungen müssen beachtet werden?
- **Kap. 3: Ziel-Bild und Leitplanken**
  Dokumentation der Vision, der mittel- und langfristigen IT-Ziele sowie von konkreten und verbindlichen Prinzipien und Strategien unter Berücksichtigung des aktuellen Leistungspotenzials der IT und der internen und externen Randbedingungen. Wichtig ist hier insbesondere auch deren Begründung bzw. Herleitung.

- **Kap. 4: Ist-Zustand und Handlungsfelder**
  Dokumentation des aktuellen DL- und Produktportfolios, der vorhandenen IT-Landschaft (IS-Landschaft, technische Architektur und Betriebsinfrastruktur) sowie der Ressourcenaspekte (Mitarbeiter und Lieferanten).

  Beschreibung der aus den Anforderungen an die IT und den strategischen Vorgaben abgeleiteten Handlungsbedarfe und Optimierungspotenziale und deren Zusammenfassung zu Handlungsfeldern.

- **Kap. 5: Soll-Zustand und Roadmap**
  Beschreibung des verabschiedeten Ziel-Zustands sowie der Roadmap zur Umsetzung für alle IT-Assets. Die Roadmap gibt die Stufen zur Umsetzung des Ziel-Zustands für alle IT-Assets vor.

  In Zwischenversionen des IT-Strategiedokuments können auch alternative Planungsszenarien enthalten sein.

- **Kap. 6: Roadmap- und Investitionsplanung**
  Alle zur Umsetzung erforderlichen direkten und indirekten strategischen Maßnahmen sind im IT-Strategiedokument festzuhalten. Typische Ergebnistypen sind hier Masterpläne, Budgetübersichten und strategische Projektportfolios.

- **Kap. 7: Steuerungsinstrumentarium**
  Strategische Steuerungsgrößen als Kennzahlensystem/Cockpit sowie Entscheidungskriterien für die Planung und Steuerung der IT-Leistungsplanung und Leistungserbringung für das IT-Leistungsspektrum, alle Assets der IT sowie von Compliance und Sicherheitsaspekten.

  Die nachvollziehbare Dokumentation des Steuerungsinstrumentariums (siehe Abschnitt 8.3.4) wie ein Cockpit oder/und ein Kennzahlensystem inkl. der Verknüpfung mit operativen Messgrößen ist ein wesentlicher Bestandteil eines IT-Strategiedokuments.

- **Kap. 8: IT-Organisation und -prozesse**
  Die IT-Organisation sollte mit ihren organisatorischen Einheiten, Rollen und Verantwortlichkeiten beschrieben werden. Zudem sind alle Planungs-, Entscheidungs- und Durchführungsprozesse sowie die erforderlichen Gremien aufzuführen. Wichtig ist insbesondere die Beantwortung der Frage: Wer ist an welchen IT-Entscheidungen zu beteiligen und wer ist für die jeweilige Entscheidung verantwortlich? Dies sollte für alle Entscheidungsbereiche aufgeführt werden.

  Bei Mitarbeitern und Lieferanten ist eine Zusammenfassung der internen und externen, für die Umsetzung der IT-Strategie erforderlichen Ressourcen angezeigt. Sourcing-Strategie und Wertschöpfungstiefe sind ebenso wichtige Aspekte, die im Zusammenspiel mit der IT-Organisation sowie Lieferanten beschrieben werden müssen.

  Daneben sollte das Finanzierungsmodell der IT-Leistungen beschrieben werden (z. B. Cost-Center oder Profit-Center), mit Aussagen zu verursachergerechten Verrechnungsmodellen für die Fachbereiche.

In den Kapiteln des IT-Strategiedokuments sollten Sie auf eine kompakte und klare Beschreibung achten. Wenn detaillierte Dokumente wie z. B. Planungsszenarien im Kontext der Bebauungsplanung oder aber Projektsteckbriefe vorhanden und zur Erläuterung hilfreich sind, sollten Sie darauf verweisen. Offene Punkte sollten in jedem Kapitel oder gegebenenfalls in einem abschließenden Kapitel zusammengefasst explizit dargestellt werden.

Insbesondere bei Zwischenständen des IT-Strategiedokuments ist die Liste der offenen Punkte essenziell, da nur dadurch ein konsistenter Dokumentenstand hergestellt wird.

> **Wichtig:**
> - Dokumentieren Sie die Unternehmensstrategie, Geschäftsanforderungen und Randbedingungen zumindest grob in der IT-Strategie! Nur so können Sie die Ableitung der Anforderungen an die IT transparent machen.
> - Die Ableitung der IT-Ziele aus den Unternehmenszielen muss nachvollziehbar sein! Über die Verknüpfung kann Transparenz hinsichtlich der Erreichung der Unternehmensziele hergestellt werden.
> - Achten Sie auf eine kurze und prägnante Dokumentation der wesentlichen Aussagen! Das IT-Strategiedokument muss von allen IT-Mitarbeitern gelesen und verstanden werden.
> - Die Einhaltung der Vorgaben muss überprüfbar sein! Nur so wird die IT-Strategie wirklich umgesetzt.

3.5.3 Leitfaden zur unternehmensspezifischen Ausgestaltung der IT-Strategie

In diesem Abschnitt finden Sie einen Leitfaden zur unternehmensspezifischen Ausgestaltung Ihrer IT-Strategie. Initiiert wird die IT-Strategieentwicklung im Allgemeinen vom CIO. Der CIO sorgt dafür, dass die IT-Strategie nach initialer Erstellung in regelmäßigen Zeitabständen an veränderte Rahmenbedingungen angepasst wird. Die Aktualisierung erfolgt häufig jährlich. Die IT-Strategieentwicklung erstreckt sich im Allgemeinen über mehrere Monate. In einer Abfolge von Strategieworkshops mit gegebenenfalls unterschiedlichen Teilnehmern werden die einzelnen Aspekte der IT-Strategie schrittweise entwickelt. Die Teilnehmer sind so auszuwählen und mental einzustimmen, dass sie als Team systematisch, kreativ und trotzdem diszipliniert die zu bearbeitenden Themen mit einer gemeinsamen Sprache und einem gleichen Strategieverständnis angehen.

Sie müssen sowohl den Prozess der IT-Strategieentwicklung als auch die beteiligten Personen entsprechend Ihrer Unternehmensorganisation und -kultur festlegen. Für alle Beteiligten müssen Sie festlegen, wer wann für welche Schritte hinzuzuziehen ist.

> **Wichtig:**
> Beteiligen Sie mindestens einen Vertreter der Unternehmensführung und alle IT-Verantwortlichen für alle IT-Kernbereiche!

Sowohl bei der initialen Entwicklung als auch bei der Fortschreibung kann der folgende Leitfaden herangezogen werden. Er besteht im Wesentlichen aus der Analyse und der Gestaltung (siehe Bild 3.34).

BILD 3.34 Prozess der IT-Strategieentwicklung

- **Analyse**
  Sammeln und konsolidieren Sie in der Analysephase die Anforderungen an die IT. Erfassen Sie den Ist-Zustand und führen Sie auf dieser Basis eine Standortbestimmung durch.
- **Gestaltung**
  Positionieren Sie die IT und geben Sie strategische Vorgaben und Planungsprämissen vor. Treffen Sie Vorkehrungen für deren Umsetzung.

Im Folgenden werden die Aktivitäten detailliert beschrieben.

I. Sammeln und konsolidieren Sie die Anforderungen an die IT.

Holen Sie folgende Informationen für die Standortbestimmung ein und konsolidieren Sie diese:

- **Wesentliche Aspekte der Unternehmensstrategie**
  Erfragen und dokumentieren Sie die wesentlichen Aspekte der Unternehmensstrategie. Von besonderer Bedeutung sind hierbei die Unternehmensziele und die Geschäftstreiber. Diese bilden den Ausgangspunkt für die Ableitung der IT-Strategie.

> **Wichtig:**
> Falls es keine niedergeschriebene Unternehmensstrategie gibt, schreiben Sie selbst Ihre Annahmen über die Unternehmensstrategie auf – insbesondere Geschäftstreiber und Unternehmensziele! So können Sie die Ableitung dokumentieren. Gleichzeitig stellt dies den Ausgangspunkt für die Abstimmung mit der Unternehmensführung dar.

- **Aktuelle Geschäftsanforderungen**
  Erfragen Sie die aktuellen Geschäftsanforderungen von den IT-Kunden bzw. Fachbereichen. Geschäftsanforderungen sind die aus dem Geschäftsbetrieb auf IT-Belange heruntergebrochenen Anforderungen aus dem Geschäft in der Sprache des Business. Geschäftsanforderungen können sowohl operativ als auch strategisch sein. Ein Beispiel hierfür ist ein „Rund um die Uhr"-Service für Außendienstler. Fragen Sie insbesondere nach „Pains", dem spürbaren Handlungsbedarf und dem Optimierungspotenzial.

- **Interne und externe Randbedingungen**
  Ermitteln Sie die externen Randbedingungen. Gesetzliche und Compliance-Anforderungen sind dabei ebenso zu betrachten wie der IT-Markt und die IT-Wettbewerbssituation. Führen Sie zudem eine Trendanalyse durch, um z. B. technische Zukunftsszenarien im Vorausblick zu erstellen.

  Bei der Analyse der internen Randbedingungen werden die Organisation sowie die Fähigkeiten, Kernkompetenzen und Ressourcen der IT sowie ihr Leistungspotenzial ermittelt.

  Zu Methoden der Analyse interner und externer Randbedingungen sei auf einschlägige Literatur wie z. B. [Win03], [War02] oder [Ber03] verwiesen.

  Auf Basis der Ergebnisse können die Chancen und Risiken sowie Stärken und Schwächen ermittelt und bewertet werden.

> **Wichtig:**
> Stimmen Sie die Anforderungen an die IT mit der Unternehmensführung bzw. den jeweiligen Fachbereichen ab.

II. Erfassen Sie den Ist-Zustand für alle IT-Assets und dokumentieren Sie den bestehenden Handlungsbedarf.

Erfassen Sie das Dienstleistungs- und Produktportfolio, die bestehende IS-Landschaft, die aktuell verwendeten technischen Bausteine und deren Grad der Standardisierung, die Betriebsinfrastruktur und die aktuelle Ressourcensituation (sowohl Mitarbeiter als auch Lieferanten) inkl. des bekannten Handlungsbedarfs. Analysieren Sie den Ist-Zustand in Bezug auf die Umsetzung der ermittelten Anforderungen an die IT.

Für die Erfassung und Analyse der Ist-Landschaft können Sie den Abschnitten 5.7 und 7.5.1 Tipps entnehmen. In Abschnitt 7.6 werden Hilfestellungen für die Aufnahme der aktuell verwendeten technischen Standards gegeben.

III. Führen Sie eine Standortbestimmung durch.

- Ermitteln Sie das gegenwärtige Leistungspotenzial der IT sowie deren Stellenwert (siehe Abschnitt 2.2).
- Bestimmen Sie den Reifegrad der IT-Prozesse. Nutzen Sie hierzu standardisierte Modelle wie z. B. CMMI (siehe [Zin04], [Joh11] und [Foe08]).
- Dokumentieren Sie die Standortbestimmung im IT-Strategiedokument.

IV. Legen Sie die strategische Positionierung und die strategischen Vorgaben (Vision, Ziel-Bild und Leitplanken) fest.

Legen Sie das angestrebte Leistungspotenzial und den Stellenwert fest (siehe Abschnitt 2.3). Formulieren Sie Mission und Vision der IT.

> **Tipp:**
> - Je kürzer Sie eine Mission oder eine Vision formulieren, desto einprägsamer ist sie und desto leichter lässt sie sich in Ziele und Strategien umsetzen!
> - In den Entwicklungs- und Formulierungsprozess müssen die jeweils Verantwortlichen von Anfang an mit einbezogen werden! Nur so erreichen Sie die notwendige Akzeptanz, die die Voraussetzung für die Umsetzung ist.

Leiten Sie die strategischen IT-Vorgaben aus den Anforderungen an die IT ab. Ausgehend von der strategischen Positionierung der IT müssen die IT-Ziele aus der Unternehmensstrategie und den Geschäftsanforderungen abgeleitet und so weit heruntergebrochen werden, dass die erforderlichen Maßnahmen bis hin zur Umsetzungsebene transparent werden. Durch die Verknüpfung mit den Unternehmenszielen und IT-Zielen kann die Ableitung nachvollzogen werden. Hilfestellungen für die Ableitung der IT-Ziele finden Sie in Abschnitt 3.3.

Bestimmen Sie Prinzipien und Strategien. Prinzipien und Strategien geben einen Rahmen und eine Orientierungshilfe für das IT-Management vor. Hilfestellungen für die Auswahl von Prinzipien finden Sie im Abschnitt 3.4.

Die Prinzipien und Strategien müssen klar und verständlich sein. Sie müssen artikuliert und festgeschrieben werden. In der Regel sollten Sie nur wenige ausgewählte Basisprinzipien und -strategien verwenden, deren Umsetzung messbar und somit steuerbar ist.

V. Gestalten Sie den Soll-Zustand und die Roadmap zur Umsetzung.

Identifizieren Sie weitere Handlungsbedarfe und Optimierungspotenziale durch die Analyse des Ist-Zustands im Hinblick auf die Umsetzung der Anforderungen an die IT und die Umsetzung der strategischen Vorgaben. Konkrete Hilfestellungen für die Analyse der IT-Landschaft finden Sie in Abschnitt 7.5.1.

Gestalten Sie den Soll-Zustand für alle IT-Assets:
- Soll-IS-Landschaft im Rahmen der Bebauungsplanung (siehe Abschnitt 7.5.2)
- Soll-Blueprint im Rahmen der technischen Standardisierung (siehe Abschnitt 7.6)
- Planung der Betriebsinfrastruktur (siehe [Buc07] und [Foe08])
- Festlegung der Sourcing- und Eigenleistungsschwerpunkte

Machen Sie einen Soll/Ist-Abgleich. Ermitteln Sie die Lücken und leiten Sie daraus Planungsvarianten[7] ab. Spiegeln Sie die Planungsvarianten auf der Zeitachse. Bewerten Sie die Planungsvarianten bzgl. der Abdeckung der Anforderungen an die IT sowie der Abdeckung der strategischen Vorgaben sowie von Kosten, Umsetzungsdauer und -risiko.

Hilfestellungen für die Gestaltung der Soll-IT-Landschaft sowie der Roadmap zur Umsetzung finden Sie in Kapiteln 7.5.2.

---

[7] Eine Planungsvariante ist eine Bündelung von Handlungsoptionen.

> **Wichtig:**
> Dokumentieren Sie Planungsvarianten sowie die Kriterien für die Entscheidungsfindung so, dass sie nachvollziehbar sind!
> Benennen Sie hierzu die Unternehmensziele, die Geschäftsanforderungen und die Ableitung zur Planungsvariante.
> ■

Dokumentieren Sie die verabschiedete strategische IT-Planung und die Roadmap zur Umsetzung im IT-Strategiedokument. In Zwischenversionen des IT-Strategiedokuments können auch alternative Planungsszenarien enthalten sein.

VI. Legen Sie die Steuerungsgrößen und das Steuerungsinstrumentarium fest.

- Identifizieren Sie die relevanten Steuerungsobjekte, z. B. für alle IT-Assets und für das Projektportfolio. Hilfestellungen finden Sie in Abschnitt 8.3.4.
- Legen Sie Steuerungsgrößen für alle strategischen Vorgaben, zur Sicherstellung der Umsetzung der Anforderungen an die IT sowie des Soll-Zustands und deren Roadmap zur Umsetzung fest. Stellen Sie dabei auch sicher, dass die Aspekte Sicherheit, Compliance und Risikomanagement ausreichend berücksichtigt werden. Hilfestellungen für die Identifikation von geeigneten Steuerungsgrößen finden Sie in Abschnitt 8.3.4.

    Beispiele für abzudeckende Bereiche:
    - Planung und Überwachung der Einhaltung von Zielen sowie Früherkennung von Zielabweichungen und Veränderungen
    - Sicherstellung der Einhaltung strategischer Leitlinien und Festlegungen
    - IT-Eigenleistungs- und Sourcing-Steuerung
    - Steuerung des Projektportfolios
    - Kontrolle der Durchführung von Strategie- und Organisationsprojekten
    - Kontrolle der Wirksamkeit der Projekte
- Legen Sie für alle Steuerungsgrößen Indikatoren, überprüfbare Vorgabewerte inkl. Toleranzbereiche sowie eine Verknüpfung mit operativen Messgrößen fest (siehe Abschnitt 8.3.4).

VII. Definieren Sie Ihre IT-Organisation und Prozesse.

Dokumentieren Sie die gegebenenfalls veränderte IT-Organisation und die Prozesse zur Leistungsplanung und -erbringung sowie zur Entscheidungsfindung.

Heben Sie die Veränderungen hervor, z. B. Insourcing- oder Outsourcing-Entscheidungen, neue Verantwortlichkeiten oder Rollen oder aber die Aufstockung der Mitarbeiterzahl oder -qualifikation. Insbesondere sind folgende Teilaspekte zu berücksichtigen:

- Ist- und Plan-Mitarbeiterzahl sowie vorhandenes und erforderliches Kompetenzprofil
- Verantwortlichkeiten und Rollen sowie IT-Struktur und -Führungsmodell für die Planung und Steuerung
- Einbettung der IT-Organisation in der Gesamtorganisation sowie in die Planungs- und Entscheidungsprozesse, z. B. Projektportfoliomanagement und andere Entscheidungsgremien

- IT-Prozesse zur strategischen und operativen Planung und Steuerung der IT-Leistungserbringung wie z. B. IT-Bebauungsmanagement, Technologiemanagement, strategisches und operatives IT-Controlling sowie Projektdurchführung, Wartungsmaßnahmen, Service- und Lieferantenmanagement und die unterstützenden Prozesse, unter anderem Personalwesen, Einkauf, Finanzen und Controlling (siehe Abschnitt 8.5). Bezüglich der operativen IT-Prozesse und der unterstützenden Prozesse sei auf einschlägige Literatur in diesem Umfeld verwiesen, z. B. [Vah05], [Win03], [War02] und [Ber03].

VIII. Maßnahmen- und Investitionsplanung

Legen Sie die konkreten Maßnahmen und die Roadmap zur Umsetzung inklusive der Investitionsplanung, soweit möglich, fest. Hierzu sind eine Reihe von Einzelbestandteilen zu berücksichtigen.

Ermitteln Sie die direkten und indirekten strategischen Maßnahmen zur Umsetzung der strategischen IT-Planung sowie der IT-Ziele und der aktuellen Geschäftsanforderungen unter Einhaltung der gesetzten Randbedingungen.

Bewerten und priorisieren Sie die Maßnahmen nach unternehmensspezifischen Kriterien, z. B. aus dem Projektportfoliomanagement. Sie sollten für alle Maßnahmen zumindest einen groben Zeit-, Ressourcen- und Budgetbedarf angeben. Zudem sollten Sie die Abhängigkeiten und Wechselwirkungen sowie die Risiken der strategischen Maßnahmen aufzeigen. Neben den Risiken bei der Durchführung sollten Sie auch die Risiken bei einer Unterlassung beschreiben.

Erstellen Sie einen Masterplan (siehe Bild 3.10) und eine strategische ProjektPortfolio-Grafik (siehe Bild 3.35) entsprechend der für Sie relevanten Kriterien im Projektportfoliomanagement.

BILD 3.35 Projektportfolio-Grafik mit den Kriterien Kosten/Nutzen und Risiko

Soweit möglich, sollten bereits für die absehbare Zukunft Strategie-, Infrastruktur-, Standardisierungs-, Organisations- oder Entwicklungsprojekte geschnürt und in einer Mittelfristplanung entsprechend den Prioritäten zusammengefasst und ins Projektportfoliomanagement eingebracht werden.

Zu den Maßnahmen zählen aber auch indirekte Maßnahmen, z. B. zum Know-how-Aufbau unter Berücksichtigung der Lernkurven und zur Ausrichtung der Firmenkultur bzw. zur Veränderung des Mindset, und die Erstellung eines Kommunikationsplans[8] oder aber die Festlegung von Maßnahmen, die die Umsetzung sicherstellen, wie z. B. Zielvereinbarungen oder aber SLAs.

Den strategischen Umbau und die Sicherstellung der Zielerreichung müssen Sie durch eine kontinuierliche Steuerung gewährleisten (siehe 8.4.2).

Erfolgsfaktoren für die strategische IT-Planung:

- Schätzen Sie das aktuelle Leistungspotenzial der IT richtig ein und positionieren Sie die IT mit Unterstützung der Unternehmensführung strategisch. So steuern Sie die Erwartungshaltung der Anwender.

- Achten Sie auf die richtige Granularität!
  Die strategische IT-Planung erfordert Überblick. Bei zu kleinteiligen Informationen sehen Sie den „Wald vor lauter Bäumen" nicht mehr.

- Geben Sie angemessene strategische Vorgaben (Vision, Ziel-Bild und Leitplanken) als einen verbindlichen Orientierungs- und Gestaltungsrahmen für das IT-Management vor. Konkretisieren Sie die Planung auf der taktischen Planungsebene und dokumentieren Sie die wesentlichen Ergebnisse in Ihrem IT-Strategiedokument.

---

[8] Erstellung eines Kommunikationsplans inkl. Methode, Inhalte, Organisation der Kommunikation mit Zeitraster, Zielgruppen und zielgruppenspezifischen Inhalten sowie Verarbeitung des Feedbacks.

4 EAM-Leitfaden für den CIO

Was für den einfachen Menschen ein Stein ist, ist für den Wissenden eine Perle.

Dschelal ed-Din Rumi (1207–1273), persischer Mystiker und Dichter

Eine Unternehmensarchitektur (Enterprise Architecture) schafft eine ganzheitliche Sicht auf das Geschäft und die IT in ihrem Zusammenspiel. Sie führt die verstreuten Informationen aus den fachlichen und technischen Bereichen und Projekten zu einem Ganzen zusammen und zeigt die Vernetzung zwischen den Informationen auf. Sie erzeugt durch die Festlegung von fachlichen und technischen Strukturen eine gemeinsame Sprachbasis zwischen Business und IT, „eine Brücke" (siehe Bild 4.1). Abhängigkeiten und Auswirkungen von Veränderungen in Business und IT werden transparent. Auf dieser Basis können Sie vorausschauend agieren und fundierte Entscheidungen treffen. So hilft Ihnen das Enterprise Architecture Management, den Stellenwert Ihrer IT im Unternehmen zu steigern und zum Partner oder sogar Gestalter des Business zu werden.

BILD 4.1 Brücke zwischen Business und IT

Transparenz über die Strukturen im Unternehmen und deren Zusammenhänge ist Voraussetzung, um die immer weiter steigende Komplexität zu beherrschen, die Compliance- und Sicherheitsanforderungen zu erfüllen, das Business Continuity Management und das übergreifende Risikomanagement (siehe [Rom07]) sicherzustellen. Erst durch die Übersicht, d. h. die Kenntnis der Bestandteile und deren Verknüpfungen sowie der Auswirkungen von Veränderungen, können die Geschäftsanforderungen adäquat bedient werden.

Durch das Analyse- und Gestaltungsinstrumentarium des Enterprise Architecture Management können darüber hinaus die Geschäftsarchitektur und die IT-Landschaft in ihrem Zusammenspiel gestaltet und deren Weiterentwicklung aktiv gesteuert werden. Siehe hierzu das folgende Zitat von der Gartner Group [Gar08]:

> *"Enterprise architecture management is the process of translating business vision and strategy into effective enterprise change by creating, communicating and improving key principles and models that describe the enterprise's future state and enable its evolution."*

In diesem Kapitel finden Sie einen Überblick über das Enterprise Architecture Management sowie Hilfestellungen für die Argumentation für EAM sowie die Initiierung Ihres EAM-Vorhabens.

> **In diesem Kapitel werden folgende Fragen beantwortet:**
> - Was ist Enterprise Architecture Management?
> - Welchen Beitrag leistet EAM zur Bewältigung der CIO-Herausforderungen?
> - Was müssen Sie bei der Einführung und dem Betrieb von EAM beachten?
> - Wie können Sie EAM in Ihrem Unternehmen verargumentieren?

■ 4.1 Was ist EAM überhaupt?

> **Definition EAM:**
> EAM ist ein systematischer und ganzheitlicher Ansatz für das Verstehen, Kommunizieren, Gestalten und Planen der fachlichen und technischen Strukturen im Unternehmen. Es hilft dabei, die Komplexität der IT-Landschaft zu beherrschen und die IT-Landschaft strategisch und businessorientiert weiterzuentwickeln. EAM ist ein wesentlicher Bestandteil des strategischen IT-Managements und beinhaltet alle Prozesse für die Dokumentation, Analyse, Qualitätssicherung, Planung und Steuerung der Weiterentwicklung der IT-Landschaft und der Geschäftsarchitektur.

Die Bedeutung von EAM wächst mit der Unternehmensgröße und der Anzahl der IT-Systeme. Dies gilt insbesondere für das strategische Management der IT-Landschaft. Mit jedem neuen Informationssystem, jeder neuen Schnittstelle oder Technologie wächst die Komplexität.

Die Gefahr von redundanten und inkonsistenten Daten steigt. Änderungen können nur selten an einzelnen Informationssystemen vorgenommen werden. Die Auswirkungen einer Änderung sind unvorhersehbar. Die Entwicklungs-, Wartungs- und Betriebskosten steigen. Ohne EAM lässt sich die IT-Landschaft nicht mehr beherrschen.

Enterprise Architecture Management stellt Hilfsmittel bereit, um die Komplexität der IT-Landschaft zu beherrschen und die IT-Landschaft strategisch und businessorientiert weiterzuentwickeln. Eine gut entwickelte Unternehmensarchitektur ermöglicht es Ihnen, rasch und effektiv auf die Herausforderungen des sich immer schneller verändernden Markts und Technologieumfelds zu reagieren.

Transparenz über die IT-Landschaft ist die Voraussetzung für die Beherrschung der IT-Komplexität. EAM stellt diese Transparenz her. In der EAM-Datenbasis werden die wesentlichen fachlichen Strukturen wie z. B. Geschäftsprozesse und Capabilities in ihrem Zusammenspiel mit den IT-Strukturen wie z. B. Informationssysteme abgelegt. Über die Analyse der EAM-Datenbasis und anschauliche Visualisierung der Ergebnisse (siehe Bild 4.2) können viele Fragestellungen beantwortet werden. Beispiele für Fragestellungen sind:

- Welche Geschäftsprozesse sind vom Ausfall eines IT-Systems betroffen?
- Wer ist verantwortlich für welche Geschäftsprozesse oder IT-Systeme?
- Welche Abhängigkeiten bestehen zwischen IT-Systemen?
- Welche Auswirkungen haben Business- oder IT-Ideen?

BILD 4.2 Typische EAM-Visualisierungen

BILD 4.3 Beispiel für ein CIO-Cockpit

Die IT-Komplexität wird durch z. B. Visualisierung der IT-Systeme und deren Schnittstellen offensichtlich. Die wesentlichen EAM-Transparenzsichten sind:

- „Typische" EAM-Visualisierungen (siehe Bild 4.2)
  Erläuterungen zu diesen Grafiktypen mit Beispielen finden Sie in Kapitel 5.
- Listen mit ggf. Hervorhebungen, wie z. B. Liste der Applikationen und deren Verantwortlichkeiten
- Typische Steuerungssichten, wie z. B. Torten-, Balken- oder Spider-Diagramme (siehe Bild 4.3)

Durch die systematische und überschaubare Darstellung der Geschäftsarchitektur und der IT-Landschaft in ihrem Zusammenspiel werden Zusammenhänge und Abhängigkeiten sichtbar und letztendlich häufig erst verstanden („Glauben durch Wissen ersetzen"). Das Überblickswissen ist allgemein zugänglich (keine „Kopfmonopole"). Trends werden leichter erkannt. Handlungsbedarf und Optimierungspotenzial sowie Ansatzpunkte für Tiefenbohrungen lassen sich ableiten. Berichtspflichten z. B. im Kontext von Sicherheit oder Compliance werden vereinfacht. Fundierte Aussagen zu Auswirkungen und Machbarkeit von Business- und IT-Ideen sind möglich. EAM liefert Ihnen zeitnah und zielgruppengerecht die relevanten Informationen als Input für fundierte IT-Entscheidungen.

EAM ist aber auch der Schlüssel für das **Business-Alignment der IT**, der Ausrichtung der IT an den Zielen und Anforderungen des Unternehmens. Durch abgestimmte Begriffe für Geschäftsprozesse, fachliche Funktionen (Capabilities) und Geschäftsobjekte wird eine gemeinsame Sprache als Grundlage für die Kommunikation zwischen Business und IT geschaffen. Dies ist letztendlich das gemeinsame Glossar. Die Semantik der Begriffe z. B. von „Vertriebsprozess" oder „Kundenauftrag" wird festgelegt. Durch ein gemeinsames Verständnis werden Missverständnisse vermieden.

Über die abgestimmten Begriffe kann zudem der Bezug zu IT-Strukturen hergestellt werden. So können Abhängigkeiten und Auswirkungen analysiert und auch dargestellt werden. Die Fragestellung „Welche Applikationen unterstützen welche Geschäftsprozesse?" kann beantwortet werden. Auf dieser Basis kann die Geschäftsunterstützung optimiert und die IT businessorientiert gesteuert werden.

In Bild 4.4 finden Sie ein Beispiel für eine Analyse der Geschäftsunterstützung. Ein Handlungsbedarf („Pain") bei einem Geschäftsprozess mit zu langen Durchlaufzeiten und gleichzeitig niedriger Wettbewerbsdifferenzierung ist der Ausgangspunkt für die Analyse. Die für den Geschäftsprozess genutzten Applikationen und deren Abhängigkeiten sowie technischen Bausteine werden ermittelt. Auf dieser Basis können Anhaltspunkte für die Reduzierung der Durchlaufzeiten identifiziert werden.

EAM unterstützt insbesondere auch bei der **strategischen Planung und Steuerung der IT**. EAM liefert Ihnen zeitnah und zielgruppengerecht die relevanten Informationen als Input für fundierte IT-Entscheidungen und für die strategische Planung und Steuerung Ihrer IT. Auf dieser Grundlage können Sie die zukünftige IT-Landschaft im Zusammenspiel mit der Geschäftsarchitektur aktiv gestalten und die Weiterentwicklung steuern.

BILD 4.4
Beispiel für Analysen im Kontext des Business-Alignment der IT

Wie sieht der Beitrag von EAM zur strategischen IT-Planung aus?

Mithilfe von EAM werden die zukünftige Soll-Landschaft (technische Standards, Informationssystemlandschaft und Betriebsinfrastruktur) und die IT-Roadmap zur Umsetzung gestaltet. Ausgehend von den strategischen Vorgaben und aktuellen Handlungsbedarfen („Pains") werden Planungsszenarien erstellt und analysiert. Analyse- und Gestaltungshilfsmittel unterstützen den kreativen Planungsprozess. Die Ableitung und Analyse von Lösungsideen und deren Bündelung zu Planungsszenarien werden erleichtert. Schnell und fundiert gelangen Sie zu Ihrer Soll-Landschaft und IT-Roadmap.

Ihre Vision und Ihr Ziel-Bild werden entlang der grob geplanten Roadmap im Rahmen von Projekten und Wartungsmaßnahmen umgesetzt. Prinzipien, wie „Best-of-Breed", und Strategien, wie „Ablösungsstrategie", und technische Vorgaben setzen ebenso Rahmenbedingungen für die Umsetzung der aktuellen Geschäftsanforderungen (siehe Bild 4.5) wie die Unternehmensstrategie und fachliche oder organisatorische Randbedingungen. Details und Beispiele hierzu finden Sie in Kapitel 3.

BILD 4.5 Vom Ist zur Soll

Das EAM-Instrumentarium leistet zudem wertvolle Dienste im Kontext von Business-Transformationen, wie Merger & Acquisitions oder gravierende Umstrukturierungen im Unternehmen. Bei Merger & Acquisitions müssen verschiedene bestehende IT-Landschaften zusammengeführt werden. Ein gemeinsamer fachlicher Bezugsrahmen (z. B. Geschäftsprozesse oder Capabilities) für die verschiedenen IT-Landschaften muss festgelegt und die IT-Landschaften im gemeinsamen Bezugsrahmen müssen einheitlich dokumentiert werden. Erst auf dieser Basis können die verschiedenen IT-Landschaften im Hinblick auf Business-Abdeckung sowie Handlungsbedarf und Optimierungspotenzial vergleichend analysiert werden. Alternative Soll-Planungsszenarien können erstellt, analysiert und bewertet werden. Business-Transformationen werden schneller und vor allen Dingen risikoärmer durchgeführt, da das inhaltliche Fundament vorhanden ist.

Wie unterstützt EAM die strategische IT-Steuerung?

EAM liefert einerseits wertvollen Input zur strategischen IT-Steuerung und nutzt andererseits strategische Steuerungsgrößen, um die Weiterentwicklung der IT-Landschaft wirksam zu steuern.

EAM liefert folgende Beiträge für die strategische IT-Steuerung:

- Der Soll-Zustand der IT-Landschaft und technische Standards werden vorgegeben. Projekte können so auf ihre Konformität zum Soll-Zustand und zu technischen Standards bewertet werden. Dies sind wichtige Kriterien für die Bewertung und Priorisierung von Projekten im Projektportfoliomanagement, um das Portfolio strategisch auszurichten. Durch einen Plan-Ist-Abgleich können der Status und der Fortschritt der Umsetzung der Zielvorgaben sichtbar gemacht werden.
- Die Unternehmensarchitektur gibt über ihre Strukturen und Beziehungen ein Denkmodell für die strategische IT-Steuerung vor. Die verschiedenen Bebauungselemente, wie Geschäftsprozesse oder Informationssysteme, sind wichtige Steuerungsobjekte im strategischen IT-Controlling. Die Verknüpfungen zwischen den Bebauungselementen können zudem in der strategischen IT-Steuerung genutzt werden. So kann z. B. über die Zuordnung von Informationssystemen zu Geschäftsprozessen der Grad der Business-Unterstützung aufgezeigt werden.
- Strategische Vorgaben aus dem Business können in Beziehung zu IT-Strukturen gebracht werden, um so die IT businessorientiert zu steuern.

Umgekehrt sind für die strategische Planung der IT-Landschaft sowohl Kennzahlen aus EAM heraus als auch eine ganze Reihe von Kennzahlen aus anderen Quellen wichtig, die im strategischen IT-Controlling zusammenlaufen sollten. Hierzu zählen Strategie- und Wertbeitrag, Wettbewerbsdifferenzierung, IT-Performance, Kosten, Nutzen und die Risikobewertung der verschiedenen Steuerungsobjekte. Beispiele für wichtige Kennzahlen, die direkt aus einem EAM-Datenbestand ermittelt werden können, sind z. B. Standardisierungsgrad, Bebauungsplankonformität, Anzahl von Informationssystemen und Anteil fehlender Verantwortlichkeitszuordnungen.

Steuerungsgrößen werden aber auch für die eigentliche Weiterentwicklung von EAM genutzt. So kann z. B. anhand des Dokumentationsgrads und der Dokumentationsqualität eine Einschätzung bezüglich der Aussagekraft der EAM-Datenbasis getroffen werden.

Weitere Details zur strategischen IT-Steuerung und zum Beitrag von EAM finden Sie in Kapitel 8.

> **Wichtig:**
> EAM ist ein wesentlicher Baustein im strategischen IT-Management. Es schafft das inhaltliche Fundament für die Beherrschung der IT-Komplexität und für die strategische Planung und Steuerung der IT.

4.2 Welchen Beitrag leistet EAM zur Bewältigung der CIO-Herausforderungen?

Die wesentlichen Beiträge von EAM für das IT-Management sind:
- **Transparenz** über die IT-Landschaft im Zusammenspiel mit der Geschäftsarchitektur herstellen
- **Business-Alignment der IT** durch eine gemeinsame Sprache, die Verknüpfung zwischen Business- und IT-Strukturen und eine businessorientierte Steuerung der IT erreichen
- **Strategische Planung und Steuerung der IT** durch die Erstellung von Vorschlägen für die Soll-Bebauung (technische Standards, Informationssystemlandschaft und Betriebsinfrastruktur) und die IT-Roadmap unterstützen sowie durch fundierten Input über den Status und Fortschritt der Umsetzung zur inhaltlichen Steuerung befähigen

Wie aber hilft EAM konkret bei der Bewältigung der in Abschnitt 2.2 beschriebenen CIO-Herausforderungen?

Von der IT wird in Abhängigkeit von ihrem Stellenwert der IT (siehe Abschnitt 2.3) neben Operational Excellence ein hoher Beitrag zur Wettbewerbsdifferenzierung und Agilität erwartet. Differenzierende Geschäftsmodelle mit innovativen Produkt-, Marktzugangs- und Kundenbindungsstrategien sind mitzugestalten. Merger & Acquisitions, neue Kooperationsmodelle und Umstrukturierungen sind schnell und sicher zu bewältigen (siehe [Gau09]).

Dies stellt hohe Anforderungen an das IT-Management, da die IT-Verantwortlichen alleine schon durch das Tagesgeschäft unter einem hohem Zeitdruck stehen. Strategische Aufgaben kommen daher häufig zu kurz. EAM kann im Zusammenspiel mit einem Lean-IT-Management-Instrumentarium (siehe Abschnitt 2.4) hier Abhilfe schaffen. Durch die mittels EAM erzeugte Transparenz werden operative Aufgaben, wie z. B. Berichtspflichten, vereinfacht und so Freiraum für strategische Aufgaben geschaffen. Durch das Planungs- und Steuerungsinstrumentarium von EAM wird die strategische und taktische Planung und Steuerung der IT häufig erst überhaupt ermöglicht. Dies wird im Folgenden weiter ausgeführt.

In Tabelle 4.1 wird der Beitrag von EAM weiter detailliert und den Herausforderungen von CIOs (siehe Abschnitt 2.2) zugeordnet. Transparenz ist der entscheidende Faktor insbesondere im Kontext von Operational Excellence. Die verschiedenen operativen und strategischen Fragestellungen, wie z. B. bei welchen Applikationen technischer Handlungsbedarf besteht, müssen zugeschnitten auf die jeweilige Fragestellung beantwortet werden. Auf dieser Basis kann die IT-Landschaft schrittweise konsolidiert werden. Wesentlich sind hierfür die technische Standardisierung und die Gestaltung der Informationssystemlandschaft und der Betriebsinfrastruktur.

Voraussetzung für die Steigerung des IT-Wertbeitrags ist das Business-Alignment der IT. Nur durch eine gemeinsame fachliche Sprache und die Verknüpfung zwischen Business- und IT-Strukturen kann die Business-Unterstützung überhaupt analysiert und optimiert werden.

Für die Flexibilität der IT ist es wichtig, die IT-Landschaft entsprechend der fachlichen Strukturen, wie z. B. Capabilities oder Geschäftsprozesse zu gestalten. Hierzu müssen einerseits die Capabilities oder Geschäftsprozesse als gemeinsame fachliche Sprache festgelegt sein und andererseits muss deren IT-Unterstützung dokumentiert sein. Fachliche Redundanzen und Redundanzen in der IT-Unterstützung können so ermittelt und beseitigt werden. Auf dieser Basis kann durch das evolutionäre Zerschlagen von bestehenden Applikationen (Komponentisierung) oder aber durch neue serviceorientierte Applikationen die IT-Landschaft schrittweise serviceorientiert gestaltet werden.

TABELLE 4.1 Beitrag von EAM zur Bewältigung der Herausforderungen von CIOs

Beiträge von EAM:		
Transparenz	Business-Alignment der IT	Strategische Planung und Steuerung der IT
Operational Excellence Operational Excellence ist die Fähigkeit, das aktuelle Geschäft kostenangemessen und zuverlässig mithilfe der IT zu unterstützen und dabei die IT-Unterstützung kontinuierlich zu verbessern.		
Risiken angemessen managen (Zuverlässigkeit) Gewährleistung eines zuverlässigen IT-Betriebs und Erfüllung der wachsenden Sicherheits- und Compliance-Anforderungen		
Informationsbedarf abdecken Im Wesentlichen Listen in Bezug auf Sicherheits- und Compliance-Abdeckung sowie Abhängigkeitsanalysen im Kontext vom Business-Continuity	Business-IT-Alignment fördern Beschränkt auf die fachlichen Strukturen, die in Bezug auf Business-Continuity, Compliance und Sicherheit erforderlich sind	Entscheidungs- und Planungssicherheit erhöhen Handlungsbedarf und Optimierungspotenzial, wie z. B. fehlende Verantwortlichkeitszuordnungen im Kontext von Sicherheit und Compliance sowie Analysen im Kontext des Business-Continuity
Kostenreduktion im IT-Basisbetrieb Die Kosten im IT-Basisbetrieb müssen nachhaltig durch Konsolidierung der Betriebsinfrastruktur und angemessene Sourcing-Entscheidungen reduziert werden, um Freiraum für Innovationen zu schaffen.		
Informationsbedarf abdecken Schwerpunkt liegt auf Informationen über die technische und Betriebsarchitektur	Bedingt notwendig: Business-IT-Alignment fördern Business-Relevanz als Priorisierungskriterium	Hebung von technischen Einspar- und Qualitätssteigerungspotenzialen Entscheidungs- und Planungssicherheit erhöhen in Bezug auf die technische Architektur und Betriebsarchitektur
Beherrschung und/oder Reduktion der IT-Komplexität Die zunehmende IT-Komplexität führt dazu, dass IT-Verantwortliche die IT nicht mehr im Griff haben. Zudem verursacht IT-Komplexität immense Kosten, die es durch Konsolidierungsmaßnahmen einzudämmen gilt.		
Informationsbedarf abdecken Schwerpunkt liegt auf der IT-Architektur; aber auch Bezug zur fachlichen Architektur für Analysen notwendig	Business-IT-Alignment fördern Fachlicher (neben technischen) Bezugsrahmen für die Identifikation von Konsolidierungsmöglichkeiten notwendig	Nachhaltige IT-Kostenreduktion Hebung von technischen Einspar- und Qualitätssteigerungspotenzialen Entscheidungs- und Planungssicherheit erhöhen in Bezug auf IT-Entscheidungen

TABELLE 4.1 (*Fortsetzung*) Beitrag von EAM zur Bewältigung der Herausforderungen von CIOs

Beiträge von EAM:		
Transparenz	Business-Alignment der IT	Strategische Planung und Steuerung der IT

Erhöhung des Wertbeitrags
Ohne IT ist das Tagesgeschäft kaum mehr durchzuführen. Der IT kommt damit auch eine tragende Rolle im Hinblick auf die Optimierung des Tagesgeschäfts z. B. durch Automatisierung zu. Durch die Unterstützung bei der Optimierung des Tagesgeschäfts erhöht sich der Wertbeitrag der IT.

Informationsbedarf abdecken IT-Unterstützung von Geschäftsprozessen und anderen fachlichen Strukturen steht im Vordergrund	**Business-IT-Alignment fördern** Fachlicher Bezugsrahmen für die Verortung der IT-Unterstützung notwendig	**Erzeugung von direktem Business-Mehrwert Entscheidungs- und Planungssicherheit erhöhen** Bedingt notwendig: **Nachhaltige IT-Kostenreduktion Hebung von technischen Einspar- und Qualitätssteigerungspotenzialen**

Strategic Excellence
Strategic Excellence ist die Fähigkeit, das Unternehmen oder den jeweiligen Verantwortungsbereich strategisch auszurichten und systematisch weiterzuentwickeln. Aufgrund der sich immer schneller ändernden Randbedingungen und Geschäftsanforderungen müssen hierzu gegebenenfalls auch das Geschäftsmodell, die Organisationsstrukturen und die Geschäftsprozesse hinterfragt und gegebenenfalls angepasst werden.

Strategische Ausrichtung der IT am Business
Ableitung der IT-Strategie aus der Unternehmensstrategie und den Geschäftsanforderungen und Sicherstellung deren Umsetzung

Informationsbedarf abdecken Strategische Vorgaben werden in Bezug zu fachlichen und IT-Vorgaben gebracht und analysiert Soll- und Migrationsszenarien werden erstellt	**Business-IT-Alignment fördern** Fachlicher Bezugsrahmen für die Verortung der IT-Unterstützung notwendig Strategische Vorgaben aus dem Business als strategische Vorgaben für IT-Strukturen setzen	**Vorbereitung der IT auf Veränderungen im Business (Flexibilität)** Falls Flexibilität ein Ziel ist: Vorgaben setzen und deren Einhaltung überwachen **Entscheidungs- und Planungssicherheit erhöhen,** um strategische Vorgaben zu machen und deren Einhaltung zu steuern **Hebung von technischen Einspar- und Qualitätssteigerungspotenzialen** entsprechend der strategischen Vorgaben Bedingt notwendig: **Erzeugung von direktem Business-Mehrwert** nicht so relevant, da vorwiegend hier IT-Fokus **Nachhaltige IT-Kostenreduktion** schafft Freiraum für strategische Aktivitäten

TABELLE 4.1 (*Fortsetzung*) Beitrag von EAM zur Bewältigung der Herausforderungen von CIOs

Beiträge von EAM:		
Transparenz	**Business-Alignment der IT**	**Strategische Planung und Steuerung der IT**
Business-Agilitäts-Enabling Vorbereitung und Flexibilisierung der IT, so dass diese schnell auf Veränderungen in den Geschäftsanforderungen reagieren kann und Business-Transformationen schneller und risikoärmer umsetzen kann.		
Informationsbedarf abdecken Schwerpunkt liegt auf der Analyse und Gestaltung der IT-Unterstützung des Geschäfts	Business-IT-Alignment fördern Business Capabilities als gemeinsame fachliche Sprache einführen und Verknüpfung zwischen Business und IT herstellen Strategische Vorgaben aus dem Business als strategische Vorgaben für IT-Strukturen setzen	Vorbereitung der IT auf Veränderungen im Business (Flexibilität) entsprechend der strategischen Vorgaben Entscheidungs- und Planungssicherheit erhöhen in Bezug auf die Planung und Steuerung der Flexibilisierung Nachhaltige IT-Kostenreduktion schafft Freiraum für die Flexibilisierung Hebung von technischen Einspar- und Qualitätssteigerungspotenzialen Technische Qualität ist essenziell für den Erfolg der Flexibilisierung Erzeugung von direktem Business-Mehrwert, um z. B. Quick Wins zu heben und so Akzeptanz für die Flexibilisierungsmaßnahmen zu erreichen
Beitrag der IT zur Weiterentwicklung des Geschäftsmodells (Business-Innovation und -Transformation) Beitrag der IT zu attraktiveren Produkten und Dienstleistungen oder zur Erreichung neuer Kundensegmente oder Regionen sowie Umsetzung von Business-Transformationen		
Informationsbedarf abdecken Vollumfänglich, d. h. Überblicksdarstellungen (Ist und Soll), Analyse von Abhängigkeiten und Auswirkungen	Business-IT-Alignment fördern Interdisziplinäres Innovationsmanagement (Business und IT) Fachlicher Bezugsrahmen für die Verortung der IT-Unterstützung notwendig Strategische Vorgaben aus dem Business in Verbindung zu den strategische Vorgaben für IT-Strukturen bringen	Erzeugung von direktem Business-Mehrwert Identifikation von Business-Innovationen Entscheidungs- und Planungssicherheit erhöhen z. B. Kennzahlen zum Aufzeigen der (Verbesserung der) Business-Unterstützung als Input für die strategische IT-Steuerung geben Bedingt s. o. notwendig: Vorbereitung der IT auf Veränderungen im Business (Flexibilität) Nachhaltige IT-Kostenreduktion Hebung von technischen Einspar- und Qualitätssteigerungspotenzialen

BILD 4.6 Beitrag von EAM zur Bewältigung der CIO-Herausforderungen

Für die Steigerung des Strategiebeitrags der IT muss die Gestaltung an den strategischen Vorgaben aus Business und IT ausgerichtet sein. Durch das Business-Alignment der IT werden Abhängigkeiten und Auswirkungen von Business- und IT-Ideen erkennbar und analysierbar. Die IT hat das Handwerkszeug, um Input für Business-Innovationen zu leisten.

In Bild 4.6 finden Sie den Beitrag von EAM zur Bewältigung der CIO-Herausforderungen grafisch im Überblick dargestellt. Die EAM-Nutzen-Argumente sind in Tabelle 4.2 weiter ausgeführt.

> **Wichtig:**
> Gestalten Sie Ihr Enterprise Architecture Management entsprechend Ihrer Herausforderungen und Fragestellungen. Achten Sie auf ein angemessenes Kosten-Nutzen-Verhältnis. Hilfestellungen hierfür finden Sie in den Kapiteln 5, 6 und 7.

EAM ist ein wesentlicher Bestandteil des strategischen IT-Managements. Wie sieht jedoch das Gesamtinstrumentarium des strategischen IT-Managements aus und wie fügt sich EAM dort ein? Diese Frage wird im nächsten Abschnitt beantwortet.

4.3 EAM, das Fundament des strategischen IT-Managements

Zur Bewältigung der beschriebenen Herausforderungen benötigen CIOs ein wirkungsvolles, ausbaubares und schlankes Instrumentarium für das strategische IT-Management. Dieses umfasst insbesondere die Planungs- und Steuerungsprozesse sowie die Verantwortlichkeiten und Gremien, um einerseits die IT-Komplexität zu beherrschen und andererseits die Weiterentwicklung der IT-Landschaft zielgerichtet zu planen und zu steuern. Das Enterprise Architecture Management nimmt dabei eine Schlüsselrolle ein.

Der wirkliche Nutzen entsteht jedoch nur im Zusammenspiel mit den anderen Disziplinen des strategischen IT-Managements. So nutzt es wenig, wenn transparent ist, dass ein Projekt nicht konform zur Planung ist, wenn die Strategiekonformität nicht als Kriterium in Investitionsentscheidungen eingeht. Die Soll-Bebauungspläne und Standards können nur umgesetzt werden, wenn sie insbesondere über das Projektportfoliomanagement durchgesetzt werden.

In Bild 4.7 finden Sie ein Beispiel eines IT-Management-Instrumentariums. Die verschiedenen Disziplinen werden ausführlich in Abschnitt 2.4 beschrieben. Dort finden Sie auch Hilfestellungen für die Ableitung Ihres IT-Management-Instrumentariums.

EAM spielt mit den anderen Management-Disziplinen auf vielfältige Art und Weise zusammen. Wesentliche Aspekte sind dabei:

- **Strategieentwicklung in Business und IT**
  Die Vision und das grobe Ziel-Bild aus der Unternehmens- und IT-Strategie werden durch EAM konkretisiert. Ein Soll-Bild und eine Roadmap zur Umsetzung entstehen (siehe Kapitel 3). Die Rahmenvorgaben, wie z. B. Prinzipien, Strategien, technische Vorgaben und

BILD 4.7 IT-Management-Disziplinen in ihrem Zusammenspiel

Randbedingungen, sind von EAM im Rahmen der Bebauungsplanung (siehe Abschnitt 7.5.2) einzuhalten.

- **Demand Management**
  EAM stellt für die Analyse der Abhängigkeiten und Auswirkungen Hilfsmittel, wie z. B. Bebauungspläne und Synchropläne (siehe Abschnitt 6.2.14), bereit. Das Demand Management kann sich des Analyse- und Gestaltungsinstrumentariums von EAM bedienen.

- **IT-Innovationsmanagement**
  EAM kann im Rahmen des Innovationsmanagements genutzt werden, um die Abhängigkeiten und Auswirkungen von Business-Ideen zu analysieren. Die im IT-Innovationsmanagement identifizierten neuen technologischen Standards müssen in der EAM-Datenbasis eingepflegt werden.

- **Projektportfoliomanagement**
  Das Enterprise Architecture Management liefert folgenden Input für das Projektportfoliomanagement:
  - Prüfung der Konformität von Projekten zur Soll-Bebauung, der IT-Roadmap und den technischen Standards

- Bereitstellung von Informationen für die Bewertung und Priorisierung von Projekten, bezogen auf das gesamte Projektportfolio
- Zeitnah fundierte Aussagen über Machbarkeit und Auswirkungen von Business- und IT-Ideen, z. B. über „what if"-Analysen, machen
- Aufzeigen von Konfliktpotenzialen zwischen Projekten

Das jeweils aktuelle Projektportfolio muss in die EAM-Datenbasis eingepflegt und die Abhängigkeiten zu den anderen Bebauungselementen wie z. B. Informationssystemen müssen gegebenenfalls aktualisiert werden.

- **Strategisches IT-Controlling**
Beim strategischen IT-Controlling werden insbesondere Status und Fortschritt der Umsetzung der strategischen Vorgaben und Planungen transparent gemacht. Hierzu werden die Zielzustände und Strukturen aus EAM genutzt. Es wird ein Soll-Ist-Vergleich durchgeführt und auf adäquate Steuerungsgrößen zurückgegriffen (siehe Abschnitt 8.3.4), die mit operativen Messgrößen aus der Projektabwicklung und dem Betrieb in Beziehung gesetzt werden.

Umgekehrt nutzt EAM strategische Steuerungsgrößen aus dem strategischen IT-Controlling, um die Weiterentwicklung der IT-Landschaft wirksam zu steuern.

In Abschnitt 8.3.4 finden Sie zugeordnet zu den Herausforderungen von CIOs häufig verwendete Kennzahlen.

- **Projektabwicklung und Wartungsmaßnahmen**
Projekte und Wartungsmaßnahmen sind das Vehikel, um das Ziel-Bild wirklich umzusetzen. Das Enterprise Architecture Management unterstützt in vielfältiger Weise:

  - EAM liefert einen wichtigen Input bereits für die Projekt- und Maßnahmendefinition. Die Projekt- und Maßnahmeninhalte und die Abgrenzung können durch die vorliegende Dokumentation der Ist-, Plan- und Soll-Bebauung schärfer gefasst werden. Anhaltspunkte für Tiefenbohrungen lassen sich zudem aufzeigen. Dies verkürzt die Definition und das Aufsetzen von Projekten erheblich.
  - Durch zeitgerechte fundierte Analysen entsprechend den Fragestellungen aus dem Projektkontext kann EAM einen wesentlichen Input insbesondere in der Konzeptionsphase des Projekts oder der Maßnahme liefern.
  - Im EAM werden die Inhalte und Zeitpunkte der Umsetzung aller Projekte vom Projektportfoliomanagement übernommen und in Beziehung zu den fachlichen und technischen Strukturen in der EAM-Datenbasis gebracht. Die betroffenen z. B. Applikationen, Capabilities und Geschäftsprozesse sind damit zugeordnet. So können Konfliktpotenziale aufgedeckt und ein wichtiger Beitrag zur Projektsynchronisation geleistet werden.

Wichtig:
EAM ist, wie in Bild 4.7 dargestellt, die „Spinne im Netz" des strategischen IT-Managements. Die Informationen und Visualisierungen aus EAM sind unabdingbar für wirksame Planungs-, Entscheidungs- und IT-Prozesse. Darüber kann EAM Einfluss nehmen. Dabei ist insbesondere die Integration in das Projektportfoliomanagement wichtig, da dort Investitionsentscheidungen getroffen werden. Andererseits kann EAM aber nur dann hinreichend aktuelle und qualitativ hochwertige Ergebnisse liefern, wenn die Pflege und Qualitätssicherung der EAM-Datenbasis sichergestellt sind.

Um eine hinreichend aktuelle und qualitativ hochwertige EAM-Datenbasis zu erhalten, müssen die EAM-Pflegeprozesse in die Planungs-, Durchführungs- und Entscheidungsprozesse integriert werden. Insbesondere die Integration in die Projektabwicklung und Wartungsmaßnahmen ist entscheidend. Über die Mitarbeit in den Projekten und/oder Quality Gates müssen die Informationen über die Veränderung der IT-Landschaft gesammelt und in die EAM-Datenbasis eingepflegt werden. Details zur EAM Governance finden Sie in Kapitel 8.

Die Pflege der EAM-Datenbasis verursacht jedoch auch eine Menge Aufwand; insbesondere bei den Schlüsselpersonen mit dem fachlichen und technischen Überblickswissen. Wann lohnt sich EAM?

„Lean"-EAM-Instrumentarium und EAM-Governance

Nur ein Kosten-Nutzen-optimiertes EAM-Instrumentarium kommt letztendlich zum Fliegen. Alle für EAM relevanten Stakeholder (siehe Abschnitt 4.4 und Abschnitt 7.2) stehen im Allgemeinen unter hohem Zeitdruck und haben daher weder Zeit noch Lust, zusätzlichen Aufwand ohne erkennbaren Nutzen zu leisten. Nur durch „erkannten" Nutzen und sicherlich auch den „sanften Druck" seitens des IT-Managements und der Unternehmensführung kann die Unterstützung aller erforderlichen Stakeholder gewonnen und erhalten werden.

Ein Lean-EAM-Instrumentarium eingebettet in einem Lean-IT-Management-Instrumentarium, das schrittweise eingeführt wird, liefert für diese Problematik häufig die Antwort. Dies zeichnet sich durch folgende Aspekte aus:

- **Kein Ballast**
  Alles weglassen, was nicht zielführend und kein ausreichendes Kosten-Nutzen-Verhältnis hat. Dies bezieht sich sowohl auf inhaltliche Strukturen als auch Prozesse und Organisation.

- **Fokus auf Fehler ausmerzen und Probleme lösen**
  Engpässe oder Fehler, wie z. B. unzureichende Datenqualität für die Erstellung einer Entscheidungsvorlage, sind vorrangig zu beheben. Nicht beseitigte Engpässe und Fehler senken die Akzeptanz für EAM erheblich. Der Nutzen kann nicht gehoben werden.

  Die Engpässe und Fehler können aber durchaus unterschiedlich behoben werden. Einerseits könnte die Datenqualität nachhaltig durch entsprechende Pflege- und Qualitätssicherungsprozesse verbessert werden. Andererseits könnte die Entscheidungsvorlage oder der Bericht so weit geändert werden, dass er nur auf Daten hoher Qualität beruht.

- **Agiles Vorgehen mit engen Feedback-Schleifen, kontinuierlichem Lernen und schrittweiser Einführung**
  Die Einführung und der Ausbau vom Enterprise Architecture Management muss in kleinen Schritten mit sichtbaren Quick-Wins erfolgen (siehe Abschnitt 4.4.1).

- **Aktives Veränderungsmanagement und kontinuierliche Verbesserung**
  Die Unternehmenskultur muss über ein aktives Veränderungsmanagement zu einer offenen Leistungskultur hin entwickelt werden. Die ständige Verbesserung muss das tägliche Denken bestimmen (siehe Kapitel 8).

EAM sollte nur dann eingeführt werden, wenn die EAM-Ergebnisse wirklich „gewollt" und genutzt werden sollen. Aber: Wie findet man dies heraus? Wie sollte man vorgehen? Welcher Nutzen entsteht bei welchem Aufwand?

Hilfestellungen hierfür finden Sie im nächsten Abschnitt.

4.4 Wesentliches zur Einführung und zum Betrieb von EAM

EAM ist kein Selbstzweck. Nur wenn wirklich Nutzen entsteht, der größer als der Aufwand ist, sollte EAM eingeführt oder am Leben gehalten werden. Ungünstig ist dabei nur, dass man vor der Konzeption der jeweiligen Ausbaustufe von EAM weder den Nutzen noch den Aufwand vernünftig abschätzen kann. Wie befreit man sich nun aus diesem Dilemma?

Agiles Vorgehen bei der Einführung von EAM (ebenso wie beim Lean IT-Management-Instrumentarium) ist ein Erfolgsfaktor. In kleinen Schritten mit jeweils sichtbaren Erfolgen, vielen Feedback-Iterationen und einer engen Zusammenarbeit mit allen EAM-Beteiligten kann Ihr EAM wachsen und gedeihen. Nur wenn der Nutzen erkannt wird, gibt es gute Argumente für die Investitionen in den weiteren Ausbau. So können Sie den Veränderungsprozess im Unternehmen und insbesondere in der IT initiieren und vorantreiben.

Von besonderer Bedeutung ist die erste Ausbaustufe. Sie müssen in kurzer Zeit sichtbare Erfolge vorweisen. Ohne Konzentration auf das Wesentliche und Wichtige verrennen Sie sich jedoch in Details und verlieren das eigentliche Ziel aus den Augen. Für den Ausbau benötigen Sie viel Durchhaltevermögen.

Wie kommen Sie nun zu einer ersten Ausbaustufe? Und wie können Sie den Aufwand und den Nutzen abschätzen?

Im folgenden Abschnitt wird ein bewährtes Vorgehen für die Einführung der ersten und weiteren Ausbaustufen vorgestellt. Der Nutzenaspekt und die Abwägung Aufwand/Nutzen werden im darauf folgenden Abschnitt erläutert.

4.4.1 Vorgehen bei der Einführung von EAM

Durch das Standardvorgehen der Best-Practice-EAM-Methode EAMe² (siehe Abschnitt 7.3) kann EAM in einer ersten Ausbaustufe mit sichtbaren Erfolgen in wenigen Monaten eingeführt werden. Die Methode wurde bereits bei vielen Unternehmen unterschiedlicher Größe erfolgreich angewendet.

Jede Ausbaustufe besteht aus den Phasen Konzeption, Pilotierung und Verankerung in der Organisation. In der Regel werden Konzeption und Pilotierung im Rahmen eines Projekts durchgeführt. Die Verankerung, d. h. das Ausrollen in der Organisation, erfolgt häufig über die Linie.

> **Wichtig:**
> Die Auswahl des Pilotprojekts ist entscheidend für schnelle Erfolge. Konkreter Handlungsdruck ist ebenso wichtig wie eine „Koalition der Willigen". Die komplette EAM-Initiative sollte darüber hinaus mit einem separaten und projektunabhängigen Budget finanziert werden.

Ergebnis der Konzeption für jede Stufe sind das unternehmensspezifische EAM Framework sowie die für den Betrieb erforderliche EAM Governance und ein Kommunikationskonzept.

- **EAM Framework**
  Im EAM Framework werden die für EAM relevanten Stakeholder, deren Ziele und Fragestellungen sowie die für die Beantwortung der Fragestellungen erforderlichen fachlichen und technischen Strukturen sowie Visualisierungen, Listen und Steuerungssichten beschrieben. Wesentlich ist insbesondere auch die Priorisierung der Elemente auf Basis einer Einschätzung, ob die Umsetzung kurzfristig mit einem hinreichenden Kosten-Nutzen-Verhältnis erfolgen kann.

- **EAM Governance** (Prozesse, Regeln und Organisation von EAM)
  Um EAM zum Fliegen zu bekommen, müssen die Prozesse, Regeln und Organisation von EAM klar festgelegt und in den Planungs-, Entscheidungs- und Durchführungsprozessen verankert werden (siehe Kapitel 8). Wesentlich sind hier unter anderem auch eine angemessene Werkzeugunterstützung und die Sicherstellung von einer hinreichend aktuellen und qualitativ hochwertigen EAM-Datenbasis durch funktionierende Pflegeprozesse.

- **Kommunikationskonzept**
  Für die Einführung und den Ausbau von EAM müssen Sponsoren gefunden und für funktionierende Datenpflege müssen alle Beteiligten überzeugt werden. Alle Beteiligten müssen zum richtigen Zeitpunkt auf die richtige Art und Weise einbezogen werden. Dies muss explizit geplant werden. Wesentlich sind hier Informationsveranstaltungen (in Gruppen oder Einzelterminen), die Veröffentlichung von Ergebnisdokumenten und die Individualisierung durch zielgruppenorientierte nutzenbringende Visualisierungen sowie das Coaching beziehungsweise der Support der Nutznießer und Datenlieferanten.

Die Ableitung Ihres unternehmensspezifischen EAM erfolgt in folgenden Schritten:

1. **Einschätzung Ihres EAM-Reifegrades**
   Ausgangspunkt für die Ableitung Ihres EAM Frameworks und Ihrer EAM Governance ist die Einschätzung Ihres EAM-Reifegrads. Eine realistische Einschätzung Ihres EAM-Reifegrads ist wichtig, um eine umsetzbare Erwartungshaltung bezüglich der erreichbaren Ziele in der ersten Ausbaustufe zu erhalten. Das Reifegradmodell ist in Kapitel 6 im Detail beschrieben. Es werden der aktuelle Dokumentationsgrad und die verwendete Methodik, die Reife der EAM-Prozesse, organisatorische Aspekte, die EAM-Wirksamkeit und die bestehende Werkzeugunterstützung analysiert. Ergebnis ist eine Reifegradstufe von „Initial", „Im Aufbau", „Transparenz", „Steuerung" bis zu „Selbstläufer". In Abschnitt 7.2 finden Sie auch eine Tabelle, in der die Korrelation zwischen erreichbaren Zielen und Reifegraden hergestellt wird. Zudem finden Sie eine Tabelle mit Hilfestellungen, welche Stakeholder-Gruppe Sie bei welchem Reifegrad mit einbeziehen sollten.

2. **Stakeholder-Analyse**
   Nach der Einschätzung des EAM-Reifegrads kennen Sie Ihren erreichbaren Zielkorridor. Auf dieser Basis können Sie eine Stakeholder-Analyse durchführen und festlegen, welche Stakeholder Sie mit einbeziehen, und deren Ziele und Fragestellungen ermitteln. Hilfestellungen für die Stakeholder-Analyse finden Sie in Abschnitt 7.2.

3. **Festlegung Ihres EAM Frameworks**
   Zugeschnitten auf Ihre Ziele und Fragestellungen werden Ihre Unternehmensarchitektur sowie Visualisierungen und Auswertungen für die Beantwortung Ihrer Fragestellungen konzipiert (siehe Bild 4.8). Die Ziele und Fragestellungen werden von den einbezogenen

BILD 4.8 Festlegung Ihrer Unternehmensarchitektur

Stakeholdern eingesammelt, Visualisierungen und Auswertungen zur Beantwortung der Fragestellungen werden anhand von repräsentativen Beispielen mit den Stakeholdern ebenso iterativ abgestimmt wie deren Prioritäten und Nutzen. Durch die Analyse der Datenbeschaffung kann der Aufwand ermittelt und dem Nutzen gegenübergestellt werden. Durch die Konzentration auf die wesentlichen Fragestellungen mit einem guten Aufwand-Nutzen-Verhältnis wird die jeweilige Ausbaustufe festgelegt.

4. **Vorgabe Ihrer EAM Governance**
   Um EAM zum Leben zu erwecken, müssen Sie die zu Ihrem EAM-Reifegrad, Ihrem Unternehmen und Ihrer Unternehmensarchitektur passenden Rollen, Verantwortlichkeiten, Gremien, EAM-Prozesse und Regeln festlegen. Wesentlich sind insbesondere die Pflegeprozesse und eine gute Werkzeugunterstützung. Durch eine regelmäßige Pflegeaktion, z. B. monatlich oder vierteljährlich, kann die Datenbasis auch bei einem niedrigen Reifegrad hinreichend aktuell gehalten werden. Mit zunehmendem Reifegrad sollten die Pflegeprozesse eng in die Planungs-, Entscheidungs- und IT-Prozesse integriert werden, um die Datenpflege entlang dieser Prozesse mit zu erledigen. Nur so bleibt die EAM-Datenbasis hinreichend aktuell und qualitativ hochwertig und nur dann liefert EAM wertvollen Input und kann Einfluss auf Entscheidungen nehmen.

Die Konzeption jeder Ausbaustufe muss in einem repräsentativen Ausschnitt der IT-Landschaft erprobt und aufgrund des Feedbacks optimiert werden, bevor sie in der Organisation ausgerollt werden kann. Weitere Details zur Einführungsmethode finden Sie in Abschnitt 7.3.

> **Wichtig:**
> Schaffen Sie die Voraussetzungen für den EAM-Erfolg in der ersten Ausbaustufe von EAM. Dies ist die wesentliche Aufgabe des Initiators des EAM-Projekts.

Als Auftraggeber des EAM-Projekts müssen Sie insbesondere Folgendes sicherstellen:

- **Zumindest ein qualifizierter und EAM-begeisterter (zukünftiger) Unternehmensarchitekt**
  Unternehmensarchitekten sind die Kümmerer, Planer und Gestalter der Unternehmensarchitektur und in der Einführungsphase die „Arbeiter", die die Konzeption tragen. Analysieren Sie, ob Sie einen qualifizierten Unternehmensarchitekten oder einen Mitarbeiter mit entsprechendem Potenzial haben, dem Sie die Projektleitung des Einführungsprojekts übertragen können. Wenn Sie noch keine qualifizierten Unternehmensarchitekten haben, sollten Sie sich qualifizierte externe Unterstützung für das Einführungsprojekt besorgen.

- **Sponsoren für das EAM-Projekt und den späteren Ausbau**
  Sie benötigen Sponsoren. Die Sponsoren, die Auftraggeber und gegebenenfalls andere nutznießende Stakeholder, geben dem EAM-Einführungsprojekt „Rückendeckung". Sie haben Einfluss und sorgen initial für die entsprechenden Budgets und dafür, dass die richtigen Personen im EAM-Projekt mitwirken. Später machen sie aktiv Marketing mit den EAM-Erfolgen und helfen, EAM „zum Fliegen zu bekommen".

  Sponsoren können mittels einer Stakeholder-Analyse anhand des Organigramms ermittelt werden. In der Regel wissen Sie genau, wer von den potenziell relevanten Entscheidern Nutzen aus EAM ziehen könnte und gleichzeitig dem Thema EAM gewogen sein könnte. Im Allgemeinen sollte der CIO unter den Sponsoren vertreten sein. Mit den möglichen Sponsoren sollten Sie sich, wenn dies „politisch" opportun ist, bezüglich deren Beteiligung am Projekt austauschen.

  Bei einem niedrigen EAM-Reifegrad sollten Sie den Kreis der Projektbeteiligten und auch der Sponsoren eher klein halten. Jeder weitere Beteiligte muss erst überzeugt und „eingefangen" werden. Sie brauchen schnelle und sichtbare Erfolge. Wählen Sie daher die Beteiligten und Sponsoren sorgfältig aus.

- **Ihr Zielbild und die „Hidden Agenda" ermitteln**
  Sie selbst und die anderen Sponsoren haben Ziele, wofür EAM einen Beitrag leisten soll. Diese Ziele sind häufig eher „visionär". Beispiele sind die nachhaltige Kostenreduktion im Anwendungsbetrieb, Vorbereitung der IT auf weitere Akquisitionen oder aber als Gesprächspartner auf Augenhöhe von der Unternehmensführung wahrgenommen zu werden. Diese Anliegen und auch die „Hidden Agenda" müssen verstanden sein, um EAM in diese Richtung aufzusetzen. Letztere wird häufig nicht explizit dokumentiert. Man muss bei der Sammlung der Ziele sorgfältig darauf achten, dass man keine „Hidden Agenda" eines einflussreichen Sponsors verletzt.

- **Projektorganisation initialisieren**
  Für das EAM-Projekt müssen Sie, um arbeitsfähig zu sein, ein Kernteam und ein erweitertes Team sowie ein Projektsteuerungsgremium festlegen.

  Ausgehend von einer Stakeholder-Analyse und einer groben Zielanalyse können Sie die für Sie relevanten Stakeholder-Gruppen ermitteln. Aufgrund der Organisationsstruktur ist dann klar, welche Einheiten gegebenenfalls involviert werden können. Wählen Sie wenige repräsentative Einheiten aus. Repräsentativ heißt hier, dass Sie alle inhaltlichen Bereiche der Unternehmensarchitektur abdecken sollten, die Sie aufgrund der groben Zielanalyse ermittelt haben. Jedoch müssen Sie z. B. nicht alle Anwendungsentwicklungseinheiten mit hinzuziehen. In der ersten Ausbaustufe reicht häufig eine.

Wenn der Reifegrad noch niedrig ist, sollten Sie den Kreis für die erste Ausbaustufe eher klein halten. Auf jeden Fall sollten aber alle Involvierten EAM aufgeschlossen gegenüberstehen.

Das Kernteam sollte neben „dem" Unternehmensarchitekten, der die Rolle des Projektleiters ausfüllt, im Wesentlichen aus (zukünftigen) Unternehmensarchitekten der zu berücksichtigenden IT- und ggf. Facheinheiten bestehen. Im Projektsteuerungsgremium sollten die Führungskräfte der berücksichtigten Einheiten vertreten sein.

Das erweiterte Team umfasst zusätzlich auch alle notwendigen Interviewpartner oder Input-Geber, die im Rahmen des Projekts voraussichtlich benötigt werden. Das erweiterte Team kann sich durchaus im Verlauf des Projekts verändern. Wichtig ist jedoch, dass das Kernteam und das Projektsteuerungsgremium möglichst unverändert bleiben. Das Kernteam sollte bei der initialen Einführung in der Regel aus zwei bis circa vier Unternehmensarchitekten bestehen.

Bei der Einführung und beim Ausbau von EAM sind folgende Aspekte entscheidend:
- Management-Commitment
- Sponsoren, die dem EAM-Projekt Rückendeckung geben
- Fähiger Unternehmensarchitekt, der sich für EAM engagiert und die Projektleitung übernimmt
- Machen Sie Betroffene zu Beteiligten, indem Sie alle wesentlichen Stakeholder einbeziehen. Konzentrieren Sie sich auf die konkreten Ziele und Fragestellungen der relevanten Stakeholder. Aber achten Sie darauf, dass Sie eine „Koalition der Willigen" schmieden, d. h., vermeiden Sie unnötige Widerstände, die schnelle Erfolge gefährden.

4.4.2 Aufwand und Nutzen von EAM

EAM hat nur dann eine Existenzberechtigung, wenn der Nutzen den Aufwand übersteigt. Der Aufwand von EAM lässt sich im Vergleich zum Nutzen einfach ermitteln:

- **Einmalige Kosten**: für das EAM-Einführungsprojekt, die Schulung der Mitarbeiter, den Ausbau des EAM-Instrumentariums und die Lizenzkosten für die EAM-Werkzeuge
- **Laufende Kosten**: für die Datenbeschaffung, die EAM-Gremien, die Unternehmensarchitekten, soweit diese nicht über Projekte finanziert werden, und die Wartung und den Betrieb der EAM-Werkzeuge

Bei den laufenden Kosten stellt sich die Frage: Wie groß sind denn die Kosten für die Datenbeschaffung und für die Unternehmensarchitekten?

Dies ist in der Theorie einfach zu beantworten. Im Rahmen der Konzeption Ihrer Unternehmensarchitektur muss ohnehin analysiert werden, wer wann entlang welchen Prozesses welche Daten liefert, pflegt oder qualitätssichert. Ebenso müssen bei der Festlegung Ihrer EAM Governance die Anzahl und Verteilung der Unternehmensarchitekten festgelegt werden.

Hier müssen insbesondere auch der Kommunikationsaufwand für das Überzeugen sowie die Einflussnahme auf Investitionsentscheidungen und inhaltliche Projektentscheidungen abgeschätzt werden. Auf Basis dieser Informationen können Sie die Kosten hochrechnen.

> **Wichtig:**
>
> Es wird häufig circa ein Unternehmensarchitekt pro 100 Applikationen benötigt, wenn der Schwerpunkt auf dem Management der IT-Landschaft liegt. Oft teilt sich der Aufwand auf verschiedene Unternehmensarchitekten und/oder Datenlieferanten auf.
>
> Dieser Erfahrungswert wurde aus einer Vielzahl von EAM-Vorhaben konsolidiert. Die Bandbreite lag hier zwischen 0,7 und 1,6 Personen pro 100 Applikationen.
>
> In großen dezentral organisierten Organisationen ist der Aufwand typischerweise größer als in mittelständischen Unternehmen mit kurzen Entscheidungswegen.

In der Praxis stellt sich jedoch die Frage nach der Angemessenheit. Dies lässt sich aber nur in Zusammenhang mit einer Kosten-Nutzen-Abwägung beantworten. Hierzu muss der Nutzen für die verschiedenen Hilfestellungen für die Beantwortung der Fragestellungen der Stakeholder dem dafür benötigten Aufwand gegenübergestellt werden. In Bild 4.9 wird das prinzipielle Vorgehen diesbezüglich vorgestellt.

In Bild 4.9 wird auf der linken Seite die Ableitung Ihres spezifischen EAM Frameworks (Unternehmensarchitektur, Visualisierungen und EAM Governance) dargestellt. Ausgangspunkt sind die Ziele der verschiedenen Stakeholder. Für jedes Ziel, genauer genommen für jede Fragestellung, muss der Stakeholder eine Aussage darüber treffen, was ihm die Beantwortung wert ist.

Ein Beispiel hierzu: Ein Stakeholder möchte für ein Sicherheitsaudit eine Liste der Sicherheitslevels von Applikationen in Korrelation zum Schutzbedarf der unterstützten Geschäftsprozesse sehen. Er kann selbst durch die Beauftragung eines Experten die Liste in ca. einem

BILD 4.9 Kosten-Nutzen-Abwägung

halben Tag erstellen lassen. Bei der Umsetzung innerhalb des EAM-Werkzeugs entsteht einmalig ein Aufwand von einigen Tagen, um alle erforderlichen Daten zusammenzutragen. Hinzu kommt noch der Aufwand für die kontinuierliche Pflege und Abstimmung. Diese können ggf. im Rahmen von anderen Abstimmungen durchgeführt werden. Dies muss aber, falls relevant, noch eruiert werden.

Wenn die Anforderung im Beispiel nur einmalig besteht, lohnt sich der Aufwand nicht. Wenn die Fragestellung häufiger auftaucht, kann dies schon wieder anders aussehen.

Wichtig:
Die persönliche Nutzeneinschätzung der Stakeholder je Fragestellung bestimmt letztendlich den maximal sinnvollen Aufwand für deren Beantwortung. Daher muss beim Einsammeln von Zielen und Fragestellungen immer die Frage nach dem Wert für den Stakeholder gestellt werden. Falls der Nutzen in keinem Verhältnis zum Aufwand steht, muss der Stakeholder auch mit einer groben Schätzung des Aufwands „konfrontiert" werden. So reduziert sich die Liste der umzusetzenden Fragestellungen häufig von ganz alleine. Die nutzenträchtigen und wichtigen Fragestellungen bleiben übrig.

Schauen wir uns den Nutzen von EAM etwas genauer an. Bei der Nutzenbetrachtung muss analysiert werden:

- Wer hat den Nutzen? Stakeholder in der IT und/oder im Business?
- Wann wird der Nutzen verwirklicht? Kurz-, mittel- oder langfristig?
- Welche Art von Nutzen entsteht? Werden Kosten eingespart oder ist ein Wertsteigerungspotenzial zu erwarten?
- Ist der Nutzen quantifizierbar? Wenn ja, ist er direkt oder indirekt messbar?

Bei den einsparungsgetriebenen Nutzenarten kann unterschieden werden in:

- **GP-Kosten**: Einsparung bei der Abwicklung von Geschäftsprozessen
  Beispiel: Welche Kosten fallen weg, wenn die Kundenstammdaten nur noch an einer zentralen Stelle gepflegt werden?
- **IT-Kosten**: Einsparung bei IT-Kosten
  Beispiel: Welche IT-Kosten fallen weg, wenn Applikationen abgeschaltet oder Schnittstellen deaktiviert werden können?
- **Fiktive Kosten**: Vermeidung von fiktiven Kosten oder Verlusten
  Beispiele: nicht realisierbare Umsatzsteigerung, Haftungsschäden, Imageschäden oder Risikokosten
- **Intransparenzkosten**: Einsparung operativer Aufwände zum Erzielen der erforderlichen Transparenzsichten, um z. B. Berichtspflichten nachzukommen
  Beispiel: Anzahl der Entscheidungsvorlagen x Einsparung pro Vorlage

Der Business-Mehrwert (Wertsteigerungspotenzial) wird in der Regel anhand von Abschätzungen ermittelt. So kann das Potenzial zur Steigerung des Umsatzes, des Auftragseingangs oder von Kunden- oder Marktanteilen über eine Hochrechnung auf der Basis von historischen oder Ist-Daten, z. B. Geschäftsprozesskosten pro Auftrag, ermittelt werden.

Da IT-Kosten in der Regel nur einen kleinen Prozentsatz der Gesamtkosten im Unternehmen ausmachen, liegt das größte Nutzenpotenzial in der Optimierung des Geschäfts. Durch die Automatisierung von Abläufen und Schnittstellen oder die Standardisierung von Geschäftsprozessen lassen sich enorme Einsparungspotenziale erzielen.

Der Nutzen von EAM ist insgesamt vorwiegend qualitativ. Sie bekommen Ihre IT durch die auf Sie zugeschnittenen Visualisierungen, Listen und Steuerungssichten in den Griff. Entscheidungen werden abgesichert, Risiken reduziert und wesentliche Informationen für die Planung und Steuerung der IT bereitgestellt. Ohne eine hochwertige EAM-Datenbasis müssten die für Entscheidungen notwendigen Informationen mit einem großen Aufwand erst beschafft werden. Die übersichtlichen EAM-Visualisierungen sind zudem als Hilfsmittel für die Argumentation und Entscheidungsfindung im Projektportfoliomanagement und in der Projektsteuerung wertvoll. Eine qualitative Bewertung lässt sich nur schwer erstellen. In einigen Fällen können Sie den Nutzen grob abschätzen.

In Tabelle 4.2 finden Sie eine Sammlung von Nutzenargumenten für EAM mit Beispielen, die aus der Erfahrung von vielen EAM-Projekten konsolidiert wurden. Für jedes Nutzenargument wird die Art des Nutzens angegeben und ob es (zum Teil unter großen Anstrengungen) quantifiziert werden kann.

TABELLE 4.2 Nutzenargumente für EAM

Nummer	Nutzenargument (Beispiel)	Beispiele für genutzte EAM-Ergebnisse*
Informationsbedarf abdecken Spezifischen Informationsbedarf der Stakeholder(-Gruppen) auf Basis der EAM-Datenbasis befriedigen und zugeschnittene Visualisierungen, Listen oder Steuerungssichten bereitstellen		
1 (Qualitativ, Intransparenzkosten)	**Verstehen und Aufzeigen von Zusammenhängen und Abhängigkeiten (Überblick herstellen)** mithilfe von Ergebnissen aus EAM heraus; insbesondere Visualisierungen und Listen (z. B. Informationsfluss-Grafik, die das Zusammenspiel der verschiedenen Applikationen verdeutlicht).	
2 (Quantitativ, Intransparenzkosten)	**Unterstützung bei der Informationsbeschaffung** z. B. für die Budgetplanung durch Recherche in der EAM-Datenbasis (z. B. Ermittlung der aktuellen Liste der Informationssysteme und deren Verantwortlichkeiten)	
3 (Quantitativ, Intransparenz- und fiktive Kosten)	**Vereinfachung von Dokumentations- und Berichtspflichten** z. B. im Kontext von Compliance und Sicherheit durch wiederholbare Abfragen in der EAM-Datenbasis (z. B. Schutzbedarfsliste oder Liste der SOX-relevanten Informationssysteme, in der kritische Systeme hervorgehoben sind)	

TABELLE 4.2 (*Fortsetzung*) Nutzenargumente für EAM

Nummer	Nutzenargument (Beispiel)	Beispiele für genutzte EAM-Ergebnisse*
4 (Quantitativ, Intransparenzkosten)	**Unterstützung bei der Erstellung von Entscheidungsvorlagen** für die Steuerungsgremien insbesondere im Projektportfoliomanagement oder in der Projekt- und Programmsteuerung durch u. a. Überblicksdarstellungen, Listen und Steuerungssichten (z. B. Portfolio-Grafik, in der Informationssysteme entsprechend ihres Strategie- und Wertbeitrags, technischen Gesundheitszustands und ihrer Kosten qualifiziert werden)	
5 (Quantitativ, Intransparenzkosten)	**Reduzierte Projektvorbereitung und fundierter Input für die Projektabwicklung** durch Analyse der EAM-Datenbasis bereitstellen (z. B. Ermittlung des Projektkontextes oder Analyse spezifischer Projektfragestellungen)	

Business-IT-Alignment fördern
Durch abgestimmte Business-Strukturen, wie z. B. Geschäftsprozesse oder Geschäftseinheiten, und die Verknüpfung von Business- und IT-Strukturen wird eine Kommunikationsbasis mit dem Management und dem Business geschaffen. Auf dieser Basis kann die IT-Unterstützung für das Business aufgezeigt und die IT businessorientiert gesteuert werden.

Nummer	Nutzenargument (Beispiel)	Beispiele für genutzte EAM-Ergebnisse*
6 (Qualitativ, Intransparenzkosten)	**Gemeinsame fachliche Sprachbasis** durch abgestimmte Begrifflichkeiten erzeugen (z. B. Glossar für die fachlichen Begrifflichkeiten wie Namen von Geschäftsprozessen oder Capabilities sowie fachliches Domänenmodell)	
7 (Qualitativ, Intransparenzkosten)	**Business- und IT-Strukturen verknüpfen,** um IT-Unterstützung für z. B. Geschäftsprozesse aufzuzeigen, zu analysieren und zu gestalten. Prozesslandkarte bzw. Prozessportfolio legen z. B. die Geschäftsprozesse fest, die in Bebauungsplan-Grafik als fachlicher Bezugsrahmen verwendet werden. Über Informationsfluss-Grafiken werden die technischen Abhängigkeiten sichtbar.	

TABELLE 4.2 *(Fortsetzung)* Nutzenargumente für EAM

Nummer	Nutzenargument (Beispiel)	Beispiele für genutzte EAM-Ergebnisse*
Entscheidungs- und Planungssicherheit erzeugen und damit Risiken reduzieren Entscheidungen und Planungen werden durch fundierte Informationen aus Analysen abgesichert.		
8 (Qualitativ, IT-, GP- und Intransparenz-kosten)	**Aufdeckung von Handlungsbedarf und Optimierungspotenzial** durch die Analyse der EAM-Datenbasis u. a. im Hinblick auf Verantwortlichkeiten, Redundanzen, Inkonsistenzen, IT-Komplexität, Anhaltspunkte für die Optimierung der Business-Unterstützung (z. B. Handlungsbedarf in einer Bebauungsplan-Grafik darstellen)	
9 (Quantitativ, Intransparenz-kosten)	**Fundierten Input für das Projektportfoliomanagement und IT-Entscheidungen** durch aufbereitete Überblicksdarstellungen, Listen und Steuerungssichten sowie Planungsergebnisse und Ergebnisse der Analyse von Abhängigkeiten und Auswirkungen **bereitstellen** (z. B. Gesamtportfolio im Zusammenspiel darstellen und Abhängigkeiten zwischen Projektanträgen im Masterplan aufzeigen)	
10 (Qualitativ, IT-, GP- und Intransparenz-kosten)	**Zusammenhänge, Abhängigkeiten und Auswirkungen von Veränderungen in und zwischen Business und IT** durch EAM-Analyseergebnisse **aufzeigen** (z. B. Geschäftsprozessunterstützung eines IT-Systems aufzeigen)	
Hebung von technischen Einspar- und Qualitätssteigerungspotenzialen durch die technische Standardisierung und Homogenisierung sowie angemessene Sourcing-Entscheidungen		
11 (Quantitativ, IT- und GP-Kosten)	**(Technische Standardisierung) Vorgabe von technischen Standards,** um Kosten zu senken und die technische Qualität zu steigern. Vorgabe von Standardtechnologie- und System-Stacks und Überwachung der Einhaltung der Standards. Beispiele hierfür sind die Standardisierung und Homogenisierung der PC-Infrastruktur, JEE- und SAP-Plattformen. (z. B. Verstöße gegen technische Standards in einer Bebauungsplan-Grafik visualisieren)	

TABELLE 4.2 (*Fortsetzung*) Nutzenargumente für EAM

Nummer	Nutzenargument (Beispiel)	Beispiele für genutzte EAM-Ergebnisse*
12 (Qualitativ, IT- und GP-Kosten)	**Zeitnah fundierte Aussagen über technische Abhängigkeiten und deren Auswirkungen** durch Analyse der Verbauung **machen** (z. B. Auswirkungen bei einem Release-Wechsel oder beim Ausfall eines IT-Systems aufzeigen)	
13	**Betriebsinfrastrukturoptimierung** mittels Standardisierung, Homogenisierung der Betriebsinfrastruktur durch Einführung, Bündelung und Zentralisierung von Plattformen, Know-how und standardisierten Services (z. B. standardisierte Services und Leistungskatalog, die von Kunden „bestellt" oder von Informationssystemen genutzt werden können)	
14 (Quantitativ, IT- und GP-Kosten)	**Vorschläge für ein adäquates Sourcing** durch die Analyse der EAM-Datenbasis **erstellen** (z. B. Analyse der EAM-Datenbasis bzgl. der Ergebnisqualität, Lieferfähigkeit und Termintreue von Lieferanten und Darstellung des Ergebnisses in einer Liste)	

Nachhaltige IT-Kostenreduktion
Die Kosten im laufenden Geschäftsbetrieb (Commodity) müssen nachhaltig gesenkt werden, um Freiraum für Investitionen zu schaffen.

15 (Quantitativ, IT-Kosten oder Business-Mehrwert)	**Unterstützung der IT-Konsolidierung** durch die Analyse der EAM-Datenbasis als Basis für die nachhaltige IT-Kostenreduktion: ▪ Ansatzpunkte zur Verringerung der Komplexität & Inhomogenität der IT-Unterstützung aufzeigen ▪ Ideen für die Verbesserung der Organisation (z. B. Verantwortlichkeiten) generieren Zu den IT-Konsolidierungsmaßnahmen zählen z. B. die Eliminierung aller unnötigen und redundanten Systeme, Komponenten oder Schnittstellen sowie die Vereinfachung der verschiedenen Elemente und/oder die Zuordnung klarer Verantwortlichkeiten oder die Zentralisierung von IT-Funktionen (z. B. Analyse von Abhängigkeiten zwischen Systemen)	

TABELLE 4.2 (*Fortsetzung*) Nutzenargumente für EAM

Nummer	Nutzenargument (Beispiel)	Beispiele für genutzte EAM-Ergebnisse*
16 (Qualitativ, IT- und GP-Kosten oder Business-Mehrwert)	**Zeitnah fundierte Aussagen über Machbarkeit und Auswirkungen von IT-Ideen** durch die Gestaltung und Analyse von Planungsszenarien machen (IS-Bebauungsplanung) (z. B. alternative Planungsszenarien entwerfen und analysieren)	

IT auf Veränderungen im Business vorbereiten (Flexibilität)
IT muss schnell Geschäftsanforderungen umsetzen und Business-Transformationen bewältigen können. Eine modulare und möglichst einfache IT-Landschaft und Integrationsarchitekturen sind für die Umsetzung essenziell.

17 (Qualitativ, IT- und GP-Kosten oder Business-Mehrwert)	**Verbindliche Vorgaben für die IT-Umsetzung entwickeln und veröffentlichen** (z. B. Soll-IS-Landschaft und IT-Roadmap oder Integrationsarchitektur und Serviceorientierung als Standard für gewisse Typen von Informationssystemen setzen)	
18 (Qualitativ, IT- und GP-Kosten oder Business-Mehrwert)	**Zeitnah fundierte Aussagen über Machbarkeit & Auswirkungen von Business- und IT-Ideen** durch die Gestaltung und Analyse von Planungsszenarien machen (fachliche und IS-Bebauungsplanung im Zusammenspiel) Beispiele für Business-Ideen sind neue Produktinnovationen oder schnellere Erschließung neuer Kundengruppen oder Märkte (z. B. alternative Planungsszenarien entwerfen und analysieren).	
19 (Qualitativ, GP-Kosten oder Business-Mehrwert)	**Unterstützung von Merger & Acquisitions, Outsourcing und dergleichen** durch Hilfsmittel für die Zusammenführung und Konsolidierung von IT-Landschaften (z. B. Analyse der Zusammenführung von zwei IT-Landschaften im Kontext einer technischen Due Diligence)	

Direkten Business-Mehrwert erzeugen
Das größte Nutzenpotenzial von EAM liegt in der Weiterentwicklung des Geschäfts. Durch fundierten Input für die Optimierung des Geschäfts oder aber durch Gestaltungshilfen mithilfe des EAM-Planungsinstrumentariums kann EAM mittelbar einen Beitrag leisten.

TABELLE 4.2 (*Fortsetzung*) Nutzenargumente für EAM

Nummer	Nutzenargument (Beispiel)	Beispiele für genutzte EAM-Ergebnisse*
20 (Qualitativ, GP-Kosten oder Business-Mehrwert)	Vorschläge für die Optimierung der Geschäftsarchitektur auf der Basis der Analyse der Geschäftsarchitektur im Zusammenspiel mit der IT-Landschaft **machen** ▪ Beseitigung von Redundanzen bei Stammdaten ▪ Reduktion von Ausnahme- und Fehlerfällen in Geschäftsprozessen ▪ Automatisierung von Geschäftsabläufen ▪ Outsourcing von Geschäftsprozessen, z. B. der Schadenabwicklung ▪ Erhöhung des Standardisierungsgrads von fachlichen Funktionen und Geschäftsprozessen und deren Homogenisierung (z. B. harmonisierte Geschäftsprozesse und ihre harmonisierte IT-Unterstützung) ▪ Beseitigung von organisatorischen Medien- und Systembrüchen ▪ Unternehmensspezifische Einsparpotenziale aufgrund von konkret bekannten Handlungsbedarfen ▪ Unternehmensspezifische Wertsteigerungspotenziale aufgrund der neuen Business-Möglichkeiten (z. B. Kundengewinnung) (z. B. Reduktion der Vorgangsbearbeitungszeiten durch Automatisierung oder Strukturierung der Prozesse entsprechend klarer Verantwortlichkeiten)	
21 (Qualitativ, GP-Kosten oder Business-Mehrwert)	Fachliche Bebauungsplanung zur **Gestaltung der zukünftigen fachlichen Strukturen,** wie z. B. Geschäftsprozesse. Dies erfolgt in der Regel im Rahmen des strategischen Prozessmanagements (siehe [HLo12]), des Business Capability Management (siehe [HGG12]) oder der Organisationsentwicklung. (z. B. Soll-Capability Map oder Soll-Prozesslandkarte)	

* Erläuterungen zu den Grafiken finden Sie in Kapitel 3.4.

BILD 4.10 EAM-Nutzen

Die wesentlichen Nutzenaspekte werden in Bild 4.10 aufgeführt. Sie sind in der Grafik entsprechend ihrer zeitlichen Realisierbarkeit und Fokus IT oder Business zugeordnet.

Für Ihre Nutzenbewertung sollten Sie auf jeden Fall zumindest folgende quantitativ bewertbaren kurzfristigen Nutzenaspekte anführen und für sich abschätzen:

- Einsparungen lassen sich bei den regelmäßigen Dokumentations- und Berichtspflichten erzielen. Ein Beispiel ist die Erstellung von Informationssystemlisten im Compliance- und Sicherheitsumfeld. Für regelmäßige Berichte muss man nicht jedes Mal eine neue Bestandsaufnahme durchführen. Man kann auf den bestehenden Datenbestand aufsetzen und muss nur gegebenenfalls für einzelne Informationen eine Nacherhebung initiieren.
- Der Aufwand für die Erstellung von Entscheidungsvorlagen für die Steuerungsgremien, insbesondere im Projektportfoliomanagement oder in der Programmsteuerung, lässt sich erheblich reduzieren, wenn zumindest Ausschnitte aus einem EAM-Werkzeug generiert werden können. Häufig werden hier Visualisierungen, Listen oder aber Steuerungssichten aus einem EAM-Werkzeug eingebunden.
- Wiederkehrende Analysen der Bebauung zur Aufdeckung von Handlungsbedarf und Optimierungspotenzial können bereitgestellt und automatisiert werden. Beispiele hierfür sind die Analyse bezüglich Lücken in der Zuordnung von Verantwortlichkeiten sowie die Prüfung auf Redundanzen, Inkonsistenzen oder Strategie- oder Bebauungskonformität.
- Die Projektvorbereitung kann durch die Verringerung von Rechercheaufwänden und die Nutzung der Analysemöglichkeiten erheblich reduziert werden. So ist z. B. keine erneute umfangreiche Befragung von Fach- bzw. Informationssystemverantwortlichen notwendig.

> **Empfehlung:**
> Ermitteln Sie die Anzahl der Berichte, Entscheidungsvorlagen oder Projektvorbereitungen und schätzen Sie die durchschnittliche Einsparung grob ab. Auf diese Weise können Sie die Einsparung hochrechnen und somit quantifizieren! ∎

Langfristiger und gleichzeitig deutlich schwerer zu quantifizierende Nutzenargumente sind:

- Durch technische Standardisierung und Homogenisierung können IT-Einsparungspotenziale aufgedeckt und gehoben werden. Maßnahmen in diese Richtung sind die Vorgabe von Standardtechnologie- und System-Stacks sowie stringentes Aufräumen der Technologiealtlasten sowie adäquates Sourcing. IT-Einsparpotenziale können z. B. durch die Abschätzung der „geplant abgeschalteten" Systeme hochgerechnet werden.
- Nachhaltige Reduktion von IT-Kosten durch Reduzierung der IT-Komplexität und Inhomogenität der IT-Unterstützung und/oder Optimierung der IT-Governance und IT-Organisation. Wesentliche Maßnahmen hierfür sind die Eliminierung aller unnötigen und redundanten Systeme, Komponenten oder Schnittstellen sowie Vereinfachung der verschiedenen Elemente und/oder Zentralisierung von IT-Funktionen. Auch hier kann eine Abschätzung aufgrund der „geplant abgeschalteten" Systeme durchgeführt werden. Diese Abschätzung hinkt aber in vieler Hinsicht, da Veränderungen im Business einhergehen müssen, um diese Einsparungen wirklich zu erzielen. Hier muss eine ganzheitliche Kosten-Nutzen-Betrachtung angestellt werden.
- Vorbereitung der IT auf Business-Veränderungen durch eine zuverlässige, tragfähige und flexible IT-Landschaft.

  Ziel dabei ist u. a. eine schnellere Unterstützung von Merger & Acquisitions, Outsourcing und dergleichen sowie neuer Produktinnovationen und schnellere Erschließung neuer Kundengruppen oder Märkte. Eine Abschätzung ist hier nur rein subjektiv möglich. Hier kann der Wert für den IT-Verantwortlichen z. B. anhand eingesparter Beratungsleistung benannt werden.
- Business-Kosten können durch Hebung von Optimierungspotenzialen eingespart werden. Beispiele hierfür sind die Konsolidierung von redundanten Informationen, die Vereinfachung von Routinevorgängen, Reduzierung von Mehrfacheingaben oder die Automatisierung von Abläufen. Diese Einsparungen sind einerseits nur mittelbar und andererseits erst langfristig erzielbar. Wertsteigerungspotenziale im Business haben ebenso einen langfristigen Charakter. Die Abschätzung muss individuell für das Unternehmen erfolgen. So kann z. B., wenn die Vorgangsbearbeitungszeit reduziert wird, eine Hochrechnung für die Einsparung über alle Vorgänge erfolgen.

  Ein Beispiel hierfür ist die übergreifende Konsolidierung von Kunden- und Auftragsdaten in einer internationalen Firmengruppe durch die Einführung eines Stammdatenmanagementsystems. Durch diese Einführung können die Reisekosten der Außendienstler optimiert werden. Man vermeidet unnötige Doppelbesuche bei dem gleichen Kunden durch verschiedene Außendienstler von den verschiedenen Teilunternehmen der Firmengruppe. Alleine durch diese Optimierung konnten pro Jahr deutlich über 100.000 Euro eingespart werden. Das Wertsteigerungspotenzial ist noch deutlich größer, da der Kunde besser betreut werden kann. Alle Informationen über den Kunden liegen dem Außendienst beim Besuch vor.

> **Empfehlung:**
> Der Aufwand für die Pflege der z. B. durch Redundanzanalyse eliminierten zusätzlichen Stammdaten pro Stammdatensatz lässt sich ebenso wie der Aufwand pro eingespartem Vorgang abschätzen. Auf diese Weise können Sie auch diese Einsparungen hochrechnen und somit quantifizieren.

Die Quantifizierung vom Nutzen ist an und für sich schon schwierig und auch erst in einem hohen EAM-Reifegrad sinnvoll möglich. Bei einer großen Anzahl von Stakeholdern wird es zudem noch sehr aufwendig, da der Nutzen aus Sicht der jeweiligen Stakeholder betrachtet werden sollte.

> **Wichtig:**
> Fragen Sie die Stakeholder bereits in den Interviews für jede der von diesen eingebrachten Fragestellungen nach deren Nutzen. Nur so kommen Sie einerseits zu einem angemessenen EAM und andererseits zu Ihrer Nutzenabschätzung. Eine Nutzenabschätzung im Nachhinein ist nahezu unmöglich.

Grenzenlos aufwendig wird es, wenn Sie versuchen, exakte Zahlen zu bestimmen. Hier müssen Sie eine komplexe BI-Lösung aufbauen sowie Mehraufwand von Interimslösungen und manuellen Workarounds mit berücksichtigen. Zudem lassen sich nicht alle Nutzenargumente belastbar quantifizieren. Die Gefahr einer „Milchmädchenrechnung" besteht. Maßgeblich ist letztendlich das Verhältnis von Aufwand und Nutzen.

> **Wichtig:**
> Häufig reichen eine Liste der Nutzenargumente und eine grobe Abschätzung des Nutzens für die Argumentation. Als Ausgangspunkt können Sie die Tabelle 4.2 verwenden.
> Sie müssen den Nutzen unternehmensspezifisch für sich bewerten!

Der Großteil des EAM-Nutzens kann in der Regel erst nach Jahren gehoben werden, wie in Bild 4.10 deutlich wird. Realistische Ausbaustufen mit klar formulierbarem Nutzen sind notwendig. In Bild 4.11 werden typische Ausbaustufen und deren Nutzen dargestellt. Das Einstiegsziel ist in der Regel die Schaffung von Transparenz. Die IT-Landschaft muss im Überblick und im Zusammenspiel mit der Geschäftsarchitektur verstanden werden, damit sich deren Komplexität beherrschen und Ansatzpunkte für die Optimierung ableiten lassen. Auf dieser Basis kann man die Weiterentwicklung der Geschäftsarchitektur und IT-Landschaft aktiv gestalten und steuern. Die technische Standardisierung ist dabei häufig ein Einstiegspunkt. Die nachhaltige IT-Kostenreduktion durch IT-Konsolidierung kann in der Regel erst aufbauend auf einem funktionierenden Technologiemanagement umgesetzt werden, da nur so die für die IT-Konsolidierung erforderliche Standardisierung auf den unterschiedlichsten Ebenen durchgesetzt werden kann. Auf dieser Basis kann die IT im Hinblick auf Veränderungen im Business vorbereitet und gegenüber dem Management der Beitrag des Verantwortlichen (bzw. der IT oder Business-Einheit) zum Geschäftserfolg aufgezeigt werden.

Geschäftswert ↑

Planen & Steuern

Transparenz

- **Business-Mehrwert** durch Flexibilität der IT, Businessorientierte Steuerung, Hebung von Einspar- und Wertsteigerungspotenzialen
- **Nachhaltige IT-Kostenreduktion** durch Verringerung der Komplexität und Inhomogenität der IT-Unterstützung sowie Optimierung der IT-Organisation
- **Hebung von technischen Einsparpotenzialen** durch Technologiemanagement und angemessenes Sourcing
- **Entscheidungs- und Planungssicherheit erzeugen** Aufdeckung von Handlungsbedarf und Optimierungspotenzial
- **Informationsbedarf abdecken** durch Aufbau einer EAM-Datenbasis

Zeit →

BILD 4.11 Nutzen bei den typischen Ausbaustufen von EAM

Der kurzfristig zu erzielende quantitative Nutzen ist nicht unerheblich. Dies hört sich vielleicht überraschend an. Aber wenn Sie sich bei der Einführung von EAM auf das Wesentliche konzentrieren, ist der quantitative Nutzen in der Praxis zum Teil bereits höher als der Aufwand für die Einführung und den Regelbetrieb eines EAM. Der Gesamtnutzen ist jedoch aufgrund der Vielzahl qualitativer Nutzenargumente erheblich größer. Häufig rechnet sich die Einführung von EAM schon im ersten Jahr. Wichtig ist dafür sicherlich eine Beschränkung auf die wesentlichen Zielsetzungen und eine agile Vorgehensweise bei der Einführung.

So können Sie den Veränderungsprozess im Unternehmen und insbesondere in der IT initiieren und vorantreiben. In machbaren Schritten mit jeweils sichtbaren Erfolgen können Sie Ihr Instrumentarium initial auf- und dann ausbauen. Nur wenn der Nutzen erkannt wird, sind die Investitionen für den weiteren Ausbau argumentierbar. In kurzen Feedbackschleifen und durch ein kontinuierliches Lernen der Unternehmensarchitekten können Sie immer neue Stakeholder und Fragestellungen mit in Ihr EAM Framework integrieren. Entscheidend sind die Konzentration auf das Wesentliche, Angemessenheit, Nutzen- und Ergebnisorientierung, um schnell neue Fragestellungen integrieren zu können. Mut zur Veränderung gehört aber auch mit dazu, um das EAM Framework entsprechend veränderter Ziele und Rahmenbedingungen kontinuierlich anzupassen.

Wichtig:
- Agiles Vorgehen ist bei der Einführung von EAM ein Erfolgsfaktor. Kurze Feedbackschleifen, kontinuierliches Lernen und eine enge Zusammenarbeit mit den Nutznießern von EAM sind die wesentlichen Faktoren für die erfolgreiche Etablierung von EAM. Es bedarf eines an konkreten Zielen ausgerichteten, pragmatischen, aber trotzdem systematischen Vorgehens (siehe Abschnitt 7.3).

- Von besonderer Bedeutung ist die erste Ausbaustufe. Sie müssen in kurzer Zeit sichtbare Erfolge vorweisen. Ohne Konzentration auf das Wesentliche und Wichtige verrennen Sie sich in Details und verlieren das eigentliche Ziel aus den Augen. Für den Ausbau benötigen Sie viel Durchhaltevermögen. Über die Integration in die Planungs-, Entscheidungs- und IT-Prozesse forcieren Sie die Umsetzung.
- Schätzen Sie den Nutzen unternehmensspezifisch ein. Nutzen Sie hierzu die Hilfestellungen aus diesem Abschnitt.
  Die persönliche Nutzeneinschätzung der Stakeholder für deren Fragestellungen bestimmt letztendlich den maximal möglichen Aufwand für deren Beantwortung.
- Verbreiten Sie die Visualisierungen, Listen und Steuerungssichten aus EAM, um Sponsoren zu gewinnen, Nutzen zu begründen und Erfolge zu vermarkten. ∎

4.5 Argumentationsleitfaden für EAM

Wenn EAM in Ihrem Unternehmen noch nicht gesetzt ist, brauchen Sie die richtigen Argumente, um mögliche Sponsoren und insbesondere die Unternehmensführung von EAM zu überzeugen. Sie müssen aufzeigen, welchen Beitrag EAM zur Umsetzung der Ziele und gegebenenfalls auch der „Hidden Agendas" leisten kann. Nur so bekommen Sie, wenn Ihre „Portokasse" nicht ausreicht, Ihr Startbudget für die erste Ausbaustufe von EAM gesammelt oder genehmigt.

Die Argumentation gegenüber der Unternehmensführung unterscheidet sich in Abhängigkeit vom Stellenwert Ihrer IT im Unternehmen. Der aktuelle und auch der angestrebte zukünftige Stellenwert muss realistisch eingeschätzt und vor allen Dingen von der Unternehmensführung mitgetragen werden.

Auf dieser Basis können Sie Ihre Vision und Ihr Ziel-Bild (siehe Bild 4.5) skizzieren und den Beitrag von EAM zur Umsetzung anschaulich darstellen. Dies, zusammen mit einem groben Umsetzungsplan und einer Aufwand/Nutzen-Gegenüberstellung, gibt Ihnen ausreichend Munition, um die Unternehmensführung zu überzeugen. Die Aspekte sollten Sie in wenigen Präsentationsfolien anschaulich darstellen. Diese Folien können Sie dann sowohl für die Argumentation gegenüber der Unternehmensführung als auch für die Gewinnung von Sponsoren einsetzen.

Beim Umsetzungsplan ist insbesondere die erste Stufe wichtig. Sie müssen in einer überschaubaren Zeit spürbaren Nutzen (Quick-wins) bei einem angemessenen Aufwand/Nutzen-Verhältnis realisieren. Hierbei müssen Sie Ihren EAM-Reifegrad berücksichtigen, um eine realistische Erwartungshaltung zu erzeugen.

Mithilfe von weiteren Sponsoren können Sie Ihren Einfluss vergrößern und dem EAM-Vorhaben mehr Nachdruck verleihen. Die Sponsoren liefern gegebenenfalls sogar das notwendig Startbudget für EAM. Die Anliegen der Sponsoren müssen mit in Ihr Ziel-Bild und Ihre Umsetzungsplanung aufgenommen werden.

> **Wichtig:**
> 1. **Bestimmung der Ausgangslage**
>   a) Standortbestimmung und strategische Positionierung der IT
>   b) Ermittlung des EAM-Reifegrads
> 2. **Erstellung des Argumentationsfoliensatzes**
>   a) Stakeholder-Analyse zur Ermittlung möglicher Sponsoren
>   b) Skizzierung Ihrer Vision und Ihres Zielbilds und des Beitrags von EAM zur Umsetzung
>   c) Beschreibung des groben Umsetzungsplans insbesondere mit einer realistischen ersten Stufe und einer Aufwand/Nutzen-Gegenüberstellung
> 3. **Überzeugen der Unternehmensführung**

Das Vorgehen zum Durchsetzen der EAM-Initiative wird im Folgenden im Detail beschrieben.

1. Bestimmung der Ausgangslage

Eine Standortbestimmung und die strategische Positionierung bilden den Startpunkt. Sie müssen sowohl den aktuellen und zukünftigen Stellenwert der IT als auch den EAM-Reifegrad realistisch einschätzen, um die richtigen Argumente auszuwählen. Hilfestellungen für die Standortbestimmung und Positionierung finden Sie in den Abschnitten 2.2 und 2.3. In Abschnitt 7.1 wird ausführlich erläutert, wie Sie Ihren EAM-Reifegrad einschätzen können.

Der EAM-Reifegrad ist maßgeblich für die Gestaltung der Umsetzungsstufen Ihres Ziel-Bilds. Bei niedrigem EAM-Reifegrad benötigen Sie wesentlich mehr Schritte und damit auch mehr Zeit für die Verwirklichung Ihres Soll-Bilds.

Bei der Standortbestimmung und Positionierung wird zwischen „IT ist Kostenfaktor", „IT ist ein Vermögenswert", „IT ist ein Business-Partner" und „IT ist ein Enabler und Money-Maker" unterschieden. Entsprechend der angestrebten zukünftigen Positionierung unterscheiden sich die notwendigen Argumente für das Durchsetzen der EAM-Initiative. Wenn die IT lediglich Kostenfaktor ist, können Sie nur über Kostenreduktion, z. B. über technische Standardisierung oder Aufräumen, argumentieren.

Als Vermögenswert können Sie zusätzlich durch die Effizienzsteigerung im Business punkten. Dies beinhaltet im Wesentlichen Verbesserungen in der IT-Performance, Leistungssteuerung z. B. von Projekten und Lieferanten und die zuverlässige Umsetzung der regulatorischen Anforderungen (Risikomanagement). EAM unterstützt durch:

- die Vereinfachung von Berichtspflichten,
- die Vereinfachung bei der Erstellung von Entscheidungsvorlagen und
- die Aufdeckung von Handlungsbedarf und Optimierungspotenzial in der IT-Unterstützung.

So können z. B. Konsolidierungspotenzial und Automatisierungsmöglichkeiten in der IT-Landschaft insbesondere bei technischen Standards, Informationssystemen und Schnittstellen aufgezeigt werden.

Als Business-Partner haben Sie durch kontinuierliche IT-Konsolidierung die Operational-Excellence-Voraussetzungen geschaffen, um das Business in der Optimierung des Geschäfts zu beraten. EAM hilft Ihnen, z. B. durch eine gemeinsame Sprachbasis und Verknüpfung zwischen Business- und IT-Strukturen sowie eine businessorientierte Steuerung, die IT am Business auszurichten. Zudem unterstützt EAM im Rahmen der technischen Standardisierung die Einführung von Integrationsarchitekturen und so die Vorbereitung der IT auf Veränderungen im Business. Durch das Zusammenspiel von IT-Innovationsmanagement und Technologiemanagement stellen Sie sicher, dass zukunftsfähige und tragfähige Standards gesetzt werden.

Als Enabler oder Money-Maker haben Sie es geschafft. Sie können das Geschäftsmodell mitgestalten. EAM hilft Ihnen dabei, die IT agil auszurichten und den Strategiebeitrag zu steigern. Das IT-Innovationsmanagement ist auf Business-Innovationen ausgerichtet. Die IT wird businessorientiert gesteuert und ist auf Veränderungen im Business vorbereitet. Grundlage hierfür ist insbesondere die Umsetzung von fachlichen Domänenmodellen auf der Basis von Capabilities und das agile Instrumentarium, wie in Abschnitt 2.1 ausgeführt.

2. Erstellung des Argumentationsfoliensatzes

Auf der Basis der Standortbestimmung und strategischen Positionierung können Sie nun Ihre Soll-Vision und Ihr Ziel-Bild erstellen. Die strategischen Ziele von CIOs können durchaus unterschiedlich ausgeprägt sein und unterschiedlich formuliert werden. Beispiele für Formulierungen von CIOs (auch „Hidden Agendas"):

- „IT in den Griff bekommen"
- „Reputation des CIO gegenüber den Fachbereichen und der Unternehmensführung verbessern"
- „Nachhaltige Kostenreduktion im Anwendungsbetrieb"
- „Von der Unternehmensführung als Gesprächspartner auf Augenhöhe wahrgenommen werden"
- „Operational Excellence, Agilität und Wertbeitrag der IT steigern"

Letztendlich geht es darum, den Stellenwert der IT im Unternehmen und damit auch der eigenen Person zu steigern.

Für die Argumentation für EAM müssen Sie aber Ihr Ziel-Bild weiter detaillieren. Um Ihrem EAM-Vorhaben noch mehr Nachdruck zu verleihen, sollten Sie zudem nach möglichen weiteren Sponsoren suchen. Nehmen Sie deren Anliegen mit in Ihr Ziel-Bild auf. Mögliche Sponsoren sind u. a.:

- CIO oder IT-Bereichsverantwortliche,
- Projektmanager von großen Projekten oder aber die jeweils zuständige Führungskraft,
- Fachbereichsverantwortliche und
- Verantwortliche der Unternehmensstrategieentwicklung.

In Abschnitt 7.2 werden die Stakeholder-Analyse und Zielermittlung im Detail erläutert.

Wie sieht ein Ziel-Bild als Basis für Ihre EAM-Argumentation aus?

Ihr Ziel-Bild besteht aus Ihren IT-Zielen und Ihren „Plänen". Die Soll-Bebauung der IT-Landschaft ist neben dem technischen Blueprint einer der wesentlichen Pläne (siehe Abschnitt 7.5.2).

Die IT-Ziele sollten aus den Unternehmenszielen und Geschäftsanforderungen nachvollziehbar abgeleitet werden (siehe Abschnitt 3.3.1). Dies ist leider häufig mangels formulierter

Unternehmensstrategie nur schwer möglich. Dann können Sie sich damit behelfen, dass Sie anhand der Herausforderungen für CIOs (siehe Abschnitt 2.2) Ihre Schwerpunkte in Abstimmung mit der Unternehmensführung bestimmen und auf dieser Basis Ihre IT-Ziele festlegen. Die Herausforderungen für CIOs eignen sich auch als Hilfsmittel für den Ableitungsprozess an sich. Die Bewältigung der für Sie relevanten Herausforderungen ergibt in Summe letztendlich Ihr Ziel-Bild, das Sie zusammen mit dem Beitrag von EAM gegenüber der Unternehmensführung darstellen müssen.

IT-Ziele im Kontext von EAM adressieren häufig den Grad der Strategieumsetzung und des Business-Alignment der IT, den technischen Zustand der IT-Landschaft, IT-Performance in Bezug auf den Basisbetrieb und auf Projekte, die Reife der IT-Organisation und insbesondere den Kostenaspekt (siehe Kapitel 3). Die Kostenreduktion im Basisbetrieb um 30 % ist ein Beispiel für ein IT-Ziel für die Dimension Kosten.

Wie kommen Sie nun zu Ihren Argumenten für EAM?

Die Herausforderungen für CIOs (siehe Abschnitt 2.2) sind ein guter Ausgangspunkt, um Argumente für EAM zu finden. Für die Konkretisierung Ihres eigenen Ziel-Bilds können Sie die Tabelle 4.3 heranziehen. Wählen Sie einfach die für Sie relevanten CIO-Herausforderungen aus (siehe Schritt 1 in Bild 4.12). Für jede Herausforderung wird in Abhängigkeit von der Positionierung der Beitrag von EAM durch Verweis auf die EAM-Nutzenargumente in Tabelle 4.2 zugeordnet (siehe Schritt 2 in Bild 4.12). Diese Nutzenargumente sind bewährte „Platzhalterargumente", die Sie mithilfe von Beispielen aus Ihrem Umfeld instanziieren müssen. In Tabelle 4.2 finden Sie Beispiele für die Veranschaulichung. Mithilfe dieser Visualisierungen aus Ihrem Kontext können Sie den EAM-Nutzen veranschaulichen und so die EAM-Nutzenargumente bekräftigen (siehe Schritt 3 in Bild 4.12).

BILD 4.12 Hilfsmittel für die Diskussion mit Stakeholdern

TABELLE 4.3 Zuordnung der EAM-Nutzenargumente zu den Herausforderungen für CIOs (Nummern sind Referenzen auf die EAM-Nutzenargumente in Tabelle 4.2)

	„IT ist ein Kostenfaktor"	„IT ist ein Vermögenswert"	„IT ist ein Business-Partner"	„IT ist ein Enabler und Money-Maker"
Operational Excellence				
Risiken angemessen managen; insbesondere Sicherheit, Compliance und Business Continuity	1, 2, 3	1, 2, 3, 10		
Kostenreduktion im IT-Basisbetrieb	1,2, 4, 5, 8, 11, 12, **13**, 14			
Beherrschung und/oder Reduktion der IT-Komplexität (Konsolidierung)		1, 2, 4, 8, 9, 10, 11, 12, 13, **15**, 16		
Erhöhung des Wertbeitrags			1,2, 4, 6, 7, 20	1,2, 4, 6, 7, 20, 21
Strategic Excellence				
Strategische Ausrichtung der IT am Business			**17**, 18, 19	
Business-Agilitäts-Enabling			**17**, **18**, 19	
Business-Innovation und -Transformation			IT 16, 18, 20	Business und IT 16, 18, 20, 21

Häufig helfen Ihnen darüber hinaus Aspekte wie z. B. Business-Transformation oder Konsolidierung der IS-Landschaft. Für diese Aspekte finden Sie in Kapitel 6 EAM-Einsatzszenarien, in denen gesamthaft jeweils ein Aspekt alleine und zudem die EAM-Unterstützung im Detail beschrieben ist.

In Abschnitt 8.3.4 finden Sie darüber hinaus eine Tabelle mit Steuerungssichten und Steuerungsgrößen, die ebenso den Herausforderungen für CIOs zugeordnet sind. Diese Tabelle können Sie in Schritt 2 in Bild 4.12 nutzen, um Vorschläge für adäquate Steuerungssichten abzuleiten und diese dann ebenso mit den Stakeholdern zu besprechen.

Im Abschnitt 2.2 finden Sie Erläuterungen zu diesen „Platzhalterargumenten". In Kapitel 6 werden die CIO-Herausforderungen auf einzelne Aspekte heruntergebrochen. Hier erhalten Sie weitere detaillierte Hilfestellungen und Beispiele, die Sie für die Argumentation nutzen können.

Wichtig:
Sie müssen die „Platzhalter"-Argumente durch Beispiele aus Ihrem Unternehmenskontext füllen. Unterlegen Sie Ihr Ziel-Bild mit möglichen und gleichzeitig anschaulichen EAM-Ergebnissen. Zeigen Sie damit den Beitrag, der durch EAM entsteht.

Nutzen Sie aktuelle „Pains". Wenn Sie anhand der EAM-Visualisierungen Lösungsideen skizzieren können, haben Sie in der Regel schon gewonnen. Hilfsmittel, um Lösungen zu finden, werden immer gerne angenommen. So können Sie mit EAM überzeugen.

BILD 4.13 Handlungsbedarf Sicherheit

In Bild 4.13 wird in einer Bebauungsplan-Grafik der Schutzbedarf von Geschäftsprozessen dem Sicherheitslevel von Informationssystemen gegenübergestellt. Ein „Pain" wird eingekreist. Für den Geschäftsprozess „Vertriebscontrolling" wird für die Kundengruppen „Firmenkunden" und „Institutionen" durch das unterstützende Informationssystem „CON R 4.3" ein ungenügendes Sicherheitslevel bereitgestellt. Wenn Sie jetzt noch Maßnahmen zur Beseitigung aufzeigen können, haben Sie ein überzeugendes Argument geliefert und damit gepunktet.

Neben dem Ziel-Bild und dem Beitrag von EAM zur Umsetzung müssen Sie grob aufzeigen, wie Sie planen, das Ziel-Bild umzusetzen. Die erste Umsetzungsstufe müssen Sie im Detail planen und hierfür auch eine belastbare Aufwand/Nutzen-Darstellung erstellen. Für die weiteren Umsetzungsstufen reicht in der Regel eine Skizze aus.

3. Überzeugen der Unternehmensführung

Sie müssen die Entscheidung pro EAM herbeiführen. Der schönste Foliensatz nützt jedoch nichts, wenn er nicht zielgruppengerecht gestaltet ist. Sie müssen einerseits aufzeigen, wie Sie die Unternehmensführung bei deren Zielerreichung unterstützen können. Andererseits müssen Sie Vertrauen durch Ihre Überzeugungskraft und sorgfältige Auswahl der verwendeten Argumente und Beispiele schaffen. Die Nutzung aktueller „Pains" ist, wie schon ausgeführt, hilfreich.

Die Beschreibung eines Steuerungsinstrumentariums, mit dessen Hilfe Sie den Status und Fortschritt der Umsetzung überwachen können, hilft zudem dabei, Vertrauen zu schaffen. Besonders geeignet sind hierfür Cockpits, da sie sehr anschaulich sind. In Cockpits werden viele verschiedene Steuerungsgrößen aus unterschiedlichsten Kontexten zusammengefasst. Ein Beispiel hierfür finden Sie in Bild 4.3.

> **Wichtig:**
> Die Nutzenargumentation hat einen großen Stellenwert. Nur mit ihrer Hilfe können Sie die Unternehmensführung wirklich überzeugen. Häufig ist die Darstellung von quantifizierbarem Nutzen kriegsentscheidend. Der EAM-Nutzen ist jedoch vorwiegend qualitativ. Zudem lässt sich der Großteil des quantitativen Nutzens in der Regel erst nach Jahren belastbar ermitteln (siehe Abschnitt 4.4.2).
>
> Wie befreien Sie sich aus diesem Dilemma?
> Verwenden Sie einerseits allgemeine Nutzendarstellungen, in denen die zeitliche Dimension dargestellt wird (siehe Bild 4.10 und Bild 4.11). Nutzen Sie andererseits die Nutzenhochrechnungen (siehe Abschnitt 4.4.2) für die kurzfristigen Nutzenargumente und überzeugen Sie durch die Lösung von „Pains".
>
> Wesentlich für den Erfolg ist insbesondere die kontinuierliche Kommunikation mit allen relevanten Stakeholdern. Der Kommunikationsaufwand für das Überzeugen und Vermarkten ist in der Regel deutlich größer als der Aufwand für die Erstellung von EAM-Ergebnissen. Sie müssen die verschiedenen Entscheider individuell abholen und so Sponsoren gewinnen, den Stakeholder-individuellen Nutzen darstellen und Erfolge fortwährend vermarkten.
>
> Kommunikation ist der wichtigste Erfolgsfaktor für EAM. Um Ihr Instrumentarium initial auf- und dann auszubauen, müssen Sie die verschiedenen Nutznießer verstehen, Sponsoren gewinnen, Nutzen verargumentieren und Erfolge vermarkten.

Zusammenfassung und Ausblick:

EAM ist ein wesentlicher Bestandteil des strategischen IT-Managements und unterstützt Sie bei der Bewältigung Ihrer aktuellen Herausforderungen. Es hilft Ihnen, die IT in den Griff zu bekommen, die IT-Komplexität zu reduzieren, Kosten nachhaltig zu senken, die IT auf Änderungen vorzubereiten und strategisch am Business orientiert auszurichten.

EAM ist die „Spinne im Netz" des strategischen IT-Managements:

- EAM schafft Transparenz als Basis für fundierte Entscheidungen.
- EAM ermöglicht das Business-Alignment der IT.
- EAM ist die inhaltliche Grundlage für die strategische Planung und Steuerung der IT.

Schaffen Sie die Voraussetzungen für ein erfolgreiches EAM. Sorgen Sie für:

- Management-Commitment, um die notwendigen Investitionen und Entscheidungen durchzusetzen,
- Sponsoren, die dem EAM-Projekt Rückendeckung geben,
- fähige (zukünftige) Unternehmensarchitekten, die sich für EAM engagieren,
- Zufriedene Stakeholder, die Nutzen aus EAM ziehen und diesen auch kommunizieren,
- Realistische Vorgaben, die Sinn machen und durchsetzbar sind,
- Integration ins Projektportfoliomanagement und Verzahnung mit der Projektabwicklung (Bewertung von Projektanträgen und Quality Gates), um Ihr Ziel-Bild wirklich umzusetzen,
- Agiles und angemessenes* Vorgehen, um Stakeholder wirklich abzuholen, schnelle Erfolge zu erzielen und Ihr EAM an die sich ändernden Anforderungen anzupassen,
- Überschaubare und nutzenorientierte (opportunistische) erste Ausbaustufe, um in kurzer Zeit sichtbare Erfolge vorzuweisen,
- konsequente Kommunikation und Vermarktung auch kleiner Erfolge („Tue Gutes und sprich darüber"), um Sponsoren und den nötigen Schub für den Ausbau von EAM zu gewinnen. Nichts inspiriert mehr als sichtbarer Erfolg!

---

* Angemessen = an konkreten Zielen ausgerichtetes, pragmatisches, aber trotzdem systematisches Vorgehen.

5 EAM-Grundlagen

Wer hohe Türme bauen will, muss lange beim Fundament verweilen.

Anton Bruckner (österreichischer Komponist und Domorganist in Linz)

Enterprise Architecture Management (EAM) liefert das inhaltliche Fundament für das Management der IT-Landschaft, das Business-IT-Alignment und die Weiterentwicklung des Geschäfts. In der Unternehmensarchitektur werden die wesentlichen fachlichen und IT-Strukturen eines Unternehmens grobgranular gesammelt und miteinander in Beziehung gesetzt. Auf dieser Basis kann das vielfältige Informationsbedürfnis der verschiedenen Stakeholder-Gruppen befriedigt und fundierter Input für Entscheidungen und die strategische Planung und Steuerung der IT bereitgestellt werden.

Die Unternehmensarchitektur beantwortet die Fragestellungen der verschiedenen Stakeholder. Visualisierungen, Listen und Steuerungssichten sind das wesentliche Mittel zur Beantwortung. In Bild 5.1 werden die typischen EAM-Ergebnistypen vorgestellt.

BILD 5.1 Unternehmensarchitektur und Visualisierungen – der Kern von EAM

In diesem Kapitel werden die Grundlagen für EAM gelegt. Die Strukturen und die Ergebnistypen vom EAM werden im Detail vorgestellt. Sie erhalten Hilfestellungen für die Anpassung an Ihre Bedürfnisse. Sie lernen Standards und Best-Practices für EAM Frameworks kennen. Insbesondere wird die Best-Practice-EAM-Methode „EAMe²" vorgestellt. Sie wurde aufbauend auf Standard-EAM-Frameworks entwickelt und beruht auf den Erfahrungen aus vielen EAM-Projekten und den Erkenntnissen aus dem intensiven Austausch mit einer großen Zahl von Experten sowohl aus Anwenderunternehmen und Beratungshäusern als auch aus der Wissenschaft. Die Methode wird im Folgenden kurz „EAMe²" genannt. Sie hilft Ihnen dabei, Transparenz über Ihre Ausgangslage zu schaffen und die Weiterentwicklung der IT-Landschaft strategisch zu planen und zu steuern.

In diesem Kapitel finden Sie Antworten zu folgenden Fragen:
- Was ist eine Unternehmensarchitektur? Wofür braucht man sie?
- Welche EAM Frameworks gibt es und wodurch unterscheiden sie sich?
- Was macht eine gute Unternehmensarchitektur aus?
- Welche Bestandteile hat eine Unternehmensarchitektur?
- Welche Ergebnistypen gibt es im Enterprise Architecture Management? Wofür werden welche Ergebnistypen eingesetzt?

5.1 EAM Frameworks

Enterprise Architecture Management ist kein neues Thema. Es gibt eine Vielzahl von Enterprise-Architecture-Rahmenwerken (EAM Frameworks) mit unterschiedlichen Zielsetzungen. In [Mat11] wird von 70 verschiedenen Konzepten gesprochen. Verbreitet sind das Zachman Enterprise Architecture Framework und TOGAF (The Open Group Architecture Framework). Diese werden im Folgenden kurz beschrieben.

Zachman Enterprise Architecture Framework

John A. Zachman (siehe [Zac87] und [Zac08]) legte bereits Mitte der 1980er-Jahre den Grundstein für sein nach ihm benanntes Framework. In seinen Arbeiten beschrieb Zachman die Relevanz der ganzheitlichen Betrachtung von Architekturen auf Unternehmensebene. Das Zachman Enterprise Architecture Framework gilt als eines der bekanntesten Frameworks und beeinflusste das heutige Verständnis der Unternehmensarchitekturen sowie viele später entwickelte Frameworks.

John A. Zachman veröffentlichte 1987 die erste Version seines Vorschlags für sein EAM Framework (siehe [Zac87]). Zusammen mit John F. Sowa (siehe [Sow92]) erweiterte er es 1992, was zu der heute bekannten Ausprägung des Zachman Enterprise Architecture Frameworks führte (siehe Bild 5.2).

5.1 EAM Frameworks

	Data *What*	Function *How*	Network *Where*	People *Who*	Time *When*	Motivation *Why*
Scope (Contextual) *Planner*	Things Important to the Business Entity = Class of Business Thing	Process Performed Function = Class of Business Process	Business Locations Node = Major Business Locations	Important Organizations People = Major Organisations	Events Significant to the Business Time = Major Business Event	Business Goals and Strategy Ends/Means = Major Business Goals
Enterprise Model (Conceptual) *Owner*	Conceptual Data Model Ent = Business Entity Rel = Business Relationship	Business Process Model Proc = Business Process I/O = Business Ressources	Business Logistics Systems Node = Business Location Link = Business Linkage	Work Flow Model People = Organization Unit Work = Work Product	Master Schedule Time = Business Event Cycle = Business Cycle	Business Plan End = Business Objective Mears = Action Assertion
System Model (Logical) *Designer*	Logical Data Model Ent = Data Entity Rel = Data Relationship	Application Architecture Proc = Application Function I/O = User Views	Distributed System Architecture Node = System Location Link = Line Characteristics	Human Interface Architecture People = Role Work = Deliverable	Processing Structure Time = System Event Cycle = System Cycle	Business Rule Model End = Structural Assertion Mears = Action Assertion
Technology Model (Physical) *Builder*	Physical Data Model Ent = Segment/Table Rel = Pointer/Key	System Design Proc = Computer Function I/O = Data Elements/Sets	Technology Architecture Node = Hardware/Software Link = Line Specifications	Presentation Architecture People = User Work = Screen Format	Control Structure Time = Execute Cycle = Component Cycle	Rule Design End = Condition Mears = Action
Detailed Representations (Out-Of-Context) *Sub-Contractor Programmer*	Data Definition Ent = Field Rel = Address	Program Proc = Language Statement I/O = Control Block	Network Architecture Node = Adresses Link = Protocols	Security Architecture People = Identity Work = Job	Timing Definition Time = Interrupt Cycle = Machine Cycle	Rule Specification End = Sub-Condition Mears = Step
Functioning Enterprise *User*	Usable Data	Working Function	Usable Network	Functioning Organization	Implemented Schedule	Working Strategy

BILD 5.2 Das Zachman Enterprise Architecture Framework (vgl. [Sow92])

Entwurfsziel des Frameworks war die Bereitstellung von Beschreibungskonzepten, die geeignet sind, die vielfältigen Schnittstellen von Komponenten eines Informationssystems sowie deren Integration in die Organisation darzustellen.

Das Zachman Enterprise Architecture Framework zeigt strukturiert und übersichtlich verschiedene Sichten und Aspekte der Unternehmensarchitektur. Folgende Ebenen werden unterschieden: „Scope", „Enterprise Model", „System Model", „Technology Model", „Detailed Representations" und „Functioning Enterprise". Diese Sichten werden jeweils als Zeilen dargestellt. Die Anordnung der Zeilen erfolgt nach dem Detaillierungsgrad der Ebenen, der zunimmt, je tiefer sich die Zeile befindet. Folgende Aspekte werden benutzt: „Data", „Function", „Network", „People", „Time" und „Motivation". Jede Sicht wird unter dem jeweiligen Blickwinkel des Aspekts beleuchtet und in den Spalten der Matrix dargestellt. Die Kombination aus allen Einträgen ergibt ein Gesamtbild des Unternehmens.

> **Wichtig:**
>
> Das Zachman Enterprise Architecture Framework ist ein guter Einstieg in die sehr komplexe Thematik der Unternehmensarchitekturen. Es beinhaltet jedoch keine konkrete Methode, keine ausreichende Werkzeugunterstützung und auch keine Hilfestellungen für die unternehmensspezifische Konzeption und Einführung.

Weitere EAM Frameworks

Über den Einsatz von EAM Frameworks gibt es wenig gesicherte Informationen. Laut einer Umfrage des Instituts für Enterprise Architecture Development aus dem Jahr 2005 (siehe [IFE05]) werden neben dem Zachman Framework die folgenden Frameworks in relevantem Umfang in der Praxis genutzt:

- **The Open Group Architecture Framework (TOGAF)**

    TOGAF basiert auf dem „Technical Architecture Framework for Information Management" (TAFIM) des Department of Defense (DoD). TOGAF wird als EAM Framework vorgestellt, wobei dieser Begriff als methodischer Rahmen für die Entwicklung unterschiedlicher Unternehmensarchitekturen verstanden wird. Bei TOGAF stehen insbesondere Informationssystemlandschaften im Vordergrund.

    TOGAF verfolgt einen generischen Ansatz, um ein breites Spektrum von Zielsetzungen abzudecken. Es kann leicht um Bestandteile anderer Frameworks ergänzt werden.

    1995 wurde von der Open Group[1] die erste Version von TOGAF entwickelt und Anfang 2009 um die Version 9 (siehe [TOG01], [TOG03], [TOG07] und [TOG09]) erweitert.

    Als wichtigste Neuerung zur Vorgängerversion 8.1.1 wurde das Framework mit einer modularen Struktur ausgestattet. Dies verstärkt den Werkzeugkastencharakter. Die einzelnen Bestandteile sind so einfacher separat nutzbar. Darüber hinaus gab es einige Erweiterungen. Hier ist insbesondere die Einführung der Content Frameworks zu nennen. Durch die Content Frameworks werden ein detailliertes Meta-Modell und die Ergebnistypen des Architekturprozesses beschrieben. Für die Anpassung an den jeweiligen Unternehmenskontext werden in der Version 9 erweiterte Hilfestellungen bereitgestellt.

---

[1] http://www.opengroup.org. Die Open Group ist ein Konsortium, dem eine Vielzahl von Unternehmen angehört, die ein gemeinsames Interesse an der Schaffung herstellerunabhängiger Standards im IT-Bereich haben.

- **US Federal Enterprise Architecture Framework (FEAF)**
  FEAF wurde für die US-Regierung entwickelt und 1999 in der Version 1.1 veröffentlicht (siehe [Skk04]). Es gibt eine Struktur für die Unternehmensarchitektur von US-Behörden vor und ermöglicht damit die Entwicklung einheitlicher Prozesse mit dem Ziel, den Austausch von Informationen innerhalb der Behörden zu vereinfachen.

- **Department of Defense Architecture Framework (DoDAF)**
  DoDAF wurde 2003 in der Version 1.0 veröffentlicht und ist eine Weiterentwicklung des C4ISR[2] (siehe [DOD04-1] und [DOD04-2]).

  DoDAF wird für die Unternehmensarchitekturen im militärischen Bereich der USA eingesetzt. Es eignet sich besonders für große Systeme mit komplexen Integrations- und Kommunikationsaufgaben. Daher kommt DoDAF auch außerhalb des militärischen Bereichs bei großen Behörden und Unternehmen zum Einsatz; insbesondere bei Unternehmen, welche entweder geschäftliche Beziehungen mit dem DoD haben oder generell ein EAM Framework adaptieren wollen.

- **Extended Enterprise Architecture Framework (E2AF)**
  E2AF wurde in der ersten Version 2003 veröffentlicht. E2AF basiert auf bestehenden Frameworks wie FEAF und TOGAF sowie auf praktischen Erfahrungen mit der Anwendung von Enterprise Architecture Frameworks (siehe [Skk04]).

- **Integrated Architecture Framework (IAF)**
  IAF wurde von Capgemini entwickelt und 1996 vorgestellt. Es liefert einen Ordnungsrahmen mit den Dimensionen Architekturaspekte (Aspect Areas) und Architekturebenen (Layers). Bei den Architekturaspekten werden die Kategorien Business, Information, Information Systems und Technology Infrastructure verwendet. Ergänzt werden diese von den beiden übergeordneten Architekturaspekten Governance und Security. Bei den Architekturebenen wird zwischen Contextual (Warum?), Conceptual (Was?), Logical (Wie?) und Physical (Mit was?) unterschieden (siehe [Eng08]).

Im Folgenden wird das Bekannteste dieser EAM Frameworks, TOGAF, kurz beschrieben. Bei den anderen EAM Frameworks sei auf die angegebene Literatur verwiesen. Einen guten Überblick über die EAM Frameworks finden Sie in [Bit11].

TOGAF (The Open Group Architecture Framework)

TOGAF ist das aktuell bekannteste und am weitesten verbreitete EAM Framework. Die Open Group entwickelte 1995 die erste Version von TOGAF. Anfang 2009 wurde die aktuelle Version 9 (siehe [TOG01], [TOG03], [TOG07] und [TOG09]) vorgestellt.

TOGAF bietet im Wesentlichen einen methodischen Rahmen und einen Werkzeugkasten für die Entwicklung unterschiedlicher Unternehmensarchitekturen. Die Erstellung einer konkreten Unternehmensarchitektur wird auf der Basis einer Beschreibung von vordefinierten Komponenten (Building Blocks) und mithilfe eines Vorgehensmodells unterstützt. Das in TOGAF beschriebene Modell einer Unternehmensarchitektur unterscheidet vier Teilarchitekturen:

- Die **Business Architecture** beschreibt Strategien, Governance, Organisation und Geschäftsprozesse des Unternehmens.

---

[2] Command, Control, Communications, Computers, Intelligence, Surveillance, and Reconnaissance

- Die **Data Architecture** beschreibt die Daten und deren Zusammenhänge sowie Prinzipien für die Organisation und das Management der Ressourcen im Kontext der IS-Landschaft.
- Die **Application Architecture** beschreibt Informationssysteme sowie deren Beziehungen untereinander und zu Geschäftsprozessen.
- Die **Technology Architecture** beschreibt die aktuelle technische Realisierung und die zukünftigen unternehmensspezifischen technischen Standards wie z. B. Laufzeitumgebungen oder Middleware von Informationssystemen sowie die Betriebsinfrastruktur.

Die Data Architecture und die Application Architecture werden zur Information System Architecture zusammengefasst.

Die TOGAF-Dokumentation besteht aus sieben Teilen:

- PART I: Introduction
- PART II: Architecture Development Method (ADM)
  ADM ist eine generische Methode zur Entwicklung einer Unternehmensarchitektur (siehe Bild 5.3). Alle acht Phasen des Lebenszyklus einer Unternehmensarchitektur werden adressiert. Für jede Phase werden die Ziele, die Herangehensweise, der erforderliche Input, die Aktivitäten und die Ergebnisse dokumentiert.

  Die ADM lässt sich zusammen mit dem Content Framework (siehe Part IV) oder aber anderen Content Frameworks wie der Best-Practice-Unternehmensarchitektur in Abschnitt 5.3 einsetzen.

- PART III: ADM Guidelines und Techniken
  Dieser Teil von TOGAF gibt einerseits Hilfestellungen für die Anpassung von TOGAF ADM. Andererseits wird zusätzliches Material für die Architekturentwicklung bereitgestellt. So werden z. B. Architekturstile wie SOA explizit betrachtet und Hilfestellungen im Kontext Sicherheit gegeben.

BILD 5.3
TOGAF ADM (siehe [TOG09])

- PART IV: Architecture Content Framework
  Durch das Architecture Content Framework wird ein detailliertes Modell der Ergebnistypen für die (Weiter-)Entwicklung der Unternehmensarchitektur vorgegeben. Das Content Framework wurde im Wesentlichen von Capgemini und SAP in TOGAF 9 eingebracht. Es liefert ein detailliertes Meta-Modell und eine klare Definition und Beschreibung der EAM-Ergebnistypen.

  Das Architecture Content Framework besteht aus einem Core Content Metamodel (siehe Download-Anhang G) und Erweiterungen für Governance-Aspekte, Services, Prozessmodellierung, Datenmodellierung, Infrastrukturkonsolidierung und Motivationsaspekte.

- PART V: Enterprise Continuum & Tools
  Das Enterprise Continuum ist eine Sammlung von Referenzbeschreibungen in Form von grafischen Modellen und Textdokumenten. Das Enterprise Continuum besteht aus dem Architecture Continuum und Solution Continuum. Neben dem Enterprise Continuum werden hier Hilfsmittel für die Strukturierung der Unternehmensarchitektur, ein Architecture Repository sowie Tools für die Entwicklung der Unternehmensarchitektur beschrieben.

  Das Architecture Repository kann benutzt werden, um verschiedene Arten von Architekturergebnissen abzulegen. Das Architecture Repository beinhaltet neben dem Architecture Metamodel und der Architecture Capability insbesondere die Architecture Landscape, die Standards Information Base (SIB), die Reference Library und den Governance Log (siehe [TOG09]).

- PART VI: TOGAF Reference Models
  Wesentliche Bestandteile der Referenzmodelle sind das Technical Reference Model (siehe Bild 5.4) und das Integration Information Infrastructure Reference Model (IIIRM).

BILD 5.4 TOGAF Technical Reference Model (siehe [TOG09])

Das Technical Reference Model (TRM) gibt einen Ordnungsrahmen für die Einordnung von technischen Standards vor. Das IIIRM ist eine Referenzarchitekturbeschreibung für die Integration von Informationssystemen.

- PART VII: Architecture Capability Framework
  Das Architecture Capability Framework liefert eine strukturierte Definition von Organisation, Rollen, Skills und Verantwortlichkeiten. Darüber hinaus leistet es Hilfestellungen, um die „richtigen" Architekturbestandteile entsprechend den Anliegen der relevanten Stakeholder-Gruppen zu identifizieren (siehe [Gov09]).

TOGAF ist kostenlos, wenn es ausschließlich für interne Zwecke genutzt wird. Hierfür wird aber die Mitgliedschaft des Unternehmens im „The Open Group's Architecture Forum" vorausgesetzt. Die Open Group bietet zudem ein Zertifizierungsprogramm für TOGAF an.

> **TOGAF – kurz zusammengefasst:**
>
> TOGAF ist ein umfangreiches, generisch aufgebautes Enterprise Architecture Framework. Es adressiert den gesamten Lebenszyklus einer Unternehmensarchitektur.
> Im Mittelpunkt des Frameworks stehen die Architecture Development Method, das Architecture Content Framework und das Architecture Capability Framework.
>
> Der Entwicklungsprozess für Unternehmensarchitekturen ist gut dokumentiert; er ist angereichert durch eine Sammlung von Referenzbeschreibungen und der Beschreibungen von Komponenten. In Version 9 gibt es zusätzlich eine Reihe von Anhaltspunkten für die Ableitung konkreter Unternehmensarchitekturen sowie spezifischer Fragestellungen, wie z. B. SOA oder Sicherheit.
>
> Das Abstraktionsniveau des Frameworks ist für eine Ad-hoc-Anwendung jedoch zu hoch. Konkrete Anleitungen z. B. für Visualisierungen oder die Bebauungsplanung werden nicht geliefert. Hruschka und Starke bezeichnen es als „leicht praxisfern" (siehe [Hru06]).

Allen EAM Frameworks ist gemein, dass die jeweilige Unternehmensarchitektur durch verschiedene Sichten und Aspekte beschrieben wird (siehe [Der06]). Typische Sichten sind die Business Architecture, die Data Architecture, die Application Architecture und die Technology Architecture. Durch die Verknüpfung der verschiedenen Teilarchitekturen wird eine Gesamtsicht aufs Unternehmen geschaffen. Die in den EAM Frameworks adressierten Aspekte (was, wie, wo, wer, wieso, wann, wohin und warum) lehnen sich häufig an die Aspekte aus dem Zachman Enterprise Architecture Framework an (siehe Bild 5.2).

> **Wichtig:**
>
> Die vorhandenen EAM Frameworks sind sehr komplex und abstrakt und nicht ad hoc nutzbar. Deshalb wurde basierend auf diesen EAM Frameworks, insbesondere TOGAF, die pragmatische Methode Best-Practice-EAM EAMe[2] entwickelt. Die Erfahrungen von vielen EAM-Projekten sind dabei eingeflossen. Die Methode ist unmittelbar einsetzbar und hilft Ihnen Schritt für Schritt (siehe Abschnitt 7.3) bei der Einführung und dem Ausbau von EAM in Ihrem Unternehmen.

5.2 EAM Best-Practices (EAMe²)

EAM ist nicht gleich EAM. In Abhängigkeit von Ihren Zielsetzungen, Randbedingungen und EAM-Reifegrad (siehe Abschnitt 7.1) benötigen Sie unterschiedliche Ausprägungen von EAM. Die Ableitung von Ihrem EAM auf der Basis von TOGAF oder anderen EAM Frameworks (siehe Abschnitt 5.1) ist sehr aufwendig und nur von EAM-Experten mit großem Zeitaufwand leistbar. Zudem lauern viele Fallstricke, wie z. B. nicht durchsetzbare Vorgaben oder falsche Fokussierung. EAM Best-Practices helfen, diese Fallstricke zu umgehen und Ihr EAM möglichst schnell und erfolgreich aufzusetzen und kontinuierlich auszubauen.

Motiviert durch diese Herausforderungen entstand die Best-Practice EAM-Methode EAMe². EAMe² wurde aufbauend auf insbesondere TOGAF entwickelt und beruht auf den Erfahrungen aus vielen EAM-Projekten sowie den Erkenntnissen aus dem intensiven Austausch mit einer großen Zahl von Experten sowohl aus Anwenderunternehmen und Beratungshäusern als auch aus der Wissenschaft. Die Methode wird im Folgenden kurz „EAMe²" (**EAM e**infach und **e**ffektiv) genannt.

Das Leitmotiv von EAMe² lautet „einfach und effektiv". **Einfachheit** ist im EAM wegen der Komplexität und Vielzahl von fachlichen und technischen Elementen und Sichten unabdingbar. Hier wird den Zitaten von Einstein, „Mache die Dinge so einfach wie möglich – aber nicht einfacher", sowie von Antoine de Saint-Exupéry „Perfektion ist nicht dann erreicht, wenn man nichts mehr hinzufügen, sondern wenn man nichts mehr weglassen kann", gefolgt.

Die für die unternehmensspezifischen Ziele und Fragestellungen wesentlichen Elemente und Sichten müssen ausgewählt werden. Die Ergebnistypen müssen prägnant die gewünschten Aussagen vermitteln. Unnötiger Ballast muss sowohl in den Strukturen als auch in den Visualisierungen abgeworfen werden. Nur so kann eine hinreichend aktuelle, vollständige und konsistente EAM-Datenbasis bei vertretbarem Pflegeaufwand erzeugt werden. Überladene Visualisierungen führen zudem häufig zu mehrdeutigen oder unklaren Aussagen und damit zu völlig unbeabsichtigten Schlussfolgerungen, was letztendlich verheerende Fehlentscheidungen zur Folge haben kann. Der Überblick geht verloren. Viel Geld und Zeit wird z. B. für unnötige Datensammlungen verschwendet. Mit Einfachheit, d. h. mit einem angemessenen und handhabbaren Instrumentarium, geht in der Regel zudem Effizienz einher.

Einfachheit alleine genügt aber nicht. **Effektivität** ist zudem wichtig: Die richtigen Dinge müssen getan werden. Das bedeutet im Fall von EAM: Ausgehend von der Unternehmensstrategie und den aktuellen Geschäftsanforderungen müssen die zukünftige IT-Landschaft im Zusammenspiel mit der Geschäftsarchitektur aktiv gestaltet werden. Die IT-Landschaft muss an den Geschäftsanforderungen ausgerichtet und die Roadmap zur Umsetzung entsprechend geplant werden, um einen Beitrag zu den Unternehmenszielen zu leisten.

EAMe² liefert Ihnen einen Werkzeugkasten für die initiale Einführung von EAM in wenigen Monaten und den schrittweisen Ausbau und die Etablierung von EAM in Ihrem Unternehmen. Es hilft Ihnen beim Aufbau Ihres Instrumentariums für das strategische Management Ihrer IT-Landschaft. Die wesentlichen Bestandteile von EAMe² sind:

- **Informationsbedarf der verschiedenen Stakeholder-Gruppen ermitteln und befriedigen (Transparenz schaffen)**
Für Entscheidungen und die strategische Planung und Steuerung der IT sind fundierte Informationen zeitnah und bedarfsgerecht bereitzustellen. Dies können Überblicksdar-

stellungen, Analysen oder aber Steuerungssichten entsprechend Ihrer Fragestellungen sein. So können z. B. Applikationslisten für Compliance-Zwecke bereitgestellt werden. In Kapitel 6 finden Sie weitere Beispiele.

Wie unterstützt Sie Best-Practice-EAM?
Best-Practice-EAM liefert Ihnen einerseits Kataloge für die Stakeholder-Analyse, die Ermittlung von Zielen und Fragestellungen sowie für die Nutzenargumentation. Andererseits erhalten Sie Hilfestellungen für die Identifikation der wesentlichen Fragestellungen und deren Beantwortung durch z. B. geeignete Best-Practice-Visualisierungen und Steuerungsgrößen. Zudem werden bewährte Analysen als Analyse-Muster, wie z. B. zur Erkennung von Redundanzen oder fehlenden Verantwortlichkeiten, bereitgestellt. Siehe hierzu Abschnitte 4.4.2 und Download-Anhänge A und D.

- **Strategische Planung der IT-Landschaft (Soll-Landschaft und IT-Roadmap zur Umsetzung)**
Ausgehend von den strategischen Vorgaben und dem aktuellen Handlungsbedarf („Pains") werden die Soll-Landschaft (Informationssysteme, technische Standards und Betriebsinfrastruktur) und die IT-Roadmap zur Umsetzung gestaltet. Dies ist ein komplexer kreativer Gestaltungsprozess. Verschiedene Planungsszenarien werden erstellt, analysiert und bewertet. Auf dieser Basis wird eine Empfehlung für die Soll-Landschaft und auch für die IT-Roadmap gegeben.

Wie unterstützt Sie Best-Practice-EAM?
Best-Practice-EAM stellt eine Methode und Muster für die strategische IT-Planung Ihrer IT-Landschaft bereit. Sowohl die Ableitung der strategischen Vorgaben als auch der Identifikation, Analyse, Bündelung und Bewertung von Handlungsfeldern, Lösungsideen und Planungsszenarien wird unterstützt. Best-Practices im Technologie- und Infrastrukturmanagement runden das Portfolio ab. Schnell und sicher gelangen Sie zu Ihrer Soll-Landschaft und IT-Roadmap. Siehe hierzu Abschnitt 7.5.2.

- **Aktive Steuerung der Weiterentwicklung der IT-Landschaft**
Bei der Steuerung der Weiterentwicklung geht es darum, sicherzustellen, dass die strategischen Vorgaben und die Soll-Bebauung tatsächlich umgesetzt werden. Durch fundierten Input zur strategischen IT-Steuerung und strategische Steuerungsgrößen wird das inhaltliche Fundament für die strategische Steuerung geschaffen. Abhängigkeiten und Auswirkungen von Projekten sowie Business- und IT-Ideen werden ebenso transparent wie der Status und der Fortschritt der Umsetzung der Planung.

Wie unterstützt Sie Best-Practice-EAM?
Best-Practice-EAM stellt einerseits eine Sammlung von relevanten Steuerungsgrößen und Best-Practice-Visualisierungen für das Aufzeigen des Status und des Fortschritts bei der Umsetzung bereit. Andererseits werden EAM Governance Best Practices geliefert, in denen u. a. Empfehlungen für Rollen, Verantwortliche, Gremien, EAM-Prozesse und Pflegekonzepte sowie deren Integration in die Planungs-, Entscheidungs- und IT-Prozesse gegeben werden. Siehe hierzu Abschnitt 8.4.2.

> **Wichtig:**
> Mithilfe von EAMe[2] können Sie EAM in wenigen Monaten (nicht Jahren!) zugeschnitten auf Ihre Bedürfnisse einführen, schrittweise in Richtung Ihrer Zielvision ausbauen und im Unternehmen verankern. Dies wird im Folgenden weiter ausgeführt.

Die wesentlichen Bestandteile von Best-Practice-EAM sind:

- **Best-Practice-Unternehmensarchitektur**
  Die Best-Practice-Unternehmensarchitektur ist das Fundament, das „Denkmodell", von Best-Practice-EAM. Sie beinhaltet alle wesentlichen Business- und IT-Strukturen und deren Verknüpfung, die als Basis für fundierte IT-Entscheidungen und für das strategische Management der IT-Landschaft erforderlich sind. Sie wurde zusammen mit Modellierungsrichtlinien und Katalogen von Zielsetzungen und Fragestellungen aus den Erfahrungen vieler EAM-Projekte heraus entwickelt und ist unmittelbar einsetzbar. Mit ihrer Hilfe können Sie Ihre spezifische Unternehmensarchitektur einfach ableiten.

  Die Best-Practice-Unternehmensarchitektur wird in Abschnitt 5.3 vorgestellt. Das Vorgehen für die Ableitung Ihrer Unternehmensarchitektur finden Sie in Abschnitt 7.3.

- **Best-Practice-Visualisierungen**
  Datensammlungen allein reichen nicht aus, um die mit der Einführung einer Unternehmensarchitektur verbundenen Ziele zu erreichen. Erst durch eine adäquate und zielgruppengerechte Darstellung entsteht ein realer Nutzen. Zusammenhänge und Abhängigkeiten werden häufig nur über grafische Visualisierungen oder aber Hervorhebungen in Ergebnisdarstellungen wie z. B. Excel-Listen ersichtlich. Fragestellungen lassen sich erst durch die Analyse und adäquate Darstellung der Ergebnisse beantworten.

  In Abschnitt 5.4 finden Sie einen Katalog von Best-Practice-Visualisierungen. Viele Visualisierungsbeispiele finden Sie zudem in Kapitel 6.

- **Sammlung von Analyse-Mustern**
  Analyse-Muster sind bewährte und verallgemeinerte Schablonen für die Identifikation und Visualisierung von Anhaltspunkten für Handlungsbedarf und Optimierungspotenzial in der IT-Landschaft. Die Analyse-Muster wurden aus verbreiteten Fragestellungen bei der Einführung und Optimierung der Best-Practice-Unternehmensarchitektur extrahiert und konsolidiert. Sie wurden bereits bei vielen Unternehmen erfolgreich angewendet. Die Muster können im Projektkontext oder aber im Rahmen der Bebauungsplanung selektiv oder aber auch gesamthaft angewendet werden, um einfach und schnell Handlungsbedarf und Optimierungspotenzial im jeweiligen Anwendungskontext zu ermitteln.

  Die bewährten Analyse-Muster werden in Abschnitt 7.5.1 aufgelistet. Details zu den Analyse-Mustern finden Sie im Download-Anhang A.

- **Liste von Stakeholder-Gruppen und deren Sichten**
  Unternehmensarchitektur und EAM sind kein Selbstzweck. Nur wenn sie Nutzen stiften und die wichtigen Stakeholder im Unternehmen nicht „verärgern", hat EAM langfristig eine Daseinsberechtigung. Sie müssen die Stakeholder-Gruppen identifizieren, die Interesse an Erfolg oder Misserfolg von EAM haben, die davon betroffen sind oder aber Einfluss auf das Projekt nehmen können. In Abschnitt 7.2 erhalten Sie Hilfestellungen für die Auswahl der für Sie relevanten Stakeholder-Gruppen. In Kapitel 6 finden Sie EAM-Einsatzszenarien inklusive Zuordnung zu den relevanten Stakeholder-Gruppen.

- **EAM-Einsatzszenarien**
  Anhand einer Sammlung von typischen Einsatzszenarien wird aufgezeigt, wie EAM die Anliegen der verschiedenen Stakeholder-Gruppen unterstützen kann. Siehe hierzu Kapitel 6.

- **Methode und Muster für die strategische Planung der IT-Landschaft**
  Die strategische Planung der IT-Landschaft besteht im Wesentlichen aus der Bebauungsplanung der IS-Landschaft und der technischen Standardisierung. Durch die bewährte Vorgehensweise bei der technischen Standardisierung und der Bebauungsplanung sowie der Sammlung von in der Praxis erprobten Gestaltungs- und Planungsmustern wird der kreative Gestaltungsprozess vereinfacht, Entscheidungen sowie der Strategiebezug werden nachvollziehbar und in ihren Auswirkungen transparent.

  In Abschnitt 7.5 werden das Vorgehen und die Ergebnisse der strategischen Planung der IT-Landschaft beschrieben. In Abschnitt 7.5.2 finden Sie eine Schritt-für-Schritt-Anleitung für die IS-Bebauungsplanung.

- **EAM Governance**
  Adäquate Rollen, Verantwortlichkeiten, Prozesse, Gremien, Steuerungsgrößen und eine enge Integration in die Planungs-, Entscheidungs- und IT-Prozesse sind erforderlich, um EAM „zum Fliegen" zu bekommen und nachhaltig im Unternehmen zu verankern. Abhängig von Ihrem EAM-Reifegrad und Ihren spezifischen Randbedingungen müssen Sie die für Sie passende EAM Governance festlegen. In Kapitel 8 finden Sie hierfür Hilfestellungen.

- **Etablierte Standardvorgehensweise** für die Einführung und den Ausbau von EAM
  Durch die bewährte nutzenorientierte Standardvorgehensweise für die initiale Einführung und den schrittweisen Ausbau können Sie EAM in einer ersten Ausbaustufe bereits in wenigen Monaten zugeschnitten auf Ihre Bedürfnisse einführen und dann schrittweise nach diesem Vorgehen ausbauen. Die Schritt-für-Schritt-Anleitung finden Sie in Abschnitt 7.3.

Im Folgenden werden die Best-Practice-Unternehmensarchitektur und die Best-Practice-Visualisierungen von EAMe² beschrieben. Die weiteren Best-Practices finden Sie in Kapitel 6 und 7.

5.3 Best-Practice-Unternehmensarchitektur

Die Best-Practice-Unternehmensarchitektur ist das Fundament, das „Denkmodell", von EAMe². Sie beinhaltet alle wesentlichen Business- und IT-Strukturen und deren Verknüpfung, die als Basis für fundierte IT-Entscheidungen und für das strategische Management der IT-Landschaft erforderlich sind. Sie besteht aus den Teilarchitekturen Geschäfts-, Informationssystem-, Technische und Betriebsinfrastruktur-Architektur. Die Geschäftsarchitektur beinhaltet alle Business-Strukturen, wie z. B. Geschäftsprozesse oder fachliche Funktionen. Die anderen Teilarchitekturen beschreiben die IT-Strukturen aus verschiedenen Blickwinkeln.

Durch die Verknüpfung der Bebauungselemente mit dem Unternehmenskontext wird die Unterstützung von Zielen, Geschäftsanforderungen und Leistungen ebenso erkennbar wie die Abhängigkeiten und Auswirkungen von Projekten.

Jede Teilarchitektur macht strukturelle Vorgaben für deren Befüllung, Bebauung genannt. So werden in der Geschäftsarchitektur Vorgaben für die fachliche Bebauung gemacht. Es wird festgelegt, wie z. B. ein Geschäftsprozess zu beschreiben ist und wie viele Geschäftsprozessebenen (siehe [All05]) überhaupt zu berücksichtigen sind.

5.3 Best-Practice-Unternehmensarchitektur

BILD 5.5 Best-Practice-Unternehmensarchitektur

Folgende Teilarchitekturen und deren Bebauungen werden unterschieden:

- **Geschäftsarchitektur (Business Architecture)**
  Die Geschäftsarchitektur beschreibt die wesentlichen fachlichen Einheiten eines Unternehmens, die maßgeblich das Geschäft bestimmen. Die wesentlichen Elemente der Geschäftsarchitektur sind Geschäftsprozesse, fachliche Funktionen, Produkte, Geschäftspartner, Vertriebskanäle, Geschäftseinheiten und Geschäftsobjekte. Mittels fachlicher Einteilungen, fachliche Domänen genannt, kann die fachliche Bebauung strukturiert werden.

> **Wichtig:**
> Die Bebauungselemente der Geschäftsarchitektur werden auch „Geschäftsdimensionen" genannt. In der Regel findet man fünf oder weniger verschiedene Geschäftsdimensionen in Unternehmen.

- **Informationssystem-Architektur (Application Architecture)**
  Die Informationssystem-Architektur (IS-Architektur) gibt Beschreibungsmittel für die Dokumentation der IS-Landschaft des Unternehmens vor, d. h. für die Informationssysteme, deren Daten und Schnittstellen bzw. Informationsfluss. Die Informationssystem-Bebauung kann auch über fachliche oder technische Domänen oder nach anderen Kriterien, Bebauungscluster genannt, strukturiert werden.

  Die Informationssystem-Architektur ist das Bindeglied zwischen der Geschäftsarchitektur und der technischen sowie der Betriebsinfrastruktur-Architektur. Durch die Verknüpfung mit den Elementen der Geschäftsarchitektur wird die IT-Unterstützung für das Business transparent. Die technische Realisierung der Informationssysteme und Schnittstellen wird durch die Zuordnung von Elementen aus der technischen Bebauung dokumentiert. Durch die Zuordnung der Infrastruktur-Elemente zu den Informationssystemen und Schnittstellen wird nachvollziehbar, auf welcher Betriebsinfrastruktur diese „laufen".

- **Technische Architektur (Technology Architecture)**
  In der technischen Architektur werden die unternehmensspezifischen technischen Bausteine für die Realisierung von Informationssystemen, Schnittstellen und Betriebsinfrastruktur-Bestandteilen hinterlegt. Technische Standards werden im Rahmen des Technologiemanagements (siehe Abschnitt 7.6) gestaltet.

- **Betriebsinfrastruktur-Architektur (Infrastructure Architecture)**
  Die Betriebsinfrastruktur-Architektur beschreibt grobgranular die angebotenen Infrastruktur-Services (siehe [Tog09]) und die Infrastruktureinheiten, auf denen Informationssysteme und Schnittstellen betrieben werden. Hierdurch wird eine Verbindung zu den Betriebsinfrastrukturen im operativen IT-Management hergestellt (siehe [itS08] und [Joh11]).

Die Bebauungselemente der verschiedenen Teilarchitekturen können innerhalb der Teilarchitektur und auch mit Elementen anderer Teilarchitekturen in Beziehung stehen. Die Verbindung zwischen den Teilarchitekturen ist durch Linien zwischen den Teilarchitekturen angedeutet. So können z. B. Abhängigkeiten zwischen Informationssystemen und Geschäftsprozessen und Infrastrukturelementen beschrieben werden. Darüber kann die Fragestellung „Welche Geschäftsprozesse sind von dem Ausfall des Servers X betroffen?" beantwortet werden.

Die Best-Practice-Unternehmensarchitektur wird im Abschnitt 5.3.3 im Detail beschrieben.

> **Wichtig:**
>
> Die Best-Practice-Unternehmensarchitektur ist unmittelbar einsetzbar. Durch Weglassen von nicht benötigten Bebauungselementen und Beziehungen können Sie Ihre Unternehmensarchitektur einfach festlegen. Hilfestellungen für die Ableitung finden Sie in Abschnitt 6.1.
>
> Entwurfsentscheidungen bei der Best-Practice-EAM (Unterschiede zu TOGAF):
>
> - Bei der Best-Practice-Unternehmensarchitektur wird zwischen der technischen Architektur und der Betriebsinfrastruktur-Architektur unterschieden. So können die geplanten Standards und die Realität im Betrieb voneinander getrennt dargestellt und abgeglichen werden.
>
> - Daten- oder Informationsarchitektur sind in der Best-Practice-Unternehmensarchitektur nicht als separate Teilarchitektur vorgesehen. Die bei TOGAF in der Data Architecture enthaltenen Aspekte sind hier Bestandteil der Geschäftsarchitektur beziehungsweise der IS-Architektur.
>   In der Geschäftsarchitektur werden Geschäftsobjekte und deren Beziehungen, z. B. in Form eines Glossars, sowie deren Verwendung in den Geschäftsprozessen oder fachlichen Funktionen dokumentiert.
>   In der IS-Architektur werden die von Informationssystemen genutzten oder zwischen diesen ausgetauschten Daten beschrieben. So trägt man den unterschiedlichen Sichtweisen der fachlichen und der IS-Bebauung Rechnung.

5.3.1 Die richtige Granularität

Wenn von EAM gesprochen wird, sind häufig verschiedene Dinge gemeint. EAM kann sowohl auf die strategische als auch auf die operative IT-Management-Ebene fokussieren. Für das strategische IT-Management (Fokus dieses Buchs) sind grobgranulare Überblickssichten und eine möglichst gute Unterstützung der strategischen Planung und Steuerung der Weiterentwicklung der IT-Landschaft von Belang. Operative Details, wie z. B. Signaturen von Schnittstellen, treten in den Hintergrund.

> **Empfehlung:**
> Wie finden Sie die richtige Granularität?
>
> Sie sollten einen Mittelweg zwischen feingranular und abstrakt nehmen (siehe [Nie05]). Feingranulare Informationen sind im Hinblick auf das strategische Management der IT-Landschaft nicht notwendig. Ganz im Gegenteil: Bei zu feingranularen Informationen sehen Sie „den Wald vor lauter Bäumen" nicht mehr. ■

In Bild 5.6 finden Sie die verschiedenen Bebauungselementtypen der Best-Practice-Unternehmensarchitektur und deren Kontext als Dreiecke. Die Unternehmensarchitektur sammelt die Spitzen der Dreiecke ein, wobei diese unterschiedlichen Tiefgang haben können. So werden Geschäftsprozesse in der Regel nur auf zwei bis maximal drei Modellierungsebenen (Wertschöpfungskettenebene) in EAM abgebildet. Der Prozessablauf mit den detaillierten Aktivitäten wird in der Regel in Prozessmanagementwerkzeugen (Business Process Management, kurz BPM) abgelegt (siehe [HLo12]). Analog sind detaillierte Klassenmodelle, Kontrollflüsse und Datenmodelle für Informationssysteme zwar im Projektkontext interessant; für EAM sind diese Informationen aber zu detailliert. Der typische Inhalt einer CMDB (Configuration Management Database), wie z. B. detaillierte Netzwerktopologien oder Hardware-Elemente (z. B. Router und Cluster-Konfigurationen), sind für EAM zu feingranular.

BILD 5.6 Granularität von Bebauungselementen (siehe [Win08])

Der Aufwand für die permanente Aktualisierung und Konsistenzsicherung von detaillierten Informationen steht selten in einem vernünftigen Verhältnis zum Nutzen. Wenn Sie alleine schon den Aufwand für eine detaillierte Prozessaufnahme oder Informationssystemdokumentation betrachten, können Sie schnell erahnen, wie viel Aufwand die Erfassung und insbesondere auch die Abstimmung all dieser Informationen erfordern. Und dieser Aufwand ist nicht nur einmalig zu leisten. Diese Informationen mit ihren Beziehungen, die typischerweise von unterschiedlichen Personengruppen im Kontext unterschiedlicher Prozesse gepflegt werden, müssen permanent aktuell und konsistent gehalten werden.

> **Wichtig:**
>
> Nehmen Sie die detaillierten feingranularen Informationen nicht in die EAM-Datenbasis auf. Der Aufwand für die permanente Aktualisierung und Qualitätssicherung übersteigt schnell den Nutzen.
>
> Um eine Gesamtsicht – auch auf die detaillierten Daten – zu gewinnen, sollten Sie die Datentöpfe lose integrieren. Eine lose Kopplung ist wichtig, da die verschiedenen Datentöpfe in der Regel zu unterschiedlichen Zeitpunkten aktualisiert werden. Nur so wird sichergestellt, dass die Gesamtdatenbasis zu jedem Pflegezeitpunkt hinreichend konsistent ist.
>
> Für jeden Datentopf muss klar festgelegt werden, wer Master für welche Bebauungselementtypen, Beziehungen oder Attribute ist. Darüber hinaus sind eindeutige Identifikatoren erforderlich, um Elemente auch nach Änderung zuordnen zu können.
>
> Beispiel „Kopplung von Prozessmanagement und EAM":
> Das Prozessmanagement ist in der Regel Master für die Geschäftsprozesse. Dieses gibt auch den eindeutigen Identifikator für einen Geschäftsprozess vor, der dann ins EAM mit übernommen wird. EAM ist der Master für Informationssysteme und für die Zuordnung von Informationssystemen zu Geschäftsprozessen.
>
> Wenn bereits im Prozessmanagement eine Prozessmodellierung mit verlässlicher und aktueller Informationssystemzuordnung vorliegt, kann die grobgranulare Zuordnung von Geschäftsprozessen gegebenenfalls werkzeugunterstützt aus der feinen Granularität durch „Hochaggregation" ermittelt werden.
> Vorsicht: Die Qualität der fachlichen Zuordnung in den Prozessmodellen muss hinreichend gut sein.

Die richtige Abstraktionsebene und die jeweils angemessene strategische oder operative Orientierung zu finden, ist eine Herausforderung. Die Informationen sollten Sie so weit herunterbrechen, dass nicht nur Worthülsen verwendet werden. Feiner sollten Sie sie aber nicht aufschlüsseln.

Sie müssen eine Balance zwischen Abstraktion und Detaillierung finden. Die Modellierung muss überschaubar bleiben und gleichzeitig genügend Aussagekraft für die Beantwortung der unternehmensspezifischen Fragestellungen haben. Ein wesentliches Kriterium ist die Pflegbarkeit der Informationsbasis. Je größer der Detaillierungsgrad, desto höher der permanente Pflegebedarf. Der Nutzen muss immer dem Aufwand gegenübergestellt werden (siehe Abschnitt 4.4.2).

> **Empfehlung:**
> Beschränken Sie sich auf das Wesentliche und das Bekannte! Einerseits gilt es, den Überblick zu bewahren, und andererseits muss genügend Aussagekraft vorhanden sein, um die Fragenstellungen wirklich beantworten zu können.
>
> Sie sollten sich auf die Informationen beschränken, die Sie für die Beantwortung Ihrer bereits konkret bekannten Fragestellungen wirklich benötigen. Eventuell noch offene und noch nicht genau fassbare Fragestellungen („Diese Informationen könnten ggf. auch noch irgendwann notwendig sein") sollten Sie explizit nicht berücksichtigen. Erst nach Konkretisierung der Fragestellung steht fest, welche Informationen Sie für die Beantwortung benötigen. So vermeiden Sie unnötige Aufwände und insbesondere behalten Sie das kontinuierlich zu pflegende Datenvolumen im Griff. Siehe hierzu auch Abschnitt 8.3.1.

5.3.2 Planungshorizonte

Die erforderliche Granularität variiert jedoch auch in Abhängigkeit vom Planungshorizont. Der notwendige Konkretisierungs- beziehungsweise der Detaillierungsgrad der Bebauung nimmt von Ist über Plan bis hin zu Soll, d. h. von heute über die absehbare Zukunft bis hin zur fernen Zukunft, permanent ab (siehe Bild 5.7).

Die Bebauungen können sowohl den aktuellen als auch den künftigen Zustand und die Umsetzungsstufen dokumentieren. So lassen sich wesentliche Bestandteile des aktuellen bzw. zukünftigen Geschäftsmodells des Unternehmens in ihrem Zusammenspiel beschreiben. Für alle Bebauungen wird zwischen Ist, Plan und Soll unterschieden.

IST	PLAN	SOLL
Realität	Absehbare und bereits geplante Zukunft	Vision & Ziel-Bild & Roadmap
konkret & sicher	geplant & wahrscheinlich	visionär & Umsetzung unsicher
vollständige Modellierung	Modellierung entsprechend Kenntnisstand	Grobe Modellierung als Orientierung („Umrisse")
Heute	Projektplanung	Mittelfristplanung	Langfristige IT-Planung	**Planungshorizont**

BILD 5.7 Planungshorizonte

- **IST** – Realität
  Wie sieht die aktuelle Geschäftsarchitektur oder IT-Landschaft aus und welcher Handlungsbedarf und welches Optimierungspotenzial bestehen?

  Die Ist-Bebauung beschreibt den aktuell produktiven oder historischen Stand der Bebauung. In der Ist-Bebauung sind z. B. alle Informationssysteme enthalten, die aktuell produktiv genutzt werden, oder alle aktuell gültigen Geschäftsprozesse sowie technischen Standards.

  Die Ist-Bebauung hat im Vergleich zur Plan- und Soll-Bebauung einen hohen Detaillierungsgrad. So werden z. B. Release-Nummern von Informationssystemen oder erweiterte Daten wie „Lines of Code" erfasst. Die Ist-Bebauung operiert auf Releases oder Instanzen von Informationssystemen (siehe Abschnitt 3.2).

- **PLAN** – absehbare und bereits geplante Zukunft
  Wie sieht die konkrete Planung für die absehbare Zukunft zur Umsetzung des Soll-Zustands aus und wie kann diese umgesetzt werden?

  Eine Plan-Bebauung dokumentiert den konkret geplanten Zustand der Bebauung in der Zukunft zu einem bestimmten Zeitpunkt. Häufig werden Plan-Bebauungen für Jahresscheiben und wichtige Synchronisationspunkte erstellt. Eine Plan-Bebauung beschreibt einen Schritt auf dem Weg von der Ist-Bebauung zur Soll-Bebauung bzw. einen Schritt zwischen zwei Plan-Bebauungen. In einer Mittelfristplanung wird typischerweise für einen längeren, aber noch überschaubaren Zeitraum in der Zukunft die Ziel-Bebauung festgelegt. Als Zeitraum wählt man häufig zwei bis maximal drei Jahre. Eine Mittelfristplanung ist also ein Meilenstein in Richtung Soll-Bebauung. Jedoch sind zwei bis drei Jahre in der Regel nicht wirklich absehbar (siehe Abschnitt 3.2). Insofern kann die Mittelfristplanung auch dem Planungszustand SOLL zugerechnet werden.

  Das Projektportfolio für das Folgejahr wird häufig im Rahmen der jährlichen strategischen IT-Planung festgelegt. Dies ist die konkreteste Plan-Bebauung. Hier werden häufig bereits z. B. Release-Nummern von Informationssystemen festgelegt. Die Plan-Bebauungen mit einem größeren Planungshorizont sind in der Regel gröber und entsprechen bezüglich der Granularität eher einer Soll-Bebauung.

- **SOLL** – Vision, Ziel-Bild sowie grobe Roadmap zur Umsetzung des Ziel-Bilds
  Wie sieht die aus den Business-Zielen abgeleitete Soll-Vision der Geschäftsarchitektur und der IT-Landschaft sowie deren Roadmap zur Umsetzung aus?

  Die Soll-Bebauung ist das Ziel-Bild, in dem die Business- und IT-Ziele sowie die Geschäftsanforderungen umgesetzt sind. Die Soll-Bebauung wird entweder ohne Zeitpunktangabe oder aber in Soll-Stufen, z. B. 2015 und 2020, dokumentiert.

  Die Soll-Bebauung ist eine optimale Bebauung. Ihre Umsetzung ist ungewiss, da sich Rahmenbedingungen und Geschäftsanforderungen über die Zeit ändern können oder aber Projekte sich nicht an strategische Vorgaben halten.

  Die Soll-Bebauung gibt aber einen verbindlichen Orientierungs- und Gestaltungsrahmen für die Umsetzung der Bebauung vor.

  In einer Soll-Bebauung findet man tendenziell grobe strategische Aussagen wie z. B. Technologien wie.Net oder aber Hersteller wie IBM oder IT-Produkte ohne Versionsangabe wie z. B. SAP für Logistikprozesse. Darüber hinaus werden Prinzipien, wie z. B. „Best-of-Breed", und Strategien, wie z. B. eine „Erneuerungsstrategie", vorgegeben (siehe Abschnitt 3.7).

Wichtig:
- Berücksichtigen Sie bei der Dokumentation der Bebauung den Planungsstatus. Vorsicht: Häufig werden bei der Bestandsaufnahme der IT-Landschaft Projektplanungen in die Ist-Bebauung mit aufgenommen.
- Dokumentieren Sie die Ist-Bebauung detailliert und die Plan-Bebauung entsprechend des aktuellen Planungsstands z. B. aufgrund der Ergebnisse der Projektportfolioplanung. Bleiben Sie bei der Soll-Bebauung gröber. Hierdurch werden lediglich Planungsprämissen und Orientierungshilfen gegeben.
- Achten Sie bei der Plan- und Soll-Bebauung darauf, dass nur die abgestimmten Planungen dokumentiert werden. Nur so erhalten Sie auf Dauer eine konsistente und aussagekräftige Dokumentation.

Die richtige strategische oder operative Orientierung zu finden, ist essenziell für die Beantwortung der Fragestellungen im Kontext des Managements der IT-Landschaft. Hilfestellungen hierfür finden Sie in den folgenden Abschnitten 3.2, 7.3 und in Kapitel 8. Die Best-Practice-Unternehmensarchitektur wird im Abschnitt 5.3.3 im Detail erläutert.

Wichtig bezüglich der Unternehmensarchitektur:

Die Unternehmensarchitektur ist, wie in Bild 5.1 dargestellt, der „stabile Kern" von EAM. Die für Sie relevanten Bebauungselementtypen und deren Kerndaten und Beziehungen sollten nach initialer Festlegung und Erprobung innerhalb einer Ausbaustufe möglichst stabil gehalten werden. Nur so können Sie die Datenqualität kontinuierlich verbessern und kommen Sie zu einer hohen langfristigen Datenqualität. Hilfestellungen für die Festlegung auf der Basis der Best-Practice-Unternehmensarchitektur finden Sie in Kapitel 8.

Konzentrieren Sie sich auf die für Sie wesentlichen Bebauungselemente. Streichen Sie alle Elemente, die Sie für die Beantwortung Ihrer Fragestellungen nicht wirklich benötigen. So können Sie schnell sichtbare Erfolge mit vertretbarem Aufwand vorweisen.

5.3.3 Best-Practice-Unternehmensarchitektur im Detail

In Abschnitt 5.3 wurde die Unternehmensarchitektur im Überblick vorgestellt. Diese wird im Folgenden weiter detailliert. In Bild 5.8 werden insbesondere die Beziehungen dargestellt, die in der Praxis relevant sind. Die Bebauungen der Teilarchitekturen sind der Kern der Unternehmensarchitektur. Die übergreifenden Elemente unterstützen das strategische Management der IT-Landschaft und über die Verknüpfung mit dem Unternehmenskontext wird die Integration von EAM in die Planungs-, Entscheidungs- und Durchführungs-Prozesse ermöglicht.

Die in Bild 5.8 verwendete Notation ist etwas gröber als z. B. bei UML-Klassendiagrammen. So können die wesentlichen Informationen übersichtlich dargestellt werden. Die Beziehungen

BILD 5.8 Detaillierte Best-Practice-Unternehmensarchitektur

zwischen den Teilarchitekturen werden über Verbindungen der Elementtypen zum Rand der Teilarchitektur und gröber eingezeichnete Verbindungen zwischen den Teilarchitekturen dargestellt.

In der Notation werden einerseits die wesentlichen Bebauungselementtypen wie z. B. Geschäftsprozess oder Informationssystem und andererseits die Beziehungen zwischen diesen dargestellt. Zur Vereinfachung wird insbesondere auf die Kardinalität von Beziehungen verzichtet. Die Beziehungen innerhalb eines Elementtyps werden als Buchstaben auf der rechten Seite eines Elementtyps notiert. Die Variabilität bei der Attributierung von Beziehungen wird durch einen „*" gekennzeichnet. Dies führen wir im Folgenden weiter aus.

Folgende Beziehungen zwischen zwei Elementtypen werden unterschieden (rechte Leiste in einem Bebauungselementtyp in Bild 5.8):

- **H – Hierarchie**
  Bebauungselementtypen, die so gekennzeichnet sind, können hierarchisch strukturiert sein. Beispiele hierfür sind Geschäftsprozesse mit Teilprozessen oder aber Informationssysteme, die aus Teilsystemen oder Komponenten bestehen.

- **V – Verwendung**
  Die nicht notwendigerweise weiter spezifizierte Abhängigkeit zwischen Bebauungselementen wird über die Verwendungsbeziehung abgebildet. Auf dieser Basis können Abhängig-

keitsanalysen durchgeführt werden. Beispiele hierfür sind die Verwendungsbeziehung bei Informationssystemen oder bei technischen Bausteinen. So können Informationssysteme Komponenten (häufig auch Services genannt) von anderen Informationssystemen nutzen („verwenden"). Technische Bausteine können andere verwenden. Durch die Analyse der Verwendungsbeziehungen lassen sich z. B. Abhängigkeiten von einer Laufzeitumgebung sichtbar machen.

- **S – Spezialisierung**
  Die Instanzen eines Bebauungselementtyps werden entsprechend einem Spezialisierungskriterium in verschiedene Gruppen aufgeteilt. Dies ist eine horizontale Aufteilung, wenn man sich bildlich eine Tabelle mit den realen Instanzen in einer Zeile und den Attributen in den Spalten vorstellt. So können z. B. die Kundendaten entsprechend der geografischen Region gruppiert werden. Das Resultat sind dann u. a. Kundendaten_Europa und Kundendaten_Asien. Die Spezialisierung spannt letztendlich Dimensionen auf, die insbesondere für die Analyse der Informationsbebauung, z. B. im Kontext des Stammdatenmanagements, wichtig sind.

- **N – Nachfolger**
  Die Nachfolgerbeziehung beschreibt eine in der Regel zeitliche Abhängigkeit zwischen Bebauungselementen. So kann ein Informationssystem der Nachfolger eines anderen Informationssystems sein, was insbesondere für Folge-Releases von Informationssystemen und analog für Schnittstellen gilt. Die Nachfolgerbeziehung wird auch für die Dokumentation der Ablösung von Elementen genutzt.

- *** – variable Beziehung**
  Bebauungselemente können auch in anderen Beziehungen als Hierarchie, Verwendung, Spezialisierung und Nachfolger zueinander stehen. Insbesondere im Rahmen der Informationsbebauung (siehe folgende Abschnitte) werden häufig fachliche Objektmodelle genutzt. Hier werden Beziehungen wie z. B. „wird genutzt von", „ist abhängig von" oder „geht über in" verwendet. Der Name der Beziehung kann „attributiert" werden.

„*" taucht in der Grafik aber auch an den Beziehungen zwischen den Bebauungselementtypen auf. Die Beziehungen können dann „attributiert" werden. So kann z. B. die Beziehung zwischen Informationssystemen und Informationsobjekten weiter durch die Art der Verwendung charakterisiert werden, wie z. B. „anlegen", „verändern", „löschen" oder einfach nur „lesen", häufig mit „CRUD" abgekürzt.

Eine weitere Variabilität findet sich bei den Beziehungen zu den Bebauungselementen Informationssysteme und Infrastrukturelemente. Hier gibt es zwei mögliche Ausprägungen. Einerseits können z. B. Informationssysteme direkt miteinander und über die fachliche Zuordnung mit den fachlichen Bebauungselementen verbunden sein. Andererseits können Services dazwischengeschaltet sein. Die Informationssysteme bzw. Infrastrukturelemente bieten dann Services an, die von anderen Elementen genutzt werden können.

> **Wichtig:**
> Nutzen Sie Services nur bei einem hohen EAM-Reifegrad. Der Pflegeaufwand der zusätzlichen Service-Layer ist nicht unbeträchtlich. Nur mit funktionierenden Pflegeprozessen bleiben die Bebauungsdaten hinreichend aktuell und konsistent.

Die **fachliche Zuordnung** ist kein Bebauungselement, sondern eine (n-stellige) Beziehung. Alle fachlichen Bebauungselemente und auch Informationssysteme (direkt oder über Services) können zueinander in Beziehung stehen. So lassen sich ein Geschäftsobjekt Geschäftsprozessen oder aber einem Informationssystem fachliche Funktionen zuordnen. Die Zuordnung kann attributiert werden. Dies ist durch den „*" in der „Fachlichen Zuordnung" angedeutet. Ein Beispiel hierfür ist die Art der Verwendung eines Geschäftsobjekts im Geschäftsprozess, z. B. als Input oder Output. So kann ein „Auftrag" Output des Geschäftsprozesses „Auftragsabwicklung" sein.

Die Festlegung der fachlichen Zuordnung zu anderen fachlichen Bebauungselementen kann durch die Tupel-Schreibweise erfolgen, wie z. B. (<Geschäftsprozess-von>, <Geschäftsobjekt>, <"Art der Nutzung">), (<Geschäftsprozess-von>, <Geschäftsobjekt>, <Geschäftsprozess-zu>) oder (<Geschäftsprozess>, <fachliche Funktion>, <Geschäftseinheit>). In Abhängigkeit der Tupel können durchaus unterschiedliche Attribute zur weiteren Charakterisierung verwendet werden.

Neben den Beziehungen finden Sie in Bild 5.8 zusätzlich übergreifende Elemente. Dies sind querschnittliche Aspekte, die übergreifend relevant sind. Die Ausprägungen dieser übergreifenden Elemente können allen Bebauungselementen sowie deren Bestandteilen und Beziehungen zugeordnet werden. Zu den übergreifenden Elementen zählen:

- **Verantwortlichkeit**
  Jedem Bebauungselementtyp und seinen Bestandteilen und Beziehungen können gegebenenfalls unterschiedliche Verantwortlichkeiten zugeordnet werden. Verantwortlich für EAM-Aufgaben oder einen inhaltlichen oder organisatorischen EAM-Bereich können Einzelpersonen oder Personengruppen bzw. ganze Organisationen sein. Beispiele für Einzelpersonen sind fachliche und technische Zuständigkeiten wie z. B. der IS-Verantwortliche oder der fachliche Verantwortliche sowie betriebliche Kontaktpersonen. Beispiele für Personengruppen bzw. Organisationen sind die Support- oder die Betriebsorganisation. Hier können alle relevanten Stakeholder-Gruppen (siehe Abschnitt 7.2) und deren Sichten adressiert werden.

- **Mandant (oder auch Standort)**
  Der zunehmenden Globalisierung und der wachsenden Zahl von Firmenzusammenschlüssen muss auch im EAM Rechnung getragen werden. Einerseits müssen die IT-Landschaften der verschiedenen, zum Teil rechtlich selbstständigen Unternehmen übergreifend erfasst und analysiert werden können. Andererseits benötigen die Einzelunternehmen oder Standorte auch eine individuelle Sicht auf ihre IT-Landschaft. Die fachlichen und technischen Strukturen, die einem Unternehmen zuzuordnen sind, müssen zusammengefasst werden können. Die aus Sicht von einem Einzelunternehmen genutzten Systeme anderer Unternehmen müssen für diese als „extern" erkennbar sein. Übergreifend müssen aber auch standortübergreifende Sichten vorhanden sein, um z. B. die übergreifende Standardisierung voranzutreiben.

  Insbesondere in Konzernen ist es wichtig, dass die jeweiligen Teilunternehmen ihren Ausschnitt der Bebauungsdaten im Zusammenspiel mit den anderen Teilunternehmen analysieren können. Durch eine Mandantenkennung wird eine Sicht für das jeweilige Teilunternehmen geschaffen. Diese korreliert häufig auch mit entsprechenden Berechtigungen und Sichtbarkeiten.

- **Schablone (oder auch Template genannt)**
  Eine Schablone ist eine „Kopiervorlage" mit einem eindeutigen Namen. Eine Schablone besteht aus einem Teilausschnitt der Bebauungsdaten. So können z. B. alle Informationssysteme mit deren Schnittstellen und technischen Realisierungen aus der Zentrale mit Zuordnung zum Vertriebsprozess als Schablone „Vertriebsprozess" hinterlegt werden. Damit wird ein Standard für den fachlichen Einsatzzweck geschaffen, der in die verschiedenen Standorte ausgerollt werden kann (siehe Einsatzszenario „Standardisierung und Homogenisierung" in Kapitel 6).

  Ein weiteres Beispiel sind fachliche Domänenmodelle. Fachliche Domänen und die ihnen zugeordneten Geschäftsprozesse oder fachlichen Funktionen können zu einer Schablone – zu einem fachlichen Domänenmodell – zusammengefasst werden.

  Schablonen werden häufig als Ganzes auch versioniert.

- **Szenario**
  Im Rahmen der Bebauungsplanung werden gegebenenfalls alternative Planungsszenarien erstellt. Diese fassen Bebauungselemente und deren Beziehungen zusammen, wie z. B. „Planungsszenario Huber für Soll-Bebauung 2020 vom 21.12.2011". In diesem Planungsszenario können unterschiedliche Ist-, Plan- und Soll-Informationssysteme, Schnittstellen und auch Soll-Beziehungen zu Geschäftsprozessen enthalten sein. Auch für komplexe Analysen können alternative Zusammenfassungen erstellt werden.

  Szenarien können erstellt, geändert oder gelöscht und mit anderen Szenarien verglichen sowie in den Datenbestand übernommen werden.

- **Fachliche und technische Domäne**
  Die Bebauungselemente können in sogenannten Domänen strukturiert werden. Domänen können weiter unterteilt werden (Hierarchiebeziehung). Typischerweise werden die fachlichen Bebauungselemente nach fachlichen Kriterien in z. B. fachliche Domänenmodelle (siehe Abschnitt 5.4.1) aufgeteilt. „Vertrieb" und „Produktion" sind Beispiele für eine fachliche Strukturierung. So kann der unternehmensspezifischen Aufteilung in der Geschäftsarchitektur Rechnung getragen werden.

  Die IS-Bebauung wird häufig auch in Domänen, auch Bebauungscluster genannt, strukturiert. Diese Strukturierung entspricht häufig organisatorischen Zuständigkeiten, die sich an fachlichen Strukturen (aus dem fachlichen Domänenmodell) orientieren.

  Technische Bebauungselemente werden in der Regel in einen technischen Katalog (Blueprint) einsortiert. Beispiele für technische Domänen sind „Datenbanken" und „Portale".

> **Empfehlung:**
> Die Bebauungselemente der verschiedenen Cluster können von unterschiedlichen Unternehmensarchitekten verantwortet werden. Der Unternehmensarchitekt kann sich dann auf seinen Ausschnitt konzentrieren. ∎

Auf der rechten Seite in Bild 5.8 finden Sie den Unternehmenskontext. Dieser schafft die Verbindung zu anderen Disziplinen wie z. B. das Projektportfoliomanagement. Alle Bebauungselemente sowie deren Bestandteile und Beziehungen können in Verbindung zum Unternehmenskontext gebracht werden. Im Unternehmenskontext unterscheiden wir folgende Elementtypen:

- **Ziel**
  „Ziele" bilden die Verbindung zu den strategischen Vorgaben der Unternehmensstrategie oder der IT-Strategie. Der Beitrag zur Umsetzung der Unternehmens- und IT-Strategie lässt sich über die Analyse der Verknüpfung zwischen den Bebauungselementen und Zielen ermitteln. Voraussetzung hierfür ist jedoch, dass die Ziele explizit benannt und gepflegt sind.
- **Projekt**
  Bebauungselemente und die Beziehungen zwischen diesen können in Bezug zu Projekten und Maßnahmen gesetzt werden. So kann z. B. ein neues Informationssystem-Release und die Ablösung des Vorgänger-Release[3] einer Maßnahme M1 zugeordnet werden.

  Durch die Analyse der Bebauungsdatenbasis im Zusammenspiel mit dem Projektkontext werden Abhängigkeiten, Auswirkungen, Synergien und Redundanzen erkannt. Projektinformationen werden häufig aus einem Projektportfoliomanagement-Werkzeug bezogen.
- **Leistung (Service-Katalog)**
  Hierdurch werden die Leistungen (im Folgenden auch Services genannt) einer Organisation beschrieben, die für Kunden erbracht werden. Die Leistungen können bezüglich funktionaler und dann im Anschluss bezüglich SLA-Aspekte zu aussagekräftigen und verrechenbaren Leistungen verfeinert werden. Die Differenzierung erlaubt eine gezielte Kostensteuerung.

  Beispiel für eine Leistung sind die Bereitstellung und Inbetriebnahme eines Informationssystems. Diese funktional differenzierte Leistung kann gemäß SLA- und QoS-Aspekten, wie z. B. Mengenrabattierungen, Reaktionszeiten, Verfügbarkeiten, Performanceaspekten oder Fehlertoleranzen weiter verfeinert werden, um vertragsrelevante Dienste zu erhalten. Hier können dann auch Malus-, Bonus- oder Rabattregeln zugeordnet werden.

  Im Fall des Outsourcings einer Leistung werden in der Regel Leistungen gegenüber dem Kunden über SLAs und gegenüber den externen Dienstleistern über OLAs beschrieben.
- **Geschäftsanforderung**
  Geschäftsanforderungen bilden die Schnittstelle zu Demand-Management-Werkzeugen. Die Zuordnung kann ebenso für Analysezwecke genutzt und somit die Abdeckung von Geschäftsanforderungen dokumentiert und analysiert werden.

In den folgenden Abschnitten werden die wesentlichen Bestandteile der verschiedenen Teilarchitekturen übergreifend vorgestellt. Für jede Architektur werden deren Bebauungselementtypen, Beziehungen, Attribute und Beispiele für die darüber beantwortbaren Fragestellungen aufgelistet. Zudem werden Hilfestellungen für die Ableitung Ihrer Unternehmensarchitektur gegeben.

Wesentlich für die Beantwortung Ihrer Fragestellungen sind die Attribute der Bebauungselemente. Bei den Attributen wird zwischen Kerndaten, erweiterten Daten und Steuerungsgrößen unterschieden:

- **Kerndaten** sind die Daten, die die Bebauungselemente beschreiben. Dazu zählen unter anderem die Namen von z. B. Geschäftsprozessen, Informationssystemen oder technischen Bausteinen.
- **Erweiterte Daten** sind unternehmensspezifische Daten, die den Bebauungselementen als Zusatzinformation zugefügt werden. Sie dienen dazu, Ihre spezifischen Fragestellungen

---

[3] Dies kann erreicht werden, indem die Nachfolgerbeziehung zwischen den beiden Releases zur Maßnahme M1 zugeordnet wird.

- zu beantworten. Beispiele hierfür sind die Größe eines Informationssystems in „Lines-of-Code" oder aber Herstellerinformationen zu einem Informationssystem. Erweiterte Daten „leben". Sie können hinzugefügt werden, wenn eine neue Fragestellung zu beantworten ist. Sie können aber auch entfernt werden, wenn sie nicht mehr benötigt werden.
- **Steuerungsgrößen** sind maßgeblich für die Unternehmens- und IT-Steuerung (siehe Abschnitt 8.3.4). Diese sind ebenso unternehmensspezifisch. Beispiele hierfür sind die Wettbewerbsdifferenzierung von Geschäftsprozessen, der Strategiebeitrag oder der Gesundheitszustand eines Informationssystems. Die Sichtbarkeit insbesondere von Steuerungsgrößen ist häufig eingeschränkt, wenn z. B. ein IS-Verantwortlicher nicht erfahren soll, dass „sein" Informationssystem demnächst abgeschaltet wird.

Folgende Kerndaten sind für die Dokumentation aller Bebauungselemente relevant. Optionale Bestandteile sind mit „[]" gekennzeichnet. Umsetzungsaspekte wie z. B. Identifikatoren für Geschäftsprozesse werden im Folgenden nicht adressiert.

- **Name**
Name des Bebauungselements, z. B. Geschäftsprozess „Auftrag erfassen"
- **Beschreibung**
Beschreibung des Bebauungselements, z. B. „Vertriebsauftrag durch den Außendienst erfassen"
- **[Release-Nr[4]]**
Release-Nummer des Bebauungselements (z. B. Informationssystem, Schnittstelle oder technischer Baustein) wie z. B. „ACTAC 2.3".

Durch den Namen und die Release-Nummer wird ein Release eines Bebauungselements eindeutig identifiziert.

- **[Planungsstatus]**
Unterscheidung des Planungsstatus mit den Ausprägungen „IST", „PLAN" und „SOLL" (siehe Abschnitt 5.3.2).
  - „IST" bezeichnet die aktuell „produktiven" Bebauungselemente.
  - Mit „PLAN" werden die Bebauungselemente gekennzeichnet, die aktuell in Planung oder gegebenenfalls bereits in Umsetzung und voraussichtlich zu einem festgelegten Termin produktiv gesetzt werden, wie z. B. ab 1.1.2014.
  - „SOLL" beschreibt das Ziel-Bild der Bebauungselemente.
- **[Nutzungszeitraum]**
Beschreibt den Zeitraum des produktiven Einsatzes eines Bebauungselements durch eine „von-bis"-Angabe. Dies kann beispielhaft an einem Geschäftsprozess illustriert werden, der aufgrund gesetzlicher Anforderungen so nur von heute bis zum 31.12.2015 angewendet werden darf. Danach gibt es neue gesetzliche Anforderungen. Bei Plan- oder Soll-Elementen wird gegebenenfalls der geplante Nutzungszeitraum benannt. Bei Soll-Elementen ist dieser häufig nur sehr grob festgelegt, wie z. B. „ab 2020".
- **[Status im Lebenszyklus]**
Durch den Status im Lebenszyklus können Rückschlüsse z. B. auf die Reife oder Stabilität des Bebauungselements gezogen werden. Beispiele für Ausprägungen bei Informationssys-

---

[4] Die Release-Nr wird auch Versionsnummer genannt.

temen: „Prototyp", „Pilot", „Ausgerollt[5]" und „in Ablösung[6]". Auch bei Geschäftsobjekten findet man den Lebenszyklus, wie z. B. Kundenauftrag „initial angelegt" und „geprüft". Der Status im Lebenszyklus wird in der Regel nur für Ist- und Plan-Bebauungselemente beziehungsweise für den Detaillierungsgrad von logischen oder Releases von Bebauungselementen (siehe Abschnitt 3.2) gepflegt.

Für jeden Lebenszyklusstatus ist ein Nutzungszeitraum zu hinterlegen.

- **[Genehmigungsstatus]**
  Für die Koordination der Datenpflege kann ein expliziter Freigabeworkflow festgelegt werden. Beispiele: „Erfasst", „Inhaltlich geprüft" und „Freigegeben". Durch den Genehmigungsstatus kann gegebenenfalls die Sichtbarkeit eingeschränkt werden. So kann z. B. verhindert werden, dass noch nicht freigegebene Elemente bereits ausgewertet oder verbaut werden können. Häufig wird der Genehmigungsstatus im Kontext der Qualitätssicherung der Bebauungsdaten oder aber im Rahmen der Bebauungsplanung für „private" Planungsszenarien genutzt.

- **[Instanzkennung]**
  Instanzen von Bebauungselementen wie z. B. Informationssystemen sind gegebenenfalls notwendig, um die unterschiedliche Nutzung oder Nutzungsdauer der Elemente in z. B. den Standorten zu beschreiben. Neben den logischen Instanzen können, wie in Abschnitt 3.2 ausgeführt, auch physikalische Instanzen verwendet werden, um Betriebsaspekte abzubilden. In diesen Fällen wird neben dem Namen und der Release-Nr. auch die Instanzkennung zur eindeutigen Identifikation der Instanzen verwendet.

- **[Detailinformationen]**
  Detaillierte Informationen zum Bebauungselement, wie z. B. ein Link zu detaillierten Dokumenten zum Geschäftsprozess oder Informationssystem. Weitere Beispiele für Detailinformationen aus der IS-Architektur sind die Größe des Informationssystems, z. B. in „Lines-of-Code" (LOC), spezielle Eigenschaften wie die Portalfähigkeit, die GUI-Klassifikation, die Anzahl der Nutzer, die Art der Berechtigungsverwaltung oder spezielle Anforderungen z. B. für die Clients.

Die Bebauungselemente können neben Attributen beliebig gruppiert, Dimensionen (im Kontext von Business-Intelligence-Lösungen) oder Tags bzw. Links lassen sich beispielsweise einem Wiki zuordnen (siehe dritte Ebene in Bild 5.8). So können z. B. Informationssysteme in OLTP- und BI-Systeme klassifiziert werden. Die Gruppierung kann dabei auch hierarchisch sein. So können OLTP-Systeme weiter in Individual- und Standardsoftware unterschieden sein. Analog lassen sich hierarchisch strukturierte Regionen Bebauungselementen zuordnen und diese Informationen für Abfragen verwenden. Durch Tags bzw. Links kann weiterführende Information zu den Bebauungselementen zugänglich gemacht werden. Beispielsweise wird der Bebauungsplanungsprozess (siehe Abschnitt 7.5.2) unterstützt, indem in den Transparenzsichten Handlungsfelder oder Lösungsideen zugeordnet und z. B. in einem Wiki weiter beschrieben werden.

Best Practices zu den verschiedenen Teilarchitekturen, deren Bebauungselementtypen, Beziehungen, erweiterten Daten und Steuerungsgrößen finden Sie in den folgenden Abschnitten.

---

[5] „Ausgerollt" wird auch „in Produktion" genannt.
[6] „In Ablösung" wird auch „auslaufend" oder „Legacy" genannt

Wichtig:

- Achten Sie auf eine aussagekräftige Benennung der Bebauungselemente, aus der die Art und der Inhalt selbst erklärend hervorgehen.
- Der Planungsstatus ist erforderlich, um sauber zwischen der aktuellen und der zukünftigen nahen (Plan-) und fernen (Soll-) Bebauung zu unterscheiden. In der Dokumentation der Bebauungselemente muss der Planungshorizont angegeben werden. Nur so kann man unterscheiden, was wirklich vorhanden und was erst geplant ist. Dies ist insbesondere deshalb wichtig, da Planungen häufig nicht eingehalten werden. Die Analyse der Bebauungsdaten führt bei „Durchmischung" häufig zu falschen Ergebnissen, da die „unsauberen" Planungsdaten gleichwertig mit den „sauberen" Ist-Daten behandelt werden.
- Nur durch die Dokumentation des Nutzungszeitraums kann die Frage beantwortet werden: „Welche fachlichen Bebauungselemente gelten zu einem bestimmten Zeitpunkt?" oder „Wie sieht die IT-Landschaft zu einem gewissen Zeitpunkt aus?"
- Zwischen dem Planungsstatus und dem Nutzungszeitraum gibt es Abhängigkeiten. Der Nutzungszeitraum der Ist-Bebauungselemente sollte „heute" beinhalten und der von Plan- oder Soll-Elementen sollte in der Zukunft liegen. Hier müssen Sie Maßnahmen ergreifen, um die Konsistenz zu sichern (siehe Abschnitt 8.3.1).
- Nutzen Sie den Status im Lebenszyklus beim Einstieg in EAM höchstens als ergänzendes Informationsfeld, da die Komplexität in der Nutzung und in der Pflege ansonsten unnötig steigt.
- Die Nutzung des Genehmigungsstatus birgt ebenso Gefahren, da in der Regel die Sichtbarkeit in frühen Stadien eingeschränkt ist. Der Genehmigungsstatus muss entsprechend des Fortschritts gepflegt werden. Dies erfordert viel Disziplin in der Pflege.
- Die Komplexität steigt erheblich, je mehr optionale oder unternehmensspezifische Attribute Sie nutzen. Darüber hinaus steigt die Gefahr von Inkonsistenzen. So sind der Planungsstatus und der Status im Lebenszyklus häufig nicht orthogonal. Ein Beispiel für die Ausprägungen des Status im Lebenszyklus mit Überschneidungen sind: „Soll", „in Planung", „in Entwicklung", „Prototyp", „Pilot", „in Produktion" und „in Ablösung".
Verwenden Sie daher beim Einstieg in EAM entweder nur den Planungsstatus oder den Status im Lebenszyklus, da der Aufwand für Konsistenzsicherung sehr groß ist. Beim Ausbau können Sie beide Attribute nutzen. Auf diese Weise können Sie bei Analysen die „Unsicherheit" von Planungsdaten berücksichtigen. Sicherlich ist dann jedoch Werkzeugunterstützung für die Aktualisierung der Bebauungsdaten erforderlich. So können Planwerte in den Ist-Zustand automatisiert überführt werden, wenn die Planung wirklich so umgesetzt wurde.
- Beim Einstieg in EAM sollten Sie sich auf den Planungsstatus „Ist" und gegebenenfalls „Plan" beschränken. Die Bebauungsplanung erfordert einen höheren EAM-Reifegrad (siehe Abschnitt 7.1).

> **Empfehlung:**
> Wählen Sie aus den Strukturen die für Ihre Ziele und Fragestellungen passenden aus. Detaillierte Hilfestellungen für die Auswahl finden Sie in den folgenden Abschnitten und in Abschnitt 7.2. Darüber hinaus enthält Download-Anhang D eine konsolidierte Liste von Fragestellungen.

5.3.3.1 Geschäftsarchitektur

Die Geschäftsarchitektur beinhaltet alle für das Geschäft maßgeblichen Strukturen und Beziehungen. Sie gibt den fachlichen Bezugsrahmen für das strategische Management der IT-Landschaft vor. Zur Geschäftsarchitektur zählen im Wesentlichen folgende Bebauungselemente, im Folgenden auch Geschäftsdimensionen genannt:

- **Geschäftsprozess**
  Geschäftsprozesse bestehen aus einer Abfolge von zielgerichteten Aktivitäten zur Umsetzung des Geschäftsmodells des Unternehmens. Geschäftsprozesse leisten einen unmittelbaren Beitrag zur Wertschöpfung oder unterstützen andere wertschöpfende Geschäftsprozesse. Geschäftsprozesse haben einen definierten Anfang und ein definiertes Ende mit einem klar festgelegten Ergebnis. In der Regel werden Geschäftsprozesse mehrfach durchgeführt.

- **Fachliche Funktion**
  Eine fachliche Funktion ist eine in sich abgeschlossene und zusammenhängende fachliche Funktionalität wie z. B. „Kundenkontaktmanagement". Mithilfe der fachlichen Funktionen wird das Leistungsvermögen des Unternehmens („Capabilities") beschrieben. Fachliche Funktionen können in Teilfunktionen zerlegt werden und in Beziehung zu den anderen fachlichen Bebauungselementen und auch zur Informationssystem-Bebauung stehen.

- **Geschäftspartner**
  Ein Geschäftspartner ist jemand, an dem Ihr Unternehmen ein geschäftliches Interesse hat. Es ist ein übergeordneter Begriff für Kunden, Lieferanten oder andere Partner des Unternehmens. Häufig werden auch Gruppen von Geschäftspartnern unterschieden. Ein Beispiel sind die Kundengruppen „Privatkunden", „Firmenkunden" und „Institutionen".

- **Vertriebskanal**
  Vertriebskanäle, auch Absatzkanäle genannt, schaffen den Zugang zu Kunden für den Verkauf der Produkte und Dienstleistungen des Unternehmens. Beispiele für Vertriebskanäle sind der Direktvertrieb über unternehmenseigene Verkaufsniederlassungen (z. B. Outlets), der indirekte Vertrieb über den Handel oder Vertrieb über das Internet, wie z. B. Self-Service-Portale. Als Multikanalvertrieb wird die gleichzeitige Nutzung mehrerer Vertriebskanäle wie Handel, Internet und Außendienst bezeichnet.

- **Produkt**
  Ein Produkt ist das Ergebnis eines Leistungsprozesses eines Unternehmens, z. B. eine Ware (Auto, Rechner). Ein Produkt kann sowohl materiell als auch immateriell (z. B. Dienstleistungen) sein und aus Teilprodukten bestehen.

- **Geschäftsobjekt**
  Ein Geschäftsobjekt ist ein abgestimmter, fachlicher Begriff für abstrakte oder konkrete Objekte, die in der Informationsverarbeitung des Unternehmens von Relevanz sind, d. h.

in engem Zusammenhang mit der Geschäftstätigkeit des Unternehmens stehen. Beispiele für Geschäftsobjekte sind „Kunde", „Produkt" oder „Auftrag".

- **Geschäftseinheit**
Geschäftseinheiten sind entweder logische oder strukturelle Einheiten des Unternehmens, wie z. B. organisatorische Bereiche und Werke des Unternehmens, oder aber logische Nutzergruppen, wie z. B. „Außendienst" und „Innendienst". Geschäftseinheiten können in Teil-Geschäftseinheiten aufgeteilt werden. Ein Beispiel für eine Aufteilung ist der Außendienst an Standort A.

Wichtig:

Bestimmen Sie die für Sie relevanten Geschäftsdimensionen. Wählen Sie aus den genannten Dimensionen aus oder ersetzen Sie eine Dimension entsprechend Ihrer Anforderungen. So können Sie z. B. Markt mit den Ausprägungen „Retail" und „Wholesale" oder Marktsegmenten anstelle von Geschäftspartner verwenden. Wesentliche Aspekte sind dabei:

- Beschränken Sie sich auf die für Sie wesentlichen Dimensionen, die Sie für die Beantwortung Ihrer Fragestellungen wirklich benötigen. Nur so bleibt die Geschäftsarchitektur „pflegbar". In der Regel reichen fünf oder weniger Geschäftsdimensionen völlig aus.

- Starten Sie mit wenigen Bebauungselementtypen. Eine typische Einstiegskonfiguration sind fachliche Funktionen, Geschäftsprozesse oder alternativ Produkte zusätzlich zu Geschäftseinheiten.

- Verwenden Sie beim Einstieg in EAM nur Produkte oder Geschäftsprozesse. Die Auswahl kann je nach Branche durchaus verschieden ausfallen. Tendenziell sind Versicherungsunternehmen und Banken eher produktorientiert und produzierende Unternehmen eher prozessorientiert.

- Verwenden Sie beim Einstieg in EAM nur Geschäftsprozesse oder fachliche Funktionen. Nutzen Sie fachliche Funktionen (Capabilities), wenn sich Ihre Unternehmensorganisation häufig ändert oder aktuell z. B. wegen einer Umstrukturierung oder Fusion noch nicht feststeht. Hat sich die Organisation gefestigt, können Sie in Ausbaustufen durchaus Geschäftsprozesse zusätzlich zur Beschreibung Ihrer Business-Zusammenhänge verwenden.

- Starten Sie mit einer niedrigeren Einstiegsqualität und gegebenenfalls unvollständigen Datensammlung bei den fachlichen Bebauungselementen, wenn noch keine abgestimmte Liste dieser Elemente vorhanden ist. So können Sie anhand von Visualisierungen (siehe Abschnitt 5.4) den Nutzen für das Business-IT-Alignment aufzeigen. Hierüber finden Sie Sponsoren für den Ausbau von EAM.

- Verwenden Sie nicht die Organisationseinheiten Ihres Unternehmens als Geschäftseinheiten! Jede organisatorische Änderung ist ansonsten nachzupflegen. Verwenden Sie stattdessen logische Nutzergruppen wie z. B. „Außendienst" und „Innendienst".

Weitere Hilfestellungen hierfür finden Sie in Abschnitt 6.1.

Fragestellungen

Über die fachliche Bebauung werden unter anderem folgende Fragestellungen beantwortet:

- Welche Geschäftsprozesse, Produkte oder fachlichen Funktionen sind wettbewerbsdifferenzierend oder kritisch für das Unternehmen oder für ein bestimmtes Geschäftsfeld?
- Welche Geschäftsprozesse bestehen aus welchen Teilprozessen und welche Abhängigkeiten existieren dazwischen? Bei Produkten? Bei fachlichen Funktionen?
- Welche Geschäftsprozesse nutzen welche fachlichen Funktionen? Gibt es hierbei Redundanzen?
- Welche Produkte werden an welche Kundengruppen über welche Vertriebskanäle vertrieben?
- Welche Geschäftseinheiten sind für das Geschäft relevant? Welche Geschäftspartner, Produkte, Geschäftsprozesse oder fachlichen Funktionen sind welchen Geschäftseinheiten zugeordnet?
- Werden Compliance-Anforderungen wie z. B. Solvency II, Basel II und Sarbanes Oxley Act umgesetzt? Kann die Erfüllung gesetzlicher oder freiwilliger Auflagen nachgewiesen werden? Gibt es für alle Geschäftsprozesse und Geschäftsobjekte klare Verantwortlichkeiten (Owner)?
- Wer ist fachlich verantwortlich für Geschäftsprozesse, Produkte oder fachliche Funktionen? Welche Fachabteilung ist Daten-Owner z. B. für die Kunden- oder Produktdaten?
- Welche Geschäftsprozesse sind fachlich verantwortlich für welche Geschäftsobjekte?
- Welche Geschäftsobjekte werden von welchen Geschäftsprozessen oder fachlichen Funktionen in welcher Weise (lesend, erzeugend, verändernd, löschend oder einfach nur genutzt) oder als Input oder Output verwendet? Gibt es hier Redundanzen?
- Welche Beziehungen besitzen die Geschäftsobjekte untereinander? Sind die Geschäftsobjekte Teil von anderen oder stehen sie in einer anderen Beziehung zueinander? Wie sieht der Life-Cycle[7] der Geschäftsobjekte aus?
- Welcher Handlungsbedarf oder welches Optimierungspotenzial besteht aktuell?
- Welche Business-Ziele bestehen? Wie sollen sie umgesetzt werden?
- Wie verändert sich das Geschäft in welchem Geschäftsfeld? Welche Produkte, welche Geschäftsprozesse, welche Vertriebskanäle oder welche Funktionalität sind betroffen oder werden künftig benötigt?

> **Wichtig:**
> Konkretisieren Sie Ihre Ziele über Fragestellungen und leiten Sie daraus Ihre Geschäftsarchitektur ab. Im Folgenden finden Sie Empfehlungen in Bezug auf Beziehungen und Attribute und in Abschnitt 7.4 eine Schritt-für-Schritt-Anleitung für die Ableitung Ihrer Geschäftsarchitektur.

---

[7] Der Life-Cycle beschreibt die Zustände des Geschäftsobjekts und deren Veränderung.

Beziehungen

Zwischen den fachlichen Bebauungselementen sind Beziehungen möglich. So kann ein Geschäftsprozess oder eine fachliche Funktion in Teilgeschäftsprozesse oder Teilfunktionen detailliert werden. Eine Geschäftseinheit kann für die Pflege des Geschäftsobjekts „Kunde" verantwortlich sein und die Pflege im Rahmen des Geschäftsprozesses „Kundenmanagement" durchführen. Eine andere Geschäftseinheit kann hingegen im Rahmen des Geschäftsprozesses „Kundenmanagement" „Besuchsberichte" erfassen.

> **Empfehlung:**
> Beschränken Sie sich auf die für die Beantwortung Ihrer Fragestellungen notwendigen Beziehungen innerhalb und zwischen den fachlichen Bebauungselementtypen. Mit jeder Beziehung steigt der regelmäßige Pflegeaufwand. ∎

TABELLE 5.1 Beziehungen zwischen fachlichen Bebauungselementen

	H – Hierarchie	V – Verwendung	S – Spezialisierung	N – Nachfolger	* – variable Beziehung
Geschäftsprozess	Abbildung von Prozesshierarchien	–	–	–	–
Fachliche Funktion	Differenzierte Betrachtung der Prozessabdeckung Unterstützung der Inkrementbildung bei der Umsetzungsplanung durch die Festlegung von Features und Teil-Features (siehe Abschnitt 3.2)	Abhängigkeitsanalysen	–	–	–
Vertriebskanal	Abbildung von Teil-Vertriebskanälen	–	–	–	–
Geschäftspartner	Differenzierung von Kunden- oder Lieferantengruppen	–	Differenzierung von Kunden- oder Lieferantengruppen	–	–
Produkt	Ihre spezifischen Fragestellungen	–	–	–	–
Geschäftsobjekt	Aufteilung in Teil-Geschäftsobjekte*	–	Horizontale Aufteilung der Instanzen	–	Fachliches Objektmodell
Geschäftseinheit	Aufteilung in logische Nutzergruppen	–	–	–	–

* Dies ist eine vertikale Aufteilung, wenn man sich bildlich eine Tabelle mit den realen Geschäftsobjektinstanzen in einer Zeile und den Attributen in den Spalten vorstellt. Jede Geschäftsobjektinstanz ist in ihre logischen Bestandteile „aufgeteilt". Ein Beispiel hierfür sind Kundendaten, die aus den Identifikations-, Adress-, Klassifikations- und Kontenstandsdaten bestehen, oder ein „Auftrag", der in die Teil-Geschäftsobjekte „Auftragskopf" und „Auftragsinhalt" zerlegt wird.

In Tabelle 5.1 finden Sie Hilfestellungen für die Entscheidung bezüglich Beziehungen innerhalb eines Elementtyps.

> **Wichtig:**
> Weitere Beziehungen zwischen Elementen des gleichen Typs sollten Sie vermeiden, da diese zu großen permanenten Pflegeaufwänden führen.

Bei den fachlichen Zuordnungen zwischen fachlichen Bebauungselementen findet man in der Praxis unter anderem folgende Ausprägungen:

- **Informationsfluss in Geschäftsprozessen:**
  Zuordnung von Geschäftsprozessen zu anderen Geschäftsprozessen mit Benennung des Geschäftsobjekts und der Flussrichtung (über Attributierung z. B. Input oder Output).
  Beispiel-Fragestellung: Welche Datenabhängigkeit besteht zwischen Geschäftsprozessen?
- **Funktionale Abdeckung von Geschäftsprozessen:**
  Fachliche Funktionen mit Zuordnung zu Geschäftsprozessen und ggf. Geschäftseinheiten.
  Beispiel-Fragestellung: Welche fachlichen Funktionen werden von welchen Geschäftseinheiten in welchen Geschäftsprozessen genutzt?
- **Funktionale Abdeckung in Produkten:**
  Fachliche Funktionen mit Zuordnung zu Produkten und ggf. Geschäftseinheiten.
  Beispiel-Fragestellung: Welche fachlichen Funktionen werden von welchen Geschäftseinheiten in welchen Produkten genutzt?
- **Datenverantwortlichkeiten:**
  - Geschäftsobjekte mit Zuordnung zu Geschäftsprozessen und ggf. Geschäftseinheiten.
    Beispiel-Fragestellung: Welche Geschäftsobjekte werden von welchen Geschäftseinheiten in welchen Geschäftsprozessen genutzt?
  - Fachliche Funktionen mit Zuordnung zu Geschäftsobjekten und ggf. Geschäftseinheiten.
    Beispiel-Fragestellung: In welchen fachlichen Funktionen werden in welchen Geschäftseinheiten welche Geschäftsobjekte genutzt?
- **Kundensegmentierung:**
  Zuordnung von Geschäftsprozessen, Produkten, Geschäftsobjekten oder fachlichen Funktionen zu Kundengruppen und ggf. Vertriebskanälen.
  Beispiel-Fragestellung: Welcher Kundengruppe wird welches Produkt über welchen Vertriebskanal angeboten?

> **Empfehlung:**
> Beim Einstieg in EAM sollten Sie so wenige Beziehungen wie möglich zwischen fachlichen Bebauungselementen nutzen. Für den Einstieg empfehlen wir:
>
> - **Hierarchiebeziehung:**
>   Nutzen Sie eine flache Liste von fachlichen Funktionen, Geschäftspartnern, Produkten und Geschäftsobjekten (keine Hierarchiebeziehung).

Beschränken Sie sich auf maximal zwei bis drei Hierarchiestufen bei Geschäftsprozessen (Prozessmodellierungsebenen) und zwei Stufen bei Geschäftseinheiten und Vertriebskanälen. Weitere Hierarchiestufen erhöhen den Pflegeaufwand erheblich und führen darüber hinaus leicht zu unübersichtlichen Darstellungen. So können Sie mit überschaubarem Aufwand Erfahrungen sammeln. Ein Ausbau zu einem späteren Zeitpunkt ist jederzeit möglich.

- **Einordnung in fachliche Domänen**
  Falls Sie bereits über ein fachliches Domänenmodell verfügen, ordnen Sie die fachlichen Bebauungselemente den Domänen zu. In der Regel werden beim Einstieg entweder Geschäftsprozesse oder fachliche Funktionen in die fachlichen Domänen eingeordnet.
  Falls Sie noch nicht über ein fachliches Domänenmodell verfügen, verschieben Sie dieses Thema in weitere EAM-Ausbaustufen. Der Abstimmungsaufwand gefährdet schnelle EAM-Erfolge.

- **Nutzen Sie keine weiteren fachlichen Beziehungen**, d. h. weder die Verwendungs- noch die Spezialisierungs-, „*"- noch Beziehungen zwischen verschiedenen fachlichen Bebauungselementtypen.
  Nur so beschränken Sie die Einstiegskomplexität und kommen schnell zu einem vorzeigbaren Ergebnis, das Sie dann schrittweise ausbauen können.

- **Beschränken Sie sich bei der Informationsbebauung:**
  Nutzen Sie Geschäftsobjekte als Glossar. Stimmen Sie alle relevanten Begriffe ab. Beschränken Sie jedoch die Anzahl der Geschäftsobjekte auf circa 20.
  Zu Beginn ist eine Einstiegsqualität – d. h. nicht konsolidierte und nicht vollständig abgestimmte Geschäftsobjekte – durchaus ausreichend. So können Sie den Nutzen anhand der Visualisierungen (siehe Abschnitt 5.4) aufzeigen. Die Konsolidierung und Qualitätssicherung können dann schrittweise erfolgen.
  Wichtig ist hier jedoch, dass dies explizit kommuniziert wird. Ansonsten entsteht eine falsche Erwartungshaltung und Missverständnisse sind vorprogrammiert.

Auch beim Ausbau von EAM sollten Sie sich auf das Wesentliche beschränken. Insbesondere empfehlen wir:

- Dokumentieren Sie Geschäftsprozesse ohne Abhängigkeiten und Ablaufbeschreibungen.

- Wenn Sie ein fachliches Objektmodell (siehe [Sek05] und [Sch01]) nutzen, müssen Sie darauf achten, dass die Semantik aller Beziehungen, wie z. B. „Teil-von", klar definiert ist. Die Anzahl der verschiedenen Beziehungstypen sollte sehr klein sein. Mit jeder Beziehung nehmen die Komplexität und damit der Abstimmungs- und Pflegeaufwand sowie die Gefahr von Inkonsistenzen zu. Der hohe Abstimmungsaufwand für ein „gemeinsames" fachliches Objektmodell führt in der Regel zu langen Einführungszeiten. Wägen Sie bei jedem Beziehungstyp zwischen Aufwand und Nutzen ab. Häufig reichen hier „Teil-von" und „steht-in-Verbindung-mit" vollkommen aus.

Kerndaten, erweiterte Attribute und Steuerungsgrößen

Nicht alle in Abschnitt 5.3.3 benannten Kerndaten sind für alle fachlichen Bebauungselementtypen sinnvoll und notwendig.

> **Empfehlung:**
>
> Beschränken Sie sich – insbesondere beim Einstieg – auf die wesentlichen Kerndaten (Name, Beschreibung und gegebenenfalls Detailinformationen). Verzichten Sie auf den Planungsstatus und den Nutzungszeitraum, sofern Sie diese nicht für die Beantwortung Ihrer Fragestellungen unbedingt benötigen. So reduzieren Sie die Komplexität und halten die EAM-Datenbasis pflegbar (siehe Kapitel 8).
>
> Nutzen Sie nur dann fachliche Soll-Bebauungselemente (z. B. Geschäftsprozesse, fachliche Funktionen und Geschäftseinheiten), wenn Sie diese als fachlichen Bezugsrahmen für die strategische Planung Ihrer Informationssystemlandschaft benötigen (siehe Abschnitt 3.2).

Wesentlich für die Beantwortung Ihrer individuellen Fragestellungen sind häufig erweiterte Attribute und Steuerungsgrößen. In der Praxis findet man häufig folgende erweiterten Daten und Steuerungsgrößen:

- **Erweiterte Daten**
  - Kategorie
    (z. B. Kategorisierung in Führungs-, Kern- und unterstützende Prozesse oder Stamm- und Bewegungsdaten bei Geschäftsobjekten)
  - SLA-Anforderungen und Verweise zu SLA-Dokumenten
    (z. B. Verfügbarkeit, Performance oder Ausfallzeiten und Infos zu Verträgen)
  - Version (z. B. V 1.1 der Capability „Auftragsverwaltung")

  Für Geschäftsprozesse wird häufig zudem die Prozessmodellierungsebene angegeben. Geschäftsobjekte werden durch deren Reife oder den Status im Lebenszyklus (z. B. Kundenauftrag „initial angelegt" und „geprüft") weiter qualifiziert.

- **Steuerungsgrößen**
  - Strategische Klassifikationen:
    Strategie- und Wertbeitrag, Wettbewerbsdifferenzierung, Veränderungsdynamik, Geschäftskritikalität und SOX-Relevanz (z. B. niedrig, mittel oder hoch)
  - Schutzbedarfsklassifikation (z. B. niedrig, mittel oder hoch)
  - SLA-Erfüllungsgrad (z. B. Prozentsatz)

  Für Geschäftsprozesse werden zudem häufig Prozessqualität, Prozesstransparenz, IT-Unterstützungsgrad, Prozessbedeutung, Prozesskosten, Prozessrisiken und Prozesskomplexität genutzt (siehe [HLo12]).

Weitere Informationen zu den Steuerungsgrößen finden Sie in Abschnitt 8.3.4.

5.3.3.2 Informationssystem-Architektur

Die Informationssystem-Architektur (IS-Architektur) gibt die Strukturen für die Dokumentation der aktuellen und zukünftigen IS-Landschaft vor. Sie ist das Bindeglied zwischen der Geschäftsarchitektur und der technischen und Betriebsinfrastruktur-Architektur.

Die IS-Architektur beinhaltet folgende Bebauungselementtypen:

- **Informationssystem**
  Ein Informationssystem ist eine logische Zusammenfassung von Funktionalitäten, die der Anwender als technische oder fachliche Einheit begreift (siehe [Sie02]). Es unterstützt im Allgemeinen zusammengehörige fachliche Funktionen, die sich logisch und technisch abgrenzen lassen.

- **Schnittstelle**
  Eine Schnittstelle definiert eine gegebenenfalls gerichtete Abhängigkeit zwischen zwei Informationssystemen. Hierbei kann zwischen Informationsfluss und Kontrollfluss unterschieden werden. Der Begriff „Schnittstelle" wird im Kontext des IT-Bebauungsmanagements (siehe Abschnitt 7.5) in der Regel im Sinn von „Informationsfluss" zwischen Informationssystemen gebraucht.

> **Wichtig:**
>
> Es gibt zwei Arten von Schnittstellen: „von-nach" und „bietet-nutzt", deren Semantiken sich voneinander unterscheiden. „Von-nach"-Schnittstellen beschreiben die direkte logische Verbindung zwischen Informationssystemen. Eine „Von-nach"-Schnittstelle ist durch die Angabe der Informationssysteme, die über diese Schnittstelle verbunden werden, gekennzeichnet. Eine „Bietet-nutzt"-Schnittstelle entspricht dem Interface in UML (siehe [Rup07]). Das Interface wird von einem Informationssystem angeboten und von (mehreren) anderen Informationssystemen genutzt. Ein Interface „Kundenkontaktdaten bereitstellen" ist demzufolge eine logische und technische Gruppe zusammengehöriger Funktionen, die von einem Informationssystem angeboten werden.
>
> Wichtig: Sie müssen sich für eine dieser beiden Varianten entscheiden, da die Varianten hochgradig redundant sind!
>
> Beim Einstieg in EAM sollten Sie nur „Von-nach"-Schnittstellen berücksichtigen. Die Modellierung von expliziten Interfaces und deren Nutzung sind sehr aufwendig und bringen kaum Mehrwert, da die wesentlichen Fragestellungen im Kontext des strategischen Managements der IT-Landschaft auch mit den „Von-nach"-Schnittstellen beantwortet werden können. Alternativ zur „Bietet-nutzt"-Schnittstelle können Sie zudem die Verwendungsbeziehung von Informationssystemen oder aber die Services nutzen. Siehe die Modellierungsrichtlinien in Download-Anhang F.

- **Informationsobjekt**
  Informationsobjekte sind informationssystemspezifische Begriffe für Daten. Sie werden von Informationssystemen auf unterschiedliche Art (z. B. „CRUD") genutzt und über Schnittstellen transportiert. Sie sind Geschäftsobjekten fachlich zugeordnet, die die fachlich übergreifend abgestimmten Begriffe repräsentieren. Informationsobjekte können

in Beziehung zu anderen Informationsobjekten stehen. So kann ein Informationsobjekt Teil eines anderen Informationsobjekts sein. Ein Beispiel hierfür sind Adressdaten als Bestandteil von Kundendaten.

> **Wichtig:**
> Geschäftsobjekte sind letztendlich der Sprache des Business entnommen, während Informationsobjekte in der jeweiligen Sprache des IS-Verantwortlichen beziehungsweise in der Sprache der jeweiligen Informationssystemen, z. B. SAP, beschrieben sind.
>
> Unterscheiden Sie beim Einstieg in EAM erst einmal nicht zwischen Geschäftsobjekten und Informationsobjekten, sondern verwenden Sie eine gemeinsame Liste von Begriffen. So können Sie den Aufwand in Grenzen halten und gleichzeitig Erfahrungen mit der Informationsbebauung sammeln. Ein Ausbau ist jederzeit später möglich.

Fragestellungen

Durch Analyse der IS-Bebauung in ihrem Zusammenspiel mit der fachlichen, technischen und Betriebsinfrastruktur-Bebauung werden unter anderem folgende Fragestellungen beantwortet:

- Welche Informationssysteme gibt es und wie wichtig sind diese für das Kerngeschäft?
- Wie hoch ist der Strategie- und Wertbeitrag eines Informationssystems? Welche Geschäftsfelder werden unterstützt? Welche Kundengruppen werden adressiert?
- Welche Geschäftsprozesse, Produkte oder fachlichen Funktionen werden von welchem Informationssystem unterstützt? Welche Geschäftseinheiten nutzen welches Informationssystem für welchen Geschäftsprozess oder welche fachliche Funktion?
- Welche Informationssysteme hängen von welchen anderen Informationssystemen ab? Welche Schnittstellen existieren? Welche Daten werden über die Schnittstellen ausgetauscht?
- Welche Anforderungen bestehen im Hinblick auf Business-Qualität, z. B. Funktionserfüllung, Reifegrad, Verfügbarkeit, Zuverlässigkeit, Performance, Ergonomie, Zukunftsfähigkeit und Flexibilität?
- Werden Compliance-Anforderungen wie z. B. Solvency II, Basel II und Sarbanes Oxley Act umgesetzt? Kann die Erfüllung von gesetzlichen oder freiwilligen Auflagen nachgewiesen werden? Wie ist der Umsetzungsgrad von Autorisierung und Wiederherstellbarkeit?
- Wie ist die technische Qualität der Informationssysteme? Wie ist die erwartete Nutzungsdauer der Informationssysteme? In welcher Lifecycle-Phase sind die verschiedenen Informationssysteme? Wie sehen deren Komplexität, Wartbarkeit, Anpassbarkeit und Integrationsfähigkeit aus?
- Welche Daten lassen sich den Informationssystemen zuordnen? Wie werden die Daten von den Informationssystemen verwendet (lesend, erzeugend, verändernd, löschend oder einfach nur genutzt)?
- Wie ist das Informationssystem oder die Schnittstelle technisch realisiert? Entsprechen die Realisierungen den unternehmensspezifischen Standards?

- Welche Auswirkungen hat der Ausfall eines Infrastrukturelements auf welche Informationssysteme? Und auf welche Geschäftsdimensionen?
- Wie sieht der Life-Cycle der Informationssysteme, der Schnittstellen und der Daten aus?
- Wie sieht die IS-Landschaft im Jahr x fachlich und technisch aus?
- Wie verändert sich die IT-Landschaft von heute bis zu einem bestimmten Zeitpunkt? Welche Systeme werden neu eingeführt und welche werden abgelöst?

Wichtig:
Konkretisieren Sie Ihre Ziele über Fragestellungen und leiten Sie daraus Ihre IS-Architektur ab. In Abschnitt 7.5.2 finden Sie hierzu einen Leitfaden. Im Folgenden erhalten Sie Empfehlungen in Bezug auf Beziehungen und Attribute.

Beziehungen

In der IS-Architektur gibt es verschiedene Beziehungen. Informationssysteme sind über Schnittstellen miteinander verbunden. Durch die zwei Kanten in Bild 5.8 zwischen Schnittstelle und Informationssystem wird beschrieben, welche Informationssysteme miteinander über eine Schnittstelle verbunden sind. Über die Schnittstellen können Informationsobjekte fließen. Dies wird im Folgenden als Informationsfluss bezeichnet. Der Informationsfluss kann gerichtet sein. Die Flussrichtung ist eine mögliche Attributierung auf der Kante zwischen der Schnittstelle und dem Informationsobjekt.

Informationssysteme verwenden Informationsobjekte. So kann ein Informationssystem Informationsobjekte anlegen, verändern, löschen oder einfach nur lesen, häufig mit „CRUD" abgekürzt. Ein Informationssystem kann das „führende System" für das Informationsobjekt sein. Dies ist eine mögliche Charakterisierung der Verwendungsart.

Ein Informationssystem kann der Nachfolger eines anderen Informationssystems sein, was insbesondere für Folge-Releases von Informationssystemen und analog für Schnittstellen gilt.

Informationssysteme können ebenso wie Schnittstellen und Informationsobjekte hierarchisch strukturiert sein. Informationssysteme können demnach aus Teil-Informationssystemen bestehen. Die Teil-Informationssysteme können Komponenten einer Kaufsoftware wie z. B. SAP FI oder aber auch Services sein, die über das Vater-Informationssystem gruppiert werden. Schnittstellen können ebenso aus z. B. technischen Teilschnittstellen bestehen, die ein spezifisches Protokoll implementieren. Informationssysteme können Services bereitstellen, die von anderen Informationssystemen oder aber von Elementen der fachlichen Bebauung genutzt werden.

Die Aufrufbeziehung unter Informationssystemen wird mit der Verwendungsbeziehung gekennzeichnet. Ein Informationssystem kann z. B. verschiedene Services (Teil-Informationssysteme) „verwenden". So lässt sich auch die gemeinsame Nutzung eines Teil-Informationssystems (Service) durch verschiedene Informationssysteme modellieren. Alternativ kann dies durch Nutzung von Services selbst modelliert werden.

Bezüglich der Informationsobjekte gilt das Gleiche wie für Geschäftsobjekte (siehe Abschnitt 5.3.3.1).

Empfehlung:

- Verzichten Sie zumindest beim Einstieg in EAM auf die Service-Schicht, auf Beziehungen zwischen Schnittstellen sowie auf Beziehungen zwischen Informationsobjekten. Durch diese Beziehungen steigen die Komplexität und der Aufwand für die Pflege. Dieser Aufwand steht in der Regel in keinem Verhältnis zum Nutzen.
- Über die Hierarchiebeziehung können Sie die wesentlichen Komponenten des Informationssystems transparent machen. Ein Informationssystem lässt sich in unterschiedlichen Granularitäten modellieren. In der Regel sollten Sie jedoch nicht mehr als zwei Hierarchiestufen verwenden. So kann ein Informationssystem aus einer Menge von Teil-Informationssystemen bestehen, die Schnittstellen zu anderen Teil-Informationssystemen anderer Informationssysteme haben. Hilfestellungen für die Festlegung der richtigen Granularität finden Sie in Abschnitt 5.3.1.
Weitere Hierarchiestufen erhöhen den Pflegeaufwand erheblich und führen darüber hinaus leicht zu unübersichtlichen Darstellungen.
- Schnittstellen und Informationsobjekte sollten zumindest beim Einstieg ins EAM überhaupt nicht hierarchisch strukturiert werden, d. h., Sie sollten flache Listen modellieren. So sammeln Sie Erfahrung bei überschaubarem Aufwand. Ein Ausbau zu einem späteren Zeitpunkt ist jederzeit später möglich.
- Für alle Beziehungen zwischen der IS-Bebauung und anderen Bebauungen gilt es festzulegen, auf welcher Granularität die Zuordnung erfolgt, z. B. ob Informationssysteme Geschäftsprozessen auf der Ebene von Wertschöpfungsketten oder auf der Ebene von Aktivitäten zugeordnet werden.
- Ordnen Sie Informationssysteme möglichst nur einem Bebauungscluster zu, d. h. entweder einer fachlichen oder einer technischen Domäne. Achten Sie darauf, dass klare Verantwortlichkeiten für die Bebauungscluster bestehen. So lässt sich Abstimmungsaufwand aufgrund unklarer Zuständigkeiten vermeiden.

Beziehungen der IS-Architektur zur Geschäftsarchitektur

Mithilfe der Informationen der IS-Bebauung können Sie sich bereits einen Überblick über Ihre IS-Landschaft verschaffen. Die Informationssysteme und deren Zusammenspiel werden transparent. Durch die Beziehung der IS-Bebauung zu den anderen Bebauungen werden darüber hinaus Auswirkungen und Abhängigkeiten von Business- und IT-Ideen vom Geschäftsprozess bis hin zur Betriebsinfrastruktur analysierbar.

Durch die Zuordnung von Elementen der IS-Bebauung zu fachlichen Bebauungselementen wird die Business-Unterstützung beschrieben. Informationssysteme, Schnittstellen und Informationsobjekte können Geschäftsprozessen, fachlichen Funktionen, Geschäftspartnern, Vertriebskanälen, Produkten, Geschäftseinheiten und Geschäftsobjekten zugeordnet werden. Die fachliche Zuordnung können Sie gegebenenfalls einschränken. So lässt sich z. B. ein Informationssystem nur von einer Nutzergruppe für die Durchführung eines Geschäftsprozesses verwenden. Andere Nutzergruppen verwenden ggf. ein anderes Informationssystem zum gleichen Zweck.

> **Wichtig:**
> Die fachliche Zuordnung von fachlichen Funktionen zu Informationssystemen ist wesentlich für die Analyse von funktionalen Redundanzen.
>
> Serviceorientierung kann einfach durch die Strukturierung der Informationssysteme entsprechend der fachlichen Funktionen in deren IT-Funktionalität über Teil-Informationssysteme und deren Zuordnung zu fachlichen Funktionen ausgedrückt werden. Über explizite Modellierung von Services oder aber die Verwendungsbeziehung bei Informationssystemen oder „Bietet-nutzt"-Schnittstellen können die Nutzungsbeziehungen einfach dargestellt werden. Siehe hierzu die Modellierungsrichtlinien im Download-Anhang F. ∎

Geschäftsobjekte können Informationssystemen direkt oder indirekt zugeordnet werden. Indirekt erfolgt die Zuordnung über die fachliche Zuordnung zwischen Geschäftsobjekten und Informationsobjekten (siehe Bild 5.8). So kann Informationssystem A Master für das Informationsobjekt A_Kundendaten und ein Informationssystem B Master für das Informationsobjekt B_Geschäftspartner sein. Beide Informationsobjekte können in Beziehung zum Geschäftsobjekt Kunden stehen. Dann sind die Informationssysteme A und B transitiv dem Geschäftsobjekt Kunden zugeordnet. Analoges gilt für den Informationsfluss zwischen Informationssystemen.

Geschäftsobjekte und Informationsobjekte zusammen mit ihren Beziehungen zur fachlichen und IS-Bebauung bezeichnet man oft als Informationsbebauung.

> **Empfehlung:**
> Unterscheiden Sie beim Einstieg in EAM erst einmal nicht zwischen Geschäftsobjekten und Informationsobjekten, sondern verwenden Sie eine gemeinsame Liste von Begriffen. So halten Sie den Aufwand in Grenzen und sammeln gleichzeitig Erfahrungen mit der Informationsbebauung. Ein Ausbau ist jederzeit möglich.
>
> Die Konzeption und Etablierung der Informationsbebauung mit dem Management der Geschäftsobjekte in der fachlichen Bebauung und den Informationsobjekten in der IS-Bebauung erfordern einen langen Atem. Sie drehen ein zu großes Rad, wenn Sie mit allem gleichzeitig beginnen!
>
> Ordnen Sie Informationssysteme lediglich Geschäftsprozessen auf Wertschöpfungskettenebene zu. So bleibt die Zuordnung pflegbar. ∎

Beziehungen der IS-Architektur zur technischen Architektur

Die technische Realisierung von Informationssystemen und Schnittstellen wird durch die Zuordnung von technischen Bausteinen dokumentiert. Technische Bausteine können Technologien, Referenzarchitekturen und Architektur-Muster, IT-Produkte, IT-Komponenten und Werkzeuge zur Softwareentwicklung oder für das Systemmanagement sein (siehe Abschnitt 7.6). Durch technische Domänen werden die technischen Bausteine in Schubläden und Fächer wie z. B. „Datenbanksysteme", „Middleware" oder „SCM-Anwendungen" gruppiert. Dies vereinfacht die Auswahl bei der Zuordnung der technischen Realisierung z. B. zu Informationssystemen.

Für alle technischen Bausteine kann deren Standardisierungs- und Freigabestatus angegeben werden. Darüber lässt sich der Standardisierungsgrad der IT-Landschaft ermitteln und ein wesentlicher Input für die strategische IT-Steuerung in Richtung der vorgegebenen technischen Standards geben.

Beziehungen der IS-Architektur zur Betriebsinfrastruktur-Architektur

Über die Beziehung zur Betriebsinfrastruktur-Bebauung ist ein Abgleich mit der IT-Realität möglich. In der Betriebsinfrastruktur-Bebauung müssen für die Zuordnung zu den Informationssystemen und Schnittstellen grobgranulare Infrastrukturelemente wie z. B. „Portal-Infrastruktur" vorhanden sein. Diese Infrastrukturelemente müssen mit diesen in einer Verfeinerungsbeziehung stehen und konsistent mit den realen Betriebsinfrastrukturen gehalten werden. Die Zuordnung zwischen den grobgranularen Infrastrukturelementen und den feingranularen Elementen der Betriebsinfrastruktur muss im operativen IT-Management z. B. in einer CMDB erfolgen. Nur dort liegt das Wissen über die Verknüpfungen vor.

Aus der Sicht eines ganzheitlichen IT-Managements ist ebenso eine Zuordnung zwischen den Informationssystemen und den Softwareeinheiten notwendig. Softwareeinheiten können z. B. Deployment-Einheiten für den Webserver-, Applikationsserver- und Datenbankanteil des Informationssystems sein. Nur durch diese Zuordnung lassen sich z. B. die SLA-Anforderungen von Informationssystemen an den Betrieb weitergeben und deren Einhaltung überprüfen. Weiterführende Informationen finden Sie in [Buc07].

Für einen automatisierten Abgleich zwischen z. B. einer CMDB und einer EAM-Datenbasis ist ein gemeinsames Meta-Modell notwendig. Die grobgranularen Elemente aus dem EAM müssen in Beziehung zu den feingranularen operativen Elementen der CMDB gebracht werden. Die Zuordnung zwischen den Infrastrukturelementen und den feingranularen Elementen der Betriebsinfrastruktur muss ebenso im gemeinsamen Meta-Modell enthalten sein wie die Zuordnung zwischen den Informationssystemen und den Software-Einheiten des Informationssystems.

> **Empfehlung:**
> Die Pflegeverantwortung für alle Elemente und für alle Beziehungen muss eindeutig geregelt werden. EAM sollte der Master für die Informationssysteme sein, da die strategische Planung dort erfolgt. Das Servicemanagement, genau genommen die dafür genutzte CMDB, sollte der Master für die Beziehungen zwischen den groben und feinen Elementen sowie für die Betriebsinfrastruktur sein, da nur dort das Wissen über die Zusammenhänge liegt!

Neben den Infrastrukturelementen können auch Infrastruktur-Services den Informationssystemen und Schnittstellen zugeordnet werden. Hierüber lassen sich die erforderlichen Leistungen (Services) im Betriebsumfeld näher beschreiben und damit analysieren (siehe Abschnitt 6.2.5).

Im Folgenden werden die Strukturen der IS-Architektur weiter detailliert. Sie finden dort auch Hilfestellungen für die Ableitung Ihrer IS-Architektur und zur Granularität der Bebauungselemente.

Kerndaten, erweiterte Attribute und Steuerungsgrößen

Nicht alle in Abschnitt 5.3 benannten Kerndaten sind für alle Bebauungselementtypen der IS-Bebauung immer sinnvoll und notwendig.

> **Wichtig:**
> Release-Nummern werden in der Regel nur bei einem nahen Planungshorizont verwendet, d. h. in der Ist- und in konkreten Plan-Bebauungen (Releases und Instanzen von Informationssystemen siehe Abschnitt 3.2).
>
> Verwenden Sie beim Einstieg in EAM lediglich die Kerndaten, die Sie für die Beantwortung Ihrer Fragestellungen wirklich benötigen. Jedes Attribut erhöht die Komplexität und damit die Dauer des Einführungsprojekts sowie den Aufwand für Pflege und Qualitätssicherung.

Wesentlich für die Beantwortung Ihrer individuellen Fragestellungen sind die erweiterten Attribute und Steuerungsgrößen. In der Praxis findet man häufig folgende erweitere Daten und Steuerungsgrößen für Informationssysteme und Schnittstellen:

- **Erweiterte Daten für Informationssysteme:**
  - Kategorie
    Durch eine Kategorisierung lässt sich unterscheiden, ob es sich z. B. um eine Kauf- oder Individual-Software handelt.
    Informationssysteme können aber auch nach der Nutzungsart („OLTP", „OLAP", „Infrastruktur-System"[8] und „COTS") oder der Art des Bedienungsinterfaces („webbasiert", „Rich Client" und „Host-Client") klassifiziert werden.
  - Herstellerinformationen
    Angabe des Herstellers, wie z. B. „SAP", „Oracle" oder aber „intern"
  - SLA-Anforderungen und Verweise zu SLAs
    Angaben von SLA-Anforderungen wie z. B. im Hinblick auf die Verfügbarkeit, Performance, Zuverlässigkeit oder Ausfallzeiten und Angaben von Informationen zu abgeschlossenen SLAs wie z. B. Vertragsnummern und Vertragslaufzeiten
  - Anzahl von Nutzern
    Benennung der Anzahl von Nutzern des Systems. Dies kann ggf. noch weiter in durchschnittliche und maximale Nutzung differenziert werden.
  - Lizenzmodell
    Ein Lizenzmodell beschreibt die Nutzungsrechte und deren Einschränkungen (z. B. Weitergabeverbote und begrenzte oder unbegrenzte Laufzeiten) für Software-Komponenten. So können z. B. unterschieden werden:
    - Einzel- oder Mehrbenutzer- oder Unternehmenslizenz
    - Voll- oder Upgrade-Version
    - Lizenzierung pro Gerät, CPU oder aber pro Anzahl verwalteter oder bearbeiteter Daten

---

[8] Beispiele für Infrastruktursysteme sind Portale oder Identity Management Systeme.

- **Erweiterte Daten für Schnittstellen:**
  - Automatisierungsgrad
    Kategorisierung der Schnittstellen entsprechend ihrem Automatisierungsgrad z. B. in manuell, halbautomatisch und automatisch.
  - Aktualisierungsperiode
    Kategorisierung der Schnittstellen entsprechend dem Zeitpunkt und der Frequenz der Aktualisierung z. B. in online und Batch oder sofort, täglich, wöchentlich, monatlich und jährlich.
  - Datenvolumen
    Angabe der Größenordnung des übertragenen Datenvolumens durch die Angabe von Intervallen oder Kategorien wie z. B. groß, mittel und klein
  - Protokoll
    Spezifikation des Übertragungsprotokolls wie z. B. TCP/IP oder HTTP
- **Steuerungsgrößen für Informationssysteme und Schnittstellen:**
  - Strategische Klassifikationen
    Strategie- und Wertbeitrag, Kosten (insbesondere Betriebskosten), Geschäftskritikalität, technischer Gesundheitszustand, Komplexität, Standardisierungsgrad und SOX-Relevanz (z. B. niedrig, mittel oder hoch)
  - Schutzbedarfsklassifikation und Sicherheitslevel (z. B. niedrig, mittel oder hoch)
  - SLA-Erfüllungsgrad (z. B. Prozentsatz)
  - Operative Bewertungen
    Um einen regelmäßigen Überblick über Informationssysteme zu erhalten, werden deren wesentliche Eigenschaften bewertet.
    - Benutzerfreundlichkeit (z. B. über Anwenderprobleme und HelpDesk-Auswertungen)
    - Integrationsfähigkeit (z. B. über Schnittstellenbeschreibungen und Blueprint-Konformität)
    - Zuverlässigkeit (z. B. über Fehlerrate)
    - Ausfallsicherheit (z. B. über Ausfälle pro Woche)
    - Änderungsfreundlichkeit (z. B. einfach, mittel, komplex)
    - Güte der Dokumentation (z. B. nicht vorhanden, Überarbeitungsbedarf, akzeptabel und gut)

Betreffend erweiterter Daten und Steuerungsgrößen von Informationsobjekten, den applikationsspezifischen Begriffen, sei auf Geschäftsobjekte in Abschnitt 5.3.3.1 verwiesen. Weitere Informationen zu den Steuerungsgrößen finden Sie in Abschnitt 8.3.4.

> **Empfehlung:**
> - Dokumentieren Sie zu Beginn nur die Ist- und die Plan-Informationssysteme. Die Dokumentation der Soll-Informationssysteme geht einher mit der Einführung und Etablierung der Bebauungsplanung (siehe Abschnitt 7.5.2). Die Art der Pflege und die Pflegeverantwortung bzw. Sichtbarkeit der Soll-Bebauung erfordern eine klare Konzeption und einen hohen Reifegrad.

- Die Release-Nummer ist in der Ist-Bebauung essenziell, um Versionsabhängigkeiten aufzudecken.
  Sie ist für Soll-Informationssysteme und -Schnittstellen nicht erforderlich, da diese häufig nur sehr grob durch den Namen beschrieben werden, wie z. B. „Neues Vertriebsinformationssystem".
  Dokumentieren Sie jedoch nur dann Releases, wenn sich die IT-Landschaft ändert. Häufig ist dies nur für „Major Releases" der Fall.
- Nutzen Sie das Konzept der Informationssystem- oder Schnittstelleninstanzen nur, wenn Sie es unbedingt brauchen. Die Anwendung dieses Konzepts erfordert einen hohen, kontinuierlichen Pflegeaufwand. Beim Einstieg in EAM sollten Sie sich insbesondere bei Schnittstellen „zurückhalten". Verwenden Sie bei Schnittstellen **nicht** die Release-Nummer, die Instanzkennung, den Planungsstatus, den Nutzungszeitraum, den Status im Lebenszyklus, die Hierarchie- und die Nachfolgerbeziehung. So wird der Aufwand für die Dokumentation in Grenzen gehalten und nahezu alle relevanten Fragestellungen im Kontext des Managements der IT-Landschaft lassen sich trotzdem beantworten. ∎

5.3.3.3 Technische Architektur

Die technische Architektur beschreibt die technischen Bausteine, auf denen Informationssysteme, Schnittstellen und Betriebsinfrastruktur basieren. Sie ist ein wesentliches Mittel für die technische Standardisierung. Technische Standards können vorgegeben und deren Einhaltung überwacht werden.

Folgende Kategorien von technischen Standards sind verbreitet:

- **Technologien** als Sammelbegriffe
  Durch Sammelbegriffe aus dem Kontext von Softwareentwicklung, Standardsoftware oder Betrieb wie z. B. „.Net", „JEE", „SAP" oder „BS2000-Host" können sowohl die technologische Ausrichtung als auch die Ist-Situation kompakt zusammengefasst werden.
- **Referenzarchitekturen** und **Architektur-Muster** (siehe hierzu auch [Sta09] und [Vog05])
  Referenzarchitekturen und Architektur-Muster geben eine Lösungsschablone entweder für eine komplette IS-Kategorie vor, wie z. B. Template-Konzepte zum Rollout von Standardsoftware an mehreren Standorten, und Referenzarchitekturen für webbasierte JEE-Anwendungen, oder aber als Lösungsmuster für einzelne Problemstellungen, z. B. für eine Datenzugriffsschicht.
  Es kann ggf. zwischen technologie- und produktunabhängigen und -abhängigen Referenzarchitekturen und Architektur-Mustern unterschieden werden. In der Praxis ist dies häufig jedoch nicht notwendig, da nur wenige Referenzarchitekturen in den Unternehmen vorhanden sind.
- **IT-Kaufprodukte**
  Unter IT-Kaufprodukten werden Software- und Hardware-Lösungen verstanden, die vom Markt als Produkt ohne unternehmensspezifische Anpassung bezogen werden.
  Beispiele:
  - Fachliche Standardsoftware wie z. B. SAP, Siebel oder Kaufkomponenten wie z. B. OCR-Erkennung

- PC-Infrastruktur und Bürokommunikationsprodukte wie z. B. Textverarbeitung, Groupware- und Fax-Lösung, DMS oder CMS
- Laufzeitumgebungen, u. a. Application oder Web Server, wie z. B. Tomcat oder JBoss
- Datenbanken wie z. B. ORACLE oder SQL Server
- Middleware wie z. B. MQSeries oder CORBA
- Sicherheitsbausteine wie z. B. Firewalls oder Virenscanner
- HW- und Netzwerkinfrastruktur wie z. B. Server und Netzwerkkomponenten
- **Technische Komponenten** für den „Einbau" in Informationssysteme
  Technische Komponenten können selbst erstellte Frameworks wie z. B. für Sicherheitsaspekte oder das Logging oder aber auch zugekaufte Produkte wie z. B. eine Workflow-Engine oder ein Regelsystem sein.
- **Werkzeuge** für die Softwareentwicklung und das Systemmanagement
  - Werkzeuge im Umfeld der Softwareentwicklung wie z. B. eine Softwareentwicklungsumgebung oder Testwerkzeuge gehören ebenso in diese Kategorie wie z. B. Versions- und Konfigurationsmanagement-, Build- und Deployment-Werkzeuge.
  - Systemmanagement-Werkzeuge sind Werkzeuge für den Betrieb der Informationssysteme wie z. B. Systemverwaltung, Monitoring oder Software-Verteilung.

> **Wichtig:**
> Legen Sie die technischen Standards fest, die Sie für die Tragfähigkeit, Angemessenheit und Zukunftssicherheit Ihrer IT-Landschaft und damit zur Absicherung Ihres Geschäfts benötigen.

Die technische Bebauung kann in technische Domänen strukturiert werden. Die technischen Domänen bilden das technische Referenzmodell, den Ordnungsrahmen, der mit einem Schrank und seinen Schubladen vergleichbar ist. Die technischen Bausteine sind die Füllelemente des Schranks und seiner Schubladen. Der Schrank und seine Befüllung werden häufig auch als (technischer) Blueprint bezeichnet.

Für technische Bausteine können Services definiert werden, um standardisierte Leistungen zu beschreiben, die z. B. von externen Dienstleistern bezogen werden.

Fragestellungen

Mithilfe der technischen Bebauung können Sie unter anderem folgende Fragestellungen beantworten:

- Welche IT-Kaufprodukte, Middleware-Lösungen und welche Datenbanken werden verwendet? Welche davon sind als Standard im Unternehmen freigegeben?
- Welche Lösungen werden für welchen Einsatzzweck vorgegeben? Für fachliche Einsatzzwecke? Für technische Einsatzzwecke? (Siehe Einsatzszenario „Standardisierung und Homogenisierung" in Abschnitt 6.2.8.)
- Wie ist der Standardisierungsstatus der verschiedenen technischen Bausteine? Welche Ausnahmen sind möglich (über den Freigabestatus beschrieben)?
- Welche technischen Standards sind in welchen Plattformen zusammengefasst?

> **Definition:**
> In einer Plattform werden in der Regel eng zusammenhängende technische Bausteine und Infrastrukturelemente zusammengefasst, die für die Entwicklung, die Wartung oder den Betrieb eines oder mehrerer Informationssysteme erforderlich sind.

- Welche technischen Services sind notwendig und aus welchen technischen Bausteinen bestehen diese Services?
- Wie sieht der Life-Cycle der technischen Bausteine aus?
- Welche Werkzeuge für die Softwareentwicklung sowie für das Systemmanagement werden in der IT eingesetzt?
- Wie zukunftsfähig und reif sind die technischen Standards?

> **Wichtig:**
> Konkretisieren Sie Ihre Ziele über Fragestellungen und leiten Sie daraus Ihre technische Architektur ab. Abschnitt 7.6 bietet hierzu einen Leitfaden. Im Folgenden finden Sie Empfehlungen in Bezug auf Beziehungen und Attribute.

Beziehungen

Technische Bausteine werden in der Regel in technische Domänen eingruppiert, die in Summe dann den (technischen) Blueprint ergeben. Die technischen Bausteine können selbst wiederum aus Teilbausteinen bestehen (Hierarchiebeziehung) oder in Abhängigkeit zu anderen technischen Bausteinen stehen, wie z. B. ein Java Application Server zu einem JRE (Verwendungsbeziehung). Technische Bausteine können versioniert werden, d. h., es können unterschiedliche Release-Stände eines Java Application Servers, z. B. Version 1 und Version 1.1, im Blueprint verwaltet werden. Diese Versionsstände können zueinander in einer Nachfolgerbeziehung stehen. Die Nachfolgerbeziehung kann aber auch genutzt werden, um die Ablösung von technischen Bausteinen zu dokumentieren.

Die technischen Bausteine können in der IS- und Betriebsinfrastruktur-Architektur genutzt werden. Dies wird auch als Verbauung bezeichnet. So können technische Standards für die IS- und Betriebsinfrastruktur-Bebauung vorgegeben und deren Einhaltung überwacht werden.

> **Empfehlung:**
> - Ordnen Sie technische Bausteine nur einer technischen Domäne zu.
> - Fassen Sie, soweit möglich, fachlich oder technisch eng gekoppelte Bausteine zu logischen Plattformen zusammen. So können Sie die Bausteine zu Software-Packages bündeln und damit Abhängigkeitsfehler vermeiden, Testaufwände reduzieren und die Verbauung in der IS- und Betriebsinfrastruktur-Bebauung erleichtern. Beispiele für Plattformen sind BI-, Microsoft- oder Java-Plattformen.
>
> Beschreiben Sie den Einsatzzweck für die technischen Standards. Hierdurch kann z. B. Abhängigkeiten von der Unternehmensgröße oder -organisation Rechnung getragen werden und es lassen sich unterschiedliche Vorgaben für unterschiedliche Typen von Geschäftseinheiten setzen.

Technische Plattformen können über eine Cluster-Analyse identifiziert werden. In einer Plattform werden in der Regel technisch eng zusammenhängende technische Bausteine und Infrastrukturelemente zusammengefasst, die für die Entwicklung, die Wartung oder den Betrieb eines oder mehrerer Informationssysteme erforderlich sind (siehe Download-Anhang A).

Kernattribute, erweiterte Attribute und Steuerungsgrößen

Nicht alle in Abschnitt 5.3 benannten Kerndaten sind für technische Bausteine immer sinnvoll und notwendig.

> **Wichtig:**
>
> Release-Nummern werden einerseits nur bei einigen Kategorien (z. B. „ORACLE Version 10") von technischen Bausteinen und andererseits in der Regel nur bei einem nahen Planungshorizont verwendet, d. h. in der Ist- und in konkreten Plan-Bebauungen. Bei der Kategorie „Technologien" werden Release-Nummern in der Regel nicht verwendet. Bei den anderen Kategorien wird es in der Praxis unterschiedlich gehandhabt.
>
> Beim Einstieg in EAM werden häufig keine Release-Nummern verwendet. Durch einfache Listen von technischen Bausteinen und deren Zuordnung zu z. B. Informationssystemen kann bei überschaubarem Aufwand ein hoher Nutzen erzielt werden. Fragestellungen wie z. B. „In welchen Informationssystemen wird das Datenbanksystem Oracle verwendet?" können auch so beantwortet werden.
>
> Verwenden Sie beim Einstieg in EAM lediglich die Kerndaten, die Sie für die Beantwortung Ihrer Fragestellungen wirklich benötigen. Jedes Attribut erhöht die Komplexität und damit die Dauer des Einführungsprojekts sowie den Aufwand für Pflege und Qualitätssicherung.
>
> Sicherlich ist beim Einstieg in EAM die Zuordnung von technischen Bausteinen zu z. B. Informationssystemen häufig nicht übergreifend möglich, da die entsprechenden Informationen nicht „zu beschaffen" sind. Aber auch dies ist eine wichtige Information! ∎

Wesentlich für die Beantwortung Ihrer individuellen Fragestellungen sind erweiterte Attribute und Steuerungsgrößen. In der Praxis findet man häufig folgende erweiterten Daten und Steuerungsgrößen für technische Bausteine:

- **Erweiterte Daten für technische Bausteine:**
  - [Standardkonformität]
    Durch den Grad der Standardkonformität wird angegeben, ob der technische Baustein als unternehmensspezifischer Standard gesetzt ist oder nicht.
    Beispiele für Ausprägungen: „standard-konform", „bedingt standard-konform" und „nicht standard-konform".
  - [Freigabestatus[9]]
    Im Freigabestatus wird angegeben, ob und unter welchen Bedingungen der technische Baustein zur Verbauung in Informationssystemen, Schnittstellen und Betriebsinfrastruktureinheiten zur Verfügung steht.

---

[9] Der Freigabestatus wird auch Standardisierungsstatus genannt.

Beispiele für Ausprägungen: „uneingeschränkt", „eingeschränkt auf Bedingung"[10], „Einzelfreigabe"[11] und „nicht freigegeben"

- [Nutzungseinschränkungen] oder [Einsatzzweck]
  Für technische Bausteine bestehen häufig Nutzungseinschränkungen. Dies können z. B. Lizenzen oder Kapazitätsbeschränkungen sein. Häufig werden auch für verschiedene Unternehmen eines Konzerns unterschiedliche Standards vorgegeben. Dies kann auch über Nutzungseinschränkungen oder die Angabe eines Einsatzzwecks abgebildet werden. Nutzungseinschränkungen oder Einsatzzwecke müssen explizit angegeben werden.
- Hilfsmittel für die Nutzung
  Für alle technischen Bausteine müssen Hilfsmittel für die Nutzung bereitgestellt werden. Die Voraussetzungen und Abhängigkeiten (z. B. Installationsvoraussetzungen für die Anwendung) müssen ebenso bereitgestellt werden wie Hilfestellungen für die Konfiguration, Programmierbeispiele bei Frameworks sowie Hilfestellungen für die Integration, z. B. in Portale, und Migration, z. B. auf eine neue Version des technischen Bausteins.

Zudem werden häufig die erweiterten Daten und Steuerungsgrößen aus der IS- und Betriebsinfrastruktur-Bebauung entsprechend der Kategorie der technischen Bausteine verwendet. So sind z. B. Herstellerinformationen oder Informationen zum verwendeten Lizenzmodell auch für technische Bausteine relevant.

Empfehlung:
- Initial sollte nur entweder die Standardkonformität oder der Freigabestatus für einen technischen Baustein vorgegeben werden. Nutzen Sie aber beide zur Unterstützung der technischen Standardisierung (siehe Abschnitt 7.6).
- Beim Einstieg in EAM sollten Sie den Freigabestatus, den Planungsstatus und den Status im Lebenszyklus nicht nutzen, da die Komplexität unverhältnismäßig im Vergleich zum Nutzen ansteigt. Nehmen Sie in den Blueprint nur die technischen Bausteine auf, die „direkt" verbaut werden können.
- Falls Sie den Status im Lebenszyklus nutzen, müssen Sie die Nutzung der technischen Bausteine in Abhängigkeit vom Status einschränken. Geplante Bausteine dürfen nicht „aus Versehen" verbaut werden.

Bei der unternehmensspezifischen Festlegung der technischen Domänen sollten Sie sich zumindest bei der Begriffsfestlegung an Standards orientieren. Ein häufig verwendeter Standard ist das TOGAF Technische Referenzmodell [TOG09].

Prägen Sie den ausgewählten Standard unternehmensspezifisch aus. Dies bedeutet insbesondere: Verwenden Sie nur die im Unternehmenskontext relevanten Schubladen.

Hinweis: Beim TOGAF TRM sind die fachlichen und die Software-Infrastruktur-Schubladen häufig nicht ausreichend. Gestalten Sie diese entsprechend Ihren Zielsetzungen.

---

[10] Bedingungswerte sollten zumindest als Prosa definiert sein, wie z. B. „eingeschränkt auf das Geschäftsfeld Vertriebsunterstützung".
[11] Einzelfreigabe bedeutet Freigabe im Ausnahmefall; muss in jedem Fall separat genehmigt werden.

5.3.3.4 Betriebsinfrastruktur-Architektur

Die Betriebsinfrastruktur-Architektur beschreibt grobgranular Infrastrukturelemente wie z. B. Hardware- oder Netzwerkkomponenten oder gegebenenfalls virtualisierte Datenspeicher, die für den Betrieb von Software-Komponenten notwendig sind. Sie stellt das Bindeglied zwischen EAM und einer CMDB dar. In einer CMDB wird die Infrastruktur-Architektur detaillierter beschrieben. Es werden u. a. Protokolle und Netztopologien im Detail abgebildet (siehe [Joh11]).

Durch die Verknüpfung von Infrastrukturelementen mit Informationssystemen und Schnittstellen wird der Bezug zwischen den Softwareeinheiten und den Infrastruktureinheiten hergestellt. In der Regel ist EAM der Master für die IS-Bebauung und eine CMDB der Master für die Betriebsinfrastruktur-Bebauung. Durch eine Verknüpfung zur technischen Bebauung lassen sich technische Vorgaben und der Standardisierungsgrad der Betriebsinfrastruktur ermitteln.

Zunehmend werden Infrastrukturelemente zu Plattformen nach fachlichen oder technischen Kriterien zusammengefasst, um den Betrieb zu optimieren (siehe Einsatzszenario Betriebsinfrastrukturkonsolidierung und Konsolidierung der IS-Landschaft). Die Cluster-Analyse leistet hierfür wertvolle Dienste. So werden z. B. technische Bausteine und Infrastrukturelemente identifiziert, die für die Entwicklung oder den Betrieb eines Informationssystems erforderlich sind. Diese oder Teile davon (z. B. Front-, Backend- und Datenbankanteile) werden dann zu Informationssystemplattformen zusammengefasst (z. B. für SAP). Die Clusterung kann aber auch nach ausschließlich technischen Kriterien erfolgen.

Beispiele für Infrastrukturplattformen sind Data Center, Netzwerk-, Endnutzer-, Portalplattformen sowie Plattformen für gewisse Informationssysteme, wie z. B. SAP. Für die Plattformen werden Infrastruktur-Services definiert, um die Leistungen besser zu charakterisieren. Die Services (Leistungen) werden in einem standardisierten Service-Katalog mit deren SLAs und gegebenenfalls auch Preisen beschrieben, um sie am Markt (interner oder externer Kunde) anzubieten. Die Leistungen können bezüglich funktionaler und dann im Anschluss bezüglich SLA-Aspekte zu aussagekräftigen und verrechenbaren Leistungen verfeinert werden. Die Differenzierung erlaubt eine gezielte Kostensteuerung. Im Metamodell in Bild 5.8 wird dies durch Zuordnung von Services zu Infrastrukturelementen und Zuordnung der Services zu Leistungen beschrieben.

Fragestellungen

Mithilfe der Betriebsinfrastruktur-Bebauung im Zusammenspiel mit den anderen Bebauungen kann man unter anderem folgende Fragestellungen beantworten:

- Welche Infrastrukturelemente und welche technischen Bausteine sind zu welchen Plattformen zusammengefasst?
- Welche Infrastruktur-Services sind für welche Plattformen definiert? Sind die Leistungen standardisiert? Wie sehen dazu SLAs und Verrechnungspreise aus?
- Welche Infrastruktur-Services werden an welchen Standorten angeboten?
- Welche Infrastruktur-Services werden von welchen Informationssystemen genutzt?
- Welche Infrastrukturelemente werden aktuell bzw. künftig durch welche technischen Bausteine mit welchem Standardisierungsgrad realisiert?
- Welche Konsolidierungsmöglichkeiten bestehen bzgl. der gemeinsamen Nutzung von Betriebsinfrastrukturen unter Berücksichtigung von Aspekten wie z. B. Performance, Sicherheit und Wartungsfenster?

Beziehungen

Infrastrukturelemente können selbst wiederum aus Teilelementen bestehen (Hierarchiebeziehung) oder in Abhängigkeit zu anderen Infrastrukturelementen stehen, wie z. B. ein Server-Cluster zu einem Datenbank-Cluster (Verwendungsbeziehung). Infrastrukturelemente werden häufig zu Plattformen zusammengefasst (umgekehrte Hierarchiebeziehung).

Die Nachfolgerbeziehung kann genutzt werden, um die Ablösung von Infrastrukturelementen zu dokumentieren. Für die Modellierung von Informationen, die für eine Topologie-Grafik erforderlich sind (siehe [Haf04] und [Buc07]), sind auch attributierbare Beziehungen zwischen Infrastrukturelementen notwendig.

Über die Zuordnung von Infrastrukturelementen zu technischen Bausteinen wird die Standardkonformität dokumentiert und auch auswertbar. Ebenso auswertbar sind die angebotenen Services durch die Zuordnung von Infrastruktur-Services.

Infrastruktur-Services können aus Teil-Services bestehen und andere Infrastruktur-Services verwenden. Für die Visualisierung werden in der Regel Plattform-Grafiken (siehe Abschnitt 6.2.5) verwendet.

Infrastrukturelemente und Infrastruktur-Services können Informationssystemen und Schnittstellen zugeordnet werden. So lässt sich deren Nutzung dokumentieren und analysieren.

> **Empfehlung:**
> - Fassen Sie, soweit möglich, kompatible Infrastrukturelemente zu logischen Plattformen zusammen. Siehe hierzu das Einsatzszenario „Betriebsinfrastrukturkonsolidierung" in Kapitel 6.
> - Vermeiden Sie attributierbare Beziehungen. Der Aufwand für die Pflege steht in keinem Verhältnis zum Nutzen. Zudem benötigen Sie diese Informationen nicht für das strategische Management Ihrer IT-Landschaft.

Kernattribute, erweiterte Attribute und Steuerungsgrößen

Nicht alle in Abschnitt 5.3 benannten Kerndaten sind für Infrastrukturelemente und Infrastruktur-Services immer sinnvoll und notwendig.

> **Empfehlung:**
> Da in der Regel der Master für die Betriebsinfrastruktur-Bebauung außerhalb von EAM liegt (z. B. in einer CMDB), sind in EAM nur die grobgranularen Daten erforderlich, die Sie für die Beantwortung Ihrer Fragestellungen benötigen. Beschränken Sie sich, soweit möglich, auf die nichtoptionalen Attribute.

Wesentlich für die Beantwortung Ihrer individuellen Fragestellungen sind die erweiterten Attribute und Steuerungsgrößen. In der Praxis findet man häufig folgende erweiterte Daten und Steuerungsgrößen für die Elemente der Betriebsinfrastruktur-Bebauung:

- **Erweiterte Daten:**
  - Kategorie
    Durch eine Kategorisierung lässt sich unterscheiden, ob es sich z. B. um Server oder Datenbanksysteme handelt.
  - Herstellerinformationen
    Angabe des Herstellers, wie z. B. „HP" oder „Oracle"
  - SLA-Anforderungen und Verweise zu SLAs
    Angaben von SLA-Anforderungen wie z. B. im Hinblick auf die Verfügbarkeit, Performance, Zuverlässigkeit oder Ausfallzeiten und Angaben von Informationen zu abgeschlossenen SLAs wie z. B. Vertragsnummern und Vertragslaufzeiten
  - Anzahl von Nutzern
    Benennung der Anzahl von Nutzern des Systems. Dies kann ggf. noch weiter in durchschnittliche und maximale Nutzung differenziert werden.
  - Lizenzmodell
    Unterscheidung z. B. in:
    - Einzel- oder Mehrbenutzer- oder Unternehmenslizenz
    - Voll- oder Upgrade-Version
    - Lizenzierung pro Gerät, CPU oder aber pro Anzahl verwalteter oder bearbeiteter Daten
- **Steuerungsgrößen:**
  - Schutzbedarfsklassifikation und Sicherheitslevel (z. B. niedrig, mittel oder hoch)
  - SLA-Erfüllungsgrad (z. B. Prozentsatz)
  - Operative Bewertungen
    Um einen regelmäßigen Überblick zu erhalten, werden die wesentlichen Eigenschaften der Infrastrukturelemente bewertet:
    - Zuverlässigkeit (z. B. über Fehlerrate)
    - Ausfallsicherheit (z. B. über Ausfälle pro Woche)

> **Wichtig:**
>
> Die Elemente der Betriebsinfrastruktur-Bebauung müssen konsistent mit den realen Betriebsinfrastrukturen sein, d. h. es muss eine Verfeinerungsbeziehung bis hin zu den Hardware-, Software-, Umgebungs- und Service-Einheiten aus einer CMDB (Configuration Management Database) geben (siehe [itS08] und [Joh11]).
>
> Stellen Sie die Verknüpfung zwischen den High-Level-Elementen aus der Betriebsinfrastruktur-Bebauung und den realen Betriebsinfrastrukturen im Servicemanagement innerhalb einer CMDB her! Nur im Servicemanagement liegt das Wissen über diese Zusammenhänge.

Für die Visualisierung der Betriebsinfrastruktur-Bebauung werden insbesondere Topologie-Grafiken und technische Bebauungsplan-Grafiken verwendet (siehe [Haf04] und [Buc07]).

> **Wichtig bezüglich der Unternehmensarchitektur:**
> Konzentrieren Sie sich auf das Wesentliche. Beschränken Sie sich auf die Strukturen, die Sie für die Beantwortung Ihrer Fragestellungen wirklich benötigen und die „einfach" zu beschaffen sind. Die Komplexität und der Aufwand für die Pflege und Konsistenzsicherung steigen mit jedem verwendeten Bebauungselementtyp, mit jeder Beziehung und jedem Attribut erheblich. Vermeiden Sie „Modellitis". Nur so können Sie schnell sichtbare Erfolge vorweisen.
>
> Nach einer initialen Bestandsaufnahme muss die Datenbasis hinreichend vollständig, aktuell, qualitativ hochwertig und in einer einheitlichen Granularität gehalten werden. Dies gilt insbesondere für die Kerndaten und die Beziehungen. Nur so liefert EAM aussagekräftige Ergebnisse und damit Nutzen. Siehe hierzu Abschnitt 8.3.1. ∎

5.4 Best-Practice-Visualisierungen

Wenn vom Nutzen von EAM gesprochen wird, werden EAM-Ergebnisdarstellungen gezeigt. In einer systematischen und überschaubaren Art und Weise werden die Geschäftsarchitektur und die IT-Landschaft in ihrem Zusammenspiel aus verschiedenen Blickwinkeln visualisiert. So werden Transparenz geschaffen, Zusammenhänge und Abhängigkeiten sichtbar gemacht und letztendlich häufig erst verstanden. Trends werden leichter erkannt. Handlungsbedarf und Optimierungspotenzial sowie Ansatzpunkte für Tiefenbohrungen lassen sich ableiten. Berichtspflichten werden vereinfacht. Fundierte Aussagen zu Auswirkungen und Machbarkeit von Business- und IT-Ideen sind möglich.

> **Wichtig:**
> Das Informationsbedürfnis der verschiedenen Stakeholder-Gruppen ist aufgrund ihrer unterschiedlichen Ziele und Fragestellungen durchaus vielfältig. Häufig werden Zusammenhänge und Abhängigkeiten nur über grafische Visualisierungen oder aber über Hervorhebungen in Ergebnisdarstellungen wie z. B. Excel-Listen ersichtlich. ∎

Über die Analyse der EAM-Datenbasis und eine anschauliche Darstellung der Ergebnisse können viele Fragestellungen der Stakeholder (siehe Abschnitt 7.2) beantwortet werden. Die wesentlichen EAM-Transparenzsichten sind:

- Listen, ggf. mit Hervorhebungen, wie z. B. Liste der Applikationen und deren Verantwortlichkeiten (siehe Bild 5.9),
- „Typische" EAM-Visualisierungen, wie z. B. Bebauungsplan-Grafik oder fachliche Domänenmodelle oder Informationsfluss-Grafik (siehe Tabelle 5.2),
- Typische Steuerungsvisualisierungen, wie z. B. Torten-, Balken-, Linien- oder Spider-Diagramme (siehe Bild 5.10 und Abschnitt 8.3.4).

Informationssysteme	Kurzbeschreibung	Compliance-reelvant	Lizenz-kosten	Kosten Wartung & Betrieb	Nutzen	Schutz-bedarf	Sicherh.-level
ACTAC R2.2	Zentrales Logistiksystem	X	200 T/Jahr	40 T/Jahr	500 T/Jahr	groß	groß
ACTAC R2.3	Zentrales Logistiksystem	X	150 T/Jahr	30 T/Jahr	500 T/Jahr	groß	groß
FIS R3.3	Vertriebssteuerung	X	-	150 T/Jahr	300 T/Jahr	groß	groß
CON R4.2	Controlling-System	X	-	250 T/Jahr	100 T/Jahr	groß	groß
CON R4.3	Controlling-System	X	-	300 T/Jahr	150 T/Jahr	groß	mittel
TUY R1.0	Marketing-System PR		-	100 T/Jahr	90 T/Jahr	gering	gering
Publisher R2.0	Marketing-System WF		100 T/Jahr	20 T/Jahr	200 T/Jahr	gering	gering
Publisher R3.0	Marketing-System WF und PR		100 T/Jahr	20 T/Jahr	200 T/Jahr	gering	gering

BILD 5.9 Beispiel einer Liste von Informationssystemen

Spider-Diagramm   Säulen-Diagramm   Balken-Diagramm

Ampel-Diagramm   Torten-Diagramm   Linien-Diagramm

BILD 5.10 Typische Steuerungssichten

Listen, z. B. Excel-Listen mit Hervorhebungen, sind die am häufigsten verwendeten Ergebnisdarstellungen. In Bild 5.9 finden Sie ein Beispiel einer Liste von Informationssystemen mit Attributen entsprechend der Fragestellung eines Adressaten. Häufig werden ausgewählte Aspekte farblich hervorgehoben. Beispiele hierfür sind Kosten, die eine gewisse Grenze überschreiten, oder aber kritische Bewertungen im Kontext von Compliance oder Sicherheit.

Listendarstellungen werden häufig auch für den initialen Import in die EAM-Datenbasis und den Austausch zwischen Werkzeugen, wie z. B. einem EAM- und einem Prozessmanagement- oder Projektportfoliomanagement-Werkzeug, genutzt.

Dokumentationsstand	Jan 12 – Juli 13	August 13	Zum Vormonat	Prognose Dez 13
Anzahl Informationssysteme:		53	+ 1	+ 5 ↗
Fehlende Verantwortlichkeiten bei Informationssystemen		28	- 2	- 10 ↗
prozentual:		● 52,83 %	+ 0,10	+ 13,2

■ Schlecht ● Handlungsbedarf
▨ Mäßig ● Zu beobachten
☐ Gut

BILD 5.11 Beispiel einer Steuerungssicht zum Pflegestatus von EAM

Typische Steuerungssichten sind in Bild 5.10 dargestellt und werden im Kontext der strategischen Steuerung der Weiterentwicklung der IT-Landschaft in Abschnitt 8.4.2 erläutert.

In Bild 5.11 finden Sie zudem eine Steuerungssicht aus dem EAM-Umfeld, in dem der Dokumentationsstand transparent gemacht wird. Durch eine Kombination von Verlauf, aktuellem Stand, Bewertung des aktuellen Stands, kurzfristige Entwicklung und Prognose werden auf einen Blick der Status und der Fortschritt ersichtlich.

Im Folgenden widmen wir uns den „typischen" EAM-Visualisierungen. Tabelle 5.2 enthält einen Katalog von bewährten „typischen" EAM-Visualisierungen. Für jeden Typ finden Sie eine symbolische Visualisierung der wesentlichen Aspekte.

Im Unternehmenskontext gibt es sicherlich noch weitere spezifische Visualisierungen (siehe [Mat07]). Bei einem hohen Reifegrad in der Informationsbebauung werden z. B. fachliche Objektmodelle genutzt. Dies stellt aber eher die Ausnahme dar. Siehe hierzu [Sek05] und [Sch01].

Empfehlung:

Beschränken Sie sich beim Einstieg in EAM auf die Visualisierungen, die Ihre Fragestellungen beantworten. Soweit möglich, sollten Sie lediglich Ergebnisdarstellungen mit einem niedrigen Detaillierungsgrad verwenden. So erzielen Sie schneller „vorzeigbare" Ergebnisse.

Beispiel: Starten Sie mit Geschäftsprozess- oder Applikationslisten und dokumentieren Sie die Abhängigkeiten zwischen den Elementen, wie den Informationsfluss, erst im zweiten Schritt.

In allen Ergebnisdarstellungen können Sie für alle Knoten und Kanten mittels farblicher Markierung, verschiedenen Linientypen und Dekorieren mit Symbolen oder Beschriftungen unterschiedliche Aspekte wie z. B. Strategie- und Wertbeitrag oder Standardkonformität hervorheben. Beschränken Sie sich hier auf die für die Beantwortung der Fragestellung wesentlichen Aspekte, um diese zu betonen.

Bei hierarchischen Bebauungselementtypen können Sie die Elemente auf unterschiedlichen Hierarchie-(Abstraktions-)ebenen darstellen und über ein Zoom-in und Zoom-out ins Detail oder ins Grobe wechseln. ■

Die Best-Practice-Visualisierungen werden im Folgenden detailliert beschrieben.

TABELLE 5.2 Katalog der Best-Practice-Visualisierungen

Cluster-Grafik zur Darstellung von gegebenenfalls unterschiedlichen Bebauungselementen in einer nach einem Kriterium segmentierten Grafik. Die Bebauungselemente werden entsprechend des Kriteriums (direktes oder indirektes Attribut oder Beziehung des Bebauungselements) in Segmente einsortiert. Die Segmente können dabei durchaus hierarchisch weiter entsprechend eines festgelegten Kriteriums aufgeteilt werden. Die Festlegung der Größe und Anordnung der Segmente kann mit Bedeutung behaftet sein. Häufig erfolgt sie aber nach ästhetischen Gesichtspunkten.

Wichtige Ausprägungen von Cluster-Grafiken sind:

- Fachliches Domänenmodell oder auch fachliche Cluster-Grafik (siehe Abschnitt 5.4.1)
  - in der Ausprägung Prozesslandkarte
  - in der Ausprägung funktionales Referenzmodell, Business Capability Map und fachliches Komponentenmodell (siehe Abschnitt 5.4.1)
- Informationssystem-Cluster-Grafik (siehe Abschnitt 5.4.5)
- Blueprint-Grafik auch technische Cluster-Grafik oder technisches Referenzmodell (kurz TRM) genannt (siehe Abschnitt 5.4.2)
- Infrastruktur-Cluster-Grafik (oder auch Verteilungssicht siehe Abschnitt 3.3)

Die **Bebauungsplan-Grafik** ermöglicht die Darstellung von Zusammenhängen zwischen den Elementen der Unternehmensarchitektur in Form einer Matrix. Hierzu werden Bebauungselemente in der Regel eines Elementtyps in einen zweidimensionalen gegebenenfalls hierarchischen Bezugsrahmen eingeordnet. So werden z. B. Informationssysteme zu Geschäftsprozessen und Geschäftseinheiten in Beziehung gesetzt.

Durch eine flexible Zuordnung von Bebauungselementen oder deren Attributen zu Zeilen, Spalten und Inhalt der Grafik können eine Vielzahl von Fragestellungen beantwortet werden. Zudem lassen sich Eigenschaften der Inhaltselemente über unterschiedliche Farben und Linientypen sowie Dekorationen visualisieren, um so zusätzliche Informationen bereitzustellen.

TABELLE 5.2 (*Fortsetzung*) Katalog der Best-Practice-Visualisierungen

Auch hier gibt es Spezialfälle. So können auch wieder Beziehungen, z. B. Informationsfluss zwischen Elementen, dargestellt werden. Ein weiterer Spezialfall ist die entartete zweite Dimension, d. h. wenn die zweite Dimension nur aus einem Element besteht. Dann kommt man entweder zu einer Schichtendarstellung (siehe Abschnitt 5.4.11) oder aber zu einer vertikalen Aufteilung.

Entsprechend der Inhalte kann auch eine Unterscheidung in typische, fachliche und technische Bebauungsplan-Grafiken getroffen werden. Dies wird in Abschnitt 5.4.3 weiter ausgeführt.

Portfolio-Grafik zur Visualisierung von „Wertigkeiten" von Bebauungselementen oder Strategien für Bebauungselemente auf einen Blick (siehe Abschnitt 5.4.4 sowie Abschnitt 3.4.2)

Graphen zur Darstellung von gerichteten oder ungerichteten Beziehungen zwischen gegebenenfalls geschachtelten Bebauungselementen. Die Kanten können eingefärbt, beschriftet und durch Linientypen, wie z. B. gepunktet oder gestrichelt, mit Informationen angereichert werden. Die Bebauungselemente in einer Graphendarstellung lassen sich zudem entsprechend fachlicher, technischer oder organisatorischer Kriterien in Bereiche clustern. Eine besondere Ausprägung hier ist die Schichten- oder Bahnendarstellung, in der die Cluster „übereinander" oder „nebeneinander" in gewünschter Reihenfolge angeordnet sind.

Eine wichtige Ausprägung eines Graphen ist die Informationsfluss-Grafik (siehe Abschnitt 5.4.5). Sie zeigt Abhängigkeiten und Zusammenhänge zwischen Informationssystemen und deren fachlich logischem Informationsfluss auf. In einer Cluster-Informationsfluss-Grafik werden Informationssysteme entsprechend Cluster z. B. nach organisatorischen Bereichen aufgeteilt und separiert.

Eine weitere Ausprägung ist die Swimlane-Darstellung von Geschäftsprozessen (auch erweiterte Prozesslandkarte genannt) mit Beziehungen zwischen den Prozessen. Siehe hierzu Abschnitt 5.4.1 und Abschnitt 5.2.2 in [HGG12].

Zuordnungstabelle, auch Zuordnungsmatrix genannt, zur Dokumentation und Aufdeckung von Abhängigkeiten zwischen zwei Bebauungselementen, wie z. B. Zuordnung von Geschäftsobjekten zu Geschäftsprozessen (siehe Abschnitt 5.4.6). Die Art der Zuordnung, wie z. B. schreibender oder lesender Zugriff, kann weiter charakterisiert werden. Auf dieser Basis lassen sich detaillierte Analysen durchführen.

TABELLE 5.2 (*Fortsetzung*) Katalog der Best-Practice-Visualisierungen

Life-Cycle-Grafik zur Veranschaulichung des Status im Lebenszyklus von einer Menge von Bebauungselementen in einer zeitlichen Betrachtung (siehe Abschnitt 5.4.7)

Masterplan-Grafik zur Veranschaulichung von zeitlichen Abhängigkeiten zwischen Projekten oder aber Informationssystemen und technischen Bausteinen (siehe Abschnitt 5.4.8). Hierbei werden folgende Ausprägungen unterschieden:

- Erweiterte Masterplan-Grafik, in der sowohl Projekte als auch die abhängigen Informationssysteme mit deren Nutzungszeitraum dargestellt werden
- Erweiterte Masterplan-Grafik, in der sowohl Projekte als auch die abhängigen Informationssysteme mit ihrem Status im Lebenszyklus dargestellt werden

Plattform-Grafik zum Aufzeigen von Abhängigkeiten zwischen Infrastrukturelementen bzw. Plattformen und der Nutzung von Infrastruktur-Services (siehe Abschnitt 5.4.9)

IT-Roadmap-Grafik zur Visualisierung der IT-Roadmap (siehe Abschnitt 5.4.10)

Nachfolger-Grafik zur Darstellung der zeitlichen Abfolge beziehungsweise Nachfolgerbeziehungen im Kontext vom Releasemanagement oder aber einer IT-Roadmap (siehe Abschnitt 5.4.11). Hier gibt es zwei Varianten:

- Einfache Nachfolger-Grafik, in der nur die Nachfolgerbeziehung dargestellt wird
- Zeitliche Nachfolger-Grafik, in der gemeinsame zeitliche Bezugspunkte gesetzt werden

5.4.1 Fachliches Domänenmodell

Fachliche Domänenmodelle beschreiben die Geschäftsarchitektur eines Unternehmens im Überblick. Durch fachliche Domänen wird eine übergeordnete fachliche Strukturierung vorgegeben. Als fachliche Domänen werden häufig grobgranulare Geschäftsprozesse, fachliche Funktionen, Produkte, Geschäftsobjekte und/oder Geschäftseinheiten genutzt. Die wesentlichen aktuellen oder zukünftigen fachlichen Bebauungselemente, wie z. B. Geschäftsprozesse oder fachliche Funktionen, werden in die fachlichen Domänen einsortiert. Das Ergebnis ist dann ein fachliches Domänenmodell.

Ein fachliches Domänenmodell gibt damit eine gemeinsame Sprache vor und schafft Bezugspunkte für die Verknüpfung mit den IT-Strukturen vor. Es gibt den Rahmen für die Weiterentwicklung in Business und IT vor.

> **Wichtig:**
>
> In einem Unternehmen gibt es in der Regel nur ein fachliches Domänenmodell. Hiermit werden unternehmensübergreifend die Kernstrukturen der Geschäftsarchitektur festgelegt. Dies ist das fachliche „Big Picture", auf dessen Grundlage fachliche Diskussionen zwischen Business und IT geführt werden.
>
> Das fachliche Domänenmodell des Unternehmens wird in der Regel übersichtlich auf einem DIN-A4-Blatt dargestellt.

Für die Ableitung von fachlichen Domänenmodellen (siehe Abschnitt 7.4) werden, soweit vorhanden, fachliche Referenzmodelle herangezogen. Fachliche Referenzmodelle geben für ein Unternehmen oder aber eine Klasse von Unternehmen, z. B. einer Branche, eine Empfehlung für die fachliche Strukturierung vor. Fachliche Referenzmodelle helfen dabei, das eigene Verständnis über Strukturen und Zusammenhänge zu schärfen. Beispiele sind VAA [Ges01] im Versicherungsumfeld oder eTOM in der Telekommunikation (siehe [Ber03-1] oder [Joh11]).

Referenzmodelle lassen sich selten unverändert auf die Gegebenheiten eines konkreten Unternehmens übertragen. Sie werden für die Anwendung im Unternehmen entsprechend der spezifischen Geschäftsanforderungen und Randbedingungen angepasst. Ergebnis ist das unternehmensspezifische fachliche Domänenmodell.

Typische Ausprägungen für fachliche Domänenmodelle sind Prozesslandkarten und funktionale Referenzmodelle (auch Business Capability Maps genannt). Diese beiden Ausprägungen beschreiben wir im Folgenden im Detail. Daneben gibt es auch Produktlandkarten, diese spielen aber im EAM nur eine untergeordnete Bedeutung und werden daher hier nicht weiter erläutert (siehe [Bae07] und [Her06]). Folgende Fragestellungen können unter anderem mit diesen fachlichen Domänenmodellen beantwortet werden:

- *Prozesslandkarte:* Welche Kern-, Führungs- und Unterstützungsprozesse gibt es in welcher fachlichen Domäne (z. B. Geschäftseinheit)? Welche sind wettbewerbsdifferenzierend?
- *Funktionales Referenzmodell:* Was sind die Kernfunktionen (Fähigkeiten) des Unternehmens? Welche sind bereits gut ausgeprägt und welche müssen noch auf- oder ausgebaut werden?
- *Produktlandkarte:* Welche Produkte produziert das Unternehmen? Für welche Kundengruppen?

Prozesslandkarte

Eine Prozesslandkarte stellt die Geschäftsprozesse in ihrem Zusammenwirken in der Regel auf Wertschöpfungskettenebene des Unternehmens grafisch dar. Die Geschäftsprozesse werden häufig entsprechend fachlicher Domänen gruppiert. In Bild 5.12 oben finden Sie ein Beispiel einer Prozesslandkarte. Die Geschäftsprozesse werden hier in Prozessketten in horizontale fachliche Domänen in einer „Swimlane"-Darstellung angeordnet (siehe [All05], [Ses07] und [Ahl06]).

In Bild 5.12 unten ist eine erweiterte Prozesslandkarte für den Kernprozess I dargestellt. Die Abhängigkeiten von Kernprozess I werden übersichtlich visualisiert. Von der Wertschöpfungskette II werden die Geschäftsobjekte GO1 und GO2 als Input benötigt. Für die Wertschöpfungsketten V beziehungsweise IV wird GO3 beziehungsweise GO4 bereitgestellt.

BILD 5.12 Prozesslandkarte in „Swimlane"-Darstellung und Zoom in Kernprozess I

Die erweiterte Prozesslandkarte kann ebenso gruppiert werden. So werden Organisationsbrüche und (fehlende) Verantwortlichkeiten einfach ersichtlich. Siehe hierzu das Bild 6.25 in Kapitel 6 über EAM-Einsatzszenarien.

> **Empfehlung:**
> Markieren Sie die Wertschöpfungsketten jeweils mit einer Farbe. So lässt sich eine bestimmte Wertschöpfungskette in Portfolio- und Detaildarstellungen schneller finden. ∎

Die Anordnung der Cluster erfolgt nach unternehmensspezifischen Kriterien. Häufig werden die Führungs- und Unterstützungsprozesse entweder vertikal seitlich oder horizontal ober- bzw. unterhalb der Kernprozesse angeordnet. Die Kernprozesse werden so ausgerichtet, dass die Geschäftsprozesse mit engeren Beziehungen zum Kunden links und zu Lieferanten rechts dargestellt werden. Detaillierte Hilfestellungen und Beispiele zum häufig verwendeten SCOR-Modell finden Sie in [Gau09] und für die Entwicklung Ihrer Prozesslandkarte in [HLo12] und in Abschnitt 7.4.1.

Funktionales Referenzmodell

In einem funktionalen Referenzmodell werden die aktuellen oder geplanten fachlichen Funktionen, die Fähigkeiten (Capabilities) des Unternehmens dokumentiert. Häufig wird ein funktionales Referenzmodell auch Capability Map genannt. In Bild 5.13 finden Sie ein Beispiel eines funktionalen Referenzmodells aus dem Bankenkontext. Die fachlichen Funktionen werden hier im Wesentlichen nach Produkten strukturiert eingeordnet. Durch farbliche Markierungen (Heat Map) entsprechend unternehmensspezifischer Kriterien wird auf einen Blick ein optischer Eindruck vom Handlungsbedarf oder von anderen Sichtweisen vermittelt (siehe [Mic07]).

BILD 5.13 Beispiel eines funktionalen Referenzmodells

Ein funktionales Referenzmodell wird im Rahmen des Business Capability Managements entwickelt. Ein bewährter Ansatz in diesem Kontext ist die Methode von Microsoft MSBA (Microsoft Service Business Architecture), siehe [Mic07]. Hilfestellungen für die Gestaltung Ihres funktionalen Referenzmodells finden Sie in [HLo12] und Abschnitt 7.4.3.

> **Wichtig:**
> Ein funktionales Referenzmodell ist im Vergleich zu Prozesslandkarten „stabiler", da die Fähigkeiten des Unternehmens nicht von organisatorischen Änderungen tangiert werden.

Für die Darstellung von Abhängigkeiten zwischen fachlichen Funktionen wird das fachliche Komponentenmodell verwendet. In Bild 5.14 finden Sie ein Beispiel für ein fachliches Komponentenmodell. Fachliche Funktionen und Geschäftsobjekte werden fachlichen Komponenten (fachlichen Domänen) zugeordnet und die Datenabhängigkeiten zwischen den fachlichen Komponenten aufgezeigt. Alternativ oder ergänzend zum Informationsfluss können Sie auch den Kontrollfluss darstellen. Durch die Nummern auf den Kanten in Bild 5.14 wird die Reihenfolge festgelegt.

BILD 5.14 Beispiel für ein fachliches Komponentenmodell

Ein fachliches Komponentenmodell ist insbesondere im Kontext der Umsetzung der Serviceorientierung in der IT wichtig. Es gibt letztendlich die visionäre fachliche Strukturierung als Vorgabe für die IT-Umsetzung vor. In Abschnitt 7.4 und in [HLo12] finden Sie weitere Beispiele und Erläuterungen hierzu.

5.4.2 Blueprint-Grafik

In einer Blueprint-Grafik werden die unternehmensspezifischen technischen Standards festgelegt, die für die technische Realisierung von Informationssystemen, Schnittstellen und der Betriebsinfrastruktur oder auch für fachliche Einsatzzwecke (siehe Einsatzszenario „Standardisierung und Homogenisierung" in Abschnitt 6.2.8) verwendet werden sollen. Der Blueprint ist das Ergebnis der technischen Standardisierung (siehe Abschnitt 7.6). Hiermit können Fragestellungen, wie z. B. „Welche technischen Standards gibt es in welcher technischen Domäne?" beantwortet werden.

Ein Beispiel für einen Blueprint finden Sie in Bild 5.15. Hier wird die zukünftige Nutzung der technischen Bausteine über den Freigabestatus eingeschränkt. Unterschiedlichste Kategorien von Standards können festgelegt werden (siehe Abschnitt 7.6). Die Standards sind in Bild 5.15 als Kästchen mit unterschiedlicher Graustufe in Abhängigkeit vom Freigabestatus angedeutet. Bei Datenbanken wird ein Beispiel gegeben. „ORACLE 10" und „MySQL" sind uneingeschränkt freigegeben. „SQL Server" darf nur mit einer expliziten Einzelfreigabe verwendet werden.

BILD 5.15 Beispiel einer Blueprint-Grafik

5.4.3 Bebauungsplan-Grafik

In einer Bebauungsplan-Grafik können Zusammenhängen zwischen den Elementen der Unternehmensarchitektur in Form einer Matrix dargestellt werden. Entsprechend der Inhalte werden drei Arten von Bebauungsplan-Grafiken unterschieden:

- **Fachliche Bebauungsplan-Grafik**
  Darstellung von fachlichen Abhängigkeiten in der Geschäftsarchitektur. Alle fachlichen Bebauungselementtypen und auch weitere Aspekte, wie z. B. Verantwortlichkeiten, können in einer fachlichen Bebauungsplan-Grafik als Achsen- und Füllelemente verwendet werden. In Bild 5.16 finden Sie ein Beispiel für eine fachliche Bebauungsplan-Grafik, in der fachliche Funktionen in den fachlichen Bezugsrahmen aus Geschäftseinheiten und Geschäftsprozessen eingeordnet werden. So wird die fachliche Funktion „Kundenkontaktmanagement" sowohl von der Geschäftseinheit „Vertrieb Zentrale" als auch von „Vertrieb Region" im Geschäftsprozess „Vertriebssteuerung" genutzt. Die fachliche Funktion „Vertriebsvorgabewerte pflegen" wird hingegen nur von der Geschäftseinheit „Vertrieb Zubehör" in den Geschäftsprozessen „Vertriebssteuerung" und „Vertriebscontrolling" genutzt.

Für die Beantwortung von Fragestellungen sind nicht alle Kombinationen von fachlichen Bebauungselementen sinnvoll. Folgende Kombinationen sind verbreitet:

- Geschäftsprozesse und Geschäftseinheiten als Achsen und fachliche Funktionen als Füllelemente
  Damit lässt sich z. B. diese Fragestellung beantworten: Welche fachliche Funktionen werden von welchen Geschäftseinheiten in welchen Geschäftsprozessen genutzt?
- Geschäftsprozesse und Geschäftseinheiten als Achsen und Geschäftsobjekte als Füllelemente
  Damit lässt sich z. B. folgende Fragestellung beantworten: Welche Geschäftsobjekte werden von welchen Geschäftseinheiten in welchen Geschäftsprozessen genutzt?

BILD 5.16 Beispiel für eine fachliche Bebauungsplan-Grafik

- Produkte und Geschäftseinheiten als Achsen und fachliche Funktionen als Füllelemente
  Damit lässt sich z. B. die Fragestellung beantworten: Welche fachlichen Funktionen werden von welchen Geschäftseinheiten in welchen Produkten genutzt?
- Geschäftsprozesse und Geschäftsobjekte als Achsen und fachliche Funktionen als Füllelemente
  Damit lässt sich z. B. die folgende Fragestellung beantworten: Welche fachlichen Funktionen nutzen welche Geschäftsobjekte in welchen Geschäftsprozessen?
- Geschäftsobjekte und Geschäftseinheiten sowie fachliche Funktionen als Füllelemente
  Damit lässt sich z. B. beantworten: Welche Geschäftsobjekte werden von welchen fachlichen Funktionen von welchen Geschäftseinheiten genutzt?

- **Technische Bebauungsplan-Grafik**
  Darstellung der technischen Realisierung von Informationssystemen, Schnittstellen oder Infrastrukturelementen. In Bild 5.17 oben finden Sie ein Beispiel einer technischen Bebauungsplan-Grafik. In einer horizontalen Zeile wird die technische Realisierung der Informationssysteme beschrieben, indem angegeben wird, welcher technische Standard aus der jeweiligen technischen Domäne zur Realisierung des Informationssystems verwendet wurde. Alternativ können Sie anstelle der technischen Domäne ein beliebiges Attribut wählen. Häufig verwendet man die Standorte bzw. Lokationen, den Freigabestatus bzw. Standardisierungsgrad oder Verantwortlichkeiten sowie die Tier-Zugehörigkeit als zweite Dimension (siehe Bild 5.17 unten).
  Anstelle der technischen Realisierung von Informationssystemen kann auch die von Schnittstellen oder aber von Infrastrukturelementen beschrieben werden. Für die Visualisierung der Betriebsinfrastruktur-Bebauung werden in den technischen Bebauungsplan-Grafiken Standorte häufig auf der y-Achse angeordnet. Die x-Achse zeigt die Betriebsinfrastruktur-Standards, gegebenenfalls gruppiert nach Betriebsstrukturen wie z. B. Server-Plattformen. Für die Darstellung von Beziehungen z. B. zu technischen Standards können Sie auch Zuordnungstabellen verwenden.
  Beispiele für Fragestellungen, die sich mithilfe technischer Bebauungsplan-Grafiken beantworten lassen:
  - Wie sind die Informationssysteme und Schnittstellen technisch realisiert? Standardkonform? Freigabestatus?
  - Welche technischen Bausteine sind auf Infrastrukturelementen installiert? Standardkonform? Freigabestatus?
  - Welche technischen Bausteine werden an welchem Standort oder in welcher Lokation verwendet?
  - Welchen Freigabestatus oder Standardisierungsgrad haben technische Bausteine?
  - Wer hat welche Verantwortlichkeiten für technische Bausteine?
  - Welche technischen Bausteine können zu welcher Tier zugeordnet werden?

- **„Typische" Bebauungsplan-Grafik**
  Gängigste Form der Darstellung der IT-Unterstützung des Geschäfts. Informationssysteme werden zu fachlichen Bebauungselementtypen (Achsenelemente) oder weiteren Aspekten in Beziehung gesetzt. In Bild 5.18 oben und Mitte finden Sie zwei Beispiele. Die x- und y-Achse spannen einen fachlichen Bezugsrahmen für das „Einsortieren" der Informationssysteme auf (siehe Abschnitt 6.29). In Bild 5.18 unten finden Sie ein Beispiel, in dem Informationssysteme entsprechend ihrer Geschäftsprozesszuordnung und ihren Verantwortlichkeiten eingeordnet werden.

5 EAM-Grundlagen

Technische Domänen — Software-Infrastruktur — Standardsoftware

Legende:
Technische Bausteine (TB)
Planungsstatus: Ist
Standardkonformität:
- nicht standard-konform
- bedingt freigegeben
- freigegeben

↑ Zuordnung Domäne TB- Technische Domäne
← Technische Realisierung TB - IS

Informationssysteme | Plattform Java | Plattform .Net | Datenbanken | ERP | SCM

- ACTAC R2.3: JEE | ORACLE 10, MySQL
- CON R4.2: BS 2000 | BS 2000
- FIS R3.3: C# | SQL-Server
- TUY R1.0: SAP WAS | ORACLE 10 | SAP

---

2. Dimension

Technische Domänen — Software-Infrastruktur

Legende:
Technische Bausteine
Planungsstatus: Ist
Standardkonformität:
- nicht standard-konform
- bedingt freigegeben
- freigegeben

↑ Technischer Baustein - Technische Domäne
← Technischer Baustein - Attribut „Tier"

Tiers | Plattform Java | Plattform .Net | Datenbanken | Middleware | Referenzarchitekturen

- Präsentation: JSF, Swing, TomCat, … | ASP.NET, … | | HTTP, … |
- Business-Logik: JEE, WebSphere, … | Windows Serv. 2008, BizTalk, … | PL/SQL | Web-Services, BPMS, ESB, … | JEE-Referenzarchitektur | Net-Referenzarchitektur
- Ressourcen: | | ORACLE 10, SQL Server | MQ-Series, XI |

BILD 5.17 Beispiel für technische Bebauungsplan-Grafiken

5.4 Best-Practice-Visualisierungen

Legende:
Informationssysteme

Planungsstatus:
- Ist
- Plan
- Soll

Geschäftsprozesse: Vertrieb / Marketing

Verantwortlichkeiten (V1, V2, V3) × (Vertriebssteuerung, Vertriebscontrolling, Vertriebsunterstützung, Pressearbeit, Marketing-Unterlagen):

- V1: ACTAC R 2.3 (Vertriebssteuerung, Soll); CON R 4.2 (Vertriebscontrolling, Plan); ACTAC R 2.3 (Vertriebsunterstützung, Soll)
- V2: FIS R 3.3 (Vertriebssteuerung, Plan); FIS R 3.3 (Vertriebsunterstützung, Plan); TUY R 1.0 (Pressearbeit, Soll); Publisher R 2.0 (Marketing-Unterlagen, Plan)
- V3: ACTAC R 2.2 (Vertriebssteuerung, Soll); CON R 4.3 (Vertriebscontrolling, Plan)

Geschäftsprozesse: Vertrieb / Marketing

Kundengruppen (Privatkunden, Firmenkunden, Institutionen) × (Vertriebssteuerung, Vertriebscontrolling, Vertriebsunterstützung, Pressearbeit, Marketing-Unterlagen):

- Privatkunden: CON R 4.2 (Vertriebscontrolling)
- Firmenkunden: ACTAC R 4.0 (Vertriebssteuerung); ACTAC R 4.0 (Vertriebsunterstützung); TUY R 2.0 (Pressearbeit); Publisher R 2.0 (Marketing-Unterlagen)
- Institutionen: CON R 4.4 (Vertriebscontrolling); FIS R 3.4 (Vertriebsunterstützung)

BILD 5.18 Beispiele für „typische" Bebauungsplan-Grafiken (*Fortsetzung nächste Seite*)

BILD 5.18 (*Fortsetzung*) Beispiele für „typische" Bebauungsplan-Grafiken

Beispiele für Fragestellungen, die sich mithilfe typischer Bebauungsplan-Grafiken beantworten lassen:

- Bezugsrahmen: Geschäftsprozesse und Geschäftseinheiten
  Damit lässt sich z. B. folgende Fragestellung beantworten: Welche Geschäftseinheit nutzt welches Informationssystem für welchen Geschäftsprozess?
- Bezugsrahmen: Produkte und Geschäftseinheiten
  Damit lässt sich z. B. diese Fragestellung beantworten: Welche Geschäftseinheit nutzt welches Informationssystem für welches Produkt?
- Bezugsrahmen: Geschäftsprozesse und Geschäftsobjekte
  Damit lässt sich z. B. beantworten: Welches Geschäftsobjekt wird von welchem Informationssystem in welchem Geschäftsprozess genutzt?
- Bezugsrahmen: Geschäftsobjekte und Geschäftseinheiten
  Damit lässt sich z. B. die Frage beantworten: Welches Geschäftsobjekt wird von welchem Informationssystem in welcher Geschäftseinheit genutzt?

Wichtig:
Bebauungsplan-Grafiken sind ein zentraler Grafik-Typ im Enterprise Architecture Management. Sie werden insbesondere eingesetzt, um die Business-Unterstützung der IT aufzuzeigen („typische" Bebauungsplan-Grafik).

Weitere Beispiele und Erläuterungen finden Sie bei den EAM-Einsatzszenarien in Kapitel 6.

2-er und 3-er Tupel

Die Zuordnung zwischen Füllelementen und Achsenelementen kann in der Datenbasis entweder über zwei bidirektionale Beziehungen oder 3-er Tupel erfolgen.

Neben direkten Beziehungen zwischen zwei Bebauungselementtypen sind auch „3-er Tupel"[12] sehr verbreitet. So kann z. B. die Zuordnung von fachlichen Funktionen zu Geschäftsprozessen auf gewisse Geschäftseinheiten eingeschränkt werden. Anwendungsbeispiele hierfür sind:

- Unterschiedliche Funktionalität (oder z. B. Produktregeln) für die Vertriebsprozesse für unterschiedliche Vertriebsregionen,
- Vertriebskanäle, die für den Vertriebskanal zugelassene Produkte in einer gewissen Region vertreiben können.

Über die fachliche Zuordnung kann auch der Informationsfluss zwischen Geschäftsprozessen modelliert werden. Das „3-er Tupel" (GP1, GO2, GP2) kann z. B. den Informationsfluss des Geschäftsobjekts GO2 von GP1 zu GP2 beschreiben. In seltenen Fällen findet man in der Praxis auch „n-stellige Tupel". Auch dies ist im Modell in Bild 5.8 abgedeckt. Da es in der Praxis aber von untergeordneter Bedeutung ist, wird im Folgenden nicht weiter darauf eingegangen.

Wann sollte man 2-er und wann 3-er Tupel für die fachliche Zuordnung verwenden?

Bei 2-er Tupeln gibt es zwei direkte fachliche Zuordnungen, die unabhängig voneinander sind. Im Beispiel in Bild 5.19 gibt es die direkte Zuordnung von fachlichen Funktionen zu Geschäftseinheiten und die direkte Zuordnung von fachlichen Funktionen zu Geschäftsprozessen. Die „Funktion A" ist den Geschäftsprozessen „Vertriebssteuerung" und „Vertriebscontrolling" und zudem den Geschäftseinheiten „Vertrieb Zentrale", „Vertrieb Region" und „Vertrieb Zubehör" direkt zugeordnet. Die „Funktion B" steht nur mit dem Geschäftsprozess „Vertriebscontrolling" und der Geschäftseinheit „Vertrieb Zentrale" in direkter Beziehung.

Geschäfts-prozesse	Vertrieb			Marketing			Legende:
	Vertriebs-steuerung	Vertriebs-controlling	Vertriebs-unterstützung	Pressearbeit	Marketing-Unterlagen		Füllelemente: Fachliche Funktionen (Fkt) Planungsstatus: Ist
Vertrieb Zentrale	Funktion A	Funktion B					↑ Fachliche Zuordnung Fkt - GP
		Funktion A					← Fachliche Zuordnung Fkt - GE
Vertrieb Region	Funktion C	Funktion C	CRM-Kontakt-pflege	Presse-arbeit	Kunden-referenzen erstellen		
	Funktion A	Funktion A					
Vertrieb Zubehör	Funktion A	Funktion C					
	Funktion C	Funktion A					

(Geschäftseinheiten – vertikale Achse links)

BILD 5.19 Beispiel für 2-er Tupel visualisiert in einer fachlichen BebauungsplanGrafik

---

[12] Ableitung des Begriffs aus dem Umfeld Datenbanken

Geschäfts-prozesse	Vertrieb			Marketing		Legende:
	Vertriebs-steuerung	Vertriebs-controlling	Vertriebs-unterstützung	Pressearbeit	Marketing-Unterlagen	Füllelemente: Fachliche Funktionen (Fkt) Planungsstatus: Ist

Geschäftseinheiten:

	Vertriebs-steuerung	Vertriebs-controlling	Vertriebs-unterstützung	Pressearbeit	Marketing-Unterlagen
Vertrieb Zentrale	Funktion A	Funktion B			
Vertrieb Region	Funktion C	Funktion A	CRM-Kontaktpflege	Pressearbeit	Kundenreferenzen erstellen
Vertrieb Zubehör	Funktion A	Funktion C			

Legende: Fachliche Zuordnung GE - Fkt - GP

BILD 5.20 Beispiel für 3-er Tupel, visualisiert in einer fachlichen Bebauungsplan-Grafik

Die „Funktion C" ist beiden Geschäftsprozessen und den Geschäftseinheiten „Vertrieb Region" und „Vertrieb Zubehör" direkt zugeordnet.

Bei 3-er Tupeln (Bild 5.20) kann die fachliche Bebauungsplan-Grafik ganz anders aussehen. So wird die „Funktion A" durch das 3-er Tupel („Vertrieb Zentrale", „Funktion A", „Vertriebssteuerung") auf die Vertriebssteuerung eingeschränkt. Dementsprechend wird die „Funktion A" ausschließlich in der Geschäftseinheit „Vertrieb Zentrale" für die Vertriebssteuerung genutzt. Nur wenn explizit ein weiteres 3-er Tupel („Vertrieb Zentrale", „Funktion A", „Vertriebscontrolling") vorhanden ist, kann der entsprechende Eintrag wie bei den 2-er Tupeln in Bild 5.19 erreicht werden.

Analog kann bei den Funktionszuordnungen von „Funktion A" und „Funktion C" zu den Geschäftseinheiten „Vertrieb Region" und „Vertrieb Zubehör" bei 2-er Tupeln eine ausschließliche Verwendung einer der Funktionen zur Unterstützung eines bestimmten Geschäftsprozesses in einer bestimmten Geschäftseinheit nicht ausgedrückt werden.

In Bild 5.21 wird der Unterschied in der Modellierung zwischen 2-er und 3-er Tupeln als Vergleich zwischen den vorhergehenden Abbildungen erläutert. Die mit „X" markierten weisen auf die verloren gehende Genauigkeit bei der Modellierung als 2-er Tupel hin.

> **Wichtig:**
>
> Die Modellierung über 3-er Tupel ist „genauer". Eine genauere Modellierung wird häufig genutzt, um Verantwortlichkeiten zu beschreiben.
>
> Der Aufwand für die Datenpflege steigt bei 3-er Tupeln im Vergleich zu 2-er Tupeln deutlich an. Wägen Sie den Aufwand gegen den Nutzen ab.

BILD 5.21 Beispiel für Unterschiede zwischen 2-er Tupel und 3-er Tupel

5.4.4 Portfolio-Grafik

Portfolio-Grafiken dienen dazu, eine Menge von z. B. Projekten oder Informationssystemen übersichtlich zu visualisieren. Die relative Bewertung der Elemente wird durch die Positionierung im Vergleich zu den anderen Elementen auf einen Blick deutlich. Als Dimensionen für Projekte und Informationssysteme werden häufig Nutzenpotenziale, Kosten, Strategie- und Wertbeitrag sowie Risiken verwendet.

Portfolios eignen sich zudem sehr gut für die Visualisierung von Strategien. Häufig werden hierzu den Quadranten Strategien für die dort einsortierten Elemente zugeordnet. In Abschnitt 3.4.2 finden Sie weitere Erläuterungen und Beispiele.

Das Portfolio in Bild 5.22 unten leitet sich aus den Ansätzen von McFarlan (siehe [War02]) ab. Es werden Informationssysteme entsprechend ihres Wert- und Strategiebeitrags klassifiziert. Der Wertbeitrag bestimmt den Grad der Unterstützung des aktuellen Kerngeschäfts. Der Strategiebeitrag gibt an, welchen Beitrag das Informationssystem zur Umsetzung der Unternehmensstrategie leistet, d. h. wie groß der Beitrag des Informationssystems zum künftigen Geschäftserfolg ist. Entsprechend der Einsortierung im Quadranten werden Strategien für die Weiterentwicklung der Informationssysteme abgeleitet (siehe Bild 5.22 oben).

Beispiele für über Portfolio-Grafiken beantwortbare Fragestellungen:

- Welche Geschäftsprozesse sind wettbewerbsdifferenzierend? Welche sind Commodity?
- In welche Informationssysteme sollte künftig investiert werden? Welche Informationssysteme sollten abgelöst werden?

Es können bis zu fünf Kriterien in einer Portfolio-Grafik dargestellt werden. Zum einen sind dies die Achsenkriterien. Zum anderen können Größe, Farbe und Kantentyp der Füllelemente mit unterschiedlichen Kriterien belegt werden.

Portfolio-Matrix (McFarlan)

Hohes Potenzial (WILDCATS)
- Stetige, häufige IT-lastige Innovation
- Versuchsballons – falls nicht zielführend Projektstopp
- Stetige Kostenkontrolle

Strategisch (STARS)
- Business-orientierte Innovation
- Business-Nutzen im Vordergrund
- strategisches Controlling

(DOGS) Unterstützung
- Desinvestition, Rationalisierung & Kostenminimierung
- Aufrechterhaltung zuverlässiger Betrieb
- Operatives Controlling mit Schwerpunkt Kosten

(CASH COWS) Kerngeschäft
- Sicherstellung hoher Qualität, defensive Innovation
- Effektive Ressourcen-Auslastung
- Operatives Controlling mit Schwerpunkt Wertschöpfung

Achsen: Strategiebeitrag (niedrig/hoch) vs. Wertbeitrag (niedrig/hoch)

IS-Portfolio-Grafik mit IS 1 – IS 10 und IS Neu (Soll)

Größe Kreis = Kosten: 100 T€

Planungsstatus:
- Ist
- an
- Soll

Gesundheitszustand:
- 1 – stabil und zukunftsfähig
- 2 – zu beobachten
- 3 – Handlungsbedarf

BILD 5.22 Beispiel einer IS-Strategie und Portfolio-Grafik entsprechend McFarlan [War02]

> **Wichtig:**
> Portfolios können sowohl genutzt werden, um den Ist-Zustand zu veranschaulichen, als auch, um den Soll- oder Planungszustände oder deren Kombination aufzuzeigen. Siehe hierzu das Einsatzszenario „IS-Portfoliomanagement" in Kapitel 6.
>
> Portfolios sind für die Entscheidungsvorbereitung in der strategischen IT-Planung und im Projektportfoliomanagement verbreitet. Sie sind insbesondere im Management sehr beliebt, da die wesentlichen Informationen übersichtlich und kompakt dargestellt werden.

5.4.5 Informationsfluss-Grafik

In einer Informationsfluss-Grafik werden die Abhängigkeiten und der Informationsfluss zwischen Informationssystemen dargestellt. Der Schwerpunkt liegt auf der Visualisierung von Schnittstellen, Datenfluss sowie logischen Komponenten und Daten der Informationssysteme. Über Informationsfluss-Grafiken werden Datenabhängigkeiten und der Integrationsgrad von Informationssystemen sichtbar.

In Bild 5.23 finden Sie oben eine Informationsfluss-Grafik. In dieser Grafik werden die Informationssysteme, wie z. B. ACTAC 2.3, und deren Teilsysteme, wie z. B. Service Alpha, und deren Informationsobjekte, wie z. B. Kunden, sowie deren Schnittstellen zu anderen Systemen dargestellt. Darüber hinaus werden weitere Aspekte (Planungszustand, Gesundheitszustand und Automatisierungsgrad) über farbliche Hervorhebungen und unterschiedliche Kantentypen bei Informationssystemen und Schnittstellen betont.

In Bild 5.23 unten finden Sie eine Cluster-Informationsfluss-Grafik, die nach Kerngeschäftsprozessen segmentiert ist. Daneben können auch andere Aspekte wie z. B. regionale Verantwortlichkeiten als Clusterung hervorgehoben werden. Hierüber können Organisationsbrüche aufgezeigt werden.

In der Informationsfluss-Grafik in Bild 5.23 werden Informationssysteme, deren Informationsobjekte und deren Schnittstellen inklusive des Informationsflusses für die fachlichen Cluster „Vertrieb", „Einkauf", „Versand" und „Fertigung" dargestellt.

Der Informationsfluss zwischen den Informationssystemen kann auf einem unterschiedlichen Detaillierungsgrad dargestellt werden. So werden im Beispiel zwischen dem Informationssystem IS1 und IS3 die „Lieferdaten"-Anteile der „Kunden"-Daten über die Schnittstelle von IS1 zu IS3 ausgetauscht. Zudem kann die Art der Schnittstelle weiter charakterisiert werden. Durch z. B. einen unterschiedlichen Kantentyp lässt sich hervorheben, ob es sich um eine manuelle oder eine automatisierte Schnittstelle handelt. Beispiele hierfür finden Sie in Abschnitt 6.2.

Beispiele für über Informationsfluss-Grafiken beantwortbare Fragestellungen:

- Welche Informationssysteme sind von welchen Informationssystemen abhängig? Welche Informationssysteme sind Teilsysteme von anderen?
- Welche Informationsobjekte sind welchem Informationssystem zugeordnet?
- Welche Datenabhängigkeiten bestehen zwischen Informationssystemen? Welche Informationsobjekte werden über welche Schnittstelle ausgetauscht?

BILD 5.23 Beispiele für Informationsfluss-Grafiken

Weitere Beispiele für Informationsfluss-Grafiken finden Sie bei den EAM-Einsatzszenarien in Kapitel 6.

5.4.6 Zuordnungstabelle

Mit einer Zuordnungstabelle lassen sich Abhängigkeiten zwischen zwei Bebauungselementen, wie z. B. Zuordnung von Geschäftsobjekten zu Geschäftsprozessen, visualisieren. Die Art der Zuordnung kann weiter charakterisiert werden.

		Geschäftsprozesse				
		GP1 Disposition	GP2 Fertigungssteuerung	GP3 Werkstattterminplanung	GP4 Ressourceneinsatzplanung	...
Geschäftsobjekte						
Kundenauftrag	GO1	R				
Fertigungsauftrag	GO2	CUD	CUD	R		
Werkstattauftrag	GO3			CUD	R	
Lagerort	GO4	R	R	R		
Wareneingangsbeleg	GO5			R		
Lagerarbeiter	GO6				R	
...	...					

CUD Anlegen (Create), Verändern (Update) und Löschen (Delete)
R Lesen (Read)

BILD 5.24
Beispiel Zuordnungstabelle

In der Zuordnungstabelle in Bild 5.24 werden Geschäftsobjekte Geschäftsprozessen zugeordnet. Die Art der Verwendung der Geschäftsobjekte in den Geschäftsprozessen wird durch „CRUD" charakterisiert. So wird das Geschäftsobjekt „Kundenauftrag" im Geschäftsprozess „Disposition" nur gelesen („R"). Das Geschäftsobjekt „Fertigungsauftrag" wird dagegen im Geschäftsprozess „Disposition" entweder angelegt („Create"), verändert („Update") oder gelöscht („Delete"). Die Zuordnung kann auch nur durch Ankreuzen markiert werden. Andere Charakterisierungen sind ebenfalls möglich. So kann man z. B. auch zwischen „Input" und „Output" von Geschäftsprozessen unterscheiden.

Beispiele für über Zuordnungstabellen beantwortbare Fragestellungen:

- Welche Abhängigkeiten gibt es zwischen fachlichen Funktionen und Geschäftsprozessen? Zwischen Geschäftsobjekten und Geschäftsprozessen? Zwischen Geschäftsobjekten und fachlichen Funktionen?
- Welche Abhängigkeiten gibt es zwischen Informationssystemen? Zwischen Informationsobjekten und Informationssystemen?

5.4.7 Life-Cycle-Grafik

In einer Life-Cycle-Grafik wird der Status im Lebenszyklus von Bebauungselementen in ihrer zeitlichen Abhängigkeit dargestellt. Life-Cycle-Grafiken werden häufig für Informationssysteme, technische Bausteine oder Infrastrukturelemente verwendet. Über Life-Cycle-Analysen kann anhand der Grafik einfach der Migrationshandlungsbedarf abgeleitet werden.

In Bild 5.25 finden Sie ein Beispiel einer Life-Cycle-Grafik. In der Grafik sehen Sie zudem den Planungsstatus. Daraus können Sie entnehmen, welche der Informationssysteme erst geplant sind und welche bereits heute vorliegen.

BILD 5.25 Beispiel Life-Cycle-Grafik für Informationssysteme

5.4.8 Masterplan-Grafik

Eine Masterplan-Grafik dient zur Visualisierung von zeitlichen Abhängigkeiten von Projekten, Informationssystemen und technischen Bausteinen. Meilensteine und Abhängigkeiten zwischen Projekten und Informationssystemen oder zwischen Informationssystemen und technischen Bausteinen können übersichtlich abgebildet werden.

In Bild 5.26 oben finden Sie einen einfachen Masterplan ausschließlich mit Projekten. Neben der Projektlaufzeit wird der Projektstatus angegeben. Häufig werden zudem Meilensteine dargestellt. In Bild 5.26 unten finden Sie einen erweiterten Masterplan, in dem sowohl Projekte und die ihnen zugeordneten Informationssysteme als auch deren Life-Cycle sowie Synchronisationspunkte dargestellt werden.

Durch eine Masterplan-Grafik können die Weiterentwicklung der IS-Landschaft im Zeitverlauf abgebildet und Abhängigkeiten zwischen den einzelnen Projekten identifiziert werden. Zu jedem Synchronisationspunkt kann der Status der Bebauung anhand einer dafür typischen Grafik aufgezeigt werden. Die resultierende Grafik wird im Folgenden „Synchroplan" genannt. Ein Beispiel für einen „Synchroplan" finden Sie im EAM-Einsatzszenario „Projektportfolio- und Multiprojektmanagement" in Abschnitt 6.2.10.

Beispiele für über Masterplan-Grafiken beantwortbare Fragestellungen:

- Welche Abhängigkeiten gibt es zwischen Projekten?
- Welche Informationssystem-Releases sind von welchen Projekten tangiert?

Projekte	Start	Ende	2014 Jan Feb Mär Apr Mai Jun Jul Aug Sep Okt Nov Dez
P1: Einführung von ACTAC 5	01.01.11	31.12.12	
TP von P1: Ablösung FIS	01.02.11	30.12.12	
Compliance-Archiv	01.03.11	31.10.11	
Ablösung Finanzbuchhaltung	01.02.11	31.10.11	
P2: Einführung von ECON	01.01.11	31.12.12	
CON R 4.4 Teil II	01.08.08	31.10.11	
Vertriebsinformationssystem	01.04.11	31.12.11	
Einführung SCM	01.04.11	31.12.12	

beantragt   genehmigt
laufend   gestoppt

Projekte / Informationssysteme	Beginn	Ende	2013 Q1 Q2 Q3 Q4	2014 Q1 Q2 Q3 Q4	2015 Q1 Q2 Q3 Q4
Einführung Salesmanager R4 (SalesM)	01.01.13	15.05.14			
Salesmanager R3	01.02.12	30.04.13			
Salesmanager R4	01.05.13	31.10.16			
Weiterentwicklung SAP BI Umsatzstatistik (UST)	01.02.13	01.02.14			
SAP BI Umsatzstatistik R1.0	01.01.12	01.02.14			
SAP BI Umsatzstatistik R1.1	01.12.14	31.12.15			
Außerbetriebnahme Siebel	01.03.13	01.09.14			
Siebel CRM R 3.1	01.04.11	01.06.14			

Dauer eines Projektes   ▲ ▲ Synchronisationspunkte

Lifecycle-Status: Prototyp   Pilot   In Produktion   In Ablösung   unspezifiziert

BILD 5.26 Beispiele für Masterplan-Grafiken

5.4.9 Plattform-Grafik

Mithilfe einer Plattform-Grafik können beliebige Abhängigkeiten zwischen Plattformen und/oder Plattform-Services oder beliebigen Infrastrukturelementen dokumentiert werden. Informationssysteme und Schnittstellen können entweder Plattformen oder Infrastrukturelemente direkt oder aber dedizierte Plattform-Services nutzen (siehe Bild 5.27). Die Services (Leistungen) werden in einem standardisierten Service-Katalog mit deren SLAs und gegebenenfalls auch Preisen beschrieben.

Siehe hierzu auch EAM-Einsatzszenario „Betriebsinfrastrukturkonsolidierung" in Kapitel 6.

BILD 5.27 Beispiele für Plattform-Grafiken

5.4.10 IT-Roadmap-Grafik

Für die Darstellung einer IT-Roadmap zur Umsetzung einer Soll-Bebauung werden häufig IT-Roadmap-Grafiken eingesetzt (siehe Bild 5.28). Dies ist letztendlich eine zusammengefasste Portfolio-Darstellung, in der Informationssysteme, technische Bausteine oder Projekte entsprechend Ihrer Planung in Planungszeiträume eingeordnet werden. Die Elemente werden nach

BILD 5.28 Beispiel für eine IT-Roadmap-Grafik

einem Kriterium, z. B. Domänen, geclustert. Optional können, wie in Bild 5.28 dargestellt, Nachfolgerbeziehungen und Ablöseinformationen verwendet werden. Über die Nachfolgerbeziehungen wird gekennzeichnet, welche Systeme aus welchen resultieren.

In IT-Roadmap-Grafiken werden die Elemente grobgranular erfasst, d. h., es werden in der Regel keine Versionsinformationen (Releases) dargestellt.

Beispiele für über IT-Roadmap-Grafiken beantwortbare Fragestellungen:

- Welche Informationssysteme werden abgelöst? In welchem Soll-System münden welche Systeme?
- Wie sieht die grobe Roadmap zur Umsetzung aus?

Weitere Informationen hierzu finden Sie in Abschnitt 7.5.2 sowie im Einsatzszenario „IS-Portfoliomanagement" in Abschnitt 6.3.1.

5.4.11 Nachfolger-Grafik

Nachfolger-Grafiken sind eine alternative Darstellung für IT-Roadmaps oder aber für die Ablöseplanung im Releasemanagement. Hier gibt es zwei Varianten, die in Bild 5.29 dargestellt sind. Oben finden Sie die einfache Nachfolger-Grafik, in der nur die Nachfolgerbeziehung von z. B. Informationssystemen, technischen Bausteinen oder Infrastrukturelementen dargestellt sind. Aus dieser wird deutlich, welche Systeme welche ablösen.

Unten finden Sie die erweiterte Nachfolgerbeziehung, in der zeitliche Bezugspunkte gesetzt werden. So kann einfach ermittelt werden, welche zeitlichen Abhängigkeiten bestehen. Nachfolgerkanten lassen sich durch Angabe der Maßnahmen oder Projekte für die Umsetzung weiter charakterisieren. Hierüber kann dann auch eine Analyse erfolgen.

BILD 5.29 Beispiele für Nachfolger-Grafiken

Beispiele für über Nachfolger-Grafiken beantwortbare Fragestellungen:
- Wie sieht die Release-Planung für ein Informationssystem aus?
- Welche Abhängigkeiten gibt es zwischen den Planungen?
- Wie sieht die Roadmap zur Umsetzung der Soll-Bebauung im Detail aus?

> **Wichtig:**
> „Ein Bild sagt mehr als tausend Worte." Erst durch Visualisierungen entsteht der Nutzen. Die Antworten auf die Fragestellungen der Stakeholder müssen fokussiert auf die wesentlichen Informationen zielgruppengerecht bereitgestellt werden. Die Aspekte, die für Sie relevant sind, z. B. Verantwortlichkeiten, müssen Sie deutlich hervorheben. So können fundierte Entscheidungen auf der Basis der aussagekräftigen Visualisierungen getroffen werden.
>
> Für **strategische IT-Entscheidungen** benötigen Sie in der Regel Überblicksdarstellungen, aus denen übergreifende Vorgaben, Zusammenhänge und Abhängigkeiten schnell ersichtlich werden. Beispiele hierfür sind Transparenzsichten wie Blueprint-, Portfolio- und Bebauungsplan-Grafiken oder Steuerungssichten wie Kuchen-, Balken-, Linien- oder Spider-Diagramme.
>
> Dagegen ist für **operative IT-Entscheidungen** in der Regel eine Detailbetrachtung erforderlich. Die grobgranularen EAM-Sichten geben den Kontext vor und grenzen den Untersuchungsbereich für eine Tiefenbohrung ein. Häufig werden hierfür Informationsfluss-Grafiken oder aber Listen mit Hervorhebungen verwendet.
>
> Entscheidungen sind jedoch nur so gut wie die verfügbare Datenbasis. Die Voraussetzung für fundierte aussagekräftige Ergebnisdarstellungen ist eine hinreichend vollständige, aktuelle und qualitativ hochwertige EAM-Datenbasis. Hilfestellungen hierfür finden Sie in Abschnitt 8.3.1.

Auf der Basis der vorgestellten Strukturen und Ergebnisdarstellungen unterstützt EAM beim strategischen IT-Management, indem viele Fragestellungen der Stakeholder beantwortet werden. Dies wird im nächsten Abschnitt ausgeführt.

5.5 Informationsbedarf der Stakeholder befriedigen

Über die Analyse der EAM-Datenbasis und eine geeignete Visualisierung der Ergebnisse (siehe Abschnitt 5.6) werden die individuellen Fragestellungen der verschiedenen Stakeholder (siehe Abschnitt 7.2) beantwortet. Handlungsbedarf und Optimierungspotenzial sowie Ansatzpunkte für eine Tiefenbohrung werden aufgedeckt. Abhängigkeiten und Auswirkungen von Projekten und von Business- und IT-Ideen werden erkannt und die Konformität zur Planung und zu strategischen Vorgaben überprüft.

Für jede Fragestellung gilt es festzulegen, welche Ergebnisdarstellung die Beantwortung der Fragestellung am besten unterstützt. Für eine detaillierte Betrachtung im Kontext des operativen IT-Managements werden häufig Informationsfluss-Grafiken verwendet. Sie sind besonders geeignet für die Analyse der Schnittstellen- und Datenabhängigkeiten.

Für die Darstellung der Analyseergebnisse im Kontext des Business-Alignments der IT wird häufig eine Bebauungsplan-Grafik (siehe Abschnitt 5.4.3) verwendet. In Abhängigkeit von der Fragestellung werden sowohl die Achsen und Füllelemente sowie die charakterisierenden Merkmale als auch die Art der Beziehung zwischen den Füllelementen und den Elementtypen der Achsen klar festgelegt. So wird bei der Fragestellung „Welche Informationssysteme unterstützen die Geschäftsprozesse im Vertrieb und Marketing in welchen Geschäftseinheiten?" eine Bebauungsplan-Grafik gewählt, die die Geschäftsprozesse aus dem Vertrieb und Marketing in der x-Achse, Geschäftseinheiten auf der y-Achse und Informationssysteme als Füllelemente nutzt. Hierbei sind die Informationssysteme Geschäftsprozessen eingeschränkt auf Geschäftseinheiten fachlich zugeordnet.

Für Entscheidungsvorlagen werden häufig zielgruppengerecht besondere Aspekte hervorgehoben. Dies kann durch farbliche Markierung oder aber über den Linien- und Kantentyp oder aber über andere Auszeichnungen, wie z. B. angeheftete Symbole, erfolgen.

> **Wichtig:**
>
> Identifizieren Sie die für Sie relevanten Ziele (siehe Abschnitt 2.2) und Fragestellungen. Beantworten Sie die Fragestellungen durch adäquate Ergebnisdarstellungen (siehe Abschnitt 5.4).
>
> Beschränken Sie sich dabei auf wenige und aussagekräftige Hervorhebungen. Nur so kommen die wesentlichen Aspekte zur Geltung.
>
> Nutzen Sie hierzu die Auflistung repräsentativer Fragestellungen und die Visualisierungsempfehlungen zur Beantwortung der jeweiligen Fragestellungen in Download-Anhang D. Diese Fragestellungen und Visualisierungsempfehlungen wurden aus einer Vielzahl von EAM-Projekten konsolidiert. Weitere Hilfestellungen finden Sie bei den EAM-Einsatzszenarien in Kapitel 6.

Für die Analyse wird gegebenenfalls nur ein bestimmter Ausschnitt der Gesamtbebauung betrachtet. Durch die gezielte Auswertung des Datenbestands nach spezifischen Kriterien können Handlungsbedarf und Optimierungspotenzial aufgedeckt oder aber über einen Soll-Ist-Abgleich Deltas erkannt werden.

> **Wichtig:**
>
> Für die Durchführung der Analysen müssen entsprechend der jeweiligen Fragestellung die erforderlichen Daten in der Bebauungsbasis vorliegen. Falls die Daten nicht vorliegen, müssen sie gegebenenfalls erst eingepflegt werden (siehe Abschnitt 3.8).

Bei der Analyse der Gesamtbebauung werden häufig verschiedene Visualisierungen in Kombination verwendet. Die verschiedenen Visualisierungen zeigen anschaulich jeweils einen oder mehrere Teilaspekte der Antwort auf die Fragestellung. Durch „Nebeneinanderlegen" der verschiedenen Visualisierungen werden Zusammenhänge, Abhängigkeiten und Auswirkungen transparent.

BILD 5.30
„Traversieren" in EAM-Visualisierungen

Häufig ist auch ein „Traversieren" von fachlichen zu technischen Bebauungselementen oder umgekehrt notwendig. In Bild 5.30 finden Sie hierfür Beispiele. Rechts wird ausgehend von einem fachlichen Handlungsbedarf, z. B. die untragbare Durchlaufzeit eines Geschäftsprozesses, analysiert, welche technischen Elemente betroffen sind.

Startpunkt für die Analyse bildet in diesem Beispiel eine Prozesslandkarte. Mithilfe einer Bebauungsplan-Grafik wird analysiert, welche Informationssysteme den Geschäftsprozess unterstützen. In der Informationsfluss-Grafik ermittelt man die Schnittstellenabhängigkeiten dieser von weiteren Informationssystemen. Für diese Informationssysteme werden deren technische Abhängigkeiten (technische Bausteine und Betriebsinfrastruktur) durch eine technische Bebauungsplan-Grafik identifiziert. Über eine Blueprint-Grafik werden die Abhängigkeiten der ermittelten technischen Bausteine zu weiteren technischen Bausteinen ermittelt.

Links in Bild 5.30 finden Sie ein Beispiel für das Traversieren von „unten" nach „oben"; von technischen Bausteinen bis zu fachlichen Funktionen. Ausgehend z. B. von einem technischen Problem mit einer Datenbankversion können die Auswirkungen im Business ermittelt werden.

Die Analyse der Bebauung liefert häufig jedoch nur Anhaltspunkte für eine „Tiefenbohrung". In diesen Fällen steht aufgrund der Analyseergebnisse nicht fest, ob überhaupt ein Handlungsbedarf oder ein Optimierungspotenzial vorliegt. Expertengespräche und Detailanalysen sind zusätzlich erforderlich. Die Detailanalysen werden im Allgemeinen mit spezialisierten Werkzeugen auf Detaildaten durchgeführt. Beispiele hierfür sind Projektportfolio-, Prozessmanagement- oder aber UML-Werkzeuge (siehe [Rup07]).

So muss bei einer Redundanz bei der Unterstützung eines Geschäftsprozesses nicht notwendigerweise ein Handlungsbedarf vorliegen. Gegebenenfalls werden von den verschiedenen Systemen unterschiedliche Teilprozesse des Geschäftsprozesses abgedeckt. Analoges gilt für die anderen Aspekte.

Wie findet man Kandidaten für Handlungsbedarf oder Optimierungspotenzial?

Am einfachsten sind hier sicherlich die aktuellen Handlungsbedarfe („Pains"). Durch eine intensive Kommunikation mit den Schlüsselpersonen in Business und IT werden diese offensichtlich. Dokumentieren Sie diese Handlungsbedarfe und Optimierungspotenziale und analysieren Sie deren Hintergründe, Abhängigkeiten und Auswirkungen.

Wenn z. B. ein Informationssystem häufig wegen Fehler oder Wartungsarbeiten nicht zur Verfügung steht, dann ist das ein Anhaltspunkt, dass der Gesundheitszustand des Informationssystems oder seiner Schnittstellen nicht gut sind. Weitere Kriterien können durch das Herunterbrechen entlang der Bebauungselemente und Traversieren entlang der Beziehungen ermittelt werden. So wird z. B. bei der Analyse im Hinblick auf Dateninkonsistenzen nach „gemeinsamen" Daten unterschiedlicher Informationssysteme oder Zyklen im Informationsfluss gesucht.

Weitere Anhaltspunkte für die Erkennung von möglichem Handlungsbedarf oder Optimierungspotenzialen sind fachliche, technische oder finanzielle Bewertungen bzw. Kategorisierungen der Bebauungselemente. So kann die Bebauung z. B. nach Kosten, Strategie- und Wertbeitrag, Abdeckungsgrad der Geschäftsanforderungen, Risiken und dem technischen Gesundheitszustand sowie Anzahl von Tickets oder SLA-Einhaltung bewertet werden. Weitere Hilfestellungen für die Analyse der Gesamtbebauung finden Sie im Download Anhang A sowie in Download Anhang D (Fragestellungen).

Das Wesentliche zu EAM-Grundlagen auf einen Blick:

- EAMe[2] verbindet die abstrakten Vorgaben von TOGAF mit aus vielen EAM-Projekten konsolidierten Best-Practices zu einer pragmatischen, einfach anwendbaren Methode.
- Wesentliche Bestandteile der Best-Practice-Unternehmensarchitektur sind die Geschäfts-, die IS-, die technische und die Betriebsinfrastruktur-Architektur.
- Jede Bebauung beantwortet bestimmte Fragestellungen aus einem spezifischen Blickwinkel.
- Einerseits gilt es, den Überblick zu bewahren, und andererseits muss genügend Aussagekraft vorhanden sein, um die Fragestellungen wirklich beantworten zu können. Hierfür benötigen Sie eine hinreichend vollständige, aktuelle, qualitativ hochwertige Datenbasis in der richtigen Granularität (siehe hierzu auch Kapitel 8).
- Achten Sie auf angemessene Strukturen und Pflegbarkeit; vermeiden Sie „Modellitis"! Beschränken Sie sich auf die Daten, die Sie für die Beantwortung der Fragestellungen wirklich benötigen.
- Konkretisieren Sie Ihre Ziele (siehe Abschnitt 2.2) über Fragestellungen und leiten Sie daraus Ihre Unternehmensarchitektur ab. Nutzen Sie die Hilfestellungen in den Abschnitten in diesem Kapitel sowie im Abschnitt 7.3. zur Ableitung Ihrer spezifischen Unternehmensarchitektur.
- Komplexe Fragestellungen können erst durch eine adäquate und zielgruppengerechte Darstellung beantwortet werden. Zusammenhänge und Abhängigkeiten werden ersichtlich. Nur so ist der angestrebte Nutzen erzielbar.
- Cluster-, Bebauungsplan-, Informationsfluss-, Portfolio-, Life-Cycle-, Plattform-, IT-Roadmap-, Nachfolger- und Masterplan-Grafiken sowie Zuordnungstabellen sind die am weitesten verbreiteten Visualisierungen im Enterprise Architecture Management.

6 EAM Einsatzszenarien

„Das Beispiel ist die Schule des Menschen; in einer anderen lernen sie nichts!"

Edmunk Burke (1729-1797)

Die Ergebnisse und der Nutzen von Lean-IT-Management und insbesondere der Schlüsseldisziplin Enterprise Architecture Management (EAM) werden erst durch konkrete Beispiele ersichtlich. Anhand einer Sammlung von typischen EAM-Einsatzszenarien erfahren Sie in diesem Kapitel, wie Sie mit Hilfe Ihres Lean-EAM-Instrumentariums die Anliegen der unterschiedlichen Stakeholder in Business und IT unterstützen können.

Die Einsatzszenarien bieten insbesondere Hilfestellungen für die Herausforderungen für CIOs (siehe Bild 6.1 und Abschnitt 2.2). Die Herausforderungen reichen von Operational Excellence bis zu Strategic Excellence. Entsprechend der Ausgangslage, Randbedingungen und Positionierung der IT gibt es unterschiedliche Schwerpunkte. In diesem Kapitel finden Sie Hilfestellungen, um die für Sie relevanten Einsatzszenarien auszuwählen.

BILD 6.1 Herausforderungen für IT-Verantwortliche

Für alle Einsatzszenarien werden die relevanten Stakeholder-Gruppen aus Abschnitt 7.2, die adressierten Herausforderungen (siehe Abschnitt 2.2) und Erläuterungen zur EAM-Unterstützung anhand beispielhafter Visualisierungen aufgeführt. Bei den Stakeholder-Gruppen werden die Verantwortlichkeiten entsprechend RACI unterschieden (R – Responsible/Durchführungsverantwortung, A – Accountable/Kostenverantwortung, C – Consulted/Fachverantwortung, I – Informed/Informationsrecht).

> **In diesem Kapitel finden Sie Antworten auf folgende Fragen:**
> - Wie können Sie Fortschritte in Richtung Operational oder Strategic Excellence mit Hilfe von EAM erzielen?
> - Wie kann Business-Alignment erreicht werden?
> - Wie kann die Weiterentwicklung des Geschäfts durch EAM unterstützt werden?

■ 6.1 Ziele und Einsatzszenarien im Überblick

Die Herausforderungen für IT-Verantwortliche können abhängig von den Zielen, der Ausgangslage, Randbedingungen und Positionierung der IT sehr unterschiedlich ausfallen. So können diese z. B. überwiegend operativ und/oder strategisch geprägt sein. Entsprechend der individuellen Anforderungen muss auch das Lean-IT-Management-Instrumentarium und insbesondere auch das EAM gestaltet werden. Für jede Herausforderung muss überlegt werden, welches Instrumentarium für deren Bewältigung notwendig und sinnvoll ist. Hierzu erhalten Sie hier Hilfestellungen.

In Bild 6.2 finden Sie eine Übersicht über alle wesentlichen Ziele. Für die für Sie relevanten Ziele können Sie, indem Sie in der Grafik vertikal nach unten gehen, verschiedene Aspekte im Kontext der Ziele finden. Für jeden dieser Aspekte finden Sie in diesem Kapitel ein Einsatzszenario.

Wenn Sie in der Grafik noch weiter nach unten gehen, finden Sie den Beitrag von EAM zur Umsetzung des jeweiligen Aspekts im Überblick aufgezeigt. Detaillierte Informationen zu den Nutzenaspekten finden Sie in Abschnitt 4.2.

> **Empfehlung:**
> Wählen Sie die für Sie relevanten Ziele und Aspekte aus und nutzen Sie die Einsatzszenarien, um ein Gefühl für das für Sie sinnvolle EAM-Instrumentarium zu bekommen.

6.1 Ziele und Einsatzszenarien im Überblick

Ziele

Operational Excellence
- IT / Geschäft im Griff
  - Risiken angemessen managen (Zuverlässigkeit)
- Kostenreduktion im Basisbetrieb
- Optimierung des Tagesgeschäfts & des Business-IT-Alignments
  - Beherrschung und / oder Reduktion der Komplexität

Strategic Excellence
- Strategische Ausrichtung
  - Setzen von strategischen Ziel- und Rahmenvorgaben
- Operationalisierung der strategischen Vorgaben
- Weiterentwicklung des Geschäfts
  - Business Agility Enabling
  - Business-Innovation & -Transformation

Aspekte

- Einstieg in eine neue IT-Mgmt-Funktion
- Compliance Mgmt
- Mgmt der Sicherheit
- Gewährleistung eines zuverlässigen Geschäftsbetriebs
- Betriebsinfrastrukturkonsolidierung
- Projektabwicklung & Releasemanagement
- Sourcing, Ressourcen- & Partnermanagement
- Standardisierung & Homogenisierung
- Konsolidierung der IS-Landschaft
- Projektportfolio- und Multiprojektmanagement
- Produkt- und Roadmap-Planung
- Strategische IT-Planung (IS-Portfoliomanagement, Strategische Planung der IS-Landschaft)
- Strategische Steuerung der Weiterentwicklung der IT-Landschaft
- Business-orientierte Planung und Steuerung der IT
- Identifikation und Hebung von Optimierungspotenzial im Geschäft
- Stammdatenmanagement
- Demand Mgmt
- Flexibilisierung der IT
- IT-Innovationsmanagement
- Business-Transformation

EAM-Nutzen

Transparenz

Planung & Steuerung

Informationsbedarf abdecken
- Verstehen von Zusammenhängen und Abhängigkeiten
- Unterstützung bei der Informationsbeschaffung
- Vereinfachung von Dokumentations- und Berichtspflichten
- Unterstützung bei der Erstellung von Entscheidungsvorlagen durch Überblicksdarstellungen, Listen und Steuerungssichten
- Reduzierte Projektvorbereitung und fundierter Input für die Projektabwicklung

Business-IT-Alignment fördern
- Erzeugung einer gemeinsamen fachlichen Sprachbasis
- Verknüpfung zwischen Business- und IT-Strukturen

Entscheidungs- und Planungssicherheit erhöhen
- Aufdeckung von Handlungsbedarf und Optimierungspotenzial
- Bereitstellung von fundiertem Input für das Projektportfoliomanagement und IT-Entscheidungen (aufbereitete Analyse- und Planungsergebnisse)
- Zusammenhänge, Abhängigkeiten und Auswirkungen von Veränderungen in und zwischen Business und IT aufzeigen

Hebung von technischen Einspar- und Qualitätssteigerungspotenzialen
- Vorgabe von technischen Standards (technische Standardisierung)
- Zeitnahe Aussagen über technische Abhängigkeiten und deren Auswirkungen
- Betriebsinfrastruktur-Optimierung
- Erstellung von Vorschlägen für ein adäquates Sourcing (Entscheidungsunterstützung im Sourcing und Partnermanagement)

Nachhaltige IT-Kostenreduktion
- Unterstützung der IT-Konsolidierung (Unterbreitung von Konsolidierungsvorschlägen)
- Zeitnahe Aussagen über Machbarkeit & Auswirkungen von IT-Ideen (IS-Bebauungsplanung)

Erzeugung von direktem Business-Mehrwert
- Input für die Optimierung der Geschäftsarchitektur geben
- Gestaltung der zukünftigen fachlichen Strukturen

- Vorbereitung der IT auf Veränderungen im Business (Flexibilität)
- Unterstützung von Merger & Acquisitions, Outsourcing und dergleichen
- Entwicklung und Veröffentlichung von Vorgaben für die IT-Umsetzung
- Fachliche und IS-Bebauungsplanung im Zusammenspiel

BILD 6.2 Ziele, Einsatzszenarien und EAM-Nutzenargumente

6.2 Operational Excellence

Operational Excellence ist, wie in Abschnitt 2.2.1 ausgeführt, die Fähigkeit, das aktuelle Geschäft kostenangemessen und zuverlässig mithilfe der IT zu unterstützen und dabei die IT-Unterstützung kontinuierlich zu verbessern. Die wesentlichen Herausforderungen sind dabei:

- **Risiken angemessen managen** (Zuverlässigkeit)
  Gewährleistung eines zuverlässigen IT-Betriebs und Erfüllung der wachsenden Sicherheits- und Compliance-Anforderungen
- **Kostenreduktion im Basisbetrieb**
  Die Kosten im Basisbetrieb im Geschäft und in der IT müssen nachhaltig durch Konsolidierung der Betriebsinfrastruktur, von Abläufen, einer professionellen Abwicklung von Projekten und Wartungsmaßnahmen sowie angemessene Sourcing-Entscheidungen reduziert werden, um Freiraum für Innovationen zu schaffen.
- **Beherrschung und/oder Reduktion der Komplexität**
  Die zunehmende Komplexität führt dazu, dass Verantwortliche die IT oder allgemein ihr Business nicht mehr im Griff haben. Zudem verursacht Komplexität immense Kosten, die es durch Konsolidierungsmaßnahmen einzudämmen gilt.
- **Optimierung des Tagesgeschäfts**
  Ohne IT ist das Tagesgeschäft kaum mehr durchzuführen. Der IT kommt damit auch eine tragende Rolle im Hinblick auf die Optimierung des Tagesgeschäfts durch z. B. Automatisierung zu. Durch die Unterstützung bei der Optimierung des Tagesgeschäfts erhöht sich der Wertbeitrag der IT.

Zur Bewältigung der Herausforderungen gibt es in Abhängigkeit von der Zielsetzung verschiedene Ansatzpunkte, die in den folgenden Aspekten zusammengefasst sind:

- Einstieg in eine neue IT-Management-Funktion (siehe Abschnitt 6.2.1)
- Compliance Management (siehe Abschnitt 6.2.2)
- Management der Unternehmenssicherheit (siehe Abschnitt 6.2.3)
- Gewährleistung eines zuverlässigen Geschäftsbetriebs (siehe Abschnitt 6.2.4)
- Betriebsinfrastrukturkonsolidierung (siehe Abschnitt 6.2.5)
- Projektabwicklung und Releasemanagement (siehe Abschnitt 6.2.6)
- Sourcing, Ressourcen- und Partnermanagement (siehe Abschnitt 6.2.7)
- Standardisierung und Homogenisierung (siehe Abschnitt 6.2.8)
- Konsolidierung der IS-Landschaft (siehe Abschnitt 6.2.9)
- Projektportfolio- und Multiprojektmanagement (siehe Abschnitt 6.2.10)
- Produkt- und Roadmap-Planung (siehe Abschnitt 6.2.11)
- Identifikation von Handlungsbedarf und Optimierungspotenzial im Geschäft (siehe Abschnitt 6.2.12)
- Stammdatenmanagement (siehe Abschnitt 6.2.13)
- Demand Management (siehe Abschnitt 6.2.14)

Die Einsatzszenarien werden im Folgenden im Detail beschrieben.

> **Hinweis:**
> Die strategische IT-Planung und IT-Steuerung haben sowohl operative als auch strategische Aspekte. Da die strategischen Anteile überwiegen, finden Sie die Erläuterungen hierzu unter der Überschrift „Strategic Excellence". ∎

6.2.1 Einstieg in eine neue IT-Management-Funktion

Kurzbeschreibung: Transparenz über die aktuelle IT-Landschaft und über Handlungsfelder erlangen durch
- die strukturierte und systematische Erfassung und Analyse der Ist-Landschaft sowie
- Bebauungsplanung der zukünftigen Landschaft und einen Ist-Soll-Abgleich.

Stakeholder-Gruppen: CIO/IT-Verantwortlicher (A und C), IT-Stratege (R oder C), Unternehmensarchitekten (R), Verantwortliche für den Betrieb und PC-Infrastrukturen (C)

Ziele:
- IT in den Griff bekommen (Verstehen der Strukturen und Zusammenhänge sowie Handlungsbedarf und Optimierungspotenzial identifizieren)
- Business-Alignment der IT und Beitrag zur Weiterentwicklung des Geschäfts aufzeigen (Strategie- und Wertbeitrag)

Erläuterungen und geeignete Visualisierungen:

Ein neuer CIO oder IT-Verantwortlicher muss in kurzer Zeit (in den „berühmten" ersten 100 Tagen) einen Überblick über seinen Verantwortungsbereich gewinnen. Diese zeitliche Frist wird in der Regel vom Vorgesetzten gewährt, um sich in die neue Stelle einzuarbeiten und erste Erfolge vorzuweisen. Danach erfolgt die erste Bewertung der Leistung. Eine zweite Chance gibt es in der Regel nicht.

In dieser Zeit muss der CIO ein Verständnis für die Ausgangslage und Herausforderungen des Unternehmens und der IT entwickeln, die wesentlichen Stakeholder kennenlernen und vor allen Dingen ein klares Ziel-Bild und einen Maßnahmenplan entwickeln sowie diesen mit der Unternehmensführung abstimmen.

> **Wichtig:**
> EAM hilft Ihnen, die Ist-Situation der IT-Landschaft schnell zu erfassen, das Ziel-Bild zu entwickeln und Handlungsbedarf aus dem Abgleich mit dem Ziel-Bild zu ermitteln. ∎

Um das Ziel-Bild zu entwickeln, müssen Sie eine Standortbestimmung und strategische Positionierung der IT durchführen (siehe Abschnitte 2.2 und 2.3). Auf dieser Basis können Sie dann Ihre zukünftige IT-Strategie aus der Unternehmensstrategie ableiten. Insbesondere müssen Sie die IT-Ziele, die Strategien wie z. B. Innovationsstrategie und Prinzipien wie z. B. „Make-or-Buy" festlegen. Diese bilden die Zielvorgaben und Leitplanken für die Bebauungsplanung der zukünftigen IT-Landschaft (siehe Einsatzszenario „Strategische Planung der IS-Landschaft" und „Standardisierung und Homogenisierung").

Wenn bereits eine EAM-Datenbasis vorhanden ist, können Sie alle Visualisierungen aus Abschnitt 5.4 entsprechend Ihrer individuellen Fragestellungen für die Standortbestimmung nutzen. Wenn noch keine (oder keine ausreichende) EAM-Datenbasis vorhanden ist, müssen Sie eine Bestandsaufnahme durchführen. Als erster Schritt reichen häufig Listen von Geschäftsprozessen, Informationssystemen und technischen Bausteinen mit Informationen zu Verantwortlichkeiten und, soweit beschaffbar, zu Kosten, Nutzen, Strategie- und Wertbeitrag sowie weitere unternehmensspezifische Kriterien. Anhand dieser Listen kann dann die Detaillierung der Bestandsaufnahme mithilfe der jeweiligen Verantwortlichen erfolgen. Welche weiteren Daten erfragt werden müssen, hängt von Ihren unternehmensspezifischen Zielen, Randbedingungen, Ausgangslage und Positionierung ab. Wesentlich sind darüber hinaus in der Regel:

- **Sammlung bekannter „Pains"**
  Erfassung von bekannten fachlichen und technischen Handlungsbedarfen oder Problemen, wie z. B. lange Liegezeiten von Auftragseingangsbestätigungen.

  > **Wichtig:**
  > Die Lösung von bekannten „Pains" führt schnell zur Akzeptanz im Unternehmen. Anhaltspunkte für die Ermittlung von „Pains" erhalten Sie über Gespräche mit den wesentlichen Stakeholdern. Folgende Fragen können hier hilfreich sein:
  > - Wo sind Kosten verborgen?
  > - Welcher Konsolidierungsbedarf besteht? Gibt es offenkundige Redundanzen und warum?
  > - Welche provisorischen Lösungen sind in Betrieb (Umgehungslösungen oder Altlasten)?
  > - Gibt es Bruchstellen in den Prozessen zwischen verschiedenen Abteilungen?
  > - Gibt es unklare Verantwortlichkeiten oder Arbeitsanweisungen?
  > - Gibt es Reklamationen oder Beschwerden? Hintergrund?

- **Business-Alignment der IT**
  Verknüpfung zwischen IT- und Business-Strukturen, um z. B. die Geschäftsprozessunterstützung oder funktionale Abdeckung aufzeigen zu können. Über die Verknüpfungen können Sie businessorientierte Vorgaben an die IT ableiten. Häufig werden hierzu Bebauungsplan-Grafiken (siehe Abschnitt 5.4.3) verwendet.

  > **Empfehlung:**
  > Wenn keine abgestimmten Geschäftsprozesse (oder Capabilities) vorliegen, sollten Sie diese zumindest grobgranular ermitteln. Nur so können Sie eine Verknüpfung zu IT-Strukturen herstellen und die Ableitung Ihres Ziel-Bilds nachvollziehbar gestalten.

- **Compliance- und Sicherheitsanforderungen**
  Ermittlung der Compliance- und Sicherheitsanforderungen und Analyse, ob diese aktuell erfüllt sind. Dokumentation insbesondere der Handlungsbedarfe.

> **Wichtig:**
> Der Nachweis von Compliance und Sicherheit ist für die Unternehmensführung von großer Bedeutung (siehe Einsatzszenario „Compliance Management" und Einsatzszenario „Management der Unternehmenssicherheit"). Transparenz und Lösungsansätze in dieser Richtung sind daher gern gesehen.

- **Strategien für Informationssysteme**
  Klassifikation der Informationssysteme entsprechend ihres Strategie- und Wertbeitrags oder nach anderen mit dem Geschäft assoziierten Kriterien und Zuordnung von Strategien zu Informationssystemen in Abhängigkeit von der Klassifikation. Sehr verbreitet ist hier die McFarlan-Matrix (siehe [War02]). Diese wird im Einsatzszenario „IS-Portfoliomanagement" erläutert. Ein weiteres bewährtes Beispiel finden Sie in Bild 6.3. In diesem Portfolio werden die Geschäftsprozesse entsprechend ihrer Wettbewerbsdifferenzierung und Veränderungsdynamik klassifiziert. Die Wettbewerbsdifferenzierung von Geschäftsprozessen ist hoch, wenn diese wesentlich für den Erhalt oder Ausbau des Geschäfts sind. Die Veränderungsdynamik ist hoch, wenn Geschäftsprozesse aufgrund von z. B. veränderten Wettbewerbs- oder Rahmenbedingungen ständig anzupassen sind.

  Für jeden Quadranten werden Strategien für die dort einsortierten Geschäftsprozesse und Informationssysteme wie „Automatisiert & integriert", „Agil", „Automatisiert & Standard" und „Manuell & Standard" gegeben. Informationssysteme werden in einen Quadranten einsortiert, wenn sie Geschäftsprozesse unterstützen, die diesem Quadranten zugeordnet werden. Weitere Details zu diesem und weiteren Portfolios finden Sie in Abschnitt 3.4.2.

Auf der Basis dieser Informationen und den strategischen Vorgaben kann die Ziellandschaft gestaltet werden. So können Sie dann durch einen Ist-Soll-Abgleich Maßnahmen für die Umsetzung ermitteln. Siehe hierzu Einsatzszenario „Strategische Planung der IS-Landschaft".

BILD 6.3 IS-Strategie in Abhängigkeit von der Klassifikation der Geschäftsprozesse

6.2.2 Compliance Management

Kurzbeschreibung: Nachweis der Erfüllung von gesetzlichen oder freiwilligen Auflagen wie z. B. Solvency II, Basel II oder Sarbanes Oxley Act durch die Unterstützung der Berichtspflichten

Stakeholder-Gruppen: Unternehmensführung (I und ggf. A), Business-Verantwortlicher (C und I), Verantwortliche für Compliance (R), CIO/IT-Verantwortlicher (I und ggf. A und C), Verantwortliche für den Betrieb (I und C)

Ziele:
- Risiken angemessen managen
  Ein funktionierendes Risikomanagement insbesondere im Hinblick auf die Absicherung persönlicher Haftungsrisiken etablieren und verbessern

Erläuterungen und geeignete Visualisierungen:

Compliance umfasst die Einhaltung aller Gesetze, Verordnungen und Richtlinien sowie von vertraglichen Verpflichtungen und freiwillig eingegangenen Selbstverpflichtungen. Die Gewährleistung der Compliance-Anforderungen gestaltet sich in Anbetracht der „Regulierungswut" zunehmend komplexer.

Durch verschiedene Skandale und damit einhergehende Haftungsklagen in den USA ist Compliance Management zu einem Modewort geworden. Compliance Management ist ein wichtiges Element im Risikomanagement eines Unternehmens und unerlässlich für einen nachhaltigen Unternehmenserfolg. Verstöße gegen gesetzliche oder freiwillige Auflagen können zu drastischen wirtschaftlichen Schäden führen. Beispiele hierfür sind Schadensersatzansprüche, Ausschluss von öffentlichen Ausschreibungen, Imageverlust, schlechte Bewertung durch den Kapitalmarkt und hohe Rechtsberatungskosten. Vorstände, Geschäftsführer und Aufsichtsräte sind persönlich verantwortlich. In Folge einer Verletzung können sie abberufen, gekündigt oder strafrechtlich verfolgt werden oder müssen Bußgelder und Geldstrafen oder Schadenersatzansprüche übernehmen. Insbesondere deshalb hat Compliance Management im Unternehmen eine hohe Priorität. Risiken aus Compliance-Verstößen müssen identifiziert, bewertet und behandelt werden, soweit möglich muss man ihnen präventiv begegnen.

EAM unterstützt das Compliance Management durch Transparenz und kann so helfen, das Vertrauen der Unternehmensführung und von Geschäftspartnern zu sichern. Insbesondere werden Berichtspflichten vereinfacht und Compliance-Kontrollen dokumentiert. Damit kann der Nachweis angetreten werden, dass das Compliance-Management-System den Anforderungen genügt. Wesentlich sind hier:

- Identifizierung, Dokumentation und Visualisierung von Compliance-relevanten fachlichen oder technischen Strukturen (wie z. B. Listen von Compliance-relevanten Geschäftsprozessen oder Informationssystemen)
- Dokumentation der Ownerschaft von Geschäftsprozessen und Geschäftsobjekten sowie der Autorisierung von IT-Systemen und deren Aufbewahrungsfristen
- Dokumentation der Compliance-Controls zu z. B. Geschäftsprozessen und Verantwortlichkeiten für die Kontrolle
- Dokumentation, Bewertung und Überwachung von Systemänderungen und ihren Auswirkungen sowie automatische Benachrichtigung der Compliance-Verantwortlichen z. B. per E-Mail

- Standardisierte Berichte für die Compliance-Verantwortlichen über die Bedrohungen und deren Status anhand EAM-Visualisierungen

EAM unterstützt das Compliance Management insbesondere über Listen. In Bild 6.4 finden Sie eine Liste von Informationssystemen, in der die Compliance-relevanten Systeme markiert sind. Zudem sind der Schutzbedarf und das Sicherheitslevel markiert. Hieraus kann z. B. über das Management der Unternehmenssicherheit (siehe Abschnitt 6.2.3) Handlungsbedarf z. B. im Kontext der Autorisierung von IT-Systemen identifiziert werden.

> **Wichtig:**
> Eine vollständige Liste von Geschäftsprozessen, Geschäftsobjekten, Informationssystemen oder Schnittstellen mit Compliance-relevanten Informationen „auf Knopfdruck" ist alleine schon ein hoher Wert!
>
> In EAM werden lediglich grobgranulare Informationen berücksichtigt, die den Überblick über die Risiken und deren Beherrschung verschaffen. So werden in EAM in der Regel die Compliance-relevanten Elemente identifiziert (z. B. Geschäftsprozesse) und wichtige Informationen, wie z. B. Verantwortlichkeiten, erfasst. Detailinformationen, wie z. B. Controls in Prozessabläufen, werden in der Regel in einem Prozessmanagement-Werkzeug dokumentiert. Über Links kann eine Verbindung hergestellt und das Compliance Management ganzheitlich durchgeführt werden.

Neben den Listen können alle EAM-Transparenzsichten (siehe Abschnitt 5.4) genutzt werden, um das Compliance-Management-System zu implementieren. Durch die Analyse der EAM-Datenbasis können Risiken identifiziert und durch Hervorhebungen in Grafiken Handlungsbedarf aufgezeigt werden.

Informationssysteme	Kurzbeschreibung	Compliance-relevant	Lizenz-kosten	Kosten Wartung & Betrieb	Nutzen	Schutz-bedarf	Sicherh.-level
ACTAC R2.2	Zentrales Logistiksystem	X	200 T/Jahr	40 T/Jahr	500 T/Jahr	groß	groß
ACTAC R2.3	Zentrales Logistiksystem	X	150 T/Jahr	30 T/Jahr	500 T/Jahr	groß	groß
FIS R3.3	Vertriebssteuerung	X	-	150 T/Jahr	300 T/Jahr	groß	groß
CON R4.2	Controlling-System	X	-	250 T/Jahr	100 T/Jahr	groß	groß
CON R4.3	Controlling-System	X	-	300 T/Jahr	150 T/Jahr	groß	mittel
TUY R1.0	Marketing-System PR		-	100 T/Jahr	90 T/Jahr	gering	gering
Publisher R2.0	Marketing-System WF		100 T/Jahr	20 T/Jahr	200 T/Jahr	gering	gering
Publisher R3.0	Marketing-System WF und PR		100 T/Jahr	20 T/Jahr	200 T/Jahr	gering	gering

BILD 6.4 Beispiel einer Liste von Informationssystemen

6.2.3 Management der Unternehmenssicherheit

Kurzbeschreibung: Aufzeigen von Schutzbedarf und Nachweis von geeigneten Sicherheitsmechanismen zur Umsetzung der Sicherheitsanforderungen durch die Dokumentation und Analyse von Schutzbedarf und Sicherheitslevel sowie weiteren Aspekten wie z. B. der Autorisierung von IT-Systemen

Stakeholder-Gruppen: Unternehmensführung (I), Business-Verantwortlicher (C), Verantwortliche für Sicherheit (R), CIO/IT-Verantwortlicher (I und ggf. A und C), Verantwortliche für den Betrieb und PC-Infrastrukturen (I und C)

Ziele:

- Risiken angemessen managen
  Risikomanagement im Kontext von IT-Sicherheit und Unternehmenssicherheit allgemein verbessern

Erläuterungen und geeignete Visualisierungen:

Noch vor wenigen Jahrzehnten wurde die Sicherheit eines Unternehmens nur durch die räumliche Sicherung wie Zugangsbeschränkungen, Zäune oder den Werkschutz gewährleistet. Inzwischen stellt die IT-Sicherheit weit höhere Anforderungen und ist ein Kernelement der Unternehmenssicherheit.

Gesetzliche Regelungen wie das Gesetz zur Kontrolle und Transparenz im Unternehmensbereich (KonTraG) und das Bundesdatenschutzgesetz (BDSG) adressieren Aspekte der IT-Sicherheit und stellen weitreichende Anforderungen an Technik und Organisation eines Unternehmens. Siehe hierzu Einsatzszenario „Compliance Management".

Der Schutzbedarf jedes IT-Systems muss vom Schutzbedarf des Geschäfts, insbesondere der Geschäftsprozesse und Geschäftsobjekte abgeleitet werden. Dies ist eine Zielvorgabe für die Umsetzung und den Betrieb der IT-Systeme. Durch Ermittlung des Sicherheitslevels und Abgleich mit dem Schutzbedarf kann Handlungsbedarf aufgedeckt werden. Dies kann an-

BILD 6.5 Abgleich von Schutzbedarf und Sicherheitslevel

schaulich mithilfe einer Bebauungsplan-Grafik (siehe Bild 6.5) oder einer Liste (siehe Bild 6.4) visualisiert werden. Im konkreten Beispiel besteht für das Vertriebscontrolling ein hoher Schutzbedarf. Das Informationssystem CON R 4.3 hat aber nur ein mittleres Sicherheitslevel.

Auch die eigentliche Sicherheitsanalyse kann durch Listen erleichtert werden, in denen z. B. die Informationssysteme und deren Schutzbedarf aufgelistet sind. Entsprechend dem Schutzbedarf werden unterschiedliche Bedrohungsanalysen durchgeführt, deren Ergebnisse wiederum in der EAM-Datenbasis dokumentiert werden können.

6.2.4 Gewährleistung eines zuverlässigen und kostengünstigen Geschäftsbetriebs

Kurzbeschreibung: Unterstützung bei der Durchführung, Planung und Steuerung des IT-Basisbetriebs durch

- Transparenz über die wesentlichen Strukturen, Aspekte und Erfüllung der IT-Services sowie Kostenentwicklung im IT-Servicemanagement (siehe [Buc07], [itS08] und [Joh07]) schaffen und
- Unterstützung bei der Erkennung von Handlungsbedarf und Planung der Verbesserung der IT-Services.

Stakeholder-Gruppen: Unternehmensführung (I), CIO/IT-Verantwortlicher (I oder A), Infrastrukturarchitekt (R), Verantwortliche für IT-Betrieb und PC-Infrastrukturen (A oder C)

Ziele:

- Risiken angemessen managen
  Risikomanagement insbesondere im Kontext des Business Continuity Managements sicherstellen, damit die Betriebsinfrastruktur und die Services nach einem Ausfall möglichst rasch wiederhergestellt werden. Ein weiteres Anliegen ist die Steigerung der IT-Performance im IT-Basisbetrieb, um insbesondere die Anforderungen im Kontext Sicherheit, Skalierbarkeit, Ausfallsicherheit, Verfügbarkeit und Performance zu erfüllen.
- Kostenreduktion im IT-Basisbetrieb
  Effizienzsteigerung bei IT-Services und marktgerechte Preise für IT-Leistungen mit Hilfe eines adäquaten Sourcing, Ressourcen- und Partnermanagements (siehe Abschnitt 6.2.7), von Standardisierung und Homogenisierung (siehe Abschnitt 6.2.8) und Betriebsinfrastrukturkonsolidierung (siehe Abschnitt 6.2.5).

  Wichtig ist insbesondere bei einer niedrigen Fertigungstiefe die Leistungssteuerung von Lieferanten (z. B. Outsourcing-Dienstleister) sowie das Risikomanagement (u. a. Sicherheit und Compliance) durch klar definierte Services und SLA[1]s (bzw. OLA[2]s und UC[3]s) festzulegen.

Erläuterungen und geeignete Visualisierungen:
Das IT-Servicemanagement fasst alle Aufgaben zusammen, die für Aufbau, Pflege und Ausbau des Geschäftsbetriebs notwendig sind. Die Geschäftsprozesse sollten zu möglichst geringen

---

[1] Service Level Agreement
[2] Operating Level Agreement
[3] Underpinning Contract

Kosten und optimal unterstützt sowie zuverlässig durchführbar und verfügbar sein. Wesentlich ist insbesondere der Nachweis der Erbringung der klar definierten Serviceleistung anhand von Messkriterien (KPIs).

Ein zuverlässiger IT-Betrieb ist für einen reibungslosen Geschäftsbetrieb entscheidend. Die Betriebsinfrastruktur muss stabil und leistungsfähig sein. Sicherheit, Skalierbarkeit, Ausfallsicherheit, Verfügbarkeit und Performance sind sowohl auf Hardware-, Netzwerk-, Betriebssystem-, Laufzeitumgebungs- als auch auf Anwendungsebene erforderlich. Daneben muss mit einem ausreichenden Know-how bei den Mitarbeitern im IT-Betrieb bzw. beim IT-Dienstleister die Leistungserbringung sichergestellt sein. Die Erfüllung der Leistungen wird in der Regel anhand eines festgelegten Servicekatalogs und der für die Leistungen festgelegten SLAs (bzw. OLAs und UCs) überprüft. Die SLA-Erfüllung ist eine der gebräuchlichsten Kennzahlen für den Nachweis der Leistungserbringung. Daneben können weitere Kennzahlen genutzt werden (siehe Kapitel 8). Grundlage für die Überprüfung sind in der Regel die Daten, die aus einem operativen Reporting über Tickets oder aber einem IT-Monitoring gewonnen werden.

Mithilfe von EAM können die Basisdaten, wie z. B. Anzahl Tickets für einen bestimmten IT-Service in einem festgelegten Zeitraum, und die Kennzahlen über Hervorhebungen in EAM-Visualisierungen transparent gemacht werden. Häufig werden hierfür Cockpits (siehe Bild 6.42) genutzt.

EAM unterstützt aber auch durch Abhängigkeitsanalysen. Ein Beispiel hierfür ist die Ermittlung der Informationssysteme oder aber auch der Geschäftsprozesse, die von einem Ausfall oder unzureichender SLA-Erfüllung eines Infrastrukturelements betroffen sein könnten. In Bild 6.6 finden Sie hierzu ein Beispiel. Aber alleine schon durch die Darstellung der Abhängigkeiten in einer Plattform-Grafik (siehe Bild 6.7) wird die Fehlersuche vereinfacht.

Von großer Bedeutung beim IT-Servicemanagement sind das Business Continuity Management und zunehmend auch das Compliance Management sowie das unternehmensweite Sicherheitsmanagement. Verstöße gegen gesetzliche oder freiwillige Auflagen können zu gravierenden wirtschaftlichen Schäden und persönlichen Haftungsrisiken von Vorständen und

BILD 6.6
Analyse von Abhängigkeiten ausgehend von Infrastrukturproblemen

Geschäftsführern führen. Das Compliance Management ist damit ein wesentlicher Bestandteil des unternehmensweiten Risikomanagements und strahlt in alle Unternehmensbereiche aus. Das Compliance Management wird in Abschnitt 6.2.2 beschrieben.

Die Sicherheitsbedrohungen nehmen auch wegen der globalen Vernetzung und Mobilität kontinuierlich zu. Durch einen Abgleich von Schutzbedarf und Sicherheitslevel kann Handlungsbedarf identifiziert werden. Siehe hierzu Abschnitt 6.2.3 und Bild 6.5. Analog können auch eine Analyse und ein Abgleich bezüglich der Erfüllung der Anforderungen im Kontext von Skalierbarkeit, Ausfallsicherheit, Verfügbarkeit oder Performance durchgeführt werden.

Business Continuity Management (kurz BCM) ist ein systematisches Notfall- und Krisenmanagement zur Bewältigung von denkbaren Situationen, die zum Stillstand kritischer Prozesse führen und damit das Überleben des Unternehmens bedrohen können. Diese Prozesse sowie die möglichen Risiken gilt es zu ermitteln. Die maximal tolerierbaren Ausfallzeiten der kritischen Geschäftsprozesse sind zu definieren. Für alle Risiken müssen die möglichen Auswirkungen (z. B. finanziell oder auch immateriell, wie z. B. den Ruf des Unternehmens betreffend) und die Eintrittswahrscheinlichkeit benannt und Maßnahmen vorgegeben werden, die im Falle des Eintritts der verschiedenen Risiken durchzuführen sind. EAM kann hier durch Analysen, wie bereits beschrieben, unterstützen.

Transparenz über die IT-Strukturen und IT-Leistungen ist für die Gewährleistung eines zuverlässigen Geschäftsbetriebs sehr wichtig. Im Rahmen z. B. eines Service Management Assessment können unter anderem die Bereiche ermittelt werden, in denen Serviceverbesserungen notwendig werden. Von besonderer Bedeutung sind hier Risikoanalysen auch im Kontext der Sicherheit und Betriebsstabilität. Durch den Vergleich mit „Good Practices" z. B. aus dem ITIL-Umfeld (siehe [Buc07] oder [itS08]) können Anhaltspunkte für Optimierungen identifiziert werden. Auf dieser Basis können Maßnahmen zur Erhöhung des Reifegrads in der Serviceerbringung abgeleitet werden.

Da der IT-Basisbetrieb eine IT-Commodity-Leistung ist (siehe Abschnitt 2.2 und [Kag06]) und die Kunden Beschaffungsalternativen haben, müssen bedarfsgerechte IT-Dienstleistungsprodukte in hoher Qualität zu marktgerechten Preisen bereitgestellt werden. Durch EAM-Visualisierungen wie z. B. Portfolios oder Spider-Diagramme kann ein Vergleich mit dem Wettbewerb visualisiert werden (siehe Abschnitt 5.4). Die Basisdaten hierzu müssen vom Controlling (siehe Abschnitt 8.3.4) geliefert werden.

> **Wichtig:**
> Stellen Sie bei einem Vergleich mit dem Wettbewerb sicher, dass die Leistungen vergleichbar sind. Dies ist häufig nicht ganz unproblematisch, da die Leistungen nicht ausreichend beschrieben sind (siehe [Küt07]).
>
> Als Kennzahl wird häufig der IT-Kostensatz pro Umsatz (siehe [Küt10]) der Branche zugrunde gelegt. Anhand der Kostenentwicklung über die Zeit kann der Fortschritt aufgezeigt werden (siehe Kapitel 8).
>
> Wesentlich für einen kostengünstigen Geschäftsbetrieb sind insbesondere die Zentralisierung und Bündelung des Einkaufs von IT-Leistungen sowie IT-Konsolidierungsmaßnahmen. EAM unterstützt insbesondere die IT-Konsolidierung. Siehe hierzu die Betriebsinfrastrukturkonsolidierung, die Standardisierung und Homogenisierung und die Konsolidierung der IS-Landschaft.

6.2.5 Betriebsinfrastrukturkonsolidierung

Kurzbeschreibung: Standardisierung, Homogenisierung und Optimierung der Betriebsinfrastruktur durch Einführung, Bündelung und Zentralisierung von Plattformen, Know-how und standardisierten Services mit klar definierten SLAs sowie Ablösung von Technologien und Systemen (Life-Cycle-Management) oder Reduktion von Abhängigkeiten sowie die Vereinfachung auf allen Ebenen. Typische Maßnahmen im Kontext der Konsolidierung der Betriebsinfrastruktur sind zudem das Lizenz- und SLA-Management, die Nutzung von Virtualisierungstechniken, Cloud Computing und die Einführung von z. B. Datacenter.

Stakeholder-Gruppen: CIO/IT-Verantwortlicher (A oder I), Infrastrukturarchitekt (R), Verantwortliche für IT-Betrieb und PC-Infrastrukturen (A oder C)

Ziele:

- Kostenreduktion im IT-Basisbetrieb
  Kosten für IT-Commodity-Leistungen durch Einsparung von Lizenz-, Wartungs- und Betriebskosten sowie Personal in Folge der Konsolidierung von z. B. Betriebssystemen, Datenbanksystemen, Infrastrukturplattformen und -Services reduzieren.

  Durch die Konsolidierung, insbesondere von klar definierten Services mit SLAs (bzw. OLAs und UCs) wird zudem die Auslagerung von Services sowie die Lieferantensteuerung vereinfacht.

- Beherrschung und/oder Reduktion der IT-Komplexität
  IT-Komplexität durch kontinuierliche IT-Konsolidierung beherrschen und verringern sowie IT-Performance im Basisbetrieb steigern. Weitere Aspekte zur Komplexitätsbeherrschung sind die Verbesserung von Administrierbarkeit, Ausfallsicherheit, Effizienz, Flexibilität, Performance, Sicherheit, Skalierbarkeit, Stabilität und Verfügbarkeit sowie Reduzierung von Abhängigkeiten. Hierzu sind geeignete Maßnahmen entsprechend der konkreten Anforderungen zu identifizieren.

  Wesentlich ist auch die strategische Weiterentwicklung der Betriebsinfrastruktur durch die Verbauung von zukunftssicheren technischen Bausteinen und Plattformen sowie das Ableiten und Anbieten von standardisierten Serviceleistungen (Servicekatalog).

Erläuterungen und geeignete Visualisierungen:

Grundlage für die Betriebsinfrastrukturkonsolidierung ist Transparenz über die konsolidierungsrelevanten Aspekte. Wenn es vorrangig um die Kostenreduktion geht, dann müssen die Informationen über die Betriebsinfrastruktur, die Services, die Servicekosten und die Hauptkostentreiber vorliegen. Ein Beispiel hierfür sind die Kosten pro User einer Applikation sowie Angaben über das Mengengerüst, wie z. B. Anzahl Tickets, benötigter Plattenplatz oder durchschnittliche Servicezeiten. Diese Informationen können über das Review von Service-Vereinbarungen oder aber vom Controlling eingeholt werden. Dies ist häufig nicht ganz einfach, da z. B. die Kosten pro User einer Applikation so nicht vorliegen. Hilfestellungen hierfür finden Sie in Kapitel 8.

Abhängig von den Zielen kann die EAM-Datenbasis in Hinblick auf Handlungsbedarf und Optimierungspotenzial, z. B. Standardisierungsmöglichkeiten, analysiert und die zukünftige Betriebsinfrastruktur gestaltet werden. Das Vorgehen zur strategischen IT-Planung der IT-Landschaft wird in den Abschnitten 7.5.2 und 7.6 ausgeführt.

Durch Bestandsaufnahme der technischen Bausteine der Betriebsinfrastruktur und der Analyse pro technische Domäne können Anhaltspunkte für die Standardisierung ermittelt werden. Standardisierungsmöglichkeiten bestehen gegebenenfalls bei allen Kategorien wie z. B. Plattformen, Betriebssystemen, Datenbanken oder Servern mit mehr als einem technischen Baustein oder aber auch bei verschiedenen Releases. Ergebnis ist letztendlich ein Blueprint (siehe Abschnitt 5.4.2), in dem die zukünftige Nutzung der technischen Bausteine z. B. über einen Freigabestatus oder über die Standardkonformität festgelegt wird.

> **Wichtig:**
>
> Schnelle Kosteneinsparungen sind in der Regel durch die Standardisierung der PC-Infrastruktur und Drucker infolge von Skaleneffekten zu erreichen (siehe Abschnitt 7.6). Die Standardisierung im Betriebsinfrastrukturumfeld erfolgt häufig auch über standardisierte Services, wie z. B. zur Archivierung, mit klar definierten Leistungen und SLAs.

Betriebsinfrastrukturplattformen können Infrastruktur-Services anbieten und Infrastruktur-Services von anderen nutzen (siehe [itS08]). In der Plattform-Grafik oben in Bild 6.7 werden sowohl die Abhängigkeiten zwischen den Plattformen als auch die Nutzung der Infrastruktur-Services von Informationssystemen abgebildet. Die SAP-Plattform nutzt (verwendet-Beziehung) die Oracle-Plattform. Die Individual-Plattform nutzt die Oracle- und auch die Java-Plattform. Die Java-Plattform besteht aus der Laufzeitumgebungs- und Portalplattform. Services werden in Bild 6.7 links nur von den Top-Level-Plattformen angeboten. Die Services werden in einem standardisierten Service-Katalog mit deren SLAs und gegebenenfalls auch Preisen beschrieben.

In Bild 6.7 unten bieten alle Plattformen Services an. Die Abhängigkeiten zwischen Plattformen werden durch die Nutzung von Services beschrieben. Zudem werden Serviceabhängigkeiten dargestellt. Die Services der Java-Plattform hängen von Services der Teilplattformen ab. Mithilfe der Plattform-Grafik können beliebige Abhängigkeiten zwischen Plattformen und Infrastruktur-Services dokumentiert werden. Informationssysteme können entweder Plattformen direkt oder aber dedizierte Infrastruktur-Services nutzen. Durch eine Cluster-Analyse auf Ebene der Infrastrukturelemente in Bezug auf Informationssysteme oder Informationssystem-Cluster können zudem Vorschläge für Plattformen und Infrastruktur-Services abgeleitet werden (siehe hierzu Download Anhang A).

> **Wichtig:**
>
> Durch die Zentralisierung, Standardisierung, Vereinfachung, Reduzierung und Virtualisierung von Plattformen können die Betriebskosten erheblich reduziert werden. Lizenz-, Hardware- und auch Mitarbeiterkosten können eingespart und die Servicequalität erhöht werden.

Zentralisierungspotenzial kann durch die Analyse der Betriebsverantwortung ermittelt werden. Als Ergebnisdarstellungen eignen sich hier Tabellen, Zuordnungstabellen und technische Bebauungsplan-Grafiken. In Bild 6.8 finden Sie eine technische Bebauungsplan-Grafik, in der in den Zeilen die verschiedenen Betriebsstandorte unterschieden werden.

BILD 6.7 Beispiele für Plattformabhängigkeiten (Plattform-Grafik)

Durch die Eingruppierung der verschiedenen Infrastrukturelemente, wie z. B. SAP Server, in technische Domänen und Zuordnung zu den Betriebsstandorten wird eine Übersicht über die Betriebsinfrastruktur erzeugt. Für die Entscheidungsfindung sind in der Regel weitere Informationen notwendig. Im Beispiel werden die Anzahl der Nutzer und die Anzahl der auf den Plattformen betriebenen Informationssysteme exemplarisch mit aufgeführt. Lizenzmodelle sind häufig ein weiteres wichtiges Kriterium. Um Möglichkeiten der Zentralisierung oder aber der Plattformkonsolidierung zu bestimmen, müssen insbesondere technische und vertragliche Abhängigkeiten analysiert werden.

BILD 6.8 Beispiel technische Bebauungsplan-Grafik

Die Abhängigkeiten zwischen den verschiedenen Infrastrukturelementen und auch zu technischen Bausteinen können durch Zuordnungstabellen aufgezeigt werden. Durch eine Cluster-Analyse können Plattformen identifiziert werden, die gleiche technische Bausteine nutzen oder aber für Informationssysteme bzw. Informationssystem-Cluster benötigt werden. So könnten in Bild 6.9, wenn separate Datenbankplattformen für ORACLE 10 und SQL-Server bereitgestellt werden, die Infrastrukturelemente I2 und I7 zu einer Java-Plattform, die zudem MySQL beinhalten würde, oder aber I3 und I6 zu einer .Net-Plattform zusammengefasst werden.

Auf dieser Basis können dann z. B. die Servicevereinbarungen und vertraglichen Bedingungen überprüft werden. Dies schafft eine Entscheidungsgrundlage.

Technische Bausteine		I1	I2	I3	I4	I5	I6	I7
Plattform Java	TB 1		X		X			X
Plattform .Net	TB 2			X			X	
ORACLE 10	TB 3	X	X					X
SQL-Server	TB 4					X	X	
MySQL	TB 5	X						X
BS 2000	TB 6					X	X	
...	...							

Standardisierungsgrad:
- nicht standard-konform
- überwiegend nicht standard-konform
- überwiegend standard-konform
- standard-konform

BILD 6.9 Beispiel Zuordnungstabelle zur Analyse von Abhängigkeiten

Wichtig im Kontext der Betriebsinfrastrukturkonsolidierung sind insbesondere auch Lebenszyklusanalysen. Der Umgang mit Infrastrukturelementen, die überwiegend für in Ablösung befindliche Informationssysteme genutzt werden, muss im Rahmen der Konsolidierung der Betriebsinfrastruktur geplant werden. In Bild 6.19 finden Sie ein Beispiel einer Life-Cycle-Grafik.

Auch die Abhängigkeit vom Lebenszyklus der technischen Bausteine oder aber der abhängigen Infrastrukturelemente muss analysiert werden, um die Konsolidierung der Betriebsinfrastruktur und insbesondere die Ablösung von technischen Bausteinen oder Infrastrukturelementen vorausschauend planen zu können. Im Rahmen der Konsolidierung werden zudem in der Regel eine Reduktion von Abhängigkeiten und die Vereinfachung auf allen Ebenen angestrebt (siehe [Joh07]).

6.2.6 Projektabwicklung und Releasemanagement

Kurzbeschreibung: Unterstützung bei Initialisierung, Planung, Durchführung, Qualitätssicherung und Steuerung von (IT-)Projekten und Maßnahmen (z. B. Einführung oder Ersetzung eines Auftragsabwicklungssystems oder Einführung der Standardsoftware SAP) durch

- Bereitstellung von Informationen über den Projektkontext, Projektabhängigkeiten und zu spezifischen Projektfragestellungen (oder Maßnahmen),
- Identifikation von Handlungsbedarf und Optimierungspotenzial sowie Ansatzpunkten für eine Tiefenbohrung,
- Analyse von Abhängigkeiten und Auswirkungen von Veränderungen,
- Unterstützung bei der Erstellung, Analyse und Bewertung von Planungsszenarien sowie
- Transparenz über Status und Fortschritt der Umsetzung der Planung und strategischer Vorgaben als Input für die Projektsteuerung schaffen.

Stakeholder-Gruppen: Projektleiter (A oder C), Entscheider in Steuerkreisen (I), Unternehmensarchitekten (R) und IS-Verantwortlicher (R oder I)

Ziele:

- Kostenreduktion im Basisbetrieb
  Fundierter Input ist für die Planung, Steuerung und Durchführung des IT-Betriebs und des Geschäfts notwendig. Durch die Transparenz können Fehler vermieden und Kosten eingespart werden. Projekt-, Wartungs- und Betriebskosten können zudem durch die verbesserte Leistungssteuerung z. B. von Zulieferungen eingespart werden. Zudem kann die Projektdauer („time to system") verkürzt werden, da Handlungsbedarf und Optimierungspotenzial frühzeitig eingesteuert werden kann.
- Beherrschung und/oder Reduktion der Komplexität
  Durch insbesondere Standardisierung, Homogenisierung und Vereinfachung im Rahmen von Konsolidierungsmaßnahmen kann die Komplexität eingedämmt werden. Konsolidierungsmaßnahmen müssen im Rahmen von Projekten und Wartungsmaßnahmen eingeplant und durchgeführt werden.
- Optimierung des Tagesgeschäfts
  Handlungsbedarf und Optimierungspotenzial müssen erkannt und geeignete Maßnahmen zur Optimierung eingeleitet werden. So kann der Wert- und Strategiebeitrag von Projekten und Wartungsmaßnahmen gesteigert werden.

- Strategische Ausrichtung
  Im Rahmen von Projekten und Wartungsmaßnahmen müssen die strategischen Vorgaben und Pläne umgesetzt bzw. nicht dagegen verstoßen werden.

Erläuterungen und geeignete Visualisierungen:

Für die Identifikation des **Projektkontexts** werden häufig Informationsfluss-Grafiken (siehe Abschnitt 3.4) eingesetzt. In Bild 6.10 finden Sie ein Beispiel einer solchen Grafik mit Zoom auf den Projektkontext für das Projekt „Weiterentwicklung SAP BI Umsatzstatistik (UST)". Im Projektkontext liegen die Informationssysteme SAP BI Umsatzstatistik R1.0, Sales Manager R 3.0, SAP R 3.17, Treasury R 1.0 und Siebel CRM R 3.1. SAP BI Umsatzstatistik R1.0 ist das Informationssystem, das im Rahmen des Projekts weiterentwickelt werden soll. Die anderen Informationssysteme im Kontext sind über Schnittstellen direkt oder indirekt verbunden.

In der Grafik werden zudem die regionalen Verantwortlichkeiten als Clustering hervorgehoben. So kann schnell identifiziert werden, welche Systeme und Schnittstellen im Projekt zu betrachten und welche Geschäftseinheiten bzw. Standorte mit einzubeziehen sind.

Für die Bestimmung des Projektkontextes können aber auch andere Grafiktypen (siehe Abschnitt 5.4) verwendet werden. Insbesondere Bebauungsplan-Grafiken oder durch Informationssysteme überlagerte Cluster-Grafiken werden häufig verwendet, da hierüber die fachliche Zuordnung von Informationssystemen veranschaulicht wird. Die fachlich zugeordneten Elemente müssen im Projektkontext betrachtet werden.

Projektabhängigkeiten lassen sich leicht anhand einer Masterplan-Grafik erkennen. Abhängigkeiten von Informationssystem-Releases werden über die erweiterte Masterplan-Grafik transparent. In Bild 6.11 finden Sie ein Beispiel für eine solche Grafik. Hier sind zwei Synchronisationspunkte eingezeichnet, die für das Projekt „Weiterentwicklung SAP BI Umsatzstatistik (UST)" wichtig sind. Dies sind einerseits das geplante Projektende und andererseits der Start des Pilotbetriebs des Informationssystem-Release „SAP BI Umsatzstatistik R1.1", das im Rahmen des Projekts bereitgestellt wird.

Anhand der Grafik lässt sich für beide Synchronisationspunkte der voraussichtliche Projektstatus über den Lebenszyklusstatus der Informationssystem-Releases zu einem bestimmten Zeitpunkt leicht erkennen. Die Abhängigkeiten zwischen den Projekten und zu den Informationssystemen müssen in der Projektplanung und der Projektsteuerung im Auge behalten werden. In Folge der Abhängigkeiten kann gegebenenfalls eine Zwischenlösung oder aber auch eine Ablösung eines Informationssystems oder einer Schnittstelle notwendig werden.

Die Verfolgung und Analyse der Projektabhängigkeiten sind insbesondere auch in der Multiprojektsteuerung wichtig. Mithilfe der erweiterten Masterplan-Grafik werden die Auswirkungen von Veränderungen im Projektnetzwerk transparent. Das Projekt „Einführung Salesmanager R4" ist in Verzug (siehe Bild 5.4). Das Projekt „Weiterentwicklung SAP BI Umsatzstatistik (UST)" muss nun zudem eine Schnittstelle zum Salesmanager R3 berücksichtigen, da zum geplanten Einführungszeitpunkt der SAP BI Umsatzstatistik R1.1 wahrscheinlich nur diese Version zur Verfügung steht.

Die Visualisierung des Projektfortschritts inklusive der Projektabhängigkeiten kann auch über eine Synchroplan-Grafik (siehe Bild 6.23) erfolgen. Weitere Informationen hierzu finden Sie im Einsatzszenario „Projektportfoliomanagement und Multiprojektmanagement".

288 6 EAM Einsatzszenarien

BILD 6.10 Beispiel Projektkontext in einer Informationsfluss-Grafik

BILD 6.11 Beispiel für eine erweiterte Masterplan-Grafik

BILD 6.12 Beispiel für die Verfolgung von Projektabhängigkeiten

Über die Analyse der EAM-Datenbasis und die geeignete Visualisierung der Ergebnisse (siehe Abschnitt 6.5) können projektspezifische Fragestellungen beantwortet, Handlungsbedarf und Optimierungspotenzial sowie Ansatzpunkte für eine Tiefenbohrung oder Abhängigkeiten und Auswirkungen des Projekts identifiziert werden. Insbesondere können so auch die Konformität zur Planung und die Einhaltung von strategischen Vorgaben, insbesondere technischen Standards, überprüft werden. In Bild 6.16 finden Sie ein Beispiel für einen unternehmensspezifischen Blueprint, über den die Standards vorgegeben werden. Falls für den Projektkontext relevante Informationen fehlen, kann gegebenenfalls eine Bestandsaufnahme oder Aktualisierung der vorhandenen Bebauungsdatenbasis erforderlich werden.

> **Empfehlung:**
> Nutzen Sie die Sammlung von Analysemustern für die Beantwortung Ihrer spezifischen Projektfragestellungen. Siehe hierzu Abschnitt 7.5.1 und Download-Anhang A.

EAM unterstützt auch bei der Projektplanung. Planungsszenarien können einfacher erstellt, analysiert und bewertet werden. In Bild 6.13 finden Sie ein Beispiel für ein Planungsszenario für das Projekt, in dem der Zielzustand zum Projektende dargestellt wird.

Weitere Informationen hierzu finden Sie im Einsatzszenario „Strategische Planung der IS-Landschaft" und in Abschnitt 6.3.2.

> **Wichtig:**
> Wesentlich für die Projektsteuerung ist Transparenz über den Status und Fortschritt der Umsetzung der Planung und der strategischen Vorgaben. Dies kann auf unterschiedliche Art und Weise erfolgen. So kann der Unternehmensarchitekt im Projekt mitarbeiten oder als Qualitätssicherungsfunktion in die Projektabwicklung integriert sein. Als Qualitätssicherungsfunktion überprüft er im Rahmen von Quality Gates (definierte Meilensteine), ob die Projektergebnisse konform zur Planung und zu den vorgegebenen Standards sind. Zudem kümmert er sich, falls erforderlich, um die Aktualisierung der Bebauungsdatenbasis.

BILD 6.13 Beispiel für ein Planungsszenario

Durch den Abgleich mit der Planung und den Standards werden Abweichungen ersichtlich. Auf dieser Basis können Maßnahmen ergriffen werden. Hilfestellungen und Beispiele hierfür finden Sie in den Abschnitten 6.4 und 7.5.1 und bei den Einsatzszenarien „Konsolidierung der Betriebsinfrastruktur", „Standardisierung und Homogenisierung" und „Strategische IT-Steuerung".

6.2.7 Sourcing, Ressourcen- und Partnermanagement

Kurzbeschreibung: Unterstützung bei Sourcing-Entscheidungen durch Dokumentation und Analyse von Sourcing-relevanten Informationen wie z. B. Kerneigenleistung und Lieferantenbewertungen

Stakeholder-Gruppen: CIO/IT-Verantwortlicher (C, A oder I), IT-Stratege (R), Verantwortliche für den Betrieb und PC-Infrastrukturen (C, A oder I), Partner und Lieferanten (C und I)

Ziele:
- Kostenreduktion im Basisbetrieb durch passende Sourcing-Entscheidungen (u. a. Nutzung von Skaleneffekten) und Know-how-Bündelung
- Beherrschung und/oder Reduktion der Komplexität
  Adäquates Know-how durch die richtigen Ressourcen und Partner sicherstellen und so das Geschäft, die IT-Landschaft und deren Komplexität im Griff behalten sowie die Qualität steigern
- Optimierung des Tagesgeschäfts durch eine verbesserte Leistungssteuerung (konkrete Ausgestaltung entsprechend Wertschöpfungstiefe) intern und von Lieferanten. So kann das Tagesgeschäft optimiert werden.
- Strategische Ausrichtung
  Sourcing-Strategie zielgerichtet umsetzen

Erläuterungen und geeignete Visualisierungen:

Die klassische Sourcing-Frage muss beantwortet werden: Welche IT-Leistungen kann bzw. soll ein Unternehmen selbst erbringen bzw. welche Leistungen sollen eingekauft werden?

Nicht alle Leistungen können oder sollten von der internen IT selbst erbracht werden. Für Sourcing-Entscheidungen muss das Leistungspotenzial der IT und deren Positionierung ermittelt und entsprechend die Fertigungstiefe festgelegt werden (siehe Kapitel 2 und 3). Je nach strategischen und operativen Kriterien sollten Sie entscheiden, welche Leistungen, von einem strategischen Blickwinkel aus betrachtet, ausgelagert werden können. Sie müssen zwischen dem strategischen und dem nichtstrategischen Teil der IT unterscheiden. Der strategische Teil differenziert das Unternehmen vom Wettbewerber. Hierzu zählen fachliche Kernkompetenzen und strategische Aufgabenbereiche. Diese verbleiben im Allgemeinen im Unternehmen. Bei den restlichen Aufgabenbereichen ist der Vergleich insbesondere der Transaktionskosten der internen und externen Leistungserbringung eine wesentliche Entscheidungsgrundlage. Hier müssen sowohl die eigentlichen Transaktionskosten als auch die Koordinations- und Controlling-Aufwände mit berücksichtigt werden.

Der nichtstrategische Teil kann als „Commodity" zugekauft werden. Die frei werdenden Ressourcen und das Kapital können in strategische Aufgaben investiert werden. Die IT kann den Fremdbezug von Leistungen nutzen, um ihre Fertigungstiefe zu variieren, auf Nachfrageschwankungen flexibel zu reagieren, Qualitäts- und Preisvorteile einzukaufen und auf spezielle, selten gebrauchte Skills zuzugreifen. Durch eine partnerschaftliche Vernetzung mit den Lieferanten und ihre Einbeziehung in den Innovationsprozess lässt sich der Wertbeitrag der IT steigern. Der Lieferant bringt dann zusätzliche Kompetenzen und Ideen „ohne Mehrkosten" mit ein.

Beim Outsourcing werden externe Ressourcen genutzt und IT-Prozesse zu einem externen Anbieter verlagert. Ziel ist es, Kosten insbesondere durch Skalenvorteile zu reduzieren. Typische Beispiele hierfür sind der Dokumentendruck, das Rechnungswesen, das Gebäude- und Flottenmanagement, der Rechenzentrumsbetrieb von IT-Systemen (z. B. SAP), das Billing, Customer-Care-Funktionen und die Auskunft.

Durch die Standardisierung von IT-Prozessen z. B. durch CobiT und ITIL (siehe [Joh11] und [itS08]) wird eine Möglichkeit zum Vergleich verschiedener Outsourcing-Anbieter geschaffen.

Insourcing bezeichnet die Eigenerstellung von bisher extern eingekauften Produkten bzw. Leistungen. Es erfolgt eine Ausweitung der Wertschöpfungskette auf die bisher extern eingekauften Leistungen. So können Kosten gesenkt, insbesondere aber neue Geschäftsfelder eröffnet werden.

Im Rahmen des Offshoring werden häufig IT-Leistungen in Niedriglohnländer wie z. B. Indien (Offshore) oder Rumänien (Nearshore) verlagert, um die Personalkosten durch das Lohnkostengefälle zu senken. Das Einsparpotenzial muss unternehmensspezifisch eingeschätzt werden. Häufig wird auch die Organisationsform eines Offshore-Entwicklungszentrums gewählt. IT-Funktionen werden in Niedriglohnländer verlagert und externe Ressourcen werden in einem eigenen Unternehmen oder Joint Venture gebündelt.

Nach der Identifikation der potenziellen Insourcing-, Outsourcing- und Offshoring-Bereiche müssen Stärken und Schwächen sowie Chancen und Risiken analysiert und abgewogen werden. Es müssen insbesondere die Kernkompetenzen, Ressourcen, Kosten und Risiken betrachtet werden.

Basis der Festlegung der Sourcing-Strategie (siehe Abschnitt 3.4.2) sind die Analyse und die Bewertung des Leistungspotenzials der IT. Alle operativen und strategischen IT-Management-Funktionen und alle IT-Assets müssen betrachtet und mögliche Insourcing-, Outsourcing- oder Offshoring-Bereiche identifiziert werden. Eine mögliche Vorgehensweise zur Einschätzung des Leistungspotenzials finden Sie in Abschnitt 2.3.

Durch eine adäquate Sourcing-Strategie wird die Kostenstruktur verbessert, das operative Risiko reduziert, eine höhere Flexibilität und bessere Steuerbarkeit erreicht (siehe [Bal08] und [Keu08]). Outsourcing, Offshoring und Insourcing müssen jedoch sorgfältig geplant werden, um einen zuverlässigen operativen Basisbetrieb kontinuierlich zu gewährleisten. Die Risiken wie z. B. die Abhängigkeit vom Outsourcing-Anbieter oder aber das Risiko des Kompetenzverlusts sind ebenso wie das Vertrags- und das Qualitätsrisiko durch geeignete Maßnahmen so weit wie möglich zu reduzieren.

Auf der Basis der festgelegten Kerneigenleistungen sowie der festgelegten Sourcing-Strategie lässt sich das Lieferantenmanagement wirkungsvoll durchführen, d. h. das Lieferantenportfolio entwickeln und steuern. Als zentrale Entscheidungskriterien für externe Dienstleister kommen immer häufiger Eigenschaften wie Zuverlässigkeit, Vertragsflexibilität oder aber die Risikoübernahme und Managementkompetenzen zum Zuge. Für die Auswahl von Partnern gibt es eine Vielzahl von Entscheidungshilfen, z. B. Kostenvergleichsmodelle oder Scoring-Modelle.

BILD 6.14
Beispiel Sourcing-Strategie verortet in Portfolio-Grafik

(Portfolio-Grafik: Y-Achse „Leistungspotenzial" von niedrig bis hoch, X-Achse „Beitrag zum Geschäftswert" von niedrig bis hoch. Quadranten: oben links „Shared Service Center", oben rechts „Insourcing", unten links „Outsourcing", unten rechts „Kompetenz-Aufbau / Selektives Outsourcing".)

Diese beschreiben wir hier nicht weiter und verweisen auf die entsprechende Literatur (siehe [Bal08] und [Keu08]).

Die IT muss sich hierfür ihrer Kernkompetenzen bewusst sein und diese konsequent an den Business-Zielen orientiert ausbauen. Die Führung der internen und externen Dienstleister wird mit zunehmender Auslagerung immer mehr zu einer Schlüsselaufgabe der IT.

In Bild 6.14 finden Sie ein Beispiel für eine Sourcing-Strategie. Bei diesem Portfolio werden die Inhouse-IT-Leistungen entsprechend dem aktuellen Leistungspotenzial und ihrem Geschäftswert (Strategie- und Wertbeitrag) klassifiziert.

Die Positionierung innerhalb der Matrix gibt Aufschluss über die Sourcing-Empfehlung (siehe Beschriftung im Quadranten). Alternativ können auch Capability Maps (fachliche Domänenmodelle) verwendet werden. Siehe hierzu [Bit11].

Das Wesentliche zum Sourcing auf einen Blick:

- Ermitteln Sie Ihr Leistungspotenzial und Ihre Kerneigenleistungsfähigkeit! Legen Sie Ihr künftiges Leistungspotenzial und Ihre Fertigungstiefe in Ihrer IT-Strategie fest!
- Legen Sie Ihre Sourcing-Strategie im Rahmen der IT-Strategieentwicklung fest!
- Tendenziell gilt:
  Kernkompetenzen sollten im Unternehmen verbleiben. Hierzu zählt auch das Enterprise Architecture Management!
  Ressourcen sollten nur dann im Unternehmen verbleiben, wenn sie „bleibende" Werte schaffen. Durch die Zuordnung des Geschäftswerts zu den verschiedenen IT-Leistungen und deren Zuordnung zu den Ressourcen kann z. B. eine Entscheidungsgrundlage geschaffen werden. Daneben muss die Angebotssituation analysiert werden.
  Wenn im Markt überhaupt kein Anbieter für die Leistung zur Verfügung steht, ist der Aufwand der Analyse umsonst.

6.2.8 Standardisierung und Homogenisierung

Kurzbeschreibung: Festlegung von technischen Standards und Überwachung der Einhaltung sowie Forcierung der Umsetzung

Stakeholder-Gruppen: CIO/IT-Verantwortlicher (A und C), IT-Stratege (C), IS-Bebauungsplaner (C), IT-Architekt (R), Infrastrukturarchitekt (C und R für den Infrastrukturteilbereich), Verantwortliche für den Betrieb und PC-Infrastrukturen (C), Partner und Lieferanten (C), IT-Innovationsmanager (C)

Ziele:

- Kostenreduktion im IT-Basisbetrieb
  Nachhaltige Kostenreduktion durch Nutzung von Skaleneffekten, einer zentralen Verhandlungsmacht im Einkauf und der Know-how-Bündelung erzielen
- Beherrschung und/oder Reduktion der IT-Komplexität
  IT-Komplexität durch Steigerung der technischen Qualität beherrschen (wiederholte Verwendung von bewährten technischen Bausteinen)
- Optimierung des Tagesgeschäfts
  Standardisierung von Methoden und Verfahren z. B. für die Administration und den Betrieb von Anwendungen oder aber auch im fachlichen Kontext
- IT strategisch ausrichten
  Tragfähige und zukunftssichere technische Standards vorgeben
- Beitrag zur Weiterentwicklung des Geschäfts
  Festlegung von Standards, die Flexibilität fördern und Änderungen schneller durchführen lassen

Erläuterungen und geeignete Visualisierungen:

Bei der Standardisierung und Homogenisierung geht es um die Vereinheitlichung der Elemente der IT-Landschaft, die den gleichen fachlichen oder technischen Einsatzzweck haben.

Was bedeutet „gleicher Einsatzzweck"? Der Einsatzzweck von Informationssystemen wird typischerweise an deren Unterstützung von Geschäftsprozessen und Capabilities (fachliche Funktionen) festgemacht. Informationssysteme unterstützen Geschäftsprozesse und setzen hierzu gewisse fachliche Funktionalität um. Durch die Analyse im Hinblick auf Redundanzen in der Unterstützung von Geschäftsprozessen oder fachlichen Funktionen können Standardisierungskandidaten ermittelt werden. In Bild 6.15 finden Sie ein Beispiel einer Bebauungsplan-Grafik, in der Informationssysteme Geschäftsprozessen und Kundengruppen zugeordnet sind. Anhaltspunkte für Redundanzen in der Geschäftsprozessunterstützung sind hervorgehoben. So unterstützen z. B. ACTAC R 2.3 und Publisher R 2.0 den Geschäftsprozess Vertriebsunterstützung.

Da die Zuordnung in Bild 6.15 sehr grob ist, muss eine Detailanalyse auf Ebene der fachlichen Funktionen durchgeführt werden. Nur so kann festgestellt werden, ob wirklich eine Redundanz vorliegt.

BILD 6.15 Analyse von Redundanzen in der Geschäftsprozessunterstützung

> **Wichtig:**
> Fachliche Redundanzen kosten im laufenden Betrieb oft erstaunlich wenig. Erst wenn Anpassungen anfallen, wie z. B. im Rahmen eines Release-Wechsels einer Basissoftware oder der Umsetzung von Compliance-Anforderungen, explodieren mit zunehmender Komplexität der IT-Landschaft die IT-Kosten. Die Änderungen müssen an allen redundanten Stellen durchgeführt werden. Häufig werden Änderungen zudem nicht konsequent an allen Stellen durchgeführt, was weitere Änderungen erschwert und insbesondere zu fachlichen Fehlern mit großer Auswirkung führen kann.
>
> Fachliche Redundanzen werden über die Standardisierung der Geschäftsprozesse oder Capabilities einhergehend mit der Standardisierung auf Ebene von Informationssystemen beseitigt. Die Geschäftsprozesse und häufig auch die Organisation müssen im Rahmen der fachlichen Standardisierung neu gestaltet oder zumindest angepasst werden. Für Kerngeschäftsprozesse sind dies daher häufig sehr komplexe und lang laufende Veränderungsprojekte. Die Entscheidung, ob eine fachliche Standardisierung durchgeführt wird oder nicht, sollte daher im Business getroffen werden. Die IT hat hier lediglich Beratungs- und Umsetzungsfunktion. Die fachliche Standardisierung hat in der Regel jedoch eine deutlich größere Wirkung, Kosteneinsparung, Effizienz und Effektivität als eine reine technische Standardisierung auf Ebene der Betriebsinfrastruktur.

Durch die Standardisierung auf dieser fachlichen Ebene wird festgelegt, welche Informationssysteme für welchen Geschäftsprozess und/oder fachliche Funktion zukünftig eingesetzt werden sollen. Dies ist eine Zielvorgabe, die im Rahmen der IT-Konsolidierung umgesetzt werden muss. Inhaltlich gestaltet werden diese technischen Standards im Rahmen des IT-Bebauungsmanagements (siehe Einsatzszenario „Strategische Planung der IS-Landschaft") vom IS-Bebauungsplaner.

Durch die Beschreibung ganzer Lösungen für fachliche Kontexte in Form von Schablonen (Templates) können diese als Standard vorgegeben und als Ganzes dann z. B. in verschiedene Standorte ausgerollt werden. Beispiel: SAP-Template für die Umsetzung des fachlichen Clusters Rechnungswesen. Das SAP-Template umfasst die Informationssysteme SAP und Geschäftspartnerverwaltung sowie deren Schnittstellen und Informationsfluss. Ebenso Bestandteil ist die Zuordnung zu den Geschäftsobjekten Rechnung und Geschäftspartner sowie die Zuordnung zu den Capabilities (fachlichen Funktionen) Finanzbuchhaltung, Kosten- und Leistungsrechnung, Statistik/Analyse und Finanzplanung.

Neben dem fachlichen gibt es auch den **technischen Einsatzzweck**. Hierunter verbergen sich die technischen Bausteine, die für die Entwicklung und den Betrieb von Informationssystemen und Schnittstellen benötigt werden. Für die Kategorisierung werden hier technische Kriterien wie z. B. die Laufzeitumgebung oder Datenhaltung verwendet. Die Kategorien werden auch technische Domänen genannt.

Durch Bestandsaufnahme und Einsortieren der in der IT-Landschaft verwendeten technischen Bausteine wird eine Übersicht über die Ist-Situation geschaffen. Entsprechend der IT-Strategie und der Geschäftsanforderungen können auf dieser Basis technische Standards für die verschiedenen technischen Domänen gesetzt werden. Die Sammlung von technischen Standards, kategorisiert nach den technischen Domänen, wird Blueprint oder technisches Referenzmodell genannt. Durch den Blueprint wird eine Vorgabe für die technische Realisierung von Informationssystemen, Schnittstellen und Infrastrukturelementen gegeben, die im Rahmen von Projekten, Wartungs- und Konsolidierungsmaßnahmen umgesetzt werden muss. Durch den Freigabestatus oder andere Vorgaben für die Verwendung wird die Nutzung gegebenenfalls eingeschränkt (siehe Abschnitt 7.6).

BILD 6.16 Beispiel Blueprint-Grafik

In Bild 6.16 finden Sie ein Beispiel eines Blueprints. Die Standards sind als Kästchen mit unterschiedlicher Graustufe in Abhängigkeit von der Standardkonformität angedeutet. Bei der technischen Domäne Datenbanken finden Sie ein Beispiel. „ORACLE 10" und „MySQL" sind standardkonform. „SQL Server" ist nicht standardkonform, darf also nicht verbaut werden.

> **Wichtig:**
> Auch Schnittstellenstandards können im Blueprint spezifiziert werden. Durch Vorgabe von Middleware-Bausteinen und Integrationsarchitekturen kann die Flexibilität der IT-Landschaft verbessert werden. Mit steigender Standardisierung lassen sich bestehende Systeme tendenziell leichter austauschen und neue Informationssysteme schneller in die Landschaft einbinden. ∎

Zudem können im Blueprint auch Schablonen für fachliche Kontexte als Standard abgelegt werden. In Bild 6.16 finden Sie z. B. die Kategorien ERP (Enterprise Resource Planning), SCM (Supply Chain Management), SRM (Supplier Relationship Management), PDM (Product Data Management) oder CRM (Customer Relationship Management).

Im Rahmen des Technologiemanagements (siehe Abschnitt 7.6) wird der Blueprint kontinuierlich weiterentwickelt. Neue technologische Entwicklungen werden im Hinblick auf ihre Einsetzbarkeit und Auswirkungen im Unternehmen beobachtet, evaluiert, bewertet und gegebenenfalls in den Blueprint aufgenommen. Der Lebenszyklus der technischen Bausteine wird gemanagt. Technische Bausteine und deren Releases, die nicht mehr zukunftsfähig sind oder sich im Einsatz nicht bewährt haben, werden als „abzulösen" im Blueprint gekennzeichnet. So werden die Zukunftsfähigkeit und Tragfähigkeit von technischen Standards sichergestellt.

Durch die Standardisierung wird die Vielfalt der eingesetzten technischen Bausteine reduziert. Standardisierungskandidaten können durch die Analyse des Blueprints und der technischen Bebauungsplan-Grafik gewonnen werden. Immer dann, wenn mehr als ein technischer Baustein in einer technischen Domäne vorhanden ist, besteht ein Anhaltspunkt für eine Vereinheitlichung.

> **Wichtig:**
> Durch die Analyse des Blueprints erhalten Sie lediglich Anhaltspunkte. Eine detaillierte Betrachtung und Abwägung sind notwendig. So kann es durchaus sinnvoll und gewünscht sein, dass in Konzernen für Tochterunternehmen entsprechend deren Größe oder anderer Kriterien unterschiedliche Standards für die gleichen fachlichen Einsatzzwecke gesetzt werden. ∎

Nach Festlegung der technischen Standards kann eine technische Bebauungsplan-Grafik genutzt werden, um Handlungsbedarf für eine Homogenisierung aufzuzeigen. In Bild 6.17 finden Sie ein Beispiel für eine technische Bebauungsplan-Grafik, in der die technische Realisierung von Informationssystemen in den Zeilen beschrieben wird. Handlungsbedarf gibt es bei den Informationssystemen CON R 4.2 und FIS R 3.3. CON R 4.2 ist mit BS-2000-Technologie umgesetzt und sollte daher abgelöst werden. FIS R 3.3 benutzt das Datenbanksystem SQL-Server, das durch ein Standarddatenbanksystem, z. B. ORACLE 10 oder MySQL, ersetzt werden sollte.

Technische Domänen	Software-Infrastruktur			Standardsoftware		Legende:
Informationssysteme	Plattform Java	Plattform .Net	Datenbanken	ERP	SCM	Technische Bausteine Planungsstatus: Ist Standardkonformität: nicht standard-konform bedingt freigegeben freigegeben
ACTAC R2.3	JEE 5		ORACLE 10 MySQL			
CON R4.2	BS 2000 Java und .Net		BS 2000 DB			
FIS R3.3		C#	SQL-Server			
TUY R1.0	SAP WAS		ORACLE 10	SAP R4.7		

BILD 6.17 Beispiel einer technischen Bebauungsplan-Grafik

Wie in Abschnitt 6.2.5 ausgeführt wurde, können darüber hinaus über eine Cluster-Analyse technische Plattformen identifiziert werden. In einer Plattform werden in der Regel technische eng zusammenhängende technische Bausteine und Infrastrukturelemente zusammengefasst, die für die Entwicklung, die Wartung oder den Betrieb eines oder mehrerer Informationssysteme erforderlich sind.

> **Wichtig:**
> Das Ablösen von bereits verbauten technischen Standards ist nicht so einfach. Für die Ablösung müssen Veränderungen an Informationssystemen, Schnittstellen und der Betriebsinfrastruktur vorgenommen werden. Die Homogenisierung muss explizit im Rahmen der IT-Konsolidierung durchgesetzt werden. Nur so ufert der Blueprint nicht aus und nur so kann der Nutzen erzielt werden. Siehe hierzu die Einsatzszenarien „Betriebsinfrastrukturkonsolidierung", „Konsolidierung der IS-Landschaft" und „Projektportfoliomanagement und Multiprojektmanagement". ∎

6.2.9 Konsolidierung der IS-Landschaft

Kurzbeschreibung: Die IT-Komplexität der IS-Landschaft senken, d. h. die IS-Landschaft wieder überschaubar und beherrschbar machen, durch Vereinfachung auf allen Ebenen mittels Standardisierung und Homogenisierung (siehe Abschnitt 6.2.8), Beseitigung von Redundanzen und Abhängigkeiten und organisatorische Maßnahmen

Stakeholder-Gruppen: CIO/IT-Verantwortlicher (A), IT-Stratege (C), IS-Bebauungsplaner (R), IT-Architekt (C)

Ziele:

- Beherrschung und/oder Reduktion der IT-Komplexität
  Nachhaltige Kostenreduktion durch einfachere IS-Landschaft (weniger, homogenere und einfachere Systeme und Schnittstellen und daher weniger Lizenz- und Ressourcenkosten) sowie eine einfachere Wartung und ein zuverlässigerer Betrieb. Die IT-Landschaft und insbesondere die Auswirkungen von Veränderungen werden besser verstanden.
- Optimierung des Tagesgeschäfts und Unterstützung der Weiterentwicklung des Geschäfts
  Durch insbesondere die Vereinfachung auf technischer und fachlicher Ebene[4] kann ein hoher Wertbeitrag erzielt werden.
- IT strategisch ausrichten durch beherrschbare und einfacher erweiterbare IS-Landschaft

Erläuterungen und geeignete Visualisierungen:

IT-Konsolidierung kann auf Ebene der Informationssystemlandschaft (aktuelles Einsatzszenario) oder der Betriebsinfrastruktur erfolgen. Die Betriebsinfrastrukturkonsolidierung wird in Abschnitt 6.2.5 beschrieben.

Wesentliches Ziel der Konsolidierung der IS-Landschaft ist die Reduktion der IT-Komplexität, um damit Freiraum für Business-Innovationen zu schaffen. IT-Komplexität resultiert aus der Vielzahl und Heterogenität von IT-Elementen, deren Abhängigkeiten, Redundanzen und Inkonsistenzen sowie der Änderungsdynamik. Jedes IT-System, jede Schnittstelle, jede Technologie und jedes Infrastrukturelement, das hinzukommt, erhöht die IT-Komplexität.

Die Änderungsrate hängt im Wesentlichen von neuen Geschäftsanforderungen und der Innovationsgeschwindigkeit der IT (den technologischen Veränderungen) ab. Beides nimmt kontinuierlich zu:

- Steigende Anforderungen an die IT:
  Die Veränderungsdynamik und der Wettbewerb im Markt sowie die Diversifikation schlagen sich in den fachlichen Anforderungen an die IT nieder. Die IT muss immer schneller fachliche Anforderungen umsetzen und auf Veränderungen wie z. B. Merger & Akquisitionen vorbereitet sein. Der Umfang (z. B. Lines of Code) nimmt zu. Wenn die Änderungen nicht sauber durchgeführt werden, nimmt der Wildwuchs in der IT-Landschaft weiter zu.
- Technologische Veränderungen (Innovationsgeschwindigkeit der IT):
  Immer neue Technologiewellen rollen auf die IT zu und erhöhen die Komplexität weiter (z. B. Host, Client-Server, Internet und mobile Technologien). Zusätzlich sind ständig neue Releases von bereits im Einsatz befindlichen IT-Produkten wie z. B. Datenbanken, Laufzeitumgebungen, Middleware und Standardsoftware zu bewältigen. Die Vielfalt und Heterogenität erhöhen sich ständig, wenn nicht konsequent „ausgemistet" wird.

Ohne eine konsequente und kontinuierliche Konsolidierung entsteht ein zunehmender Wildwuchs. Die Wartungs- und Betriebskosten steigen nachhaltig. Der Freiraum für Innovationen wird immer kleiner.

In Bild 6.18 finden Sie ein Beispiel einer komplexen IS-Landschaft. Es ist eine Cluster-Informationsfluss-Grafik dargestellt, in der Informationssysteme Geschäftsprozessen zugeordnet

---

[4] Konsolidierung auf IS-Ebene impliziert immer auch eine fachliche Konsolidierung.

BILD 6.18 Beispiel einer komplexen IS-Landschaft (Cluster-Informationsfluss-Grafik)

werden. Viele Informationssysteme unterstützen die gleichen Geschäftsprozesse (fachliche Redundanzen). Zudem gibt es viele Schnittstellen zwischen den Systemen.

Um die IT-Komplexität zu beherrschen, müssen folgende Handlungsfelder angegangen werden:

- **Vielfalt und Heterogenität durch technische Standardisierung beseitigen**
  Technische Standards müssen z. B. für die IT-Unterstützung von Geschäftsprozessen und die technische Realisierung von Informationssystemen, Schnittstellen und der Betriebsinfrastruktur festgelegt und es muss deren Einhaltung überwacht werden. Durch qualitativ hochwertige und tragfähige technische Bausteine und Schablonen werden zudem die Qualität und damit die Wartbarkeit der Systeme gesteigert. Siehe hierzu Einsatzszenario „Standardisierung und Homogenisierung" in Abschnitt 6.2.8.

- **Bestehenden Wildwuchs in der IT-Landschaft „aufräumen"**
  Die Einführung von Standards ändert noch wenig am bestehenden Wildwuchs. Erst durch die Abschaltung z. B. von „unnötigen" oder redundanten Systemen oder Schnittstellen wird die IT-Landschaft erheblich vereinfacht. Zudem müssen die Abhängigkeiten in der IT-Landschaft reduziert werden. Nur so werden die Auswirkungen von Veränderungen überschaubar.

BILD 6.19 Beispiel einer Life-Cycle-Grafik

Die Ansatzpunkte für die Optimierung müssen identifiziert und dann über Projekte und Wartungsmaßnahmen umgesetzt werden. EAM unterstützt Sie bei der Identifikation. Kandidaten für „unnötige" Systeme oder Schnittstellen können z. B. durch eine Portfolio-Analyse ermittelt werden, in die Kriterien wie Nutzerzahlen, Kosten, Gesundheitszustand und Nutzen einfließen. Siehe hierzu das Einsatzszenario „IS-Portfoliomanagement".

Lebenszyklusanalysen schaffen den Überblick darüber, welche Systeme (und deren Releases) wann in welchem Status im Lebenszyklus sind. Insbesondere kann über Life-Cycle-Grafiken (siehe Bild 6.19) z. B. Migrationshandlungsbedarf erkannt werden.

Potenzielle Redundanzen in der Unterstützung von Geschäftsprozessen, fachlichen Funktionen oder Produkten können Sie z. B. über eine Bebauungsplan-Grafik (siehe Bild 6.15) aufdecken.

Über die Analyse einer Informationsfluss-Grafik können Sie Datenabhängigkeiten und den Integrationsgrad von Informationssystemen ermitteln. In Bild 6.20 finden Sie eine Beispiel-Grafik mit zahlreichen Datenabhängigkeiten.

BILD 6.20 Analyse von Abhängigkeiten in einer Cluster-Informationsfluss-Grafik

Ein hohe Verflechtung (Integrationsgrad) liegt z. B. vor, wenn ein System viele oder komplexe Schnittstellen hat. ACTAC 2.3 in Bild 6.2 ist ein solches System mit einem hohen Integrationsgrad.

> **Empfehlung:**
> Nutzen Sie die Analysemuster aus Abschnitt 7.5.1 für die Identifikation von unnötigen oder redundanten Systemen oder Schnittstellen sowie für Cluster- und Abhängigkeitsanalysen.

Die Beseitigung von Redundanzen und unnötiger Informationssysteme ist in der Regel sehr aufwendig und teuer. Vorhandene Informationssysteme oder Schnittstellen müssen geändert werden. Zur Verringerung der Abhängigkeiten und des Integrationsgrads zwischen Systemen wird häufig eine Integrationsarchitektur wie z. B. ein ESB genutzt. Änderungen an Geschäftsregeln oder Workflows sollten einfach modelliert oder konfiguriert werden können. Nur so können Änderungen „lokal" ausgeführt werden. Bestehende Systeme lassen sich tendenziell leichter austauschen und neue Informationssysteme können schneller in die Systemlandschaft eingebunden werden. Dies erfordert aber in der Regel eine Komponentisierung der Informationssysteme. Nach deren Umsetzung ist die IT in der Lage, Business-Veränderungen schneller umzusetzen. Siehe hierzu das Einsatzszenario „Flexibilisierung der IT".

Der Änderungsaufwand an der bestehenden IT-Landschaft ist häufig enorm. Zudem steht für IT-Konsolidierung ohne direkt spürbaren fachlichen Nutzen selten Budget zur Verfügung.

> **Wichtig:**
> Dokumentieren Sie Ihren IT-Konsolidierungshandlungsbedarf und lassen Sie ihn kontrolliert in Projekte und Wartungsmaßnahmen einfließen. Siehe hierzu Einsatzszenario „Strategische Steuerung der Weiterentwicklung der IT-Landschaft" in Abschnitt 6.3.3.

- **Organisatorischen Handlungsbedarf erkennen und beseitigen sowie Hebung von weiteren Synergien und Optimierungspotenzialen**
  Nur wenn es „Kümmerer" gibt, erfolgt eine Veränderung. Für alle IT-Strukturen müssen klar definierte Rollen und Verantwortlichkeiten festgelegt werden, die auf entsprechende IT-Konsolidierungsziele „eingeschworen" sind. Ein probates Mittel hierfür sind Zielvereinbarungen.

  Über die EAM-Datenbasis kann die Analyse im Hinblick auf zugeordnete Verantwortlichkeiten einfach erfolgen. In Listenform kann ausgegeben werden, wo Verantwortlichkeitszuordnungen fehlen. Darüber hinaus können unterschiedliche Visualisierungen verwendet werden. Über die Cluster-Informationsfluss-Grafik (siehe Bild 6.20) können organisatorische Schnittstellen sichtbar gemacht werden, wenn als Clusterung organisatorische Bereiche verwendet werden. Mithilfe einer Bebauungsplan-Grafik können übersichtlich Verantwortlichkeiten und Mehrfachzuordnungen aufgezeigt werden. Bild 6.21 zeigt eine Bebauungsplan-Grafik, in der Informationssysteme einerseits Geschäftsprozessen und andererseits Verantwortlichkeiten (strategischen Geschäftseinheiten) zugeordnet werden.

	Kernprozesse				Unterstützende Prozesse			
Geschäftsprozesse	Eingangslogistik	Ausgangslogistik	Marketing & Vertrieb	Kundenservice	Unternehmensinfrastruktur	Personalwirtschaft	Technologieentwicklung	Beschaffung
SGE 1	BI				Konzernportal		BI	
	ERP individuell		CRM					
	ERP Prop		Kundenportal					
	SAP				HR			
SGE 2	BI				Konzernportal		BI	
			CRM					SAGE
			PR	COM				
	Lawson M3				HR			
SGE 3	BI				Konzernportal		BI	
			CRM				Innovator	
			PR		HR			
SGE 4			CRM		Konzernportal		BI	
	ERP individuell						Innovator	
	WM							
					HR			

Legende Standardisierungsstatus: Unternehmensstandard | SGE Standard | Nicht standardisiert | Unspezifiziert

BILD 6.21 Verantwortlichkeiten in einer Bebauungsplan-Grafik

Weitere Synergien und Optimierungspotenziale, wie z. B. durch durchgängige und soweit möglich automatisierte Prozesse in Business und IT oder aber Reduzierung von Datenabhängigkeiten durch Stammdatenmanagement (siehe Einsatzszenario „Stammdatenmanagement"), vereinfachen das Management. Durch die Analyse der EAM-Datenbasis kann auch hier fundierter Input bereitgestellt werden.

Die IT-Konsolidierung ist eine langwierige und fortwährende Aufgabe. Bis Systeme abgeschaltet oder Technologien komplett abgelöst werden, vergehen häufig Jahre. Der Nutzen entsteht aber erst mit der Ablösung, d. h. der Abschaltung der Systeme. Daher muss die IT-Konsolidierung in der strategischen und operativen IT-Planung und in den Entscheidungsprozessen eine wichtige Rolle spielen. Jedes Projekt und jede Wartungsmaßnahme muss einen messbaren Beitrag zum „Aufräumen" leisten. Dies ist eine wichtige Steuerungsaufgabe. Nur so reduzieren Sie die Komplexität Ihrer IT-Landschaft nachhaltig. EAM unterstützt Sie auch hierbei, indem es für Sie den Status und den Fortschritt der Umsetzung transparent macht.

Wichtig:

Sorgen Sie dafür, dass der Wildwuchs nicht durch Projekte und Wartungsmaßnahmen weiter zunimmt. Siehe hierzu Einsatzszenarien „Projektportfoliomanagement und Multiprojektmanagement" und „Steuerung der strategischen Weiterentwicklung der IT-Landschaft".

Wesentlich ist auch ein Demand- und Anforderungsmanagement mit Augenmaß. Das Aufwand-Nutzen-Verhältnis, zumindest grob abgeschätzt, sollte bei der Umsetzung jeder Anforderung berücksichtigt werden. So werden nur die wirklich wichtigen Anforderungen umgesetzt. Die IT-Landschaft wächst nicht unkontrolliert. Siehe hierzu das Einsatzszenario „Demand Management".

6.2.10 Projektportfoliomanagement und Multiprojektmanagement

Kurzbeschreibung: Sicherstellung der Umsetzung der geplanten zukünftigen Bebauung, der IT-Konsolidierungsmaßnahmen und der Einhaltung von Standards durch Einbezug von EAM-Bewertungsgrößen (z. B. Bebauungsplanfit, Standardkonformität und Beitrag zur IT-Konsolidierung) bei der Planung, Priorisierung und übergreifenden Steuerung sowie Überwachung des Projektportfolios

Stakeholder-Gruppen: Unternehmensführung (I oder A), Projektportfoliomanager (R), Entscheider in Steuerkreisen (I), CIO/IT-Verantwortlicher (A), Business-Verantwortlicher (I oder C)

Ziele:

- Kostenreduktion im IT-Basisbetrieb sowie Beherrschung und/oder Reduktion der Komplexität

  Gezielte Einsteuerung von insbesondere Maßnahmen im Kontext der Betriebsinfrastrukturkonsolidierung, Standardisierung und Homogenisierung, Konsolidierung der IS-Landschaft sowie Sourcing, Ressourcen- und Partnermanagement in Projekte durch z. B. entsprechende Bewertungskriterien für Projektanträge. Durch kontinuierliche Konsolidierung werden sowohl die Kosten nachhaltig reduziert als auch die IT-Komplexität reduziert und damit beherrscht.

- Optimierung des Tagesgeschäfts
  Schaffung von einer Balance von strategischen und taktischen Maßnahmen im Projektportfolio durch entsprechende Bewertungskriterien

- Strategische Ausrichtung
  Nutzung von Bewertungskriterien für Projektanträge, um Maßnahmen zur Umsetzung von strategischen Vorgaben in das Projektportfolio zu integrieren

- Beitrag zur Weiterentwicklung des Geschäfts
  Schaffung von einer flexiblen IT entsprechend der strategischen Vorgaben durch Priorisierung dieser Maßnahmen und Einsteuerung dieser in das Projektportfolio. Zudem werden häufig der Strategie- und Wertbeitrag der IT gemessen und so eine Hilfestellung für die IT gegeben, um diese zu steigern.

Erläuterungen und geeignete Visualisierungen:

Im Projektportfoliomanagement werden Projektanträge bewertet, priorisiert und das Projektportfolio festgelegt. Es werden Projekte gestartet, gestoppt oder unterbrochen und in diesem Rahmen Investitionsentscheidungen getroffen. Entscheidungsgrundlage sind aufbereitete Informationen zu den beantragten Projekten und zu Fortschritt und Performance der laufenden Projekte. Wesentliche Kriterien für die Bewertung von Projekten sind typischerweise Kosten und Nutzen, Strategie- und Wertbeitrag sowie eine Risikoeinschätzung.

Mit diesen Kriterien alleine kann aber nicht sichergestellt werden, dass der zukünftige Bebauungsplan (Soll und Plan) und die IT-Konsolidierungsmaßnahmen (siehe Einsatzszenario „Konsolidierung der IS-Landschaft") wirklich umgesetzt werden. Sicherlich könnten „Infrastrukturprojekte" und andere reinen IT-Projekte mit ins Projektportfolio aufgenommen werden, um die IT-Landschaft zu konsolidieren und strategisch weiterzuentwickeln. Dies ist jedoch nicht die Regel. In den meisten Unternehmen wird nur ein geringes Budget hierfür bereitgestellt. Projekte müssen fachlichen Nutzen aufweisen, um überhaupt durchgeführt zu werden.

Wie erreicht man dann, dass strategische Maßnahmen umgesetzt werden?

Empfehlung:

Steuern Sie die strategischen Maßnahmen kontrolliert in Business-Projekte ein und stellen Sie sicher, dass Bebauungs- und Standardkonformität als Bewertungskriterien für das Projektportfolio herangezogen werden.

Jedes Projekt muss zudem einen spürbaren Beitrag zur IT-Konsolidierung leisten. Nur so können Sie in kleinen Schritten Ihre IT-Landschaft „aufräumen". Ansonsten wächst Ihre IT-Landschaft unkontrolliert weiter.

Eine Best Practice in diesem Zusammenhang ist die Festlegung, dass, wenn ein neues IT-System im Rahmen eines Projekts eingeführt werden soll, auch mindestens ein IT-System abgelöst (abgeschaltet) werden muss. Durch eine explizite „Shutdown-Liste" wird dieses Vorgehen untermauert und gleichzeitig auch für alle transparent.

Diese Regel kann gegebenenfalls auch aufgeweicht werden. So kann die Regel für eine Geschäftseinheit in Summe in einem festzulegenden Zeitraum umgesetzt werden. Dies ist aber für ein einzelnes Projekt weniger spürbar und muss zentral nachgehalten werden.

Die IT-Konsolidierung erfordert in der Regel gravierende Veränderungen in der IT-Landschaft. Jedoch ist für die Umsetzung von Geschäftsanforderungen selten die Ersetzung von ganzen IT-Systemen notwendig. Dann müssen zu den Geschäftsanforderungen passende Inkremente für die Umsetzung der IT-Konsolidierung gefunden werden. Dies ist nicht immer ganz einfach. Hilfestellungen hierfür finden Sie im Abschnitt 6.2.11.

Wichtig:

Der IT-Konsolidierung muss bereits bei der Formulierung eines Projektantrags ein hoher Stellenwert eingeräumt werden. Nur so findet sie wirklich statt. Dies gelingt nur mit Unterstützung der Unternehmensführung und der maßgeblichen Entscheider.

Für die einzelnen Projekte kann es zu Mehraufwänden kommen. Jedoch rechnen sich die Mehraufwände über die nachhaltige Kostenreduktion infolge der Konsolidierung. Dies muss in die Kosten/Nutzen-Betrachtung mit einfließen.

Zudem gibt es oft mehr Wechselwirkungen zwischen IT-Handlungsbedarf und Handlungsbedarf im Business, als man erwartet. Gehen Sie über die durch EAM bereitgestellte gemeinsame Sprache und Bezugsrahmen in den Dialog mit dem Business und schaffen Sie „Win-Win"-Situationen.

Beispiel: Ein Auftragserfassungssystem basiert auf einer alten Version eines Datenbanksystems, das einen Bug hat. Dieser Bug führt zu Programmfehlern und damit zu Störungen in den Geschäftsprozessen.

BILD 6.22 Beispielportfolios für die Bewertung von Projekten

Als Bewertungskriterien für Projekte reichen in der Regel zusätzlich zu Kosten, Nutzen, Strategie-, Wertbeitrag und Risikoeinschätzung der Bebauungsplanfit und die Standardkonformität, da die IT-Konsolidierung in der Regel Teil der Bebauungspläne ist, Abhängig von den Schwerpunkten können auch noch weitere Kriterien wie z. B. der Abdeckungsgrad von Geschäftsprozessen oder fachlichen Funktionen, die Strategiekonformität, der Standardisierungsgrad, die Kritikalität oder aber der Gesundheitszustand von Informationssystemen genutzt werden (siehe Kapitel 8). Diese Informationen können aus EAM und dem strategischen IT-Controlling bezogen werden.

Portfolios sind insbesondere für die Entscheidungsvorbereitung in der strategischen IT-Planung und im Projektportfoliomanagement sehr verbreitet. Sie sind beim Management sehr beliebt, da die wesentlichen Informationen übersichtlich dargestellt werden. In Bild 6.22 finden Sie ein Beispiel für eine zweistufige Projektbewertung aus [Krc09] mithilfe von Portfolio-Grafiken.

Bei diesen Portfolios in Bild 6.22 in Anlehnung an [Krc09] werden die Projekte einerseits entsprechend ihres Risikos und Nutzens und andererseits bezüglich ihres Strategiefits und ihres Bebauungsplanfits bewertet. Der Strategiefit kann z. B. durch das gewichtete Mittel des Beitrags zu den Einzelzielen ermittelt werden. Der Bebauungsplanfit kann z. B. durch einen Konformitätsgrad zur Soll-IS- und Soll-Technologie-Bebauung ermittelt werden. So fließt auch die Standardisierung mit ein. Weitere Details zu den Kennzahlen, der Bewertung in den Einzelportfolios und der Gesamtbewertung im Gesamt-Projektportfolio finden Sie in [Krc09].

EAM ist im Wesentlichen Inputgeber für das Projektportfoliomanagement und unterstützt so die Planung, Priorisierung und übergreifende Steuerung sowie Überwachung des Projektportfolios:

- Prüfung der Konformität von Projekten zur Soll- und Plan-IS-Bebauung sowie technischen Standards
- Bereitstellung von Informationen für die Bewertung und Priorisierung von Projekten, bezogen auf das gesamte Projektportfolio wie z. B. Geschäftsprozessabdeckung oder Geschäftskritikalität
- Zeitgerecht fundierte Aussagen über Machbarkeit, Abhängigkeiten und Auswirkungen von Projekten, z. B. über „what-if"-Analysen und Aufzeigen von Konfliktpotenzialen zwischen Projekten
- Unterstützung bei der Steuerung von Programmen oder Projektportfolios durch Transparenz über Status und Fortschritt der Umsetzung sowie Projektabhängigkeiten
- Unterbreitung von Projektvorschlägen auf der Basis von EAM-Analyseergebnissen

Anhand einer erweiterten Synchroplan-Grafik (siehe Bild 6.23) wird die Roadmap für die Umsetzung übersichtlich dargestellt. Durch die explizite Darstellung der Synchronisationspunkte wird eine Basis für die Multiprojektsteuerung geschaffen. Für jeden Synchronisationspunkt kann der geplante Zustand der IT-Landschaft zu diesem Zeitpunkt in verschiedenen Sichten dargestellt werden. So werden der inhaltliche Status und Fortschritt deutlich.

Der Aufwand für die Erstellung von Entscheidungsvorlagen für das Projektportfoliomanagement und in der Programmsteuerung lässt sich mithilfe von EAM erheblich reduzieren. Durch die fundierten Informationen und Analysemöglichkeiten werden die Entscheidungs- und Planungssicherheit erhöht und Risiken reduziert.

BILD 6.23 Beispiel für eine erweiterte Synchroplan-Grafik

Jedoch müssen das jeweils aktuelle Projektportfolio in die EAM-Datenbasis eingepflegt und die Abhängigkeiten zu den anderen Bebauungselementen wie z. B. Informationssystemen gegebenenfalls aktualisiert werden. Dies ist die Grundlage für die Analysen im Projektkontext.

> **Wichtig:**
> Die Integration ins Projektportfoliomanagement und in die Projektabwicklung ist wesentliche Voraussetzung für die Verankerung von EAM in der Organisation. Durch einen spürbaren Mehrwert sind die Unterstützung des Managements und der wesentlichen Stakeholder gesichert, sofern die Qualität des Inputs gewährleistet ist.
>
> Den strategischen Umbau entsprechend Ihrer Ziele müssen Sie durch eine kontinuierliche Steuerung im Projektportfoliomanagement, in den Projekten, in der Wartung und im Betrieb gewährleisten.

6.2.11 Produkt- und Roadmap-Planung

Kurzbeschreibung: Taktische Planung der zukünftigen IT-Landschaft durch Festlegung der wesentlichen Inhalte und groben Produktivzeiträume aller IT-Produkte. IT-Produkte können sowohl Dienstleistungen als auch IT-Kaufprodukte und Individualsoftware sein.

Stakeholder-Gruppen: Unternehmensführung (I oder A), Business-Planer(R), Entscheider in Steuerkreisen (I), CIO/IT-Verantwortlicher (A), Business-Verantwortlicher (I oder C)

Ziele:

- Kostenreduktion im IT-Basisbetrieb sowie Beherrschung und/oder Reduktion der Komplexität sowie Optimierung des Tagesgeschäfts sowie Unterstützung der Weiterentwicklung des Geschäfts
  Berücksichtigung von Themenbereichen und Features für die Umsetzung der jeweiligen Ziele
- Strategische Ausrichtung
  Durch die taktische Planung wird dafür gesorgt, dass die wirklich wichtigen und strategisch in der Investitionsplanung beabsichtigten Dinge auch wirklich umgesetzt werden.

Erläuterungen und geeignete Visualisierungen:

In der Produktplanung werden ausgehend von den strategischen und operativen Geschäftsanforderungen und der Produktvision die Features eines Produkts festgelegt. Dabei werden die strategischen Vorgaben und Randbedingungen aus der Unternehmensplanung berücksichtigt. Planungshorizont ist zumindest das nächste Produkt-Release und eine grobe Roadmap.

Eine Roadmap beschreibt grob den Weg vom Ist-Zustand zum Ziel-Zustand. Eine Roadmap kann z. B. über eine Folge von Bebauungsplänen (siehe Bild 3.9), einen Synchroplan (siehe Bild 3.10) oder aber aus der Sicht einzelner Produkte etwas detaillierter als eine Abfolge von Releases dargestellt werden.

Eine Produkt-Roadmap beschreibt, siehe Abschnitt 3.2, die Planung aus Sicht eines Produkts. Es besteht aus einer Abfolge von Releases mit dem Ziel, schrittweise die (Produkt-)Vision umzusetzen. Zu jedem Release werden festgelegt:

- (grob) geplanter Release-Termin,
- Schwerpunktthema des Release, abgeleitet aus den Themenbereichen,
- priorisierte Liste von (Teil-)Features, die mit Abschluss des Release umgesetzt sein sollen.

BILD 6.24 Beispiel einer Produkt-Roadmap

In der Roadmap-Planung für Produkte werden (Teil-)Features zu grob definierten Terminen in Umsetzungseinheiten zusammengefasst. Schwerpunktthemen für die einzelnen Releases ergeben sich aus den Themenbereichen, wie sie im Rahmen der Unternehmensplanung festgelegt wurden. Die Umsetzung eines Themenbereichs kann sich dabei über mehrere Releases erstrecken.

Jeder Themenbereich wird, wenn nicht bereits erfolgt, priorisiert und entsprechend seiner Priorität analysiert, bewertet und über Features und ggf. Teil-Features weiter detailliert. Die am höchsten priorisierten Themenbereiche werden dabei vorrangig betrachtet. Der eigentliche Projektschnitt bzw. die Roadmap-Planung erfolgt dann auf Basis der Features und, soweit notwendig, Teil-Features.

Für die Ableitung der (Teil-)Features eines Produkt-Release müssen sowohl die für einen Themenbereich konkret benannten Geschäftsanforderungen als auch strategische Geschäftsanforderungen (siehe Abschnitt 3.3.1) berücksichtigt werden. Die Ableitung der Features erfolgt in enger Abstimmung und Zusammenarbeit mit den jeweiligen Fachbereichen.

Empfehlung:

Um Features in einem bestimmten Themenbereich zu identifizieren, gehen Sie wie folgt vor:

1. **Akteure identifizieren**
   Identifizieren Sie (potenzielle) Akteure, die mit dem System interagieren. Kandidaten hierfür sind beispielsweise:
   - Benutzer in verschiedenen Rollen
   - Beteiligte aus Geschäftsprozessen
   - Administratoren, Support-Mitarbeiter, ...
   - über Schnittstellen angebundene Systeme

2. **Feature-Kandidaten identifizieren**
   Erstellen Sie eine erste Liste mit Kandidaten für Features. Das sind Funktionen bzw. Funktionsgruppen, die ein Akteur von einem System erwartet. Mögliche Kandidaten können sein:
   - Unterstützung für Aktivitäten aus Geschäftsprozessen
   - CRUD (Create/Read/Update/Delete)-Funktionen für die Bearbeitung von Geschäftsobjekten. Beispiel: „Kundenverwaltung" (mit den Teilfunktionen „Kunde neu anlegen" und „Kunde ändern")
   - Geschäftsregeln. Beispiele: „Provisionsberechnung" oder „Tarifierung"
   - Funktionen für die Systemadministration und -konfiguration. Beispiele: „Berechtigungspflege" und „Benutzerverwaltung"

3. **Feature-Kandidaten gruppieren bzw. detaillieren**
   Bilden Sie die Features, indem Sie die in Schritt 2 gefundenen Kandidaten zusammenfassen bzw. detaillieren. Die einzelnen Features sollten im Ergebnis in etwa die gleiche Granularität haben.

4. **Qualitätsanforderungen und Rahmenbedingungen identifizieren**
   Nehmen Sie Features für Qualitätsanforderungen und Rahmenbedingungen mit auf, z. B. Anforderungen an Benutzbarkeit, Skalierbarkeit und Wartbarkeit. Hilfreich, um diese Anforderungen zu finden, sind z. B. fachliche Mengengerüste, wie die Aufrufhäufigkeit von Geschäftsprozessen oder die Anzahl der Nutzer des Systems (siehe dazu auch die Abschnitte 5.2.3 Prozessablaufdiagramm und 5.2.6 Fachliches Klassenmodell).
5. **Funktionale oder technische Durchstiche aufnehmen**
   Wenn die Fachlichkeit oder technische Umsetzung noch nicht klar ist, kann in den ersten Iterationen ein funktionaler oder technischer Durchstich erforderlich sein. Auch solche Durchstiche müssen als „Feature" in die Planung aufgenommen werden.

Nutzen Sie, wenn vorhanden, unternehmensinterne Referenzmodelle oder Standardreferenzmodelle, um Feature-Kandidaten top-down abzuleiten. Diese Modelle können Sie auch zur Abstimmung mit den Fachbereichen heranziehen und abfragen, welche der Features für die Umsetzung des Themenbereichs benötigt werden. Durch das Feedback können Sie als schönen Nebeneffekt auch Ihr funktionales Referenzmodell optimieren (siehe [HGG12]).

Nehmen Sie die Anbindung bzw. Integration von Systemen als Feature-Kandidat mit auf, zum Beispiel „Anbindung Tarifsystem zur Preisermittlung".

Suchen Sie auch nach Assistenten oder Unterstützungsfunktionen, wie zum Beispiel „Volltextsuche".

Berücksichtigen Sie bei der Suche nach Features auch Qualitätsanforderungen und Rahmenbedingungen sowie ggf. erforderliche technische Durchstiche oder Prototypen.

Falls die Umsetzung eines Features aufgrund des großen Aufwands über mehrere Produkt-Releases verteilt erfolgen soll, können für die Zerlegung folgende Hilfestellungen genutzt werden:

- **Features anhand von Kriterien wie Risiko, Wertschöpfungsbeitrag oder Dringlichkeit zerlegen**
  Häufig lassen sich „große" Features, wie z. B. die „Kundenverwaltung", in Teil-Features entsprechend Kriterien wie Risiko, Wertschöpfungsbeitrag oder Dringlichkeit zerlegen.
  Beispiel für eine Zerlegung anhand des Kriteriums „Dringlichkeit": Bei der „Kundenverwaltung" werden dringend die Kundenstammdaten benötigt, jedoch noch keine Zuordnung zu Kontakten. Daher wird das Feature „Kundenverwaltung" zerlegt in die Teil-Features „Primäre Kundendaten verwalten", „Kundenkontakt zuordnen" und „Vertriebsdaten verwalten". Für das anstehende Release wird das Teil-Feature „Primäre Kundendaten verwalten" eingesteuert, die anderen Teil-Features werden zurückgestellt.

- **Komplexe Geschäftsregeln zerlegen**
  Komplexe Geschäftsregeln kann man anhand einer ihrer Dimensionen (z. B. Produkt) zerlegen.
  Beispiel: Die Berechnung der Versicherungsprämie für fünf verschiedene Versicherungsprodukte kann man in eine Prämienberechnung pro Versicherungsprodukt aufteilen. Damit bekommt man für jedes Versicherungsprodukt ein Teil-Feature.

- **Features anhand von Benutzerrollen zerlegen**
  Wenn Benutzer in unterschiedlichen Rollen mit dem System arbeiten, können Features ggf. entsprechend der Rollen in Teil-Features zerlegt werden.
  Beispiel: Die Tarifierung von Versicherungsprodukten soll für „Spezialisten" und „Anfänger" möglich sein. Die „Spezialisten" benötigen zusätzliche Funktionen bei der Tarifierung, um auch Sonderfälle zu bearbeiten. Das Feature kann in Teil-Features für „Anfänger" und „Spezialisten" zerlegt werden.

- **Alternative Abläufe in Use-Cases abspalten**
  Wenn in einem Use-Case verschiedene alternative Abläufe vorgesehen sind (siehe dazu auch Abschnitt 5.2.5.1), kann man jeden Ablauf als eigenes Teil-Feature aufnehmen. Dies gilt gleichermaßen für unterschiedliche Datenquellen und -kategorien, wie z. B. Kunden- und Partnerdaten.

- **Komplexität im User Interface reduzieren**
  Wenn die Komplexität im User Interface liegt, kann man in einem ersten Release ein „vereinfachtes" User-Interface einplanen, das in weiteren Releases schrittweise erweitert wird.

- **Funktionalitäten zerlegen**
  Bei großen komplexen Funktionalitäten, wie z. B. die Kundenverwaltung, können diese in Teilfunktionalitäten entsprechend z. B. „CRUD" zerlegt werden. Wörter wie z. B. „Verwaltung" oder „Management" sind Anzeichen dafür, dass eine Zerlegung möglich ist.

- **Anspruchsvolle nichtfunktionale Anforderungen zurückstellen**
  Bei „anspruchsvollen" nichtfunktionalen Anforderungen, wie z. B. Performance, kann man ggf. Abstriche in den ersten Iterationen machen. Die Performance-Anforderungen werden erst einmal reduziert und schrittweise optimiert.

Die Roadmap muss entsprechend veränderter Anforderungen und Rahmenbedingungen regelmäßig angepasst werden. Je weiter man in die Zukunft schaut, desto gröber ist die Planung der Releases. Das zeitlich nächste Release wird in der Regel auf Ebene von Teil-Features geplant. Für Folge-Releases sind oft nur Features oder Themenbereiche angegeben.

Bei der Entwicklung von Kaufprodukten wird häufig der erwartete Funktionsumfang schon frühzeitig festgelegt. Basis hierfür ist ein funktionales Referenzmodell (siehe Abschnitt 5.4.1), das den erwarteten Funktionsumfang zumindest bis auf Ebene von Features weitgehend vollständig beschreibt.

6.2.12 Identifikation von Handlungsbedarf und Optimierungspotenzial im Geschäft

Kurzbeschreibung: Aufdeckung von Handlungsbedarf und Optimierungspotenzial wie z. B. Redundanzen, Inkonsistenzen, Abdeckungslücken, Automatisierungs- oder Vereinfachungspotenzial und Organisations-, Medien- und Systembrüchen sowie Bereitstellung von Input für die Weiterentwicklung des Geschäfts aus der Analyse der EAM-Datenbasis

Stakeholder-Gruppen: Business-Planer (C und I), Geschäftsarchitekt (R), Prozess-Owner (C und I), Leiter Organisation (C und I)

Ziele:

- Optimierung des Tagesgeschäfts sowie Unterstützung der Weiterentwicklung des Geschäfts
  Die Optimierung des Tagesgeschäfts ist das Kernanliegen dieses Einsatzszenarios. Durch die Identifikation von Handlungsbedarf und Optimierungspotenzial werden Ansatzpunkte zur Verbesserung der Business-Unterstützung aufgedeckt. Diese Ansatzpunkte können sowohl operativer als auch strategischer Natur sein.
- Strategische Ausrichtung
  Der aufgedeckte Handlungsbedarf und das ermittelte Optimierungspotenzial sind Geschäftsanforderungen, die bei der strategischen Ausrichtung der IT und des Geschäfts berücksichtigt werden müssen.

Erläuterungen und geeignete Visualisierungen:

Anhaltspunkte für Handlungsbedarf und Optimierungspotenzial können durch die Analyse der Geschäftsarchitektur im Zusammenspiel mit der IT-Landschaft anhand strategischer Fragestellungen oder Fragestellungen aus Projektkontexten aufgedeckt werden. So können die Geschäftsentwicklung und das Produktmanagement sowie das Prozessmanagement unterstützt werden (siehe [All05], [Ahl06], [Rei09] und [Ses07]). Siehe hierzu die Analysemuster in Abschnitt 7.5.1.

Darüber hinaus können aus IT-Sicht Optimierungsvorschläge gemacht werden. So wird einerseits Standardisierungspotenzial aufgedeckt und andererseits werden technische Innovationen eingebracht.

Wesentliche Aspekte für die Optimierung des Geschäfts sind:

- **Klare Verantwortlichkeiten** z. B. für Geschäftsprozesse und Capabilities
  Durch Überblicksdarstellungen wie z. B. Prozesslandkarte, funktionales Referenzmodell, Produktlandkarte oder Geschäftsobjekt-Cluster-Grafik kann die Verantwortlichkeitszuordnung transparent gemacht werden. Unklare Verantwortlichkeiten und Organisationsbrüche sind unmittelbar ablesbar. In Bild 6.25 finden Sie eine Swimlane-Darstellung (siehe [HLo12] und [HGG12]), in der die Teilprozesse entsprechend der Verantwortlichkeiten eingeordnet werden.

  In Bild 6.26 finden Sie ein Beispiel zur Darstellung von Verantwortlichkeiten in einer Prozesslandkarte. Die organisatorischen Brüche innerhalb einer Prozesskette lassen sich über den Farbwechsel leicht erkennen.

BILD 6.25 Analyse von Verantwortlichkeiten und Organisationsbrüchen

BILD 6.26 Darstellung von Verantwortlichkeiten in einer Prozesslandkarte

Empfehlung:

Durch eine (erweiterte) Prozesslandkarte lassen sich die Verantwortlichkeiten für die End-to-end-Geschäftsprozesse gut erkennen. Für einen End-to-end-Geschäftsprozess, eine Zeile in der Prozesslandkarte, sollte ein Verantwortlicher benannt werden. Nur so lässt sich eine übergreifende Optimierung erreichen.

Durch eine Vereinheitlichung der Modellierung der Zuständigkeiten wird Transparenz geschaffen und in der Regel ein hohes Optimierungspotenzial offenkundig. Die Festlegung von klaren Zuständigkeiten führt häufig zu einer Verringerung von Schnittstellen, schnelleren Durchlaufzeiten und letztendlich einer geringeren Fehlerquote.

Ergänzend zu Prozesslandkarten werden bei der Analyse der Geschäftsarchitektur häufig auch weitere Informationen wie z. B. Portfolio-Grafiken oder Tabellen verwendet, um Zusatzaspekte bei der Analyse einzubringen. So sind z. B. die Wettbewerbsdifferenzierung und die Prozesskomplexität als Informationen für die Optimierung der Verantwortungszuordnungen wichtig. Weitere Beispiele hierzu finden Sie in [Hlo12].

- **Beseitigung von Redundanzen und Inkonsistenzen**
  Bei fachlichen Redundanzen wird im Wesentlichen zwischen Daten-, organisatorischen und funktionalen Redundanzen unterschieden (siehe Analysemuster in Abschnitt 7.5.1). Datenredundanzen treten insbesondere dann auf, wenn Geschäftsobjekte verschiedenen Geschäftsprozessen oder fachlichen Funktionen zugeordnet sind. Daraus können auch Inkonsistenzen entstehen. Eine weitere Quelle für Inkonsistenzen sind Zyklen im Informationsfluss zwischen Prozessen. Funktionale Redundanzen treten auf, wenn fachliche Funktionen verschiedenen Geschäftsprozessen zugeordnet werden. Organisatorische Redundanzen hängen häufig mit mehrdeutigen Verantwortungszuordnungen zusammen, wenn z. B. mehrere Organisationseinheiten den gleichen Geschäftsbereich verantworten oder durchführen.

Mithilfe von Zuordnungstabellen können in einfacher Form Anhaltspunkte für Redundanzen und Inkonsistenzen bei fachlichen Zuordnungen gefunden werden. In Bild 6.27 finden Sie eine Zuordnungstabelle, die die Zuordnung zwischen Geschäftsobjekten und Geschäftsprozessen darstellt. Das Geschäftsobjekt „Fertigungsauftrag" ist den Geschäftsprozessen „Disposition" und „Fertigungssteuerung" zugeordnet. Dies ist eine mögliche Redundanz. Im Rahmen einer Detailanalyse muss überprüft werden, ob es sich um einen Handlungsbedarf handelt oder nicht.

Zyklen im Informationsfluss zwischen Prozessen lassen sich anhand erweiterter Cluster-Grafiken erkennen. Bezüglich weiterer Details sei auf die Beschreibung von Zyklen im Informationsfluss in den Analysemustern in Abschnitt 7.5.1 verwiesen.

Geschäftsobjekte		Disposition GP1	Fertigungssteuerung GP2	Werkstattterminplanung GP3	Ressourceneinsatzplanug GP4	...
Kundenauftrag	GO1	R				
Fertigungsauftrag	GO2	CUD	CUD	R		
Werkstattauftrag	GO3			CUD	R	
Lagerort	GO4	R	R	R		
Wareneingangsbeleg	GO5			R		
Lagerarbeiter	GO6				R	
...	...					

CUD Anlegen (Create), Verändern (Update) und Löschen (Delete)
R Lesen (Read)

BILD 6.27
Beispiel Zuordnungstabelle mit einer möglichen Datenredundanz

BILD 6.28 Beispiel Prozess-Portfolio

- **Geschäftsprozessoptimierung (GPO)**, wie z. B. die Automatisierung und Beschleunigung von Abläufen
  EAM kann durch Überblickssichten Anhaltspunkte für Automatisierungsmöglichkeiten identifizieren. Beispiele hierfür sind Prozessportfolios (siehe Bild 6.28), eine Swimlane-Darstellung (siehe Bild 6.25) oder die Analyse des Informationsflusses der einem Prozess zugeordneten Informationssystemen und Schnittstellen. Für eine eingehende Analyse muss aber in der Regel der Prozess im Detail betrachtet werden. Dies erfolgt im operativen Prozessmanagement (siehe [Ahl06] und [Rei09]). Ein wesentliches Hilfsmittel hierfür sind Prozessablaufdiagramme (siehe Abschnitt 5.2.3 in [HGG12]).

- **Beseitigung von organisatorischen, Medien- und Systembrüchen**
  Für die Erkennung von organisatorischen Brüchen werden häufig Swimlane-Darstellungen verwendet (siehe Bild 6.25). Anhaltspunkte für Systembrüche können durch die Analyse der Geschäftsprozessunterstützung in einer Bebauungsplan-Grafik (siehe Bild 6.5) gewonnen werden. Immer dann, wenn für einen Geschäftsprozess unterschiedliche Systeme genutzt werden, die ggf. zudem nicht über Schnittstellen verbunden sind, könnte ein Systembruch vorliegen. Eine Detailanalyse ist an dieser Stelle erforderlich. Siehe hierzu [HLo12].

- **Erhöhung des Standardisierungsgrads von fachlichen Funktionen und Geschäftsprozessen sowie deren Homogenisierung**
  Nach der Festlegung von Standards für fachliche Funktionen oder Geschäftsprozesse kann der Standardisierungsgrad anhand farblicher Markierungen in einer Prozesslandkarte oder einem funktionalen Referenzmodell dargestellt werden. Bei fachlichen Funktionen oder Geschäftsprozessen lässt sich der Standardisierungsgrad z. B. anhand der Standardisierung der zugeordneten Teilfunktionen ermitteln. Häufig wird jedoch lediglich zwischen „Standard" und „kein Standard" unterschieden (siehe Bild 6.29). So wird Handlungsbedarf sichtbar und kann dem Management gut vermittelt werden.

BILD 6.29 Beispiel mit Standardisierungsgrad in einer Prozesslandkarte

Neben dem Standardisierungsgrad werden Geschäftsprozesse im strategischen Prozessmanagement (siehe [HLo12]) häufig bzgl. ihrer Wettbewerbsdifferenzierung, ihres Strategie- und Wertbeitrags, ihrer Veränderungsdynamik, Prozessqualität, Prozesstransparenz, des IT-Unterstützungsgrads, der Prozessbedeutung, Prozessrisiken und Prozesskomplexität analysiert und klassifiziert (siehe Kapitel 8).

- **Zentralisierung oder Outtasking von Commodity-Geschäftsprozessen**
  Anhand von Prozessportfolios (siehe Bild 6.28) können Kandidaten für Zentralisierung oder Outtasking gefunden werden. Die Bewertung erfolgt anhand unternehmensspezifischer Kriterien. Für die Identifikation von Commodity-Geschäftsprozessen werden die Geschäftsprozesse in der Regel entsprechend ihrer Wettbewerbsdifferenzierung und/oder Geschäftskritikalität klassifiziert.

- **Verschlankung von Geschäftsprozessen durch die Beseitigung von Ausnahmefällen sowie standardisierte Behandlung derselben**
  Laut Aberdeen Group [Abd00] können drei Viertel der geschäftlichen Transaktionen an irgendeinem Punkt Ausnahmen von der Regel erfordern. Die Reduzierung dieser Ausnahmen bietet ein gewaltiges Einsparpotenzial.

  Anhand einer fachlichen Bebauungsplan-Grafik (siehe Abschnitt 5.4.3) können funktionale Redundanzen und Ausnahmefälle aufgedeckt werden. In der Regel ist im Anschluss eine Detailanalyse im operativen Prozessmanagement erforderlich.

- **Schaffung von Business-Möglichkeiten durch IT-Innovationen** wie z. B. Kollaborationsplattformen für eine bessere Einbindung von Partnern und Lieferanten schaffen Business-Möglichkeiten.

  Durch ein mit dem Business integriertes IT-Innovationsmanagement und Business-Alignment der IT kann eine businessorientierte Innovation erfolgen. EAM unterstützt hier durch die Analysemöglichkeiten auf der EAM-Datenbasis.

> **Wichtig:**
> EAM liefert lediglich Anhaltspunkte für eine Optimierung. Prüfen Sie immer im jeweiligen Einzelfall, ob diese überhaupt möglich und sinnvoll ist.

6.2.13 Stammdatenmanagement

Kurzbeschreibung: Beseitigung von Datenredundanzen und Inkonsistenzen sowie Sicherstellung von klaren Verantwortlichkeiten für Geschäftsobjekte durch Analyse und Gestaltung der zukünftigen Geschäftsarchitektur im Zusammenspiel mit der IT-Landschaft

Stakeholder-Gruppen: Business-Planer (C und I), Unternehmensarchitekt (R), Daten-Owner (C und I), Prozess-Owner (C und I)

Ziele:

- Optimierung des Tagesgeschäfts
  Durch die Beseitigung von Redundanzen und Inkonsistenzen in der Informationsbebauung entfallen viele Pflege- und Konsistenzsicherungsaktivitäten. Dies führt zu einer enormen Qualitäts- und in der Regel auch zu einer hohen Kosteneinsparung. Zudem wird mit der Stammdatenkonsolidierung innerhalb der IT-Landschaft die IT-Komplexität reduziert (Schnittstellen und Konsistenzüberprüfungen entfallen oder werden vereinfacht).
- Strategische Ausrichtung
  Die Stammdatenkonsolidierung wirkt sich massiv auf die fachlichen Abläufe aus. Nur über das Setzen und Operationalisieren von strategischen Vorgaben kann dies wirksam umgesetzt werden. Die Umsetzung geht einher mit einer IT-Konsolidierung, diese muss im Rahmen der strategischen Ausrichtung der IT berücksichtigt werden.
- Beitrag zur Weiterentwicklung des Geschäfts
  Durch die Stammdatenkonsolidierung wird die Durchführung von Veränderungen im Kontext dieser Stammdaten vereinfacht.

Erläuterungen und geeignete Visualisierungen:

Das Ziel des Stammdatenmanagements ist die Konsolidierung der Stammdaten wie z. B. Kundendaten. Insbesondere Redundanzen und Inkonsistenzen wie z. B. Kunde „Maier, Daniel" und Kunde „Daniel Maier" mit gleichen Adressdaten werden beseitigt. Durch die Reduktion und Konsolidierung von Stammdaten können erhebliche Kosten eingespart werden (siehe [Krc05] und [Hei09]). Imageschäden wegen falscher oder unvollständiger Aussagen, umfangreiche Datenklärungen, Doppelerfassungen und komplexe Schnittstellen können vermieden oder reduziert werden. Stammdatenmanagement ist eine wichtige Voraussetzung für effiziente Geschäftsprozesse.

EAM unterstützt bei der Identifikation von Datenredundanzen und bei deren Auflösung. Datenredundanzen treten insbesondere dann auf, wenn es keine klare Datenhoheit gibt oder mehrere Informationssysteme die gleichen Informationsobjekte, wie z. B. Kunde A und Kunde B, verändern. Eine Redundanz liegt auch vor, wenn verschiedene Informationssysteme einem Informationssystem die gleichen Daten liefern. Daraus können auch Inkonsistenzen entstehen. Eine weitere Quelle für Inkonsistenzen sind Zyklen im Informationsfluss zwischen Informationssystemen.

In Bild 6.30 finden Sie ein Beispiel für die Analyse im Hinblick auf Datenredundanzen mithilfe einer Zuordnungstabelle. Potenzieller Handlungsbedarf tritt insbesondere in den Situationen auf, wenn die gleichen Geschäftsobjekte in verschiedenen Informationssystemen verändert werden. Wenn verschiedene Releases eines Informationssystems, z. B. bei ACTAC, gleichzeitig in Produktion sind, kann auch dort ein Handlungsbedarf bestehen.

		Informationssystem-Releases						
		IS 1 ACTAC R2.2	IS 2 ACTAC R2.3	IS 3 FIS R3.3	IS 4 CON R4.2	IS 5 CON 4.3	IS 6 TUY R1.0	IS 7 Publisher R2.0
Geschäftsobjekte								
Kundenauftrag	GO1	R						
Fertigungsauftrag	GO2	CUD	CUD	R	CUD	R	R	
Werkstattauftrag	GO3			CUD		R	R	
Lagerort	GO4	R	R	R		CUD	CUD	
Wareneingangsbeleg	GO5			R	R	R		
Lagerarbeiter	GO6						R	
...	...							

CUD Anlegen (**C**reate), Verändern (**U**pdate) und Löschen (**D**elete)
R   Lesen (**R**ead)

BILD 6.30 Beispiel Analyse Datenredundanzen in einer Zuordnungstabelle

BILD 6.31 Beispiel Analyse Datenredundanzen in einer Cluster-Informationsfluss-Grafik

In Bild 6.31 finden Sie ein weiteres Beispiel für die Analyse im Hinblick auf Datenredundanzen. Ein potenzieller Handlungsbedarf liegt vor, da „Kundenaufträge" sowohl von IS3 als auch von IS1 an IS5 geliefert werden.

EAM unterstützt auch bei der Beseitigung der Datenredundanzen. Für die Gestaltung der Soll-Bebauung werden unterschiedliche Lösungsideen wie z. B. „Stammdaten-Hub" oder „Klare Masterschaft und Synchronisierung" gesammelt und analysiert. Ein Beispiel für den „Stammdaten-Hub" finden Sie beim Einsatzszenario „Strategische Planung der IS-Landschaft".

6.2.14 Demand Management

Kurzbeschreibung: Planung und Steuerung des Zuflusses von strategischen und operativen Geschäftsanforderungen in die Umsetzung durch das Demand Management. Das Demand Management vermittelt und übersetzt zwischen Business und IT. Hierzu werden sowohl Input als auch das Analyse- und Planungsinstrumentarium von EAM genutzt.

Stakeholder-Gruppen: Business-Planer (C und I), Unternehmensarchitekt (R), Daten-Owner (C und I), Prozess-Owner (C und I)

Ziele:

- Optimierung des Tagesgeschäfts
  Das Demand Management stellt die angemessene Umsetzung von Geschäftsanforderungen sicher. Insbesondere werden hier auch Handlungsbedarf und Optimierungspotenzial im Tagesgeschäft berücksichtigt.
- Strategische Ausrichtung
  Das Demand Management gibt die Geschäftsarchitektur und die umzusetzenden Geschäftsanforderungen vor. Diese müssen bei der strategischen Ausrichtung der IT berücksichtigt werden.
- Beitrag zur Weiterentwicklung des Geschäfts
  Durch die fachliche Planung und Steuerung der Umsetzung als Sprachrohr des Business wird sichergestellt, dass die fachlichen Ziele und Geschäftsanforderungen angemessen umgesetzt werden.

Erläuterungen und geeignete Visualisierungen:

Das Demand Management ist eine organisatorische Einheit, ein Stab oder eine Organisationseinheit, bestehend aus Business-Analysten für das Management der strategischen und operativen Geschäftsanforderungen. Das Demand Management vermittelt und dolmetscht zwischen den Fach- und IT-Abteilungen. Die wesentliche Tätigkeit im Demand Management ist die Business-Analyse, d. h. die Identifikation, Aufnahme, Bündelung, fachliche Planung, Bewertung und Steuerung der Umsetzung von Geschäftsanforderungen.

Der für einen Fachbereich zuständige Business-Analyst nimmt die Geschäftsanforderungen aus seinem Fachbereich strukturiert auf und überführt sie in machbare Umsetzungspakete. Hierzu müssen die wesentlichen Anforderungen identifiziert und dafür angemessene fachliche Lösungen gefunden werden. Jede Anforderung muss im Hinblick auf Sinn, Nutzen und Umsetzungsaufwand geprüft werden. Der Business-Analyst berät den Fachbereich bei der Priorisierung und hinterfragt die geschäftliche Notwendigkeit. So lassen sich Anzahl und Umfang von Geschäftsanforderungen erheblich reduzieren und vor allen Dingen kann dafür gesorgt werden, dass die „richtigen Dinge richtig" umgesetzt werden.

Soweit möglich, konzipiert und bündelt der Business-Analyst die Geschäftsanforderungen zu fachlichen Anforderungsbündeln, die gesamthaft umgesetzt werden sollen. Diese stimmt er in der Regel mit dem Fachbereichsverantwortlichen ab, bevor er sie in Form von Wartungsanforderungen, fachlichen Projektanträgen oder Tickets an die IT oder Organisationsabteilung zur Bewertung weiterleitet.

In Bild 6.32 werden die wesentlichen Schritte vom „O-Ton Kunde" bis zur Festlegung der Umsetzungspakete grob dargestellt:

BILD 6.32 Vom O-Ton Kunde zur Umsetzung der Geschäftsanforderung (siehe [HGG12])

Das Demand Management hat insbesondere auch eine Beratungsfunktion. So zeigt es die Komplexität von möglichen Lösungen für Geschäftsanforderungen gegenüber dem Business auf und hilft so, die fachlich richtigen Entscheidungen zu treffen.

Nicht immer muss es beispielsweise die hochintegrierte Lösung sein, die allen IT-Standards genügt. Es gibt Fälle, in denen das Zeitfenster für den Markteintritt sehr schmal ist. Dann kann eine „schnelle" (Zwischen-)Lösung (bei der bewusst von IT-Standards abgewichen wird) in Summe wirtschaftlicher sein als eine aus Sicht der IT „schöne", vollintegrierte Lösung. Das gilt jedoch nur, wenn der frühe Markteintritt die Kosten für den dann anstehenden Rückbau der Zwischenlösung (sprich: die Integration der „schnellen" Lösung in die IT-Landschaft) deckt. Die Kosten für den Rückbau müssen bei der Wirtschaftlichkeitsbetrachtung berücksichtigt werden. Der Rückbau muss in dem Projekt umgesetzt werden, das auch die Zwischenlösung implementiert hat. Versuchen Sie nicht, den Rückbau auf „die lange Bank" zu schieben – er wird dann nie stattfinden. Mit der Folge, dass dauerhaft hohe Wartungs- und Infrastrukturkosten zu beklagen sind.

Ein weiteres Mittel, um Komplexität zu reduzieren, ist der Verzicht auf IT-gestützte Prozesse oder Funktionen. Komplexität entsteht nicht nur durch Technologie. Sie ist auch durch komplexe Geschäftsanforderungen bedingt. Manuell ausgeführte Geschäftsprozesse und die Prozesssteuerung durch Menschen entsprechen nicht dem Idealbild in einem modernen Unternehmen. Es ist aber im Einzelfall abzuwägen, ob IT-gestützte Verfahren tatsächlich wirtschaftlich sind.

Zur Einschätzung benötigt der Business-Analyst in einer Demand-Management-Einheit die Hilfsmittel, die von EAM und auch Prozessmanagement (z. T. als Teil von EAM betrachtet) bereitgestellt werden. So kann er einerseits fundierte Informationen über die Zusammenhänge und Abhängigkeiten von fachlichen und technischen Strukturen aus der Unternehmensarchitektur beziehen. Ein Beispiel ist das Aufzeigen der IT-Unterstützung von Geschäftsprozessen. Andererseits kann er zusätzlich das Analyse-, Gestaltungs- und Planungsinstrumentarium des Enterprise Architecture Management und des Prozessmanagements nutzen. Diese Aspekte werden im Folgenden weiter ausgeführt.

Wichtig:

EAM ist in der Regel organisatorisch vorwiegend in der IT angesiedelt. Wenn das Demand Management in der IT angesiedelt ist (siehe Kapitel 8), dann sind häufig die Business-Analysten auch zumindest für das Management der Geschäftsarchitektur in ihrer fachlichen Domäne verantwortlich. In kleineren Unternehmen übernehmen sie in Personalunion typischerweise auch vollständig die Rolle des Unternehmensarchitekten.

Wenn Demand Management und EAM organisatorisch getrennt sind, muss die Zusammenarbeit individuell ausgestaltet werden. Dies hängt sehr stark von den handelnden Personen ab. Idealerweise sollten die Business-Analysten in Planungs- und Steuergremien vom Enterprise Architecture Management vertreten sein (siehe Kapitel 8). So können sie Einfluss nehmen und die Disziplinen wachsen zusammen.

EAM als Informationslieferant

Das Demand Management kann die EAM-Datenbasis und deren Analyseinstrumentarium für die Beantwortung von Fragestellungen im Rahmen der Analyse oder aber der Gestaltung und Planung nutzen. Fragestellungen wie z. B. „Welche Geschäftsprozesse sind von dem Ausfall des IT-Systems X betroffen?" können beantwortet werden. Basis für die Informationsbereitstellung ist jedoch eine hinreichend aktuelle, vollständige EAM-Datenbasis auf der Basis einer Unternehmensarchitektur.

BILD 6.33
Zusammenhänge zwischen Bebauungselementen

Nutzung des Gestaltungs- und Planungsinstrumentariums von EAM

Wenn EAM im Unternehmen eingeführt ist und über ein Bebauungsplanungsinstrumentarium verfügt, kann dieses im Demand Management für die Generierung von fachlichen Lösungsideen herangezogen werden. Es können entweder die Ergebnisse der Bebauungsplanung genutzt oder aber die Bebauungsplanung im Zusammenspiel mit der fachlichen Lösungskonzeption durchgeführt werden. Ergebnis der Bebauungsplanung sind die Soll-IS-Landschaft zu einem vorgegebenen Zeitpunkt, z. B. für 2020, und die IT-Roadmap für die Umsetzung.

Die Soll-IS-Landschaft wird in der Regel über Soll-IS-Portfolios oder Soll-Bebauungsplan-Grafiken beschrieben. In Bild 6.34 finden Sie ein Beispiel einer Portfolio-Grafik, in der die Informationssysteme entsprechend ihres Strategie- und Bebauungsplanfits eingeordnet sind. Durch Pfeile wird die geplante Veränderung deutlich gemacht. Ablösekandidaten werden ebenso markiert.

In Bild 6.35 finden Sie ein Beispiel einer Soll-Bebauungsplan-Grafik.

Diese Ergebnisse aus der Bebauungsplanung können für das Demand Management genutzt werden. Daneben kann auch die Gestaltung von Lösungsideen gemeinsam mit den Unternehmensarchitekten erfolgen, wenn das Demand Management und das Enterprise Architecture Management organisatorisch in verschiedenen Einheiten angesiedelt sind. Die Unternehmensarchitekten fokussieren dann in der Regel mehr auf die IT-Unterstützung für die Geschäftsanforderungen. Sie, als Business-Analyst, liefern den fachlichen Input für die Bebauungsplanung. Gemeinsam entsteht ein rundes und auf jeden Fall vollständigeres Bild.

BILD 6.34 Beispiel Portfolio-Grafik mit Visualisierung der geplanten Veränderungen der Systemlandschaft

BILD 6.35 Beispiel Soll-Bebauungsplan-Grafik 2020

Empfehlung:

Nutzen Sie die EAM-Datenbasis sowie das Analyse-, Gestaltungs- und Planungsinstrumentarium von EAM, wenn dies in ausreichender Qualität vorhanden ist. Beziehen Sie die (anderen) Unternehmensarchitekten bei der Gestaltung und Planung mit ein. Sie liefern insbesondere einen guten Überblick über das Zusammenspiel zwischen Business und IT.

Nutzung des Prozessmanagement-Instrumentariums

Die durch das strategische Prozessmanagement in der Form einer Prozesslandkarte (siehe Abschnitt 5.4.1) vorgegebenen übergeordneten fachlichen Strukturen geben einen fachlichen Ordnungsrahmen für das Demand Management vor. Zudem kann das Analyse-, Gestaltungs- und Steuerungsinstrumentarium des strategischen und operativen Prozessmanagements für die Gestaltung der fachlichen Lösungsideen genutzt werden.

Das Prozessmanagement kann folgende Informationen für die Business-Analyse bereitstellen. Hierzu zählen (siehe [HLo12]):

- Informationen zu den Kern- und unterstützenden Prozessen
- Informationen zum Zustand und zur Planung der Geschäftsprozesse
- Vorschläge für Leistungskennzahlen für (Teil-)Geschäftsprozesse und Service Level Agreements (Dienstleister, IT)
- Informationen zu Abhängigkeiten zwischen Geschäftsprozessen
- Informationen zu den Verantwortlichkeiten und den Beteiligten innerhalb von Geschäftsprozessen
- Informationen zu involvierten IT-Systemen und IT-Komponenten

Umgekehrt ist das Prozessmanagement auf Informationen zu geplanten und laufenden Projekten angewiesen, weil diese Umfang und Zeitpunkt von Veränderungen an Geschäftsprozessen festlegen. Vor allem der Rückfluss von Informationen aus den laufenden Projekten ist essenziell. Verschieben sich Projekte um Wochen oder Monate oder werden Teile des Projektumfangs reduziert, dann ist diese Information für das strategische Prozessmanagement sehr wichtig. Hier kann das Demand Management auch das Prozessmanagement unterstützen.

Nutzung des Instrumentariums des Business Capability Managements

Business Capability Maps beschreiben die Elemente für das aktuelle und zukünftige Geschäft. Sie geben einerseits ein Raster, eine fachliche Strukturierung, und andererseits eine fachliche Sprache, die Business Capabilities, vor. Die fachlichen Domänen und Business Capabilities werden analysiert und „beplant". Handlungsbedarf und Optimierungspotenzial werden ermittelt und die Ergebnisse in einer Heat Map einfach und anschaulich visualisiert. Projekte lassen sich anhand der Business Capabilities klassifizieren und bewerten. So wird die Business- und die Investitionsplanung unterstützt und Entscheidungen werden abgesichert.

Die Business- und Investitionsplanung sind wesentliche Bestandteile der strategischen Unternehmensplanung (siehe [Pax10]). Bei Unternehmensneugründungen, Merger & Acquisitions und auch bei strategischen Veränderungen am Geschäftsmodell werden in der Regel Business-Pläne neu erstellt oder ein bestehender Business-Plan wird an die aktuellen Ziele und Randbedingungen angepasst. Im Business-Plan werden typischerweise alle betriebswirtschaftlichen und finanziellen Aspekte des Geschäftsmodells sowie die Unternehmensziele und die Strategien und Maßnahmen zur Umsetzung beschrieben. Wesentlich ist hierbei insbesondere auch die Analyse der benötigten und vorhandenen Business Capabilities des Unternehmens.

Investitionsplanung ist der Prozess der Erstellung des Investitionsprogramms bei Neugründungen und dessen Anpassung in der Regel jährlich im Rahmen der Unternehmensstrategieentwicklung und Business-Planung. Um den Ressourceneinsatz (insbesondere das finanzielle

Budget) zu optimieren, ist eine Priorisierung sowie eine aktive Steuerung und Überwachung der Budgets erforderlich. Mithilfe einer Business Capability Map können Entscheidungen nachvollziehbar begründet und damit abgesichert werden.

Wie sieht die Unterstützung durch das Business Capability Management konkret aus?

Business Capability Maps geben eine fachliche Strukturierung vor und liefern gleichzeitig ein prägnantes und kompaktes fachliches Gesamtbild des Unternehmens. Anhand dessen können wesentliche Inhalte des Geschäftsmodells und der Unternehmensstrategie übersichtlich und überzeugend präsentiert werden. Business Capabilities sind geeignet, um strategische Entwicklungen zu diskutieren.

Die fokussierte Heat-Map-Darstellung erleichtert strategische Entscheidungen des Top Managements über eine zukünftige Ausrichtung und Priorisierung signifikant. Es wird schnell ein optischer Eindruck vermittelt. Auf einen Blick wird aufgezeigt, welche fachlichen Domänen oder Business Capabilities geschäftskritisch sind und an welchen Stellen wie stark investiert werden sollte. Mittels Hervorhebung von Kriterien wie zum Beispiel Geschäftskritikalität, Wettbewerbsdifferenzierung und Eigenleistungsfähigkeit wird ersichtlich, welche Fähigkeiten vom Unternehmen selbst erbracht oder zugekauft werden sollten. Sourcing-Entscheidungen werden abgesichert und das Anforderungsprofil für die Dienstleister lässt sich gut beschreiben. Bei diesen Entscheidungen unterstützt auch das strategische Prozessmanagement, das die Durchgängigkeit der Geschäftsprozesse sicherstellen muss und Informationen zu den Kernprozessen bereitstellen kann.

BILD 6.36 Beispiel Business Capability Map

In Bild 6.9 finden Sie ein Beispiel einer Heat Map, in der die Geschäftskritikalität und der Status im Lebenszyklus der Business Capabilities durch Grautöne unterschieden werden.

In einer Heat Map können die aktuell vorhandenen oder/und die zukünftig benötigten Business Capabilities dargestellt werden. Durch die Darstellung des Status im Lebenszyklus in Bild 6.9 wird sichtbar, welche Business Capabilities erst einzuführen oder abzulösen sind. Dieser Handlungsbedarf muss im Rahmen zum Beispiel von Projekten aufgelöst werden.

Weitere häufig verwendete Kriterien für Analyse und Darstellung in einer Heat Map im Kontext der Business- und Investitionsplanung sind:

- Wettbewerbsdifferenzierung oder Strategie- und Wertbeitrag (zum Beispiel hoch, mittel und niedrig),
- Verantwortlichkeiten (zum Beispiel die verschiedenen Teilunternehmen),
- Schutzbedarf (zum Beispiel hoch, mittel und niedrig),
- Sourcing (zum Beispiel Eigen- oder Fremdleistung).

Weitere Kriterien finden Sie in Abschnitt 7.4.2. Hilfestellungen zur Ermittlung der Kennzahlen finden Sie in [Küt11].

Eine Business Capability Map gibt aber auch ein Ziel-Bild vor, indem alle Business Capabilities aufgeführt werden, die für das zukünftige Geschäftsmodell erforderlich sind. Projekte lassen sich anhand der zukünftigen Business Capability Map klassifizieren und bewerten.

> **Wichtig:**
> Die zukünftige Business Capability Map beschreibt die zukünftigen Fähigkeiten der neuen Organisation. Auf dieser Basis werden die Geschäftsprozesse und die Organisation neu gestaltet.
>
> Jedes Projekt muss einen Beitrag für die Verwirklichung der zukünftigen Business Capability Map leisten. Nur so bekommen Sie die Planung auch wirklich umgesetzt.

Durch Heat Maps kann der Fortschritt der Umsetzung in Entscheidungsgremien aufgezeigt und damit gesteuert werden. So werden die Business- und die Investitionsplanung unterstützt und die Umsetzung des zukünftigen Geschäftsmodells abgesichert.

Business Capability Management schafft aber auch ein inhaltliches Fundament für Entscheidungen im Kontext von Business-Transformationen oder strategischen Veränderungen des Geschäftsmodells. Die zukünftige Business Capability Map wird gestaltet und dient als fachlicher Bezugsrahmen für die Umsetzung der Business-Transformation oder der strategischen Veränderung des Geschäftsmodells. Siehe hierzu das Einsatzszenario Business-Transformation in Abschnitt 6.3.7.

So wie beim Enterprise Architecture Management können Sie auch im Demand Management das Analyse-, Gestaltungs- und Steuerungsinstrumentarium des Prozessmanagements und Business Capability Management nutzen. Häufig erfolgt dies in Personalunion. Der Business-Analyst kann gleichzeitig auch der Prozessmanager und Business Capability Manager für seine fachliche Domäne sein. Bezüglich des Instrumentariums des strategischen Prozessmanagements sei auf [HLo12] verwiesen. Hilfestellungen zu den Ergebnistypen des Prozessmanagements finden Sie in den Abschnitten 5.2.1 bis 5.2.3 in [HGG12]. Weitere Informationen zum Business Capability Management bietet Abschnitt 7.4.2.

6.3 Strategic Excellence

Strategic Excellence ist die Fähigkeit, das Unternehmen oder den jeweiligen Verantwortungsbereich strategisch auszurichten und systematisch weiterzuentwickeln. Wesentliche Herausforderungen sind dabei:

- **Strategische Ausrichtung**
  Setzen von strategischen Vorgaben und Sicherstellung deren Einhaltung

- **Business-Agilitäts-Enabling**
  Vorbereitung und Flexibilisierung der IT, so dass diese schnell auf Veränderungen in den Geschäftsanforderungen reagieren kann und Business-Transformationen schneller und risikoärmer umsetzen kann.

- **Weiterentwicklung des Geschäfts (Business-Innovation und -Transformation)**
  Fachliche Planung und Steuerung der Weiterentwicklung des Geschäfts. Von besonderer Bedeutung ist hier insbesondere der Beitrag der IT zu attraktiveren Produkten und Dienstleistungen oder zur Erreichung neuer Kundensegmente oder Regionen sowie Umsetzung von Business-Transformationen

Zur Bewältigung der Herausforderungen gibt es in Abhängigkeit von der Zielsetzung verschiedene Ansatzpunkte, die in den folgenden Einsatzszenarien zusammengefasst sind:

- Strategische IT-Planung mit den Teilszenarien IS-Portfoliomanagement (siehe Abschnitt 6.3.1) und Strategische Planung der IS-Landschaft (siehe Abschnitt 6.3.2),
- Strategische IT-Steuerung mit den Teilszenarien Strategische Steuerung der Weiterentwicklung der IT-Landschaft (siehe Abschnitt 6.3.3) und businessorientierte Planung und Steuerung der IT (siehe Abschnitt 6.3.4),
- Flexibilisierung der IT (siehe Abschnitt 6.3.5),
- IT-Innovationsmanagement (siehe Abschnitt 6.3.6),
- Business-Transformation und Change Management/Managed Evolution (siehe Abschnitt 6.3.7),

Die Einsatzszenarien werden im Folgenden im Detail beschrieben.

6.3.1 IS-Portfoliomanagement

Kurzbeschreibung: Erkennung des Optimierungspotenzials in der IS-Landschaft durch die Analyse der Informationssysteme entsprechend den für das Unternehmen relevanten Kriterien und Darstellung des Ergebnisses in einer Portfolio- oder Cluster-Grafik. Beispiele für häufig verwendete Kriterien sind Strategie- und Wertbeitrag, Kosten, Geschäftskritikalität, technischer Gesundheitszustand, Komplexität, Standardisierungsgrad und SOX-Relevanz.

Stakeholder-Gruppen: CIO/IT-Verantwortlicher (A), IT-Stratege (C oder R), IS-Bebauungsplaner (R)

Ziele:

- Beherrschung und/oder Reduktion der IT-Komplexität
  IT-Komplexität durch kontinuierliche IT-Konsolidierung reduzieren und damit die IT-Kosten nachhaltig reduzieren.
- Business-IT-Alignment erhöhen
  Durch die Bewertung und Visualisierung des Beitrags zum Geschäft wird die Grundlage für die Erhöhung geschaffen.
- Strategische Ausrichtung und Beitrag zur Weiterentwicklung des Geschäfts
  Durch Vorgabe und Bewertung der Informationssysteme entsprechend strategischer Kenngrößen, wie z. B. der Strategie- und Wertbeitrag der IT, kann die IT in diese Richtung gesteuert werden.

Erläuterungen und geeignete Visualisierungen:

Im Rahmen des IS-Portfoliomanagements wird die Gesamtheit oder ein Ausschnitt der Informationssysteme entsprechend unternehmensspezifischer Kriterien bewertet, um auf dieser Basis das Portfolio strategisch weiterzuentwickeln. Die Kriterien werden aus der Unternehmens- und IT-Strategie sowie aktuellen operativen Handlungsbedarfen („Pains") abgeleitet (siehe hierzu Abschnitt 3.3.1).

Häufig werden Kennzahlen aus folgenden Kategorien genutzt:

- **Strategisches Alignment:** z. B. Strategiebeitrag, Standardkonformität oder Strategiekonformität (jeweils hoch, mittel oder niedrig)
- **Business-Alignment der IT:** z. B. Wertbeitrag, Geschäftskritikalität oder Business-Abdeckung (jeweils hoch, mittel oder niedrig)
- **Technischer Zustand:** z. B. IT-Komplexität, technischer Gesundheitszustand und Zuverlässigkeit im Betrieb (jeweils hoch, mittel oder niedrig)
- **Compliance und Sicherheit:** z. B. SOX-Relevanz sowie Schutzbedarfsklassifikation und Sicherheitslevel (jeweils hoch, mittel oder niedrig)
- **Relevanz:** z. B. Geschäftskritikalität (jeweils hoch, mittel oder niedrig) sowie Anzahl Benutzer
- **Kosten:** z. B. IT-Kosten (insbesondere Betriebskosten) oder Entwicklung der IT-Kosten über die Zeit

Neben strategischen Klassifikationen werden häufig auch operative Aspekte betrachtet, die im Rahmen einer EAM-Bestandsaufnahme mit erfasst werden. Beispiele hierfür sind der Dokumentationsgrad, der SLA-Erfüllungsgrad und das Lizenzmodell. Auch anhand dieser Attribute kann die Funktionserfüllung eingeschätzt und Optimierungspotenzial abgeleitet werden. Weitere Informationen zu Steuerungsgrößen finden Sie in Kapitel 8.

IS-Portfolios werden in der Regel mit Portfolio-Grafiken oder Cluster-Grafiken visualisiert. Bei Cluster-Grafiken werden die Informationssysteme entsprechend eines Kriteriums einem Cluster zugeordnet (z. B. fachliche Domäne oder organisatorische Verantwortlichkeiten). Über eine Heat Map (siehe [Mic07]) können relevante Aspekte wie z. B. die Standardkonformität auf einen Blick hervorgehoben werden.

Eine Sammlung von IS-Portfolios finden Sie in Abschnitt 3.4.2. In Bild 3.14 finden Sie als Beispiel die McFarlan-Matrix (siehe [War02]). Diese IS-Strategie ist sehr weit verbreitet. Die Informationssysteme werden entsprechend ihres Wert- und Strategiebeitrags klassifiziert.

Der Wertbeitrag bestimmt den Grad der Unterstützung der wettbewerbsdifferenzierenden Geschäftsprozesse, z. B. im Vertrieb und in der Fertigung. Der Strategiebeitrag gibt an, welchen Beitrag das Informationssystem zur Umsetzung der Unternehmensstrategie leistet, d. h. wie groß der Beitrag des Informationssystems zum künftigen Geschäftserfolg ist. Details hierzu finden Sie in [War02] und Abschnitt 3.4.2.

Durch die kompakte Darstellung des Beitrags der IT für den aktuellen und den zukünftigen Geschäftserfolg eignet sie sich gut für die Abstimmung der Weiterentwicklung des IS-Portfolios zwischen der Fach- und der IT-Seite.

Ein weiteres verbreitetes IS-Portfolio ist das von Maizilish/Handler (siehe [Mai05]). Bei dieser IS-Strategie werden die Informationssysteme entsprechend ihrer technischen Qualität und ihres Geschäftswerts in vier Quadranten klassifiziert (siehe Bild 3.18). Die technische Qualität bezieht sich sowohl auf den Status im Lebenszyklus des Systems als auch auf den Grad der Umsetzung von Qualitätsanforderungen wie z. B. Performance oder Sicherheit. Die technische Qualität bestimmt maßgeblich den Aufwand bei der Weiterentwicklung eines Systems. Der Geschäftswert beinhaltet sowohl den Strategiebeitrag als auch den Wertbeitrag eines Informationssystems. Erläuterungen zu den Kennzahlen sind in Kapitel 8 zu finden.

Auf der Basis dieser Informationen und den strategischen Vorgaben können das Ziel-IS-Portfolio und die Roadmap für die Weiterentwicklung in den nächsten Jahren gestaltet werden. In Bild 3.19 finden Sie ein Beispiel auf Basis des IS-Portfolios „Technische Qualität/Geschäftswert". Informationssysteme werden entsprechend den bereits ausgeführten Strategien „abgelöst", „erweitert", „neu positioniert und erweitert" oder „überarbeitet". Alternativ können Sie sicherlich auch andere zeitliche Darstellungen (siehe Abschnitt 5.4) verwenden. Durch einen Ist-Soll-Abgleich können Sie Maßnahmen für die Umsetzung ermitteln. Siehe hierzu das folgende Einsatzszenario „Strategische Planung der IS-Landschaft".

6.3.2 Strategische Planung der IS-Landschaft (IS-Bebauungsplanung)

Kurzbeschreibung: Gestaltung der Soll-Bebauung der IS-Landschaft sowie der Roadmap für die Umsetzung als verbindlicher Orientierungsrahmen für Projekte und Wartungsmaßnahmen

Stakeholder-Gruppen: CIO/IT-Verantwortlicher (A), IT-Stratege (C), IS-Bebauungsplaner (R), IT-Architekt (C), Geschäftsarchitekt (C)

Ziele:

- Beherrschung und/oder Reduktion der IT-Komplexität
  IT-Komplexität durch kontinuierliche IT-Konsolidierung reduzieren und damit die IT-Kosten nachhaltig reduzieren

- Business-IT-Alignment und strategische Ausrichtung der IT
  IT strategisch entsprechend den Unternehmens- und IT-Zielen durch die Berücksichtigung dieser bei der IS-Bebauungsplanung ausrichten und zudem auf diese Art und Weise das Business-IT-Alignment erhöhen

- Beitrag zur Weiterentwicklung des Geschäfts
  Für die Bereiche, in der Flexibilität strategisch angestrebt wird, wird dies bei der IS-Bebauungsplanung berücksichtigt. Die Verbesserung der Business-Unterstützung ist zudem ein Anliegen, was bei der IS-Bebauungsplanung verfolgt wird.

Erläuterungen und geeignete Visualisierungen:

Im Rahmen der IS-Bebauungsplanung (siehe Abschnitt 7.5.2) werden die Soll-IS-Landschaft und die IT-Roadmap zur Umsetzung gesamthaft oder in Ausschnitten für einen Planungszeitraum (z. B. für 2020) gestaltet. In Bild 6.37 sehen Sie ein Beispiel einer Soll-IS-Landschaft in Form einer Bebauungsplan-Grafik und in Bild 6.38 ein Beispiel einer IT-Roadmap. Weitere Beispiele für die Darstellung einer IT-Roadmap finden Sie in Abschnitt 5.4.10.

BILD 6.37 Beispiel Soll-IS-Landschaft 2020

BILD 6.38 Beispiel für eine IT-Roadmap

Um die mit der strategischen Planung der IT-Landschaft verbundenen Ziele zu erreichen, müssen bei der IS-Bebauungsplanung folgende Aspekte beachtet werden:

- Einbezug von IT-Konsolidierungsmaßnahmen (siehe Einsatzszenarien „Konsolidierung der IS-Landschaft" und „Standardisierung und Homogenisierung" sowie „Betriebsinfrastrukturkonsolidierung")

  Durch die IT-Konsolidierungsmaßnahmen wird die IT-Komplexität verringert. Dies führt zu einer nachhaltigen Kostenreduktion.

- Klare Fokussierung bei der Gestaltung der Soll-Bebauung in Richtung Geschäftsunterstützung, Beseitigung von „Pains" sowie Vorbereitung und Ausrichtung der IT

  Durch die Ableitung der Soll-Bebauung aus der Unternehmens- und IT-Strategie sowie Geschäftsanforderungen und „Pains" wird die Business-Unterstützung optimiert und die IT an den Zielen strategisch ausgerichtet.

  Ein funktionales Referenzmodell, einhergehend mit Serviceorientierung und der konsequenten Nutzung einer Integrationsarchitektur, unterstützt die Agilität der IT. Siehe hierzu Einsatzszenario „Flexibilisierung der IT".

Das Vorgehen und die Ergebnisse der IS-Bebauungsplanung werden in Abschnitt 3.3 ausführlich erläutert. In Abschnitt 7.5.2 finden Sie eine Schritt-für-Schritt-Anleitung für die Durchführung der IS-Bebauungsplanung. Im Folgenden wird das Vorgehen bei der Bebauungsplanung kurz zusammengefasst und anhand eines Beispiels erläutert.

Ausgehend von der Unternehmens- und IT-Strategie, den Geschäftsanforderungen und aktuellen „Pains" werden für die verschiedenen Handlungsfelder IT-relevante Aspekte identifiziert, die bei der Gestaltung der Soll-Landschaft zu berücksichtigen sind. Die IT-relevanten Aspekte werden zu Handlungsfeldern gebündelt. Für diese werden Lösungsideen gesammelt, analysiert, bewertet und zu Planungsszenarien gebündelt, die wiederum analysiert und bewertet werden. So werden in einem iterativen Prozess aus Analyse und Gestaltung gegebenenfalls alternative Planungsszenarien entwickelt, die einem Gremium, z. B. EAM-Board, vorgelegt werden. Die freigegebene Soll-Bebauung wird dann als Ziel-Bild dokumentiert und kommuniziert.

Ein Beispiel für einen IT-relevanten Aspekt ist die Vermeidung von inkonsistenten Daten in der Lagerverwaltung. Durch die Analyse der EAM-Datenbasis werden Anhaltspunkte für mögliche Dateninkonsistenzen ermittelt. In Bild 6.39 finden Sie eine Zuordnungstabelle zwischen Geschäftsobjekten und Informationssystemen. In dieser Zuordnungstabelle wird zudem die Art der Zuordnung charakterisiert. Es wird zwischen „F – führendes System" und „V – Verwendung und Bearbeitung von Daten" unterschieden.

Im Beispiel liegt lediglich in Bezug auf den Rohmateriallagerort eine Datenredundanz vor, da sowohl die Informationssysteme CON als auch TUY hierfür als führendes System eingetragen sind. In den anderen Fällen sind es nur unterschiedliche Releases desselben Informationssystems.

> **Empfehlung:**
> Nutzen Sie die Standardanalysemuster zur Aufdeckung von Handlungsbedarf und Optimierungspotenzial sowie Abhängigkeiten und Auswirkungen (siehe Abschnitt 7.5.1 und Download-Anhang A).

Datencluster:	Geschäftsobjekte:		ACTAC R2.2	ACTAC R2.3	FIS R3.3	CON R4.2	CON 4.3	TUY R1.0	Publisher R2.0
			IS 1	IS 2	IS 3	IS 4	IS 5	IS 6	IS 7
Fertigungsdaten	Fertigungsauftrag	GO2	F	F	V	V	V	V	
	Fertigungsauftrag.Termine	GO7	F	F	V	V	V	V	
	Arbeitsplan	GO8	V	V	F				
	Werkstattauftrag	GO3			F			V	V
	Prüfplan	GO9	F	F	V				
Vertriebsdaten	Kundenauftrag	GO1	V						
Lagerdaten	Rohmaterial.Lagerort	GO4	V	V	V	F	F	F	
	Rohmaterial.Lagermenge	GO10	V	V	V	F	F	V	
	Wareneingangsbeleg	GO5			V	V	F	V	
Mitarbeiterdaten	Lagerarbeiter	GO6							V

F Führendes System
V Verwendung und Bearbeitung von Daten

BILD 6.39 Ergebnisse der Daten-Cluster-Analyse

BILD 6.40 Beispiel Informationsfluss Ist-Zustand

Für die Gestaltung werden unterschiedliche Lösungsideen wie z. B. „Stammdaten-Hub" oder „Klare Masterschaft und Synchronisierung" gesammelt und analysiert. Betrachten wir die Lösungsidee „Stammdaten-Hub" näher. In Bild 6.40 finden Sie den aktuellen Informationsfluss dargestellt. Sowohl CON als auch TUY sind isolierte Systeme. Gegebenenfalls existieren manuelle Schnittstellen.

Rohmaterial mit allen seinen Bestandteilen wie z. B. Lagerort ist ein Stammdatum (besonders ausgezeichnetes Geschäftsobjekt). Das Rohmaterial kann zusammen mit ggf. weiteren Stammdaten in einen Stammdaten-Hub transferiert werden. In Bild 6.41 wird ein neues Informationssystem GO-Hub dargestellt. Dieser Stammdaten-Hub wird entweder das führende System des Rohmateriallagerorts oder verteilt diese Informationsobjekte lediglich.

BILD 6.41 Beispiel Informationsfluss, nach Einfügen eines Stammdaten-Hub

> **Empfehlung:**
> Auch die kreative Gestaltungsaktivität wird durch Gestaltungsmuster wie z. B. „Füllen von Abdeckungslücken" unterstützt. Diese werden in Abschnitt 7.5.2 beschrieben.

So können Sie mithilfe von EAM Lösungsideen und Planungsszenarien entwickeln und analysieren sowie Input für die Bewertung bezüglich dem strategischen und Business Alignment, den Kosten und Nutzen, dem technischem Zustand, den Risiken, den Abhängigkeiten und Auswirkungen geben. Details hierzu finden Sie in Abschnitt 7.5.

6.3.3 Strategische Steuerung der Weiterentwicklung der IT-Landschaft

Kurzbeschreibung: Aufzeigen des Status und des Fortschritts bezüglich der Umsetzung der strategischen Vorgaben und der geplanten Bebauung insbesondere durch Steuerungsgrößen aus EAM (z. B. Standardisierungsgrad, Bebauungsplanfit), dem Plan-Ist-Vergleich und weiterem fundierten EAM-Input (siehe Abschnitt 8.3.4).

Stakeholder-Gruppen: Unternehmensführung (I), CIO/IT-Verantwortlicher (A), IT-Stratege (C und I), IT-Controller (C und I), Unternehmensarchitekt (R), Projektportfolio-Controller (I)

Ziele:
- Beherrschung und/oder Reduktion der IT-Komplexität, Optimierung des Tagesgeschäfts, strategische Ausrichtung der IT und Beitrag zur Weiterentwicklung des Geschäfts durch Setzen der entsprechenden Vorgaben und Sicherstellung deren Einhaltung. Wesentlich ist u. a. die Beherrschung der IT-Komplexität durch eine kontinuierliche Konsolidierung und Ausrichtung der IT im Hinblick auf Flexibilität der IT entsprechend der strategischen Vorgaben.

Erläuterungen und geeignete Visualisierungen:

Die IT-Landschaft muss in Richtung des Zielzustands Schritt für Schritt weiterentwickelt werden. Der Soll-Zustand und die IT-Roadmap müssen verbindlich für Projekte, Wartungsmaßnahmen und den Betrieb vorgegeben und der Status sowie der Fortschritt der Umsetzung transparent gemacht werden. Durch eine enge Integration in die Planungs-, IT- und Entscheidungsprozesse (siehe Abschnitt 8.5) wird die Umsetzung forciert. Abhängig vom Einfluss der Unternehmensarchitekten beziehungsweise der EAM-Sponsoren im IT-Management wird entweder nur Input für die Steuerung der Weiterentwicklung gegeben oder diese aktiv gesteuert.

EAM liefert einerseits wertvollen inhaltlichen Input zur strategischen IT-Steuerung. Von besonderer Bedeutung sind hier das Projektportfoliomanagement und die Projektsteuerung. Projekte können im Hinblick auf ihre Konformität zum Soll-Zustand und zur Standardkonformität bewertet werden und das Projektportfolio kann strategisch ausgerichtet werden. Der inhaltliche Fortschritt kann anhand z. B. einer erweiterten Synchroplan-Grafik (siehe Bild 6.23) transparent gemacht werden. Siehe hierzu die Einsatzszenarien „Projektportfoliomanagement und Multiprojektmanagement" sowie „Projektunterstützung".

Für die aktive Steuerung der IT-Landschaft sind aber insbesondere geeignete Steuerungsgrößen festzulegen und ein Steuerungsinstrumentarium zu etablieren. Beispiele für Kennzahlen sind Strategie- und Wertbeitrag, Wettbewerbsdifferenzierung, IT-Performance, Kosten, Nutzen und die Risikobewertung der verschiedenen Steuerungsobjekte. Beispiele für wichtige Kennzahlen, die direkt aus einem EAM-Datenbestand ermittelt werden können, sind z. B. Standardisierungsgrad, Bebauungsplankonformität, Anzahl von Informationssystemen und Anteil fehlender Verantwortlichkeitszuordnungen. Steuerungsgrößen werden aber auch für die gesteuerte Weiterentwicklung von EAM genutzt. So kann z. B. anhand des Dokumentationsgrads und der Dokumentationsqualität eine Einschätzung bezüglich der Aussagekraft der EAM-Datenbasis getroffen werden.

In Bild 6.43 finden Sie ein Beispiel eines Cockpits. Weitere Details zur strategischen IT-Steuerung und zum Beitrag von EAM finden Sie in Kapitel 8. Mithilfe eines Cockpits können sowohl der aktuelle Status als auch der Fortschritt auf einen Blick transparent gemacht werden. Für das Aufzeigen des Fortschritts sind insbesondere zeitliche Entwicklungen und Trendanalysen von Belang (siehe Bild 6.42). Diese erzeugen auch bereits für einfach beschaffbare Daten, wie z. B. die Veränderung der Anzahl von Informationssystemen, einen hohen Nutzen. Komplexe Cockpits, wie in Bild 6.43, erfordern einen hohen EAM- und Controlling-Reifegrad im Unternehmen. Die Kennzahlen müssen zuverlässig und entsprechend der festgelegten Aktualität wiederholt mit geringem Aufwand zu beschaffen sein.

Empfehlung:

Nutzen Sie zeitliche Entwicklungen und Trendanalysen z. B. für die Kostenentwicklung oder die Entwicklung der Anzahl oder Komplexität von Informationssystemen. So können Sie mit vertretbarem Aufwand den Fortschritt und insbesondere auch den Nutzen von EAM aufzeigen.

Bei zeitlichen Entwicklungen werden Trends anschaulich visualisiert, ohne dass Soll-Werte vorgegeben werden müssen. Daher eignen sie sich zum Einstieg in die strategische IT-Steuerung.

Dokumentationsstand	Jan 12 – Juli 13	August 13		Zum Vormonat	Prognose Dez 13
Anzahl Informationssysteme:			53	+ 1	+ 5 ↗
Fehlende Verantwortlichkeiten bei IS:			28	- 2	- 10 ↗
	prozentual:		52,83 %	+ 0,10	+ 13,2
Dokumentationsgrad der					
Informationssysteme:			63,96 %	+ 0,46	+ 2 ↗
Technischen Bausteine:		●	23,00 %	+ 0,30	+ 17 ↑
Schnittstellen:			88,20 %	+ 1,90	+ 2 ↗
Infrastruktur:			60,27 %	- 3,93	- 7 ↘

▪ Schlecht ● Handlungsbedarf
▪ Mäßig ● Zu beobachten
▫ Gut

BILD 6.42 Beispiele für zeitliche Entwicklungen

▲ Hohe Verfügbarkeit (>=98%)
△ Mittlere Verfügbarkeit (>=95% <98%)
△ Niedrige Verfügbarkeit (<95%)

BILD 6.43 Beispiel für ein komplexeres Cockpit

6.3.4 Businessorientierte Planung und Steuerung der IT

Kurzbeschreibung: Abgestimmte fachliche Begriffe und fachliche Domänenmodelle als Basis für die Kommunikation mit dem Business und als fachlicher Bezugsrahmen sowie fachliche Steuerungsgrößen für die businessorientierte Weiterentwicklung der IT-Landschaft bereitstellen. Vorgabe von Steuerungsgrößen aus dem Business als Basis für die Planung und Steuerung der IT. Fachliche Vorgaben werden in Bezug zu den IT-Strukturen gebracht und daraus lassen sich IT-Vorgaben ableiten.

Stakeholder-Gruppen: Unternehmensführung (I), CIO/IT-Verantwortlicher (A), IT-Stratege (C und I), IT-Controller (C und I), Unternehmensarchitekt (R), Projektportfolio-Controller (I), Business-Planer (C und I)

Ziele:
- Optimierung des Tagesgeschäfts und Unterstützung der Weiterentwicklung des Geschäfts durch die gemeinsame fachliche Sprache und die Vorgabe von businessorientierten Steuerungsgrößen und Sicherstellung deren Einhaltung
- Strategische Ausrichtung der IT
  IT strategisch entsprechend businessorientierten Vorgaben ausrichten

Erläuterungen und geeignete Visualisierungen:

Die Geschäftsarchitektur liefert eine „fachliche Sprache" als gemeinsame Kommunikationsbasis in Business und IT. Beispiele hierfür sind Glossar der Geschäftsobjekte (wie z. B. Kunde oder Auftrag), Produktkatalog mit Beschreibung der Produkte, Liste der Geschäftsprozesse und fachlichen Funktionen sowie der Kategorien von Geschäftspartnern (Kunden und Lieferanten), Vertriebskanälen und Geschäftseinheiten, die in der EAM-Datenbasis gehalten werden. Durch abgestimmte fachliche Begriffe wird ein einheitliches Verständnis geschaffen. Jeder weiß, was mit dem Geschäftsobjekt „Auftrag" gemeint ist oder was sich hinter dem Geschäftsprozess „Lieferantenmanagement" verbirgt.

Fachliche Domänenmodelle bündeln die wesentlichen fachlichen Strukturen des aktuellen oder zukünftigen Geschäfts und geben Bezugspunkte für die Verknüpfung mit den IT-Strukturen vor (siehe [HLo12]). Ein Beispiel einer Prozesslandkarte sehen Sie in Bild 6.44 und ein Beispiel eines funktionalen Referenzmodells finden Sie in Bild 6.45.

> **Empfehlung:**
> Wenn Sie noch keine abgestimmten fachlichen Strukturen haben, sollten Sie Rohentwürfe von fachlichen Domänenmodellen erstellen und in die Kommunikation einsteigen. Der Nutzen wird für Fachbereiche und Business Manager schnell sichtbar und Sie finden Sponsoren für die Erstellung der fachlichen Domänenmodelle und auch für EAM allgemein.

Ein fachliches Domänenmodell gibt den fachlichen Bezugsrahmen für die Planung und Steuerung der Weiterentwicklung der IT-Landschaft vor. IT-Elemente wie z. B. Informationssysteme können den fachlichen Bebauungselementen wie z. B. Geschäftsprozessen oder fachlichen Funktionen zugeordnet werden. Dies kann z. B. durch die Überlagerung des fachlichen Domänenmodells mit den unterstützenden Informationssystemen visualisiert werden. Siehe hierzu Bild 6.46.

Vertrieb & Marketing

Vertriebs-
planung

Presse-
arbeit

Vertriebs-
steuerung

Vertriebs-
controlling

...

Marketing-
Unterlagen

Distribution

Entwicklung & Fertigung

Produktentwicklung und
-management

Forschung

Serienanlauf

Fertigungsplanung

Fertigungssteuerung

...

Einkauf

Material-
einkauf

Lieferanten-
management

Unterstützende Prozesse

Finanz-
buchhaltung

Controlling

Personal

IT

Recht

BILD 6.44 Beispiel einer Prozesslandkarte

Vertrieb & Marketing				Entwicklung			Fertigung				Einkauf		Finance & Controlling		
Vertriebssteuerung	Presales & Kundenmanagement	CRM	Servicemanagement	Auftragsverwaltung	Distribution	Forschung	Produktentwicklung & -management	Serienanlauf	Fertigungsplanung	Disposition	SCM	Werkstattplanung	Endmontage	Lieferanten-Management	Materialeinkauf	Finanzbuchhaltung	Controlling	Konzernberichterstattung

Legende: Fachliche Domäne   Fachliche Funktion

BILD 6.45 Beispiel eines funktionalen Referenzmodells

BILD 6.46 Beispiel eines mit IS überlagerten funktionalen Domänenmodells

BILD 6.47 Beispiel des fachlichen Bezugsrahmens als Bebauungsplan-Grafik

Am häufigsten wird eine Bebauungsplan-Grafik zur Visualisierung der IT-Unterstützung von Geschäftsprozessen oder fachlichen Funktionen genutzt. In Bild 6.47 finden Sie ein Beispiel für einen fachlichen Bezugsrahmen in Form einer Bebauungsplan-Grafik. Durch Einordnung der Informationssysteme entsprechend deren Geschäftsunterstützung in den zweidimensionalen Bezugsrahmen wird die IT-Unterstützung transparent (siehe Bild 6.5).

BILD 6.48 Beispiel einer fachlichen Bebauungsplan-Grafik mit IS-Überlagerung

Ein funktionales Referenzmodell kann auch als fachliche Bebauungsplan-Grafik dargestellt werden. Auch hier ist die Überlagerung durch Informationssysteme ein gutes Mittel, um die IT-Unterstützung zu veranschaulichen.

Diese Visualisierungen sind ein probates Mittel, um das Business-IT-Alignment transparent zu machen. Durch die Analyse der fachlichen und IT-Strukturen in ihrem Zusammenspiel werden Handlungsbedarf und Potenzial für die Optimierung der Business-Unterstützung aufgedeckt. Aktuelle Problemfelder im Geschäft können im Hinblick auf ihre IT-Unterstützung beleuchtet werden. Umgekehrt können aus der Analyse der Geschäftsunterstützung von Informationssystemen und Schnittstellen Redundanzen, Abdeckungslücken und Automatisierungspotenzial identifiziert werden.

Durch die Zuordnung lassen sich die Vorgaben für das Geschäft in Bezug zu den entsprechenden IT-Elementen bringen. Vorgaben für die IT leiten sich aus der Unternehmensstrategie ab. So hängen z. B. Sicherheitsanforderungen für Systeme vom Schutzbedarf von Geschäftsdaten in Geschäftsprozessen ab. Die Einhaltung dieser Vorgaben kann überprüft werden. Die IT-Landschaft kann businessorientiert gesteuert werden. Dies schauen wir uns nun etwas genauer an.

> **Wichtig:**
> Für jedes Cluster (fachliche Domäne oder fachliches Bebauungselement) können gegebenenfalls unterschiedliche Strategien und Prinzipien für die Weiterentwicklung der IT-Landschaft vorgegeben werden.

Die Unternehmensarchitektur dokumentiert die fachlichen und technischen Strukturen und deren Beziehungen untereinander. So werden Abhängigkeiten und Auswirkungen transparent und die Business-Unterstützung planbar und steuerbar.

BILD 6.49
Beziehungen zwischen den EAM-Strukturen

Wesentlich ist insbesondere die Verknüpfung zwischen den fachlichen Strukturen und den IT-Strukturen. In Bild 6.49 finden Sie dies anschaulich dargestellt. Die fachlichen Strukturen sind durch eine Prozesslandkarte symbolisiert. Die Geschäftsprozesse liefern Bezugspunkte für die Verortung der Informationssysteme im Bebauungsplan, der auf der Ebene der strategischen Planung der IT-Landschaft im Bild dargestellt ist. Die Informationssysteme, die diesen Geschäftsprozess unterstützen, können wiederum auf der operativen Ebene als Bezugspunkt für die Zuordnung von Betriebsinfrastruktur- und anderen technischen Aspekten genutzt werden.

Vorgaben und Ziele auf fachlicher Ebene können so in Beziehung zu den IT-Strukturen gesetzt werden. Auf dieser Basis lassen sich dann in der strategischen IT-Planung IT-Vorgaben ableiten, die die Umsetzung der fachlichen Vorgaben und Ziele unterstützen. In Bild 6.50 finden Sie hierzu ein Beispiel.

Auf fachlicher Ebene, d. h. in der Unternehmenssteuerung, werden in Bild 6.50 die Produkte des Versicherungsunternehmens bezüglich ihrer aktuellen und zukünftigen Bedeutung für das Unternehmen eingeschätzt. Die bestehenden Produkte werden im funktionalen Referenzmodell als fachliche Domänen genutzt. Durch die Zuordnung der IT-Strukturen zu den fachlichen Domänen werden die fachlichen Vorgaben für die IT-Elemente transparent. So nimmt z. B. der Wertbeitrag der Komposit-Produkte zu und der Strategiebeitrag tendenziell ab, da der Marktanteil eher sinkt. Dies muss nun in der strategischen IT-Planung für die IT-Systeme, die dieses Produkt unterstützen, berücksichtigt werden. Im Beispiel wird für diese

BILD 6.50 Businessorientierte Steuerung der IT

IT-Systeme der Investitionsanteil erhöht, d. h., zukünftig werden mehr Projekte durchgeführt, um das IT-System zu stabilisieren und das Kerngeschäft zu optimieren. Häufig werden zudem andere Kennzahlen mit aufgenommen, um sich ein gesamthaftes Bild zu verschaffen. In diesem Beispiel werden der Gesundheitszustand, die Service-Abdeckung und die Kostenentwicklung betrachtet (siehe hierzu Kapitel 8). In der Regel gibt es zu diesen Steuerungsgrößen und Dashboards noch weitere Steuerungssichten, wie z. B. Maßnahmendefinitionen in einem Masterplan, und Detailinformationen (siehe Abschnitt 8.3.4).

6.3.5 Flexibilisierung der IT

Kurzbeschreibung: Um Flexibilität in der IT-Landschaft zu erreichen, muss diese in den Bereichen, wo Veränderungen zu erwarten sind, komponentisiert (modularisiert) werden und Integrationsarchitekturen müssen bereitgestellt werden.

Stakeholder-Gruppen: CIO/IT-Verantwortlicher (A), IT-Stratege (C), Controller (C), Business-Verantwortlicher (C), Unternehmensarchitekten (R), Business-Planer (C), Prozess- und Daten-Owner sowie weitere fachlich orientierte Rollen (C)

Ziele:

- Strategische Ausrichtung der IT und Beitrag zur Weiterentwicklung des Geschäfts
Flexibilisierung für relevante IT-Strukturen wird durch ein entsprechendes Ziel-Bild und Leitplanken in die Umsetzung eingesteuert. Dies geht häufig einher mit der Serviceorientierung. So kann die IT auf Veränderungen im Business vorbereitet werden und auf diese Weise einen großen Beitrag zur Weiterentwicklung des Geschäfts leisten.

Erläuterungen und geeignete Visualisierungen:

Die IT muss sich auf Veränderungen in den Geschäftsmodellen und kürzer werdende Innovations- und Produktlebenszyklen sowie Merger & Acquisitions, Outsourcing und Umstrukturierungen vorbereiten. Neue oder veränderte Geschäftsanforderungen müssen schnell und in hoher Qualität umgesetzt werden.

Dies ist nicht so einfach, wenn die IT-Landschaft „historisch gewachsen" ist. Schon kleine Änderungen können in dem komplexen Gesamtsystem verheerende Auswirkungen haben. Um flexibel und schnell auf neue Anforderungen reagieren zu können, müssen Änderungen möglichst lokal an wenigen Stellen durchgeführt werden können. Änderungen an Geschäftsregeln oder Workflows sollten einfach modelliert oder konfiguriert werden können. Eine modulare IT-Landschaft mit einer Integrationsarchitektur ist hierzu erforderlich.

> **Wichtig:**
>
> Wenn Sie Ihre IT auf Veränderungen im Business ausrichten wollen, dann müssen Sie diese in den relevanten Bereichen „komponentisieren" und mit einer Integrationsarchitektur versehen.
>
> Die IT-Landschaft muss so in Komponenten zerlegt werden, dass fachlich zusammengehörige Funktionalitäten und Daten in einer Komponente angesiedelt sind. Die Komponenten sind untereinander lose über z. B. eine Regel-, Workflow-Engine oder ein Enterprise Service Bus gekoppelt.
>
> Eine Integrationsarchitektur liefert unternehmensspezifische Vorgaben für die serviceorientierte Umsetzung von Geschäftsanforderungen. Hierzu zählen Technologie-, Softwarearchitektur- und Infrastrukturaspekte für Entwicklung, Betrieb und Governance der involvierten Einzelsysteme und deren Zusammenspiel (End-to-end).
>
> Beispiele hierfür sind Architekturvorgaben für die lose Kopplung von Komponenten über einen ESB (Enterprise Service Bus) oder aber die Herauslösung der Geschäftsregeln und Ablaufsteuerung aus dem Programmcode und die Hinterlegung dieser in einer Rules Engine und einem BPMS (Business Process Management System). Änderungen an Geschäftsregeln (zum Beispiel veränderte Preisberechnung) und Abläufen (zum Beispiel Änderung des Genehmigungsverfahrens) ziehen keine Auswirkungen an den funktionalen Modulen nach sich. Funktionale Module, wie zum Beispiel Provisionsabrechnung, können einfach ersetzt werden. Die Änderung erfolgt lokal und kann schnell und kostengünstig durchgeführt werden, da nur reduzierte Integrations- und Testaufwände anfallen.

Die Komponenten, häufig auch Services genannt, sollten sich an den Business Capabilities des Unternehmens ausrichten. Beispiele für Services sind Vertriebscontrolling oder Provisionsabrechnung.

Gewachsene IT-Landschaften mit vielen funktionalen und Datenredundanzen, vielen und komplexen spezifischen Schnittstellen, heterogenen Technologien sowie vielen Inkompatibilitäten und Abhängigkeiten müssen „aufgeräumt" („SOA-fiziert") werden, um Änderungen schnell, kostengünstig und risikoarm durchzuführen und in Betrieb zu nehmen. So wird die erforderliche Flexibilität (Anpassungsfähigkeit) erzielt und darüber hinaus werden die Wartungs- und Betriebsaufwände und damit die IT-Kosten nachhaltig gesenkt.

Wichtig:

Serviceorientierte Architekturen (SOA) versprechen Agilität in der Veränderung des Geschäftsmodells, indem Business-Services zu Geschäftsprozessen flexibel orchestriert und damit einfach und kostengünstig an veränderte Geschäftsanforderungen oder Randbedingungen angepasst werden können. Sie zielen auf die Komponentisierung der IT-Landschaft in fachliche Komponenten und eine flexible Kopplung der Komponenten ab.

SOA (serviceorientierte Architektur) hat eine fachliche und eine technische Dimension:

- Fachliche Funktionen (auch Business Capability oder Geschäftsfähigkeit genannt) als inhaltliche Implementierungs-, Strukturierungs- und Granularitätsvorgabe für Business-Services (siehe Abschnitt 7.4.2)
- Technische Umsetzung mittels einer für das Unternehmen standardisierten Integrationsarchitektur (u. a. lose Kopplung und Kontrakte) mit Integrationstechnologien, wie z. B. WebServices, Workflow und Rule Engines oder Enterprise Service Bus

Das Business Capability Management (siehe Abschnitt 7.4.2) leistet hierzu einen wesentlichen Beitrag. Die Business Capabilities geben fachliche Bezugspunkte für die Planung und Steuerung der IT-Umsetzung vor. Das Anwendungsportfolio wird in Bezug auf die aktuellen und zukünftigen Geschäftsfähigkeiten optimiert. Hierbei wird die Soll-IS-Landschaft entsprechend der zukünftigen Business Capability Map komponentisiert, das heißt serviceorientiert gestaltet. Auf dieser Basis können mit Hilfe einer Integrationsarchitektur neue Abläufe einfach durch Zusammensetzen und Orchestrieren der Business-Services konfiguriert werden. Die IT kann so schneller auf sich verändernde Anforderungen reagieren. Die Orchestrierung der Business-Services, also deren Abfolge und Wechselwirkungen, wird durch die Geschäftsprozesse vorgegeben. Lassen sich die einzelnen Business-Services einfach miteinander verknüpfen, dann lassen sich auch Änderungen in den Prozessabläufen, unter der Annahme des Einsatzes derselben Services, schnell und ohne Programmieraufwand umsetzen.

In Bild 6.51 finden Sie ein Beispiel für eine Soll-Informationssystemlandschaft, die entsprechend der Business Capabilities serviceorientiert gestaltet wurde. Die Business Capability Map bildet die Zielvorgabe für das IT-Service-Modell der zukünftigen IT-Landschaft.

BILD 6.51 Serviceorientierte Gestaltung der IS-Landschaft

Fachlich zusammenhängende Business Capabilities (fachliche Domäne in Bild 6.51) werden in der idealisierten Zielvorstellung durch ein Informationssystem bereitgestellt. Die Business Capabilities geben die Strukturierung für die Soll-Informationssysteme vor. Die Soll-Informationssysteme werden entsprechend der Business Capabilities in Teil-Informationssysteme, auch IT-Funktionalitäten genannt, zerlegt. Für jede Business Capability existiert eine IT-Funktionalität (ein Service eines Informationssystems), der direkt eingebunden werden kann.

Die Gestaltung der zukünftigen IT-Landschaft erfolgt im Rahmen der Bebauungsplanung (siehe Abschnitt 7.5.2) auf der Basis der Business Capability Map entsprechend der strategischen Vorgaben und Randbedingungen. Durch die strategischen Vorgaben und Randbedingungen können zum Beispiel, wie in Bild 6.51 dargestellt, die Informationssysteme für die verschiedenen Geschäftseinheiten für die fachliche Domäne I durchaus unterschiedlich ausgeprägt werden.

Durch die „Komponentisierung" der IS-Landschaft entsprechend des funktionalen Referenzmodells und das Einziehen einer Integrationsarchitektur mit zum Beispiel einer Regel- und Workflow-Engine können Änderungen an Geschäftsregeln oder Geschäftsabläufen einfach modelliert und konfiguriert werden. So sieht zumindest das Zielszenario aus, um Business-Veränderungen schnell umsetzen zu können. Für die Vorbereitung der IT bedarf es aber in der Regel eines langen Atems.

Wichtig:

Business Capabilities und ihre Verknüpfung mit IT-Strukturen gepaart mit einer Integrationsarchitektur sind ein wichtiger Schritt in Richtung einer flexiblen IT.

So können funktionale Redundanzen in der Geschäftsunterstützung beseitigt und vor allen Dingen die IT auf Veränderungen im Business vorbereitet werden.

Serviceorientierung in Business und IT und die konsequente Nutzung einer Integrationsarchitektur sind der Schlüssel dazu. Weitere Informationen zu Integrationsarchitekturen und Hilfestellungen für die Komponentisierung finden Sie in Abschnitt 7.4.2.

Serviceorientierung ist aber kein Selbstzweck und nicht immer adäquat. Durch die Zerschlagung und lose Kopplung von Komponenten werden Performance- und Sicherheitsanforderungen zum Teil schwieriger zu erfüllen. Viele Layer und Komponenten-Schnittstellen sind zu überwinden (siehe SOA-Referenzarchitektur in Abschnitt 7.4.2). Zudem dauert die Migration einer gewachsenen IT-Landschaft zur SOA-Landschaft viele Jahre und verschlingt große Summen (siehe [Sla11] und [Eng08]).

Empfehlung:
Identifizieren Sie mögliche und sinnvolle Anwendungsbereiche für die Flexibilisierung der IT. Untersuchen Sie hierzu Ihre Unternehmens- und IT-Strategie sowie Ihre Geschäftsarchitektur und deren IT-Unterstützung. Analysieren Sie Ihre Geschäftsanforderungen im Hinblick auf die geforderte Business-Agilität. Erstellen Sie ein funktionales Referenzmodell für Ihr Unternehmen (siehe Abschnitte 7.4.2) und legen Sie für die verschiedenen fachlichen Domänen fest, ob und in welcher Art und Weise die Serviceorientierung zukünftig Einzug halten soll (Service-Strategie). Hilfestellungen hierfür finden Sie in Abschnitt 7.4.2.

Business Capabilities (fachliche Funktionen) und ihre Umsetzung als Business-Services bieten darüber hinaus noch folgende weitere Vorteile:

- Fundierte Sourcing-Entscheidungen sind möglich. Anhand der festgelegten fachlichen Funktionen und deren Klassifikation bezüglich Wettbewerbsdifferenzierung kann entschieden werden, welche Fähigkeiten vom Unternehmen selbst erbracht oder zugekauft werden sollen. Zudem lässt sich das Anforderungsprofil für die Dienstleister konkreter festlegen.
- Fachliche Funktionen sind für die Abstimmung mit Stakeholdern im Anforderungsmanagement geeignet, weil sie die Funktionalität des zukünftigen Produkts beschreiben.
- Fundierter Input für Business-Transformationen, u. a. Merger und Akquisitionen, wird bereitgestellt (siehe Einsatzszenario „Business-Transformation").
- Projekte lassen sich anhand der fachlichen Funktionen klassifizieren und bewerten.
- Die Inkrementbildung bei Projekten wird unterstützt. Die Priorisierung und die Zerlegung in Inkremente können anhand der fachlichen Funktionen (gegebenenfalls auf Teilfunktionsebene) erfolgen.

6.3.6 IT-Innovationsmanagement

Kurzbeschreibung: kontinuierliche Weiterentwicklung der unternehmensspezifischen technischen Standards (des Blueprints). Im IT-Innovationsmanagement werden vorausschauend neue Technologien beobachtet, evaluiert und bewertet. Die Reife und das Potenzial für den Einsatz im Unternehmen werden eingeschätzt.

Stakeholder-Gruppen: CIO/IT-Verantwortlicher (A), IT-Stratege (C), IT-Controller (C), Business-Verantwortlicher (C), IT-Architekt (C, I), IT-Innovationsmanager (R), Business-Planer (C, I), Prozess- und Daten-Owner sowie weitere fachlich orientierte Rollen (C, I)

Ziele:

- Strategische Ausrichtung der IT und Beitrag zur Weiterentwicklung des Geschäfts Ermittlung von technischen Trends, die für die Tragfähigkeit und insbesondere auch im Hinblick auf Business-Innovationen entscheidende Impulse für die Weiterentwicklung des Unternehmens geben können.

Erläuterungen und geeignete Visualisierungen:

Die Zukunftsfähigkeit von technischen Standards ist ein wesentlicher Aspekt bei der Weiterentwicklung des Blueprints. Das IT-Innovationsmanagement leistet hierzu einen wichtigen Beitrag (siehe Bild 6.52). Durch die frühzeitige, vorausschauende und kontinuierliche Beobachtung und richtige Einschätzung von technologischen Entwicklungen sowie des Lebenszyklus der verwendeten technischen Standards kann die Zukunftsfähigkeit abgesichert werden. So lassen sich auch der rasche technologische Wandel und die zunehmend kürzeren Lebenszyklen von IT-Produkten bewältigen.

BILD 6.52 IT-Innovationsmanagement

Wesentliche Bestandteile des IT-Innovationsmanagements:

- **Technologiebeobachtung**
  Durch ein sogenanntes „Themen-Radar" müssen proaktiv neue Trends, Technologien und IT-Kaufprodukte frühzeitig „wahrgenommen" und kontinuierlich verfolgt werden.

  Aufgrund der ständigen und zahlreichen technologischen Veränderungen kann das Themenradar eine große Zahl potenzieller Themen beinhalten.

- **Grobe Technologiebewertung**
  Die technologische Reife und das Potenzial der möglichen IT-Innovationen sind zu analysieren, um auf dieser Basis die Anzahl der weiter zu untersuchenden IT-Innovationen etwas einzuschränken. Die Technologiebewertung kann hinsichtlich allgemeiner und unternehmensspezifischer Bewertungskriterien, z. B. Know-how am Markt und im Unternehmen oder aber in Bezug auf die Verfügbarkeit von (IT-)Lösungen und Referenzen erfolgen. Die Einschätzung des Lebenszyklus insbesondere bei IT-Kaufprodukten ist dabei sehr wichtig. Im Allgemeinen werden hier z. B. auch Analystenmeinungen wie etwa die Positionierung im Hype-Cycle genutzt.

- **Identifikation der für das Unternehmen relevanten IT-Innovationen**
  Um die relevanten IT-Innovationen zu identifizieren, müssen die technologische Reife, das Potenzial sowie der mögliche Einsatzzeitpunkt unter besonderer Berücksichtigung der damit verbundenen Chancen und Risiken für das Unternehmen eingeschätzt werden. Für die Einschätzung der technologischen Reife können z. B. Experimente mit der Technologie oder dem IT-Kaufprodukt durchgeführt und die technischen Bausteine auf diese Weise praktisch erprobt werden. Hierzu können Sie gegebenenfalls Experten aus den eigenen Reihen oder von Beratungshäusern hinzuziehen. Die Reife und Tragfähigkeit gilt es für alle relevanten IT-Innovationen aufzuzeigen.

Der Einsatzzeitpunkt einer technischen Innovation hängt insbesondere auch vom unternehmensspezifischen Innovationsgrad ab, d. h. von der von Ihnen ausgewählten Adopter-Kategorie (vgl. [Rog95]):

- **Innovatoren**
  Innovatoren sind experimentierfreudig und gehören zu den Ersten, die mit den neuen Technologien trotz ihrer Risiken und fehlender Erfahrungswerte „spielen". Mit ihrer Begeisterung für die neue Technologie lancieren sie Trends.

- **„Early Adopters" (frühe Abnehmer)**
  „Early Adopters" sind technologiebegeistert und setzen technische Innovationen frühzeitig ein, sobald eine hinreichende technologische Reife erreicht ist und Einsatzmöglichkeiten vorhanden sind. Sie sehen darin Möglichkeiten, sich Wettbewerbsvorteile zu verschaffen, auch wenn die Technologie noch an diversen Kinderkrankheiten leidet. Sie sind die ersten echten Kunden für die Anbieter der neuen Technologie.

- **„Early Majority" (frühe Mehrheit)**
  „Early Majority-Kunden" lassen sich von den Innovatoren und frühen Abnehmern von der Reife überzeugen und nutzen deren Erfahrungen zur Reduzierung der eigenen Risiken. Sobald die ersten positiven Erfahrungen vorliegen und ein klarer Nutzen erkennbar ist, springen sie auf den Zug auf, bevor er volle Fahrt aufgenommen hat. Sie wollen in der Regel einen monetär messbaren Vorteil (schneller, billiger oder besser) erzielen.

- „Late Majority" (späte Mehrheit)
  Eine Adoption erfolgt erst dann, wenn sich die technische Innovation schon durchgesetzt hat und sehr verbreitet angewendet wird. Diese Gruppe ist eher konservativ. Erst, wenn sich die neue Technologie bewährt hat, springen sie auf den Zug auf. Das Risiko ist minimal und der Nutzen ist sicher.
- „Laggards" (Nachzügler)
  Die Nachzügler orientieren sich an der Vergangenheit und an traditionellen Werten. Veränderungen benötigen häufig einen massiven Druck von außen.

Je nach strategischer Ausrichtung und Kultur muss die geeignete Adopter-Kategorie ausgewählt werden. Wenn Technologieführerschaft angestrebt wird, ist das Unternehmen in der Regel eher „Innovator", „Early Adopter" oder mindestens „Early Majority". Strebt man Kostenführerschaft an, ist das Unternehmen in der Regel eher „Late Majority" oder „Nachzügler".

„Early Adopter"-Ansätze werden häufig von IT-Herstellern unterstützt. So gibt es im SAP-Umfeld Ramp-Up-Programme, die ein gutes Aufwands-/Nutzenverhältnis aufweisen. Durch reduzierte Lizenz- und Wartungskosten sowie Trainings- und Coaching-Maßnahmen kann man die Adoption erheblich unterstützen.

Durch die Nutzung von „Thinktanks" und Innovationsspeerspitzen kann der erforderliche Freiraum für die Identifikation der relevanten IT-Innovationen geschaffen werden. Die Erfahrungen anderer wie z. B. IT Communities, Berater oder Hochschulen sollten pragmatisch mit einbezogen werden.

Die Wirksamkeit des IT-Innovationsmanagements muss durch ein kontinuierliches Monitoring z. B. der Anzahl der Themen im Themenradar oder aber des Feedbacks permanent überwacht werden. Ein an nackten Zahlen orientiertes Management von Innovationen ist nicht sinnvoll. Ein Zusammenhang zwischen F&E-Aufwendungen und Unternehmenserfolg lässt sich statistisch nicht nachweisen. F&E-Kapital ist Risikokapital.

Unabhängig davon muss für alle identifizierten IT-Innovationen hinterfragt werden, ob diese bedarfsgerecht und hinreichend stabil sind. Nur so können sie im Rahmen des Technologiemanagements als Vorgabe für die technische Realisierung von Informationssystemen, Schnittstellen oder Betriebsinfrastrukturelementen verwendet werden. Zur Bewertung sollten Sie die gleichen Kriterien wie bei der strategischen Weiterentwicklung der technischen Standards (siehe Abschnitt 7.6) heranziehen.

Wichtig:
- Durch die frühzeitige, vorausschauende und kontinuierliche Beobachtung und richtige Einschätzung von technologischen Entwicklungen sowie des Lebenszyklus der verwendeten technischen Standards wird der zuverlässige Geschäftsbetrieb nachhaltig abgesichert.
- Das IT-Innovationsmanagement liefert einen wesentlichen Input für die strategische Weiterentwicklung der technischen Standards.
- Zukunftssicherheit ist nur ein „Bauchgefühl"! Durch erfahrene Softwarearchitekten und eine erprobte Methodik wird das Bauchgefühl in gesicherte Erkenntnisse überführt. Ob sich die Annahmen, die der strategischen IT-Planung zugrunde liegen, bestätigen oder nicht, lässt sich letztendlich nur langfristig beurteilen. Durch eine sorgfältige Evaluierung, Analyse, Konzeption und Erprobung kann jedoch ein gewisses Mindestmaß an Sicherheit geschaffen werden.

In der höchsten Ausbaustufe leistet das IT-Innovationsmanagement einen wichtigen Input für Business-Innovationen und damit für den zeitlichen Vorsprung des Unternehmens gegenüber dem Wettbewerb. Business-Ideen können gemeinsam mit dem Business generiert, evaluiert, ggf. pilotiert und als Business-Innovationen umgesetzt werden. Dieses explizite IT-Innovationsmanagement muss mit dem Business-Innovationsmanagement gekoppelt bzw. integriert werden, um schnell technologische Möglichkeiten mit neuen Business-Ideen in Einklang zu bringen bzw. neue Business-Ideen in Diskussion in gemischten Teams erst entstehen zu lassen.

6.3.7 Business-Transformation

Kurzbeschreibung: Schaffung des inhaltlichen Fundaments für die Entscheidung, z. B. im Rahmen einer Due Diligence, und für die Umsetzung einer Business-Transformation durch Bereitstellung von fundierten Informationen und Unterstützung bei der Planung und Steuerung

Stakeholder-Gruppen: Unternehmensführung (A), Business-Planer (R), Leiter Organisation (C, I oder R), CIO/IT-Verantwortlicher (A teilweise), Business-Verantwortlicher (C), Unternehmensarchitekten (R)

Ziele:

- Strategische Ausrichtung
  Standardisierung und Homogenisierung sowie Gestaltung der zukünftigen IT-Landschaft im Hinblick auf die Umsetzung der Unternehmens- und IT-Strategie im Kontext der Business-Transformation
- Beitrag zur Weiterentwicklung des Geschäfts
  Möglichst schnell Business-Transformationen, wie z. B. einen Firmenzukauf, bewältigen. Wesentlich ist auch die Absicherung von Entscheidungen durch die Analyse von Abhängigkeiten und Auswirkungen von Business-Transformationen.

Erläuterungen und geeignete Visualisierungen:

Business-Transformationen verändern das Geschäftsmodell und/oder die Organisation des Unternehmens gravierend. Beispiele für Business-Transformationen sind:

- Merger & Acquisitions im Kontext von Firmenübernahmen, Fusionen oder Zerschlagungen;
- neue oder veränderte Kooperationsmodelle mit Partnern oder Lieferanten, wie zum Beispiel Supply-Chain-Initiativen;
- gravierende Umstrukturierungen im Unternehmen aufgrund einer veränderten Unternehmensausrichtung, wie zum Beispiel eine globale Ausrichtung im Kontext eines „Global Sourcing" zur Bündelung von Einkaufsvolumen für Rohmaterialien, Verlagerung von Produktionsstandorten, Verringerung der Wertschöpfungstiefe durch den Bezug von Halbfabrikaten von Zulieferern anstelle von Eigenproduktion oder aber der Organisation nach Produkten, Prozessen sowie regionalen oder funktionalen Gesichtspunkten;
- Prozessstandardisierung, wie zum Beispiel europaweite oder globale Prozessharmonisierung und eine damit einhergehende Systemharmonisierung.

Business-Transformationen haben in der Regel eine große Tragweite. Das Unternehmen wird zumindest in Teilen grundlegend neu gestaltet. Eine Neugestaltung birgt jedoch viele Risiken. Allein die Globalisierung von zum Beispiel Vertriebs- und Service-Strukturen setzt eine Globalisierung der Kundenstammdaten, das heißt eine globale Harmonisierung der Kundenstrukturen und -daten, sowie konsistente und qualitativ hochwertige Bewegungsdaten voraus. Eine Business-Transformation ist erst dann umgesetzt, wenn Organisation, Geschäftsprozesse, IT und Geschäftsdaten, insbesondere die Stammdaten, transformiert sind. Dies hat natürlich auch große Auswirkungen auf das aktuelle Projektportfolio. Jedes Projekt im Kontext der Business-Transformation ist sorgfältig auf die entsprechende Konformität zu prüfen und ggf. zu stoppen oder zu verändern.

Dennoch sind Business-Transformationen in vielen Unternehmen an der Tagesordnung. Die Entscheidungen diesbezüglich müssen mit hoher Verlässlichkeit, das heißt hoher Qualität und niedrigem Risiko, zum Beispiel im Rahmen einer Due Diligence getroffen werden. Nach einer positiven Entscheidung für eine Business-Transformation, wie zum Beispiel einem Firmenzukauf, müssen diese schnell und sicher bewältigt werden. Wesentlich ist auch die Absicherung von Entscheidungen vor und während einer Business-Transformation durch die Analyse deren Abhängigkeiten und Auswirkungen.

> **Wichtig:**
> Due Diligence ist ein amerikanischer Rechtsbegriff, dessen Bedeutung im deutschsprachigen Raum weiter gefasst wird. Im Allgemeinen versteht man darunter die sorgfältige Analyse, Prüfung und Bewertung eines Objekts im Rahmen z. B. einer Akquisition.

EAM liefert fundierte Informationen als Grundlage für Business-Transformationen. Über die Analysemöglichkeiten auf Basis der EAM-Daten können Handlungsbedarf und Optimierungspotenzial identifiziert sowie Planungsszenarien ermittelt, analysiert und bewertet werden. EAM liefert die inhaltliche Grundlage für die Prüfung, Risikobewertung, Planung und Steuerung der Umsetzung einer Business-Transformation. Die Entscheidungsqualität wird erhöht, Risiken werden reduziert und die Umsetzung beschleunigt. Durch eine Business-Transformation sind sowohl die Geschäftsarchitektur als auch die IT-Landschaft massiv betroffen. Das Geschäftsmodell und auch dessen IT-Unterstützung stehen auf dem Prüfstand.

Wie unterstützt dabei das Business Capability Management?

Das Business Capability Management liefert die Business Capability Map als wesentliche Beschreibung der Geschäftsarchitektur. Die zukünftige Business Capability Map für das neue Geschäftsmodell nach der Business-Transformation wird neben der zukünftigen Unternehmensorganisation im Rahmen der Business-Planung oder Due Diligence gestaltet (siehe Abschnitt 6.3.7). Sie bildet den fachlichen Bezugsrahmen für den Abgleich mit den bestehenden Geschäfts- und IT-Architekturen der an der Business-Transformation beteiligten Unternehmen(seinheiten).

> **Empfehlung:**
>
> Verwenden Sie die Business Capabilities als fachlichen Bezugsrahmen, wenn bei einer Business-Transformation auch die Organisation und die Geschäftsprozesse strukturell neu gestaltet und nicht nur verändert werden. Die Business Capabilities und die grobe Unternehmensorganisation werden bei Business-Transformationen häufig frühzeitig festgelegt. Die zukünftige Business Capability Map beschreibt die zukünftigen Fähigkeiten der neuen Organisation. Diese werden in EAM als fachlicher Bezugsrahmen und im Rahmen der Neugestaltung der Aufbau- und Ablauforganisation im strategischen Prozessmanagement genutzt.

Für den Abgleich der Geschäftsarchitekturen müssen die aktuellen Business Capabilities jedes an der Business-Transformation beteiligten Unternehmens ermittelt werden. Es muss festgestellt werden, ob die Business Capabilities den zukünftigen entsprechen, welche fehlen und auch, welche aktuell vorhanden sind, die zukünftig nicht mehr benötigt werden.

> **Empfehlung:**
>
> Nutzen Sie lediglich grobgranulare Business Capabilities für den Abgleich. So können Sie den Aufwand reduzieren und trotzdem wichtige Informationen für Entscheidungen liefern.
>
> Stellen Sie sicher, dass die Business Capabilities klar und prägnant beschrieben sind. Nur so vergleichen Sie keine „Äpfel" mit „Birnen". Auch wenn die Business Capabilities der an der Business-Transformation beteiligten Unternehmen unterschiedlich in Hierarchien eingeordnet oder unterschiedlich benannt sind, lässt sich so anhand des Namens (oder der Kurzbeschreibung) häufig eine Korrelation zwischen Business Capabilities herstellen. Ein Beispiel ist „Kundenauftragsverwaltung" und „Order-Management".
>
> Die Ermittlung der zukünftig benötigten Business Capabilities ist ebenso wichtig, da Sie auf diese Weise Hinweise für weitergehende Business-Transformationen, wie zum Beispiel Abspaltungen, erhalten.

In Bild 6.53 finden Sie eine Beispiel-Grafik, die den Abgleich der Business Capabilities illustriert. Pro fachliche Domäne werden oben die zukünftig relevanten Business Capabilities BC 1 bis BC 12 aufgeführt (Status im Lebenszyklus „einzuführen").

Für jede an der Business-Transformation beteiligte Unternehmenseinheit finden Sie in Bild 6.53 ein horizontales Segment mit den diesem zugeordneten Business Capabilities, die aus dem Abgleich mit den zukünftig benötigten Capabilities hervorgehen. Hierbei wird unterschieden zwischen den Business Capabilities, die aktuell bereits vorhanden, einzuführen und abzulösen sind. Daneben wird noch die Geschäftskritikalität der Business Capabilities für die Unternehmenseinheit aufgeführt. Aus dieser Darstellung gehen schnell die Unterschiede in der funktionalen Abdeckung hervor. Redundanzen und Abdeckungslücken werden identifiziert.

	Fachliche Domäne I			Fachliche Domäne II		
BC	BC 1	BC 2	BC 3	BC 7	BC 8	BC 9
UE	BC 4	BC 5	BC 6	BC 10	BC 11	BC 12

UE1

BC 1	BC X1	BC 3	BC X6	BC X7	BC X8
BC 4	BC 5	BC X2	BC 10	BC 11	BC X9
BC X3	BC X4	BC X5	BC X10	BC X11	BC X12

UE2

BC X13	BC X14	BC 3	BC 7	BC X21	BC X22
BC 4	BC 5	BC 6	BC 10	BC 11	BC 12
BC X15	BC X16	BC X17	BC X23	BC X24	BC X25
BC X18	BC X19	BC X20	BC X26	BC X27	BC X28

Legende:

Geschäftskritikalität:
- ■ hoch
- ▨ mittel
- □ niedrig

Status im Lebenszyklus:
- □ vorhanden
- □ einzuführen
- ▢ abzulösen

BC - Business Capability   FD - Fachliche Domäne   UE - Unternehmenseinheit

BILD 6.53 Abgleich der Business Capabilities bei einer Business-Transformation

> **Wichtig:**
>
> Durch den Abgleich der zukünftigen Business Capability Map mit der aktuellen Map des Unternehmens erhalten Sie Hinweise für die Unternehmensplanung. Es ist ein methodischer Baustein für die Entscheidungsfindung im Rahmen einer Due Diligence oder der Planung der Umsetzung der Business-Transformation.
>
> Weitere Ergebnisse zum Beispiel aus der Unternehmensstrategieentwicklung, dem strategischen Prozessmanagement und Enterprise Architecture Management runden das Bild ab und liefern die für Entscheidungen erforderlichen Informationen.

Eine rein fachliche Betrachtung reicht jedoch nicht aus, um die Auswirkungen einer Business-Transformation abzuschätzen. Die Business-Transformation ist erst dann abgeschlossen, wenn das zukünftige Geschäftsmodell des neuen oder veränderten Unternehmens auch insbesondere in der Organisation (siehe [Vah05]) und IT-Umsetzung lebt. Das heißt, eine Detailbetrachtung in den anderen Bereichen ist erforderlich. Bezüglich organisatorischer Aspekte sei auf [Vah05] verwiesen.

Hinweise für die IT-Umsetzung erhält man u. a. durch den Vergleich der bestehenden IT-Architekturen der an der Business-Transformation beteiligten Unternehmen anhand der zukünftigen Business Capability Map. Funktionale Redundanzen und Abdeckungslücken werden aufgedeckt und die Auswirkungen der Business-Transformation auf die IT-Landschaften werden aufgezeigt.

Das Ergebnis des Abgleichs der IT-Landschaften anhand der Business Capability Map kann grafisch durch Überlagerung dieser mit Informationssystemen oder Bebauungsplan-Grafiken dargestellt werden. In Bild 6.54 finden Sie ein Beispiel für eine überlagerte Business Capability Map. Links sehen Sie eine Business Capability Map und rechts die Überlagerung dieser durch Informationssysteme. Die Informationssysteme, die IT-Unterstützung für die entsprechenden Business Capabilities anbieten, überlagern diese grafisch.

BILD 6.54 Mit Informationssystemen überlagerte Business Capability Map

Dieser Abgleich kann für jede der IT-Landschaften der an der Business-Transformation beteiligten Unternehmen durchgeführt werden. So können für jede IT-Landschaft Anhaltspunkte für Redundanzen und Abdeckungslücken gewonnen und damit ein Vergleich gezogen werden (siehe [Kel09]).

Der ermittelte Handlungsbedarf und das Optimierungspotenzial liefern zudem wertvollen Input für die IT-Umsetzung der Business-Transformation. So ergibt sich zum Beispiel aus den Überlagerungen in Bild 6.54 an den Schnittstellen der neuen fachlichen Domänen Handlungsbedarf für die Festlegung der Verantwortlichkeiten für die Informationssysteme.

Mithilfe von Bebauungsplan-Grafiken lassen sich die IT-Landschaften der an der Business-Transformation beteiligten Unternehmen noch besser vergleichen. Eine Bebauungsplangrafik gibt einen zwei-dimensionalen Bezugsrahmen für die Zuordnung von zum Beispiel Informationssystemen zu Business Capabilities (oder Geschäftsprozesse) und Unternehmenseinheiten vor. Durch Einordnung der Informationssysteme entsprechend ihrer Unterstützung der Business Capabilities in den zweidimensionalen Bezugsrahmen wird die IT-Unterstützung transparent. Die Verortung ist „exakter" als bei der Überlagerung der Business Capability Map. Dies werden wir im Folgenden an einem Beispiel verdeutlichen.

In Bild 6.55 finden Sie ein Beispiel der Ausgangssituation vor einer Firmenübernahme. In der Grafik sehen Sie die zwei IT-Landschaften der zu fusionierenden Unternehmen in einer Bebauungsplan-Grafik.

Die fachlichen Domänen (Vertrieb und Marketing sowie Vertrieb & Service und Einkauf) und die Business Capabilities und damit die fachlichen Bezugsrahmen der IT-Landschaften unterscheiden sich. Ein gemeinsamer fachlicher Bezugsrahmen ist notwendig, um funktionale Redundanzen zu erkennen.

In Abhängigkeit vom Kontext und den strategischen Vorgaben werden die neue (mögliche) Geschäftsarchitektur und deren IT-Unterstützung gestaltet. Die neue Geschäftsarchitektur ist insbesondere durch die Geschäftsprozesse, die Capabilities (fachlichen Funktionen) und die grobe Unternehmensorganisation (Geschäftseinheiten) geprägt.

Die Geschäftsprozesse und/oder Capabilities und die grobe Unternehmensorganisation bilden den fachlichen Bezugsrahmen für die Gestaltung der neuen IT-Landschaft (siehe Einsatzszenario „Flexibilisierung der IT") durch eine IS-Bebauungsplanung (siehe Einsatzszenario „Strategische Planung der IS-Landschaft").

Hilfestellungen hierfür finden Sie in Abschnitt 7.4.2. Die zukünftige Business Capability Map gibt die Eckwerte, den fachlichen Bezugsrahmen, für die Planung der IT-Landschaft (siehe Bebauungsplanung in Abschnitt 7.5.2) vor.

Im Beispiel wird die Business Capability Map des Unternehmens I (IS-Landschaft I aus Bild 6.55) als gemeinsamer fachlicher Bezugsrahmen gewählt. Dieser ist in Bild 6.56 dargestellt. Durch die Dokumentation beider IT-Landschaften im gemeinsamen fachlichen Bezugsrahmen lassen sich diese analysieren und vergleichen (siehe Bild 6.57). Die bestehenden Informationssysteme werden dem gemeinsamen fachlichen Bezugsrahmen zugeordnet. Dies ist unter Umständen sehr aufwendig, da eine fachliche Einschätzung getroffen werden muss, welche Informationssysteme welche Business Capabilities des neuen fachlichen Bezugsrahmens unterstützen.

356 6 EAM Einsatzszenarien

IS-Landschaft I

Business Capabilities	BC 1	Vertrieb BC 2	BC 3	Marketing BC 4	BC 5
UE 1	ACTAC R 2.3	CON R 4.2	ACTAC R 2.3		
UE 2	FIS R 3.3	CON R 4.3	FIS R 3.3	TUY R 1.0	Publisher R 2.0
UE 3	ACTAC R 2.2				

Unternehmenseinheiten

Planungsstatus:
Ist
Plan
Soll

IS-Landschaft II

Business Capabilities	BC 6	Vertrieb & Service BC 7	BC 8	Einkauf BC 9	BC 10
UE 1			VIP R 3.3		
UE 2	XIPSY R 3.2			XIPSY R 3.2	
UE 3			AIS R 5.4		MaWi R 2.0

Unternehmenseinheiten

BILD 6.55 Vergleich zweier IT-Landschaften verschiedener Unternehmen

BILD 6.56
Festlegung des fachlichen Soll-Bezugsrahmens

Wenn diese fachlichen Rahmenvorgaben beim Start der IS-Bebauungsplanung noch nicht bekannt sind, müssen sie über ein „kleines" Strategieprojekt mit hoher Dringlichkeit festgelegt werden. Dies ist die Voraussetzung für die Durchführung der neuen Bebauungsplanung, da man erst durch den fachlichen Bezugsrahmen die Vorgaben und Eckwerte, gegen die „geplant" werden kann, setzt.

Empfehlung:
Verwenden Sie die fachlichen Funktionen als fachlichen Bezugsrahmen, wenn bei einer Business-Transformation auch die Organisation und die Geschäftsprozesse strukturell neu gestaltet und nicht nur verändert werden. Die fachlichen Funktionen und die grobe Unternehmensorganisation werden bei Business-Transformationen häufig frühzeitig festgelegt. Die fachlichen Soll-Funktionen beschreiben die zukünftigen Fähigkeiten der neuen Organisation. Auf Basis der Soll-Funktionen werden die Geschäftsprozesse und die Organisation neu gestaltet.

Im Beispiel wird der fachliche Bezugsrahmen des Unternehmens I (IS-Landschaft I aus) als gemeinsamer fachlicher Bezugsrahmen gewählt. Durch die Dokumentation beider IT-Landschaften im gemeinsamen fachlichen Bezugsrahmen lassen sich diese analysieren und vergleichen (siehe Bild 6.57). Die bestehenden Informationssysteme werden dem gemeinsamen fachlichen Bezugsrahmen zugeordnet. Dies ist unter Umständen sehr aufwendig, da eine fachliche Einschätzung getroffen werden muss, welche Informationssysteme welche Business Capabilities oder Geschäftsprozesse des neuen fachlichen Bezugsrahmens unterstützen.

Anstelle von Bebauungsplan-Grafiken können auch überlagerte fachliche Domänenmodelle genutzt werden (siehe Bild 6.54), um Anhaltspunkte für Redundanzen und Abdeckungslücken zu gewinnen. Der ermittelte Handlungsbedarf und das Optimierungspotenzial liefern wertvollen Input für die Neugestaltung. So ergibt sich z. B. aus den Überlagerungen in Bild 6.48 an den Schnittstellen der neuen Unternehmenseinheiten Handlungsbedarf für die Festlegung der Verantwortlichkeiten für die Informationssysteme.

BILD 6.57 Aktuelle IT-Landschaften im neuen fachlichen Bezugsrahmen

BILD 6.58 Beispiel für die Dokumentation der IT-Landschaften im gemeinsamen fachlichen Bezugsrahmen

Um belastbare Entscheidungen zu treffen, ist jedoch an vielen Stellen eine fachliche und technische Detaillierung nötig. Sie müssen gegebenenfalls eine Tiefenbohrung durchführen und zum Beispiel die Verantwortlichkeiten, den Informationsfluss oder die Schnittstellen näher betrachten. Aus dieser Darstellung in Bild 6.57 lässt sich anschaulich Handlungsbedarf für die Umsetzung der Business-Transformation ableiten. So werden zum Beispiel Abdeckungslücken oder fachliche Redundanzen in der IT-Unterstützung offenkundig.

Auf Grundlage der strategischen Vorgaben und der Erkenntnisse aus der Ist-Analyse im neuen fachlichen Bezugsrahmen können alternative Soll-Planungsszenarien erstellt, analysiert und bewertet werden. Die strategischen Vorgaben für die IT-Unterstützung können sehr unterschiedlich aussehen. Beispiele hierfür sind:

- Ausrollen der bestehenden Lösung („Dampfwalze")
  Bei Aufkäufen von Unternehmen werden häufig die Geschäftsarchitektur und die IT-Lösung des „stärkeren" Partners auf den „schwächeren" übergestülpt.
- Best-of-Breed („Rosinen picken")
  Beim „Best-of-Breed"-Ansatz wird jeweils die „beste" Lösung oder das „beste" Produkt für jedes Anwendungsfeld entsprechend vorgegebenen Kriterien ausgewählt. Die verschiedenen Lösungen und Produkte müssen zu einem Ganzen integriert werden.
- „Survive"
  „Überleben" mit der bestehenden IT-Landschaft (oder Landschaften). Lediglich Maßnahmen, die den Betrieb sicherstellen, werden durchgeführt.
- Verschlankung der Landschaft
  Abspaltungen reduzieren häufig das Produkt- oder Leistungsangebot eines Unternehmens. Die bestehende IT-Landschaft ist für das schlankere Unternehmen zu teuer. Die Komplexität und auch die IT-Kosten müssen jedoch angemessen für das neue Unternehmen gestaltet werden.
- Standardisierung
  Fachliche und technische Standardisierung soll die IT-Kosten nachhaltig reduzieren.
- „One-IT"
  Die ausgefranste IT-Landschaft soll durch eine Gesamtlösung abgelöst oder in diese evolutionär überführt werden.

In Bild 6.59 sehen Sie einige Soll-Szenarien in Abhängigkeit von der gewählten Strategie, die im Rahmen der Bebauungsplanung der IT-Landschaft des Unternehmens nach der Business-Transformation gestaltet wurden. Weitere Informationen zur Bebauungsplanung und Strategien finden Sie in den Abschnitten 3.4.2 und 7.5.

Für die verschiedenen Soll-Szenarien kann eine grobe Umsetzungsplanung erstellt werden. So kann zum Beispiel mit einer Survive-Strategie gestartet werden und dann mittelfristig „One-IT" umgesetzt werden. Bei der Kostenbewertung müssen auch Umgehungslösungen, Altlasten, Umarbeiten und Ersatzleistungen berücksichtigt werden. Die resultierenden Soll-Szenarien werden bewertet und eine Empfehlung für die IT-Umsetzung der Business-Transformation wird abgegeben.

Wie ausgeführt, können mithilfe des Business Capability Managements Handlungsfelder und Maßnahmen für die Umsetzung des neuen Geschäftsmodells abgeleitet und anschaulich dargestellt werden. Dies schafft ein inhaltliches Fundament für die Entscheidung, ob die Business-Transformation überhaupt durchgeführt werden soll oder nicht. Zudem wird die eigentliche Umsetzung der Business-Transformation unterstützt.

BILD 6.59 Beispiele für mögliche Soll-Landschaften nach Abschluss der Business-Transformation

Die zukünftige Business Capability Map dient als fachlicher Bezugsrahmen und als Grundlage für die Prüfung, Risikobewertung, Planung und Steuerung der Umsetzung einer Business-Transformation. Die Entscheidungsqualität wird erhöht, Risiken werden reduziert und die Umsetzung wird beschleunigt.

Dies gilt insbesondere im Zusammenspiel mit dem strategischen Prozessmanagement. Die resultierende Business Capability Map ist ein wesentlicher Input für die Gestaltung der zukünftigen Geschäftsprozesse (siehe Kapitel 2 und 4). Durch die Geschäftsprozesse wird das „Wie" des zukünftigen Geschäfts festgelegt. Sie fassen die im Ablauf zusammenhängenden Business Capabilities typischerweise unter Berücksichtigung von organisatorischen Randbedingungen zusammen. Auf dieser Grundlage kann auf Basis von Wertschöpfungsketten analog (siehe [HLo12]) Business-Transformation geplant werden. Dies ist einfacher und schneller als auf Basis von Business Capabilities durchführbar, da die Wertschöpfungsketten grobgranularer sind. Dies reicht aber häufig völlig aus. Zudem sind hier das „WIE" und indirekt auch das „WER", durch die organisatorischen Zuordnungen, berücksichtigt. Abhängigkeiten und Organisationsbrüche werden so schneller deutlich und können damit bei der Planung der Business-Transformation berücksichtigt werden.

> **Empfehlung:**
>
> Nutzen Sie Wertschöpfungsketten anstelle von Business Capabilities für die oben beschriebene Unterstützung von Business-Transformationen, wenn Ihnen die grobgranulare Sicht ausreicht oder aber für Sie Abhängigkeiten und Organisationsbrüche wesentliche Entscheidungskriterien darstellen. Business Capabilities können dann ergänzend für eine Detailbetrachtung herangezogen werden.
>
> Verwenden Sie die Business Capabilities (fachliche Funktionen) als fachlichen Bezugsrahmen, wenn bei einer Business-Transformation auch die Organisation und die Geschäftsprozesse strukturell neu gestaltet und nicht nur verändert werden. Die Business Capabilities und die grobe Unternehmensorganisation werden bei Business-Transformationen häufig frühzeitig festgelegt. Die fachlichen Soll-Funktionen beschreiben die zukünftigen Fähigkeiten der neuen Organisation. Auf Basis der Soll-Funktionen werden die Geschäftsprozesse und die Organisation neu gestaltet.
>
> Wenn diese fachlichen Rahmenvorgaben beim Start der IS-Bebauungsplanung noch nicht bekannt sind, müssen sie über ein „kleines" Strategieprojekt mit hoher Dringlichkeit festgelegt werden. Dies ist die Voraussetzung für die Durchführung der neuen Bebauungsplanung, da man erst durch den fachlichen Bezugsrahmen die Vorgaben und Eckwerte setzt, gegen die „geplant" werden kann.

Für die verschiedenen Soll-Szenarien kann eine grobe Umsetzungsplanung erstellt werden. So kann z. B. mit einer Survive-Strategie gestartet werden und dann mittelfristig „One-IT" umgesetzt werden. Bei der Kostenbewertung müssen auch Umgehungslösungen, Altlasten, Umarbeiten und Ersatzleistungen berücksichtigt werden. Die resultierenden Soll-Szenarien werden bewertet und eine Empfehlung wird abgegeben.

Empfehlung:

Zusammenfassend die wesentlichen Schritte zur Unterstützung einer Business-Transformation:

1. Kontext und strategische Vorgaben ermitteln
2. Gemeinsamen (neuen) fachlichen Bezugsrahmen für die gegebenenfalls unterschiedlichen IT-Landschaften festlegen
3. Bei unterschiedlichen IT-Landschaften: IT-Landschaften im gemeinsamen Bezugsrahmen einheitlich dokumentieren
4. IT-Landschaften im Hinblick auf Business-Abdeckung sowie Handlungsbedarf und Optimierungspotenzial analysieren
5. Alternative Planungsszenarien für die Soll-Landschaft und die IT-Roadmap erstellen, analysieren und bewerten sowie die Ziellandschaft nach der Entscheidung für eine Variante dokumentieren

Durch die fundierte Unterstützung von Business-Transformationen wird die inhaltliche Kompetenz der IT wahrgenommen. Das Image der IT wird besser. Eine gute Gelegenheit für die Gewinnung von Sponsoren für EAM sowie für den Ausbau und die Etablierung von EAM. Zudem können Sie im Rahmen einer Business-Transformation Ihre EAM-Datenbasis schnell auf einen hochwertigen Stand bringen.

Zusammenfassung und Ausblick:

EAM unterstützt Sie dabei,

- die IT in den Griff zu bekommen oder sie im Griff zu behalten,
- Business-Alignment der IT zu erreichen und
- das Geschäft weiterzuentwickeln.

Anhand der in diesem Kapitel vorgestellten typischen EAM-Einsatzszenarien bekommen Sie einen Eindruck von den Möglichkeiten und dem Nutzen von EAM. Den vollen Nutzen entfaltet EAM jedoch nur dann, wenn es in die Planungs-, Entscheidungs- und IT-Prozesse eng integriert ist. Gestalten und etablieren Sie deshalb ein integriertes Instrumentarium (siehe Kapitel 2.4) für die strategische Planung und Steuerung der IT und heben Sie so alle EAM-Nutzenpotenziale.

7 EAM-Methodensammlung

„Die Erfahrung ist zweifellos die beste Lehrmeisterin, aber das Lehrgeld ist sehr hoch."

Françoise Sagan (*1935)

Die Einführung und der Ausbau von EAM sind sehr komplexe Aufgaben. Im Folgenden finden Sie Best-Practices der EAM-Methode EAMe² mit vielen Schritt-für-Schritt-Anleitungen, die Sie schnell und sicher zum Erfolg führen. Die Anleitungen wurden aus den Erfahrungen vieler EAM-Projekte und den Erkenntnissen aus dem intensiven Austausch mit einer großen Zahl von Experten sowohl aus Anwenderunternehmen und Beratungshäusern als auch aus der Wissenschaft konsolidiert.

BILD 7.1
Schritt-für-Schritt-Anleitung

Den Startpunkt der Methodensammlung bildet die Reifegradbestimmung (siehe Abschnitt 7.1). Dies sollte auch einer Ihrer ersten Schritte sein. In Abhängigkeit von Ihrer Ausgangslage können Sie die initiale Einführung oder den Ausbau Ihres EAM vorantreiben. In Abschnitt 7.2 erhalten Sie dann Hilfestellungen für die Stakeholder-Analyse. Darüber setzen Sie letztendlich Ihre inhaltlichen Schwerpunkte für die Einführung oder den Ausbau des EAM. In Abschnitt 7.3 finden Sie einen Schritt-für-Schritt-Leitfaden für die Einführung und den Ausbau von EAM. Die weiteren Abschnitte beschäftigen sich mit den inhaltlichen Schwerpunkten:

- **Management der Geschäftsarchitektur** (siehe Abschnitt 7.4)
  Kurze Einführung in das strategische Prozessmanagement und das Business Capability Management sowie Hilfestellungen für die Ableitung Ihres funktionalen Referenzmodelles und von Business-Services

- **IT-Bebauungsmanagement** (siehe Abschnitt 7.5)
  Erläuterung der Disziplin IT-Bebauungsmanagement und Schritt-für-Schritt-Leitfaden für die IS-Bebauungsplanung
- **Technologiemanagement** (siehe Abschnitt 7.6)
  Hilfestellungen für die Erstellung Ihres Blueprints und die organisatorische Verankerung des Technologiemanagements
- **Management der Betriebsinfrastruktur** (siehe Abschnitt 7.7)
  Einordnung des Themas in den EAM-Kontext und Verweise auf Hilfestellungen in diesem Kontext

> **In diesem Kapitel finden Sie Antworten zu folgenden Fragen:**
> - Welche EAM-Reifegrade werden unterschieden? Wie können Sie Ihren EAM-Reifegrad einschätzen?
> - Welche Sichten auf die Unternehmensarchitektur gibt es? Welche Stakeholder haben welche Anliegen? Wie können deren Ziele erreicht werden? Welche Stakeholder sollten Sie in Ihrem EAM-Vorhaben einbeziehen?
> - Wie können Sie Ihre spezifische Unternehmensarchitektur ableiten?
> - Wie finden Sie die für Sie relevanten Stakeholder, Ziele und Fragestellungen sowie die dazu passenden Ergebnisdarstellungen?
> - Wie bekommen Sie EAM in Ihrem Unternehmen zum Fliegen? Welche Rollen und Verantwortlichkeiten und Gremien benötigen Sie? Welche Steuerungsgrößen sind für Sie relevant? Wie bekommt EAM Einfluss auf IT-Entscheidungen? Wie stellen Sie kontinuierlich eine hinreichend aktuelle, vollständige und qualitativ hochwertige EAM-Datenbasis sicher? Wie kommen Sie zu Ihrer Soll-IS-Landschaft und der Roadmap zur Umsetzung?
> - Wie erfolgt das Management der Geschäftsarchitektur? Wie ordnen sich das strategische Prozessmanagement und das Business Capability Management ein? Wie kommen Sie zu einer Prozesslandkarte? Wie finden Sie Ihr funktionales Referenzmodell? Wie finden Sie Business-Services?
> - Was ist wesentlich im strategischen Management Ihrer IT-Landschaft? Wie erfolgen die IS-Bebauungsplanung und die technische Standardisierung?

7.1 Einschätzung Ihres EAM-Reifegrads

Sowohl die Einführung von EAM als auch die EAM Governance müssen abhängig vom jeweiligen Reifegrad gestaltet werden. Je geringer die Reife im EAM eines Unternehmen, desto pragmatischer muss EAM angegangen werden. Bei einem niedrigen Reifegrad haben die Unternehmensarchitekten noch wenig Einfluss. Mit steigendem Reifegrad nimmt der Einfluss der Unternehmensarchitekten oder deren Management-Vertreter zu. Mit niedrigem Reifegrad sollte eine kleine, eher „zentralistische" EAM-Organisation (siehe Abschnitt 8.2) gewählt und z. B. die Bebauungsplanung nicht in der ersten Einführungsstufe angegangen werden.

Die Bebauungsplanung erfordert eine hinreichend aktuelle und qualitativ hochwertige Bebauungsdatenbasis als Grundlage für die Analyse und Gestaltung der Ziel-Landschaft. Voraussetzung für eine dauerhaft qualitativ hochwertige Bebauungsdatenbasis sind aber gut etablierte Pflegeprozesse. Die Pflegeprozesse müssen in Planungs-, Durchführungs- und Entscheidungsprozesse integriert sein. Hierzu müssen viele Stakeholder eingebunden und überzeugt werden. Bis funktionierende Pflegeprozesse in den IT- und Entscheidungsprozessen verankert sind, vergehen in der Regel einige Jahre bei einem kontinuierlich hohen Engagement der Unternehmensarchitekten. Siehe hierzu auch ein Zitat von Brian Burke, in [Gar08]:

„EA programs typically take three years to become mature. Start small. Pick low-hanging fruit. Build credibility. Develop the EA program through multiple iterations. Speed before breadth, breadth before depth."

Über Reifegradmodelle wie z. B. das Cobit- oder ITIL-Reifegradmodell (siehe [Joh07], [itS08] und [Luf00]) kann das Potenzial in den Prozessen ermittelt werden. So lassen sich Lücken insbesondere in den kritischen Prozessen identifizieren und gegenüber dem Management aufzeigen.

Für die Einschätzung des EAM-Reifegrads ist jedoch eine umfassendere Betrachtung notwendig. Nur so erhält man ein vollständiges Bild der aktuellen Ausgangslage. Für die Einschätzung müssen die Inhalte, Prozesse, Organisation, Wirksamkeit und Werkzeugunterstützung betrachtet werden. Folgende Aspekte sind dabei wichtig:

- **Dokumentationsgrad und -methodik**
  - **Fachliche Abdeckung**
    Wurden eine Stakeholder-Analyse durchgeführt und die wesentlichen Ziele und Fragestellungen der relevanten Stakeholder adressiert? Wurden eine Aufwand-Nutzen-Betrachtung angestellt und die wesentlichen Fragestellungen und die dafür erforderlichen Strukturen und Ergebnisdarstellungen ermittelt? Sind alle dafür erforderlichen Strukturen und Ergebnisdarstellungen verfügbar?
  - **Methode**
    Gibt es eine dokumentierte Methode? Wie systematisch ist diese? Wie durchgängig?
  - **Vollständigkeit**
    Sind alle Teilarchitekturen und deren Zusammenspiel wie z. B. das Business-Alignment entsprechend der Konzeption adressiert? Sind alle Unternehmensteile oder aber nur Ausschnitte dokumentiert?
  - **Granularität, Aktualität, Qualität und Konsistenz**
    Gibt es Vorgaben für die Dokumentation? Sind Modellierungsrichtlinien (siehe Abschnitt 8.3.2) festgelegt?

    Sind alle Bebauungselemente sowie die Beziehungen zwischen diesen in der richtigen Granularität vorhanden (siehe Abschnitt 8.3.1)? Sind die Elemente entsprechend der Modellierungsrichtlinien abgebildet?

    Sind die Dokumentation und die Bebauungsdatenbasis hinreichend aktuell sowie hinreichend stimmig und konsistent? Erfolgt die Dokumentation auf Papier oder werkzeugunterstützt? Ist das Änderungsdatum erkennbar?

    Gibt es hier Unterschiede in den verschiedenen Unternehmensteilen?

- **Pflegbarkeit und Angemessenheit**
  Lässt sich die von der Unternehmensarchitektur vorgegebene Struktur inkl. der Steuerungsgrößen und erweiterten Daten mit einem angemessenen Aufwand warten? Überwiegt der Nutzen den Aufwand?
- **EAM-Prozesse**
  - **Vollständigkeit der EAM-Prozesse**
    Sind alle EAM-Prozesse (siehe Abschnitt 8.4) hinreichend definiert?
    Für welche Teilarchitekturen?
  - **Reifegrad der Prozesse**
    Wie ist der Dokumentationsstand der Prozesse? Wie systematisch? Wie durchgängig?
    Ist klar geregelt, wer wann was macht? Sind die Entscheidungsbefugnisse und -wege geregelt? Gibt es klar definierte und kommunizierte Methoden? Gibt es regelmäßige Prozessoptimierungen? Wie findet die Information der Beteiligten statt? Gibt es einen Kommunikationsplan? Werden die Prozesse „gelebt"?
    Spezifisch für die verschiedenen EAM-Prozesse (siehe Abschnitt 8.4):
    Pflege: Gibt es ein Pflegekonzept? Entspricht die Aktualität der Bebauungsdaten den Vorgaben im Pflegekonzept?
    Bebauungsplanung: Gibt es ein methodisches Gerüst für die Bebauungsplanung? Auf welcher Planungsebene? Strategisch – Soll? Wird ein Ziel-Bild vorgegeben? Wird eine grobe Roadmap zur Umsetzung erstellt? Für welche Teilarchitekturen? Taktisch – Plan? Wie detailliert wird eine Roadmap geplant? Wie ist das Zusammenspiel mit dem Projektportfoliomanagement?
    Unterstützung: Werden Service-Leistungen zur Deckung des Informationsbedarfs der Stakeholder angeboten? Wie gut sind diese Service-Leistungen?
    Methoden- und Werkzeugweiterentwicklung: Gibt es eine Dokumentation der Methode und Werkzeugunterstützung? Gibt es einen klaren und etablierten Feedback-Prozess? In welchen Zeitabständen erscheint ein neues Methoden- oder Werkzeug-Release? Wie erfolgt die Einführung der EAM-Methode(n-Releases) und der Werkzeugunterstützung? Gibt es ein Coaching?
  - **Durchführbarkeit**
    Wie verständlich, einfach und effizient sind die Prozesse? Sind die Verantwortlichkeiten klar festgelegt? Wird dies auch so gelebt?
  - **Integration in die Planungs-, Durchführungs- und Entscheidungsprozesse** (Prozessintegration)
    Sind die EAM-Prozesse in die Durchführungs- und Entscheidungsprozesse integriert? In welchen Prozessen liegt bereits eine Integration vor? Welche Gremien gibt es?
    Beispiele für mit EAM zu verzahnende Prozesse: Unternehmensstrategieentwicklung, Business-Planung, IT-Strategieentwicklung, Technologiemanagement, IT-Innovationsmanagement, Anforderungsmanagement, Projektabwicklungsprozess, Softwareentwicklungsprozess, Change Management, Sicherheitsmanagement und Service-Level-Management
    Beispiele für IT-Entscheidungsprozesse: allgemeine IT-Management-Unterstützung, strategisches und operatives IT-Controlling, Projektportfoliomanagement, Projektsteuerungsprozesse, Lieferantenmanagement und Mitarbeiterentwicklung

- **Organisation**
  - **Rollen und Verantwortlichkeiten**
    Sind die Rollen und Verantwortlichen für alle EAM-Prozesse klar geregelt? Gibt es Unternehmensarchitekten? Welche Typen? Wie viele? Mit dem entsprechenden Skill-Level? Mit einer ausreichenden Entscheidungskompetenz?
  - **Stakeholder**
    Wurde eine Stakeholder-Analyse durchgeführt? Wer sind die Auftraggeber und Sponsoren? In der IT? Im Business? Welcher Einfluss? Wer ist Nutznießer? Welche Anliegen werden mit EAM verbunden? Wer ist Datenlieferant?

    Gibt es Feedback von den Stakeholdern? Einmalig oder regelmäßig? In welcher Form wird das Feedback eingeholt?
  - **Gremien**
    Sind die Gremien für Entscheidungen im Kontext der EAM-Pflege, der IS-Bebauungsplanung, der technischen Standardisierung und der Weiterentwicklung von EAM klar festgelegt? Leben diese auch?
- **Wirksamkeit von EAM**
  - **Reichweite bzw. Einfluss**
    Welche Teile des Geschäfts (z. B. Geschäftseinheiten oder Geschäftsprozesse) werden adressiert? Welche davon sind bereits einbezogen?
  - **Zielerreichung**
    Werden die mit EAM verbundenen Ziele wirklich erreicht?

    Transparenz? Können die richtigen Informationen zur richtigen Zeit für die richtigen Adressaten in der richtigen Ergebnisdarstellung bereitgestellt werden?

    Planung? Erfolgt eine Bebauungsplanung? Für welche Teilarchitekturen? Zu welchem Zeitpunkt? Entsprechen die Ergebnisse der Erwartungshaltung der Stakeholder?

    Steuerung? Wird die Konformität zur Planung überprüft? Werden z. B. der Bebauungsplanfit und die Standardkonformität überprüft? Für welche Anteile der Unternehmensarchitektur? Können alle erforderlichen Steuerungsaufgaben ausreichend unterstützt werden?

    Welche Ziele werden erreicht? In welchen Unternehmenseinheiten? Was fehlt wo?

    Wie ist die Kundenzufriedenheit?
  - **Performance-Management zur Effektivitäts- und Effizienzkontrolle**
    Welche Steuerungsgrößen werden für die Steuerung der Weiterentwicklung der IT-Landschaft und von EAM eingesetzt (siehe Abschnitt 8.3.4)? Welche Kennzahlen sind vorhanden? Wie weit sind diese operationalisiert?

    Wird der Nutzen von EAM qualitativ dargestellt? Werden zumindest Teile davon quantifiziert?

    Werden der aktuelle Status, der Fortschritt, die Entwicklung über die Zeit und eine Prognose aufgezeigt?
- **Werkzeugunterstützung**
  - **Umfang der Werkzeugunterstützung**
    In welchem Umfang werden die EAM-Prozesse unterstützt? Welche Prozesse werden wie gut unterstützt? Welche grafischen Visualisierungsmöglichkeiten und welche Analyse-, Simulations-, Planungs- und Steuerungsmöglichkeiten gibt es?

- **Handhabbarkeit**
  Wie benutzerfreundlich ist das Werkzeug? Wie einfach und wie effizient lassen sich die Routineaufgaben umsetzen? Gibt es Unterstützung für Routineaufgaben und Konsistenzsicherung? Können auch gelegentliche Nutzer intuitiv mit dem Werkzeug arbeiten? Wie ist die Akzeptanz des Werkzeugs?

  Kann das Werkzeug die für alle möglichen Nutznießer relevanten Informationen zeitnah und angemessen bereitstellen? Wie gut ist die Unterstützung für die Datenlieferanten? Kann die Datenbereitstellung wirksam unterstützt werden?

- **Automation und Integration**
  Wie weit sind die für das Enterprise Architecture Management erforderlichen Datenbasen wie z. B. Prozessdaten, Projektdaten oder Betriebsdaten integriert? Welche Möglichkeiten für Import und Export sind gegeben? Welche Arten der Automation bzw. Integration mit anderen Werkzeugen gibt es?

  Gibt es eine Integration mit Kennzahlensystemen? Mit CMDBs? Mit Projektportfoliowerkzeugen (ggf. im Werkzeug selbst)? Mit Projektmanagementlösungen? Mit Prozessmanagementwerkzeugen? Mit Demand-Management-Werkzeugen? Mit strategischen Planungswerkzeugen?

- **Anpassbarkeit an die unternehmensspezifischen Bedürfnisse**
  Lassen sich die erforderlichen Strukturen und Visualisierungen abbilden? Gibt es die Möglichkeit, rollen-, benutzer- oder gruppenabhängige Sichten zu erstellen (z. B. für alle IS-Bebauungsplaner in einem Geschäftsbereich)?

Für die Bewertung der Einzelaspekte lassen sich eine Systematik und ein einheitliches Bewertungsschema angeben. So können Bewertungen objektiviert und auch unternehmensübergreifend verglichen werden. Hierzu ordnet man den einzelnen Aspekten mögliche Ausprägungen zu, aus denen man dann im Rahmen der Bewertung auswählt. Die Bewertungen der Einzelaspekte lassen sich zu einer Gesamtbewertung zusammenfassen. Das Ergebnis wird häufig in Form eines Spider-Diagramms dargestellt (siehe [Mül05]).

Eine qualitative Bewertung reicht jedoch völlig aus, um ihren Reifegrad zu bestimmen. Für die Bewertung des EAM-Reifegrads habe ich ein praxiserprobtes Reifegradmodell entwickelt. Mit dessen Hilfe können Sie anhand der qualitativen Einschätzung entlang der genannten Aspekte Ihren Reifegrad selbst einschätzen.

> **Wichtig:**
> - Bewerten Sie selbst Ihr EAM bezüglich dieser Aspekte! Auch wenn die Aspekte nur qualitativ bewertet werden, können Sie ihren Reifegrad ermitteln.
>
>   Der EAM-Reifegrad kann für die verschiedenen Teilarchitekturen der Best-Practice-Unternehmensarchitektur und auch für Unternehmenseinheiten durchaus unterschiedlich sein. Bewerten Sie daher den EAM-Reifegrad pro Teilarchitektur und Unternehmenseinheit.

Im Folgenden wird ein bewährtes Reifegradmodell vorgestellt. Folgende Reifegrade werden unterschieden:

- Initial: „Einstieg"
- Im Aufbau: „Erfahrung sammeln"

- Transparenz: „Input geben"
- Planung: „Gestalten"
- Steuerung: „Selbstläufer"

Wenn der Reifegrad „Initial" noch nicht erreicht ist, ist die Einführung von EAM schwierig. Wenn es keinen Sponsor für EAM im Management oder keine Person gibt, die die Rolle des Unternehmensarchitekten ausfüllen kann, ist es vielleicht sogar unmöglich. Da noch niemand Nutzen im EAM sieht, müssen der CIO bzw. die IT-Verantwortlichen zunächst viel Überzeugungsarbeit leisten. Gleichzeitig haben der CIO bzw. die IT-Verantwortlichen nur wenig Budget und Ressourcen zur Verfügung, müssen aber alle Dimensionen des EAM-Reifegrads auf einmal angehen, um das EAM überhaupt zum Fliegen zu bekommen. Großer persönlicher Einsatz und Durchhaltekraft sind für den langen Veränderungsprozess notwendig. Hilfestellungen hierfür finden Sie in Kapitel 8.

Es folgen die verschiedenen Stufen des Reifegradmodells im Detail. Für alle Reifegrade werden die qualitativen Charakteristika angegeben, anhand deren Sie Ihren Reifegrad einschätzen können, sowie mögliche Maßnahmen zur Steigerung des Reifegrads beschrieben.

BILD 7.2 Best-Practice-EAM-Reifegradmodell

> **Wichtig:**
> Bewerten Sie den EAM-Reifegrad (siehe Bild 7.2) für jede Teilarchitektur und gegebenenfalls für die Unternehmensbereiche getrennt. ∎

Reifegrad „Initial"

Ausgangspunkt vieler Unternehmen ist der Reifegrad „initial". Diesen Reifegrad charakterisiert:

- **Dokumentationsgrad und -methodik**
  Die Geschäftsarchitektur und/oder die IT-Landschaft sind bruchstückhaft dokumentiert. Die vorhandene Dokumentation wurde z. B. im Rahmen von größeren Projekten erstellt und dann nicht weitergepflegt. Die Granularitäten der Dokumentation der Geschäftsarchitektur und/oder der IT-Landschaft unterscheiden sich, da fallweise in Abhängigkeit von den jeweiligen Anforderungen nur die für das Projekt benötigten Ausschnitte dokumentiert wurden. Häufig ist die Dokumentation auch sehr unterschiedlich und folgt keiner einheitlichen Modellierungsrichtlinie.

- **EAM-Prozesse, Organisation und Werkzeugunterstützung**
  Die EAM-Prozesse sind im Allgemeinen nicht definiert und nicht in die Planungs-, Durchführungs- und Entscheidungsprozesse integriert. Die Rolle des Unternehmensarchitekten ist ebenso wenig existent wie Gremien, etwa das EAM-Board, oder wird nicht „gelebt". Die Werkzeugunterstützung ist, soweit überhaupt vorhanden, nicht systematisch und nicht durchgängig.

EAM ist noch nicht wirklich wirksam. Die Business- und IT-Verantwortlichen haben im Reifegrad „initial" erkannt, dass sie einen Überblick über die Geschäftsarchitektur und die IT-Landschaft benötigen, doch sie wissen noch nicht so recht, wie sie das Thema anpacken sollen. Unter Umständen haben sie bereits über eine Bestandsaufnahme versucht, die Geschäftsarchitektur und/oder IT-Landschaft zu dokumentieren, und sind schon auf die typischen Anfangsprobleme gestoßen:

- Welche Stakeholder sind mit einzubeziehen? Wie holt man diese ab? Wie kann man diese als Sponsoren gewinnen oder zumindest deren Skepsis reduzieren?
- Welche Aspekte sind relevant?
- Unklare Methode, somit uneinheitliche Modellierung
- Keine abgestimmten Begriffe
- Welche Granularität ist sinnvoll?
- Keine Unterscheidung zwischen Ist- und Plan-Bebauung
- Unklare Datenlieferanten und Datenbeschaffungsprobleme
- Mangelnde Datenqualität und -aktualität
- Fehlende oder unzureichend qualifizierte Unternehmensarchitekten
- Unzureichende Werkzeugunterstützung

Im Reifegrad „initial" müssen Sie EAM anhand überschaubarer und repräsentativer Beispiele erproben und Unternehmensarchitekten sorgfältig auswählen und aufbauen.

Da Sie noch selbst wenig Erfahrung haben, sollten Sie sich den Freiraum schaffen, um zu lernen. Erst dann, wenn Sie sich sicher sind, sollten Sie „nach außen" treten. Hier sollten Sie aber bereits anschauliche Beispiele erarbeitet haben, die für die jeweiligen Adressaten von Nutzen und verständlich sind.

In einem ersten Schritt sollten Sie zugeschnitten auf die unternehmensspezifischen Fragestellungen die IT-Landschaft und gegebenenfalls auch die Geschäftsarchitektur zumindest in Ausschnitten aufnehmen. So kann ein Gefühl für Granularität und für den notwendigen Veränderungsprozess im Unternehmen gewonnen und gleichzeitig erste Akzeptanz geschaffen werden. Spürbarer Nutzen ist erfolgsbestimmend im Hinblick auf die Verankerung in der Organisation.

Anstehende Projekte sind für die Erprobung von EAM gut geeignet. Hier liegt einerseits ein konkreter Inhalt vor und andererseits ist das Ergebnis direkt nutzbar für Projekte und für das Marketing. Ansonsten besteht die Gefahr, dass nicht relevante Fragestellungen adressiert werden.

Nachdem die Unternehmensarchitekten erste Erfahrungen gesammelt haben, sollten sie diese zu Modellierungsrichtlinien konsolidieren. Wichtig sind dabei repräsentative Beispiele insbesondere für Dokumentation und Visualisierung der Geschäftsarchitektur und/oder IT-Landschaft. Auf dieser Basis kann auch eine Werkzeugevaluierung erfolgen, wenn das Werkzeug nicht ohnehin schon gesetzt ist.

Die Konzeption vom Enterprise Architecture Management ist ein iterativer Prozess von der Erprobung des Konzeptstands in realen Projekten bis zur Weiterentwicklung der Methode auf Basis der Erfahrungen aus den Projekten. Siehe hierzu Abschnitt 7.3.

> **Wichtig:**
>
> Trennen Sie die Weiterentwicklung der Methode ganz klar von der Mitwirkung in Projekten. Finanzieren Sie die (Weiter-)Entwicklung der Methode mit einem separaten und projektunabhängigen Budget.
>
> Sie müssen darauf achten, dass Sie einen Beitrag zum Projekt leisten. Der Nutzen muss die Kosten überwiegen. Ansonsten laufen Sie Gefahr, dass Sie die Erwartungshaltung des Projekts in Bezug auf Qualität oder Zeit nicht erfüllen und somit unwiederbringlich Akzeptanz verlieren. Daher dürfen das Lernen und die Feedback-Schleifen auch nicht zu Lasten des Projekts gehen.

Entscheidend für den Erfolg beim Aufsetzen des EAM sind die handelnden Unternehmensarchitekten. Sie müssen sorgfältig ausgewählt werden und über entsprechende Skills verfügen (siehe Abschnitt 8.2.1). Darüber hinaus muss es mindestens einen Sponsor mit einem hinreichenden Einfluss und Interesse an EAM geben (siehe Abschnitt 4.4).

Reifegrad „Im Aufbau"

Im Reifegrad „Im Aufbau" liegen bereits erste konkrete Erfahrungen und eine initiale einheitliche Dokumentation der Geschäftsarchitektur und/oder der IT-Landschaft zumindest für größere Ausschnitte vor. Erkennungszeichen für diesen Reifegrad sind:

- **Dokumentationsgrad und -methodik**
  Die Geschäftsarchitektur und/oder IT-Landschaft ist dokumentiert, aber der Stand der Dokumentation ist unter Umständen veraltet, inkonsistent, liegt in einer unterschiedlichen Granularität vor und/oder wird nicht kontinuierlich oder zuverlässig gepflegt.

- **EAM-Prozesse, Organisation und Werkzeugunterstützung**
  Unternehmensarchitekten sind benannt und die Pflegeprozesse definiert. Die Pflege wird jedoch noch sehr personenabhängig gelebt. Die Pflegeprozesse sind nicht in die Planungs-, Durchführungs- und Entscheidungsprozesse integriert. Gremien wie z. B. das EAM-Board sind noch nicht aufgesetzt bzw. nicht etabliert.

- **Wirksamkeit von EAM**
  EAM hat noch keinen Einfluss im Unternehmen. Erste Ergebnisse sind zwar sichtbar. Diese werden aber noch nicht (systematisch) für die Planung und Steuerung verwendet.

Da die Dokumentation der Geschäftsarchitektur und/oder der IT-Landschaft nicht hinreichend aktuell, vollständig und konsistent ist, muss sie auf Aktualität und Konsistenz überprüft und ggf. eine Aktualisierung vorgenommen werden, bevor sie genutzt werden kann.

> **Wichtig:**
> Damit aus der Dokumentation keine veraltete Schrankware wird, müssen Sie sie permanent aktualisieren. Eine hinreichende Datenqualität und -aktualität lässt sich nur durch funktionierende Pflegeprozesse sicherstellen. Wenn die Pflegeprozesse nicht in die Planungs-, Durchführungs- und Entscheidungsprozesse integriert sind, muss eine andere Art von Pflegeprozessen etabliert werden.
> So kann der Unternehmensarchitekt z. B. monatlich die Pflege der veränderten Daten vornehmen. Siehe hierzu Abschnitt 8.3.1.

Wenn die Pflegeprozesse noch nicht in die Planungs-, Durchführungs- und Entscheidungsprozesse integriert sind, hängen die Ergebnisse letztendlich von der Disziplin und dem Einsatz des jeweiligen Unternehmensarchitekten ab. Der persönliche Einsatz eines Unternehmensarchitekten ist insbesondere deshalb notwendig, weil durch die fehlende Einbindung in die Prozesse die Datenbeschaffung nicht ganz einfach ist. Wenn der Unternehmensarchitekt nicht selbst Experte auf dem jeweiligen Gebiet ist und selbst einen persönlichen Draht zum jeweiligen Datenlieferanten hat, muss er mit dem Nutzen werben und ihn überzeugen. Dies erfordert häufig eine hohe Kraftanstrengung, da der Datenlieferant i.d.R. zunächst keinen persönlichen Nutzen sieht.

Ohne Einbindung in Projekte ist die Datenbeschaffung jedoch häufig ein aussichtsloses Unterfangen. Es ist zudem nicht einfach, einen Unternehmensarchitekten in ein Projektteam zu bekommen. Häufig „wehren" sich die Projekte, wenn es darum geht, ob ein Unternehmensarchitekt entweder im Projekt mitarbeiten oder aber das Projekt Input für ihn bereitstellen soll. Ein gewisser Mehrwert muss für das Projekt erkennbar sein. Hierfür ist ein intensives Werben mit dem Nutzen auf der Basis von realen Erfolgen aus Projekten erforderlich. Begleitend bedarf es häufig des sanften Drucks etwa seitens des Managements.

In jedem Fall muss der Unternehmensarchitekt aber einen spürbaren Beitrag leisten, wenn er im Projekt eingebunden ist. Dies stellt hohe Anforderungen an ihn, insbesondere an seine fachliche Kompetenz im Projektkontext. Man sollte die Projekte daher sehr sorgfältig auswählen. Weil es im Allgemeinen nur wenige Pilotprojekte gibt, werden sie mit großer Aufmerksamkeit verfolgt. Negatives Feedback kann das Aus für EAM bedeuten. Zumindest müssen bei negativem Feedback die Scharten ausgewetzt werden, was die Aufbauphase verlängert.

Parallel zur Projektarbeit darf jedoch die Konsolidierung sowohl der Methode, d. h. insbesondere der Modellierungsrichtlinie und der Visualisierungsempfehlungen, aber auch der aktuellen Bebauung und der Werkzeugunterstützung nicht vernachlässigt werden. Die Konsolidierung ist die Grundlage, um fundierten Input für andere Projekte und Maßnahmen zu geben.

Durch einen spürbaren Beitrag steigt die Akzeptanz von EAM. Durch ein aktives Marketing, in dem alle Projekterfolge insbesondere gegenüber dem Management transparent gemacht werden, lässt sich schrittweise deren Unterstützung gewinnen.

> **Wichtig:**
> Wählen Sie Pilotprojekte sorgfältig aus. Schmieden Sie eine „Koalition der Willigen" und überzeugen Sie die Skeptiker mit konkreten Erfolgen! Vermarkten Sie auch kleine Erfolge!
>
> Optimieren Sie Ihre EAM-Methode kontinuierlich, um mehr Nutzen für Stakeholder zu erzielen, insbesondere die Werkzeugunterstützung.

Reifegrad „Transparenz"

Der Reifegrad „Transparenz" ist erreicht, wenn kontinuierlich eine hinreichend aktuelle und konsistente Dokumentation der Geschäftsarchitektur und/oder der IT-Landschaft vorliegt. Weitere Charakteristika dieses Reifegrads:

- **Dokumentationsgrad und -methodik**
  Für den betrachteten Unternehmensteil sind alle Strukturen und Ergebnistypen entsprechend der Konzeption hinreichend aktuell, vollständig und qualitativ adäquat dokumentiert.

- **EAM-Prozesse**
  Pflegeprozesse inkl. der Qualitätssicherung der Daten sind in den Prozessen mit Werkzeugunterstützung integriert und etabliert. Häufig wird bereits mit der Bebauungsplanung begonnen. Diese ist aber noch nicht etabliert.

- **Organisation**
  Unternehmensarchitekten werden zumindest in die wichtigen Projekte standardmäßig eingebunden. EAM-Gremium, wie z. B. EAM-Board (siehe Abschnitt 8.2.2) für die Sicherstellung der kontinuierlichen Pflege sowie (Weiter-)Entwicklung der Methode und Werkzeugunterstützung, ist aufgesetzt.

- **Wirksamkeit**
  Die Transparenz, die durch EAM geliefert wird, wird in den Planungs-, Durchführungs- und Entscheidungsprozessen genutzt. Die Planung und Steuerung selbst werden noch nicht durchgängig unterstützt.

- **Werkzeugunterstützung**
  Die EAM-Datenbasis ist aufgebaut und die Ergebnistypen werden durch das Werkzeug unterstützt.

Durch die Einbindung der Unternehmensarchitekten in Projekte gibt es mehr Einflussmöglichkeiten (siehe Bild 8.20). Umgekehrt muss aber der zuvor versprochene Nutzen tatsächlich geliefert werden, da sonst die Unternehmensarchitekten wieder ausgegrenzt werden.

Je nach Unternehmensgröße und IT-Organisation kann die Datenpflege in diesem Reifegrad weiter verteilt werden. So können z. B. Facharchitekten in Projekten oder IS-Verantwortliche mit eingebunden werden. Facharchitekten und IS-Verantwortliche müssen geschult und die Werkzeugunterstützung muss entsprechend optimiert werden. Die Unternehmensarchitekten müssen über eine entsprechende Qualitätssicherung sicherstellen, dass eine hinreichende Datenqualität und -aktualität kontinuierlich eingehalten wird.

Je besser der Input, desto größer die Akzeptanz des Enterprise Architecture Managements. Immer mehr Stakeholder unterstützen die Einbindung von EAM in Projekte. Insbesondere das Management und die Fachbereiche sehen den Nutzen. Entscheidungsvorlagen mit Geschäftsarchitektur und/oder IT-Landschaftsanteilen und dokumentiertem Handlungsbedarf und Optimierungspotenzial werden zunehmend zum Standard. Die Analysemöglichkeiten werden immer häufiger genutzt. Mit zunehmender Akzeptanz der übersichtlichen Darstellung der IS-Landschaften inkl. der Analyse- und Visualisierungsmöglichkeiten wird das EAM zum festen Bestandteil beim Aufsetzen von Projekten. Letztendlich entscheidet auf Dauer die Qualität des Inputs vom EAM über dessen „Überleben".

> **Wichtig: Nachhaltigkeit und Sicherstellung einer hinreichenden Qualität**
>
> Eine verlässliche Datenbasis mit hinreichender Datenqualität und -aktualität ist die Grundvoraussetzung dafür, dass sie auch genutzt wird. Dies müssen die Unternehmensarchitekten sicherstellen.
>
> Weil die Pflege von Daten im Allgemeinen aufwendig ist, erfolgt die Datenlieferung nicht automatisch in einer ausreichenden Qualität und Aktualität. Mit Durchhaltevermögen und Kontinuität in der Pflege sowie der Integration in die IT- und Entscheidungsprozesse müssen Aktualität und Qualität der Datenbasis aktiv überwacht und sichergestellt werden. Ein permanentes Einfordern und Überwachen der Datenlieferung sind notwendig. Zudem muss eine regelmäßige Qualitätssicherung eine ausreichende Datenqualität gewährleisten.

Ein entsprechender Skill- und Erfahrungs-Level muss bei den Unternehmensarchitekten gehalten werden, auch wenn sich das Unternehmensarchitektenteam aufgrund von Fluktuation ändert. Die persönliche Kompetenz des Unternehmensarchitekten ist ausschlaggebend dafür, ob ihm Vertrauen geschenkt wird oder nicht. Schließlich muss er die Vertreter des IT- und Business-Managements und den Fachbereich überzeugen können.

Wenn sich der Nutzen permanent nachweisen lässt, wird das Enterprise Architecture Management zum etablierten Erfolgsfaktor für Projekte und Maßnahmen. So ist die Voraussetzung geschaffen, EAM als festen Bestandteil in die IT-Projektabwicklung und Maßnahmenabwicklung aufzunehmen und im Vorgehensmodell zu verankern.

Reifegrad „Planung"

Der Reifegrad „Planung" ist erreicht, wenn EAM integraler Bestandteil der strategischen IT-Planung ist. Charakteristika dieses Reifegrads:

- **Dokumentationsgrad und -methodik**
  Die Dokumentation der Geschäftsarchitektur und/oder IT-Landschaft ist hinreichend vollständig, aktuell und konsistent. Die Soll-Bebauung und die Roadmap für die Umsetzung liegen für alle relevanten Teilarchitekturen vor.

  Die Bebauung ist um strategische und operative Steuerungsgrößen wie z. B. Strategiebeitrag, Wertbeitrag, Kosten oder Gesundheitszustand angereichert.

- **EAM-Prozesse, Organisation und Werkzeugunterstützung**
  Unternehmensarchitekten und Pflegeprozesse sind etabliert. Die Pflegeprozesse sind mit den Planungs-, Entscheidungs- und Durchführungsprozessen verzahnt. Die Bebauungsplanung und die EAM-Gremien sind in diesem Kontext etabliert (siehe Abschnitt 8.2.2). Das Planungsinstrumentarium ist Teil der EAM-Werkzeugunterstützung.

- **Wirksamkeit von EAM**
  EAM schafft Transparenz und unterstützt die strategische IT-Planung und hat hier maßgeblichen Einfluss.

Analog zur Etablierung der Dokumentation der Geschäftsarchitektur und/oder IT-Landschaft müssen beim Aufsetzen der Bebauungsplanung zuerst Erfahrungen gesammelt werden, bevor sich daraus ein konsolidiertes Vorgehen ableiten lässt. Parallel zur iterativen Festlegung der Methode zur Gestaltung der Soll-Bebauung und Roadmap zur Umsetzung muss auch eine adäquate Werkzeugunterstützung iterativ bereitgestellt werden. Beim Reifegrad „Planung" muss dies bereits zur Verfügung stehen.

Die Einbindung z. B. in das Projektportfoliomanagement etabliert das Enterprise Architecture Management als festen Bestandteil der Entscheidungsprozesse. Durch einen spürbaren Mehrwert ist die Unterstützung durch das Management und die überwiegende Anzahl der wesentlichen Stakeholder gesichert, sofern die Qualität des Inputs gewährleistet ist.

Maßgeblich für den Erfolg ist eine businessorientierte, auf den Punkt gebrachte Visualisierung der Soll- und Plan-Bebauung sowie der Abhängigkeiten und Auswirkungen von Business- und IT-Ideen. Dies erfordert insbesondere eine hohe Business-Orientierung der Unternehmensarchitekten.

Reifegrad „Steuerung"

Der Reifegrad „Steuerung" ist erreicht, wenn EAM ein Erfolgsfaktor für die Business-Planung ist. EAM hat eine hohe Wirksamkeit und Sichtbarkeit. Ihr Einfluss auf Entscheidungs-, Planungs- und Steuerungsprozesse ist hoch. EAM ist ein „Selbstläufer" und bietet sowohl ein Analyse- und ein Planungsinstrumentarium als auch ein Steuerungsinstrumentarium, das in den Planungs-, Durchführungs- und Entscheidungsprozessen verankert ist. Die Prozesse und die Organisation sowie die Werkzeugunterstützung sind etabliert.

Durch die permanente Optimierung der Methode, der Organisation und der Prozesse sowie die Tool-Unterstützung, einhergehend mit einer permanent hohen Qualität der Ergebnisse, entsprechend einem hohen Skill-Level und der Erfahrung der Unternehmensarchitekten (Business-Orientierung, fachlich, technisch und methodisch), lässt sich der Nutzen permanent steigern.

Das Wesentliche des Reifegradmodells auf einen Blick:

Nach dem Entschluss, mit EAM zu beginnen, sollten Sie erst ein „Gefühl" für das komplexe Thema gewinnen. Hierfür müssen Sie repräsentative Beispiele idealerweise im Projektkontext angehen.

Sie müssen Sponsoren im Management sowie bei den relevanten Stakeholdern finden und ausbauen. Dies ist nur mittels nachweisbarer Erfolge möglich.

Konsolidieren Sie die Erfahrungswerte und entwickeln Sie die Methode und die Werkzeugunterstützung kontinuierlich weiter. Trennen Sie dabei zwischen der Weiterentwicklung der Methode und der Mitwirkung in Projekten, um keine Akzeptanz in den Projekten zu verlieren.

Etablieren Sie schrittweise die Pflegeprozesse. Zu Beginn sollte die Pflege in einem kleinen Team von erfahrenen Unternehmensarchitekten erfolgen. Mit einer zunehmenden Akzeptanz und Verbreitung müssen Sie die Pflegeprozesse in die Durchführungs- und Entscheidungsprozesse integrieren. Nur so lebt EAM nachhaltig.

Der Übergang zwischen „Im Aufbau" und „Transparenz" ist die kritische Phase bei der Einführung des EAM. Durch die Mitwirkung der Unternehmensarchitekten in den Projekten erfolgt EAM nicht mehr im „stillen Kämmerlein". Die Unternehmensarchitekten stehen unter Beobachtung.

Die Etablierung vom EAM ist ein lang andauernder Veränderungsprozess. Entscheidend ist, dass frühzeitig Nutzen entsteht und dieser kontinuierlich vermarktet wird.

Nutzen entsteht erst, wenn wirklich Input gegeben werden kann. Hierzu sind kompetente Unternehmensarchitekten und eine „kritische Masse" von aktuellen und konsistenten Bebauungsdaten und Visualisierungen notwendig. Nur so können der Wert gezeigt und die Überzeugungsarbeit geleistet werden.

Im Download-Anhang E sind die Kriterien für die Einschätzung des Reifegrads im Enterprise Architecture Management nochmals zusammengefasst.

7.2 Stakeholder-Analyse

> *Es ist nicht genug zu wissen, man muss auch anwenden,*
> *es ist nicht genug zu wollen, man muss auch tun.*
>
> Johann Wolfgang von Goethe (1749-1832)

Für den initialen Aufbau, den Ausbau sowie den laufenden „Betrieb" von EAM müssen die richtigen Personen aus allen relevanten Stakeholder-Gruppen einbezogen werden. Sie müssen die Stakeholder identifizieren, die Interesse am Erfolg oder Misserfolg von EAM haben, die davon betroffen sind oder aber Einfluss auf das Projekt nehmen können oder sollen. In diesem Abschnitt erhalten Sie dazu Hilfestellungen.

Die Stakeholder-Analyse erfolgt typischerweise in drei Phasen. In der ersten Phase werden mögliche Stakeholder-Gruppen identifiziert, die Einfluss oder Interesse an EAM haben oder aber von EAM betroffen sind. In der zweiten Phase werden in Abhängigkeit von Ihrer Soll-Vision und Ausgangslage die Stakeholder-Gruppen „gestrichen", die noch nicht in der anstehenden Ausbaustufe betrachtet werden können. Für die verbleibenden Stakeholder-Gruppen werden in der dritten Phase die konkret zu involvierenden Personen ausgewählt.

Die drei Phasen werden im Folgenden weiter ausgeführt.

7.2.1 Identifikation von möglichen Stakeholder-Gruppen

In Bild 7.3 finden Sie eine Übersicht zu den Stakeholder-Gruppen, die typischerweise Einfluss oder Interesse an EAM haben, die EAM-Nutznießer.

Bei der Analyse, welche Stakeholder-Gruppen für Ihre EAM-Initiative eine Rolle spielen, müssen Sie sowohl bei Zentralfunktionen, Fachbereichen und Projektorganisationen als auch bei der IT und externen Organisationen Ausschau halten.

BILD 7.3 Verschiedene Stakeholder-Gruppen mit Einfluss oder Interesse an EAM

Im Folgenden finden Sie eine Liste von Stakeholder-Gruppen, die in der Praxis häufig bei EAM-Initiativen einbezogen werden. Die Strukturierung orientiert sich an den TOGAF-Kategorien (siehe [Tog09]):

- Übergreifende Unternehmensfunktionen (TOGAF: Corporate Functions)
- Fachbereich (TOGAF: End-User Organization)
- Projektorganisation (TOGAF: Project Organization)
- IT (TOGAF: System Operations, erweitert um weitere IT-Funktionen)
- Externe Organisationen (TOGAF: Externals)

Hinweis:

EAM ist in der Praxis vorwiegend ein IT-Thema. CIOs oder IT-Verantwortliche sind zumeist die Sponsoren und Initiatoren von EAM. Die Weiterentwicklung der Geschäftsarchitektur erfolgt in der Regel über das Prozessmanagement, das Business Capability Management, die Organisationsentwicklung oder im Rahmen der Business-Planung in der Unternehmensstrategieentwicklung. Diese liefern Input für die Geschäftsarchitektur im EAM.

Das IT-Bebauungsmanagement, Technologiemanagement und Management der Betriebsinfrastruktur sind die wesentlichen Teildisziplinen im EAM. Die IT-Anteile überwiegen im EAM. Daher wird bei der Kategorisierung der Stakeholder-Gruppen im Unterschied zu TOGAF der IT gesamthaft ein größerer Stellenwert eingeräumt. In der Kategorie IT werden daher im Unterschied zu TOGAF nicht nur Betriebsaspekte, sondern auch die Planungs- und Steuerungsaspekte adressiert.

Für alle Kategorien werden im Folgenden die wesentlichen Stakeholder-Gruppen benannt und deren Aufgaben sowie EAM-Anliegen erläutert. Einige Kategoriezuordnungen können unternehmensspezifisch auch variieren. So sind Unternehmensarchitekten der Stakeholder-Kategorie IT zugeordnet. Diese können aber auch gegebenenfalls den übergreifenden Unternehmensfunktionen zugeschlagen werden. Da dies jedoch in der Praxis selten der Fall ist, wurde hier die Zuordnung zur IT gewählt. Siehe hierzu auch Abschnitt 8.2.1.

Übergreifende Unternehmensfunktionen (TOGAF: Corporate Functions)

Zur Kategorie übergreifende Unternehmensfunktionen zählen folgende Stakeholder-Gruppen:

- **Unternehmensführung** (CxOs, Geschäftsführer)
  Strategische Unternehmensplanung und Festlegung der langfristigen Ziel- und Rahmenvorgaben sowie Planungs- und Kontrollsysteme sowie der Unternehmensorganisation

  Anliegen an EAM (nur mittelbar, d. h. in der Regel selbst kein Nutzer von EAM):
  - Strategische Ausrichtung
    Unternehmensziele und Randbedingungen als Rahmenvorgaben setzen und kompakte Informationen über den Umsetzungsstatus der Zielvorgaben erhalten
  - IT/Geschäft im Griff und Optimierung des Tagesgeschäfts
    Kompakte Informationen für die übergreifende Unternehmenssteuerung (Kontrolle und Steuerung) zur Sicherstellung des Geschäftsbetriebs und Umsetzung der Unternehmensziele erhalten

Absicherung persönlicher Haftungsrisiken im Risikomanagement, u. a. die Aspekte Compliance und Sicherheit, durch Vereinfachung von Dokumentationspflichten
- Weiterentwicklung des Geschäfts
Fachliche Domänenmodelle als Basis für die Steuerung des Business, z. B. Cockpit auf der Basis von fachlicher Strukturierung im fachlichen Domänenmodell (siehe Abschnitt 5.4.1) und als Basis für Due Diligence sowie für Umstrukturierungen und Merger & Acquisitions. Nutzung der Flexibilität in der IT für die Business-Agilität

- **Verantwortliche für Compliance oder Sicherheit**
Dokumentationspflichten und Ordnungsmäßigkeit der Prozesse und Systeme zur Umsetzung von Compliance-Anforderungen wie Sarbanes-Oxley Act (SOX), MaK, Basel II, KonTraG oder Solvency II sicherstellen

Anliegen an EAM:
- Risiken angemessen managen

  Auswertung der EAM-Datenbasis im jeweiligen Verantwortungsbereich zur Vereinfachung der Dokumentations-/Nachweispflichten

  Ein Beispiel ist der Umsetzungsgrad von Ownerschaft von Geschäftsprozessen und Daten.

- **Projektportfoliomanager** (Projektportfolio-Controller, Programmmanager)
Planung, Bewertung sowie übergreifende Überwachung und Steuerung aller Projekte eines Unternehmens oder eines Bereichs des Unternehmens. Sicherstellung, dass die richtigen Projekte zum richtigen Zeitpunkt im richtigen Umfeld mit den richtigen Ressourcen durchgeführt werden

Anliegen an EAM für alle Zielbereiche entsprechend der Ausrichtung und Randbedingungen im Unternehmen:
- Inhaltlicher Input für die Bewertung von Projekten und Projektanträgen sowie für Entscheidungen, wie z. B. Strategie- und Wertbeitrag, technischer Gesundheitszustand, Bebauungsplanfit, Risiken, Kosten und Nutzen sowie Darstellung z. B. in Portfolio-Grafiken (siehe Abschnitt 5.4.4)
- Fachliche und technische Abhängigkeiten und Auswirkungen transparent machen, z. B. über Bebauungsplan-Grafiken (siehe Abschnitt 5.4.3)
- Projektportfolio und Roadmap zur Umsetzung ableiten und transparent machen

- **Business-Planer** (u. a. fachliche Standardisierungsteams im Kontext der Geschäftsentwicklung oder aber Business-Analysten in Demand-Management-Einheiten, die im Business angesiedelt sind)

Anliegen an EAM:
- Optimierung des Tagesgeschäfts und Erhöhung des Business-IT-Alignment sowie Weiterentwicklung des Geschäfts und der Geschäftsarchitektur
  - Fachliche Sprache und Strukturierung als Basis für die Business-Planung und -Steuerung bereitstellen
  - Fachliche Standardisierungssichten, z. B. zur Aufdeckung von fachlichen Redundanzen sowie von regionalen oder divisionalen Unterschieden bei Geschäftsprozessen und deren IT-Unterstützung
  - Unterstützung bei Merger & Acquisitions und Umstrukturierungen z. B. durch das Aufzeigen und Analysierbarmachen von Abhängigkeiten und Auswirkungen

- **Controller** (Verantwortlicher Controlling)
  Unterstützung der Entscheidungsprozesse des Managements durch die Bereitstellung von Steuerungsinstrumenten wie z. B. Cockpits oder Balanced Scorecards
  Anliegen an EAM für alle Zielbereiche entsprechend der Ausrichtung und Randbedingungen im Unternehmen:
  - Strukturen und Beziehungen von EAM bilden Denkmodell und fungieren als Steuerungsobjekte.
  - Zielvorgaben sowie Status und Fortschritt bei deren Umsetzung als Input für die strategische Steuerung erhalten
- **Leiter (Unternehmens-)Organisation**
  Weiterentwicklung der Aufbau- und Ablauforganisation des Unternehmens
  Anliegen an EAM für alle Zielbereiche entsprechend der Ausrichtung und Randbedingungen im Unternehmen:
  - Analyse von organisatorischem Handlungsbedarf wie z. B. fehlende Verantwortlichkeiten oder organisatorische Brüche
  - Unterstützung bei Merger & Acquisitions und Umstrukturierungen z. B. durch das Aufzeigen und Analysierbarmachen von Abhängigkeiten und Auswirkungen

Von untergeordneter Bedeutung für EAM sind übergreifende Funktionen wie Personal, Einkauf und Recht. Aber auch die Anliegen dieser Funktionen können im Einzelfall durch EAM unterstützt und damit im Unternehmenskontext für die EAM-Initiative relevant werden.

Fachbereich (TOGAF: End-User Organization)

Zur Kategorie Fachbereich zählen in der Regel folgende Stakeholder-Gruppen:
- **Business-Verantwortlicher** (u. a. Leiter von Geschäftseinheiten oder aber Bereichs- und Abteilungsleiter im Business)
  Wesentliche Aufgaben und EAM-Anliegen siehe Unternehmensführung eingeschränkt auf den jeweiligen Verantwortungsbereich

Business-Planer und Controller gibt es in der Regel sowohl übergreifend als auch in den Fachbereichen. In den Fachbereichen können insbesondere Prozess- und Daten-Owner sowie fachliche Experten (Domänenexperten), Sachbearbeiter und Produktmanager im Einzelfall als Interview- und Abstimmpartner relevant sein.

Wenn die IT dezentral organisiert ist, können Fachbereiche ihre eigene IT „besitzen". Hier sind dann auch die fachbereichsspezifischen Stakeholder-Gruppen aus der Kategorie IT mit einzubeziehen.

Projektorganisation (TOGAF: Project Organization)

Zur Kategorie Projektorganisation zählen in der Regel folgende Stakeholder-Gruppen:
- **Projektleiter** (Projektmanager)
  Verantwortlich für die operative Planung und Steuerung eines Projekts
  Anliegen an EAM vorwiegend in den Zielbereichen „IT/Geschäft im Griff" und „Optimierung des Tagesgeschäfts":
  - Reduzierte Projektvorbereitung und fundierter Input für die Projektabwicklung
  - Input für die operative Planung und Steuerung des Projekts

Neben Projektleitern ziehen gegebenenfalls auch andere Stakeholder-Gruppen einer Projektorganisation Nutzen aus EAM-Ergebnissen. Beispiele hierfür sind Business-Analysten, Softwarearchitekten oder Entscheider aus Steuerungskreisen.

Lösungsarchitekten (Solution Architects) stellen häufig in Projekten über Mitarbeit oder Review die bestimmungsgemäße Umsetzung der Bebauungsplanung sicher (siehe Abschnitt 7.5.2). Lösungsarchitekten sind in der Regel „Unternehmensarchitekten" (siehe nächster Abschnitt) oder Softwarearchitekten (siehe [Sta09]).

IT (TOGAF: System Operations, hier ausgeweitet auf die ganze IT)

Zur Kategorie IT zählen in der Regel folgende Stakeholder-Gruppen:

- **CIO/IT-Verantwortlicher**
  Strategische Planung und Steuerung der IT gesamthaft oder für einen Ausschnitt

  Anliegen an EAM für alle Zielbereiche entsprechend der Ausrichtung und Randbedingungen im Unternehmen:
  - IT-Ziele, Strategien und Prinzipien sowie Randbedingungen als Rahmenvorgaben setzen
  - Business-Alignment der IT sowie strategische Planung und Steuerung der IT durch Transparenzsichten (siehe Abschnitt 5.4) und kompakte Informationen für die übergreifende IT-Steuerung (u. a. durch CIO-Cockpit siehe Abschnitt 8.3.4) zur Sicherstellung des Geschäftsbetriebs und Umsetzung der Unternehmens- und IT-Ziele
  - Absicherung persönlicher Haftungsrisiken im Risikomanagement, u. a. die Aspekte Compliance und Sicherheit, durch Vereinfachung von Dokumentationspflichten

- **IT-Stratege** (Leiter IT-Strategie, Stabstelle IT-Strategie)
  Ableitung von strategischen IT-Vorgaben aus der Unternehmensstrategie

  Anliegen an EAM insbesondere für die Zielbereiche „Strategische Ausrichtung" und „Weiterentwicklung des Geschäfts" entsprechend der Ausrichtung und Randbedingungen im Unternehmen:
  - Nutzung des strategischen Planungs- und Steuerungsinstrumentariums von EAM oder den entsprechenden Zulieferungen aus EAM (siehe Abschnitt 4.3)

- **Unternehmensarchitekt** (Überbegriff für IS-Bebauungsplaner, IT-Architekten, Geschäftsarchitekten und Infrastrukturarchitekten)

  Kümmerer und Gestalter von EAM (siehe Abschnitt 8.2.1) mit den Teilrollen:
  - **Geschäftsarchitekt** (Business-Architekt oder fachlicher Unternehmensarchitekt)
    Inhaltlich verantwortlich für die Geschäftsarchitektur
  - **IS-Bebauungsplaner** (Applikationsarchitekt oder Unternehmensarchitekt)
    Inhaltlich verantwortlich für die IS-Bebauung und deren Zusammenspiel mit den anderen Bebauungen
  - **IT-Architekt** (technischer Architekt oder Unternehmensarchitekt)
    Inhaltlich verantwortlich für die technischen Standards und Prinzipien und deren Nutzung in der Informationssystemlandschaft und in der Betriebsinfrastruktur
  - **Infrastrukturarchitekt**
    Inhaltlich verantwortlich für die Betriebsinfrastrukturbebauung und die Sicherstellung von SLAs auf Betriebsinfrastrukturebene

Anliegen an EAM für alle Zielbereiche entsprechend der Ausrichtung und Randbedingungen im Unternehmen:

- Dokumentation und Qualitätssicherung von Teilen oder der gesamten Unternehmensarchitektur (entsprechend der Ausgestaltung der Rolle; siehe Abschnitt 8.2.1)
- Analyse bezüglicher spezifischer Fragestellungen wie z. B. zur Erkennung von Redundanzen, Geschäftsunterstützung oder Nutzung und bezüglich Abhängigkeiten und Auswirkungen von Änderungen
- Gestaltung (Soll und Roadmap zur Umsetzung) von Teilen oder der gesamten Unternehmensarchitektur (entsprechend der Ausgestaltung der Rolle)
- Steuerung der Weiterentwicklung der IT-Landschaft durch Bereitstellung von Input für die Planungs-, Entscheidungs- und Durchführungsprozesse sowie Überwachung der Einhaltung oder Nutzung durch insbesondere Reviews (Quality Gates) von Projekten

- **IS-Verantwortlicher** (Applikationsverantwortlicher)
Ansprechpartner für alle Fragen im Kontext der Weiterentwicklung oder des Betriebs eines Informationssystems

Anliegen an EAM:

- Vereinfachung von Dokumentationspflichten
- Input über den IS-Kontext für die Weiterentwicklung des Informationssystems gewinnen (insbesondere über die Schnittstellen des Systems)

Controller gibt es in der Regel sowohl übergreifend als auch in der IT. Sie sind wichtige Sponsoren von EAM, da über Kennzahlen der Erfolg von EAM aufgezeigt werden kann. Wenn Betriebsthemen oder PC-Infrastrukturen einen EAM-Schwerpunkt bilden, müssen auch die Verantwortlichen für den IT-Betrieb oder PC-Infrastrukturen einbezogen werden. Im Kontext vom IT-Innovationsmanagement sind zudem IT-Innovationsmanager von großer Bedeutung.

Externe Organisationen (TOGAF: Externals)

Zur Kategorie „Externe Einheiten" zählen in der Regel **Partner und Lieferanten**, wie z. B. Outsourcing-Dienstleister.

Anliegen an EAM:

- Technische Standards und Vorgaben für die Zielbebauung als Input und Rahmenbedingung für Leistungen (strategische Vorgaben)
- Analyse von Abhängigkeiten und Auswirkungen von Veränderungen als Input für die Erfüllung von SLAs und OLAs

In Bild 7.4 finden Sie Stakeholder-Gruppen und deren typischen Ziele nochmals zusammengefasst dargestellt. Die Ziele können unternehmensspezifisch variieren.

Wichtig sind insbesondere Stakeholder-Gruppen mit Einfluss und Interesse an EAM. Durch die folgenden Fragen (siehe auch [Tog09]) können Sie aus dieser Liste Ihre Stakeholder-Gruppen mit Einfluss oder Interesse an EAM ermitteln:

- **Einfluss auf EAM-Initiative:**
Wer hat Einfluss auf die für Sie relevanten Handlungsfelder?
Wer entscheidet was?

Ziele	Unternehmensführung	Verantwortliche für Compliance oder Sicherheit	Projektportfoliomanager	Business-Planer	Controller	Leiter Organisation	Business-Verantwortlicher	Projektleiter	CIO / IT-Verantwortlicher	IT-Stratege	IS-Verantwortlicher	Partner und Lieferant	Unternehmensarchitekt
IT/Geschäft im Griff	✓	✓		✓	✓	✓	✓	✓	✓		✓	✓	✓
Risiken angemessen managen		✓											
Kostenreduktion im Basisbetrieb									✓				
Beherrschung und / oder Reduktion der Komplexität									✓				
Optimierung des Tagesgeschäfts und des Business-IT-Alignments	✓		✓	✓	✓	✓	✓	✓	✓		✓	✓	✓
Strategische Ausrichtung	✓		✓	✓	✓	✓	✓		✓	✓			✓
Setzen von strategischen Ziel- und Rahmenvorgaben													
Operationalisierung der strategischen Vorgaben													
Weiterentwicklung des Geschäfts	✓		✓	✓	✓	✓	✓		✓				✓
Business-Agilitäts-Enabling													
Business-Innovation und -Transformation													

BILD 7.4 Stakeholder-Gruppen und deren typischen Ziele

Wessen Commitment ist notwendig, um bei der EAM-Initiative weiterzukommen? Wer kann die Initiative stoppen oder erschweren?

Wer kontrolliert die für EAM erforderlichen Ressourcen (Unternehmensarchitekten und vor allen Dingen Datenlieferanten)?

Wer bezahlt die EAM-Initiative und die späteren Querschnittsaufwände?

Mögliche Sponsoren? Wessen Ziele werden durch EAM unterstützt? Wer kann der EAM-Initiative Rückendeckung geben?

- **Interesse an EAM (mögliche Nutzer von EAM-Ergebnissen):**

Welche Stakeholder-Gruppen ziehen häufig Nutzen aus EAM?

Wer ist von welchen Veränderungen wie betroffen?

Wer konzipiert neue Systeme oder Prozesse? Wer kontrolliert Migrationen?

Wer kauft neue Systeme ein?

Wer sind die Spezialisten/Know-how-Träger in Projekten?

In Bild 7.5 finden Sie ein Beispiel für ein Ergebnis einer solchen Stakeholder-Analyse (siehe [Tog09]). Die in den vorhergehenden Abschnitten aufgeführten Stakeholder-Gruppen sind entsprechend ihres Einflusses und Interesses an EAM in vier Quadranten einsortiert.

Stakeholder-Gruppen, die Sie bei „Commitment sicherstellen" eingruppieren, haben Einfluss. Es sind mögliche Sponsoren. Sie können aber auch Stolpersteine in den Weg legen, d. h. das EAM-Projekt stoppen oder aufhalten. Wichtig sind insbesondere die Bewilligung von Budgets für die EAM-Initiative und die Unterstützung im Hinblick auf Datenlieferanten.

Stakeholder-Analyse

```
              │ "Commitment sicherstellen"    "Schlüsselpersonen"        Legende:
         hoch │   Unternehmensführung          CIO / IT-Verantwortlicher
              │       Projektportfoliomanager                             Einbezug in EAM-Initiative:
              │   Verantwortlicher für Compliance oder Sicherheit
              │          Business-Planer      IT-Stratege                    keine Relevanz
              │             Controller        Geschäftsarchitekt
              │                                IS-Bebauungsplaner         ◐  fallabhängig
              │   Leiter Organisation          IT-Architekt
              │   Business-Verantwortliche     IS-Verantwortlicher        ●  sehr wichtig
   Einfluss   │                                Infrastrukturarchitekt        (Entscheider oder
              │                                                              EAM-Gestalter)
              │      Entscheider in Steuerkreisen
              │         Business Analyst      Business & IT Experten
              │                                Verantwortlicher IT-Betrieb
              │                                Prozess- und Daten-Owner
              │         Verantwortlicher PC-   Partner & Lieferanten
              │            Infrastruktur
              │   Sachbearbeiter                Einkauf
              │   Anwendungsentwickler          HR
              │   Systemoperator                Recht
        niedrig│   "Minimaler Aufwand"         "Inputgeber & Informieren"
              └────────────────────────────────────────────────────────►
                niedrig       Interesse an EAM                hoch
```

BILD 7.5 Beispielergebnis einer Stakeholder-Analyse (siehe [Tog09])

Führungskräfte in Business und IT müssen mit EAM einverstanden sein und den Freiraum schaffen, damit ihre Mitarbeiter als Interviewpartner oder Datenlieferanten eingebunden werden können. Daher müssen Sie diese Stakeholder-Gruppen zumindest beim Ausbau von EAM „einfangen", zu einem Commitment bewegen und „bei Laune halten". Eine Möglichkeit dazu ist, die zu Ihren Anliegen passenden wichtigsten Stakeholder für das EAM-Board (siehe Abschnitt 8.2.2) zu gewinnen.

Vertreter der bei „Schlüsselpersonen" eingruppierten Stakeholder-Gruppen sollten in die inhaltliche Gestaltung von EAM einbezogen werden. Dahingegen sollten die Stakeholder-Gruppen in „Inputgeber & Informieren" gegebenenfalls durch Interviews und regelmäßige Informationen über den Status und Ergebnisse des EAM-Projekts auf dem Laufenden gehalten werden. Bei den Stakeholder-Gruppen, die nicht eindeutig einer Kategorie zugeschlagen werden können, müssen Sie abwägen. Stakeholder-Gruppen im Quadrant „Minimaler Aufwand" müssen häufig gar nicht eingebunden werden. Eine allgemeine Veröffentlichung von EAM-Ergebnissen z. B. im Intranet reicht hier in der Regel völlig aus.

Darüber hinaus müssen Sie noch die Stakeholder-Gruppen ermitteln, die von EAM betroffen sind. Dies sind insbesondere die Datenlieferanten (siehe Abschnitt 8.4.1). Auch hierfür müssen Sie deren Einfluss und Interesse an EAM analysieren. Welche Datenlieferanten erforderlich sind, hängt im großen Maße von Ihren Zielstellungen und Fragestellungen ab. Hilfestellungen hierfür finden Sie in den Abschnitten 2.2 und 4.4.2 sowie im Download-Anhang D.

> **Wichtig:**
> Führen Sie die Einschätzung der Stakeholder-Gruppen nach Einfluss und Interesse an EAM aus Ihrer Sicht durch und ermitteln Sie so Ihre Kandidaten für den Einbezug im EAM-Projekt.

7.2.2 Einschränkung der Stakeholder-Gruppen entsprechend Soll-Vision und Ausgangslage

In Abhängigkeit von Ihrer Soll-Vision und Ausgangslage müssen Sie die Liste der Stakeholder-Gruppen-Kandidaten um die reduzieren, die (noch) nicht in der anstehenden Ausbaustufe betrachtet werden können. Ihre Soll-Vision (siehe Abschnitt 3.3) bestimmt im Wesentlichen, wie Sie EAM im Unternehmen positionieren und welche Aspekte für Sie überhaupt relevant sind. Wenn EAM für Sie z. B. lediglich ein Transparenzinstrument ist und Sie dieses auch absehbar nicht zur strategischen IT-Planung nutzen möchten, müssen Sie die entsprechenden Stakeholder-Gruppen auch nicht einbeziehen.

Die Ausgangslage wird im Wesentlichen durch Ihren EAM-Reifegrad bestimmt. Hilfestellungen für die Einschätzung Ihres EAM-Reifegrads erhalten Sie in Abschnitt 7.1. In Bild 7.6 finden Sie eine Tabelle mit einer Empfehlung für die Einbindung der Stakeholder-Gruppen in Abhängigkeit Ihres EAM-Reifegrads. Als optional sind die Stakeholder-Gruppen gekennzeichnet, die in Abhängigkeit von der Ausprägung Ihrer Soll-Vision gegebenenfalls einbezogen werden können.

Reifegrad	Unternehmensführung	Verantwortliche für Compliance oder Sicherheit	Projektportfoliomanager	Business-Planer	Controller	Leiter Organisation	Business-Verantwortlicher	Projektleiter	CIO / IT-Verantwortlicher	IT-Stratege	IS-Verantwortlicher	Partner und Lieferant	Geschäftsarchitekt	IS-Bebauungsplaner	IT-Architekt	Infrastrukturarchitekt
Initial									✓	✓			O	✓	O	
Im Aufbau	O	O		O			O	✓	✓	✓	O		✓	✓	✓	O
Transparenz	O	O		O	O	O	O	✓	✓	✓	✓		✓	✓	✓	✓
Planung	O	✓	O	✓	O	O	✓	✓	✓	✓	✓	O	✓	✓	✓	✓
Steuerung	✓	✓	✓	✓	✓	✓	✓	O	✓	✓	✓	O	✓	✓	✓	✓

Legende: ✓ einbinden   O Einbindung optional

BILD 7.6 Einbindung von Stakeholder-Gruppen in Abhängigkeit vom Reifegrad

> **Empfehlung:**
> Legen Sie entsprechend Ihrer Ausgangslage (insbesondere EAM-Reifegrad) und Soll-Vision bzw. Zielsetzungen Ihres EAM-Auftraggebers fest, welche Stakeholder-Gruppen potenziell in den nächsten Ausbaustufen mit einbezogen werden sollten.
>
> Nutzen Sie die Tabelle in Bild 7.6 als Hilfestellung für die Auswahl der für Sie relevanten Stakeholder-Gruppen. Bei einem niedrigen EAM-Reifegrad sollten Sie den Kreis der Beteiligten eher klein halten. Jeder Beteiligte muss erst überzeugt und „eingefangen" werden.

7.2.3 Festlegung der zu involvierenden Stakeholder

Nun haben Sie die Stakeholder-Gruppen ermittelt, die Sie potenziell in der nächsten Ausbaustufe von EAM einbeziehen sollten. Auf dieser Basis können Sie die konkret zu involvierenden Personen festlegen.

Eine EAM-Initiative ist ein Projekt mit einem Projektteam und einem Entscheiderkreis. Beim Projektteam unterscheiden wir zwischen dem Kernteam und dem erweiterten Team. Das Kernteam ist typischerweise mit (zukünftigen) Unternehmensarchitekten besetzt. Das erweiterte Team besteht aus allen Personen, die Input oder Feedback geben sollen. In Abhängigkeit von der Ausgangslage, der Ziele und Fragestellungen sind diese Teams und der Entscheiderkreis mit geeigneten Personen zu besetzen (siehe Abschnitt 8.2.2).

Bei der Auswahl der Personen aus den ermittelten relevanten Stakeholder-Gruppen sollten Sie deren aktuelles EAM-Verständnis bzw. -Erfahrung und deren Commitment zu EAM berücksichtigen. Nur bei hinreichender Erfahrung und Commitment zur EAM-Initiative macht der Einbezug Sinn. Bei Stakeholdern aus Gruppen, die Sie bei „Commitment sicherstellen" eingruppieren, sollten Sie analysieren, ob diese als mögliche Sponsoren oder als Mitglieder im EAM-Entscheiderkreis herangezogen werden könnten.

> **Wichtig:**
> Bei einem niedrigen EAM-Reifegrad sollten Sie sich auf wenige Stakeholder im Kern- und erweiterten Team beschränken, die sehr aufgeschlossen für EAM sind.
>
> Im tendenziell EAM-feindlichen Umfeld sollten Sie die aufgeschlossenen Führungskräfte der bei Phase 2 der Stakeholder-Analyse ermittelten Stakeholder-Gruppen in den EAM-Entscheiderkreis einbeziehen.

Für die Entscheidung, welche Stakeholder mit einbezogen werden sollten, ist es wichtig, die Gründe der einzelnen Stakeholder für ihre Haltung zu EAM zu verstehen. Meist spielen irrationale Ängste und Hoffnungen eine große Rolle. Beispiele hierfür sind Angst vor Veränderungen oder Befürchtungen, das Gesicht zu verlieren.

> **Zusammenfassung Leitfaden Stakeholder-Analyse**
> 1. Ermittlung der potenziell relevanten Stakeholder-Gruppen
>   a) Ermittlung der Stakeholder-Gruppen (Nutznießer und Datenlieferanten), die in Ihrem Unternehmen potenziell im EAM-Projekt einzubeziehen oder aber zu informieren sind
>   b) Analyse der Stakeholder-Gruppen im Hinblick auf Einfluss und Interesse an EAM
> 2. Festlegung der Stakeholder-Gruppen, die in der nächsten Ausbaustufe einzubeziehen sind durch Einschränkung der Stakeholder-Gruppen in Abhängigkeit von der Soll-Vision und der Ausgangslage (EAM-Reifegrad)
> 3. Festlegung der konkreten Personen, die einzubeziehen sind

Alle Stakeholder, die Sie in eine EAM-Initiative als Gestalter oder Entscheider einbeziehen wollen, müssen vor dem Start der Initiative vom Nutzen überzeugt werden. Hierzu müssen Sie deren Anliegen an EAM verstehen und aufzeigen können, wie EAM sie unterstützen kann. Dabei können Sie die Einsatzszenarien in Kapitel 6 und die Nutzenargumentation aus Kapitel 4 nutzen. Die Stakeholder-Analyse ist Teil der Schritt-für-Schritt-Anleitung für die initiale Einführung und den schrittweisen Ausbau von EAM in Abschnitt 7.3. Hier finden Sie weitere Hilfestellungen. Nutzen Sie insbesondere auch die Liste der Fragestellungen in Download-Anhang D. Hier finden Sie eine Sammlung von typischen Beispielen für Anliegen der verschiedenen Stakeholder-Gruppen.

7.3 Leitfaden für die Einführung und den Ausbau von EAM

Mithilfe der in diesem Abschnitt vorgestellten bewährten und nutzenorientierten Standardvorgehensweise können Sie EAM in einer ersten Ausbaustufe bereits in wenigen Monaten zugeschnitten auf Ihre Bedürfnisse einführen und dann schrittweise ausbauen.

Bei der Einführung von EAM ist es von besonderer Bedeutung, dass die erste Ausbaustufe gelingt. Nur durch schnelle Erfolge können Sie die Skeptiker überzeugen und weitere Sponsoren für den Ausbau von EAM gewinnen. Ohne Konzentration auf das Wesentliche und Wichtige verrennen Sie sich in Details und verlieren das eigentliche Ziel aus den Augen. Für den Ausbau benötigen Sie viel Durchhaltevermögen.

> **Wichtig:**
> Trotz methodischer Vorgehensweise sollte allen Beteiligten klar sein: Der Weg ist anstrengend und erfordert Veränderung. Veränderungen machen Angst. Veränderungen bedeuten für viele, Abschied zu nehmen von liebgewonnenen Gewohnheiten, und bedrohen ggf. deren Interessen. Dies führt häufig zu Widerständen. Eine derartige Neuausrichtung der IT verlangt Disziplin und Durchhaltewillen. Der Erfolg basiert im Wesentlichen darauf, dass die Menschen den Wandel verstehen, aktiv mitgestalten und vor allem mittragen wollen.
>
> Es wird bei der Umsetzung reichlich „menscheln". Durchsetzung und Durchhalten sind häufig alles andere als einfach. Alle wichtigen Stakeholder stehen im Allgemeinen unter hohem Zeitdruck und haben daher weder Zeit noch Lust, zusätzlichen Aufwand ohne erkennbaren Nutzen zu leisten. Nur durch „erkannten" Nutzen und sicherlich auch den „sanften Druck" seitens des IT-Managements kann die Unterstützung aller erforderlichen Stakeholder gewonnen und erhalten werden.
>
> So können Sie das Enterprise Architecture Management zu einer tragenden Säule des strategischen IT-Managements aufbauen und damit einen wichtigen Beitrag zur Sicherstellung des Geschäftsbetriebs sowie der Zukunftsfähigkeit der IT-Landschaft, zur IT-Investitionssteuerung und Projektsteuerung sowie zum Ressourcenmanagement leisten.
>
> Voraussetzung für den Erfolg ist, dass EAM kontinuierlich gepflegt und weiterentwickelt wird. Durch eine kontinuierlich hohe Datenqualität, hinreichende Datenaktualität und vor allem erfahrene und kommunikationsstarke Unternehmensarchitekten mit sowohl methodischen als auch fachlichen Skills kann EAM zum Selbstläufer und in der Organisation verankert werden (siehe EAM-Reifegradmodell in Abschnitt 7.1 und Pflegekonzept in den Abschnitten 7.3.3 und 8.3.1).

Jede Einführungsstufe von EAM besteht aus drei Phasen:

- **Konzeptionsphase**
  In kleinen Schritten mit vielen Feedback-Iterationen und einer engen Zusammenarbeit mit allen EAM-Beteiligten werden Ihr EAM Framework und EAM Governance abgeleitet. Abhängig von Ihrer Ausgangslage, Ihrem EAM-Reifegrad, Ihren Zielen und Fragestellungen wird eine nützliche und gleichzeitig kurzfristig machbare Ausbaustufe festgelegt. In Abschnitt 7.3.1 finden Sie einen Überblick über die Standardvorgehensweise und in Abschnitt 7.3.2 eine Schritt-für-Schritt-Anleitung.

- **Pilotierung**
  Die Konzeption jeder Ausbaustufe müssen Sie erst anhand eines repräsentativen Ausschnitts der Geschäftsarchitektur und/oder der IT-Landschaft pilotieren und ggf. optimieren, bevor Sie sie im Unternehmen ausrollen können. Insbesondere die Strukturen, Prozesse und die organisatorische Einbettung gilt es iterativ zu verfeinern und ihre Tragfähigkeit in einem ausreichend großen und realistischen Kontext zu erproben. Durch die konkrete Verwendung der vorliegenden Ergebnisse in Projekten, im Projektportfoliomanagement oder aber in der Planung und Steuerung wird Veränderungs- und Erweiterungsbedarf ersichtlich. So können z. B. in der Konzeption der Strukturen technische Aspekte wie Schnittstelleneigenschaften nicht berücksichtigt worden sein. In realen Projektsituationen kann diese

Fragestellung jedoch von großer Bedeutung sein. Ihr spezifisches EAM-Framework wird so entsprechend den Erfahrungen optimiert. Nach der Erprobung ist klar, welche fachlichen oder technischen Bebauungselemente mit welchen Beziehungen und welche Kern- und erweiterten Daten für die Beantwortung der Fragestellungen der Stufe wirklich notwendig sind. Auch Ihre EAM Governance, z. B. die Anzahl der Unternehmensarchitekten oder die Pflegeprozesse, müssen auf den Prüfstand, um Ihre EAM-Ziele wirklich zu erreichen.

- **Verankerung in der Organisation**

    Das „Patentrezept" für die Verankerung in der Organisation könnte man wie folgt zusammenfassen: Schnell realisierbare Ziele vorgeben und dann die Breite und Tiefe entsprechend den Erfordernissen über die aktive Einbindung in Projekte und die anderen Prozesse erhöhen; dabei neue Förderer finden sowie Signale durch sichtbare Erfolge setzen.

    Im Rahmen der Etablierung vom EAM ist die Kommunikation ein Schlüsselerfolgsfaktor. Über einen formalen Kommunikationsplan und die Definition zentraler Schlüsselbotschaften muss sichergestellt sein, dass die relevanten Stakeholder ständig über den Wertbeitrag sowie über Fortschritte informiert werden und so kommunizieren, dass die Adressaten verstehen, worum es geht.

    Festzulegen sind ferner die Kommunikationsmedien, derer sich alle bedienen, sowie ein Aktionsplan mit Zeitvorgaben und Zuständigkeiten. Um sicherzustellen, dass der Kommunikationsplan funktioniert, sollte ein Feedback-Prozess etabliert werden. Laut Gartner sollten rund 30 Prozent der Arbeit des EAM-Teams mit Kommunikation und deren Planung verbracht werden (siehe [Gar05]).

In der Regel wird die Konzeption und Pilotierung im Rahmen eines Projekts durchgeführt. Das Ausrollen in der Organisation erfolgt in der Regel über die Linie. Dort wird EAM kontinuierlich entsprechend des Feedbacks und der neuen oder veränderten Ziele oder Fragestellungen weiterentwickelt.

In den meisten Fällen werden EAM-Vorhaben vom CIO oder von IT-Verantwortlichen initiiert. Die Einführung können aber auch z. B. Business-Verantwortliche, Strategen, Sicherheits- oder Compliance-Verantwortliche anstoßen (siehe Abschnitt 7.2).

EAM-Vorhaben sind keine klassischen Projekte mit klar definiertem Ergebnis. Das Ergebnis wird erst im Rahmen der Konzeption quasi über ein Timeboxing festgelegt (siehe Abschnitt 7.3.1). Deshalb lassen die Teams häufig die sonst typische Projektdisziplin vermissen, was zu einem Verlust an Fokussierung und Ergebnisorientierung führen kann. Damit fehlt es den Initiativen an Professionalität; IT-Mannschaften und Unternehmensleitungen beginnen zu nörgeln. Gartner schlägt deshalb vor, analog zu klassischen Projekten Projektpläne zu erstellen und professionelle Projektleiter zu etablieren, um für Projektdisziplin zu sorgen (siehe [Gar05]). Die im Folgenden erläuterte Standardvorgehensweise für die Konzeption können Sie als Grundlage für die Erstellung Ihres Projektplans verwenden.

7.3.1 Standardvorgehensweise für die Konzeption einer Ausbaustufe von EAM im Überblick

Die Standardvorgehensweise für die Konzeption einer EAM-Ausbaustufe wird in Bild 7.7 im Überblick dargestellt. Die inhaltlichen Schritte werden im Folgenden weiter ausgeführt.

BILD 7.7 Vorgehen bei der Konzeption im Überblick

I. Aufsetzen vom EAM-Projekt

Durch das richtige Aufsetzen des EAM-Projekts schaffen Sie die Voraussetzungen für den Erfolg. Wichtig ist insbesondere, dass Sie zu Beginn den Auftraggeber klar benennen. Dieser muss sich um die Budgets, weitere Sponsoren und die Festlegung des Projektleiters, des Projektteams und des EAM-Projektesteuerungsgremiums kümmern sowie die Ausgangslage ermitteln und ein grobes Ziel-Bild (seine Soll-Vision) für die Endausbaustufe von EAM (siehe Abschnitt 4.5) skizzieren. Der Projektleiter sollte, wenn möglich, ein erfahrener Unternehmensarchitekt mit guter Verdrahtung im Unternehmen sein, der zukünftig die übergreifende inhaltliche EAM-Verantwortung übernehmen soll.

Bei der Ermittlung der Ausgangslage und der Ziel-Bild-Bestimmung wird der Auftraggeber in der Regel durch den zukünftigen Projektleiter und ggf. Mitglieder des zukünftigen Projektteams unterstützt.

II. Stakeholder-Analyse sowie Ermittlung der Ziele und Fragestellungen der Stakeholder

Dreh- und Angelpunkt für die unternehmensspezifische Ausprägung von EAM sind die Ziele und Fragestellungen der für Sie relevanten Stakeholder. Auf dieser Basis werden Ihre Unternehmensarchitektur sowie Visualisierungen und Auswertungen für die Beantwortung Ihrer Fragestellungen konzipiert.

In Abschnitt 7.2 finden Sie eine Anleitung für die Durchführung einer Stakeholder-Analyse. Die Ziele und Fragestellungen werden von den verschiedenen Stakeholdern eingesammelt, Visualisierungen und Auswertungen zur Beantwortung der Fragestellungen anhand von repräsentativen Beispielen mit den Stakeholdern werden ebenso iterativ abgestimmt wie deren Prioritäten und Nutzen. Auf dieser Basis können die für die Beantwortung erforderlichen Strukturen ermittelt werden.

III. Analyse der Datenbeschaffung

Durch die Analyse der Datenbeschaffung für die in Schritt II ermittelten Strukturen kann der Aufwand ermittelt und dem Nutzen gegenübergestellt werden.

IV. Inhalte Ihrer Unternehmensarchitektur und die Einführungsstufen festlegen

Durch die Konzentration auf die wesentlichen Fragestellungen mit einer hohen Priorität und einem guten Aufwand-Nutzen-Verhältnis wird die nächste Einführungsstufe festgelegt. Die weiteren Einführungsstufen werden entsprechend Prioritäten, EAM-Reifegrad und Machbarkeitsabschätzungen grob konzipiert. Jede Einführungsstufe muss einen klar definierten Nutzen aufweisen.

Wichtig:
Der ersten Ausbaustufe von EAM kommt die größte Bedeutung zu, da es im Allgemeinen keine zweite Chance für einen erneuten Versuch gibt. Die Unternehmensarchitekten entwickeln ein „Feeling" für die Abstraktionen, die Granularität und den notwendigen Veränderungsprozess im Unternehmen. Schon in der ersten Stufe müssen Sie zumindest in Ausschnitten eine Dokumentation der IT-Landschaft erstellen. So gelangen Sie zu überzeugendem Material, um in Projekten oder der strategischen Planung und Steuerung der IT zu überzeugen.

Die erste Stufe müssen Sie in überschaubarer Zeit und mit einem guten Kosten-Nutzen-Verhältnis bewältigen. Beachten Sie hierbei folgende Prämissen:

- **Konzentration auf bekannte und relevante Fragestellungen**
  Ausgangspunkt für die Festlegung der Strukturen, Visualisierungen und Prozesse sowie Organisation von EAM sind die Zielsetzungen und die Fragestellungen des Unternehmens. Wichtig dabei ist, dass Sie nur konkret formulierbare Fragestellungen heranziehen. Die Einschätzung der Relevanz ist etwas schwieriger, da dies eigentlich erst die Nutzung zeigt, doch sollte sie explizit begründet werden, da jede zu beantwortende Fragestellung im Allgemeinen permanenten Pflegeaufwand nach sich zieht. So lässt sich die Anzahl der Fragestellungen beschränken.

- **Überblick vor Detaillierung**
  Erstellen Sie einen Überblick über die IT-Landschaft und Geschäftsarchitektur in ihrem Zusammenspiel und keine Detaildokumentationen für detaillierte Einzelfragestellungen wie z. B. die Kostensituation bei den IT-Systemen.

- **Ganzheitliche Sicht**
  Bei der Konzeption sollten Sie explizit versuchen, alle Bebauungen im Kontext der Unternehmensarchitektur und auch die Verbindung zu Projekten und Wartungsmaßnahmen mit zu berücksichtigen. Auch wenn nicht alle Teile im ersten Schritt umgesetzt werden, brauchen Sie das als Basis für den späteren Ausbau.

- **Keine Datenerfassung auf Verdacht**
  Beschränken Sie sich auf die für die Beantwortung der bekannten und relevanten Fragestellungen erforderlichen Daten. Nur so stellen Sie sicher, dass ausnahmslos unbedingt benötigte Daten dokumentiert werden. Damit können Sie die Aufwände für die Datenerfassung in Grenzen halten.

- **Hinreichende Datenqualität und -aktualität**
  Sowohl die Datenqualität als auch die Datenaktualität müssen lediglich hinreichend für die Umsetzung der jeweiligen Zielsetzungen sein. Nur die konkret vorhandenen Fragestellungen müssen beantwortet werden.

  So reicht eine Einstiegsdatenqualität im Hinblick auf neue Zielsetzungen häufig völlig aus. Durch z. B. eine erste rudimentäre, noch unvollständig abgestimmte Liste von fachlichen Funktionen kann über eine Bebauungsplan-Grafik die funktionale Abdeckung gut aufgezeigt werden. Der Nutzen wird so für Fachbereiche und Business Manager erst sichtbar. Dies ist die Voraussetzung, um sie für die Mitarbeit zu gewinnen.

  Ein weiteres Beispiel ist die monatliche Aktualität von Steuerungsgrößen, wenn diese nur monatlich berichtet werden.

- **Nutzen bzw. Vereinfachung für die Datenlieferanten**
  Der Nutzen muss für alle Beteiligten vorhanden und transparent sein, insbesondere für die Datenlieferanten. Nur wenn die Daten mit einer ausreichenden Datenqualität und Aktualität bereitstehen, führen Analysen und Auswertungen zu fundierten Ergebnissen. Für die Datenlieferanten muss die Datenerfassung daher möglichst einfach sein. Hier ist eine angemessene Werkzeugunterstützung notwendig. Gleichzeitig müssen die Datenlieferanten die Daten auch wirklich liefern können. Daten können nur von denjenigen gepflegt und bereitgestellt werden, die die Inhalte wirklich kennen. Zum Beispiel ergibt es wenig Sinn, IS-Verantwortliche mit der Pflege der Zuordnung zu den Betriebsinfrastruktureinheiten zu befassen, wenn Ihnen die Zuordnung nicht bekannt ist und Sie diese Informationen erst von anderen erfragen müssen.

  Der Nutzen für die Datenlieferanten lässt sich u. a. auch durch Hilfestellungen bei der täglichen Arbeit erhöhen. So können die Dokumentationspflichten z. B. im Hinblick auf Compliance oder Sicherheit vereinfacht werden oder aber die Projekt- oder Wartungsarbeiten durch z. B. Fokussierung oder aber Input durch Analyse der Bebauung unterstützt werden.

V. EAM Governance festlegen und initial aufsetzen

Nachdem die Inhalte und damit auch die EAM-Aufwände für deren Beschaffung klar sind, muss die EAM Governance (siehe Kapitel 8) aufgesetzt und etabliert werden, um EAM auch wirklich zum Fliegen zu bekommen. Hierzu müssen die Rollen, Verantwortlichkeiten, Gremien und die EAM-Prozesse sowie deren Integration in die Planungs-, Entscheidungs- und Durchführungsprozesse festgelegt werden. Von besonderer Bedeutung sind die Regeln für die Modellierung, Visualisierung und Steuerung in Verbindung mit dem Pflegekonzept, da über dieses eine hinreichend aktuelle und qualitativ hochwertige Datenbasis sichergestellt wird.

Nach der Festlegung der Organisation und Prozesse müssen diese ebenso wie das entsprechend den Fragestellungen und dem EAM-Reifegrad gestaltete Analyse-, Planungs- und Steuerungsinstrumentarium auch initiiert werden, um EAM Leben einzuhauchen.

Erprobung

Parallel, spätestens ab der Analyse der Datenbeschaffung, wird die Konzeption an repräsentativen Ausschnitten erprobt und die Werkzeugunterstützung aufgebaut. So wird die Konzeption ein Stück weit abgesichert.

Im Folgenden finden Sie weitere Details und die Schritt-für-Schritt-Anleitung für die Konzeption Ihrer ersten oder nächsten EAM-Ausbaustufe. Hier wird davon ausgegangen, dass der Auftraggeber festgelegt und das Budget für die erste Ausbaustufe von EAM vorhanden ist (siehe hierzu auch Abschnitt 4.4).

7.3.2 Schritt-für-Schritt-Anleitung für die Konzeption einer Ausbaustufe von EAM

In Bild 7.8 finden Sie das Standardvorgehen für die Konzeption einer EAM-Ausbaustufe im Detail. In der Vorbereitungsphase werden das Projekt aufgesetzt und alle Voraussetzungen für den Projekterfolg geschaffen. Die eigentliche Konzeption erfolgt in einer Abfolge von drei Workshops und parallel dazu in einem intensiven Austausch mit allen relevanten Stakeholdern. Auf dieser Basis werden Ihr EAM Framework und Ihre EAM Governance festgelegt, an repräsentativen Beispielen erprobt und an Ihre zukünftige EAM-Organisation übergeben. Die Bestandsaufnahme Ihrer aktuellen und geplanten IT-Landschaft und Geschäftsarchitektur kann im Rahmen des EAM-Projekts oder aber dann später durch die Linienorganisation erfolgen.

BILD 7.8 Detailliertes Standardvorgehen für die Konzeption Ihrer nächsten EAM-Ausbaustufe

Die gesammelten Ergebnisse werden in einer Abschlusspräsentation allen Projektbeteiligten vorgestellt. Dies ist quasi das Entlasten des EAM-Projekts und markiert den Übergang in die Linie. Im Nachgang können hier gegebenenfalls noch kleinere Nacharbeiten aufgrund der Feedbacks für das Projektteam anfallen, der operative Betrieb von EAM liegt aber dann in der Linie.

Die Ergebnisse der Konzeption sind im Detail:

- Dokumentation der Stakeholder-Gruppen und der berücksichtigten Stakeholder
- Zusammenfassung der Zielsetzungen, Fragestellungen und Visualisierungsempfehlungen und Priorisierung dieser aus Sicht Ihrer Stakeholder (die Sichten der Stakeholder)
- Ihre Unternehmensarchitektur (Bebauungselementtypen, Kern- und erweiterte Attribute und Steuerungsgrößen sowie Beziehungen) und deren Stufung (siehe Kapitel 5)
- Ihre Modellierungsrichtlinien, in denen festgelegt wird, welche Bebauungselementtypen, welche Beziehungen und welche Attribute in welcher Art und Weise und Granularität zu modellieren sind (siehe Download-Anhang F)
- Beschreibung der Rollen, Verantwortlichkeiten, Gremien, EAM-Prozesse und deren Integration in die Planungs-, Entscheidungs- und Durchführungsprozesse (siehe Abschnitt 8.5)
- Ihr Pflegekonzept, in dem festgelegt wird, wer wann entlang welchen Prozesses welche Daten liefert, pflegt oder qualitätssichert (siehe Abschnitt 8.3.1)

Die Bestandteile der Konzeption werden in Iterationen erarbeitet. Auf der Basis von Informationsunterlagen und Interviewergebnissen werden jeweils Vorschläge vom Kernprojektteam erstellt, in einem Workshop und begleitenden Interviews mit dem Entscheiderkreis sowie weiteren Stakeholdern (erweitertes Team) abgestimmt, entsprechend dem Feedback optimiert und dann im Kontext des nächsten Workshops finalisiert. Auf diese Weise kann die Konzeption in kurzer Zeit in einer hohen Qualität erstellt werden.

Die folgenden Aktivitäten sind für die Erstellung der EAM-Konzeption notwendig. Die typische(n) jeweils verantwortliche(n) Rolle(n) finden Sie in Klammern. Dies kann natürlich in der Namensgebung und Ausgestaltung unternehmensspezifisch variieren.

I. Vorbereitung des EAM-Projekts

1. **Unternehmensarchitekten identifizieren** (Auftraggeber)
   Analysieren Sie, ob Sie einen qualifizierten Unternehmensarchitekten oder einen Mitarbeiter mit entsprechendem Potenzial haben, dem Sie die Projektleitung des Einführungsprojekts übertragen können. Wenn Sie noch keine qualifizierten Unternehmensarchitekten haben, sollten Sie sich qualifizierte externe Unterstützung für das Einführungsprojekt besorgen.

   Die Unternehmensarchitekten sind die inhaltlichen Kümmerer und unterstützen auch schon die weitere Vorbereitung des EAM-Projekts.

   Wichtig:
   Legen Sie einen Projektleiter fest, der künftig auch in der Linie den „Hut" für EAM im Unternehmen aufsetzen wird. Er muss von EAM überzeugt sein und über ein entsprechendes Skill-Profil (siehe Abschnitt 8.2.1) verfügen oder dahingehend „aufbaubar" sein.

2. **Argumentationsfoliensatz erstellen** (Auftraggeber und Projektleiter)
Soll-Vision und Randbedingungen ermitteln und auf dieser Basis den möglichen Nutzen von EAM anschaulich darlegen. Hilfestellungen für die Erstellung des Argumentationsfoliensatzes finden Sie in Abschnitt 4.5.

3. **Weitere Sponsoren gewinnen** (Auftraggeber und Projektleiter)
Identifizieren Sie mögliche weitere Sponsoren. Führen Sie Gespräche mit Ihren Sponsoren. Nur auf diesem direkten Weg bekommen Sie ein Gefühl für deren Anliegen und deren „Hidden Agenda". Analysieren Sie, ob ihr Einfluss und Interesse an EAM ausreichend ist. Hilfestellungen für die Stakeholder-Analyse finden Sie in Abschnitt 7.2. Nutzen Sie den Argumentationsfoliensatz, um die von Ihnen gewünschten Sponsoren zu überzeugen. Erweitern Sie die EAM-Soll-Vision und den Argumentationsfoliensatz entsprechend den Anliegen der Sponsoren.

4. **Ermitteln Sie Ihre Ausgangslage und Randbedingungen** (Auftraggeber und Projektleiter)
Beschaffen Sie sich EAM-relevante Dokumente als Basis für die Einschätzung Ihrer Ausgangslage, d. h. insbesondere Ihres EAM-Reifegrads (siehe Abschnitt 7.1).

   Hierzu zählen unter anderem Organigramme, Strategiedokumente (Unternehmens- und IT-Strategie), strategische Planungen (Business und IT), Unterlagen über die Planungs-, Durchführungs- und Entscheidungsprozesse und Gremien, Beispiele für Steuerkreisdokumente, Unterlagen aus dem Projektportfoliomanagement, IT-Prozessdokumentation, exemplarische Geschäftsprozessdokumentationen, aktuelle Stände an Bebauungsdokumentationen (z. B. von vorhergehenden EAM-Anläufen), Unterlagen zur IT-Landschaft; ggf. auch aus Projektkontexten (z. B. Grobkonzepte) sowie Daten/Listen von Bebauungselementen (z. B. Geschäftsobjekte, Prozesse, technische Bausteine und Informationssysteme). Analysieren Sie die Dokumente. Hinterfragen Sie die Aktualität, Verbindlichkeit und Qualität der Dokumente.

   Ermitteln Sie den Reifegrad Ihres Unternehmens in Bezug auf EAM. Hilfestellungen für die Einschätzung des Reifegrads finden Sie in Abschnitt 7.1.

   Aus diesen Informationen verschaffen Sie sich ein Bild über Ihre Ausgangslage.

   Nehmen Sie zudem die benannten Randbedingungen der Auftraggeber und Sponsoren mit auf. Dies kann z. B. die Forderung nach der Umsetzung einer gewissen Zielsetzung oder aber ein gewisser Zeitrahmen sein.

5. **Legen Sie ein Kernteam, ein erweitertes Team und die Besetzung des Steuerungsgremiums fest** (Auftraggeber und Projektleiter)
Das **Kernteam** sollte neben dem Projektleiter im Wesentlichen aus weiteren Unternehmensarchitekten bestehen. Alle wesentlichen organisatorischen und inhaltlichen Bereiche entsprechend der Soll-Vision müssen abgedeckt sein. Gleichzeitig sollte das Kernteam möglichst klein (minimal) sein, um die Einführung zügig durchzuführen.

   Legen Sie darüber hinaus das **erweiterte Projektteam** für die Mitwirkung in der Konzeption (und damit in den Workshops) und/oder Interviews fest (sofern zu diesem Zeitpunkt schon möglich). Das erweiterte Team kann sich im Rahmen der Konzeption gegebenenfalls verändern. Dies hängt maßgeblich von der „Klarheit" der Zielsetzungen der Auftraggeber und Sponsoren ab. Zudem können sich im Projektverlauf die Zielsetzungen verändern und damit neue Sparringpartner für die inhaltliche Diskussion notwendig werden.

Folgende Fragen helfen bei der Auswahl: Welche Personen sind Schlüsselpersonen in den adressierten inhaltlichen Bereichen? Wer ist eventuell Nutznießer? Welche Datenlieferanten sind notwendig? Von welchen Prozessen oder Systemen müssen welche Daten bezogen werden? Welche Stakeholder sollten zu welchen Zielsetzungen interviewt werden? Gibt es bei den relevanten Stakeholdern konträre Interessen zu denen der Sponsoren? Wer hat welchen Einfluss und Interesse an EAM?

6. **Etablieren Sie ein Projektsteuerungsgremium** (Auftraggeber)
   Mitglieder sind typischerweise die Führungskräfte aus den adressierten inhaltlichen Bereichen, der Auftraggeber sowie die Sponsoren. Wichtig sind Teilnehmer mit Einfluss und Entscheidungsbefugnissen.

   Organigramme und fachliche Domänenmodelle, soweit vorhanden, sind nützliche Instrumente, um ein Gefühl dafür zu gewinnen, wer im Kernteam bzw. erweiterten Kernteam bzw. Steuerungsgremium eingebunden werden sollte. Nutzen Sie insbesondere die Stakeholder-Analyse aus Abschnitt 7.2, um die Projektorganisation festzulegen.

   > **Wichtig:**
   > Bei einem niedrigen EAM-Reifegrad sollten Sie den Kreis der Beteiligten und auch der Sponsoren eher klein halten. Jeder weitere Beteiligte muss erst überzeugt und „eingefangen" werden. Sie brauchen schnelle und sichtbare Erfolge. Wählen Sie daher die Beteiligten und Sponsoren sorgfältig aus.
   > In Bild 7.6 finden Sie eine Tabelle mit einem Vorschlag, welche Stakeholder-Gruppen in Abhängigkeit vom EAM-Reifegrad berücksichtigt werden sollten. Sie können diese Tabelle als Input für Ihre Entscheidung verwenden.

7. **Festlegen der Termine** (Projektleiter)
   Legen Sie alle Workshop- und Interview-Termine möglichst frühzeitig fest, da die Terminkalender der Entscheider und Schlüsselpersonen häufig sehr voll sind. Falls Sie bezüglich der Dauer der Workshops unsicher sind, reservieren Sie etwas Zeit als Reserve. Jedoch sollten als Workshop-Dauer insgesamt nicht mehr als vier Stunden, in der Regel zwei bis drei Stunden, angesetzt werden. In den Workshops sollten konsolidierte Vorschläge und Entscheidungsbedarfe entsprechend der Workshop-Schwerpunkte behandelt werden, die vom Kernteam vorbereitet werden. Die Abstimmungen mit den jeweils Betroffenen sollten, soweit möglich, im Vorfeld erfolgen. So können die Workshops für übergreifende Diskussionen und für die Beschlussfassung genutzt werden.

   Legen Sie auch Termine für die Arbeitssitzungen des Kernteams fest. Hier eignen sich Jour-Fixe-Termine, da sich so die Kernteam-Mitglieder die Zeit entsprechend freihalten.

   Für die Interviews und Abstimmungen sollten Sie bei CIO, Sponsoren und Kernteam-Mitgliedern mindestens eine Stunde einplanen. Bei Mitgliedern des erweiterten Projektteams reicht gegebenenfalls eine halbe Stunde, wenn diese bereits die Methode und Begrifflichkeit kennen. Wenn nicht, ist auch mindestens eine Stunde als Dauer zu empfehlen.

8. **Führen Sie einen Kick-off durch** (Projektleiter)
   Führen Sie den Kick-off nach erfolgter Planung als offiziellen Startpunkt des EAM-Vorhabens mit möglichst allen Mitgliedern des Kernteams und des Steuerungsgremiums durch.

Im Rahmen des Kick-off werden insbesondere die Soll-Vision, die bereits gesammelten Ziele und Fragestellungen, das Vorgehen, die Projektorganisation und Aufgabenverteilung sowie die Randbedingungen vorgestellt und ggf. diskutiert. Das erweiterte Team wird festgelegt; zumindest die Personen, die am Workshop I teilnehmen sollen. Zudem wird ein gemeinsames Verständnis über die Methode und Begrifflichkeiten geschaffen. Falls Mitglieder des Steuerungsgremiums oder Kernteams nicht teilnehmen können, müssen diese einzeln „abgeholt" werden (siehe oben).

II. Erste Runde der Interviews vor oder zeitnah nach Workshop I durchführen (Projektleiter und ggf. Mitglieder des Kernteams)

Führen Sie vor dem ersten Workshop Einzelinterviews mit den Auftraggebern, Sponsoren, Mitgliedern des Steuerungsgremiums und dem Kernteam sowie, soweit möglich, auch mit dem erweiterten Team durch. Stimmen Sie deren Zielsetzungen und, soweit möglich, Fragestellungen sowie deren Priorisierung mit den verschiedenen Stakeholdern ab. Sammeln Sie darüber hinaus deren „Pains", mögliche Befüllungen für die Bezugselemente[1] (wie z. B. Liste von Produkten) und repräsentative Beispiele, die Sie in der Konzeption verwenden können.

1. **Vorbereiten der Interviews**
   Bereiten Sie die Interviews vor, indem Sie eine Liste typischer Fragestellungen aus dem Kontext der Stakeholder erstellen. Sichten Sie hierzu die vorhandenen Informationsmaterialien. Stellen Sie anhand von EAM-Visualisierungen (siehe Argumentationsleitfaden in Abschnitt 4.5) den typischen Nutzen für den Stakeholder dar. Hierzu können Sie auch die Tabelle in Bild 7.9 nutzen. Hier finden Sie ein typisches Beispiel für die Nutzenargumente der unterschiedlichen Stakeholder-Gruppen. Weitere Informationen zu den Nutzenargumenten finden Sie in Tabelle 4.2. Als Hilfsmittel für die Identifikation der typischen Fragestellungen aus dem Kontext des Stakeholder können Sie auch die Liste typischer Fragestellungen aus Download-Anhang D nutzen. Die Struktur der Liste finden Sie in Bild 7.11.

   Erstellen Sie zudem den aktuellen Stand der Unternehmensarchitektur angereichert mit einer Liste von typischen Ausprägungen für die Bebauungselemente und für die Attribute. Anhand der Diskussion mit dem Stakeholder bekommen Sie ein Gefühl dafür, welche Daten für den Stakeholder relevant sein können.

> **Empfehlung:**
>
> Nutzen Sie Visualisierungsbeispiele, um die Möglichkeiten zur Beantwortung der Fragestellungen zu veranschaulichen, denn es gilt: „Ein Bild sagt mehr als tausend Worte."
>
> So kann bei der Auswahl ein größeres Maß an Sicherheit erlangt werden, ob dieser Aspekt wirklich relevant ist. Die verschiedenen Stakeholder erhalten zudem einen besseren Eindruck von Möglichkeiten und lassen sich leichter vom Nutzen von EAM überzeugen.
>
> Um ein Gefühl vom Nutzen für die Stakeholder zu erhalten, müssen Sie den Wert des Ergebnisses für den Stakeholder erfragen. So erhalten Sie Anhaltspunkte, welche Fragestellung welche Priorität für den Stakeholder hat.

---

[1] Attributausprägungen und Listen von Bebauungselementen dienen dann als Bezugselemente bei der Erfassung anderer Bebauungselemente.

7 EAM-Methodensammlung

BILD 7.9 Beispiel für Stakeholder-Gruppen und deren Ziele bzw. Nutzen

Nutzenargument	#		Unternehmensführung	Verantwortliche für Compliance oder Sicherheit	Projektportfoliomanager	Business-Planer	Controller	Leiter Organisation	Business-Verantwortlicher	Projektleiter	CIO / IT-Verantwortlicher	IT-Stratege	IS-Verantwortlicher	Partner und Lieferant	Geschäftsarchitekt	IS-Bebauungsplaner	IT-Architekt	Infrastrukturarchitekt
Informationsbedarf abdecken																		
	1	Verstehen und Aufzeigen von Zusammenhängen und Abhängigkeiten (Überblick herstellen)	G, I, K	G, I, K	G, I, K	G, K	G, K	G, I, K	X, K	X, K	X, K	X, K	T, K		G, I, K	X, K	I, T, B, K	I, T, K
	2	Unterstützung bei der Informationsbeschaffung																
	3	Vereinfachung von Dokumentations- und Berichtspflichten																
	4	Unterstützung bei der Erstellung von Entscheidungsvorlagen																
	5	Reduzierte Projektvorbereitung und fundierter Input für die Projektabwicklung																
Business-IT-Alignment fördern																		
	6	Erzeugung einer gemeinsamen fachlichen Sprachbasis							G									
	7	Verknüpfung zwischen Business- und IT-Strukturen							G, I									
Entscheidungs- und Planungssicherheit erhöhen																		
	8	Aufdeckung und Handlungsbedarf und Optimierungspotenzial	G, K	X, K	G, I, K	G, K	G, K	G, I, K	X, K	X, K	X, K	X, K			G, I, K	X, K	I, T, B, K	I, T, K
	9	Bereitstellung von fundierten Input für das Projektportfoliomanagement und IT-Entscheidungen																
	10	Zusammenhänge, Abhängigkeiten und Auswirkungen von Veränderungen in und zwischen Business und IT aufzeigen																
Hebung von technischen Einsparungs- und Qualitätssteigerungspotenzialen																		
	11	Vorgabe von technischen Standards (technische Standardisierung)									I, T, B, K	I, T, B, K				I, T, B, K	I, T, B, K	I, T, B, K
	12	Zeitnahe Aussagen über technische Abhängigkeiten und deren Auswirkungen											I, T, B, K				K	
	13	Betriebsinfrastruktur-Optimierung																
	14	Erstellung von Vorschlägen für ein adäquates Sourcing																
Nachhaltige IT-Kostenreduktion																		
	15	Unterstützung der IT-Konsolidierung									I, T, B, K	I, T, B, K	I, T, B, K			I, T, B, K	I, T, B, K	I, T, B, K
	16	Zeitnahe Aussagen über Machbarkeit und Auswirkungen von IT-Ideen (IS-Bebauungsplanung)									X, K							
Vorbereitung der IT auf Veränderungen im Business (Flexibilität)																		
	17	Entwicklung und Veröffentlichung von Vorgaben für die IT-Umsetzung									X, K	X, K				X, K	I, T, B, K	T, B, K
	18	Zeitnahe Aussagen über Machbarkeit und Auswirkungen von Business- und IT-Ideen (Fachliche und IS-Bebauungsplanung im Zusammenspiel)			G, I, K	G, I, K			G, I, K	X, K			X, K		G, I, K			
	19	Unterstützung von Merger & Acquisitions, Outsourcing und dergleichen																
Erzeugung von direktem Business-Mehrwert																		
	20	Vorschläge für die Optimierung der Geschäftsarchitektur			G, I, K		G, K	G, I, K	G, I, K	G, I, K	G, I, K				G, I, K	G, I, K		
	21	Gestaltung der zukünftigen fachlichen Strukturen																

Legende

X - alle Teilarchitekturen
G - Geschäftsarchitetkur, I - IS-Architektur, T - Technische Architektur, B - Betriebsinfrastruktur-Architektur
K - Kontext

2. **Führen Sie die Interviews durch.**
   Ziel des ersten Interviews mit einem Stakeholder ist es, einerseits ein Gefühl für EAM zu vermitteln und andererseits Input für die Konzeption zu erhalten. Nutzen Sie hierzu die vorbereiteten Unterlagen. Im Rahmen der Interviews müssen Sie die Ziele, Fragestellungen, aktuellen Handlungsbedarfe und repräsentativen Beispiele und möglichen Befüllungen der Bezugselemente aus dem Kontext des Stakeholder sammeln.

   a) **Erläutern Sie den möglichen Nutzen** für den konkreten Aufgabenbereich. Steigen Sie hierüber in eine intensive Diskussion der Möglichkeiten von EAM anhand konkreter Problemstellungen des Stakeholder ein. Fragen Sie nach seinem aktuellen Handlungsbedarf.

   Wenn der konkrete Aufgabenbereich des Ansprechpartners unklar ist, müssen Sie diesen abfragen. Zeigen Sie aber, dass Sie sich auf das Gespräch vorbereitet haben und bereits typische Fragestellungen und Sichten der Stakeholder-Gruppen als Diskussionsgrundlage einbringen.

   Wichtig ist auch, dass Sie nach Dokumenten aus dem Kontext des Stakeholder fragen, um diese im Nachgang auszuwerten. Nutzen Sie hierbei die Checkliste (siehe I.4). Bewährt hat sich bei Nicht-Führungskräften auch ein gemeinsames Durchforsten.

   b) **Sammeln Sie die Zielsetzungen und Fragestellungen der Stakeholder**.
   Hinterfragen Sie die Beweggründe. Lassen Sie den Stakeholder möglichst frei sprechen.

   Konkretisieren Sie die Zielsetzungen dann so weit wie möglich über Fragestellungen. Besprechen Sie diese anhand von konkreten Problemstellungen des Stakeholder. Skizzieren Sie mögliche Ergebnisdarstellungen zur Beantwortung der Fragestellungen und diskutieren Sie diese mit dem Stakeholder.

   Fragen Sie den Stakeholder nach konkreten Beispielen, wie z. B. Steuerkreisunterlagen, oder aber Grobkonzepten von relevanten Projekten.

   c) **Fragen Sie den Stakeholder bezüglich der Relevanz und Priorität der Fragestellungen**.
   Hinterfragen Sie die Aussagen, falls Sie die Begründungen nicht nachvollziehen können. Soweit zu diesem Zeitpunkt schon möglich, sollten Sie für Fragestellungen, die Sie als unangemessen einschätzen, eine grobe Aufwand/Nutzen-Abwägung machen und diese auch mit dem Stakeholder diskutieren. Nur wirklich relevante Fragestellungen dürfen weiter verfolgt werden.

   Aber Vorsicht: Gleichen Sie die im Rahmen der Interviews gesammelten Zielsetzungen mit dem EAM-Reifegrad ab. Hilfestellungen hierfür finden Sie in der Tabelle in Bild 7.10.

   Falls Zielsetzungen benannt wurden, die in der nächsten Ausbaustufe nicht erreichbar sind, müssen Sie dies dem Stakeholder während des Interviews verdeutlichen und die Zielsetzung mit einer niedrigeren Priorität versehen. Falls der Stakeholder nicht einverstanden ist, müssen Sie die Zielsetzung mit der vom Stakeholder benannten Priorität aufnehmen und zu einem späteren Zeitpunkt im Rahmen der Workshops oder der Abstimmung mit dem Auftraggeber wieder zum Thema machen.

			Reifegrade				
			Initial	Im Aufbau	Transparenz	Planung	Steuerung
Nutzenargument	**Informationsbedarf abdecken**						
	1	Verstehen und Aufzeigen von Zusammenhängen und Abhängigkeiten (Überblick herstellen)	S	X	X	X	X
	2	Unterstützung bei der Informationsbeschaffung	S	X	X	X	X
	3	Vereinfachung von Dokumentations- und Berichtspflichten	S	X	X	X	X
	4	Unterstützung bei der Erstellung von Entscheidungsvorlagen		S	X	X	X
	5	Reduzierte Projektvorbereitung und fundierter Input für die Projektabwicklung	S	X	X	X	X
	Business-IT-Alignment fördern						
	6	Erzeugung einer gemeinsamen fachlichen Sprachbasis			S	X	X
	7	Verknüpfung zwischen Business- und IT-Strukturen			S	X	X
	Entscheidungs- und Planungssicherheit erhöhen						
	8	Aufdeckung und Handlungsbedarf und Optimierungspotenzial	S	X	X	X	X
	9	Bereitstellung von fundiertem Input für das Projektportfoliomanagement und IT-Entscheidungen			S	X	X
	10	Zusammenhänge, Abhängigkeiten und Auswirkungen von Veränderungen in und zwischen Business und IT aufzeigen	S	X	X	X	X
	Hebung von technischen Einsparungs- und Qualitätssteigerungspotenzialen						
	11	Vorgabe von technischen Standards (technische Standardisierung)			S	X	X
	12	Zeitnahe Aussagen über technische Abhängigkeiten und deren Auswirkungen			S	X	X
	13	Betriebsinfrastruktur-Optimierung			S	X	X
	14	Erstellung von Vorschlägen für ein adäquates Sourcing				S	X
	Nachhaltige IT-Kostenreduktion						
	15	Unterstützung der IT-Konsolidierung			S	X	X
	16	Zeitnahe Aussagen über Machbarkeit und Auswirkungen von IT-Ideen (IS-Bebauungsplanung)			S	X	X
	Vorbereitung der IT auf Veränderungen im Business (Flexibilität)						
	17	Entwicklung und Veröffentlichung von Vorgaben für die IT-Umsetzung				S	X
	18	Zeitnahe Aussagen über Machbarkeit und Auswirkungen von Business- und IT-Ideen (Fachliche und IS-Bebauungsplanung im Zusammenspiel)				S	X
	19	Unterstützung von Merger & Acquisitions, Outsourcing und dergleichen				S	X
	Erzeugung von direktem Business-Mehrwert						
	20	Vorschläge für die Optimierung der Geschäftsarchitektur				S	X
	21	Gestaltung der zukünftigen fachlichen Strukturen				S	X

Legende S - Schrittweise annähern
X - erreichbar

BILD 7.10 Erreichbare Zielsetzungen in Abhängigkeit vom EAM-Reifegrad

> **Wichtig:**
> Durch Zielsetzungen entsteht bei den Stakeholdern eine Erwartungshaltung. Jedoch sind nicht alle Ziele in jedem Reifegrad in der nächsten Ausbaustufe von EAM erreichbar. In der Tabelle in Bild 7.10 finden Sie die Ziele (anhand der Nutzenargumente aus Tabelle 4.2) den Reifegraden gegenübergestellt.
>
> Bei niedrigen Reifegraden müssen Sie versuchen, einen spürbaren Nutzen mit einem überschaubaren Aufwand zu erzielen. So bilden einfache Überblicksdarstellungen, wie z. B. Portfolios, und konsistente Listen einen guten Einstieg ins EAM. Überblicksdarstellungen machen Zusammenhänge transparent und erzeugen somit einen „Aha"-Effekt. Listen können die Dokumentationspflichten z. B. im Zusammenhang mit dem Risikomanagement vereinfachen.
>
> Fortgeschrittene Ziele, wie z. B. die Gestaltung der Soll-IS-Landschaft, können erst adressiert werden, wenn eine hinreichend aktuelle, vollständige und qualitativ hochwertige Datenbasis nachhaltig vorliegt.
>
> Neu hinzugenommenen Zielsetzungen müssen Sie sich schrittweise annähern. Über das Feedback auf der Basis der repräsentativen Beispiele und später der Erprobung im Rahmen des Ausrollens in der Breite müssen Sie die Konzeption schrittweise optimieren.

d) **Gehen Sie anhand des vorbereiteten Stands der Unternehmensarchitektur die Strukturen im Kontext seiner Fragestellungen gemeinsam mit dem Stakeholder durch.**

Nutzen Sie dabei Beispieldaten, soweit sie schon verfügbar sind. So bekommt der Stakeholder noch mehr Gefühl für die Granularität und Sie Input für die Gestaltung.

Fragen Sie nach möglichen Befüllungen, z. B. Status von Projekten oder im Lifecycle Management. Besonders wichtig sind die Inhalte der Bezugselemente. Bezugselemente sind Listen, die in Bezug zu den Kernbebauungselementen gesetzt werden. Hierzu zählen insbesondere die Listen der fachlichen Bebauungselemente, der technischen Bausteine und Verantwortlichkeiten sowie die Ausprägungen der verschiedenen Attribute wie z. B. Freigabestatus oder Lizenzmodelle.

Fragen Sie nach möglichen Datenquellen. Zählen Sie mögliche Datenquellen auf. Nutzen Sie hierbei die Liste in I.4.

Fragen Sie nach den Systemen, die aktuell im Einsatz sind. Fragen Sie nach dem Einsatzzweck, der Datenqualität und Aktualität und den Pflegeprozessen.

Lassen Sie sich bereits bestehende Daten zeigen.

> **Wichtig:**
> Sie müssen die Zielsetzungen, Fragestellungen, Ergebnisdarstellungen und Strukturen wirklich verstehen, um sie einerseits hinterfragen und andererseits in der Konzeption berücksichtigen zu können.

3. **Dokumentieren Sie die Interview-Ergebnisse** und stimmen Sie die Ergebnisse per E-Mail/Telefon mit den Stakeholdern (oder gegebenenfalls persönlich; jedoch Vorsicht: Aufwand) mit den Stakeholdern ab. Nutzen Sie zum Quercheck und Konsolidieren auch die bereitgestellten Informationsmaterialien.

Anhand der Dokumentation der Ziele, Fragestellungen, aktuellen Handlungsbedarfe, repräsentativen Beispiele und möglichen Befüllungen der Bezugselemente sowie der Priorisierungen kann die Konzeption erfolgen. Zudem kann aufgrund des Eindrucks beim Interview auch die Einschätzung des Stakeholders bezüglich seines Interesses an EAM überprüft werden.

III. Workshop I (Projektleiter unterstützt durch das Kernteam)

Ziel des Workshops I: Gemeinsames Verständnis über die Methode und Begrifflichkeiten zu schaffen sowie eine initiale konsolidierte Sammlung der Zielsetzungen, Fragestellungen sowie erforderlichen Visualisierungen und aktuellen Handlungsbedarfen abzustimmen und zu priorisieren. Die Zielsetzungen sollten im Rahmen des Workshops I überwiegend festgelegt und damit die Schwerpunkte für die Konzeption gesetzt werden. Im Rahmen von Workshop I sollten Sie zudem bereits das EAM-Werkzeug kurz präsentieren, falls schon festgelegt.

Teilnehmer: Mitglieder des Steuerungsgremiums, Kernteam und erweitertes Team

Dauer: in der Regel zwei bis maximal drei Stunden

> **Wichtig:**
> Das erweiterte Team sollte, soweit festgelegt, auf jeden Fall am Workshop I teilnehmen. Dies spart eine Menge Zeitaufwand bei den folgenden Interviews, da die Methode und Begrifflichkeiten dann schon bekannt sind. Zudem erfahren die Teammitglieder im Workshop unmittelbar, dass die Führungskräfte (Entscheiderkreis) das EAM-Vorhaben unterstützen, das verleiht dem Vorhaben Nachdruck. Diese Unterstützung haben Sie sich ja spätestens im Rahmen der Interviews gesichert.

1. **Bereiten Sie den Workshop I vor.**
   a) **Erstellen Sie einen Foliensatz, mit dem Sie die Methode, die Ergebnisse und vor allen Dingen den Nutzen von EAM anschaulich präsentieren.**
   Hierfür sollten Sie maximal 20 bis 30 Minuten vorsehen. In diesem Foliensatz sollten Sie unbedingt auch die Projektorganisation und den Zeitplan mit den abgestimmten Workshop-Terminen aufnehmen.

   Die Nutzendarstellung müssen Sie auf die erwartete Soll-Vision und Zielsetzungen hin ausrichten. So steuern Sie die Erwartungshaltung der Teilnehmer.

   b) **Konsolidieren Sie die Interview-Ergebnisse und Ihre Soll-Vision und bereiten Sie diese auf.**
   Konsolidieren Sie die Ziele, Fragestellungen und deren Ergebnisdarstellungen sowie den aktuellen Status der Überlegungen zur Unternehmensarchitektur. Hier sollten einerseits die Interview-Ergebnisse und andererseits Ihre Überlegungen zur Umsetzung der Soll-Vision einfließen. Nutzen Sie hierbei auch die bereitgestellten Informationsunterlagen. Fordern Sie, wenn notwendig, fehlende Unterlagen bei Mitgliedern

des erweiterten oder Kernteams an. Vorsicht bei vorab nicht über das EAM-Vorhaben informierten Personen. Diese müssen Sie erst noch „abholen".

Erstellen Sie Folien, in denen Sie die Zielsetzungen, Fragestellungen und die Visualisierungen zur Beantwortung anschaulich dokumentieren. Nutzen Sie, soweit möglich, die identifizierten repräsentativen Beispiele zur Veranschaulichung.

Erstellen Sie darüber hinaus Folien, in denen die Unternehmensarchitektur mit ihren möglichen Ausprägungen (Beispiele) sowie die möglichen Attribute mit ihren Ausprägungen (z. B. Freigabestatus-Ausprägungen) dargestellt werden.

Heben Sie die offenen Punkte und Entscheidungsbedarfe deutlich hervor. Hierzu zählen auch die strittigen Zielsetzungen, die z. B. nicht reifegradkonform sind. Zeigen Sie die Auswirkungen von Entscheidungen deutlich auf.

c) **Stimmen Sie die Workshop-Inhalte vorab innerhalb des Kernteams und auch mit dem Auftraggeber sowie ggf. weiteren Sponsoren ab.**
Versenden Sie die Folien vorab an zumindest diesen Personenkreis und holen Sie deren Feedback ab. Arbeiten Sie das Feedback, soweit möglich, bereits ein.

Wichtig:

Neuen Zielen müssen Sie sich schrittweise annähern. In den Reifegraden „Initial" und „Im Aufbau" sollten Sie ausschließlich daran arbeiten, Transparenz zu schaffen. Erst wenn genügend Erfahrung gesammelt und Know-how aufgebaut sind, sind „höhere" Ziele realistisch umsetzbar. Dies wird in der Tabelle in Bild 7.10 durch ein „S" gekennzeichnet.

Mit der Umsetzung von neuen Zielen bieten Sie den Stakeholdern neue Möglichkeiten an. Durch die Nutzung und Erprobung bekommen Sie Feedback, das Sie zur Optimierung nutzen können. So können Sie Ihr EAM schrittweise erweitern.

Um z. B. das Ziel „Erzeugung einer gemeinsamen fachlichen Sprachbasis" zu erreichen, sind im Allgemeinen viele Iterationen zur Abstimmung des fachlichen Domänenmodells notwendig. Startpunkt bildet in der Regel eine nicht abgestimmte Sammlung der fachlichen Funktionen oder Geschäftsprozesse durch eine kleine Personengruppe. Anhand dessen kann der Nutzen von fachlichen Domänenmodellen aufgezeigt werden. Erst so bekommen Sie die Unterstützung, um den Ausbau voranzutreiben.

Immer wenn Sie eine neue Zielsetzung hinzunehmen, sollten Sie deren Umsetzung erst an einem gewissen Ausschnitt der Dokumentation erproben und nur wenige und dem Thema aufgeschlossene Stakeholder involvieren. Zudem sollten Sie, um möglichst rasch ein Ergebnis zu erzielen, mit einer mäßig hohen Datenqualität einsteigen. So reicht zu Beginn z. B. im Hinblick auf das Ziel „Erzeugung einer gemeinsamen fachlichen Sprachbasis" eine initiale Sammlung der Namen von fachlichen Funktionen oder Geschäftsobjekten. Die Abstimmung der Begriffe inklusive deren Beschreibungen (im Wortlaut) kann in einer zweiten Iteration erfolgen.
Die initiale Sammlung lässt sich auf diese Weise bereits nutzen, um aufzuzeigen, welche Fragestellungen damit beantwortet werden können. Nach der Erprobung müssen Sie jedoch eine ausreichende Datenqualität herstellen.

2. **Führen Sie den Workshop I durch.**
   a) **Stellen Sie das Projekt mit seinen Zielen, Projektorganisation und Zeitplan sowie die bisherigen Aktivitäten (z. B. Liste der Interviews) vor.**
   b) **Erläutern Sie die Methode, die Ergebnisse und vor allen Dingen den Nutzen von EAM anschaulich in maximal zwischen 20 und 30 Minuten.**
      Sie müssen die wesentlichen Aussagen kompakt vermitteln. In dieser Zeit dürfen Sie auch keine ausufernden Diskussionen zulassen, da Sie ansonsten die Aufmerksamkeit der Teilnehmer verlieren.
   c) **Gehen Sie über die konsolidierten Zwischenergebnisse Folie für Folie und holen Sie sich das OK oder To-dos für jeden offenen Punkt.**
      Dokumentieren Sie dies explizit.
   d) **Fragen Sie, ob Zielsetzungen fehlen.**
      Nutzen Sie hierzu die Liste der entsprechend EAM-Reifegrad erreichbaren Zielsetzungen in der Tabelle in Bild 7.10.
      Moderieren Sie die Diskussion und dokumentieren Sie die Ergebnisse.
   e) **Fassen Sie die Ergebnisse verbal zusammen und erläutern Sie das weitere Vorgehen.**
3. **Dokumentieren Sie die Workshop-Ergebnisse bereits in der zukünftigen Ergebnisstruktur und verteilen Sie den Ergebnisstand an die Workshop-Teilnehmer.**
   Vorläufiger Ergebnisstand (mit noch vielen offenen Punkten):
   - die Zusammenfassung Ihrer Zielsetzungen, Fragestellungen und Visualisierungsempfehlungen sowie deren Prioritäten, jeweils zugeordnet zu Stakeholder-Gruppen, sowie die offenen Punkte
   - der aktuelle Stand Ihrer Unternehmensarchitektur (Bebauungselementtypen, Kern- und erweiterte Attribute und Steuerungsgrößen sowie Beziehungen) und deren Stufung sowie die offenen Punkte

IV. Erste Runde der Interviews nach Workshop I vervollständigen (Projektleiter und Mitglieder des Kernteams)

Vervollständigen Sie nach dem ersten Workshop die Einzel-Interviews mit dem erweiterten Kernteam. Nutzen Sie im Interview für die Ermittlung die Fragestellungen der Stakeholder eine vorbereitete Liste von typischen Fragestellungen aus dem Kontext des Stakeholders mit den entsprechenden Visualisierungsbeispielen und typischen Attributen. Für die Vorbereitung können Sie auch die Liste der typischen Fragestellungen aus Download-Anhang D nutzen (Struktur siehe Bild 7.11). Weitere Details bezüglich Zielen, Vorbereitung, Vorgehen und Ergebnissen siehe Schritt II.

Nutzen Sie hierbei aber die Ergebnisse des Workshops I. Holen Sie zudem Feedback zum Workshop ein, wenn der Stakeholder am Workshop teilgenommen hat.

BILD 7.11 Liste von typischen Fragestellungen mit Empfehlungen

> **Wichtig:**
>
> Wenn Ihnen vorab aussagekräftige Unterlagen zur Verfügung stehen, sollten Sie hier nach möglichen repräsentativen Beispielen suchen. Anhand von repräsentativen Beispielen aus dem Kontext des Stakeholders können Sie diese besser abholen.
>
> Im Interview müssen Sie zu Beginn bei allen Stakeholdern, die nicht am Workshop I teilgenommen haben, die Methode, die Begriffe und insbesondere die Ziele und Nutzen von EAM nochmals kurz einführen. So vermeiden Sie Missverständnisse und die Erwartungshaltung an EAM wird „justiert". Dies ist wichtig, da viele Stakeholder noch keine wirkliche Vorstellung vom Enterprise Architecture Management haben und ihren Detailwelten wie z. B. Infrastrukturen, Datenmodellen oder aber detaillierten Prozessablaufbeschreibungen verhaftet sind. Sie müssen den richtigen Grad an Abstraktion und dessen Nutzen verstehen, um einen guten Input liefern zu können.
>
> Anhand des konkreten Handlungsbedarfs und der repräsentativen Beispiele aus dem Kontext der Stakeholder kann der Nutzen von EAM für die Stakeholder greifbar transportiert werden.
>
> Fragen Sie nach den konkreten Problemstellungen des Stakeholders. Diskutieren Sie Lösungsmöglichkeiten anhand von Visualisierungen repräsentativer Beispiele aus dem Umfeld des Stakeholders. „Ergründen" Sie die eingebrachten Fragestellungen.

V. Workshop II (Projektleiter und Kernteam)

Ziel des Workshops II: Verabschiedung der Zielsetzungen, Abstimmung des Zwischenstands der Fragestellungen und Ergebnisdarstellungen anhand von repräsentativen Beispielen sowie der Struktur, Befüllungen der Unternehmensarchitektur und der groben Eckwerte für die EAM Governance.

Teilnehmer: Mitglieder des Steuerungsgremiums und Kernteams und festgelegte Mitglieder des erweiterten Teams

Dauer: in der Regel zwei bis maximal drei Stunden

1. **Vorbereitung des Workshops**

    Konsolidieren Sie die Ergebnisse aus dem Workshop I und die Interviewergebnisse und bereiten Sie diese auf.

    a) **Dokumentieren Sie die Ziele, Fragestellungen und Ergebnisdarstellungen und deren Prioritäten.**

    Konsolidieren Sie die Ziele, Fragestellungen und Ergebnisdarstellungen, die Sie im Workshop I und in den Interviews ermittelt haben. Versuchen Sie Lösungsvorschläge für die offenen Punkte zu machen. Erstellen Sie Ergebnisdarstellungen für alle bisher gesammelten Fragestellungen und stellen Sie diese übersichtlich auf einer Folie dar. Heben Sie die noch offenen Punkte, wie z. B. die Ausprägungen des Gesundheitszustands, hervor.

    Überprüfen Sie zudem nochmals, ob die Ziele entsprechend des Reifegrads überhaupt erreichbar sind. Nutzen Sie hierzu die Tabelle in Bild 7.10.

b) **Ermitteln Sie die für die Beantwortung der Fragestellungen erforderlichen Informationen.**

Die Bebauungselemente, Beziehungen, Kern- und erweiterten Daten sowie Steuerungsgrößen können Sie insbesondere aus den Visualisierungsbeispielen zur Beantwortung der Fragestellungen ableiten, die Sie im Rahmen der Diskussion mit den Stakeholdern erstellt haben. Dokumentieren Sie insbesondere auch die Ausprägungen der Bezugselemente sowie von Attributen. Falls noch nicht festlegbar, erstellen Sie einen Vorschlag und markieren Sie diesen als offenen Punkt für die Abstimmung im Workshop.

Im Download-Anhang D finden Sie eine konsolidierte Liste von Fragestellungen, sortiert nach Zielsetzungen. Jeder Fragestellung sind die erforderlichen Bebauungselemente, Beziehungen zwischen den Bebauungselementen, zusätzlich erforderlichen Attribute und eine Empfehlung für die Visualisierung zugeordnet. Die Struktur der Liste stellt Bild 7.11 dar.

Starten Sie mit der Dokumentation Ihrer Modellierungsrichtlinien. Siehe hierzu Abschnitt 8.3.2 und Download-Anhang F.

c) **Analysieren Sie die Datenbeschaffung.**

Ermitteln Sie für alle festgelegten Bebauungselementtypen, Beziehungen und Attribute, entlang welchen Prozesses von welchem Datenlieferanten wann und wie angetriggert die Daten bereitgestellt werden. Beginnen Sie mit der Erstellung eines Pflegekonzepts (siehe Abschnitt 8.3.1).

d) **Bewerten Sie den Aufwand für die Datenbeschaffung.**

Letztendlich steht die Frage dahinter: „Wie können welche der erforderlichen Daten mit welcher Qualität, Aktualität und mit welchem Aufwand beschafft werden?" Die drei Dimensionen Qualität, Aktualität und Aufwand sind für die Bewertung in Kombination ausschlaggebend:

Qualität: Nur wenn die Daten mit einer hinreichenden Datenqualität zur Verfügung stehen, sind sie sinnvoll verwendbar. Nur wenn sichergestellt ist, dass die Daten konsistent und mit einer einheitlichen Granularität dokumentiert sind, können Aussagen daraus abgeleitet werden. Häufig reicht für die Erprobung aber auch eine Einstiegsqualität.

Aktualität: Wenn die Daten nicht kontinuierlich und zeitnah zu einer Veränderung gepflegt werden, sind die Datenbasis und damit auch die Analyseergebnisse nicht aktuell und somit ggf. nicht brauchbar. Der Nutzen von EAM wird in Frage gestellt, da keine Verlässlichkeit gegeben ist.

Aufwand: Der Aufwand für die kontinuierliche Datenpflege in einer hinreichenden Datenqualität muss im Verhältnis zum Nutzen stehen. Wenn große Anstrengungen unternommen werden müssen, um z. B. Betriebsinfrastrukturdaten auf einem für EAM sinnvollen Level zu ermitteln, und der Nutzen nicht besonders groß ist, sollte man zunächst darauf verzichten. Je größer der Aufwand, desto geringer im Allgemeinen die Akzeptanz. Der Pflegeaufwand muss „vertretbar" sein. Möglichst effiziente und einfache Wege der Datenbeschaffung gilt es zu finden. Lassen sich z. B. die Daten automatisiert bereitstellen, kann man ggf. eine Doppelerfassung vermeiden.

e) **Stellen Sie Aufwand und Nutzen für die Datenbeschaffung einander gegenüber.**

Im Rahmen der Festlegung Ihrer Unternehmensarchitektur müssen Sie einen Abgleich zwischen den für die Beantwortung der Fragestellungen erforderlichen Informationen und den über Datenlieferanten beschaffbaren Informationen machen.

Die Analyse im Hinblick auf die Datenbeschaffung führt häufig zu einer Stufung. Nur die Ergebnisdarstellungen für Fragestellungen, die mit „bereitstehenden" oder mit vertretbarem Aufwand beschaffbaren Daten erstellt werden können, sollten in einer ersten Stufe umgesetzt werden.

Machen Sie einen Vorschlag für die Stufung.

Empfehlung:

Der Nutzen lässt sich häufig nur schwer quantifizieren. Eine Abschätzung des Aufwands reicht häufig, um einzuschätzen, ob Fragestellungen wirklich wichtig sind. Wesentlich ist auch, wie in Abschnitt 4.4 ausgeführt, den Wert für den Stakeholder zu erfragen.

Konfrontieren Sie die Nutznießer mit dem Aufwand zur Beantwortung ihrer Fragestellungen und stellen Sie diesen den Wert für den Stakeholder gegenüber. So fällt in der Regel ein gewisser Anteil der Fragestellungen weg.

Häufig reicht im Hinblick auf neue Zielsetzungen eine Einstiegsqualität der Datenbasis völlig aus. Typische Beispiele hierfür sind rudimentäre, noch nicht vollständig abgestimmte Listen von fachlichen Funktionen und/oder Geschäftsobjekten.

Durch eine solche rudimentäre Liste von fachlichen Funktionen kann über eine Bebauungsplan-Grafik z. B. die funktionale Abdeckung gut aufgezeigt werden.
Der Nutzen wird so für Fachbereiche und Business Manager bereits sichtbar.
So finden Sie Sponsoren für die Weiterentwicklung von EAM.

Die Darstellung des Informationsflusses über nicht abgestimmte Geschäftsobjektnamen ist ein weiteres verbreitetes Beispiel für eine niedrige Einstiegsqualität. Durch die Darstellung der Geschäftsobjekte in einer Informationsfluss-Grafik wird es einfacher, die gegenseitigen Abhängigkeiten unter den Informationssystemen zu verstehen.

■

f) **Dokumentieren Sie den daraus resultierenden Stand der Unternehmensarchitektur** mit allen offenen Punkten und vorgeschlagener Stufung übersichtlich in einer Präsentation. Offene Punkte können bezüglich Verwendung von Bebauungselementen, Beziehungen, Attributen, Ausprägungen dieser sowie der Datenherkunft, -qualität, -granulariät, Vollständigkeit, Aktualität, Verantwortlichkeiten oder der Datenbeschaffung bestehen.

Wichtig:

Dokumentieren Sie die erwartete Datenqualität pro Bebauungselementtyp, Attribut oder Beziehung im Konzept. So wird die Erwartungshaltung hinsichtlich der Analyseergebnisse gesteuert.

■

g) **Rekapitulieren Sie die Ergebnistypen zur Beantwortung der Fragestellungen.**
Überprüfen Sie, ob die Fragestellungen mit den beschaffbaren Daten (oder Datenqualität) überhaupt beantwortbar sind. Erstellen Sie auch hier einen Vorschlag für die

Stufung und notieren Sie diesen und ggf. weitere offene Punkte. Bereiten Sie dies für den nächsten Workshop grafisch auf.

h) **Bereiten Sie die Eckwerte Ihrer EAM Governance zur Abstimmung vor.**
Wesentlich sind insbesondere der organisatorische Unterbau von EAM (Rollen und deren Besetzung sowie Gremien) und die Steuerungsaufgaben, aus denen Sie später Ihre Steuerungsgrößen ableiten.

Skizzieren Sie hierzu alternative Vorschläge für die Organisation und listen Sie die Steuerungsaufgaben auf (siehe Abschnitt 8.3.4).

i) **Stimmen Sie die Workshop-Inhalte vorab innerhalb des Kernteams und auch mit dem Auftraggeber und dem Steuerungsgremium ab.**
Versenden Sie die Folien vorab zumindest an diesen Personenkreis, holen Sie dessen Feedback ein und arbeiten Sie dieses entsprechend ein.

j) **Stimmen Sie mit dem Steuerungsgremium (oder ggf. nur Ihrem Auftraggeber) die Teilnehmer für den Workshop II aus dem erweiterten Projektteam ab.**

2. Durchführung des Workshops

a) **Fassen Sie den Status des EAM-Projekts und die bisherigen Aktivitäten zu Beginn kurz zusammen.**

b) **Gehen Sie über die Folien der vorbereiteten Zielsetzungen und holen Sie sich das OK für diese.**
Die Zielsetzungen und deren Prioritäten sollten im Verlauf von Workshop II finalisiert werden. Falls es noch offene Punkte gibt, nehmen Sie diese auf und bringen Sie sie im Kontext der zugeordneten Fragestellungen nochmals zur Diskussion.

c) **Gehen Sie über die konsolidierten Zwischenergebnisse** zu Fragestellungen und Unternehmensarchitektur inklusive Empfehlung für die Stufung. Holen Sie sich Folie für Folie das OK für die Vorschläge und stimmen Sie die offenen Punkte soweit möglich ab. Dokumentieren Sie das OK sowie die restlichen offenen Punkte explizit.

> **Empfehlung:**
> Fassen Sie Fragestellungen und deren Antworten, die den gleichen Ergebnistyp nutzen, in einer Folie zusammen. Nutzen Sie hierzu die ermittelten repräsentativen Beispiele. So können Sie am anschaulichen „Objekt" die offenen Fragen abstimmen. Als Strukturierung eignen sich die Themengebiete in den EAM-Einsatzszenarien aus Kapitel 6.
>
> Gehen Sie konkret über die Liste der Bezugselemente (s. o.) drüber und klären Sie die offenen Punkte. Nutzen Sie hierzu jeweils eine Folie pro Bezugselement, wie z. B. Geschäftsprozesse oder Ausprägungen vom Freigabestatus. ∎

d) **Fragen Sie, ob Fragestellungen oder Datenaspekte fehlen.**
Wenn ja, nehmen Sie diese oder aber nur den Hinweis auf, dass dies im Rahmen des nächsten Interviews mit dem betreffenden Stakeholder zu klären ist. Analog gehen Sie für Zielsetzungen vor, wenn diese nicht im Rahmen der Diskussion der Fragestellungen beantwortbar waren.

e) **Zeigen Sie vorbereitete Skizzen bezüglich der EAM-Organisation und Steuerungsaufgaben.**
Moderieren Sie eine Diskussion. Notieren Sie die wesentlichen Aussagen.
f) **Fassen Sie die Ergebnisse verbal zusammen und erläutern Sie das weitere Vorgehen.**

3. **Dokumentieren Sie die Workshop-Ergebnisse bereits in der zukünftigen Ergebnisstruktur** und verteilen Sie den Ergebnisstand an die Workshop-Teilnehmer. Vorläufiger Ergebnisstand (mit ggf. noch einigen offenen Punkten):
   - verabschiedete Zielsetzungen, gesammelte Fragestellungen und Visualisierungsempfehlungen sowie deren Prioritäten, jeweils zugeordnet zu Stakeholder-Gruppen, sowie die offenen Punkte
   - aktueller Stand Ihrer Unternehmensarchitektur, der Inhalte der Bezugselemente, Ausprägungen der Attribute und deren Stufung sowie die offenen Punkte
   - aktueller Stand von Modellierungsrichtlinien, Pflegekonzept, Steuerungsaufgaben sowie der EAM-Organisation sowie die offenen Punkte

VI. Interviews vor oder nach dem Workshop II

Führen Sie mit allen Mitgliedern des Steuerungskreises und erweiterten Teams Interviews durch. Ziel ist dabei, die Stimmung bzgl. EAM einzufangen und die Lösungsvorschläge für die Fragestellungen der Stakeholder zu finalisieren. Stakeholdern, die im Kontext der EAM Governance relevant sind, müssen Sie zudem aufzeigen, wie ihre Steuerungsaufgaben unterstützt werden, und dies mit ihnen abstimmen. Darüber hinaus sollten Sie bei diesen Stakeholdern anhand Ihrer EAM-Organisationsvorschläge deren Unterstützung und Besetzungsvorschläge ermitteln.

Die Interviews müssen Sie, wie schon ausgeführt, vorbereiten, durchführen und im Anschluss nachbereiten.

Nach dem Workshop II

Nach dem Workshop II liegen die Zielsetzungen, Fragestellungen, geforderten Ergebnistypen bereits in einer hohen Qualität vor. Auf dieser Basis kann die Werkzeugevaluierung und -entscheidung final erfolgen, falls das Werkzeug nicht ohnehin schon vorher feststeht.

Das Werkzeug, ggf. in einer Teststellung, sollte dann möglichst schnell aufgesetzt und konfiguriert werden. Zudem sollten die Basisstrukturen im Werkzeug festgelegt werden, das heißt u. a. die Unternehmensarchitektur und deren Befüllung sowie insbesondere die Ergebnistypen.

Mit dem Coaching und der Übergabe an die zukünftigen Unternehmensarchitekten sollte möglichst früh begonnen werden. Idealerweise sind die Unternehmensarchitekten Teil des Kernteams und gestalten die Konzeption aktiv mit. Bei großen Organisationen ist der Kreis der zukünftigen Unternehmensarchitekten sehr groß. Diese sollten über Ihren Lead-Architekten (siehe Abschnitt 8.2.1) als Multiplikator ausgebildet, gecoacht und abgeholt werden. Wenn die Unternehmensarchitekten erst später zur Verfügung stehen, wird es schwieriger, sie zu begeistern. Diese Aufgabe fällt dem EAM-Verantwortlichen oder einem seiner Teammitglieder zu.

VII. Workshop III

Ziel des Workshops III: Verabschiedung der Zielsetzungen, Fragestellungen, Ergebnisdarstellungen sowie der Struktur und Befüllungen der Unternehmensarchitektur sowie Abstimmung und Verabschiedung der wesentlichen Festlegungen zur EAM Governance.

Teilnehmer: Mitglieder des Steuerungsgremiums und Kernteams und festgelegte Vertreter des erweiterten Teams

Dauer: in der Regel zwei bis maximal drei Stunden

1. **Vorbereitung des Workshops**

   Konsolidieren Sie die Ergebnisse aus dem Workshop II und die Interviewergebnisse und bereiten Sie diese auf. Führen Sie hierzu analoge Aktivitäten wie bei der Vorbereitung des Workshops II durch. Das Ziel ist aber die Finalisierung der Strukturen und eine grobe Festlegung der EAM Governance. Dabei liegen die Schwerpunkte auf:

   a) **Festlegung der Stufung**

   Bilden Sie anhand der Prioritäten der verabschiedeten Fragestellungen, Ergebnistypen und Unternehmensarchitekturaspekte die Stufung. Stellen Sie für die nächste Ausbaustufe sicher, dass die Elemente untereinander konsistent sind. Falls doch noch offene Punkte bestehen, klären Sie diese in Abstimmung mit dem Auftraggeber oder verschieben Sie sie explizit in die finale Liste der offenen Punkte.

   Die Endausbaustufe ergibt sich aus den niedriger priorisierten Zielen und Fragestellungen sowie der Soll-Vision.

   b) **Erstellen Sie das Pflegekonzept für die erste Ausbaustufe.**

   Überprüfen Sie, ob die Pflege für alle Daten festgelegt und die Daten mit einem akzeptablen Aufwand/Nutzen-Verhältnis beschaffbar sind. Falls noch Punkte offen sind, nehmen Sie die in die Klärungsliste für den nächsten Workshop mit auf.

   c) **Konfigurieren und erfassen oder übernehmen Sie bereits die Bezugsdaten und die Daten der repräsentativen Beispiele in das EAM-Werkzeug.**

   Dieses sollte spätestens nach dem zweiten Workshop ausgewählt und zumindest in einer Teststellung aufgesetzt werden.

   d) **Bereiten Sie die EAM-Governance-Aspekte zur Abstimmung vor.**

   Wesentlich sind insbesondere der organisatorische Unterbau von EAM (Rollen und deren Besetzung sowie Gremien) und die Steuerungsaufgaben, aus denen Sie später Ihre Steuerungsgrößen ableiten.

   Erstellen und dokumentieren Sie den aktuellen Stand Ihres Organisationsvorschlags. Nutzen Sie hierbei die Hilfestellungen aus Abschnitt 8.2. Fassen Sie die Steuerungsaufgaben zusammen. Gleichen Sie diese mit dem EAM-Reifegrad ab und ermitteln Sie mögliche Steuerungsgrößen (siehe hierzu Abschnitt 8.3.4).

   Analysieren Sie die Datenbeschaffung für die Steuerungsgrößen und machen Sie Vorschläge bezüglich der Datenbeschaffung.

   e) **Machen Sie einen Vorschlag für das Planungsinstrumentarium**, falls dies in Ihrem Projekt bereits relevant ist. Stimmen Sie diesen Vorschlag im Kernteam und mit dem Steuerungsgremium ab. Die Abstimmung erfolgt häufig über Einzelgespräche vor dem nächsten Workshop.

   f) **Stimmen Sie mit dem Steuerungsgremium (oder ggf. nur Ihrem Auftraggeber) die Teilnehmer für den Workshop III aus dem erweiterten Projektteam ab.**

2. **Durchführung und Nachbereitung des Workshops**
   a) **Fassen Sie den Status des EAM-Projekts und die bisherigen Aktivitäten zu Beginn kurz zusammen.**
   b) **Hängen Sie die Ergebnisdarstellungen aus.**
   Erzeugen Sie Ergebnistypen für die wichtigsten Fragestellungen, idealerweise aus dem EAM-Werkzeug heraus. Hängen Sie diese im Workshop-Raum aus. Dies regt in der Zeit vor dem Workshop zu Diskussionen an. Zudem wird der Nutzen deutlich wahrgenommen.
   c) **Gehen Sie über die Folien der konsolidierten Ergebnisse** zu Fragestellungen und Unternehmensarchitektur inklusive Empfehlung für die Stufung sowie Pflegekonzept, holen Sie sich Folie für Folie das OK für die Vorschläge und stimmen Sie die offenen Punkte soweit möglich ab. Ziel ist die Finalisierung der Strukturen. Dokumentieren Sie das OK explizit. Falls noch offene Punkte bestehen, müssen Sie das weitere Vorgehen mit dem Auftraggeber abstimmen.

> **Wichtig:**
> Im Rahmen der Abstimmung der Inhalte der Unternehmensarchitektur stimmen Sie indirekt auch die Modellierungsrichtlinien (z. B. wie viele Ebenen Geschäftsprozesse?) ab.

   d) **Führen Sie die vorbereitete EAM-Organisation und Steuerungsgrößen sowie das Planungsinstrumentarium zur Verabschiedung.**
   Stellen Sie den Stand der Überlegungen vor. Moderieren Sie die Diskussion und führen Sie für alle offenen Punkte eine Entscheidung herbei.
   e) **Fassen Sie die Ergebnisse verbal zusammen und erläutern Sie das weitere Vorgehen.**
   f) **Dokumentieren Sie die Workshop-Ergebnisse in der zukünftigen Ergebnisstruktur** und verteilen Sie den Ergebnisstand an die Workshop-Teilnehmer. Vorläufiger endgültiger vollständiger Ergebnisstand (mit ggf. noch sehr wenigen offenen Punkten).

Optional: Bestandsaufnahme

Für die Erprobung der Konzeption ist, wie schon ausgeführt, eine Pilotierung innerhalb eines repräsentativen Ausschnitts erforderlich.

Häufig wird diese Pilotierung im Rahmen der Konzeption mit übernommen. Für den festzulegenden Ausschnitt werden die Strukturen, wie im Konzept festgelegt, erfasst. Dies sollte idealerweise direkt von den zukünftigen Verantwortlichen durchgeführt werden. Hierzu müssen diese vorher durch Schulungen und Coaching befähigt werden.

Bei der Bestandsaufnahme wird in der Regel in drei Schritten vorgegangen:

1. Identifikation der Schlüsselpersonen aus dem zu erfassenden Umfeld sowie Abstimmung ihrer Verfügbarkeit mit der entsprechenden Führungskraft
2. Information der Schlüsselpersonen über das Vorhaben und die Methode für die Bestandsaufnahme

3. Durchführung von Bestandsaufnahme-Workshops mit den Schlüsselpersonen (ggf. in Gruppen):
   a) Ermittlung und Erfassung aller Bezugselemente, soweit diese nicht ohnehin schon im Rahmen der Konzeption festgelegt wurden
   b) Erstellung des fachlichen Bezugsrahmens für den fachlichen Ausschnitt
   c) Erfassung der Informationssysteme in diesem fachlichen Bezugsrahmen erstmals als eine Liste; Sammlung und Abstimmung der einzelnen Listeneinträge
   d) Ermittlung der Abhängigkeiten zwischen den Informationssystemen z. B. auf einer Metaplan-Wand über eine Zuordnungstabelle; gegebenenfalls mit weiteren Informationen, wie z. B. der Informationsfluss angereichert (falls Teil des Konzepts)
   e) Dokumentation der detaillierten Abhängigkeiten zwischen den Informationssystemen über Kontextsichten (falls Teil des Konzepts)
   f) Generieren Sie die vorbereiteten Sichten aus dem EAM-Werkzeug heraus und stellen Sie diese den Schlüsselpersonen zur Verfügung.

Nutzen Sie hierbei soweit möglich vorhandene Datensammlungen.

Wichtig:
Überprüfen Sie zusammen mit den Schlüsselpersonen die Vollständigkeit, Aktualität, Granularität und Qualität vorhandener Datensammlungen, bevor Sie diese in die Bebauungsdatenbasis übernehmen.

VIII. „Feinschliff" und finale Übergabe an die Linie

1. **Stellen Sie die Konzeption fertig.** Berücksichtigen Sie das eingegangene Feedback. Stimmen Sie das Endergebnis innerhalb des Kernteams und mit dem Steuerungsgremium ab.
2. **Befüllen Sie das Werkzeug entsprechend der festgelegten Strukturen und Ausprägungen** sowie mit den repräsentativ erfassten Ausschnitten sowie den Ergebnissen aus der optionalen Bestandsaufnahme. Führen Sie eine erste Qualitätssicherung durch.
3. **Konfigurieren Sie das Werkzeug** entsprechend der Festlegungen im Pflegekonzept. Hier sind insbesondere die Rollen und Berechtigungen sowie vorgefertigte Ergebnistypen zugeordnet zu den entsprechenden Stakeholder-Gruppen von Belang.
4. **Informieren, coachen und schulen** Sie alle, die laut Pflegekonzept oder der anderen EAM-Prozesse eingebunden werden.
   Hinweis: In der Regel sollten alle wesentlichen EAM-Schlüsselpersonen ins Projekt eingebunden werden bzw. es sollte über Lead-Architekten sichergestellt werden, dass diese eingebunden werden.
5. **Veröffentlichen Sie die Ergebnisse** und schalten Sie das Werkzeug entsprechend der Berechtigungen frei.
6. **Bereiten Sie eine Abschlusspräsentation vor**, in der Sie allen Projektbeteiligten anschaulich und prägnant die Ergebnisse vorstellen. Übergeben Sie formal die Ergebnisse an die Linie.

> **Wichtig:**
>
> Schaffen Sie die Voraussetzungen für eine erfolgreiche EAM-Einführung:
>
> - Beschränken Sie sich auf das Wesentliche.
>   Mit jeder zusätzlichen Information, jedem Bebauungselement und jeder Beziehung nimmt der Aufwand im Hinblick auf eine hinreichend aktuelle, vollständige und konsistente Bebauung erheblich zu.
> - Schätzen Sie Ihren aktuellen Reifegrad realistisch ein. So steuern Sie die Erwartungshaltung der Anwender.
> - Achten Sie auf die richtige Granularität. Bei zu feingranularen Informationen sehen Sie den Wald vor lauter Bäumen nicht mehr.
> - Gestalten Sie ein auf Ihre Ziele und Fragestellungen zugeschnittenes EAM Framework. Wesentlich hierfür sind die Identifikation der Nutznießer und die Analyse ihrer Fragestellungen.
> - „Think big & Start small"
>   „Kitzeln" Sie den Entscheidungsbedarf und die Fragestellungen aller potenziellen Nutznießer aus diesen heraus. Erstellen Sie eine Gesamtkonzeption und setzen Sie diese in überschaubaren Schritten um. Achten Sie darauf, dass keine Wunschlistenmentalität mit unklaren Prioritäten und Aktivitäten Einzug hält.
> - Achten Sie auf angemessene Strukturen und Pflegbarkeit; vermeiden Sie „Modellitis"! Beschränken Sie sich auf die Daten, die Sie für die Beantwortung der Fragestellungen wirklich benötigen.
> - Stellen Sie sicher, dass alle für die Beantwortung der Fragestellungen erforderlichen Daten in einem angemessenen Aufwand-Nutzen-Verhältnis kontinuierlich bereitgestellt werden.
> - Etablieren Sie einfache Pflegeprozesse und eine gute Werkzeugunterstützung. Integrieren Sie diese so früh wie möglich in die Planungs-, Durchführungs- und Entscheidungsprozesse. So können Sie die kontinuierliche Pflege der Daten sicherstellen.

7.3.3 Leitfaden für die Erstellung eines Pflegekonzepts

Das Pflegekonzept regelt die Datenbereitstellung und die Datenpflege (siehe Abschnitt 8.4). Die Datenbereitstellung hat vielfältige Aspekte. Hierzu zählen die Datenherkunft, die Prozesse und die Verantwortlichkeiten für die Datenbeschaffung und Übermittlung. Hierzu werden alle Bebauungselementtypen und Beziehungen sowie deren Attribute entsprechend der spezifischen Unternehmensarchitektur analysiert.

> **Wichtig:**
>
> Ein Pflegekonzept ist essenziell, um sicherzustellen, dass eine Bebauungsdatenbasis zu jeder Zeit in hinreichender Vollständigkeit, Qualität, Aktualität und angemessener Granularität vorliegt.

Folgende Schritte sind zur Erstellung Ihres Pflegekonzepts erforderlich:

I. Voraussetzungen schaffen

Die Analyse der Datenbeschaffung ist sehr aufwendig. Stellen Sie deshalb sicher, dass die geforderten Ziele, Fragestellungen und Ergebnisdarstellungen bereits hinreichend geklärt und auch priorisiert sind. Für alle Daten, die für die Beantwortung der ermittelten Fragestellungen und Ergebnisdarstellungen notwendig sind, müssen Sie dann die Datenbeschaffung klären. Über das Pflegekonzept müssen Sie dann sicherstellen, dass die Datenbeschaffung kontinuierlich erfolgt.

II. Analysieren Sie die Datenbeschaffung.

1. Analysieren Sie für alle Kern- und erweiterten Daten sowie Steuerungsgrößen, entlang welchem Prozess welche Veränderungen in welchem System in welcher Qualität, Vollständigkeit, Aktualität und wo dokumentiert werden.
   Ermitteln Sie zudem, wer Ansprechpartner für eventuelle Rückfragen ist, und treffen Sie eine Einschätzung darüber, wie Sie an die Informationen über die Veränderung kommen. In Tabelle 7.1 finden Sie dazu ein Beispiel.
2. Wenn es noch Beschaffungslücken gibt, klären Sie, woher Sie diese Daten einmalig und wie Sie diese Daten kontinuierlich beschaffen können.

TABELLE 7.1 Beispiel einer Tabelle mit den Ergebnissen der Analyse

Kern-, erweiterte Daten und Steuerungsgrößen	Veränderung der Daten					
	Prozess	Wo dokumentiert?	System	Datenqualität, Vollständigkeit und Aktualität	Ansprechpartner (Daten-Owner oder Know-how-Träger)	Wer informiert über Veränderung?
Informationssysteme						
Kerndaten	Projektabwicklung	IT-Konzeption	–	Unterschiedlich	Projektleiter	Information über Review- und Abnahme-Protokolle
	Wartungsmaßnahmen	?	–	Schlecht	IS-Verantwortlicher	Zufall
	Projektportfoliomanagement	Ergebnisprotokoll	Clarity	Hoch	Projektportfoliomanager	Ergebnisprotokoll
Erweiterte Daten	…	…	…	…	…	…
Steuerungsgrößen	…	…	…	…	…	…
…						

Falls die Daten nur in einem niedrigen Qualitätslevel zu beschaffen sind, klären Sie, ob dies ausreichend ist. Häufig reicht eine initiale Sammlung von Daten mit ggf. niedrigem Qualitätslevel in der geplanten Ausbaustufe von EAM.

> **Empfehlung:**
>
> Wenn Sie gewisse Strukturen und Beziehungen zwar für die Beantwortung von Fragestellungen benötigen, diese jedoch noch nicht in einer hinreichenden Qualität im Unternehmen vorliegen, können Sie mit einem niedrigen Qualitätslevel beginnen und darüber die Beantwortung der Fragestellung erproben. Schrittweise können Sie dann durch entsprechende Qualitätssicherungsmaßnahmen und die Verankerung in den Prozessen die Datenqualität anheben.
>
> Beispiel: Im Unternehmen liegt noch keine abgestimmte Liste von fachlichen Funktionen oder Geschäftsprozessen vor. Um den Grad der Geschäftsunterstützung mit Fachbereichen diskutieren zu können, benötigen Sie diese Strukturen aber. Durch eine initiale Sammlung kann wohlwissentlich, dass die Liste z. B. der fachlichen Funktionen nicht verabschiedet ist, ein Bezug zwischen Informationssystemen zu den fachlichen Funktionen z. B. in einer Bebauungsplan-Grafik (siehe Abschnitt 5.4.3) hergestellt werden. So wird eine Grundlage für die Abstimmung mit dem Business geschaffen und darüber ggf. die Konsolidierung der fachlichen Strukturen initiiert.

Nutzen Sie die folgenden Prozesse als mögliche Datenlieferanten:

- Prozesse, in denen sich Teile der Geschäftsarchitektur verändern:
  Typische Vertreter sind Unternehmensstrategieentwicklung, Business-Planung, Prozessmanagement, Business Capability Management, Organisationsentwicklung und Informationsmanagement.
- Prozesse, in denen sich Teile der IS-Landschaft ändern:
  Typische Vertreter sind IT-Strategieentwicklung, IS-Bebauungsplanung, Projektportfoliomanagement, Projektabwicklung, Wartungsmaßnahmen und Informationsmanagement.
- Prozesse, in denen sich Teile der technischen oder der Betriebsinfrastrukturbebauung verändern:
  Typische Vertreter sind Betriebsinfrastrukturplanung, Servicemanagement, Durchführung von Standardisierungsmaßnahmen, Pflege des Blueprints und Projektportfoliomanagement.

Die Veränderungen werden in der Regel in folgenden Dokumenttypen erfasst:
Business-Plan, Unternehmensstrategie, Projektdokumentation wie z. B. Fach- oder IT-Konzepte, Entscheidungsprotokolle, Inbetriebnahmedokumente, Prozessmodelle, fachliche Domänenmodelle, IT-Strategie und Infrastrukturplanung

Klären Sie hier auch die Verantwortlichkeit.

Zur Identifikation der Datenlieferanten und Ansprechpartner können Sie die Stakeholder-Gruppen aus Abschnitt 7.2 nutzen.

Auch für die Art und Weise, wie Sie von der Veränderung erfahren, sollten Sie Standardausprägungen vorsehen. Beispiele hierfür sind:

Zufall, Datenlieferant informiert aktiv persönlich (oder System gibt ein Event), Datenlieferant wird von Ihnen regelmäßig bezüglich Änderungen befragt und Review- oder Abnahmeprotokolle werden eingeholt, direkte Einbindung z. B. über die Teilnahme an Reviews oder Abnahmen.

III. Festlegung von Datenhoheit, Datenherkunft und Datenbereitstellung

Die EAM-Datenbasis besteht aus Daten, die von anderen Datenquellen, wie z. B. Systemen, stammen oder dort direkt eingepflegt werden. Der Informationsfluss zwischen dem EAM-Werkzeug und diesen Datenquellen ist festzulegen.

1. **Legen Sie für alle Kern-, erweiterten Daten und Steuerungsgrößen fest, ob die EAM-Datenbasis oder aber ein anderes System der Master ist.**
   So werden in der Regel Projektinformationen aus einem Projektportfoliomanagement-System, detaillierte Infrastrukturdaten aus einer CMDB und die Geschäftsprozessinformationen aus einem Prozessmanagement-System bezogen.
   Wesentlich ist hierbei nicht der einmalige, sondern der kontinuierliche Bezug.

2. **Legen Sie die Schnittstellen zwischen den Systemen fest.**
   Dokumentieren Sie für die Systeme, welche Strukturen von dort in welcher Qualität, Vollständigkeit und Aktualität bezogen werden und wie die Datenbereitstellung für EAM erfolgt. Dokumentieren Sie analog, welche Daten EAM an welche Systeme liefert.

   Die Erfassung der Datenqualität, Vollständigkeit und Aktualität ist wichtig, da auf dieser Basis entschieden werden kann, ob eine Konsolidierung oder Qualitätssicherung erforderlich ist. Typische Ausprägungen für die Art der Datenbereitstellung oder -lieferung sind: manuelle Übernahme (d. h. Erfassung), automatischer Import oder halbautomatischer Import (z. B. über eine Excel-Datei).

Nutzen Sie hierzu eine Tabelle, in der für alle Kern-, erweiterte Daten und Steuerungsgrößen die Datenhoheit, Datenherkunft und Datenbereitstellung beschrieben sind. Erfassen Sie zudem die Ansprechpartner der jeweiligen Systeme und einen Link zur ausführlichen Schnittstellenbeschreibung.

> **Wichtig:**
> Beim Fremdbezug von Strukturen von anderen Systemen muss in der EAM-Datenbasis der Identifikator des führenden Systems mit übernommen werden. Nur so können bei einem erneuten Import Veränderungen festgestellt werden und insbesondere auch Beziehungsinformationen beibehalten werden. ∎

III. Festlegung der Pflegeprozesse

Pflegeprozesse sind für alle EAM-Strukturen erforderlich, die entweder direkt dort einzupflegen sind oder zu konsolidieren oder zu qualitätssichern sind. So werden Daten gegebenenfalls aus verschiedenen Quellen bezogen. Diese Daten sind dann zu konsolidieren. Fremdbezogene Daten sind häufig zu qualitätssichern, ggf. zu vervollständigen und in Beziehung zu anderen Elementen zu setzen. So ist nach dem Import von Geschäftsprozessinformationen deren Zuordnung zu Informationssystemen gegebenenfalls zu überprüfen.

TABELLE 7.2 Beispiel für Pflegeverantwortlichkeiten

	Rollen		
	IS-Verantwortlicher	IS-Bebauungsplaner_ Vertrieb	IS-Bebauungsplaner_ Einkauf ...
Informationssysteme	D		
Kerndaten		K, QS für Bebauungscluster Vertrieb	K, QS für Bebauungscluster Einkauf
Erweiterte Daten	D		
Steuerungsgrößen		D für Bebauungscluster Vertrieb	D für Bebauungscluster Einkauf
Geschäftsprozesse			
Kerndaten			
Erweiterte Daten			
Steuerungsgrößen			
...			
Fachliche Zuordnung GP zu IS	D	QS für Bebauungscluster Vertrieb	QS für Bebauungscluster Einkauf
...			
Metadaten			
Bebauungselementtypen			
Attribute			
Beziehungen			
Profile			
...			

Legende: D – Dokumentation, K – Konsolidierung, QS – Qualitätssicherung

Für die Ermittlung der Pflegeverantwortlichkeiten eignet sich eine Tabelle, in der für alle Bebauungselementtypen deren Kerndaten, erweiterte Daten und Steuerungsgrößen sowie Beziehungen sowie für Metadaten die Pflegeverantwortlichen zugeordnet werden können. Ein Beispiel hierfür finden Sie in Ausschnitten in Tabelle 7.2. So stellen Sie sicher, dass Sie keine Pflegeeinheiten vergessen.

In den Pflegeprozessen müssen Sie festlegen, wer zukünftig wann welche Teile der Bebauungselemente und welche Beziehungen entlang welchen Prozesses antriggert oder kontinuierlich dokumentiert, konsolidiert und/oder qualitätssichert. Wesentlich ist insbesondere die Benennung der Pflegeverantwortlichkeiten, des Pflegezeitpunkts und des Inputs und Outputs. In Tabelle 7.3 finden Sie ein Template für die Dokumentation eines Pflegeprozesses. Über den Pflegezeitpunkt wird angegeben, in welche Planungs-, Durchführungs- und Entscheidungsprozesse der Pflegeprozess integriert ist und welches Ereignis, wie z. B. die Inbetriebnahme, die Pflege antriggert. Zudem wird angegeben, ob und in welchem Zeitabstand gegebenenfalls zusätzlich eine regelmäßige Pflege durchgeführt wird. Dies ist insbesondere bei einem niedrigen EAM-Reifegrad wichtig.

TABELLE 7.3 Template Pflegeprozess

Beschreibung	Zielsetzung	Strukturen und Beziehungen
Kurzbeschreibung des Pflegeprozesses	Benennung der mit dem Pflegeprozess verbundenen Zielsetzungen	Benennung der Bebauungselemente und deren Beziehungen sowie der zu pflegenden Kern- und erweiterten Daten sowie Steuerungsgrößen
Verantwortlichkeiten		
Pflegeverantwortung		Ggf. Angabe von Einschränkungen, z. B. „nur standardkonforme Elemente"
Benennung der Art der Pflegeverantwortung (D, K, QS) und der ausübenden Rolle		
Pflegezeitpunkt		
Ereignisgetrieben	**Regelmäßig**	
Welche Planungs-, Durchführungs- und Entscheidungsprozesse triggern den Pflegeprozess an?	Wird der Pflegeprozess regelmäßig (unabhängig von IT- und Entscheidungsprozessen) durchgeführt?	
Welches Ereignis wie? Z. B. Inbetriebnahme ist der Trigger für die Pflege?	Zu welchem Zeitpunkt? Z. B. monatlich oder vierteljährlich?	
Input und Datenlieferant	**Output**	
Welche Informationen mit welchem Qualitätsanspruch sind für die Durchführung der Pflegeaktivität notwendig? Benennung der Datenlieferanten (Rolle oder System) und gelieferten Daten	Was ist das Ergebnis des Pflegeprozesses?	

Von besonderer Bedeutung in der Datenpflege ist die Qualitätssicherung der Bebauungsdatenbasis, da die „eingesammelten" Daten häufig eine unterschiedliche Qualität aufweisen und nicht immer den Modellierungsrichtlinien entsprechen.

In der Qualitätssicherung müssen Sie sowohl die Bebauungselemente als auch deren Beziehungen überprüfen. Welche Prüfkriterien heranzuziehen sind, muss im Rahmen des Pflegekonzepts explizit als Checkliste für die Bebauungsplaner vorgegeben werden. Die folgenden Standardprüfkriterien sollten Sie auf jeden Fall berücksichtigen:

- Einhaltung der Modellierungsrichtlinien
  - Semantik und Granularität der Bebauungselemente und deren Beziehungen
  - Zu pflegende Attribute (Pflicht- und optionale Attribute)
  - Modellierung von speziellen Aspekten wie z. B. SOA, Portal oder DWH
- Ermittlung von Redundanzen und Inkonsistenzen (siehe hierzu Download-Anhang A „Analyse-Muster")
  - Mehrfachvorkommen von „gleichen" Bebauungselementen oder Beziehungen zwischen Bebauungselementen

- Ermittlung von Daten- und funktionalen Inkonsistenzen und potenziellen Zuordnungsproblemen[2]
- Ermittlung von Aktualitätsproblemen
  - Überprüfung des Planungsstatus und des Nutzungszeitraums der verschiedenen Bebauungselemente im Zusammenspiel

> **Wichtig:**
>
> Entscheidend ist der Kümmerer, der bei den unterschiedlichsten Datenlieferanten nachhakt und die Qualitätssicherung der „fremd" bezogenen Daten durchführt.
>
> Im Rahmen der Qualitätssicherung (siehe Abschnitt 8.3.1) müssen Sie alle wichtigen Konsistenzbedingungen überprüfen. Generell sind hier alle Abhängigkeiten von Status und Nutzungszeitraum zu prüfen. Darüber hinaus sind alle Beziehungen zu überprüfen, für die es alternative Wege im Meta-Modell gibt. Ein Beispiel hierfür ist die Zuordnung von Geschäftsobjekten zu Informationssystemen. Das kann direkt oder über Informationsobjekte erfolgen.

IV. Legen Sie die Werkzeugunterstützung fest.

Eine gute Werkzeugunterstützung kann den Aufwand für Dokumentation, Analyse, Planung und Qualitätssicherung erheblich reduzieren und die Akzeptanz des EAM steigern. Insbesondere können Standardpflegefälle unterstützt, verschiedene Stakeholder-gruppenabhängige Sichten bereitgestellt und die Überprüfung der Einhaltung der Standardprüfkriterien automatisiert werden. Die Bebauungsplaner können zu festgelegten Zeitpunkten die Ergebnisse des Prüfberichts per Mail oder aber als Aufgabenpakete zur Verfügung gestellt bekommen.

Eine komfortable Werkzeugunterstützung für die Pflege und grafische Ergebnistypen sind erfolgsentscheidend!

Nur wenn die Pflege einfach möglich ist, lässt sich eine hinreichende Aktualität und Datenqualität erreichen. Ergebnistypen via Powerpoint veralten relativ schnell.

> **Wichtig:**
>
> Eine **absolute** Vollständigkeit und Aktualität der EAM-Datenbasis sind nicht realistisch erreichbar. Daher sind die Aktualität, Vollständigkeit, Granularität und Qualität der Daten unterschiedlich.
>
> Der Absolutheitsanspruch ist nur durch eine automatische vollständige und sofortige Datenlieferung aller Bebauungselemente umsetzbar. Dies ist aber in der Regel nicht möglich, da die Daten häufig nicht so vorliegen, wie sie für die Beantwortung der Fragestellungen erforderlich wären. Sie müssen dann manuell nachbearbeitet oder erstellt werden.

---

[2] Inkonsistenzen treten häufig dort auf, wo Bebauungselementtypen über verschiedene Beziehungen (transitiv) verbunden sind. Insbesondere, wenn es mehrere alternative Wege im EAM-Datenmodell gibt. Beispiel: Fachliche Funktionen können Geschäftsprozessen und Informationssystemen zugeordnet werden. Wenn nun zudem Geschäftsprozesse Informationssystemen zugeordnet sind, kann es hier potenzielle Inkonsistenzen geben.

V. Fassen Sie die Ergebnisse im Pflegekonzept zusammen.

Eine Beispielstruktur für ein Pflegekonzept finden Sie in Tabelle 7.4.

TABELLE 7.4 Beispielstruktur eines Pflegekonzepts

I. Prämissen
Im Kapitel Prämissen erfolgt eine kurze Einführung und die Leitsätze für die Pflege, wie z. B. „Beschränkung auf das Wesentliche" oder „Jeder pflegt alle ihm bekannten Informationen", werden dokumentiert.

II. Unternehmensarchitektur
Beschreibung der Bebauungselemente, Kerndaten, erweiterten Daten, Steuerungsgrößen und Beziehungen in der unternehmensspezifischen Ausprägung der Unternehmensarchitektur. Für alle Strukturen wird zudem ihre Datenqualität angegeben (Einstiegsqualität oder hohe Datenqualität).

III. Datenhoheit, Datenherkunft und Datenbereitstellung
Dokumentation der Datenhoheit für alle Strukturen und der Datenlieferung zwischen den Systemen. Wesentlich sind u. a. Datenqualität, Vollständigkeit und Aktualität sowie die Art der Datenbereitstellung.

IV. Modellierungsrichtlinien
In den Modellierungsrichtlinien wird festgelegt, welche Bebauungselemente, Beziehungen und Aspekte auf welche Art und Weise und in welcher Granularität in die Dokumentation aufzunehmen sind.

V. Pflegeprozesse
Im Rahmen der Pflegeprozesse werden sowohl die Datenpflege als auch die Konsolidierung und Qualitätssicherung von Strukturen beschrieben. Für die Dokumentation eines Pflegeprozesses kann das Template in Tabelle 7.3 genutzt werden.

VI. Werkzeugunterstützung
In diesem Abschnitt wird die Art und Weise der Werkzeugunterstützung beschrieben.

VII. Glossar
Festlegung der unternehmensspezifischen Semantik der EAM-spezifischen Begriffe, wie z. B. Informationssystem.

VIII. Offene Punkte

> **Wichtig:**
> - Ein Pflegekonzept besteht aus allen Regelungen für die Datenbereitstellung, die Datenpflege sowie deren Werkzeugunterstützung.
> - Etablieren Sie einfache Pflegeprozesse. Ermitteln Sie für alle festgelegten Bebauungselemente, Beziehungen und Attribute, im Rahmen welcher Prozesse und von wem die jeweiligen Daten wann verändert werden.
> - Integrieren Sie die Pflegeprozesse so früh wie möglich in die Planungs-, Durchführungs- und Entscheidungsprozesse. So stellen Sie die kontinuierliche Pflege der Daten sicher.
> - Eine komfortable Werkzeugunterstützung für die Pflege und grafische Ergebnistypen sind erfolgsentscheidend!
> Nur wenn die Pflege einfach möglich ist, lässt sich eine hinreichende Aktualität und Datenqualität erreichen. Ergebnistypen via Powerpoint veralten relativ schnell.

7.4 Management der Geschäftsarchitektur

Success is having the exact capabilities that are popular at the moment.

Henry Ford

Die Geschäftsarchitektur ist ein wesentlicher Bestandteil einer Unternehmensarchitektur (siehe Abschnitt 5.3). Sie schafft eine ganzheitliche fachliche Sicht auf das Unternehmen, eine gemeinsame fachliche Sprache, einen fachlichen Bezugsrahmen für die strategische IT-Planung und so die Basis für die zielgerichtete Steuerung der Weiterentwicklung des Geschäftsmodells und der IT-Unterstützung.

Das Management der Geschäftsarchitektur subsumiert alle Disziplinen, die sich mit der Bestandsaufnahme der bestehenden oder Gestaltung der zukünftigen fachlichen Strukturen beschäftigen. Hierzu zählen die Unternehmensstrategieentwicklung, die Business-Planung, die Organisationsentwicklung, das Produktmanagement, das Informationsmanagement und insbesondere das Prozessmanagement oder das Business Capability Management, da Geschäftsprozesse oder fachliche Funktionen (oder Capabilities) in der Regel Bestandteil des fachlichen Bezugsrahmens für die Planung und Steuerung der IT sind.

Wichtig:

Das Management der Geschäftsarchitektur wird gedanklich häufig eng zumindest mit dem Prozessmanagement verknüpft (siehe [Rei09]). Hier werden diese Begriffe bewusst unterschieden. Aus Sicht des Enterprise Architecture Managements und damit auch der Geschäftsarchitektur dürfen die Strukturen nicht zu feingranular sein. Es geht darum, eine Gesamtsicht über das Unternehmen im Überblick herzustellen, um strategische Fragestellungen beantworten zu können. Sicherlich ist die Detaillierung der grobgranularen Geschäftsprozesse in Abläufe für operative Fragestellungen wichtig. Dies ist aber dann eine andere Sicht – die der „operativen" Prozesse.

Das Prozessmanagement umfasst das „strategische" und das „operative" Prozessmanagement. Das strategische Prozessmanagement ist wesentlicher Teil des Managements der Geschäftsarchitektur. Im strategischen Prozessmanagement wird die Frage der Effektivität von Geschäftsprozessen beantwortet. Die Geschäftsprozesse werden strategisch ausgerichtet und weiterentwickelt. Im Rahmen des operativen Prozessmanagements werden Geschäftsprozesse dokumentiert, modelliert, analysiert, umgesetzt, überwacht und optimiert (siehe [Rei09]). Die Effizienz steht im Vordergrund.

Im Kontext eines übergreifenden Enterprise Architecture Management stellt das Management der Geschäftsarchitektur sicher, dass alle Elemente der Geschäftsarchitektur in hinreichender Aktualität und Datenqualität in grober Granularität vorliegen, um auf dieser Basis die gesammelten Fragestellungen der Stakeholder beantworten zu können. Hierbei können die Teildisziplinen, wie z. B. das Prozessmanagement, als Bestandteil oder aber als Zulieferer für

Informationen betrachtet werden. Die übergreifende Konsolidierung der fachlichen Bebauungselemente und die Sicherstellung einer hinreichenden Datenqualität ist aber wesentliche Aufgabe des Geschäftsarchitekts (siehe Abschnitt 8.2.1). Dies umfasst das Einsammeln, Qualitätssichern, Zusammenführen, Abstimmen und Veröffentlichen der Geschäftsarchitektur.

Die Ausprägung der Geschäftsarchitektur und des Managements dieser hängt stark davon ab, ob Enterprise Architecture Management in Business und IT oder aber nur in der IT angesiedelt ist. Häufig ist das Management der Einzelbestandteile der Geschäftsarchitektur mit Ausnahme des Informationsmanagements dem Business, z. B. der Unternehmensstrategie oder dem Organisationsbereich, zugeordnet. Die Konsolidierung und das Informationsmanagement liegen häufig bei der IT.

> **Wichtig:**
> Stellen Sie über ein gemischtes Projektteam (Business und IT) bei der Einführung von EAM sowie ein gemischtes EAM-Steuerungsgremium im laufenden EAM-Betrieb sicher, dass die für die Geschäftsarchitektur erforderlichen Informationen in hinreichender Aktualität, Vollständigkeit und Qualität geliefert werden (siehe Abschnitt 8.3.1).

Wird das Business außen vor gelassen, verkümmert der Geschäftsarchitekturanteil im EAM. Für einen ersten EAM-Einführungsschritt wird jedoch häufig ohne Business-Beteiligung begonnen, wenn die EAM-Sponsoren lediglich aus der IT stammen. Man erzielt schnell erste Erfolge durch eine Beschränkung auf die IT-Bebauung und eine rudimentäre fachliche Bebauung. Der Nutzen einer Geschäftsarchitektur lässt sich anhand exemplarischer Bebauungsplan-Grafiken auch mit nicht abgestimmten Geschäftsprozessen oder fachlichen Funktionen gut aufzeigen. Darüber können Sponsoren im Business gefunden und damit das Management der Geschäftsarchitektur im zweiten Schritt etabliert werden.

In den folgenden Abschnitten wird kurz ein Einblick in das strategische Prozessmanagement und das Business Capability Management gegeben. Im Anschluss widmen wir uns funktionalen Referenzmodellen und der Ableitung von Business-Services, die für das Management der IT-Landschaft als fachlicher Bezugsrahmen und wesentliche Einheiten wesentlich sind. Hierzu finden Sie Schritt-für-Schritt-Anleitungen.

7.4.1 Strategisches Prozessmanagement

Im Prozessmanagement unterscheiden wir das „strategische" und das „operative" Prozessmanagement. Im strategischen Prozessmanagement wird die Frage nach der Effektivität von Geschäftsprozessen beantwortet. Die Prozesslandkarte wird festgelegt und die Geschäftsprozesse werden strategisch entsprechend der Unternehmensstrategie und den Geschäftsanforderungen weiterentwickelt. Hierzu können Sie Methoden wie Wertanalyse und Fehlermöglichkeits- und Einflussanalyse verwenden (siehe [Gau09]).

Mithilfe des strategischen Prozessmanagements entsteht ein Überblick über die Geschäftsprozesse im Unternehmen. Man „werkelt" nicht mehr anlassbezogen an Prozessen, das „Big Picture" ist vorhanden. Eine Prozesslandkarte schafft diesen Überblick und eine gemeinsame fachliche Sprache.

> **Wichtig:**
> Die Prozesslandkarte gibt Strukturen für die Detaillierung der Geschäftsprozesse im operativen Prozessmanagement vor. Die Inhalte, die Abgrenzung und die Abhängigkeiten der Prozessketten sind festgelegt. Die Detaillierung kann „lokal" im vorgegebenen Kontext erfolgen.

Im Rahmen des operativen Prozessmanagements werden Prozesse dokumentiert, modelliert, analysiert, umgesetzt, überwacht und optimiert (siehe [Ahl06], [All05], [HLo12], [Rei09] und [Ses07]). Hier hat man mit ganz anderen Problemen zu kämpfen. So findet man in der Praxis oft eine gewachsene und uneinheitlich dokumentierte Prozesslandschaft vor. Die Modellierung der Geschäftsprozesse beschränkt sich meist auf die Darstellung der aktuellen Prozesse. Hintergrund der Prozessmodellierung sind z. B. Business-Process-Reengineering-Vorhaben, die Umsetzung der Compliance-Anforderungen, Qualitätsmanagement-Zertifizierungen wie z. B. TQM oder ISO-900x oder aber die Modellierung von Geschäftsprozessen im Hinblick auf deren Automatisierung oder Steuerung durch eine Workflow-Engine (siehe hierzu [Ost06], [Fis10] und [Fel08]).

Wie werden die Geschäftsprozesse auf der richtigen Granularitätsebene für eine Prozesslandkarte identifiziert?

Hier muss man zwischen der Ist- und der Soll-Bebauung unterscheiden. Bei den aktuell gültigen Geschäftsprozessen werden die grobgranularen Prozesse auf Wertschöpfungskettenebene aus vorhandenen Dokumentationen und Interviews über die Ist-Aufnahme von Prozessen ermittelt. Die Soll-Geschäftsprozesse werden hingegen aus der Unternehmensstrategie abgeleitet.

Aufnahme von Ist-Prozessen

Folgende Schritte sind für die Ist-Aufnahme von Geschäftsprozessen erforderlich:

1. **Vorbereitung**
   - Beschaffen Sie sich Basisinformationen (Wissensakquisition).
     Hierzu zählen Branchen-Referenzmodelle, Unternehmensstrategie, Organigramme, bestehende Prozessdokumentationen und Modellierungsrichtlinien sowie Grob- und Fachkonzepte von Projekten und fachliche Dokumentationen von Standardsoftware-Herstellern[3], wie z. B. SAP.
   - Analysieren Sie die gesammelten Dokumente.
     Identifizieren Sie die Sponsoren, mögliche Prozess-Owner, die Entscheider und die einzubeziehenden sowie zu überzeugenden Stakeholder und erstellen Sie erste Prozesslandkartenskizzen.
   - Setzen Sie das Projekt für die Durchführung der Ist-Aufnahme auf.
     Sie sollten die eigentliche Ist-Aufnahme im Rahmen eines Projekts durchführen. Die Projektlaufzeit, die Ergebnisse und Budgets müssen vorab festgelegt und von den Sponsoren „getragen" werden.

---

[3] Sofern für Ihre Branche relevant.

2. **Führen Sie die Prozessaufnahme iterativ durch.**
   - Erstellen Sie die Ist-Prozessmodelle.
   Nehmen und verifizieren Sie die Prozessmodelle und leiten Sie daraus mittels Interviews und Workshops Handlungsbedarf und Optimierungspotenzial ab. Erstellen Sie zur Vorbereitung gegebenenfalls alternative Skizzen der Ist-Prozesslandkarte, der Prozessketten sowie Begriffsbestimmungen und Detailbeschreibungen, sofern für die Klärung einzelner Aspekte sinnvoll. Orientieren Sie sich bei der Strukturierung der Prozesslandkarte an Standards, wie z. B. Branchenreferenzmodellen oder aus dem SCOR-Modell [Gau09].

   Tipp:
   Fragen Sie die verschiedenen Stakeholder im Rahmen von Interviews oder Workshops nach Handlungsbedarf und Optimierungspotenzial und der Priorität aus deren Sicht. Dies ist ein wichtiger Input für die Prozessoptimierung.

   - Analysieren Sie die erweiterte Prozesslandkarte bezüglich Abhängigkeiten (Prozess- und Datenabhängigkeiten).
   - Dokumentieren Sie die (erweiterte) Prozesslandkarte inklusive deren Verantwortlichkeiten und Abhängigkeiten. Dokumentieren Sie zudem den ermittelten Handlungsbedarf und das Optimierungspotenzial.
   - Erstellen oder erweitern Sie das Glossar.

3. **Erstellen Sie eine Prozessbewertung.**
   Analysieren Sie die Prozesse im Hinblick auf vorab festgelegte Kriterien wie z. B. Wettbewerbsdifferenzierung, Strategie- und Wertbeitrag, Veränderungsdynamik, Prozessqualität, Prozesstransparenz, IT-Unterstützungsgrad, Prozessbedeutung, Prozessrisiken oder Prozesskomplexität (siehe Abschnitt 8.3.4).

4. **Stimmen Sie die Prozesslandkarte, die Prozessketten, die Bewertung der Prozesse sowie Handlungsbedarf und Optimierungspotenzial mit den Prozess-Ownern und den Entscheidern ab.**
   Veröffentlichen Sie die Prozesslandkarte und die Prozessketten sowie gegebenenfalls die Prozessbewertung. Stellen Sie die restlichen Ergebnisse, wie z. B. die Prozessbewertung und den ermittelten Handlungsbedarf sowie das Optimierungspotenzial den Prozessmanagern zur Verfügung.

   Tipp:
   Nutzen Sie dabei die Visualisierungsempfehlungen aus Abschnitt 5.4.

Modellierung der Soll-Geschäftsprozesse

Die Modellierung von Soll-Geschäftsprozessen erfolgt häufig im Rahmen von Business-Transformationen (siehe Abschnitt 6.3.7) oder der Unternehmensstrategieentwicklung. Die Soll-Geschäftsprozesse werden aus der Unternehmensstrategie und den Anforderungen der Business-Transformation, wie z. B. Marktanforderungen, abgeleitet. Zudem fließen hier die Optimierungspotenziale ein, die im Rahmen der Analyse der Ist-Geschäftsprozesse ermittelt wurden.

> **Wichtig:**
> Setzen Sie Ziele für die Prozessoptimierung und -neugestaltung.

Beispiele für Ziele der Prozessoptimierung und -neugestaltung sind die Verkürzung von Entwicklungszeiten, Kosteneinsparungen, verbesserte Qualität für Produkte, z. B. im Hinblick auf Zuverlässigkeit, eine höhere Liefertreue, Standardisierung oder das Outsourcing von Commodity-Dienstleistungen. Detaillierte Informationen über die Möglichkeiten der Optimierung des Geschäfts finden Sie in Abschnitt 6.2.12.

Häufig gehen als Input für die strategische Gestaltung der Geschäftsprozesse die Ergebnisse von Reifegradbewertungen und Benchmarks mit ein. Bezüglich Reifegradbewertungen sind das Capability Maturity Model (CMM) beziehungsweise das Capability Maturity Model Integration (CMMI) sehr verbreitet. Weiterführende Informationen hierzu finden Sie in [All05], [Buc07] und [Rei09]).

Ein Benchmark ist der Vergleich von Produkten, Leistungen sowie Prozessen und Methoden mit einem oder mehreren Unternehmen bzw. mit anderen Bereichen im eigenen Unternehmen bzw. Konzern mit dem Ziel, die Leistungslücke zu den „Klassenbesten (Best in Class)" systematisch zu schließen und Verbesserungspotenziale zu identifizieren. Ergebnis ist die Bewertung der Leistungsfähigkeit des Unternehmens bzw. des betrachteten Prozesses als absolute Zahl und die relative Position im Vergleich zu den berücksichtigten Wettbewerbern (besser – gleichwertig – schlechter).

Wie findet man die Soll-Geschäftsprozesse für die Soll-Prozesslandkarte?

Bei Business-Transformationen bilden das neue Geschäftsmodell oder aber Branchen-Referenzmodelle wie z. B. VAA (siehe Abschnitt 6.3.7) den Ausgangspunkt. Bei kleineren Änderungen im Unternehmen können auch die Ist-Geschäftsprozesse und die Optimierungspotenziale aus der Analyse sowie aus der Reifegradbewertung und gegebenenfalls Benchmarks herangezogen werden. Auf deren Basis legen Sie die Kern-, Führungs- und unterstützenden Prozesse der Prozesslandkarte fest.

Folgende Schritte haben sich bei der Erstellung einer Soll-Prozesslandkarte bewährt:

1. **Legen Sie die Grundstruktur der Soll-Prozesslandkarte fest.**
   Orientieren Sie sich hierbei an Standards, wie z. B. Branchen-Referenzmodellen oder dem SCOR-Modell (siehe [Gau09]).

   Im SCOR-Modell wird zwischen den Kernprozessen, den Führungs- und unterstützenden Prozessen unterschieden. Die Kernprozesse werden bei produzierenden Unternehmen weiter strukturiert in die Verkaufs-, Koordinations-, Entwicklungs-, Beschaffungs-, Produktions- und Lieferprozesse. Die Cluster der Kernprozesse werden so ausgerichtet, dass die zulieferrelevanten Anteile links und die kundenorientierten Cluster rechts stehen. Die Führungsprozesse werden horizontal über den Kernprozessen und die unterstützenden Prozesse horizontal unter den Kernprozessen angeordnet. Nutzen Sie hierzu die Hilfestellungen aus Abschnitt 5.4.1.

2. **Ermitteln Sie die Prozesskandidaten in einem iterativen Prozess.**
   - Ermitteln Sie neue Prozesskandidaten für das neue Geschäftsmodell oder gehen Sie die Prozesse im optimierten Ist-Modell oder Referenzmodell durch und identifizieren Sie Ihre Kandidaten für die Prozesslandkarte.

- Analysieren Sie Kandidaten im Hinblick auf eine einheitliche Granularität. Nutzen Sie hierzu, soweit vorhanden, operative Prozesskennzahlen, wie z. B. die Anzahl der Prozessschritte oder die der Ressourcen.
- Erstellen Sie ein oder mehrere Prozessportfolios entsprechend den für Sie relevanten Kriterien (siehe hierzu Abschnitt 8.3.4). Anhand der Bewertung der Prozesse bekommen Sie ein besseres Gefühl für deren Bedeutung für das Unternehmen.
- Erstellen Sie Vorschläge für die Prozess-Owner für jeden Prozess.
- Stimmen Sie Prozesse mit der Business-Planung und den Entscheidern ab.
- Dokumentieren und veröffentlichen Sie die Prozesse und die Prozessportfolios inklusive Glossar.

3. **Erstellen Sie die Soll-Prozesslandkarte in einem iterativen Prozess.**
    - Analysieren Sie die Abhängigkeiten zwischen den Prozessen (Prozess- und Datenabhängigkeiten siehe Abschnitt 7.5.1).
    - Dokumentieren und stimmen Sie die Prozesslandkarte und die Prozessketten mit der Business-Planung und den Entscheidern ab.
4. **Veröffentlichen Sie die Soll-Prozesslandkarte und das Prozess-Portfolio.**

> **Wichtig:**
> Wenn Sie mit der Erstellung einer Prozesslandkarte, aus welchem Grund auch immer, warten wollen oder müssen, sollten Sie zumindest ein Prozessportfolio erstellen. Auf Basis des Portfolios haben Sie zumindest die Prozesse im Unternehmen definiert. Dies ist die Ausgangslage für die spätere Erstellung einer Prozesslandkarte.

Nun werfen wir noch einen kurzen Blick auf die Rollen und Verantwortlichkeiten im strategischen Prozessmanagement.

Rollen und Verantwortlichkeiten im strategischen Prozessmanagement

Im strategischen Prozessmanagement gibt es zwei wesentliche Rollen:

- **Prozessmanager**
  Der Prozessmanager ist für die Prozessmanagementmethode die übergreifende Konsolidierung und Qualitätssicherung sowie die Steuerung des Prozessmanagements verantwortlich.
- **Prozess-Owner**
  Für jeden Geschäftsprozess auf Wertschöpfungskettenebene muss es einen Prozess-Owner geben. Der Prozess-Owner hat folgende Verantwortlichkeiten:
    - Detaillierte Gestaltung und Beschreibung der Abläufe, die prozessübergreifende Abstimmung der Schnittstellen des Prozesses, das Festlegen der Teilverantwortlichkeiten
    - Veröffentlichung der detaillierten Prozessdarstellung
    - Anforderungsmanagement und Weitergabe der Anforderungen an die IT
    - Mitwirken beim Festsetzen der Leistungsfähigkeit des Prozesses als Zielgröße
    - Ermitteln von Messgrößen zur Beurteilung der Prozesse wie z. B. Prozessqualität

Bezüglich Details zum Prozessmanagement sei auf die einschlägige Literatur verwiesen (siehe [Ahl06], [All05], [HLo12] und [Ses07]).

> **Erfolgsfaktoren für das strategische Prozessmanagement:**
> - Setzen Sie Geschäftsziele für das strategische Prozessmanagement. Beispiele hierfür sind Ziele im Kontext der Wettbewerbsdifferenzierung oder der Prozesstransparenz.
> - Verankern Sie die Verantwortung für Prozesse (Prozess-Owner) und für das strategische Prozessmanagement (Prozessmanager).
> - Stellen Sie eine angemessene und lesbare Überblicksdokumentation („Big Picture") in Form von Prozesslandkarten und Prozessketten bereit. Etablieren Sie damit eine fachliche Sprache und legen Sie die Strukturen für die Detaillierung im operativen Prozessmanagement fest.
> Nutzen Sie hierfür die Hilfestellungen in diesem Abschnitt.

7.4.2 Business Capability Management

Business Capability Management liefert ein Instrumentarium, um das aktuelle Geschäft vor allem aus Sicht der IT besser zu verstehen und zu optimieren sowie das zukünftige Geschäft und dessen IT-Unterstützung zu gestalten. Die Kernfunktionen des Unternehmens werden ermittelt, strukturiert und IT-Strukturen, wie zum Beispiel Informationssysteme, zugeordnet. Anhand dessen können wesentliche Inhalte des Geschäftsmodells und der Unternehmensstrategie übersichtlich und überzeugend präsentiert, strategische Entwicklungen diskutiert und die IT-Umsetzung gestaltet werden. Insbesondere für Business-Planer, Prozessarchitekten und Unternehmensarchitekten ist ein prägnantes und gleichzeitig kompaktes fachliches Gesamtbild des Unternehmens notwendig, um Synergie- und IT-Konsolidierungspotenziale aufzuzeigen und die stringente Umsetzung der zukünftigen Business Capabilities zu forcieren. Die Business Capabilities geben ein statisches Bild des Unternehmens wieder und sagen noch nichts über den Ablauf und die Sequenz von eingesetzten Business Capabilities aus. Letzteres erfolgt erst durch die Geschäftsprozesse und Detailprozesse, die die Business Capabilities orchestrieren und in eine sinnvolle Abfolge bringen.

Wie kommen Sie zu Ihren Business Capabilities?

Dies wird in den folgenden Abschnitten beschrieben. Zudem erhalten Sie Leitfäden für die Erstellung Ihrer Business Capability Map bzw. Ihres funktionalen Referenzmodells und zur Ableitung von Business-Services.

Die Begriffe Business Capability und Business-Service werden in der Literatur sehr unterschiedlich genutzt. Im Folgenden möchten wir diese Begriffe einordnen.

In der betriebswirtschaftlichen Managementforschung wird Capability häufig mit Fähigkeit beziehungsweise Kompetenz gleichgesetzt. Hier gibt es ressourcen- (Resource Based View) und marktorientierte (Market Based View) Erklärungsansätze (siehe [Mar07] oder [Mol10]). Nach dem ressourcenorientierten Ansatz hat jedes Unternehmen vorhandene und potenzielle Ressourcen und Kompetenzen, die einzigartig sind. Diese müssen bestimmt werden, um das

Unternehmen vom Wettbewerb zu differenzieren und den passenden Markt festzulegen. Beim marktorientierten Ansatz wird der Markt auf Basis seiner Vorteile ohne direkte Berücksichtigung der Stärken und Schwächen des Unternehmens ausgewählt und das Unternehmen und dessen Kompetenzen werden entsprechend ausgerichtet. Häufig findet man auch Mischformen (siehe [Ost03]). Diese beiden Ansätze, marktorientiert versus ressourcenorientiert, werden auch bei der Ableitung der Anforderungen an das strategische Prozessmanagement aus der Unternehmensstrategie diskutiert (siehe Abschnitte 2.6.1 und 5.1). Hier wurde die Annahme getroffen, dass die Behauptung eines Unternehmens am Markt wesentlich von den Geschäftsprozessen des Unternehmens abhängt. Im Business Capability Management werden nun die Bausteine der Geschäftsprozesse in den Vordergrund gestellt.

In IT-nahen Definitionen, wie zum Beispiel in [Kel09] oder [Bit11], wird Capability mit Geschäftsfähigkeit gleichgesetzt. Der Begriff Geschäftsfunktion wird häufig gleichwertig zu Geschäftsfähigkeit genutzt, da die funktionale Betrachtung im Fokus steht. Wesentliches Ziel beim IT-nahen Business Capability Management ist es, das Wissen um die Geschäftsfunktionen und deren Beziehungen zu IT-Strukturen zu nutzen, um Konsolidierungs- und Synergiepotenziale in der IT-Unterstützung des Geschäfts zu heben.

Forrester (siehe [Cam09]) definiert Business Capabilities IT-nah:

> „A business capability defines the organization's capacity to successfully perform a unique business activity. Capabilities are the building blocks of the business, represent stable business functions, are unique and independent from each other, are abstracted from the organizational model, capture the business interests."

In diesem Buch verwenden wir eine sehr IT-nahe Definition für Business Capabilities und Business Capability Management. Im Kontext des Enterprise Architecture Management wird fachliche Funktion synonym mit Business Capability benutzt, da die Unterscheidung auf dem Abstraktionsniveau von EAM unerheblich ist.

> **Definition Business Capability:**
>
> Business Capabilities sind (Geschäfts-)Fähigkeiten, die eine Organisation, eine Person oder ein System besitzt und auf die sich das Unternehmen stützt, um seine Geschäftsziele zu erreichen. Geschäftsfähigkeiten werden von Menschen oder Systemen in Prozessen unter Nutzung von Technologien und weiteren Ressourcen mit Leben gefüllt, um so das fachliche Leistungsvermögen des Unternehmens bereitzustellen.
>
> Die Fähigkeiten werden im Wesentlichen durch Geschäftsfunktionen beschrieben, die durch Ressourcen- oder Technologieanforderungen konkretisiert werden können. Es wird in der Regel zwischen wettbewerbsdifferenzierenden und unterstützenden Geschäftsfunktionen unterschieden.
>
> **Definition Business Capability Management:**
>
> Business Capability Management ist ein systematischer Ansatz zur Identifikation der aktuell oder zukünftig für das Unternehmen relevanten Fähigkeiten (Business Capabilities) und zur schnellen Anpassung des Geschäftsmodells und der Geschäftsprozesse sowie deren IT-Unterstützung an veränderte Marktanforderungen und Wettbewerbsbedingungen.

Business Capabilities sind im Vergleich zu Geschäftsprozessen (siehe Abschnitt 7.4.2) eine umsetzungsunabhängige Beschreibung des Geschäfts. Sie stellen „stabile" fachliche Strukturen dar, da sie beschreiben, was zu tun ist, und nicht, wie etwas zu tun ist (siehe [Dom11]) und [Mic07]). Beispiele für Business Capabilities sind „Produktmanagement" oder „Auftragsfeinplanung".

Neue oder veränderte Geschäftsanforderungen haben, solange sich das Geschäftsmodell nicht ändert, keine Auswirkungen auf die Business Capabilities. Lediglich die Abläufe, die Werkzeuge und die Organisation, mit denen sie umgesetzt werden, gilt es zu verändern. Wenn sich das Geschäftsmodell zum Beispiel im Rahmen von Fusionen oder großen Umstrukturierungen ändert (siehe Business-Transformationen in Abschnitt 6.3.7), sind die vom Unternehmen abzudeckenden Business Capabilities ebenfalls anzupassen. Jedoch kann mithilfe der neuen oder veränderten Business Capabilities das neue Geschäftsmodell schnell, zuverlässig und flexibel gestaltet werden. Wesentlicher Grund hierfür ist das durch das Business Capability Management vorgegebene prägnante und gleichzeitig kompakte fachliche Gesamtbild des Unternehmens. Anhand dessen können wesentliche Inhalte des Geschäftsmodells und der Unternehmensstrategie übersichtlich und überzeugend präsentiert und strategische Entwicklungen diskutiert werden.

> **Wichtig:**
> Business Capabilities schaffen eine stabile fachliche Sprache. Sie beschreiben das „Was" und nicht das „Wie" des Geschäfts. Sie fassen die wesentlichen funktionalen Einheiten Ihres aktuellen oder zukünftigen Geschäftsmodells zusammen.

Business Capabilities werden einer fachlichen Domäne zugeordnet und können in Teil-Capabilities, die über Business-Services bereitgestellt werden, strukturiert werden. So entsteht eine Hierarchie (siehe Bild 7.12) mit prinzipiell beliebig vielen Hierarchiestufen. Für das strategische Business Capability Management werden in der Regel lediglich zwei Ebenen von Business Capabilities genutzt, wie im Beispiel in Bild 7.12 dargestellt.

Level 1: Fachliche Domänen — Vertrieb

Level 2: Grobgranulare Business Capabilities — Vertriebssteuerung, Beratung

Level 3: Business-Services — Forcast-Generierung, Quoten-Controlling, Produktdaten-Bereitstellung, Kundenanf.-Erhebung, Angebotserstellung

BILD 7.12 Beispiel einer Hierarchie von Business Capabilities (Ausschnitt)

7.4 Management der Geschäftsarchitektur

Definition Service:
Ein Service (Dienst) ist eine klar abgegrenzte Funktionalität, die ein Servicegeber einem Servicenehmer über eine oder mehrere Schnittstellen bereitstellt. Jedem Service liegt ein Vertrag zugrunde. Der Vertrag legt einerseits die bereitgestellte Funktionalität und andererseits nichtfunktionale Eigenschaften (QoS – Quality of Service), wie z. B. Sicherheitslevel oder Performance, fest.

Definition Business-Service:
Ein Business-Service ist ein fachlich orientierter Service, der im Business sichtbar und in der Sprache der Anwender beschrieben ist. Er stellt fachliche Funktionalität für die Nutzung in Geschäftsprozessen bereit und setzt damit eine für das Unternehmen notwendige Geschäftsfähigkeit (Business Capability) um.

Business-Services werden zu Geschäftsprozessen orchestriert und füllen Geschäftsfähigkeiten mit Leben. Beispiele für Business-Services sind die Bereitstellung von Produktdaten eines Autos für Kunden oder aber die Erfassung eines Versicherungsantrags.

Business-Services verbergen die technischen Details der Implementierung vor dem Business. Sie werden auf fachlicher Ebene entsprechend der Unternehmensstrategie und Geschäftsanforderungen gestaltet und von der IT als definierter, wiederverwendbarer Katalog zur Nutzung in Geschäftsprozessen zur Verfügung gestellt.

Zur fachlichen Strukturierung (fachliche Domänen) können sowohl Geschäftsprozesse, Produkte und Geschäftsobjekte als auch andere fachliche Dimensionen, wie z. B. Geschäftspartner oder Vertriebskanäle, herangezogen werden.

Die grobgranularen Business Capabilities werden vorwiegend für die Optimierung des aktuellen und die Gestaltung des zukünftigen Geschäfts genutzt (siehe Einsatzszenarien „Demand Management" in Abschnitt 6.2.14 und „Business-Transformation" in Abschnitt 6.3.7). Feingranulare Business Capabilities (Business-Services) dienen im Wesentlichen als Vorgabe für die Umsetzung von Business-Services (IT-Funktionalitäten). Weitere Informationen zu Letzterem finden Sie im Einsatzszenario in Abschnitt 6.2.5 „Flexibilisierung der IT".

Hinweis:
Microsoft Services Business Architecture (siehe [Mic07]), kurz MSBA oder Motion genannt, ist die bekannteste Methode im Kontext des Business Capability Managements. In der Methode Motion von Microsoft wird die oberste Ebene „Foundation Capability", die nächste „Capability Groups" und die dritte Ebene „Business Capabilities" genannt. Weitere Informationen über MSBA finden Sie in diesem Abschnitt weiter hinten.

Jedes Business Capability (und damit auch jeder Business-Service) kann durch Attribute genauer beschrieben werden. Neben der Kurz- und Langbeschreibung, dem Einsatzzweck und der Zuordnung zur fachlichen Domäne findet man häufig die folgenden Attribute:

- Kategorie (zum Beispiel Kern- oder unterstützendes Capability);
- Owner (fachlicher Verantwortlicher);

- Priorität (Priorisierung von Capabilities und den damit verbundenen Projekten anhand von Geschäftszielen, Treibern und/oder Risiken (zum Beispiel niedrig, mittel oder hoch));
- Strategische Klassifikationen (Strategie- und Wertbeitrag, Wettbewerbsdifferenzierung, Veränderungsdynamik, Geschäftskritikalität und SOX-Relevanz (zum Beispiel niedrig, mittel oder hoch));
- Compliance-Relevanz und -Status
(zum Beispiel Compliance-Relevanz: ja/nein; Compliance-Status: nicht umgesetzt/aufgesetzt/vollständig umgesetzt oder niedrig, mittel oder hoch);
- Komplexität (fachliche Komplexität oder Grad der Abhängigkeiten (zum Beispiel niedrig, mittel oder hoch));
- Qualität der IT-Unterstützung (zum Beispiel niedrig, mittel oder hoch);
- SLA-Erfüllungsgrad (zum Beispiel Prozentsatz) oder SLA-Anforderungen und Verweise zu SLA-Dokumenten
(zum Beispiel Verfügbarkeit, Performance oder Ausfallzeiten und Infos zu Verträgen);
- Version (zum Beispiel V 1.1 der Capability „Auftragsverwaltung");
- Status im Lebenszyklus (zum Beispiel vorhanden, einzuführen, abzulösen);
- Schutzbedarfsklassifikation (zum Beispiel niedrig, mittel oder hoch);
- Sourcing (zum Beispiel Eigen- oder Fremdleistung).

Die Attributausprägungen können entweder über pragmatische Meinungsbildung oder aber über eine Kennzahlenermittlung für die Business Capabilities festgelegt werden. Hilfestellungen für die Kennzahlenermittlung finden Sie in [Küt11].

Business Capabilities werden häufig in einer sogenannten Business Capability Map, oder auch funktionales Referenzmodell (siehe Abschnitt 5.4.1) genannt, dargestellt. Eine Business Capability Map ist letztendlich die grafische Anordnung von fachlichen Domänen sowie den ihnen zugeordneten Business Capabilities. In der Regel beschränkt man sich hierbei auf die grobgranularen Business Capabilities, um ein fachliches Big Picture zu erhalten.

Ein Ausschnitt einer Capability Map ist in Bild 7.13 dargestellt. Durch farbliche Markierungen („heat map") wird auf einen Blick ein visueller Eindruck vermittelt. Im Beispiel werden die Geschäftskritikalität über den Grauton und der Status im Lebenszyklus über den Kantentyp hervorgehoben.

MSBA, der bekannteste Ansatz im Business Capability Management

Die Microsoft Services Business Architecture (siehe [Mic07]), kurz MSBA, ist eine in der Praxis bewährte und patentierte Methode für die Identifikation von Business Capabilities. MSBA stützt sich auf eine modellhafte Abbildung des Unternehmens, einer Business Capability Map (siehe Bild 7.14) und einer integrierten Werkzeugunterstützung.

Die Capability Map der MSBA beinhaltet im Grundmodell fünf fachliche Domänen:

- Produkt- oder Service-Entwicklung („Develop Product/Service")
- Nachfrageerzeugung („Generate Demand")
- Auftragsabwicklung („Deliver Product/Service")
- Management und Planung des Unternehmens („Plan & Manage the Enterprise")
- Kollaboration („Collaborate")

7.4 Management der Geschäftsarchitektur

Fachliche Domäne I

Business Capability 1	Business Capability 3	Business Capability 5	Business Capability 7	Business Capability 9
Business Capability 2	Business Capability 4	Business Capability 6	Business Capability 8	

Fachliche Domäne II

Business Capability 10	Business Capability 13	Business Capability 15	Business Capability 17	Business Capability 18
Business Capability 12	Business Capability 14	Business Capability 16		

Fachliche Domäne III

Business Capability 20	Business Capability 21	Business Capability 23	Business Capability 24

Fachliche Domäne IV

Business Capability 30	Business Capability 33	Business Capability 35	Business Capability 37
Business Capability 32	Business Capability 34	Business Capability 36	

Legende:

Geschäftskritikalität:
- hoch
- mittel
- niedrig

Status im Lebenszyklus:
- vorhanden
- einzuführen
- abzulösen

BILD 7.13 Ausschnitt aus einer Capability Map (Heat Map)

	A. Customers	B. Customer Facing Channel Partners	
C. Suppliers	1. Develop Product / Service	2. Generate Demand	D. Logistic Providers
	5. Collaborate		
	3. Deliver Product / Service	4. Plan & Manage the Enterprise	
	E. Financial Providers	F. Infrastructure & Compliance	

BILD 7.14 Fachliche Domänen der Capability Map der Microsoft Services Business Architecture (siehe [Mic07])

Um die fachlichen Domänen sind weitere Domänen gruppiert, die das Umfeld des Unternehmens mitbestimmen. Dies sind die Domänen Kunden, Vertriebskanäle, Lieferanten, Logistikpartner, Finanzdienstleister und Infrastruktur- und Compliance-Aspekte. Diese Domänen enthalten eigene Business Capabilities, mit denen interagiert werden muss, die aber nicht mehr unter der Kontrolle des eigenen Unternehmens stehen.

Jeder fachlichen Domäne der Capability Map ist eine modellhafte Sammlung von Business Capabilities zugeordnet. Die Business Capabilities sind in bis zu fünf Ebenen in Teil-Capabilities strukturiert. So ist das Cluster „Nachfrageerzeugung" in die Business Capabilities „Partner Relationship Management", „Marketing" und „Vertrieb" aufgeteilt. Das „Marketing" ist weiter in „Marketing Management" und „Business Intelligence" aufgeteilt. Durch das sogenannte „go-in" (eine Ebene nach unten), „go-up" („Vater"), „go-out" („nach außen" zu den Zielrichtungen) und „go-down" (Detaillierung) kann zwischen den Ebenen oder dem Cluster entsprechend der jeweiligen Fragestellung gewechselt werden.

Jede Business Capability wird unter anderem durch die Attribute Zweck, Owner, Sourcing, Service-Level-Beschreibung sowie ihre Zugehörigkeit zur fachlichen Domäne beschrieben.

MSBA liefert mit seiner Methode einen systematischen Ansatz für die Ermittlung und Strukturierung der Business Capabilities im Unternehmen. In vier Phasen werden die Business Capabilities identifiziert:

- „Establish Project Context" (Ergebnis: „Go/NoGo"-Entscheidung)
  Ermittlung und Festlegung der Ziele, Randbedingungen und Geschäftsanforderungen
- „Capture Business Architecture" (Ergebnis: erste Iteration des funktionalen Referenzmodells)
  Erstellung eines Grobentwurfs für das funktionale Referenzmodell als Grundlage für die Diskussionen mit allen wesentlichen Stakeholdern
- „Complete as-is Business Architecture" (Ergebnis: funktionales Referenzmodell)
  Vervollständigung des funktionalen Referenzmodells und inhaltliche Abstimmung mit allen Schlüsselpersonen
- „Recommend next Steps" (Ergebnis: vollständige Dokumentation inklusive Empfehlungen für die Umsetzung)
  Analyse des funktionalen Referenzmodells im Rahmen der Erstellung der vollständigen Dokumentation und Ableitung von Handlungsempfehlungen für die Umsetzung

Bezüglich weiterer Details sei auf [Mic07] verwiesen.

Viele Beratungshäuser und Unternehmen setzen zunehmend auf Business Capabilities (siehe [Alf09], [Dom11] oder [Kel09]). Hier entstehen aktuell eine Reihe von Best-Practice-Ansätzen. Auch in TOGAF (siehe [TOG09]) wurden Capabilities mit aufgenommen. Dort sind sie jedoch nur ein horizontaler Aspekt und werden auf lediglich sechs Seiten als Planungsinstrument diskutiert.

Nur wie kommen Sie zu Ihrer individuellen Business Capability Map bzw. Ihrem funktionalen Referenzmodell?

Nun stellen sich unmittelbar die Fragen „Wie findet man die für das Unternehmen aktuell oder zukünftig relevanten Business Capabilities?" und „Wie sieht Ihre Business Capability Map bzw. Ihr funktionales Referenzmodell aus?".

Hilfestellungen hierzu finden Sie im folgenden Abschnitt.

7.4.3 Leitfaden für die Gestaltung Ihres funktionalen Referenzmodells

Den Ausgangspunkt bildet die Identifikation der Business Capabilities bzw. fachlichen Funktionen.

> **Empfehlung:**
> Wenn Sie noch keine abgestimmten fachlichen Strukturen haben, sollten Sie Rohentwürfe Ihrer Business Capability Map erstellen und in die Kommunikation einsteigen. Der Nutzen wird für Fachbereiche und Business Manager schnell sichtbar und Sie finden Sponsoren für die Erstellung Ihrer Business Capability Map.

Die Identifikation der Business Capabilities kann entweder Top-down oder Bottom-up erfolgen (siehe [Dom11]). Der Top-down-Ansatz wird häufig als „strategisch" und der Bottom-up-Ansatz als „opportunistisch" bezeichnet.

- **Top-down-Ansatz**
  Beim Top-down-Ansatz werden ausgehend von Ihrer Unternehmensstrategie und Ihren strategischen Geschäftsanforderungen die Geschäftsfunktionen ermittelt, die für die aktuelle und/oder zukünftige Umsetzung Ihres Geschäftsmodells erforderlich sind. Es wird ein fachlicher Ordnungsrahmen für die Optimierung des aktuellen und die Gestaltung des zukünftigen Geschäfts vorgegeben.

- **Bottom-up-Ansatz**
  Der Bottom-up-Ansatz ist in der Regel projekt- und lösungsgetrieben. Entsprechend der Projektanforderungen werden die erforderlichen Business-Services ermittelt und bereitgestellt. Bottom-up festgelegte Business Capabilities sind in der Regel feingranular. Zudem orientieren sie sich häufig an den bestehenden Lösungen. Der Investitionsschutz für Altanwendungen steht häufig im Mittelpunkt des Bottom-up-Ansatzes. Die durch die vorhandene Systemlandschaft bereitgestellten Funktionalitäten und Schnittstellen bilden den Ausgangspunkt für die Festlegung von Business-Services. Aus den Business-Services müssen grobgranulare Business Capabilities bestimmt werden.

> **Empfehlung:**
> Da die Business Capability Map eine strategische Vorgabe darstellt, sollten Sie vorwiegend Top-down bei der Ableitung vorgehen. Wenn die feingranularen Business-Services bekannt sind, können Sie so einen Realitätscheck machen.

Im Folgenden finden Sie ein bewährtes Vorgehen für die Identifikation von Business Capabilities.

Vorgehen zur Identifikation Ihrer Business Capabilities

Ausgehend von der Unternehmensstrategie und strategischen Geschäftsanforderungen werden die für das aktuelle und zukünftige Geschäft notwendigen Business Capabilities in einem iterativen Prozess identifiziert.

> **Empfehlung:**
> Der Aufwand für die initiale Identifikation der Business Capabilities ist aufgrund der notwendigen Abstimmungen in der Regel beträchtlich. Daher sollten Sie iterativ vorgehen. Sobald Sie einen ersten groben, aber hinreichend „runden" Entwurf haben, sollten Sie diesen mit den Schlüsselpersonen in Ihrem Unternehmen abstimmen. Starten Sie dabei mit den fachlichen Domänen und den grobgranularen Business Capabilities. Aufgrund des Feedbacks können Sie dann die Qualität kontinuierlich erhöhen und letztendlich die Business Capability Map (funktionales Referenzmodell) zur Entscheidung vorlegen.

Eine Business Capability Map wird in der Regel innerhalb eines (internen) (Teil-)Projekts im Kontext der Business-Planung oder aber der Unternehmensstrategieentwicklung erstellt. Initiiert wird dies häufig von Stabsstellen in der Unternehmensstrategie, im strategischen Prozessmanagement oder aber im Enterprise Architecture Management. Die resultierende Business Capability Map wird in der Unternehmensführung beziehungsweise durch die Führung der Geschäftseinheiten freigegeben. Diese werden im Folgenden als Auftraggeber bezeichnet.

Folgende Schritte für die Erstellung einer Business Capability Map haben sich bewährt. Wenn die Ergebnisse eines Schritts bereits vorliegen, kann dieser einfach übersprungen werden.

I. Business-Kontext ermitteln

1. **Strategische Vorgaben, Geschäftstreiber und Randbedingungen ermitteln**
   Ermitteln Sie die wesentlichen strategischen Vorgaben aus der Unternehmensstrategie sowie die internen und externen Randbedingungen, wie zum Beispiel gesetzliche und Compliance-Anforderungen. Wesentlich sind insbesondere strategische Grundausrichtungen bezüglich Ihrer Innovationsgeschwindigkeit, Ihres Produkt- und Leistungsspektrums, der Kundengruppen, -ansprache und -bindung sowie Ihrer Leistungserbringung und Sourcing-Strategie. Beispiele hierfür sind:

   - Produkt- und Leistungsspektrum: Premium-Strategie oder Kostenführerschaft;
   - Innovationsgeschwindigkeit: „Early-Majority"-Adopter-Kategorie (vgl. [Rog95]);
   - Kundengruppen: Privatkunden im Markt Europa;
   - Kundenansprache und -bindung: Self-Service-Portale und Direktvertrieb;
   - Leistungserbringung und Sourcing-Strategie: Konzentration auf Kerngeschäft, Outsourcing der Commodity.

   Sammeln Sie zudem die aktuellen Geschäftsanforderungen, aktuellen Handlungsbedarf und Randbedingungen durch Gespräche mit den fachlichen Schlüsselpersonen.

   Leiten Sie aus den strategischen Vorgaben und Geschäftsanforderungen Ihre Geschäftstreiber ab und dokumentieren Sie diese.

   Stimmen Sie sich auch hier mit dem strategischen Prozessmanagement ab, da Geschäftsprozesse Business Capabilities orchestrieren. Anforderungen an die künftige Gestaltung der Geschäftsprozesse sind auch für die Gestaltung der Business Capabilities relevant.

> **Empfehlung:**
> Falls es keine niedergeschriebene Unternehmensstrategie gibt, sollten Sie Ihre Annahmen über die Unternehmensstrategie aufschreiben – insbesondere die Unternehmensziele und die strategische Grundausrichtung. So verschaffen Sie sich einen Ausgangspunkt für die Abstimmung mit der Unternehmensführung sowie für die Ableitung der für Sie notwendigen Business Capabilities.

2. **Aktuelles oder zukünftiges Geschäftsmodell im Detail verstehen und beschreiben**
   Bestimmen Sie Ihre Kunden, Vertriebskanäle und Produkte. Detailfragen hierzu sind unter anderem:
   - Welche Kundengruppen sind für das Unternehmen in welchen Märkten relevant? Welche gibt es aktuell? Welche werden zukünftig angestrebt?
   - Welche Kundengruppen nutzen welche Produkte oder Dienstleistungen über welche Vertriebskanäle? Warum?
   - Was differenziert Ihr Unternehmen gegenüber dem Wettbewerb? Eher Individualisierung oder Kostenführerschaft?
   - Was ist das Kundenbedürfnis?
   - Welche Wettbewerber sind mit welchen Konkurrenzprodukten zu welchen Kosten und Leistungen wie erfolgreich?
   - Wie wichtig ist der Zeitvorsprung/Agilität gegenüber dem Wettbewerb?

   Ermitteln Sie die Geschäftspartner, Kommunikationsdienstleister und Institutionen, mit denen Sie zusammenarbeiten. Beschreiben Sie die Art und den Kontext der Zusammenarbeit (siehe hierzu auch die Ergebnistypen Geschäftsmodell, Operational Model und funktionales Referenzmodell, siehe [HLo12]).

   Analysieren Sie Ihre Ressourcen. Bestimmen Sie die Art und Skills der Ressourcen. Dokumentieren Sie Ihre Organisationsstrukturen, wie zum Beispiel Standorte, Werke und logische Nutzergruppen. Dies setzt häufig Randbedingungen für die Ableitung Ihrer Capabilities.

3. **Stimmen Sie den ermittelten Business-Kontext mit Ihrem Auftraggeber und mit Schlüsselpersonen ab**
   Gegebenenfalls können Sie die Abstimmung auch erst zusammen mit dem ersten Entwurf Ihrer Capability Map durchführen.

II. Fachliche Domänen als Grundgerüst Ihrer Capability Map festlegen.

1. **Sammeln Sie Vorschläge für fachliche Domänen.**
   Nutzen Sie als Ausgangspunkt für die Festlegung Ihrer fachlichen Domänen entweder Ihre Prozesslandkarte (siehe Abschnitt 5.4.1) oder aber Branchenreferenzmodelle, soweit vorhanden. Beispiele für Branchenreferenzmodelle sind die VAA im Versicherungsumfeld (siehe [Ges01]), die eTOM in der Telekommunikation (siehe [Ber03-01] und [Joh11]) oder Standardmodelle, wie zum Beispiel die MSBA (siehe [Mic07]).

> **Wichtig:**
> Durch die fachlichen Domänen wird eine Strukturierung für die Geschäftsarchitektur vorgegeben. Diese Strukturierung wird häufig auf organisatorische Zuständigkeiten übertragen. So lassen sich die Bebauungselemente eines Clusters auch auf verschiedene fachliche Bebauungsplaner aufteilen. Der fachliche Bebauungsplaner kann sich dann auf die Fachlichkeit seines Bebauungsclusters konzentrieren. ∎

In Bild 7.15 finden Sie eine bewährte wertschöpfungskettenbasierte Domänenstruktur als Ausgangspunkt für die Ableitung Ihrer Business Capability Map.

Ergänzend zu Wertschöpfungsketten werden häufig Produkte und Geschäftsobjekte als fachliche Domänen genutzt. Beispiele für Produkte im Bankenumfeld sind „Wertpapier" und „Geld & Devisen". „Partnerverwaltung" ist ein Beispiel für eine geschäftsobjektorientierte fachliche Domäne. Falls eine weitere Strukturierung erforderlich ist, werden häufig Kundengruppen, Vertriebskanäle oder Standorte genutzt.

BILD 7.15 Referenzdomänenstruktur für eine Business Capability Map

2. **Erstellen Sie einen Vorschlag für die fachliche Domänenstruktur.**
   Wählen Sie aus den Domänenkandidaten die für Sie passenden aus. Die fachlichen Domänen sollten hierbei überwiegend aus einer „Kategorie" stammen. Häufig werden Wertschöpfungsketten gegebenenfalls angereichert um fachliche Dimensionen, wie zum Beispiel Geschäftsobjekte oder Vertriebskanäle, die „quer" zu den Wertschöpfungsketten und Geschäftsprozessen liegen.

   Häufig werden entweder die Kerngeschäftsprozesse oder die Produkte als Hauptstrukturierungskriterium verwendet. Im Banken- und Versicherungsumfeld wird typischerweise eine produktorientierte und im produzierenden Gewerbe eher eine prozessorientierte oder funktionale Strukturierung verwendet. Es können aber ebenso die anderen Bestandteile der fachlichen Bebauung herangezogen werden.

| Leben | Kranken | Komposit | Legende: |

Fachliche Domäne

Fachliche Funktion

- Abwicklung von Vertrag & Leistung
- Produktmanagement
- Versicherungsmathematik
- Antragsbearbeitung
- Vertragsverwaltung / Bestandsverwaltung
- Schadens- / Leistungsbearbeitung
- Risikoprüfung

…

BILD 7.16 Ausschnitt eines funktionalen Referenzmodells im Versicherungsumfeld

In Bild 7.16 finden Sie einen Ausschnitt eines funktionalen Referenzmodells aus dem Versicherungsumfeld. Letzteres ist produktorientiert strukturiert. Die Produkte „Leben", „Kranken" und „Komposit" beinhalten jeweils die gleichen fachlichen Funktionen, daher wird dies in der Abbildung überlagert dargestellt.

Auf der Hauptstrukturierungs- oder Unterstrukturierungsebene finden Sie also überwiegend Geschäftsprozesse, Produkte, fachliche Funktionen, Geschäftsobjekte oder Geschäftseinheiten wie z. B. Nutzergruppen, Standorte oder Werke.

Übergreifend benötigte Elemente, wie z. B. Geschäftsobjekte oder übergreifende Funktionen, werden häufig zusammen mit Geschäftsprozessen und Produkten in der Hauptstrukturierung verwendet. Beispiele für Geschäftsobjekte als Hauptstrukturierungselemente sind z. B. die Partnerverwaltung oder das Kontaktmanagement. Beispiele für übergreifende Funktionen sind unterstützende Prozesse oder fachliche Funktionen wie z. B. das Personalwesen oder Führungsprozesse wie z. B. der Einkauf. Beispiele hierfür finden Sie in den folgenden Bildern.

Bild 7.17 verwendet für die Hauptstrukturierung neben den Produkten die übergreifenden Geschäftsdatenprozesse, unter anderem die Partnerverwaltung, und die übergreifenden Funktionen im Vertrieb & Marketing sowie die Führungs- und unterstützenden Prozesse wie z. B. Risikomanagement oder Personalwesen.

Das Beispiel-Referenzmodell aus dem Bankenumfeld in Bild 7.18 ist analog aufgebaut.

In Bild 7.19 wird ein Beispiel-Referenzmodell aus der Automotive-Branche dargestellt. Dies ist im Wesentlichen entsprechend den Kerngeschäftsprozessen auf Ebene der Wertschöpfungsketten strukturiert. Weitere anschauliche Beispiele finden Sie z. B. auch in [Die06]).

Für die weitere Detaillierung können zusätzliche Aspekte dieser fachlichen Bebauungselemente mit herangezogen werden, z. B. Kundengruppen (Beispiel: Privatkunden, Firmenkunden, vermögende Privatkunden und Institutionen), Zugangskanäle (Beispiel: SelfService, Call Center, Außendienst und Filialen) oder aber Standorte oder Werke.

BILD 7.17 Beispiel-Referenzmodell aus der Versicherungsbranche

BILD 7.18 Beispiel-Referenzmodell aus der Bankenbranche

7.4 Management der Geschäftsarchitektur

```
                              Zugangskanäle
        Portale                    CTI         Business-Integration    …

   Vertrieb & Marketing      Entwicklung        Fertigung        Einkauf        Finance &
                                                                                Controlling
```

Vertriebssteuerung | Presales & Kundenmanagement | CRM | … | Servicemanagement | Auftragsverwaltung | Distribution | Forschung | … | Produktentwicklung & -management | Serienanlauf | Fertigungsplanung | Disposition | SCM | … | Werkstattplanung | Endmontage | Lieferanten-Management | … | Materialeinkauf | Finanzbuchhaltung | Controlling | … | Konzernberichterstattung

```
   DWH & Cockpits         DWH & Cockpits       DWH & Cockpits    DWH & Cockpits   DWH & Cockpits

                              Übergreifende Funktionen
   DWH und Cockpits         Risikomanagement und         Strategische         …
   zur Unternehmenssteuerung  Compliance               Planung & Steuerung

Legende:   Fachliche Domäne    Fachliche Funktion    Querschnittfunktion
```

BILD 7.19 Beispiel-Referenzmodell aus der Automotive-Branche

Die daraus entstehenden Kategorien lassen sich gegebenenfalls nach weiteren Kriterien weiter detaillieren. So können z. B. Kontoprodukte entsprechend den Zugangskanälen aus obiger Abbildung weiter detailliert werden in Kontoprodukte-SelfService, Kontoprodukte-CallCenter, Kontoprodukte-Außendienst oder Kontoprodukte-Filiale. Gegebenenfalls lassen sich diese Aspekte auch für die Hauptstrukturierung verwenden.

In Bild 7.18 werden die Vertriebs- und Marketingaktivitäten entsprechend den relevanten Kundengruppen strukturiert. Diese Strukturierung entspricht im Allgemeinen auch der organisatorischen Struktur.

> **Wichtig:**
> Achten Sie darauf, dass die fachlichen Domänen überschneidungsfrei sind.
> Nur so können Business Capabilities eindeutig einsortiert werden.

Beschreiben Sie die Inhalte der fachlichen Domänen. Durch die Detaillierung und das Niederschreiben bekommen Sie ein Gefühl dafür, ob die Granularität der Domänen einheitlich ist. Fassen Sie fachliche Domänen zusammen oder spalten Sie diese auf, um eine möglichst einheitliche Granularität zu erzielen.

> **Wichtig:**
> Stellen Sie eine einheitliche Granularität der fachlichen Domänen sicher, um ein Ungleichgewicht zwischen den fachlichen Domänen zu vermeiden.

Analysieren Sie die verbleibenden Domänenkandidaten bezüglich der Verantwortlichkeiten. Für jede fachliche Domäne sollte es idealerweise nur einen Verantwortlichen geben. Dieser ist, wenn Wertschöpfungsketten als fachliche Domänen verwendet werden, in der Regel der „Process Owner" (siehe Abschnitt 8.2.1).

> **Wichtig:**
> Die inhaltliche Erarbeitung und Abstimmung der Business Capability Map erfolgt in der Regel pro fachliche Domäne. Wenn es mehr als einen Verantwortlichen für eine fachliche Domäne gibt, erhöht sich der Abstimmungsaufwand enorm.

3. **Ordnen Sie die fachlichen Domänen grafisch zu einer ersten Version der Capability Map bzw. des funktionalen Referenzmodells an.**
   Primär muss die Anordnung sinnvoll in Bezug auf die Steuerung der relevanten Fragestellungen des Unternehmens sein. Sie muss aber auch ästhetischen Ansprüchen genügen. Beispiele finden Sie in diesem Kapitel (Bild 7.15) sowie in Kapitel 6.

4. **Stimmen Sie die Domänenstruktur sowie die erste Version der Capability Map mit Ihrem Auftraggeber und mit Schlüsselpersonen ab.**
   Die Domänenstruktur bildet das Grundgerüst für Ihre Business Capability Map. Daher ist es wichtig, dass der Auftraggeber und Schlüsselpersonen aus dem Umfeld der fachlichen Domänen diese Strukturierung unterstützen. Dies sind mögliche Sponsoren für das Business Capability Management. Wählen Sie Schlüsselpersonen mit großem Einfluss und Interesse am Business Capability Management aus. Im Falle von Konflikten muss der Auftraggeber eine Entscheidung treffen.

III. Gestalten Sie Ihre grobe Capability Map in Iterationen

Gehen Sie iterativ bei der Gestaltung Ihrer Capability Map vor. Erstellen Sie Vorschläge pro fachliche Domäne und stimmen Sie diese in kurzen Feedbackzyklen mit den jeweiligen fachlichen Schlüsselpersonen und den Verantwortlichen für die Domänen ab. Zwei bis maximal drei Iterationen haben sich bewährt. In einer ersten Iteration sollten Sie für jede Domäne Vorschläge für die grobgranularen Business Capabilities aus dem Business-Kontext und aus Gesprächen mit den Schlüsselpersonen ableiten. In den weiteren Iterationen geht es dann ums „Schleifen", um die Akzeptanz durch die Schlüsselpersonen und durch das Management zu erhalten.

Folgende Schritte sind dafür notwendig:

1. **Ermitteln Sie Kandidaten für die grobgranularen Business Capabilities für jede fachliche Domäne.**
   Sammeln Sie mögliche Geschäftsfunktionen, die für die aktuelle und/oder zukünftige Umsetzung Ihres Geschäftsmodells erforderlich sind. Leiten Sie die Geschäftsfunktionen aus den strategischen Vorgaben, Geschäftstreibern, dem Geschäftsmodell und den Geschäftsprozessen nachvollziehbar ab.

   Mögliche Kandidaten für Geschäftsfunktionen finden Sie, wenn Sie die Zusammenarbeit mit Kunden, Partnern, Service-Dienstleistern und Compliance-Institutionen über die gegebenenfalls unterschiedlichen Kommunikationskanäle sowie die interne Leistungserbringung anhand der Wertschöpfungsketten analysieren. Produktkataloge und Leistungsbeschreibungen sowie interne Funktionsbeschreibungen sind hier wichtige Inputquellen.

Hieraus ergibt sich schnell eine erste Liste mit Fähigkeiten wie zum Beispiel Kundenbeziehungsmanagement, Auftragsabwicklung oder Produktentwicklung. Im Rahmen der Abstimmungen mit den verschiedenen Stakeholdern wird die Liste immer länger und detaillierter.

Nutzen Sie Best-Practices wie zum Beispiel Standardreferenzmodelle oder die MSBA. Achten Sie hierbei auf eine möglichst einheitliche Granularität.

> **Empfehlung:**
>
> Durch die Auswahl von Business Capabilities aus Standardmodellen können Sie schnell einen Bootstrap bei der Festlegung Ihrer Business Capabilities erzielen. Die so ermittelten Business Capabilities können Sie dann in Abstimmung mit allen relevanten Stakeholdern an Ihre Unternehmensbedürfnisse anpassen.

2. **Legen Sie Ihre Business-Capabilities-Kandidaten pro fachliche Domäne fest.**
   Fassen Sie Business Capabilities zusammen oder spalten Sie diese auf, um eine möglichst einheitliche Granularität zu erzielen.

> **Wichtig:**
>
> Achten Sie auf eine einheitliche Granularität der Business Capabilities, da diese die fachlichen Bezugspunkte für die Steuerung der Geschäftsentwicklung, für Business-Transformationen und für die strategische Gestaltung der IT-Landschaft bilden.

Ordnen Sie die Kandidaten den fachlichen Domänen zu. Pro fachliche Domäne sollte es mindestens fünf und nicht mehr als zehn grobgranulare Business Capabilities geben. So vermeiden Sie ein Ungleichgewicht zwischen den fachlichen Domänen.

Analysieren Sie die Business-Capability-Kandidaten pro fachliche Domäne in Bezug auf die Relevanz für das aktuelle und das zukünftige Geschäft sowie entsprechend weiteren strategischen Kriterien. Methoden für die strategische Analyse, wie zum Beispiel ABC-, Kernkompetenz- oder Portfolioanalyse, finden Sie in [Ker08].

Diskutieren Sie die Auswahl mit Ihrem Auftraggeber sowie den Schlüsselpersonen und den Verantwortlichen der fachlichen Domäne. Die Entscheidung über die Business Capabilities einer fachlichen Domäne sollte von dem fachlichen Domänenverantwortlichen getroffen werden.

Erstellen Sie eine erste Version Ihrer Business Capability Map (Schwerpunkt auf Inhalt und nicht auf Darstellung).

Sie können für die Identifikation der Business Capabilities auch die Geschäftsprozesse, insbesondere in der Darstellung als Swimlane-Diagramm nutzen. Die Bahnen entsprechen den Organisationseinheiten und liefern ein erstes Indiz für die Owner der Business Capability und damit auch in erster Näherung für den Domänenverantwortlichen. Jeder dieser Bahnen sind im Swimlane-Diagramm nun die wesentlichen Prozesse eines Geschäftsprozesses zugeordnet. Wenn diese für die Identifikation einer Business Capability noch nicht ausreichen, dann sollten Sie eine Ebene tiefer gehen und die Prozessdiagramme selbst betrachten (meistens wird es sich dabei um den Ergebnistyp ereignisgesteuerte Prozessketten handeln). Damit haben Sie sofort eine Zuordnung der Business Capability auch zu einem Geschäftsprozess. Eine genaue Beschreibung der Swimlane-Diagramme finden Sie in Abschnitt 5.4.

3. **Analysieren Sie Ihre Business-Capability-Kandidaten.**
   Machen Sie einen Quercheck Ihrer Business-Capability-Kandidaten, indem Sie diese nach den für Sie relevanten Kriterien analysieren. Durch die Analyse erhalten Sie ein noch tieferes Verständnis. Unstimmigkeiten fallen schnell auf.

   Kriterien für die Analyse sind zum Beispiel Einsatzzweck, Wettbewerbsdifferenzierung, fachliche Verantwortlichkeit und Sourcing-Modell. Wesentlich ist auch, dass Sie zwischen aktuell vorhandenen und zukünftig erforderlichen Geschäftsaktivitäten unterscheiden. Die Analyseergebnisse können Sie mithilfe einer Heat Map (siehe Bild 7.13) oder Portfolio-Grafiken (siehe Abschnitt 5.4.4) veranschaulichen. Die Heat Maps und Portfolios erleichtern den Abstimmungsprozess. Über die Zuordnung von Prozessschritten, Informationssystemen und Geschäftseinheiten zu Capabilities werden zudem Redundanzen und Synergiepotenziale sichtbar.

   Stimmen Sie die Analyseergebnisse mit den fachlichen Domänenverantwortlichen ab und verändern Sie gegebenenfalls Ihren Vorschlag der Business Capability Map (Schwerpunkt auf Inhalte und nicht auf der Darstellung).

4. **Erstellen Sie die grobe Business Capability Map als Big Picture.**
   Entwerfen Sie Ihre Business Capability Map bzw. funktionales Referenzmodell grafisch. Ordnen Sie die Domänen entsprechend des Grundmodells aus Bild 7.15 oder einer für Sie adäquaten Darstellung an. Erstellen Sie eine Sicht nur mit den fachlichen Domänen und eine Sicht mit den Business Capabilities. Die Grunddarstellung von beiden muss dabei gleich sein, um eine entsprechende Wiedererkennung zu erreichen. Aufgrund der Anzahl der Business Capabilities pro Domäne werden hierbei gewisse Rahmenbedingungen vorgegeben.

   Erstellen Sie zudem Heat Maps entsprechend der für Sie relevanten Kriterien in der Big-Picture-Darstellung.

5. **Stimmen Sie die Business Capability Map mit Ihrem Auftraggeber und den Domänenverantwortlichen ab.**
   Holen Sie die Freigabe von den jeweiligen Domänenverantwortlichen (bei Wertschöpfungsketten sind dies in der Regel die Prozess-Owner) und dem Auftraggeber für die Business Capability Map bzw. das funktionale Referenzmodell. Im Rahmen der finalen Abstimmung findet eine Feinjustierung der Business Capabilities statt. Granularitäten werden angepasst und an Begrifflichkeiten wird geschliffen, um das Gesamtmodell auszubalancieren.

> **Empfehlung:**
> Machen Sie eine finale Abstimmungsrunde mit den Domänenverantwortlichen und abschließend mit dem Auftraggeber. Holen Sie sich dann die Freigabe in einem offiziellen Meeting des dafür zuständigen Steuerkreises ab (siehe Abschnitt 8.2.2), veröffentlichen Sie das Ergebnis und etablieren Sie ein Änderungsmanagement (siehe Abschnitt 8.5).

■

IV. Optional: Erstellen Sie Ihre detaillierte Business Capability Map.

Eine detaillierte Business Capability Map beinhaltet zusätzlich zu fachlichen Domänen und grobgranularen Business Capabilities auch noch feingranulare Business Capabilities, Business-Services genannt.

Nutzen Sie die Hilfestellungen zur Identifikation der grobgranularen Business Capabilities, um Ihre Business-Services zu ermitteln. Hier helfen Ihnen auch die detaillierten Prozessbeschreibungen aus dem operativen Prozessmanagement (siehe [HLo12]).

> **Empfehlung:**
>
> Verwenden Sie nicht zu viel Zeit darauf, Business-Services in allen Details auszuarbeiten. Top-down vorgegebene Business-Services dienen lediglich als Orientierung und als Kandidaten für die endgültige Festlegung im Rahmen der IT-Umsetzung der Business-Services im Kontext von Projekten oder aber im operativen Prozessmanagement (siehe [All05]).
>
> Wichtig ist hier, dass Sie ein Änderungsmanagement etablieren, damit Feedbacks und Änderungen koordiniert eingesteuert werden können. Siehe hierzu Abschnitt 8.5. ∎

V. Optional: Erstellen Sie ein fachliches Komponentenmodell.

Ermitteln sie die Abhängigkeiten zwischen Business Capabilities und stellen Sie die Abhängigkeiten mithilfe eines fachlichen Komponentenmodells dar (siehe 5.4.1). Hilfestellungen hierfür finden Sie in [Ker08] und im Download-Anhang A.

> **Empfehlung:**
>
> Beim Einstieg ins Business Capability Management sollten Sie lediglich eine grobgranulare Business Capability Map erstellen, das heißt grobgranulare Business Capabilities, die in fachliche Domänen geclustert sind. Alleine die Abstimmung der grobgranularen Business Capability Map erfordert einen großen Aufwand, Überzeugungskraft und Durchhaltevermögen.
>
> Stellen Sie eine hohe Qualität bei den fachlichen Domänen und grobgranularen Business Capabilities sicher. Klare und prägnante Bezeichnungen für Business Capabilities sind ebenso wichtig wie eine einheitliche Granularität.
>
> Holen Sie sich Schritt für Schritt das Commitment von allen Entscheidern und Schlüsselpersonen in den betrachteten fachlichen Domänen für die grobgranulare Business Capability Map. Dies ist die Voraussetzung für die Nutzung.
>
> Wichtig ist insbesondere aber auch die grafische Repräsentation – das Big Picture. Dieses sollte zukünftig in den Büros der Schlüsselpersonen und Domänenverantwortlichen hängen und in allen wichtigen Entscheidungsunterlagen als Basis für die Darstellung von Analyseergebnissen für die Geschäftsentwicklung oder aber auch für deren IT-Umsetzung genutzt werden. Erst, wenn Sie das erreicht haben, haben Sie das Business Capability Management im Unternehmen verankert.

Dies geht in der Regel, wie schon ausgeführt, mit der Einführung des strategischen Prozessmanagements einher. Die Strukturierung des Big Picture folgt in der Regel entlang der Wertschöpfungsketten. Stellen Sie sicher, dass ein Mapping der Business Capabilities auf die Geschäftsprozesse erfolgt und dass die Geschäftsprozesse die benutzten Business Capabilities eindeutig benennen. Nur so können Sie den Nutzen für die Geschäftsentwicklung wirklich heben, da die Konzepte konsistent ineinander greifen.

7.4.4 Ableitung von Business-Services

Veränderungen begünstigen nur den, der darauf vorbereitet ist.

Louis Pasteur (1822–1895), französischer Chemiker und Mikrobiologe

Die Ableitung von Business-Services erfolgt in der Regel innerhalb von Projekten auf einem niedrigen und schon sehr lösungsorientiertem Granularitätsgrad. Aufgrund der Bedeutung in der Praxis möchten wir dieses Thema trotzdem hier adressieren.

Hintergrund für die Serviceorientierung und damit einhergehend die Ableitung von Business-Services sind Agilitätsanforderungen. Unternehmen müssen ihr Geschäftsmodell schnell an veränderte Marktanforderungen anpassen können, um wettbewerbsfähig zu bleiben. Beispiele hierfür sind die Veränderung des Produkt- und Dienstleistungsangebots, die Art der Kundenansprache und Kundenbindung sowie Fusionen, Akquisitionen oder aber die Einbindung externer Partner und das Outsourcing von einzelnen Unternehmensbereichen.

Voraussetzung für Business-Agilität ist eine flexible IT. Serviceorientierung sowie Integrationsarchitekturen sind wichtige Mittel zur Umsetzung. Die Geschäftsfunktionen werden als Business-Services gekapselt und zu Geschäftsprozessen orchestriert (siehe Abschnitt 6.3.5). Bei Veränderungen in Geschäftsanforderungen werden neue Business-Services ermittelt oder bestehende modifiziert, bereitgestellt und in die geschäftlichen Abläufe integriert. So kann sich das Unternehmen auf die sich rasch verändernden Geschäftsanforderungen vorbereiten und die bestehenden Geschäftsprozesse schrittweise verbessern.

> **Empfehlung:**
> Die Flexibilisierung der IT, wenn nicht von Anfang an, so angegangen, ist teuer und langwierig. Daher müssen Sie sorgfältig mögliche und sinnvolle Anwendungsbereiche auswählen. Untersuchen Sie hierzu Ihre Unternehmens- und IT-Strategie sowie Ihre Geschäftsarchitektur und deren IT-Unterstützung. Analysieren Sie Ihre Geschäftsanforderungen im Hinblick auf die geforderte Business-Agilität. Erstellen Sie ein funktionales Referenzmodell für Ihr Unternehmen (siehe Abschnitt 7.4.3) und legen Sie für die verschiedenen fachlichen Domänen fest, ob und in welcher Art und Weise Serviceorientierung zukünftig Einzug halten soll (Service-Strategie).

7.4.4.1 Ermittlung der Agilitätsanforderungen

Für die Analyse der Geschäftsanforderungen in Hinblick auf Business-Agilität hat sich in vielen Projekten die Klassifikation der fachlichen Funktionen entsprechend ihrer Veränderungsdynamik und Wettbewerbsdifferenzierung bewährt (siehe Abschnitt 8.3.4). In Bild 7.20 finden Sie eine Portfolio-Grafik, in der fachliche Funktionen nach diesen Kriterien klassifiziert und darüber für die Quadranten Strategien für die IT-Unterstützung gegeben werden. Serviceorientierung wäre hier nur für den rechten oberen Quadranten, der mit „Agil" gekennzeichnet ist, als IT-Umsetzungsstrategie relevant. In Bild 7.21 finden Sie hierzu ein Beispiel.

BILD 7.20
Portfolio zur Ermittlung der Agilitätsanforderungen

BILD 7.21
Beispiel für Informationssystemstrategie in Abhängigkeit von der Klassifikation der unterstützten fachlichen Funktionen

BILD 7.22 Fachliches Domänenmodell mit Angabe der Servicestrategie

In Bild 7.22 finden Sie ein weiteres Beispiel, wie sich die Anwendungsbereiche für die Serviceorientierung charakterisieren lassen. Hier wird ein vereinfachtes fachliches Domänenmodell (siehe Abschnitte 5.4.1) aus dem Bankenbereich mit Angabe der Service-Strategie für die verschiedenen fachlichen Domänen abgebildet. Eine fachliche Domäne ist hierbei eine fachliche Einteilung, die kohärentes Wissen und Vorgehensweisen bündelt.

- Die **fachliche Domäne Vertrieb** ist aufgeteilt in die Frontoffice-Applikationen und die Backoffice-Multikanal-Vertriebsunterstützung. Für die Frontoffice-Applikationen für Privatkunden, privilegierte Privatkunden und Geschäftskunden wird keine Service-Strategie vorgegeben, da diese im Beispiel in der Hoheit von anderen Unternehmen liegen und zudem durch verschiedene Kaufprodukte beziehungsweise fremdentwickelte Zugangsportale umgesetzt sind. Deshalb lässt sich die Gestaltung kaum beeinflussen. Lediglich CI- und Integrationsanforderungen werden gestellt, so dass einerseits das User Interface der jeweiligen Frontoffice-Applikation entsprechend der unternehmensspezifischen Vorgaben gestaltet ist und andererseits definierte Protokolle und Technologien für die Kommunikation mit dem Backoffice genutzt werden.

In der Multikanal-Vertriebsunterstützung werden die verschiedenen Dienstleistungen über die verschiedenen Kanäle, wie z. B. Internet, Mobile und Filialen, angeboten. Dies wird über die Service-Strategie zur Kanalbündelung unterstützt. Basis-Services stellen Teilinhalte für komposite (zusammengesetzte) Services zur Verfügung, die diese Teilinhalte entsprechend den Anforderungen des Vertriebskanals bündeln. Die Kanalbündelung kümmert sich also im Wesentlichen um die Ausgabe-Streams und nicht um Daten oder Anwendungsfunktionen.

- In der **fachlichen Domäne Produktbündelung** werden die Produkte für den Multikanalvertrieb bereitgestellt. Hier gibt es eine Service-Strategie, die verschiedenen Dienstleistungsbausteine redundanzfrei als Services zur Verfügung zu stellen und entsprechend der Anforderungen aus den Kanälen zu den geforderten Dienstleistungen zusammenzustellen. Die Services innerhalb der Produktbündelung stellen Anwendungsfunktionen und Produktdaten bereit, die sie aus den Abwicklungssystemen beziehen.
- Die **fachliche Domäne Abwicklung** besteht aus monolithischen Systemen für die verschiedenen Produkte und die Partnerverwaltung. Die Anwendungsfunktionen werden über Wrapper (Applikations-Services) für die Produkt-Services zur Verfügung gestellt.

Nachdem die Agilitätsanforderungen bestimmt wurden, können die Business-Services festgelegt werden. Dies hört sich in der Theorie sehr einfach an. In der Praxis stellt sich im Kontext der Business-Analyse insbesondere die Frage: „Wie findet man die richtigen Business-Services?" Hierzu erhalten Sie hier konkrete Hilfestellungen. Sie finden neben Begriffsdefinitionen eine Schritt-für-Schritt-Anleitung für die Ableitung von Business-Services mit praktischen Beispielen und Hilfestellungen für das Tailoring für Ihren Bedarf.

Die Ableitung von Business-Services wird in den folgenden Abschnitten detailliert beschrieben. Zuerst schauen wir uns aber Services noch etwas genauer an.

7.4.4.2 Servicekategorien

Es gibt verschiedene Arten von Services. In Bild 7.23 finden Sie in Anlehnung an [Kra04] verschiedene Arten von Services als Zwischenschicht zwischen Geschäftsprozessen und Informationssystemen. Die Geschäftsprozesse sind mit ihren Aktivitäten und Teilabläufen dargestellt. Bei den Services unterscheiden wir vier Kategorien von Services in Anlehnung an [Kra04]:

BILD 7.23 Arten von Services

- **Orchestration Services**
  Orchestration Services decken komplette Abläufe ab und steuern den Prozessablauf eines (Teil-)Geschäftsprozesses. Die Abläufe sind häufig langandauernd und beinhalten Benutzerinteraktionen. Orchestration Services nutzen Services der anderen Kategorien. Die Umsetzung erfolgt häufig über ein BPMS[4].

- **Aufgabenorientierte Services**
  Die Services dieser Kategorie sind anwendungsfallorientiert. Es sind in der Regel Aktivitäten aus Sicht der Anwender. Sie realisieren Use-Cases wie z. B. „Markieren eines Eintrags in eincr Kreditliste zur Weiterverarbeitung" oder Aktivitäten eines Geschäftsprozesses. Änderungen im Use-Case beziehungsweise Geschäftsprozess führen direkt zu Änderungen an den Services. Aufgabenorientierte Services können andere Aufgabenorientierte Services und Services der in Bild 7.23 darunterliegenden Serviceschichten nutzen.

- **Entitätenzentrierte Services**
  Entitätenzentrierte Services bilden die Geschäftslogik von Kerngeschäftsobjekten ab. Diese Services sind sehr datenzentrisch und bieten Verwaltungsfunktionen für das Erzeugen, Lesen, Verändern und Löschen der Geschäftsobjekte. Diese Operationen werden häufig mit „CRUD" bezeichnet (C – Create, R – Read, U – Update, D – Delete). Darüber hinaus werden Geschäftsregeln für Geschäftsobjekte unterstützt. Ein Beispiel für eine Geschäftsregel des Kerngeschäftsobjekts „Kreditkarten" ist die „Überprüfung des Kreditlimits". Entitätenzentrierte Services können andere entitätenzentrierte Services und Applikations-Services nutzen.

- **Applikations-Services**
  Applikations-Services stellen Interfaces zu Anwendungsfunktionen von bestehenden Informationssystemen zur Nutzung für andere Services bereit. Sie kapseln die Anwendungsfunktionalität von Legacy-Anwendungen und stellen möglichst generische und wiederverwendbare Services bereit. Bei Legacy-Anwendungen sind häufig Adapter notwendig (siehe [Sta09]). Applikations-Services sind technologie- oder produktabhängig und zugeschnitten auf die bestehenden Informationssysteme, deren Anwendungsfunktionen sie zur Nutzung bereitstellen.

Bis auf Applikations-Services sind alle Servicekategorien fachlich orientiert und damit Business-Services, wenn sie für die Anwender sichtbar sind. Häufig folgen die Business-Service-Einheiten insbesondere bei aufgabenorientierten Services der Segmentierung der Prozesse (Prozessorientierung), wie in Bild 7.24 verdeutlicht wird.

Business-Services sind in der Regel in möglichst unabhängige fachliche Domänen („funktionale Cluster") strukturiert. Dies vereinfacht das Management, da in der Regel für fachliche Domänen klare Verantwortlichkeiten bestehen (siehe [Han11]). Ein Beispiel für fachliche Domänen finden Sie im funktionalen Referenzmodell in Bild 7.25.

Applikations-Services sind letztlich technische Serviceimplementierungen oder Interfaces für den Zugriff auf die Informationssysteme wie z. B. Standardsoftware oder bestehende Individualsoftware. Die Applikations-Services weisen bei gewachsenen Landschaften in der Regel unterschiedliche Granularitäten auf. Informationssysteme auf Basis einer SOA-Referenzarchitektur sind bereits in Komponenten strukturiert und bieten als Services entitätenzentrierte oder aufgabenorientierte Services oder Orchestration Services.

---

[4] Business Process Management System oder Workflow-Engine

BILD 7.24 Prozessorientierte Business-Services

> **Definition Serviceorientierte Architektur (SOA):**
>
> Eine Serviceorientierte Architektur (SOA) ist ein IT-Architekturstil, in dem Services (Dienste) die zentrale Rolle spielen. Die IT-Landschaft wird in modulare Services strukturiert. Jeder Service trägt direkt oder indirekt zur Wertschöpfung bei. Er kann einfach und flexibel kombiniert und regelbasiert gesteuert werden.
>
> **Definition SOA-Referenzarchitektur:**
>
> Eine SOA-Referenzarchitektur macht unternehmensspezifische Vorgaben für die technische Umsetzung der Serviceorientierung. Technologie-, Softwarearchitektur- und Infrastrukturaspekte für Entwicklung, Betrieb und Governance der involvierten Einzelsysteme und deren Zusammenspiel (End-to-end) werden festgelegt.

Bei Legacy- und auch Standardsoftware verhält sich dies häufig anders. Wenn diese monolithisch aufgebaut sind, lassen sich deren Anwendungsfunktionen nicht direkt von außen über Schnittstellen ansprechen. Aus Machbarkeits- oder Aufwandsgründen werden diese Systeme häufig nicht zerlegt (komponentisiert), sondern nur „gewrappt" oder einzelne isoliertere Komponenten werden neu implementiert. Die Anwendungsfunktionen sind also nicht herausgelöst, nicht von Business-Services so ohne Weiteres separat nutzbar und damit auch nicht orchestrierbar.

Zudem verfolgen die verschiedenen monolithischen Anwendungen (auch „Silos" genannt) häufig unterschiedliche SOA-Ansätze mit unterschiedlichen technischen Infrastrukturen und Implementierungen, die häufig nicht zusammenarbeiten können. In diesen Fällen ist es kaum möglich, „sauber" geschnittene Business-Services bereitzustellen. Der Abgleich mit den Gegebenheiten ist daher ein wichtiger Aspekt beim Entwurf von Business-Services (siehe Abschnitt 7.4.4.4).

TABELLE 7.5 Gegenüberstellung der verschiedenen Servicekategorien

	Orchestration Service	Aufgaben-orientierter Service	Entitäten-zentrierter Service	Applikations-Service
Charakteristika	Prozesslogik in Service gekapselt. Häufig mit BPMS umgesetzt	Anwendungsfall-spezifische „Unit of Work". Häufig keine Orchestration Layer	Anwendungsfall- und prozess-übergreifende Kapselung von entitäten-bezogener Businesslogik	Technologie und produkt-abhängige Services
Vorteile	Flexible Änderbarkeit	Niedriger Analyseaufwand aufgrund vorliegender Anwendungsfälle	Hohe Wiederverwendung	Technische Entkopplung
Nachteile	Komplexe Middleware oder Produkte	Geringe Wiederverwendung	Hoher Analyseaufwand wegen übergreifendem Ansatz	Hoher Aufwand bei der QoS*-Sicherstellung

* QoS steht für Quality of Service.

> **Wichtig:**
> In Tabelle 7.5 finden Sie eine Gegenüberstellung der verschiedenen Servicekategorien.
>
> Sie müssen nicht alle Servicearten verwenden. Sie können z. B. auf Orchestration Services verzichten und die Ablauflogik direkt in aufgabenorientierten Services abbilden. Ein weiteres Beispiel sind Mischformen, die aufgabenorientierte, entitätenzentrierte und Applikations-Services kombinieren. Dies ist eine typische Ausprägung in einem frühen Stadium der SOA-Adaption. Hier liegt der Schwerpunkt häufig auf der Bereitstellung von Infrastruktur- und Integrationsdiensten mit einem Pilotcharakter. Auf der Basis der dadurch geschaffenen SOA-Infrastrukturdienste können Projektinitiativen folgen, in denen höherwertige Business-Services erstellt werden.
>
> Die Unterscheidung zwischen aufgabenorientierten und entitätenzentrierten Services ist wichtig, da sich deren Charakter und die Art ihrer Herleitung unterscheiden. ■

Die Ableitung von Business-Services wird in den folgenden Abschnitten detaillierter beschrieben.

7.4.4.3 Top-down- versus Bottom-up-Ableitung

Bei der Identifikation von Business-Services kann sowohl top-down als auch bottom-up vorgegangen werden. Der Top-down-Ansatz wird häufig als „strategisch" und der Bottom-up-Ansatz als „opportunistisch" bezeichnet. Im Folgenden werden die beiden Ansätze getrennt grob vorgestellt und im Anschluss wird eine bewährte Mischform vorgestellt. Details zum vorgeschlagenen Vorgehen finden Sie in Abschnitt 7.4.4.4.

Top-down-Ansatz

Beim Top-down-Ansatz werden die übergreifenden Strukturen und strategischen Vorgaben (Vision, Strategie, Soll-Bebauung, Blueprint, Roadmap) als Grundlage für die SOA-Governance gesetzt. Von besonderer Bedeutung ist dabei der im Enterprise Architecture Management entwickelte fachliche und technische Bauplan der SOA-Landschaft (siehe [Han09]).

Der **fachliche Bauplan** beschreibt die Geschäftsarchitektur des Unternehmens als Rahmenvorgabe für die Weiterentwicklung des Geschäfts und der IT-Landschaft. Im Kontext der Ableitung von Business-Services wird er in der Regel über ein funktionales Referenzmodell (siehe Bild 7.25) gegebenenfalls detailliert durch ein fachliches Komponentenmodell (siehe Bild 7.26) oder/und Swimlane-Diagramme (siehe Abschnitt 5.4.1) und Prozessablaufdiagramme (siehe Bild 3.8) sowie fachliche Klassenmodelle (siehe [HGG12]) beschrieben. Anstelle eines funktionalen Referenzmodells wird in der Business-Analyse häufig eine Prozesslandkarte verwendet (siehe Abschnitt 5.4.1), da sie etwas grobgranularer und damit „einfacher" zu erstellen und abzustimmen ist. Für die Ableitung von Business-Services eignet sich jedoch ein funktionales Referenzmodell mehr, da es bereits fachliche Funktionen und damit Kandidaten für Business-Services beinhaltet.

In Bild 7.25 finden Sie einen Ausschnitt des funktionalen Referenzmodells des *EasyHouse*-Beispiels aus [HGG12]. Gruppiert nach fachlichen Domänen werden die für das Geschäft

BILD 7.25 Beispiel funktionales Referenzmodell aus dem Kontext EasyHouse (siehe [HGG12])

erforderlichen fachlichen Funktionen benannt. Die fachlichen Funktionen beschreiben in einer High-level-Sicht die erforderlichen Fähigkeiten des Unternehmens, die durch Business-Services unterstützt werden.

> **Hinweis:**
>
> Fachliche Funktionen können in Teilfunktionen aufgeteilt werden. In Bild 7.25 ist eine bereits sehr detaillierte Sicht dargestellt, da lediglich ein Ausschnitt des Unternehmens adressiert wird. Im funktionalen Referenzmodell für das Gesamtunternehmen werden in der Regel die fachlichen Funktionen auf einer gröberen Ebene dargestellt.

BILD 7.26 Beispiel fachliches Komponentenmodell (siehe [HGG12])

In Bild 7.26 finden Sie ein fachliches Komponentenmodell (siehe [HGG12]). Im fachlichen Komponentenmodell werden die fachlichen Domänen und fachlichen Funktionen des funktionalen Referenzmodells in der Regel weiter detailliert und Abhängigkeiten zwischen den fachlichen Komponenten dargestellt. Die Detaillierung erfolgt in der Regel im Rahmen des Demand Managements oder aber von Projekten. Das (oder mehrere) fachliche Komponentenmodell kann bottom-up genutzt werden, um ein funktionales Referenzmodell abzuleiten beziehungsweise das Bestehende zu aktualisieren oder zu vervollständigen.

Für die Ableitung von Business-Services sind insbesondere feingranulare fachliche Funktionen von Bedeutung, die im funktionalen Referenzmodell auf detaillierter Ebene oder in fachlichen Komponentenmodellen visualisiert werden. Durch die fachlichen (Teil-)Funktionen werden die für das aktuelle und zukünftige Geschäft erforderlichen Business-Services top-down grob vorgegeben.

Der **technische Bauplan**, z. B. über eine SOA-Referenzarchitektur, gibt hingegen vor, wie die Business-Services umgesetzt werden sollen. Durch die übergeordnete Koordination auf Basis dieser Baupläne wird verhindert, dass in unterschiedlichen Projekten funktional sich überschneidende Services entstehen, die gegebenenfalls unterschiedlich technisch realisiert und damit nicht interoperabel sind.

Häufig wird eine SOA-Referenzarchitektur als technischer Bauplan eingesetzt (siehe Abschnitt 7.4.4). Für die Top-down-Ableitung einer SOA-Referenzarchitektur kann ein allgemeines Raster vorgegeben werden, in dem alle relevanten Aspekte aufgeführt sind. Dieses Raster ist dann unternehmensspezifisch auszufüllen. Wesentliche Aspekte sind dabei:

- **Prinzipien und Leitlinien** für die Serviceorientierung, wie z. B. lose Kopplung
- **Technologische Standards** für Informationssysteme, Protokolle, Middleware und Infrastrukturelemente sowie Methoden und Werkzeuge für Modellierung, Softwareentwicklung, Test, Integration, Betrieb und Management
- **Softwarearchitektur-Vorgaben** für alle unternehmensspezifisch festgelegten Kategorien von Individualsoftware (z. B. JEE) und Standardsoftware (z. B. SAP).

    Unter anderem muss für die verschiedenen Kategorien von Standardsoftware festgelegt werden, wie Services für die Nutzung durch einen ESB[5] oder ein BPMS[6] bereitgestellt werden (z. B. als WebService). Ein weiteres Beispiel sind Vorgaben für die Umsetzung von Lese- und Schreibzugriffen in verteilten Systemen, um Applikations-Services zu implementieren.

    Wenn Erweiterungen an der Standardsoftware erforderlich werden können, um notwendige Capabilities zu implementieren, müssen auch **Entwicklungsvorgaben** für die Umsetzung von Services gegeben werden. So kann z. B. als Rahmenvorgabe gesetzt werden, dass Erweiterungen nur außerhalb der Standardsoftware entlang definierter Aussprungpunkte vorgenommen werden.

- **Integrationsarchitektur** mit der Festlegung der Integrationstechnologien (z. B. ESB und BPMS) und deren Anwendung sowie der Einbindung der verschiedenen Kategorien von Individual- und Standardsoftware, wie z. B. „Wann wird SOAP-over-HTTP und wann SAP RFC für das Ansprechen von SAP-Funktionen verwendet?"
- **Nichtfunktionale Anforderungen**, insbesondere unter Berücksichtigung von Aspekten wie End-to-end Performance, Skalierbarkeit, Logging, Monitoring und Sicherheit

---

[5] Enterprise Service Bus
[6] Business Process Management System

BILD 7.27 Beispiel einer SOA-Referenzarchitektur

Durch die unternehmensspezifische Ausprägung der Aspekte wird die technische Umsetzung von Services und deren Integration und Orchestrierung ermöglicht. In Bild 7.27 finden Sie ein Beispiel einer SOA-Referenzarchitektur, die sowohl aufgabenorientierte als auch entitätenzentrierte und Applikations-Services nutzt. Die Business-Services sind in einem Service-Repository hinterlegt. Als Integrationsinfrastruktur dient ein Enterprise Service Bus (ESB) mit einer integrierten Workflow- und Rule-Engine. Diese greift mittels ESB-spezifischer Adapter auf die Business-Services zu. Zudem ist ein Direktzugriff von den verschiedenen Clients auf die Business-Services in Umgehung der Integrationsinfrastruktur in einzeln zu genehmigenden Ausnahmefällen möglich. Die Business-Services sind in fachliche Domänen gruppiert. Die Applikations-Services kapseln die bestehende IT-Landschaft und liefern die Anwendungsfunktionen, die von den Business-Services benötigt werden. Hierzu müssen gegebenenfalls mehrere Altsysteme angesprochen werden.

Die unternehmensspezifische Festlegung der SOA-Referenzarchitektur sollte schrittweise erfolgen (siehe [Eng08]). Häufig wird mit der Festlegung von Technologien und einer groben Integrationsarchitektur begonnen. Deren Einhaltung muss über entsprechende Governance-Strukturen und -Prozesse sichergestellt werden (siehe [Kra04] und [Han10]).

Wichtig:
Der Top-down-Ansatz liefert den fachlichen und technischen Bauplan für die SOA-Landschaft. Der fachliche Bauplan, insbesondere das funktionale Referenzmodell, ist ein Ziel-Bild, das über Projekte und Wartungsmaßnahmen schrittweise

umgesetzt werden muss. Der technische Bauplan, z. B. eine SOA-Referenzarchitektur, setzt Rahmenvorgaben für die Umsetzung und damit auch für die Ableitung von Business-Services.

■

Bottom-up-Ansatz

Der Bottom-up-Ansatz ist in der Regel projektgetrieben. Ausgehend von den Projektanforderungen werden die Business-Services und Applikations-Services entsprechend der technischen Vorgaben, wie z. B. eine SOA-Referenzarchitektur, erstellt, zugekauft oder eine bestehende angepasst und so schrittweise eine komponentisierte flexible IT-Landschaft geschaffen. Das Ziel-Bild steht jedoch bei einem reinrassigen Bottom-up-Ansatz zu Beginn noch nicht fest.

Anwendungsfunktionen von bestehenden IT-Systemen werden im Rahmen konkreter Umsetzungsprojekte gekapselt und als Applikations-Services bereitgestellt. Die Business-Services können die Applikations-Services zum Ansprechen der Anwendungsfunktionen nutzen. So lautet auf jeden Fall die Theorie. In der Praxis muss man aber die zum Teil historisch gewachsene bestehende IT-Landschaft berücksichtigen, da die Anwendungsfunktionen erst herausgelöst und als Applikations-Services in die Landschaft integriert werden müssen.

Vorhandene IT-Systeme sind häufig monolithisch. Um den Ziel-Zustand zu erreichen, haben Sie dann zwei Möglichkeiten. Sie können entweder Systeme durch neue selbst entwickelte oder zugekaufte modulare Systeme ablösen oder aber vorhandene Systeme in Komponenten zerlegen. Die Umsetzung erstreckt sich bei komplexen Systemen in beiden Fällen über viele Jahre. Der Aufwand und die Zeit für die Umsetzung der „idealen" Business-Services sind häufig nicht vertretbar und durchsetzbar. Aufwand und Nutzen des für „ideale" Business-Services erforderlichen Umbaus müssen sorgfältig gegeneinander abgewogen werden.

Besonders schwierig ist dies bei historisch gewachsenen Legacy-Anwendungen. Schon kleine Änderungen können in dem komplexen Gesamtsystem unüberschaubare und verheerende Auswirkungen haben. Diese wartungsintensiven und inflexiblen Anwendungen werden entsprechend dem Grundsatz „never touch a running system" über lange Zeit nur am Leben gehalten und nur verändert, wenn es zwingend notwendig erscheint. Erweiterungen werden häufig nicht sauber integriert, sondern als „Rucksack" implementiert. Dies führt zu einer unnötigen und unüberschaubaren Komplexität infolge unnötiger Schnittstellen, Redundanzen und einer technologischen Vielfalt. Eine schrittweise Ablösung oder Umstrukturierung ist zwar wie eine „Operation am offenen Herzen" mit großen Risiken verbunden, aber häufig ist das die einzige Chance, auf Dauer dem Problem Herr zu werden. Es erfordert aber einen langen Atem. Kurzfristige Erfolge sind selten zu erzielen. Insofern ist die Abwägung sicherlich nicht einfach.

In Bild 7.28 ist die schrittweise Migration vom Ist-Zustand bis zum Ziel-Zustand symbolisch dargestellt. Dies macht die Herausforderungen gut sichtbar.

BILD 7.28 Schrittweise Migration in Richtung Ziel-Zustand

> **Wichtig:**
> Die Komponentisierung der IT-Landschaft und die Einführung einer Integrationsarchitektur sind wichtige Bestandteile der IT-Konsolidierung. Eine solche IT-Konsolidierung können Sie nur mit großem Durchhaltewillen über viele Jahre hinweg im Rahmen von Projekten und Wartungsmaßnahmen umsetzen. Dies verursacht sicherlich bei den ersten Projekten Mehrkosten, um die fachliche und technische Architektur und Infrastruktur zu schaffen. Nur so erreichen Sie aber die gewünschte Flexibilität.
>
> Nutzen Sie möglichst jedes Projekt und auch Wartungsmaßnahmen, um Ihre IT schrittweise vorzubereiten (Komponentisierung und Integrationsarchitektur). Die Argumentation gegenüber der Unternehmensführung ist sicherlich nicht einfach. Wenn die Fachbereiche bislang unzufrieden mit Dauer und Kosten der Umsetzung von Geschäftsanforderungen sind, können Sie diese „Pains" für Ihre Argumentation nutzen.

Sowohl für die Identifikation der „idealen" Business-Services als auch für den Abgleich mit den bestehenden Systemen und für die Migrationsplanung liefert das Business-Analyse-Instrumentarium wertvolle Unterstützung. Die statischen und ablauforientierten Modelle, die bottom-up entstehen, sind feingranularer als die Top-down-Modelle. Use-Cases, Prozessablaufdiagramme und fachliche Klassenmodelle sind neben verfeinerten fachlichen Komponentenmodellen die wesentlichen Bottom-up-Modelle (siehe hierzu Abschnitt 7.4.4.4).

In der Tabelle 7.6 finden Sie die wesentlichen Vor- und Nachteile des Bottom-up- und Top-down-Ansatzes gegenübergestellt.

TABELLE 7.6 Gegenüberstellung des Bottom-up- und des Top-down-Ansatzes

	Bottom-up-Ansatz	Top-down-Ansatz
Charakteristika	„Projektgetrieben"	Unternehmensübergreifend
	Entwicklung eines Service wird durch Projektanforderungen initiiert	Services werden im Rahmen des Enterprise Architecture Management definiert
Vorteile	Verwendbarkeit durch reale Anforderungen sichergestellt	Business-IT-Alignment
	Erfahrungen werden „im Kleinen" gesammelt	Design für unternehmensübergreifenden Einsatz
		Risiko redundanter Services reduziert
		Nutzen von Investitionen leichter transparent zu machen
Herausforderungen	Berücksichtigung von strategischen und unternehmensübergreifenden Aspekten	Unternehmensübergreifendes SOA erfordert eine hohe Anfangsinvestition
	Projektgranularität für Enterprise Level passend?	Die Komplexität des übergreifenden Ansatzes muss beherrscht und reale Services müssen bereitgestellt werden
	„Siloed" SOA führt nicht zwangsläufig zu einer unternehmensübergreifenden Lösung	

Empfehlung: Eine hybride und agile Vorgehensweise

Wir empfehlen eine hybride und gleichzeitig agile Vorgehensweise, um die Vorteile von beiden Ansätzen zu vereinen. Übergeordnete Vorgaben und Strukturen für Business-Services sollten im Rahmen des Enterprise Architecture Managements gesetzt und projektgetrieben, d. h. bottom-up, mit Leben gefüllt bzw. justiert werden.

Insbesondere durch ein funktionales Referenzmodell und fachliche Komponentenmodelle geben Sie Top-down-Kandidaten für Business-Services vor. Die top-down vorgeschlagenen Kandidaten dienen als Input für das Service-Design in Projekten. Konkret nutzbare Business-Services entstehen erst im Rahmen von Projekten und Wartungsmaßnahmen (bottom-up). Die bottom-up bereitgestellten Services können sich von den Top-down-Servicekandidaten durchaus unterscheiden, da die bereitgestellten Services die realen Projektanforderungen umsetzen. Sie ersetzen oder ergänzen die Top-down-Servicekandidaten zumindest teilweise.

Das funktionale Referenzmodell ist der fachliche Bauplan und Ihr spezifisches SOA-Referenzmodell ist der technische Bauplan für Ihre serviceorientierte Landschaft. Durch eine geeignete SOA-Governance erwecken Sie diese schrittweise zum Leben. Siehe hierzu [Kra04] und [Eng08].

> **Wichtig:**
> Durch einen regelmäßigen Abgleich der Top-down-Vorgaben mit den Erkenntnissen aus den Projekten wird der fachliche und technische Bauplan schrittweise justiert und damit immer „realitätsnaher". So lässt sich die Angemessenheit der Business-Services für die Umsetzung der Geschäftsanforderungen sicherstellen.

Das Zusammenwirken von den Top-down- und Bottom-up-Vorgehen wird in Bild 7.29 dargestellt.

BILD 7.29 Agile Entwicklungsstrategie für Services

Top-down werden in der Strategieentwicklung und insbesondere im Enterprise Architecture Management der fachliche und technische Bauplan und Service-Strategien gestaltet und für die Bottom-up-Umsetzung im Rahmen von Projekten und Wartungsmaßnahmen vorgegeben.

In Projekten findet für die Liefereinheiten (Inkremente) eine Analyse, Konzeption, Entwicklung, Integration der Services statt (siehe Abschnitt 7.4.4.4). Spätestens dann muss erneut ein Abgleich mit dem dann bestehenden fachlichen und technischen Bauplan erfolgen. Die Abweichungen fließen als Input sowohl in die Top-down- als auch in die Bottom-up-Weiterentwicklung ein. Idealerweise sollten Unstimmigkeiten aber bereits dann, wenn sie (z. B. bei der Analyse oder der Konzeption) festgestellt werden, zurückgespielt und eine gemeinsame Lösung gesucht werden.

Startpunkt ist die Analyse der Geschäftsanforderungen zur Identifikation von Servicekandidaten. In der Konzeption werden die zu implementierenden Services und deren Umsetzungseinheiten festgelegt und die Services gegebenenfalls in Inkrementen entwickelt, integriert und getestet. Anschließend startet der Kreislauf neu. Die Gesamtsituation wird wieder analysiert und das nächste Inkrement oder Service geplant.

Die eigentliche Entwicklung wird in Bild 7.30 weiter detailliert. Hier wird zwischen der Entwicklung des Services und des für die Nutzung des Services häufig notwendigen Applikations-Frontend unterschieden. Das Applikations-Frontend ist in der Regel dann notwendig, wenn der Service oder aber die Integrationsinfrastruktur (z. B. Worklist einer Workflow-Engine) selber keine Benutzerschnittstelle hat. Für die Entwicklung von Service und Applikations-Frontend sind eine Reihe von Aktivitäten notwendig. Dies fängt mit der Implementierung eines Test-Clients beziehungsweise Test-Services an, mit dem die Funktionalität als Ganzes getestet werden kann. Dann folgen die eigentliche Entwicklung, der Entwicklungstest und das Deployment der Softwarepakete für den Service und das Applikations-Frontend, die dann in die Gesamtumgebung integriert werden.

BILD 7.30 Vorgehen bei der Entwicklung von Services nach [Kra04]

In der Praxis gibt es, wie schon erläutert, auch bei der agilen Entwicklungsstrategie viele Herausforderungen. Hierzu zählen:

- **Transparenz über die Ist-Situation**
  Die Transparenz über die Ist-Situation ist die Grundlage, um die IT-Landschaft schrittweise in Richtung zum Ziel-Zustand weiterentwickeln zu können.
- **Identifikation der für SOA relevanten Anwendungsbereiche** (siehe Abschnitt 7.4.4)
  Voraussetzung für die Identifikation von SOA-relevanten Anwendungsbereichen sind bekannte Agilitätsanforderungen, die mit der Unternehmensstrategie einhergehen.
- **Gestaltung der Service-Strategie**
  Hierzu müssen die Agilitätsanforderungen verstanden und über ein Business-IT-Alignment (Verknüpfung zwischen Geschäftsarchitektur und Informationssystemlandschaft) in Verbindung zur IT-Landschaft gebracht werden.

Daneben gibt es auch hier folgende allgemeine zusätzliche Herausforderungen:

- **Gewährleistung eines zuverlässigen Geschäftsbetriebs auch während der Migration**
  Der laufende Geschäftsbetrieb darf während der Migrationsphase nicht gestört werden. Hierzu müssen Risikovorkehrungen getroffen werden, wie z. B. eine Rückfallstrategie.
- **Architektur- und Management-Skills**
  Die Gestaltung des Ziel-Zustands und der Roadmap zur Umsetzung erfordert hohe Architektur-Skills (siehe [Han11]). Die Umsetzung erfordert Nachhaltigkeit und Durchsetzungsvermögen.

Hilfestellungen für diese Herausforderungen finden Sie in Kapitel 6, [Kra04], [Eng08] und [Sla11].

Nun betrachten wir die Ableitung von Business-Services aus der Projektperspektive noch etwas näher an.

7.4.4.4 Schritt-für-Schritt-Anleitung für die Ableitung von Business-Services in Projekten

Im Folgenden finden Sie eine Schritt-für-Schritt-Anleitung für die Ableitung von Business-Services im Rahmen von Projekten. Hierbei gehen wir von der agilen Entwicklungsmethode aus, die im vorhergehenden Abschnitt beschrieben ist.

Die folgenden sechs Schritte zur Ableitung von Business-Services (siehe Bild 7.31) haben sich bewährt. Für Beispiele sei auf [HGG12] verwiesen.

Schritt 1	Schritt 2	Schritt 3	Schritt 5	Schritt 6
Top-down-Vorgaben & Service-Strategie ermitteln	Überblicksdokumentation erstellen	Entitätenzentrierte Servicekandidaten identifizieren Schritt 4 Aufgabenorientierte Servicekandidaten identifizieren	„Ideale" Business-Services festlegen	„Ideale" Business-Services mit Ist-Situation abgleichen

BILD 7.31 Vorgehen bei der Ableitung von Business-Services in Projekten

Schritt 1: Ermitteln Sie Ihre Top-down-Vorgaben und Service-Strategie

Nutzen Sie, wenn vorhanden, das funktionale Referenzmodell und fachliche Komponentenmodelle sowie gegebenenfalls die Prozesslandkarte, Swimlane-Diagramme und Prozessablaufdiagramme (siehe Abschnitt 5.4.1 und [HGG12]). Ermitteln Sie die für das Projekt relevanten Ausschnitte dieser Top-down-Modelle.

Liegen solche Modelle nicht vor, ermitteln Sie zumindest die relevanten Geschäftsprozesse auf Wertschöpfungskettenebene und/oder groben fachlichen Komponenten. Diese können gut für eine Strukturierung (fachliche Domänen) der Business-Services herangezogen und im Rahmen des Projekts schrittweise mit Leben gefüllt werden. Damit haben Sie bereits die erste Iteration des funktionalen Referenzmodells.

> **Wichtig:**
> Nutzen Sie nur vorhandene Top-down-Modelle. Sie können im Rahmen eines Projekts kein umfassendes funktionales Referenzmodell und keine SOA-Referenzarchitektur erstellen. Dies ist aufgrund des Abstimmungsaufwands zeitlich kaum möglich und würde vom Projekt nicht „getragen" werden.

Sammeln Sie technische Vorgaben und erstellen Sie eine Architekturvision für die Umsetzung von Services, wie z. B. eine SOA-Referenzarchitektur. Ermitteln Sie die Randbedingungen für die Gestaltung von Business-Services, die daraus resultieren.

Wenn Sie noch über keine Service-Strategie verfügen, analysieren Sie Ihre Unternehmens- und IT-Strategie sowie Geschäftsanforderungen und identifizieren Sie Ihre Agilitätsanforderungen und weitere Randbedingungen. Interviewen Sie hierzu die Schlüsselpersonen im Business. Leiten Sie in Abstimmung mit den Schlüsselpersonen eine Service-Strategie ab.

> **Empfehlung:**
> Wenn die Service-Strategie noch nicht vorliegt oder die Agilitätsanforderungen nicht klar kommuniziert sind, müssen Sie Annahmen darüber treffen, diese dokumentieren und z. B. in einer Folge von Workshops mit den jeweiligen Verantwortlichen abstimmen. Dies sind wichtige Randbedingungen für die Gestaltung Ihrer Business-Services.
>
> Dokumentieren Sie alle Vorgaben, Randbedingungen und Annahmen für die Nachvollziehbarkeit von Entscheidungen.

Schritt 2: Erstellen Sie eine Überblicksdokumentation

Dokumentieren und analysieren Sie die für den Projektkontext relevanten Geschäftsanforderungen grobgranular. Nutzen Sie hierfür die Vorgehenshinweise, Hilfestellungen und Ergebnistypen aus den vorhergehenden Kapiteln. Erfassen Sie insbesondere auch die Randbedingungen, Annahmen und nichtfunktionalen Anforderungen (siehe [Rup07]). Sofern die Modelle nicht bereits vorliegen, werden diese dabei erstellt.

Folgende iterativ auszuführenden Schritte sind hierfür notwendig:

- **Ermitteln Sie den Kontext.**
  Nutzen Sie die für das Projekt relevanten Ausschnitte der Top-down-Modelle. Erweitern, verändern oder verfeinern Sie die Top-down-Modelle, falls notwendig. Stimmen Sie die Veränderungen an den Top-down-Modellen mit den Unternehmensarchitekten ab (siehe Abschnitt 7.4.4.3).

  Erstellen oder verfeinern Sie insbesondere das funktionale Referenzmodell und das fachliche Komponentenmodell für den relevanten Ausschnitt, so dass die fachlichen Funktionen als Top-down-Ausgangspunkt für die Ableitung der Business-Services herangezogen werden können (erster Wurf). Sammeln Sie hierzu fachliche Funktionen und clustern Sie diese in fachliche Domänen. Als fachliche Domänen werden häufig Geschäftsprozesse auf Wertschöpfungskettenebene verwendet (siehe Abschnitt 7.4.3).

  Nutzen Sie hierbei, soweit schon vorhanden, Informationen aus der Use-Case- und Geschäftsprozessdokumentation. Hilfestellungen hierzu finden Sie in Kapitel 3.

  > **Empfehlung:**
  > Im Rahmen der Analyseaktivität im Projekt werden die vorhandenen Top-down-Modelle erweitert, verfeinert oder verändert. Diese Änderungen sollten gesammelt vor der finalen Festlegung der Services mit den jeweiligen verantwortlichen Unternehmensarchitekten abgestimmt werden. Nur so können Sie sicherstellen, dass die strategischen übergreifenden Zielsetzungen auch berücksichtigt werden. Zudem ersparen Sie sich eine Menge Ärger und Korrekturaufwand, falls in Folge von Reviews oder Abnahmen die Service-Konzeption nochmals geändert werden muss.

- **Sammeln und dokumentieren Sie die Geschäftsobjekte.**
  Identifizieren Sie die relevanten Geschäftsobjekte und erstellen Sie grobgranular fachliche Klassenmodelle. Dokumentieren Sie darüber hinaus Geschäftsregeln (Constraints, Einschränkungen und Berechnungen) zumindest in Prosa.

  In den fachlichen Klassenmodellen werden die Geschäftsobjekte und ihre Beziehungen dargestellt. In der Dokumentation der Geschäftsregeln werden die Abhängigkeiten, Einschränkungen (Constraints) und Berechnungen beschrieben.

- **Ermitteln Sie die Use-Cases.**
  Schaffen Sie, falls noch nicht vorhanden, einen möglichst vollständigen Überblick über die grobgranularen (System) Use-Cases (siehe [HGG12]) mit minimal der Bezeichnung und der Beschreibung. Ordnen Sie die Use-Cases den Geschäftsprozessen, genauer genommen den Geschäftsprozessaktivitäten, zu.

  Soweit mit geringem Zeitaufwand möglich, dokumentieren Sie zumindest grob wesentliche Use-Case-Schritte, aber vor allen Dingen Variationen, Sonderfälle und Fehlerfälle, wenn hier wichtige Funktionalitäten vermutet werden können. Nutzen Sie auch hier, soweit möglich, fachliche (Teil-)Funktionen aus dem funktionalen Referenzmodell.

  Erweitern oder verfeinern Sie gegebenenfalls die Sammlung der fachlichen Funktionen und deren Teilfunktionen und dokumentieren Sie diese als mögliche noch nicht abgestimmte Funktionen im funktionalen Referenzmodell und/oder fachlichen Komponentenmodell.

Empfehlung:

Für die Ableitung der aufgabenorientierten Services sind auf jeden Fall entweder die Use-Case-Sammlung oder aber gegebenenfalls Swimlane- oder Prozessablaufdiagramme erforderlich. Use-Cases sind jedoch vorzuziehen, da sie bereits eine Systemperspektive haben. Sie können also gegebenenfalls auf detaillierte Geschäftsprozessdokumentationen verzichten.

Wenn sowohl Use-Cases als auch Geschäftsprozesse dokumentiert werden, ordnen Sie Use-Cases den Aktivitäten der Geschäftsprozesse zu. Ein Use-Case beschreibt in sich abgegrenzte Funktionen eines IT-Systems, welche Akteure bei der Durchführung von einer oder mehreren Aktivitäten in Geschäftsprozessen unterstützen (siehe [HGG12]).

So haben Sie ein adäquates Mittel zur Konsistenzprüfung. Ein Geschäftsprozess stellt eine Zusammenfassung von fachlich zusammenhängenden Aktivitäten dar, die durchgeführt werden, um das Kundenbedürfnis End-to-end zu befriedigen. Die Use-Cases unterstützen bei der Ermittlung der Aktivitäten.

- **Detaillieren Sie die Geschäftsprozesse**
  Ermitteln Sie Teilprozesse sowie wesentliche Aktivitäten und modellieren Sie diese in einem Swimlane-Diagramm (siehe Abschnitt 5.4). Soweit für das Verständnis oder die Abstimmung notwendig, erstellen Sie auch detaillierte Prozessablauf-Diagramme (siehe Abschnitt 5.4.1 und [HGG12]). Verwenden Sie als Aktivitäten, soweit möglich, fachliche Funktionen oder Teilfunktionen.

Wichtig:

Bestehende Geschäftsprozessdokumentationen entsprechen häufig nicht den Modellierungsempfehlungen. Die Teilprozesse und Aktivitäten innerhalb eines Geschäftsprozesses liegen häufig in unterschiedlicher Granularität vor und verwenden keine abgestimmten fachlichen Funktionen. Analysieren Sie und berücksichtigen Sie dies bei der Ableitung von Services.

Erweitern oder verfeinern Sie gegebenenfalls die Sammlung der fachlichen Funktionen und deren Teilfunktionen und dokumentieren Sie diese als mögliche noch nicht abgestimmte Funktionen im funktionalen Referenzmodell und im fachlichen Komponentenmodell.

Wichtig:

Beschränken Sie sich bei der Erstellung der Überblicksdokumentation auf das Wesentliche und Wichtige. Der Aufwand muss in einem angemessenen Verhältnis zum Nutzen stehen und vor allen Dingen in kurzer Zeit leistbar sein. Wichtig ist hier die richtige Granularität der Modelle. Dies ist bei den einzelnen Modellen oben ausgeführt.

Auf der Basis der Überblicksdokumentation kann die Ableitung von Servicekandidaten starten. Das Vorgehen für die Ableitung von aufgabenorientierten Services unterscheidet sich von dem für entitätenzentrierte Services. Daher beschreiben wir dies im Folgenden getrennt voneinander. Die Reihenfolge ist, wie in Bild 7.31 dargestellt, gleichgültig. Häufig wird mit entitätenzentrierten Servicekandidaten gestartet, da dies einfacher erscheint.

Schritt 3: Identifizieren Sie Kandidaten für entitätenzentrierte Services

Sammeln Sie durch Analyse und gegebenenfalls Verfeinerung der fachlichen Klassenmodelle und Geschäftsregeln mögliche Servicekandidaten. Folgende iterativ auszuführenden Schritte sind hierfür notwendig:

1. **Identifizieren Sie die Kernentitäten.**
   Kernentitäten sind die Geschäftsobjekte von Bedeutung, die unabhängig von anderen existieren. Beispiele für Kernentitäten sind „Auftrag" oder „Kunde". Ermitteln Sie die Kernentitäten, die für den Projektkontext relevant sind, möglichst vollständig.

   Analysieren Sie die vorliegenden Modelle und verfeinern Sie diese gegebenenfalls. Dokumentieren Sie die Ergebnisse im fachlichen Klassenmodell.

   Die wesentliche Quelle sind Interviews mit den fachlichen Experten. Aber auch die anderen Modelle sind hilfreich. So können Sie z. B. aus einem detaillierten Prozessablaufdiagramm ableiten, welche Geschäftsobjekte für welchen Prozessschritt relevant sind. Jede Aktivität muss sich auf konkrete Entitäten beziehen. So bezieht sich z. B. der Prozess „Produkt beauftragen" auf die Geschäftsobjekte „Auftrag", „Kunde" und „Produkt". Analog können Sie auch aus Use-Cases Anhaltspunkte ableiten. Falls diese detaillierten Beschreibungen nicht vorliegen oder sich nicht mit vertretbarem Aufwand erstellen und abstimmen lassen, können Sie die Geschäftsobjekte aus Schnittstellenbeschreibungen heraus ableiten. Nutzen Sie auch die Hilfestellungen in [HGG12] und [Rup07].

   Ordnen Sie die gesammelten Kernentitäten den fachlichen Domänen des funktionalen Referenzmodells beziehungsweise den Komponenten des fachlichen Komponentenmodells zu. Falls nicht zuordenbar, sind es Kandidaten für eine neue fachliche Domäne. Stimmen Sie dies mit den verantwortlichen Unternehmensarchitekten ab.

2. **Legen Sie mögliche fachliche Komponenten fest.**
   Die identifizierten Kernentitäten sind Kandidaten für fachliche Komponenten. Ordnen Sie die eng mit diesen Kernentitäten verbundenen Entitäten den Kernentitäten zu. So gehört z. B. das Geschäftsobjekt „Auftragstyp" zur Kernentität „Auftrag". Kriterium für die Zuordnung ist die enge Kopplung.

3. **Analysieren Sie die Beziehungen zwischen den identifizierten fachlichen Komponenten.**
   Um die Abhängigkeiten zwischen den fachlichen Komponenten zu ermitteln und um zyklische Abhängigkeiten zu vermeiden, müssen alle Assoziationen zwischen den Geschäftsobjekten der verschiedenen fachlichen Komponenten analysiert werden. Durch Festlegung von Navigationsbeziehungen kann die Richtung sichtbar gemacht werden. Durch die Auflösung der Abhängigkeiten zwischen den so identifizierten fachlichen Komponenten wird das Gesamtmodell konsolidiert.

   Stellen Sie sicher, dass fachlich eng zusammenhängende Services in fachlichen Komponenten im fachlichen Komponentenmodell zusammengefasst werden und wenige Abhängigkeiten zwischen den fachlichen Komponenten bestehen.

4. **Legen Sie die Kandidaten für die entitätenzentrierten Services fest.**
   Neben den Verwaltungs-Services („CRUD"), wie „Auftrag anlegen", sind die verschiedenen Geschäftsregeln mögliche Kandidaten für diese Art von Business-Services.

5. **Überarbeiten Sie das funktionale Referenzmodell und das fachliche Komponentenmodell.**
   Erweitern oder verändern Sie das funktionale Referenzmodell und/oder das fachliche Komponentenmodell um die Servicekandidaten (als fachliche Funktionen) und die fachlichen Komponenten, wenn diese noch nicht enthalten sind.

> **Hinweis:**
>
> Das fachliche Komponentenmodell folgt der Strukturierung in fachliche Domänen des funktionalen Referenzmodells. Die fachlichen Domänen sind grobgranulare fachliche Komponenten. Im fachlichen Komponentenmodell werden die fachlichen Domänen gegebenenfalls weiter detailliert.
>
> In der Projektarbeit wird in der Regel am fachlichen Komponentenmodell gearbeitet. Die Ergebnisse werden dann ins funktionale Referenzmodell konsolidiert. Beide Modelle können aber auch gleichzeitig gepflegt werden.

BILD 7.32 Ausschnitt aus einem fachlichen Klassenmodell vom EasyHouse

Beispiel EasyHouse:

In Bild 7.32 finden Sie ein fachliches Klassenmodell aus dem EasyHouse-Beispiel aus [HGG12]. In diesem sind die Kernentitäten Partner, Smart-Home-Auftrag und Geräte hervorgehoben. Die „CRUD"-Verwaltungs-Services sind gleichzeitig Kandidaten für entitätenzentrierte Services für alle Kernentitäten.

Schritt 4: Identifizieren Sie die Kandidaten für aufgabenorientierte Services

Aus den ablauforientierten Modellen (Dokumentation der Use-Cases und/oder Geschäftsprozesse) werden Kandidaten für aufgabenorientierte Services abgeleitet. Die Überblicksdokumentation wird im Rahmen der Ableitung verfeinert und gegebenenfalls geändert.

> **Empfehlung:**
> Erstellen Sie, wenn vom Aufwand her darstellbar, einen GUI-Prototyp. GUI-Prototypen dienen als Diskussionsgrundlage für die Anwender und stellen sicher, dass die Anforderungen „richtig" verstanden wurden.

Folgende iterativ auszuführende Schritte sind hierfür notwendig:

1. **Analysieren Sie die Aktivitäten.**
   Analysieren Sie die Use-Cases bzw. Dialoge von GUI-Prototypen, sofern vorhanden, oder Teilprozesse beziehungsweise Aktivitäten im Prozessablaufdiagramm oder Swimlane-Diagramm. Erstellen oder verfeinern Sie diese Modelle, wenn diese noch nicht in der erforderlichen Granularität vorhanden sind. Eine Dokumentation der nichtfunktionalen Anforderungen und zu erwartenden Fehler- und Ausnahmefälle ist zudem hilfreich.

   Jeder nicht manuell ausgeführte Use-Case oder ggf. jede Aktivität/jeder Teilprozess ist ein Servicekandidat (und auch ein Kandidat für eine fachliche Funktion).

2. **Überprüfen Sie den Projektkontext.**
   Filtern Sie die Servicekandidaten heraus, die nicht im Projektkontext liegen. Diese werden nicht weiter betrachtet. Ein typischer Fall hierfür ist die Nutzung von Funktionalitäten einer Standardsoftware, deren Anpassung kein Bestandteil des Projekts ist.

3. **Filtern Sie entsprechend der Servicekategorien.**
   Filtern Sie die Servicekandidaten heraus, die Geschäftsregeln, Bedingungslogik oder Ablauflogik enthalten.

   Die Ablauflogik wird über Orchestration Services umgesetzt, um eine höhere Flexibilität zu erzielen. Die Geschäftsregeln und die Bedingungslogik werden über entitätenzentrierte Services abgebildet, um Daten und Geschäftsregeln zu bündeln. Hierzu kommt häufig auch eine Rule-Engine zum Einsatz.

   Gleichen Sie die bereits ermittelten entitätenzentrierten Services mit den hier ermittelten ab und verändern oder ergänzen Sie die Sammlung von entitätenzentrierten Services.

4. **Fassen Sie zusammen oder zerlegen Sie die aufgabenorientierten Servicekandidaten.**
   Um eine möglichst einheitliche Granularität zu erreichen, müssen die Services ggf. zusammengelegt oder weiter zerlegt werden. Die aufgabenorientierten Servicekandidaten sollten sich funktional möglichst nicht überschneiden.

Berücksichtigen Sie hier insbesondere auch die in der Service-Strategie geforderte Granularität.

5. **Überarbeiten Sie das funktionale Referenzmodell und das fachliche Komponentenmodell.**
   Ordnen Sie die identifizierten Servicekandidaten in das fachliche Komponentenmodell ein. Erweitern oder verändern Sie das fachliche Komponentenmodell um die fachlichen Servicekandidaten und die fachlichen Komponenten, wenn diese noch nicht enthalten sind.

   Nach Fertigstellung des fachlichen Komponentenmodells gleichen Sie dieses mit dem funktionalen Referenzmodell ab, erstellen Sie Änderungsvorschläge und stimmen Sie diese mit den Unternehmensarchitekten ab.

> **Empfehlung:**
> Schnittstellen zwischen den fachlichen (Teil-)Komponenten im fachlichen Komponentenmodell lassen sich gut aus den Abhängigkeiten zwischen Use-Cases ableiten.

> **Wichtig:**
> Bei der Ableitung der aufgabenorientierten Services können Sie im Gegensatz zur Ableitung der Entitätenzentrierten Services iterativ vorgehen. Die Verfeinerung der Use-Cases kann entsprechend der ausgewählten Realisierungsanforderungen (siehe [HGG12]) erfolgen.

Die identifizierten Business-Services sind in diesem Beispiel gleichzeitig die „idealen" Business-Services und lassen sich auch so in der Realität abbilden.

Schritt 5: Festlegung der „idealen" Business-Services

Durch die Analyse der Komponenteninteraktion werden die „idealen" (= gewünschten) Business-Services festgelegt. Auf Grundlage der ablauforientierten Modelle (übergreifende Use-Case-Szenarien oder Geschäftsprozessabhängigkeiten) wird das Zusammenspiel der fachlichen Komponenten ermittelt. Hierzu verwendet man das fachliche Komponentenmodell auf der Überblicksebene und das UML-Kommunikationsdiagramm (siehe [Rup07]) für Detailsichten.

1. **Analysieren Sie alle Use-Cases (beziehungsweise Geschäftsprozesse) übergreifend mittels Kommunikationsdiagrammen (Szenarien).**
   Erstellen Sie Szenarien, in denen Sie die Abhängigkeiten zwischen Use-Cases als Ausstiegs-/Rücksprungschritte zwischen Szenarien unterschiedlicher Use-Cases modellieren. Ordnen Sie soweit möglich Geschäftsobjekte zu. Verfeinern Sie die Service-Schnittstellen (u. a. Methoden und deren Signaturen). Leiten Sie Schnittstellen zwischen den fachlichen Komponenten im fachlichen Komponentenmodell aus den Verbindungen im Kommunikationsdiagramm ab.

2. **Verfeinern Sie die Modelle und legen Sie die Business-Services und deren Schnittstellen und Kontrakte im Detail fest** (siehe [Sta09]).

3. **Gleichen Sie die resultierenden Business-Services mit der Service-Strategie ab und verschmelzen Sie gegebenenfalls Business-Services.**
   Durch die Service-Strategie werden neben Implementierungsvorgaben insbesondere die Arten von Services und deren Granularität festgelegt.

4. **Stimmen Sie die Modelle mit den verschiedenen Verantwortlichen ab und führen Sie eine Entscheidung über den Serviceschnitt herbei.**
   Dies ist die Grundlage für das detaillierte Servicedesign und die Serviceentwicklung.

   Stimmen Sie insbesondere auch die fachlichen Funktionen und deren Einordnung im funktionalen Referenzmodell mit den verantwortlichen Unternehmensarchitekten ab.

Durch den hier beschriebenen Best-Practice-Ansatz finden Sie eine geeignete Granularität für die „idealen" Business-Services, die die „Units of work" zur Umsetzung der Projektanforderungen kapseln.

Schritt 6: Abgleich der „idealen" Business-Services mit der Ist-Situation

Wie in Abschnitt 7.4.4.2 ausgeführt, ist der Abgleich mit der Realität Grundlage, um das Projekt wirtschaftlich und im Zeitrahmen durchzuführen. Hierzu müssen die bestehende IT-Landschaft analysiert und die vorhandenen fachlichen und technischen Möglichkeiten der Legacy-Anwendungen festgestellt werden. Grundlage für den Abgleich sind die „idealen" Business-Services. Hieraus können Anforderungen an die Applikations-Services für die Anbindung der Legacy-Anwendungen abgeleitet werden.

Folgende Schritte sind hierfür notwendig:

1. Identifikation der zur Unterstützung von Business-Services in Frage kommenden Applikations-Services anhand der Geschäftsobjekte und der Funktionalitäten.

2. Analyse der Applikations-Services in Bezug auf die Abdeckung der geforderten Funktionalitäten und benötigten Daten. Sie müssen sich Fragen stellen wie z. B.:
   - Können bestehende Applikations-Services wiederverwendet werden?
   - Müssen Applikations-Services erweitert, kombiniert oder verändert werden?
   - Müssen neue Applikations-Services bereitgestellt werden?

   Damit erlangen Sie ein Verständnis davon, ob der Business-Service überhaupt und gegebenenfalls mit welchem Aufwand in dieser Form mit den relevanten Anwendungsfunktionen und Daten beliefert werden kann. Auf dieser Basis kann eine Entscheidung darüber getroffen werden, ob die Applikations-Services entsprechend bereitgestellt (d. h. ggf. verändert oder neu erstellt werden) oder aber der „ideale" Business-Service so nicht umgesetzt wird.

3. Festlegung der Business-Services und Applikations-Services.

   Dokumentation der resultierenden Business-Services und Applikations-Services.

   Dies schließt gegebenenfalls eine Veränderung der „idealen" Business-Services entsprechend der Entscheidung aufgrund des Analyseergebnisses mit ein.

   Gegebenenfalls wird eine Komponentisierung der Legacy-Anwendungen erforderlich. Hier gibt es einige bewährte Aktivitäten:

a) Identifizieren der noch relevanten Funktionsblöcke
b) Schneiden von grobkörnigen Komponenten (Services) mit klaren Verantwortlichkeiten
c) Entkopplung von Interface und Implementierung
d) Entkopplung von Geschäftsprozesssteuerung, Fachkomponenten und I/O-Logik
e) Herauslösung kontext-, mandanten- und länderspezifischer Teile in Konfigurationsanteile
f) Kapselung von atomaren Transaktionen soweit möglich

Nach der Festlegung der Business-Services und Applikations-Services müssen diese umgesetzt werden. Dies kann sowohl agil als auch wasserfallartig erfolgen. Wir empfehlen eine gesteuerte evolutionäre Umsetzung („Managed Evolution"), um frühzeitig und regelmäßig Feedback zu erhalten (siehe [Kra04]). Wie bei allen anderen Vorgehensweisen gibt es auch dabei Risiken, wie in Abschnitt 7.4.4.2 bereits ausgeführt.

Die resultierenden Business-Services sind bereits in Bild 7.26 beschrieben. In Bild 7.33 finden Sie in einer Grafik nochmals die Zusammenhänge zwischen den wesentlichen Modellen auf einen Blick zusammengestellt.

Das Wesentliche zur Ableitung von Business-Services:

Serviceorientierte Architekturen versprechen Business-Agilität – die Fähigkeit zur flexiblen und effektiven Umsetzung sich immer schneller ändernder Geschäftsanforderungen. Voraussetzung dafür ist Flexibilität in der IT. Dazu müssen die Geschäftsregeln und Business-Funktionen von der Prozesslogik getrennt und in Business-Services gekapselt werden. Die bestehende IT-Landschaft muss in Komponenten mit Serviceschnittstellen „zerschlagen" und eine Integrationsarchitektur eingezogen werden, die es erlaubt, die geschäftlichen Abläufe transparent und änderungsfreundlich zu unterstützen.

Bei der Ableitung der Business-Services auf Basis der realen Geschäftsanforderungen werden die Top-down vorgegebenen Strukturen bottom-up mit Leben gefüllt. Ein funktionales Referenzmodell und ein fachliches Komponentenmodell mit fachlichen Domänen und fachlichen Komponenten geben neben gegebenenfalls einer Prozesslandkarte den übergeordneten Bauplan vor, der für die SOA-Governance genutzt werden kann. Business-Services stehen als wiederverwendbarer Katalog zur Orchestrierung zur Verfügung. Dem Wunschbild einer flexiblen IT, die sich an verändernde Geschäftsprozesse anpasst, kommen Sie damit in jedem Fall einen Schritt näher. Nutzen Sie die Hilfestellungen aus diesem Abschnitt für die Ableitung Ihrer Business-Services.

Die Migration zu einer serviceorientierten Landschaft ist sowohl fachlich und technisch als auch organisatorisch sehr komplex und erfordert einen langen Atem. Der Ausgangspunkt ist die Festlegung der Service-Strategie. Doch nicht immer ist SOA der „richtige" Lösungsansatz; Flexibilität wird nicht in allen Anwendungsbereichen benötigt. Die Entscheidung für SOA in einem Anwendungsbereich erfordert ein nachhaltiges Management-Commitment und ein Evangelisieren der verschiedenen Stakeholder-Gruppen (siehe [Kra04]).

7.4 Management der Geschäftsarchitektur 473

BILD 7.33 Beispiel für das Zusammenspiel der verschiedenen Modelle

Voraussetzungen für eine erfolgreiche Einführung einer Geschäftsarchitektur:

- Die Geschäftsarchitektur gibt eine „fachliche Sprache" als verbindliche Kommunikationsbasis und Zielvorgabe in Business und IT vor.
- Gestalten Sie eine auf Ihre Ziele und Fragestellungen zugeschnittene Geschäftsarchitektur. Nutzen Sie hierfür die Hilfestellungen in Kapitel 3 und in diesem Kapitel.
- Legen Sie Modellierungsrichtlinien als Vorgabe für die Dokumentation und als Basis für die Qualitätssicherung der Geschäftsarchitekturdokumentation fest! Nur so erzielen Sie eine einheitliche Modellierung.
- Modellieren Sie alle fachlichen Bebauungselemente so grobgranular wie möglich. So behalten Sie die Übersicht und der Aufwand für die Pflege und Konsistenzsicherung hält sich in Grenzen.
- Erstellen Sie beim Einstieg in das Management der Geschäftsarchitektur nur ein fachliches Domänenmodell; entweder eine Prozesslandkarte oder aber ein funktionales Referenzmodell.
- Etablieren Sie die fachliche Bebauungsplanung erst, wenn Sie fachliche Referenzmodelle ohne Unterscheidung des Planungsstatus erfolgreich eingeführt haben.
- Etablieren Sie klar definierte Rollen und EAM-Prozesse und verankern Sie diese in Ihrer Organisation.
Nur durch klar definierte Verantwortlichkeiten und eine Integration in die Planungs-, Durchführungs- und Entscheidungsprozesse erhalten Sie eine hinreichende Aktualität, Vollständigkeit und Qualität der Bebauungsdaten.

7.5 IT-Bebauungsmanagement

*Man kann nicht in die Zukunft schauen,
aber man kann den Grund für etwas Zukünftiges legen –
denn Zukunft kann man bauen.*

Antoine de Saint-Exupéry

IT-Bebauungsmanagement ist eine Metapher, die sich der Bilder und Begriffe der Städte- und Landschaftsplanung bedient. Ein Bebauungsplan im Kontext der Stadtplanung (siehe Bild 7.34) legt das Straßennetz, die möglichen Nutzungen von Grundstücken und die Art der Bebauung fest.

Analog dazu dokumentiert, plant und steuert das IT-Bebauungsmanagement die Weiterentwicklung der IS-Landschaft in ihrem Zusammenwirken mit den anderen Teilarchitekturen (siehe Abschnitt 5.3). Die IS-Bebauung wird in Beziehung zu den fachlichen und technischen Bebauungselementen gebracht. Geschäftsprozesse, Daten und Informationssysteme werden

BILD 7.34 Beispiel eines Bebauungsplans im Kontext der Stadtplanung

in ihrer Gesamtheit und ihrem Zusammenspiel analysiert und bewertet. Die IS-Landschaft wird ausgerichtet an der Unternehmens- und IT-Strategie und den Geschäftsanforderungen zielgerichtet weiterentwickelt.

Das IT-Bebauungsmanagement dokumentiert und gestaltet die IS-Architektur. Die IS-Bebauung verbindet die verschiedenen Bebauungen und den Kontext, wie z. B. Projekte oder Geschäftsanforderungen. Durch die Zuordnung von fachlichen Bebauungselementen zu den Elementen der IS-Bebauung wird die Business-Unterstützung der IT dokumentiert. Für jeden Geschäftsprozess, für jede fachliche Funktion und für jedes Produkt des Unternehmens wird klar, welches IT-System welchen Beitrag leistet. Zusammenhänge und Abhängigkeiten in Business und IT werden transparent. So lassen sich einerseits der fachliche und technische Handlungsbedarf und die Optimierungspotenziale zur Verbesserung der Business-Unterstützung identifizieren. Andererseits können fundierte Aussagen über IT-Auswirkungen von Business-Entscheidungen getroffen werden. Ein wertvoller Input für das Projektportfolio- und Multiprojektmanagement wird geleistet.

Die technische Realisierung der Informationssysteme und Schnittstellen wird durch die Verbindung mit der technischen Bebauung beschrieben. So können auch hier technische Abhängigkeiten, Handlungsbedarf und Optimierungspotenziale aufgedeckt werden. Zum Beispiel kann man damit die Frage beantworten: „Welche Informationssysteme sind vom Release-Wechsel des Datenbanksystems ORACLE betroffen?"

Über die Verknüpfung mit Infrastrukturelementen stellt man die Verbindung zur realen Betriebsinfrastruktur her. Über diese Verbindung können Vorgaben an den Betrieb wie z. B. SLA-Anforderungen weitergegeben werden. Umgekehrt ist auf diese Weise ein Abgleich mit der IT-Realität möglich. So lässt sich feststellen, welche Informationssysteme tatsächlich produktiv genutzt werden und welche SLA-Anforderungen wirklich umgesetzt wurden.

Die IS-Architektur stellt die Verbindungen zwischen den Teilarchitekturen her. Auf Basis dieser Verknüpfungen sind übergeordnete Analysen möglich. Nutzen Sie die folgenden Hilfestellungen, um Handlungsbedarf und Optimierungspotenzial zu identifizieren.

7.5.1 Identifikation von Handlungsbedarf und Optimierungspotenzial

Um Handlungsbedarf und Optimierungspotenzial zu identifizieren, müssen die Bebauungen in ihrem Zusammenspiel gezielt entsprechend ausgewählter Kriterien analysiert und das Ergebnis in einer adäquaten Visualisierung, Liste oder Steuerungssicht dargestellt werden. Die Analyse liefert häufig jedoch nur Anhaltspunkte für eine Tiefenbohrung. In diesen Fällen steht aufgrund der Analyseergebnisse noch nicht fest, ob tatsächlich ein Handlungsbedarf oder Optimierungspotenzial vorliegt. Expertengespräche und Detailanalysen sind zusätzlich erforderlich. Hierfür werden häufig spezialisierte Werkzeuge auf Detaildaten genutzt. Beispiele hierfür sind Projektportfolio-, Prozessmanagement-, UML-, Qualitätssicherungs-, Testwerkzeuge oder Entwicklungsumgebungen.

Wichtige Kriterien für die Erkennung von möglichem Handlungsbedarf oder Optimierungspotenzialen sind einerseits Zusammenhänge unter den Bebauungselementen, wie z. B. „gemeinsame" Daten unterschiedlicher Informationssysteme. Andererseits können fachliche, technische oder finanzielle Bewertungen bzw. Kategorisierungen herangezogen werden. So kann die Bebauung z. B. nach Kosten, Strategie- und Wertbeitrag, Abdeckungsgrad der Geschäftsanforderungen und Risiken wie z. B. dem technischen Gesundheitszustand bewertet werden.

Wie findet man diese Kriterien?

Viele Kriterien werden offensichtlich, wenn ein akuter Handlungsbedarf besteht. Steht z. B. ein Informationssystem häufig wegen Fehler oder Wartungsarbeiten nicht zur Verfügung, besteht ein Anhaltspunkt, dass es mit der Gesundheit des Informationssystems nicht zum Besten steht. Weitere Kriterien lassen sich durch das Herunterbrechen entlang der Bebauungselemente ermitteln. So können durch die Analyse der einzelnen fachlichen Funktionen oder Geschäftsprozesse weitere Kriterien identifiziert werden.

Hilfestellungen für die Identifikation von Anhaltspunkten für Handlungsbedarf und Optimierungspotenzial liefern insbesondere die im Folgenden beschriebenen Analyse-Muster.

Sammlung von Analyse-Muster

Best-Practice-EAM liefert Ihnen eine Sammlung von direkt verwendbaren Analyse-Mustern. Analyse-Muster sind bewährte und verallgemeinerte Schablonen für die Identifikation und Visualisierung von Anhaltspunkten für Handlungsbedarf und Optimierungspotenzial in der IT-Landschaft. Die Analyse-Muster wurden aus verbreiteten Fragestellungen bei der

Einführung und Optimierung der Best-Practice-Unternehmensarchitektur extrahiert und konsolidiert. Sie wurden bereits bei vielen Unternehmen erfolgreich angewendet. Die Muster können im Projektkontext oder aber im Rahmen der Bebauungsplanung selektiv oder aber auch gesamthaft angewendet werden, um einfach und schnell Handlungsbedarf und Optimierungspotenzial im jeweiligen Anwendungskontext zu ermitteln.

Folgende Kategorien von Analyse-Mustern wurden konsolidiert:

- **R: Redundanzen**
  Die Analyse-Muster dieser Kategorie liefern Anhaltspunkte für Redundanzen auf funktionaler, Geschäftsprozess-, Produkt- und/oder organisatorischer Ebene sowie in Bezug auf Geschäftsobjekte und technische Standards.

  Redundanzen führen häufig zu erhöhten Kosten aufgrund mehrfacher Wartungsgebühren oder erhöhtem Betreuungs-, Pflege- und Konsolidierungsaufwand. Aus Redundanzen können Inkonsistenzen mit einer ggf. großen Tragweite resultieren. Ein solcher Handlungsbedarf muss möglichst frühzeitig erkannt und beseitigt werden.

- **I: Inkonsistenzen**
  Inkonsistenz bezeichnet einen Zustand, in dem zwei Elemente, die beide als gültig angesehen werden, nicht miteinander vereinbar sind. Inkonsistenzen führen in der Regel zu einem hohen Konsolidierungsaufwand. Inkonsistente Daten können zu wirtschaftlichen oder Image-Schäden führen. Ein Beispiel hierfür sind z. B. unterschiedliche Preisdaten im Auftragsabwicklungssystem und im System beim Händler vor Ort. Handlungsbedarf aus Inkonsistenzen muss möglichst frühzeitig erkannt werden

  Inkonsistenzen können sowohl auf funktionaler als auch auf Datenebene vorliegen. Die Muster dieser Kategorie liefern Anhaltspunkte für mögliche Inkonsistenzen in funktionalen Zuordnungen oder aber für Dateninkonsistenzen aufgrund von Redundanzen, Zyklen oder unterschiedlicher Datenaktualität.

- **O: Organisatorischer Handlungsbedarf**
  Fehlende oder inkonsistente fachlichen Verantwortlichkeiten für fachliche Domänen, Geschäftsobjekte, Geschäftsprozesse, Produkte, fachliche Funktionen sowie Informationssysteme, technische Bausteine oder Betriebsinfrastrukturelemente können zu unnötigen organisatorischen Schnittstellen, Doppelarbeit oder inkonsistenten Daten führen.

  Die Muster dieser Kategorie liefern Anhaltspunkte für Auffälligkeiten in der organisatorischen Zuordnung sowie fehlende oder inkonsistente Verantwortlichkeiten. Verantwortlichkeiten können hierbei sowohl die fachliche als auch die technische Verantwortung oder aber z. B. die Betriebs- oder Supportverantwortung umfassen.

- **F: Umsetzung von Geschäftsanforderungen**
  Durch Anwendung der Muster dieser Kategorie können mögliche Ansatzpunkte zur Optimierung der IT-Unterstützung des aktuellen und des zukünftigen Geschäfts identifiziert werden. Folgende Muster wurden identifiziert:

  - Fachliche Abdeckungsanalyse zur Aufdeckung einer unzureichenden Business-Unterstützung
  - Ermittlung des Integrationsbedarfs zur Optimierung der IT-Unterstützung, z. B. durch die Analyse im Hinblick auf manuelle Schnittstellen, einen unzureichenden Automatisierungsgrad von Schnittstellen oder Integrationslücken

- Müllanalyse zur Ermittlung unnötiger Elemente, z. B. Informationssysteme, die gar nicht benötigt werden; durch eine Bereinigung des „Mülls" wird ein enormes Einsparpotenzial erzielt.
- Cluster-Analyse zur Identifikation von fachlich eng zusammengehörigen Funktionen, Geschäftsprozessen, Geschäftsobjekten und Geschäftseinheiten sowie Informationssystemen, Betriebsinfrastruktureinheiten und Projekten. Dies ist eine Form der Abhängigkeitsanalyse.
- Datenabhängigkeitsanalyse zur Ermittlung der Informationssysteme, von denen andere Informationssysteme eine hohe Datenabhängigkeit haben
- Compliance-Analyse zur Ermittlung des Umsetzungsgrads von gesetzlichen und freiwilligen Auflagen, wie z. B. Solvency II, Basel II oder Sarbanes-Oxley Act
- Kritikalitätsanalyse zur Ermittlung der geschäftskritischen Geschäftsprozesse, Produkte, fachlichen Funktionen, Geschäftsobjekte, Informationssysteme, technischen Bausteine und Betriebsinfrastruktureinheiten
- Business-Zustandsanalyse zur Identifikation einer unzureichenden IT-Unterstützung von Geschäftsprozessen, fachlichen Funktionen, Geschäftsobjekten und Produkten
- Ermittlung von potenziellen Sicherheitslücken
- Wirtschaftlichkeitsanalyse zur Ermittlung von potenziellen Anhaltspunkten für fehlende Wirtschaftlichkeit

- **T: Technische Handlungsbedarfe und Optimierungspotenziale**
Durch Vereinfachung und Erhöhung des Grads der Standardisierung, Homogenisierung und Flexibilität der IT-Landschaft kann die Qualität der IT-Landschaft nachhaltig gesteigert werden. Durch die Identifikation von technischem Handlungsbedarf lassen sich Anhaltspunkte für die Optimierung finden. Folgende Muster zur Unterstützung des Technologiemanagements sowie zur Verbesserung der technischen Qualität wurden identifiziert:
  - Blueprint-Cluster-Analyse zur Ermittlung der eng zusammengehörenden technischen Bausteine, sogenannter Blueprint-Elemente
  - Ermittlung des technischen Zustands im Hinblick auf das Risikomanagement
  - Ermittlung der Standardkonformität der IS-Landschaft sowie Heterogenitätsanalyse zur Identifikation von Optimierungspotenzial im Hinblick auf die Standardisierung und Homogenisierung
  - Ermittlung des Integrationsgrads von Informationssystemen im Hinblick auf die Vereinheitlichung und Vereinfachung der Integration
  - Identifikation von Anhaltspunkten für Abhängigkeiten bei Informationssystemen, technischen Bausteinen, Betriebsinfrastruktureinheiten und Projekten
  - Ermittlung der technischen Integrationsfähigkeit und der Flexibilität von Informationssystemen im Hinblick auf die Anpassung an veränderte Geschäftsanforderungen

> **Wichtig:**
> - Jedes Analyse-Muster liefert lediglich Anhaltspunkte für Handlungsbedarf bzw. Optimierungspotenzial. Ob jedoch z. B. eine ermittelte Redundanz wirklich eine Redundanz ist, müssen Sie selbst entscheiden. Häufig bedarf es einer Detailanalyse, einer sogenannten Tiefenbohrung, um eine Entscheidung zu treffen. Beispiel: Wenn mehrere Informationssysteme die gleichen Kunden- oder Preisdaten verändern, kann neben unnötigen Kosten aufgrund der Doppelerfassung bzw. Konsolidierung der Daten insbesondere auch das Erscheinungsbild gegenüber dem Kunden beeinträchtigt werden.
> - Eine hinreichend aktuelle, vollständige und konsistente Dokumentation der IS-Landschaft in einer Bebauungsdatenbasis mit den für die Analyse relevanten Daten ist die Voraussetzung für aussagekräftige Analyseergebnisse. Siehe hierzu Abschnitt 8.3.1.
>
> Eine Analyse wird immer zur Beantwortung von Fragestellungen durchgeführt. Durch die Fragestellungen werden die erforderlichen Strukturen und Ergebnisdarstellungen bestimmt. Die Festlegung der relevanten Fragestellungen stellt daher den Ausgangspunkt für die unternehmensspezifische Ausgestaltung von EAM dar (siehe Abschnitt 7.3).

In Download-Anhang A finden Sie die Muster im Detail. Nutzen Sie die Muster als Input für die Analyse Ihrer Gesamtbebauung.

Der identifizierte Handlungsbedarf und das Optimierungspotenzial sind wesentlicher Input für die Gestaltung der zukünftigen IS-Landschaft. Hilfestellungen hierfür finden Sie im nächsten Abschnitt.

7.5.2 IS-Bebauungsplanung

Im Rahmen der IS-Bebauungsplanung werden ausgehend von den strategischen Vorgaben und aktuellen Handlungsbedarfen („Pains") die Soll-Landschaft und die Roadmap zur Umsetzung gesamthaft oder in Ausschnitten gestaltet. Hierbei muss die Soll-Landschaft folgenden Bedingungen genügen:

- **Ausrichtung am Geschäft**
  Die Soll-Landschaft muss die Unternehmensstrategie und die Geschäftsanforderungen möglichst gut umsetzen.
- **Beseitigung der „Pains"**
  Die bekannten Handlungsbedarfe und Optimierungspotenziale müssen beseitigt beziehungsweise gehoben werden, um das Geschäft besser zu unterstützen.
- **Vorbereitung und Ausrichtung der IT**
  Die Soll-Landschaft muss gleichzeitig zukunftssicher und flexibel veränderbar sein sowie einen zuverlässigen und kostengünstigen Geschäftsbetrieb ermöglichen. Hierfür müssen u. a. durch Standardisierung, IT-Konsolidierung und Serviceorientierung die Voraussetzungen in der IT geschaffen werden. Siehe hierzu die entsprechenden Einsatzszenarien in Kapitel 6.

Die IS-Bebauungsplanung ist ein komplexer kreativer Gestaltungsprozess. Verschiedene Planungsszenarien werden erstellt, analysiert und bewertet. Auf dieser Basis wird eine Empfehlung für die Soll-Landschaft und auch für die Roadmap gegeben. Die EAM-Methode EAMe[2] unterstützt diesen Prozess systematisch und nachvollziehbar.

Im Folgenden werden Beispiele für Ergebnisse der IS-Bebauungsplanung gegeben und das Vorgehen erläutert.

7.5.2.1 Ergebnisse der IS-Bebauungsplanung

Ergebnisse der IS-Bebauungsplanung sind die Soll-IS-Landschaft zu einem vorgegebenen Zeitpunkt, z. B. für 2020, und die Roadmap für die Umsetzung. Häufig erfolgt die IS-Bebauungsplanung lediglich für einen fachlichen Ausschnitt, z. B. für ein Bebauungscluster.

IS-Bebauungsplanung kann für einen Projektkontext oder aber im Rahmen der IT-Strategieentwicklung erfolgen. Übergreifend gibt die Soll-IS-Landschaft zusammen mit den IT-Zielen letztendlich den Ziel-Zustand in circa drei bis fünf Jahren vor. Es ist eine Orientierungsgröße und ein Maßstab für die Überprüfung der Zielerreichung. Im Projektkontext beschreibt die Soll-IS-Landschaft die Zielsituation nach Abschluss des Projekts.

> **Wichtig:**
> Die Soll-IS-Bebauung und die Roadmap müssen klar, z. B. im Kontext der IT-Strategie oder im Rahmen von strategischen Projekten, dokumentiert und im Unternehmen veröffentlicht und kommuniziert werden. So werden sie zur verbindlichen Zielvorgabe, deren Einhaltung im Rahmen der strategischen IT-Steuerung durch Herstellung von Transparenz über Status und Fortschritt der Umsetzung überwacht werden kann.

Die Soll-IS-Landschaft wird in der Regel über Soll-IS-Portfolios (siehe Anwendungsszenario „IS-Portfoliomanagement") oder Soll-Bebauungsplan-Grafiken beschrieben. In Bild 7.35 finden Sie ein Beispiel einer Portfolio-Grafik, in der die Informationssysteme entsprechend ihres Strategie- und Bebauungsplanfits eingeordnet sind. Durch Pfeile wird die geplante Veränderung deutlich gemacht. Ablösekandidaten werden ebenso markiert.

Portfoliodarstellungen sind „gröber" als Bebauungsplan-Grafiken. Bei IS-Portfolios werden in der Regel ausschließlich logische Informationssysteme (siehe Abschnitt 3.2) dargestellt, z. B. werden Release-Kennungen weggelassen. Bei Bebauungsplan-Grafiken werden diese entsprechend des Planungsstands angegeben. In Bild 7.36 finden Sie ein Beispiel einer Soll-Bebauungsplan-Grafik. Als Soll-Systeme werden in der Regel auch logische Informationssysteme verwendet. So wird entweder keine oder aber nur eine grobe Release-Nummer angegeben. Für die Ist-Systeme, die 2020 wahrscheinlich noch „laufen", werden die aktuellen IS-Releases (mit Release-Nummern) dargestellt. Auch hier könnte man die logischen Informationssysteme darstellen. Darauf wird aber häufig verzichtet, da die Aussage ausreicht, dass dieses System so (wahrscheinlich in irgendeinem Nachfolger-Release) 2020 noch vorhanden sein wird. Die genaue Planung erfolgt häufig auf einem taktischen Level im Rahmen der Release-Planung.

7.5 IT-Bebauungsmanagement

Über eine Soll-Bebauungsplan-Grafik wird die zukünftige IT-Unterstützung für einen fachlichen Kontext in einem Planungszeitraum festgelegt. In Bild 7.36 finden Sie hierfür ein Beispiel. In 2020 soll für das Vertriebscontrolling für alle Kundengruppen das Informationssystem AIS eingesetzt werden.

BILD 7.35 Beispiel IS-Portfolio mit geplanten Veränderungen

BILD 7.36 Beispiel Soll-Bebauungsplan-Grafik 2020

BILD 7.37 Beispiel für eine Roadmap

> **Wichtig:**
> Nutzen Sie IS-Portfolios für die Kommunikation mit dem Management. Durch die Fokussierung auf die für das Management relevanten Größen und deren Wertigkeiten im Vergleich zueinander werden die wesentlichen Aussagen kompakt vermittelt.
>
> Soll-Bebauungsplan-Grafiken gehen mehr ins Detail. Sie sind geeignet für die Kommunikation mit Fachbereichen, da hier die Abdeckung des Geschäfts übersichtlich visualisiert wird.
>
> Detailliertere Grafiken, wie z. B. Informationsfluss-Grafiken, finden bei der Soll-Bebauung in der Regel keinen Einsatz.

Für die Darstellung einer Roadmap können einerseits Portfolios mit Kennzeichnung der Weiterentwicklung (siehe Bild 7.35), die Roadmap-Grafik (siehe Bild 5.10) oder eine Abfolge von Portfolios (siehe EAM-Einsatzszenario „IS-Portfoliomanagement" in Abschnitt 6.3.1) oder von Bebauungsplan-Grafiken (siehe Bild 7.37) sowie Nachfolger-Grafiken (siehe Abschnitt 5.11) genutzt werden.

Roadmaps sind letztendlich eine Abfolge von Planungsschritten für die Umsetzung der Soll-Bebauung. Die Planungsschritte fallen nicht notwendigerweise mit einem Kalenderjahr zusammen. Häufig wird für das nächste Jahr eine detaillierte Planung im Rahmen der Budgetierung durchgeführt. Für die weitere Zukunft werden in der Regel nur noch wesentliche Synchronisationspunkte oder aber Rahmenvorgaben gesetzt. Diese werden nicht detailliert geplant, sondern basieren auf groben Abschätzungen z. B. für Kosten und Aufwände. Ein Beispiel hierfür ist die Ablösung der Kernsysteme durch eine neue Standardsoftware.

BILD 7.38 Ergebnis der Bebauungsplanung

Hier werden häufig Einführungsstufen festgelegt, wie z. B. Nutzung der Komponente Einkauf am 1.7.2014 im Gesamtunternehmen und die vollständige Lösung am Standort X am 1.1.2015 und an allen Standorten am 1.1.2016. Die Einführungsstrategie ist die strategische Vorgabe und die grob top-down geplanten Stufen bilden die Synchronisationspunkte.

In Bild 7.38 wird die Abfolge von Bebauungsplänen im Zusammenhang mit einem Masterplan für die bereits durch Projekte geplante Umsetzung dargestellt. Die Soll-Bebauung wird als Ziel-Vision mit einer Unterbrechung zum konkret geplanten angegeben.

> **Wichtig:**
> Eine Soll-Bebauung und die Roadmap zur Umsetzung bilden Zielvorgaben, die im Rahmen von Projekten und Wartungsmaßnahmen umgesetzt werden müssen. Da nicht alle Projekte bebauungsplankonform sind, müssen die Zielvorgaben zumindest in der Regel jährlich in der Strategieentwicklung sowie im Kontext von großen Projekten an die bestehenden neuen Ziele und Rahmenbedingungen angepasst werden („Moving Target").

7.5.2.2 Methode und Muster für die IS-Bebauungsplanung

Ausgangspunkt für die Gestaltung der Soll-IS-Landschaft ist die Ermittlung des Business-Kontexts (siehe Bild 7.39). Die Unternehmensstrategie, die Geschäftsanforderungen und die aktuellen „Pains" im Business müssen gesamthaft oder aber für ein Projekt gesammelt werden, da sie durch die Soll-Bebauung umgesetzt werden sollen.

Daneben ist der fachlichen Bezugsrahmen festzulegen, da dieser den Ordnungsrahmen für die Neugestaltung der Soll-IS-Landschaft bildet. Die IS-Landschaft muss so gestaltet werden, dass die geplante Geschäftsarchitektur möglichst gut unterstützt wird. Für jede fachliche „Schublade" muss festgelegt werden, wie das IT-Soll aussehen soll. Der fachliche Bezugsrahmen kann entweder über ein fachliches Domänenmodell (siehe Abschnitt 5.4.1) oder die Achsen einer Bebauungsplan-Grafik visualisiert werden.

Neben dem fachlichen Kontext müssen auch die IT-Vorgaben als Leitplanken und Ziel-Bild für den kreativen Gestaltungsprozess festgelegt werden. Hierzu zählen neben den IT-Zielen insbesondere Prinzipien und Strategien. Sie geben vor, auf welche Art und Weise die fachlichen „Schubladen" auszufüllen sind.

BILD 7.39 Prozess der IS-Bebauungsplanung im Überblick

7.5 IT-Bebauungsmanagement

Prinzipien sind konkrete und verbindliche IT-Grundsätze und Orientierungshilfen wie z. B. „Make-or-Buy"-Präferenzen oder „Best-of-Breed". Strategien sind Maßnahmen zur Absicherung der Zielerreichung. Sie geben an, in welcher Weise die Ziele erreicht werden sollen. Beispiele für Strategien sind Sourcing- oder Innovationsstrategien. Ein konkretes Beispiel ist die IS-Strategie nach McFarlan in Bild 3.14 (siehe [War02]). Weitere Erläuterungen und Beispiele zu Prinzipien und Strategien finden Sie im EAM-Einsatzszenario „Business Transformation" und in Abschnitt 3.4.

Soweit im Rahmen der IT-Strategie technische Vorgaben wie z. B. Integrationsarchitektur für eine Kategorie von Informationssystemen im technischen Bezugsrahmen gesetzt sind, sind diese ebenso wie aktuelle technische „Pains" zu berücksichtigen. Ein weiterer Input für die Gestaltung sind der Handlungsbedarf und das Optimierungspotenzial aus der Analyse der Ist-Bebauung.

Im Rahmen der Gestaltung der Soll-Bebauung (siehe „IT-Ziel-Bild gestalten" in Bild 7.39) werden in einem iterativen Prozess Planungsszenarien entwickelt, analysiert und bewertet. Auf dieser Basis werden ein oder mehrere der Planungsszenarien ausgewählt und einem Entscheiderkreis (z. B. EAM-Board) als Empfehlung vorgelegt. Die Empfehlung beinhaltet im Allgemeinen auch bereits eine sehr grobe Umsetzungsplanung (Roadmap). Nur so lassen sich Umsetzbarkeit, Dauer, Risiken und Kosten der Planungsszenarien grob bewerten.

Die Roadmap schließt die Lücke zwischen der Ist- und der Soll-Bebauung. Hierfür sind auf einer sehr groben Ebene machbare und überschaubare Umsetzungsschritte zu identifizieren. Alternative Planungsszenarien sind zu bewerten und gegenüberzustellen und die Umsetzungsplanung ist transparent darzustellen.

Jeder Umsetzungsschritt kann gegebenenfalls aus einer Reihe von Maßnahmen bestehen, die in einem oder mehreren Projekten oder Wartungsmaßnahmen angegangen werden können (siehe Bild 7.40). Eine Plan-IS-Bebauung ist also letztendlich nichts anderes als eine maßnahmenbezogene Veränderung der IS-Bebauung in Richtung Soll-IS-Bebauung. So wird der Ist-Zustand schrittweise in die Richtung der Soll-IS-Bebauung überführt.

BILD 7.40 Schrittweise Umsetzung der Soll-IS-Bebauung

Die Ableitung der Roadmap (siehe „IT-Umsetzung planen" in Bild 7.39) erfolgt ebenso in einem iterativen Prozess pro Planungsszenario der Soll-Bebauung. Planungsszenarien für die Roadmap werden entwickelt, analysiert und bewertet und einem Entscheiderkreis (z. B. EAM-Board) als Empfehlung vorgelegt.

Der kreative Gestaltungsprozess hat eine hohe Komplexität. Daher wird dieser im Folgenden etwas genauer erläutert und durch eine Schritt-für-Schritt-Anleitung (siehe Abschnitt 7.5.2.3) sowie Analyse- und Gestaltungs-Muster unterstützt.

Gestaltung der Soll-IS-Bebauung

Ausgangspunkt für die Gestaltung sind, wie schon ausgeführt, der Business-Kontext und die IT-Vorgaben. Soweit noch nicht vorhanden oder dokumentiert, müssen diese zumindest für den Kontext der IS-Bebauungsplanung festgelegt und auch niedergeschrieben werden. Die Ziele, Geschäftsanforderungen und „Pains" bilden die Triebfeder für die IS-Bebauungsplanung. Der fachliche und technische Bezugsrahmen sowie die Strategien und Prinzipien geben die Leitplanken für die Gestaltung vor.

Die Gestaltung der Soll-IS-Bebauung ist ein iterativer Prozess aus Analyse und Gestaltung der IS-Bebauung und deren Beziehungen (siehe Bild 7.41). Die Unternehmens- und IT-Ziele, die Geschäftsanforderungen und die „Pains" werden entlang der Unternehmensarchitektur in IT-relevante Aspekte heruntergebrochen, bis die Aspekte für die Bebauungsplanung greifbar sind. Beispiele für IT-relevante Aspekte sind Handlungsbedarf bei der Geschäftsprozessunterstützung eines Prozesses wie z. B. Automatisierung des Ablaufs oder aber Optimierungspotenzial beim Stammdatenmanagement bei Kundendaten wie z. B. Inkonsistenzen in Adressdaten bei Geschäftspartnern.

Die Gesamtbebauung wird bezüglich der IT-relevanten Aspekte analysiert. So wird z. B. beim Automatisierungshandlungsbedarf über die Analyse des Informationsflusses ermittelt, wo manuelle Schnittstellen zwischen den Informationssystemen bestehen, die den untersuchten Geschäftsprozess unterstützen. Durch die Analyse aller IT-relevanten Aspekte werden eine Reihe von Handlungsfeldern ermittelt, die näher zu betrachten sind.

Im Rahmen der kreativen Gestaltungsaktivität werden für alle Handlungsfelder Lösungsideen für alle IT-relevanten Aspekte gesammelt, analysiert, bewertet und gegebenenfalls aussortiert. Im Rahmen der Analyse werden insbesondere die Abhängigkeiten und Auswirkungen der Lösungsideen ermittelt und überprüft, ob die durch die Unternehmensstrategie und Geschäftsanforderungen gesetzten Rahmenbedingungen eingehalten wurden. Bewertungskriterien sind z. B. der Abdeckungsgrad der Geschäftsanforderungen, ihre Strategiekonformität („Strategiefit"), ihre Standardkonformität, ihr Umsetzungsrisiko und ihre Kosten sowie Nutzen und weitere unternehmensspezifisch festgelegte Kriterien, z. B. aus der Projektportfoliobewertung oder dem IS-Portfoliomanagement (siehe entsprechende Einsatzszenarien in Kapitel 6).

Die Lösungsideen für die Handlungsfelder werden zu Planungsszenarien gebündelt (Gestaltung). Die Planungsszenarien werden entsprechend ihren Abhängigkeiten und Auswirkungen sowie weiteren Fragestellungen analysiert und entsprechend vorab festgelegten Bewertungskriterien bewertet und ggf. aussortiert. Die verbleibenden Planungsszenarien werden immer weiter konkretisiert, erneut analysiert und bewertet, bis sie die IT-Unterstützung für den zu gestaltenden Ausschnitt vollständig abdecken. Die resultierenden Planungsszenarien werden zusammen mit deren Bewertung und einer Empfehlung dem Entscheidungsgremium vorgelegt.

BILD 7.41 Gestaltung der Soll-Bebauung als iterativer Prozess

> **Empfehlung:**
> Gegebenenfalls ist für die Analyse der Lösungsideen oder Planungsszenarien eine Anreicherung oder Aktualisierung der Bebauung entsprechend den für die Analyse relevanten Aspekten erforderlich.
>
> Nutzen Sie die Standardanalysemuster zur Aufdeckung von Handlungsbedarf und Optimierungspotenzial sowie Abhängigkeiten und Auswirkungen. Diese sind in Bild 7.41 neben dem Hinweis auf die Analyse-Muster durch deren Kategorien „R", „I", „O", „F" und „T" dargestellt. Siehe hierzu Abschnitt 7.5.1.

Hilfestellung für die Gestaltungsaktivität liefern Gestaltungs-Muster. Diese sind in Bild 7.41 neben dem Hinweis auf die Bebauungsplanungsmuster durch die Kategorien „L", „BT" und „K" angedeutet. Gestaltungs-Muster sind bewährte und verallgemeinerte Schablonen für die zielgerichtete Weiterentwicklung und Visualisierung eines Ausschnitts der Soll-IS-Bebauung in einem gewissen Anwendungskontext. Folgende Gestaltungs-Muster wurden aus der Erfahrung von vielen Projekten konsolidiert:

- **L:** Identifikation von isolierten Gestaltungsbausteinen („Lösungsideen" oder „Bottom-up-Lösungen")
  Hierzu zählen Muster für die Beseitigung von Redundanzen, zum Auffüllen von Abdeckungslücken in der Business-Unterstützung, zur Entflechtung, zur Zusammenfassung, Konsolidierung oder Homogenisierung der IS-Landschaft oder Plattformidentifikation im Kontext der Betriebsinfrastruktur oder technischen Bebauung.

- **BT:** Veränderungen der gesamten oder großer Anteile der IS-Landschaft aufgrund einer Business-Transformation wie z. B. einer Fusion.
  Hierzu zählen Muster für die Zusammenführung verschiedener IT-Landschaften und das Aufspalten einer IT-Landschaft. Siehe hierzu auch Einsatzszenario „Business-Transformation" in Kapitel 5.
- **K:** Kosteneinsparung durch die IT-Konsolidierung.
  Mittels technischer Konsolidierungen werden im Allgemeinen enorme Einsparungen erzielt. Durch die Standardisierung und Homogenisierung der Informationssysteme, der technischen Basis und der Betriebsinfrastruktur lassen sich die Hardware-, Lizenzkosten und Wartungsgebühren ebenso wie die Personalkosten reduzieren. Skaleneffekte z. B. durch die Zusammenführungen von Systemen auf einer Betriebsplattform sind erzielbar. Durch die Reduzierung der technischen Vielfalt vereinfacht sich die Integration von Systemen und Personalkosten sinken, da sich die Anzahl der zu betreuenden Systeme reduziert und zudem kein Know-how für die verschiedenen Technologien und insbesondere für deren Integration vorgehalten werden muss.

  Hier finden Sie Muster für die Konsolidierung der Betriebsinfrastruktur und Harmonisierung der technischen Basis von Informationssystemen, wie z. B. Datenbanken oder die ERP-Basis. Siehe hierzu auch die Einsatzszenarien „Betriebsinfrastruktur-Konsolidierung" und „Konsolidierung der IS-Landschaft" in Kapitel 6.

Details zu den Gestaltungs-Mustern finden Sie im Download-Anhang B.

> **Wichtig:**
> Gestaltungs-Muster liefern lediglich Vorschläge für Ausschnitte der Soll-Bebauung. Sie müssen entscheiden, welche Vorschläge Sie annehmen und welche nicht.

Gestaltung der Roadmap (Plan-IS-Bebauung)

Die Soll-IS-Bebauung unterscheidet sich oft erheblich von der aktuellen Bebauung. Die Lücke ist im Allgemeinen so groß, dass sie nicht in einem Schritt zu schließen ist. Deshalb müssen im Rahmen der Gestaltung der Roadmap machbare und überschaubare Umsetzungsschritte identifiziert werden.

> **Wichtig:**
> Jeder Umsetzungsschritt muss in einem vernünftigen zeitlichen Rahmen machbar sein. Hierzu müssen Sie eine grobe Lösungskonzeption und eine Maßnahmenplanung inklusive grober Zeit- und Kostenabschätzung erstellen. Der Aufwand hierfür ist sehr groß, wie im Folgenden erläutert wird.
>
> Häufig wird daher in der Praxis auf die Erstellung einer detaillierten Roadmap mit einer hinreichenden Zeit- und Kostenabschätzung verzichtet und lediglich eine grobe Planung erstellt. Oft reichen Größenordnungen von Aufwänden und Zeiträumen oder grobe Risikobewertungen aus. Aber auch hierfür können Sie das im Folgenden skizzierte Vorgehen heranziehen. Sie reduzieren nur die Anzahl der Iterationen.

Die Gestaltung der Roadmap erfolgt auch in einem iterativen Prozess aus Analyse und Gestaltung (siehe Bild 7.42). Erster Analyseschritt ist der Abgleich zwischen der aktuellen und der empfohlenen oder bereits verabschiedeten Soll-IS-Bebauung. So werden die Deltas ersichtlich. Voraussetzung dafür ist jedoch, dass man einen gemeinsamen fachlichen Bezugsrahmen für die aktuelle und die Soll-IS-Bebauung verwendet.

> **Wichtig:**
> Das „Koordinatensystem" für die Verortung der Informationssysteme und Schnittstellen muss gleich sein, um einen Abgleich durchführen zu können.
> Falls Unterschiede vorhanden sind, müssen Sie die fachliche Soll-Bebauung als Bezugsrahmen verwenden. Nur dann werden Deltas zwischen der aktuellen und der Soll-IS-Bebauung identifizierbar.

Eine eingehende Analyse ist erforderlich, um alle Deltas und deren Business-Auswirkungen zu erkennen. Die Deltas werden zu Handlungsschwerpunkten gebündelt. Auf dieser Basis können dann Maßnahmen für die Handlungsschwerpunkte ermittelt (gestaltet) werden. Die Maßnahmen werden dann analysiert und nach vorab festgelegten Kriterien bewertet und gegebenenfalls aussortiert. Wesentlich ist hierbei insbesondere auch die Analyse nach Abhängigkeiten und Auswirkungen der Maßnahmen, da diese die Möglichkeiten für die Bündelung einschränken.

> **Wichtig:**
> Die Handlungsschwerpunkte helfen, die potenziell große Anzahl möglicher Maßnahmen zu managen.

Für die Analyse der Maßnahmen und Planungsszenarien können erneut die Standardanalysemuster zur Aufdeckung von Handlungsbedarf und Optimierungspotenzial sowie Abhängigkeiten und Auswirkungen herangezogen werden. Diese sind in Bild 7.42 neben dem Hinweis auf die Analyse-Muster durch deren Kategorien „R", „I", „O", „F" und „T" dargestellt. Siehe hierzu Abschnitt 7.5.1.

Die Bewertung erfolgt in der Regel zumindest bezüglich folgender Aspekte:

- Strategisches Alignment
  Welchen Strategiebeitrag haben die Lösungsideen und Planungsszenarien (Strategiekonformität, Strategiefit)?
  Wie standardkonform sind die Lösungsideen und Planungsszenarien?
- Business Alignment
  Welchen Wertbeitrag haben die Lösungsideen und Planungsszenarien?
  Wie groß ist der Abdeckungsgrad der Geschäftsanforderungen?
- Kosten- und Nutzenanalyse
  Welche Gesamtkosten stehen welchem Nutzen gegenüber?
  Wo sind Kosten verborgen? Welche Altlasten sind aufzuräumen? Sind Umgehungslösungen, Umarbeiten oder Ersatzleistungen notwendig?

BILD 7.42 Prozess zur Gestaltung der Roadmap

- Technischer Zustand
  Ist ein zuverlässiger und sicherer Geschäftsbetrieb sichergestellt?
  Wie sieht der technische Gesundheitszustand aus?
- Risiken
  Welche Risiken bestehen aktuell und welche Risiken bestehen bei der Umsetzung der Lösungsidee oder dem Planungsszenario?
- Abhängigkeiten und Auswirkungen
  Sind Lösungsideen oder Planungsszenarien miteinander kompatibel?
  Gibt es Konflikte oder Seiteneffekte durch die Lösungsideen oder Planungsszenarien?

Die Ableitung der Roadmap umfasst im Wesentlichen die Identifikation und Bündelung von Maßnahmen bis hin zu Umsetzungsszenarien. Durch die Bewertung der alternativen Umsetzungsszenarien kann eine Empfehlung für die zukünftige Plan-IS-Bebauung abgegeben werden. Hierbei unterstützen wiederum Planungs-Muster. Diese sind in Bild 3.34 neben dem Hinweis auf die Bebauungsplanungsmuster durch die Kategorien „M" und „E" angedeutet.

Planungs-Muster sind bewährte und verallgemeinerte Schablonen für die Ableitung von Maßnahmen, Handlungsschwerpunkten oder Planungsszenarien zum Schließen der Lücke zwischen der aktuellen und der Soll-IS-Bebauung in einem gewissen Anwendungskontext. Folgende Planungs-Muster wurden aus der Erfahrung von vielen Projekten konsolidiert:

- **M:** Identifikation der Handlungsschwerpunkte, Ableitung von Maßnahmen und Bündelung von Maßnahmen zu Planungsszenarien

In dieser Kategorie finden Sie Muster zum Abgleich der aktuellen und der Soll-IS-Bebauung über einen gemeinsamen fachlichen Bezugsrahmen, zur Delta-Analyse, zur Identifikation von Handlungsschwerpunkten und Maßnahmen sowie zur Analyse von Auswirkungen und Abhängigkeiten von Maßnahmen und Planungsszenarien sowie Bündelung von Maßnahmen.

- **E:** Einführungsstrategie bei der Ablösung von Kernsystemen
  In dieser Kategorie finden Sie Muster für die Ableitung der Plan-IS-Bebauung bei der Einführungsstrategie „Big Bang" und „Evolution".

  - „Big Bang"-Einführungsstrategie
    Bei der „Big Bang"-Einführungsstrategie werden neue Soll-Informationssysteme in einem Schritt im Allgemeinen einhergehend mit der Ablösung von Kernsystemen eingeführt. D.h., es findet eine umfangreiche Erneuerung ohne Zwischenschritte statt.

    Inhaltlich beinhaltet die Einführung häufig größere zusammenhängende Bereiche der Soll-IS-Bebauung wie z. B. ein gesamtes fachliches Cluster.

    Für die Durchführung ist ein großes, gleichzeitig aber stark auf die Einführung fokussiertes Softwareentwicklungsprojekt oder Standardsoftware-Einführungsprojekt erforderlich (abhängig von der Gestaltungsstrategie „Make-or-Buy"), um die große Komplexität in den Griff zu bekommen.

    Bewertung: Der „Big Bang"-Ansatz weist zwar eine hohe Komplexität und insofern ein hohes Risiko auf. Eine gesamthafte Veränderung ist jedoch so am schnellsten möglich. Die Projektdauer ist aber häufig sehr groß, was die Wahrscheinlichkeit von veränderten Rahmenbedingungen oder Geschäftsanforderungen während der Projektlaufzeit erhöht. Der Erfolg einer „Big Bang"-Einführung hängt vom Verstehen und Managen der inhaltlichen Komplexität der Vorhaben sowie der Belastbarkeit der Organisation ab.

  - „Evolutionäre" Einführungsstrategie
    Bei der schrittweisen Ablösung eines Kernsystems bzw. Einführung von Soll-Systemen durch Individualsoftware oder durch eine komponentenbasierte Standardsoftware[7] werden das Kernsystem und die Soll-Systeme entsprechend der vorgegebenen Soll-IS-Bebauung in funktionale Blöcke zerlegt. Die Herauslösung bzw. Entwicklung der funktionalen Blöcke wird auf verschiedene machbare und überschaubare Umsetzungsstufen verteilt. Bei den ersten Stufen konzentriert man sich häufig auf großen Handlungsbedarf oder aber Bereiche mit einem großen Wertbeitrag (Kriterien Dringlichkeit und Wichtigkeit).

    Bewertung: Aufgrund der schrittweisen Umsetzung von handhabbaren Teilen sind die Umsetzungsdauer und die Umsetzungsrisiken für jeden Schritt überschaubar. Geänderte Rahmenbedingungen können spätestens im nächsten Umsetzungsschritt berücksichtigt werden. Die einzelnen Umsetzungsschritte sollten nicht länger als ein Jahr dauern.

    Hierbei können jedoch sehr aufwendige Übergangslösungen notwendig werden. Dies muss in der Gesamtbewertung berücksichtigt werden.

---

[7] Bei der Einführung von Standardsoftware ist häufig ein evolutionärer Ansatz nicht machbar, da der Integrationsgrad der Standardsoftwarekomponenten oft zu hoch ist.

> **Wichtig:**
> Jedes Planungs-Muster liefert lediglich Vorschläge für Maßnahmen, Handlungsschwerpunkte und Ausschnitte der Plan-IS-Bebauung. Sie müssen entscheiden, welche Vorschläge Sie annehmen und welche nicht.
>
> Die Sammlung von Mustern aus dem Download-Anhang C kann als Input für die unternehmensspezifische Gestaltung der Plan-IS-Bebauung verwendet werden.

> **Wichtig:**
> Ziel der strategischen Planung der IT-Landschaft ist es, die IT an den Unternehmenszielen und geschäftlichen Erfordernissen auszurichten und auf den ständigen Wandel des Unternehmens und des Marktumfelds vorzubereiten. EAM stellt die für die strategische IT-Planung relevanten Informationen zeitnah und zielgruppengerecht bereit und hilft, Planungsszenarien zu entwickeln, zu analysieren und zu bewerten. Die Strukturen („Denkmodell") der Unternehmensarchitektur und die Analyse- und Gestaltungshilfen schaffen ein inhaltliches Fundament für die strategische IT-Planung. Schnell und fundiert gelangen Sie zu Ihrer Soll-Landschaft und der Roadmap für die Umsetzung.
>
> Weitere Informationen finden Sie hierzu in den Einsatzszenarien „Standardisierung und Homogenisierung" sowie „Strategische Planung der IS-Landschaft" in Kapitel 6. Die Schritt-für-Schritt-Anleitung für die IS-Bebauungsplanung finden Sie im nächsten Abschnitt.

7.5.2.3 Leitfaden für die IS-Bebauungsplanung

Die IS-Bebauungsplanung ist eine komplexe Gestaltungsaktivität. Im Folgenden finden Sie einen Leitfaden, wie Sie diesen Prozess systematisch und nachvollziehbar durchführen können. Die einzelnen Schritte werden in Bild 7.43 dargestellt.

Die Schritte IV bis VIII werden iterativ durchgeführt, bis die Soll-IS-Bebauung und die Roadmap zur Umsetzung so gestaltet sind, dass sie einem Entscheidergremium vorgelegt werden können. Gegebenenfalls können auch alternative Planungsszenarien mit einer Empfehlung vorgelegt werden.

Die Schritte in Bild 7.43 werden im Folgenden im Detail erläutert.

I. Kontext und Vorgaben ermitteln

1. **Dokumentieren Sie den Business-Kontext.**
    a) **Sammeln und dokumentieren Sie die Unternehmensziele, die Geschäftsanforderungen und die „Pains".** Dies sind die Triebfedern für die IS-Bebauungsplanung, da die Soll-Bebauung sie zufriedenstellend lösen muss. Dokumentieren Sie insbesondere auch die Rahmenbedingungen, die über die Gesetzgebung oder aber vom Unternehmen gesetzt sind.

BILD 7.43 Schritt-für-Schritt-Anleitung für die IS-Bebauungsplanung

b) **Schreiben Sie den fachlichen Bezugsrahmen fest, da dieser der fachliche Ordnungsrahmen für die Neugestaltung ist.** Falls noch keiner festgelegt ist, legen Sie ihn zumindest für den Ausschnitt der IS-Bebauungsplanung fest. Siehe hierzu Einsatzszenario „Strategische Planung der IS-Landschaft" in Kapitel 6.

2. **Benennen Sie die strategischen IT-Vorgaben.**
Dies sind insbesondere die IT-Ziele, die Strategien und Prinzipien sowie der technische Bezugsrahmen (technische Vorgaben wie z. B. eine Integrationsarchitektur für eine Kategorie von Informationssystemen). Hilfestellungen für die Dokumentation finden Sie in Kapitel 3.
Sammeln Sie daneben die aktuellen „Pains" in der IT.

> **Wichtig:**
> Die strategischen IT-Vorgaben können sich bei den verschiedenen fachlichen und technischen Domänen durchaus unterscheiden. So können z. B. für die IT-Unterstützung der wettbewerbsdifferenzierenden Geschäftsprozesse Individuallösungen und für die anderen Kaufsoftware als Vorgabe gesetzt werden.

Der fachliche und technische Bezugsrahmen sowie die Strategien und Prinzipien geben die Leitplanken für die Gestaltung vor. Die Ziele, Geschäftsanforderungen und „Pains" in Business und IT müssen über die Soll-IS-Bebauung umgesetzt werden.

II. Ansatzpunkte identifizieren

1. **Ermitteln Sie aktuellen Handlungsbedarf und das Optimierungspotenzial durch die Analyse der aktuellen Bebauung.**
Ermitteln Sie Redundanzen, Inkonsistenzen, Abdeckungslücken, Standardisierungsbedarf und weitere Ansatzpunkte, um die Landschaft am Geschäft auszurichten, bekannte „Pains" zu beseitigen und die IT vorzubereiten und strategisch auszurichten. Nutzen Sie hierzu die Analyse-Muster aus Abschnitt 7.5.1.

In Bild 7.44 finden Sie ein Beispiel für ein Analyseergebnis, dargestellt in einer Bebauungsplan-Grafik. Es bestehen verschiedene Handlungsbedarfe und Optimierungspotenziale, die im Rahmen der IS-Bebauungsplanung berücksichtigt werden müssen.

Falls Daten fehlen oder die Datenqualität und -aktualität nicht ausreichen, ermitteln Sie diese.

Die fachlichen und technischen Vorgaben, Geschäftsanforderungen, „Pains" (siehe Schritt I) und der über die Analyse der Gesamtbebauung ermittelte Handlungsbedarf und das Optimierungspotenzial bilden die Anforderungen an die IT.

2. **Leiten Sie aus den Anforderungen an die IT IT-relevante Aspekte ab und dokumentieren Sie diese.**
Brechen Sie aus den Anforderungen an die IT hierzu entlang der Unternehmensarchitektur in IT-relevante Aspekte herunter, bis die Aspekte für die Bebauungsplanung greifbar sind. Dies wollen wir an einem Beispiel verdeutlichen.

BILD 7.44 Analyse von Handlungsbedarf und Optimierungspotenzial in der Ist-Bebauung

Nehmen wir an, wir verfolgen das Unternehmensziel, die Entwicklungszeiten für ein neues Produkt zu reduzieren. Ein Weg dafür kann sein, entlang der fachlichen Bebauung die verschiedenen Geschäftsprozesse zu betrachten, die im Kontext der Produktentwicklung stehen, um dort nach IT-relevanten Aspekten zu suchen. Betroffen können z. B. die Geschäftsprozesse Produktentwicklung, Produkttest und Serienanlauf sein. Diese Geschäftsprozesse können dann weiter nach entwicklungszeitenrelevanten Aspekten analysiert werden. Hier könnten das Produktdatenmanagement, die Integration mit Entwicklungspartnern oder aber die Integration mit den Produktionssystemen Ansatzpunkte für die Reduktion der Entwicklungszeiten für ein neues Produkt sein.

Das Herunterbrechen auf die IT-relevanten Aspekte sowie die Analyse der bestehenden Bebauung in Bezug auf diese Aspekte erfordern sowohl ein ausreichendes fachliches Überblickswissen als auch insbesondere methodische Skills in der Bebauungsplanung.

Empfehlung:

Brechen Sie die Anforderungen an die IT entlang der in Ihrem Kontext relevanten Bebauungselemente systematisch herunter. Gehen Sie hierzu über alle relevanten Bebauungselementtypen und hinterfragen Sie, ob der Aspekt für Elemente dieser Kategorie weiter zu untersuchen ist. So können Sie die IT-relevanten Aspekte nachvollziehbar ableiten.

III. Handlungsfelder festlegen

Analysieren Sie die Gesamtbebauung bzgl. der identifizierten IT-relevanten Aspekte. Fassen Sie fachlich oder technisch zusammengehörige IT-relevante Aspekte zu Handlungsfeldern zusammen. Dies sind die Handlungsfelder, für die Sie Lösungen finden müssen.

Im Beispiel von oben könnten z. B. Produktdatenmanagement, die Integration mit Entwicklungspartnern oder aber die Integration mit den Produktionssystemen mögliche Handlungsfelder sein.

IV. Sammeln Sie Lösungsideen für die Handlungsfelder

Diskutieren Sie die IT-relevanten Aspekte für jedes Handlungsfeld mit den jeweiligen Experten. Dokumentieren Sie die Ideen für die Lösung. Nutzen Sie zudem die Gestaltungs-Muster der Kategorie „L – Lösungsideen" (siehe Abschnitt 7.5.2.2), um Lösungsideen für die IT-relevanten Aspekte zu ermitteln.

Beispiel: Für den „Pain"-Punkt „Vermeidung der Doppelerfassung von Kundendaten" können verschiedene Lösungsideen wie z. B. „Stammdaten-Hub" oder „Klare Masterschaft und Synchronisierung" identifiziert werden.

V. Lösungsideen bewerten

Analysieren und bewerten Sie die Lösungsideen pro Handlungsfeld für alle Handlungsfelder. Sortieren Sie die nicht passenden Lösungsideen aus. Dokumentieren Sie Ihre Entwurfsentscheidungen.

Nutzen Sie die Analyse-Muster in Abschnitt 7.5.1 für die Analyse der Lösungsideen. Ermitteln Sie im Rahmen der Analyse insbesondere die Abhängigkeiten und Auswirkungen der Lösungsideen und überprüfen Sie, ob die durch die Unternehmensstrategie und Geschäftsanforderungen gesetzten Rahmenbedingungen eingehalten werden.

Bewertungskriterien für die Lösungsideen sind zudem z. B. der Abdeckungsgrad der Geschäftsanforderungen, ihre Strategiekonformität („Strategiefit"), Standardkonformität, ihr Umsetzungsrisiko und ihre Kosten sowie Nutzen und weitere unternehmensspezifisch festgelegte Kriterien z. B. aus der Projektportfoliobewertung oder dem IS-Portfoliomanagement (siehe entsprechende Einsatzszenarien in Kapitel 6).

VI. Planungsszenarien ermitteln

Bündeln Sie die Lösungsideen für die Handlungsfelder zu gesamthaften Planungsszenarien, die die IT-Unterstützung für den zu gestaltenden Ausschnitt (ein oder mehrere Handlungsfelder) vollständig abdecken, unter Berücksichtigung des festgelegten technischen Bezugsrahmens und der ermittelten Abhängigkeiten. Ergebnis sind gegebenenfalls alternative Planungsszenarien für die Soll-IS-Bebauung.

Nutzen Sie für die Identifikation von Planungsszenarien Gestaltungs-Muster (siehe Abschnitt 7.5.2.2).

VII. Planungsszenarien bewerten

Analysieren Sie die Planungsszenarien. Nutzen Sie für die Analyse die Analyse-Muster (siehe Abschnitt 7.5.1). Identifizieren Sie insbesondere auch Abhängigkeiten und Auswirkungen der Planungsszenarien. Überprüfen Sie, ob die durch die Unternehmensstrategie und Geschäftsanforderungen gesetzten Rahmenbedingungen eingehalten werden.

Bewerten Sie die Planungsszenarien. Bewertungskriterien sind z. B. der Abdeckungsgrad der Geschäftsanforderungen, ihre Strategiekonformität („Strategiefit"), Standardkonformität, ihr Umsetzungsrisiko und ihre Kosten sowie Nutzen. In Tabelle 7.7 finden Sie ein Beispiel für eine Bewertung. Neben einer Tabelle eignen sich auch Portfolios für die Darstellung der Bewertung der alternativen Planungsszenarien. In Bild 7.45 finden Sie ein Beispiel für ein Portfolio mit zwölf Planungsszenarien, die entsprechend Ihrem Umsetzungsrisiko und Kosten/Nutzen klassifiziert sind.

Einige Planungsszenarien werden so gegebenenfalls verworfen. Dokumentieren Sie Ihre Entwurfsentscheidungen. Die verbleibenden Planungsszenarien werden immer weiter konkretisiert, bis sie die IT-Unterstützung für den zu gestaltenden Ausschnitt vollständig abdecken.

Empfehlung:

Führen Sie keine Alibi-Bewertung durch. Wenn Sie z. B. bei einem Planungsszenario keine konkrete Aussage bezüglich des Abdeckungsgrads der Geschäftsanforderungen machen können, sollten Sie auf die Bewertung verzichten, um das Ergebnis nicht zu verfälschen.

Für die Bewertung der Risiken reicht häufig eine grobe Einschätzung des Risikoverhaltens aus („risiko-affin bzw. „risiko-avers). Gleiches gilt auch für die meisten der anderen Aspekte.

Stellen Sie der Ist-Situation die alternativen Planungsszenarien gegenüber. Die Planungsszenarien müssen „besser als die Ist-Situation sein.

BILD 7.45 Beispiel für ein Szenarien-Portfolio

TABELLE 7.7 Beispiel für eine Bewertung alternativer Planungsszenarien

	Planungsszenario I	Planungsszenario II	...
Geschäftsanforderung 1			
IT-relevanter Aspekt 1.1	8 (von 10)	nicht erfüllt	
IT-relevanter Aspekt 1.2	7 (von 12)	9 (von 12)	
...			
Geschäftsanforderung 2			
IT-relevanter Aspekt 2.1	10 (von 14)	10 (von 14)	
IT-relevanter Aspekt 2.2	nicht erfüllt	10 (von 12)	
...			
...			
Abdeckungsgrad der Geschäftsanforderungen (gewichtetes Rating)	82%	88%	
Strategiefit			
Prinzip 1	hoch	niedrig	
Prinzip 2	mittel	hoch	
...			
Technische Anforderung 1	mittel	hoch	
...			
Strategiekonformität	mittel	mittel	
Risikobewertung	risiko-avers	risiko-affin	
Kosten	300T – 500T	200T – 300T	
Nutzen	200T/Jahr	150T/Jahr	

VIII. Umsetzung planen (Erstellen einer Roadmap)

Für die resultierenden, gegebenenfalls alternativen Planungsszenarien muss zumindest eine grobe Umsetzungsplanung erstellt werden, bevor sie zusammen mit einer Empfehlung einem Entscheidungsgremium, z. B. dem EAM-Board (siehe Abschnitt 8.2.2), vorgelegt werden können. Nur so lassen sich Umsetzbarkeit, Dauer, Risiken und Kosten der Planungsszenarien grob bewerten.

		Bebauung				Business-Auswirkungen	Handlungs-schwerpunkte
		Fachlich	IS	Technisch	Betriebs-infrastruktur		
D1	Auftrags-abwicklungs-system	Automatisierung der fachlichen Funktionen in der Auftrags-abwicklung	Neues Auftrags-abwicklungs-system und Schnittstelle zum Partnersystem	-	-	Effizienzsteigerung durch Beseitigung von manuellen Arbeitsschritten Konsolidierte Kundenstammdaten	Stammdaten-management für Kunden-Daten Einführung eines Auftrags-abwicklungssystems
D2	CRM	Veränderung der CRM-Funktionalität und Geschäfts-prozessen sowie Geschäftsdaten	Veränderungen am CRM-System ACTAC Wegfall des Systems FIS	-	Erweiterte CRM-Betriebsinfra-struktur	Verbesserte Kundenintegration, d.h. insbesondere geringere Qualitätsprobleme Vereinheitlichte Produktstammdaten	Stammdaten-management - Produkte Aufbau einer CRM-Infrastruktur
...	...						

BILD 7.46 Beispiel für Deltas in der IS-Bebauung

Hierzu sind eine Reihe von Teilschritten erforderlich:

1. **Ermitteln Sie die Deltas durch Abgleich zwischen der aktuellen Bebauung mit den gegebenenfalls alternativen Planungsszenarien für die Soll-IS-Bebauung.**
   Über die fachliche Zerlegung anhand des funktionalen Referenzmodells und der Überlagerung von Ist und Soll werden Deltas offensichtlich. Nutzen Sie hierzu das Planungs-Muster Delta-Analyse aus dem Download-Anhang C.

   Ein Beispiel für Deltas finden Sie in Bild 7.46. In jeder Zeile werden ein Delta mit seinen erkennbaren Unterschieden in den verschiedenen Bebauungen sowie seine Business-Auswirkung beschrieben.

   Deltas können z. B. durch Lücken in der aktuellen Bebauung, Ersatz und/oder Veränderung von Bestandteilen sowie aus Bereinigungsbedarf entstehen.

   Für die Durchführung der Delta-Analyse ist ggf. eine Detaillierung der aktuellen und der Soll-IS-Bebauung erforderlich. Hierzu sind die aktuelle und die Soll-IS-Bebauung entsprechend der fachlichen Soll-Bebauung weiter zu zerlegen und die Geschäftsobjekte und Schnittstellen entsprechend zuzuordnen. Im Rahmen der Detaillierung werden potenzielle Handlungsbedarfe zur Verfeinerung bzw. Veränderung der Soll-IS-Bebauung leichter identifiziert.

2. **Ermitteln Sie aus den Deltas Handlungsschwerpunkte.**
   Die Zahl der Handlungsschwerpunkte sollte nicht größer als zehn sein.

   In Bild 7.46 finden Sie die identifizierten Handlungsschwerpunkte in der rechten Spalte.

3. **Ermitteln Sie mögliche Maßnahmen zum Schließen der Lücken** und bestimmen Sie die Dringlichkeit der Maßnahmen durch den Abgleich mit dem operativen Bedarf. Bestimmen Sie die inhaltlichen und zeitlichen Abhängigkeiten zwischen den Maßnahmen.

   Ein Beispiel für eine Maßnahmenliste finden Sie in Bild 7.47. Für jede Maßnahme werden neben dem Handlungsschwerpunkt der Beitrag zur Umsetzung der Geschäftsanforderungen sowie ihre Abhängigkeit untereinander angegeben.

	Zuordnung von Handlungsschwerpunkten						Abdeckung Geschäftsanforderungen						Abhängigkeiten zwischen Maßnahmen								
	H I	H II	H III	H IV	H V	...	BA I	BA II	BA III	BA IV	BA V	...	M1	M2	M3	M4	M5	M6	M7	M8	...
M1		✓		✓			✓	✓							✗	✗					
M2			✓	✓			✓			✓							✗	✗		✗	
M3	✓			✓					✓		✓			✗			✗			✗	
M4	✓		✓				✓		✓	✓			✗				✗	✗	✗		
M5			✓	✓			✓	✓	✓	✓			✗	✗	✗	✗		✗	✗	✗	
M6									✓							✗			✗		
M7	✓			✓						✓				✗						✗	
M8	✓							✓						✗		✗					
...																					

- ✓ (dunkel) vollständige Abdeckung
- ✓ (mittel) überwiegende Abdeckung
- ✓ nur geringfügige Abdeckung

BILD 7.47 Beispiel für eine Maßnahmenliste

	Bewertung der Maßnahmen								
	Risiko	Strategie-fit	Bebauungs-fit	Kosten einmalig	Kosten jährlich	Nutzen monetär	Nutzen qualitativ	Dringlich-keit	Wichtig-keit
M1	gering	70%	100%	10T	5T/J	100T/J	gering	hoch	gering
M2	hoch	30%	30%	70T	20T/J	20T/J	mittel	hoch	hoch
M3	mittel	50%	50%	50T	20T/J	75T/J	hoch	mittel	mittel
M4	hoch	70%	20%	200T	30T/J	60T/J	gering	gering	hoch
M5	gering	30%	90%	120T	50T/J	150T/J	hoch	hoch	gering
M6	hoch	50%	20%	400T	50T/J	200T/J	mittel	mittel	hoch
M7	mittel	20%	30%	250T	25T/J	125T/J	gering	gering	mittel
M8	gering	90%	80%	100T/J	1T/J	10T/J	hoch	gering	gering
...									

BILD 7.48 Beispiel für eine Maßnahmenbewertung

Durch die Analyse der Maßnahmen im Hinblick auf Abhängigkeiten und Auswirkungen sowie Dringlichkeit werden Anhaltspunkte für die Priorisierung und Bündelung der Maßnahmen beziehungsweise Maßnahmenbestandteile gegeben. Die Dringlichkeit der Maßnahmen leitet sich aus der Dringlichkeit des operativen und strategischen Handlungsbedarfs ab.

In Bild 7.48 finden Sie ein Beispiel für ein Bewertungsschema für Maßnahmen und Maßnahmenbündel.

4. **Bündeln Sie die Maßnahmen oder deren Bestandteile zu Maßnahmenbündeln und Planungsszenarien auf Basis der Ergebnisse der Analyse und Bewertung der Maßnahmen.**
   Unter Berücksichtigung der Abhängigkeiten und der Bewertung der Maßnahmen können alternative Maßnahmenbündel identifiziert werden: So können z. B. Maßnahmenbündel entsprechend Dringlichkeit und Wichtigkeit festgelegt werden. Hilfestellungen gibt Ihnen das Planungs-Muster „Identifikation und Bündelung von Maßnahmen" in Download-Anhang C.

5. **Bewerten Sie die Maßnahmenbündel und Planungsszenarien.**
   Die resultierenden Maßnahmenbündel bzw. Planungsszenarien müssen einer Bewertung und einer Abhängigkeitsanalyse unterzogen werden. So werden einige Maßnahmenbündel bzw. Planungsszenarien frühzeitig aussortiert.

   In Tabelle 7.8 finden Sie ein Beispiel für ein Bewertungsschema für Planungsszenarien. Planungsszenarien sind im Gegensatz zu Maßnahmen und Maßnahmenbündeln vollständige, aber gegebenenfalls alternative Umsetzungsplanungen.

> **Wichtig:**
> Bei der Bewertung des Planungsszenarios müssen die Umsetzbarkeit, die Kosten und der Nutzen eingeschätzt werden. Hier sind Bewertungen von Business und IT notwendig. Diese Bewertungen können über eine pragmatische Meinungsbildung beschafft werden. Hier besteht aber ein erhebliches Umsetzungsrisiko, da die Tragweite aufgrund der Komplexität nicht wirklich überblickt werden kann. Häufig ist deshalb für die Einschätzung der Machbarkeit in Business und IT ein grobes Lösungskonzept erforderlich. Hier müssen auch die verfügbaren Kompetenzen und Erfahrungen bewertet werden. Bei der Kostenbewertung müssen Umgehungslösungen und Umarbeiten mit berücksichtigt werden. Der Aufwand für die Erstellung ist nicht unbeträchtlich.
>
> Wägen Sie für sich zwischen der verbleibenden Unsicherheit und den Aufwänden für die Absicherung ab.

TABELLE 7.8 Beispiel für eine Bewertung von Planungsszenarien (*Fortsetzung nächste Seite*)

	Planungsszenario I bestehend aus M1, M3, M7 und M8	Planungsszenario II bestehend aus M2, M4 und M7	...
Geschäftsanforderung 1			
IT-relevanter Aspekt 1.1	M1, M7	nicht erfüllt	
IT-relevanter Aspekt 1.2	M8	M2	
...			
Geschäftsanforderung 2			
IT-relevanter Aspekt 2.1	M3, M7	M7	
IT-relevanter Aspekt 2.2	nicht erfüllt	M4	
...			
...			
Abdeckungsgrad der Geschäftsanforderungen	82%	88%	
Bebauungsplanfit	gut	schlecht	

TABELLE 7.8 (*Fortsetzung*) Beispiel für eine Bewertung von Planungsszenarien

	Planungsszenario I bestehend aus M1, M3, M7 und M8		Planungsszenario II bestehend aus M2, M4 und M7		...
Strategiekonformität	🚦	mittel	🚦	mittel	
Risikobewertung (Eintrittswahrscheinlichkeit pro Szenario, Schwere* pro Risiko)					
Risiko 1 – Schwere I	10%		–		
Risiko 2 – Schwere III	80%		20%		
...					
Umsetzungsrisiko	🚦	hoch	🚦	mittel	
Kosten	1. Jahr: 300T – 500T 2. Jahr: 400T – 600T		1. Jahr: 400T – 600T 2. Jahr: 100T – 200T 3. Jahr: 200T – 400T		
Umsetzungsdauer	2 Jahre		3 Jahre		
Nutzen	200T/Jahr nach 1. Umsetzungsstufe		150T/Jahr		

* Klassifikation: I niedrigster Schweregrad, II mittlerer Schweregrad, III höchster Schweregrad

IX. Empfehlung abgeben und X. Entscheidung EAM-Board

Formulieren Sie eine Empfehlung für ein Planungsszenario für die Soll-IS-Bebauung inklusive grober Umsetzungsplanung. Zeigen Sie nachvollziehbar, wie die Ziele, Geschäftsanforderungen und „Pains" unter Berücksichtigung der gesetzten Leitplanken umgesetzt werden.

Machen Sie, falls mehrere Planungsszenarien zur Auswahl stehen, eine Gegenüberstellung in Tabellenform (siehe Tabelle 7.7) oder als Portfolio (siehe Bild 7.45).

Erstellen Sie Projektvorschläge auf Basis der verabschiedeten Soll-IS-Bebauung und groben Umsetzungsplanung und steuern Sie diese ins Projektportfoliomanagement ein.

XI. Veröffentlichung

Dokumentieren und veröffentlichen Sie die neue Soll-IS-Bebauung und die Roadmap nach der Freigabe durch das Entscheidungsgremium. Nur durch Kommunikation wird sie zur Leitplanke für die strategische Weiterentwicklung der IS-Landschaft.

> **Wichtig:**
> Last but not least: Die Planung sollte nicht zum Selbstzweck werden. Wägen Sie immer Aufwand und Nutzen gegeneinander ab.
> Legen Sie vorab ein Bewertungsschema für Soll-Szenarien fest, um sicherzustellen, dass Ihre Ziele auch wirklich erfüllt werden.

■ 7.6 Technologiemanagement

> *Wenn Du ein Schiff bauen willst, dann trommle nicht Männer zusammen, um Holz zu beschaffen, Aufgaben zu vergeben und die Arbeit einzuteilen, sondern lehre sie die Sehnsucht nach dem weiten, endlosen Meer.*
>
> Antoine de Saint-Exupéry

Im Technologiemanagement werden die technischen Standards, der Blueprint, des Unternehmens festgelegt, kontinuierlich weiterentwickelt und dessen Verbauung gesteuert. Neue technologische Entwicklungen werden im IT-Innovationsmanagement (siehe Abschnitt 6.3.6) im Hinblick auf ihre Einsetzbarkeit und Auswirkungen im Unternehmen beobachtet, evaluiert, bewertet und gegebenenfalls in den Blueprint aufgenommen. Der Lebenszyklus der technischen Bausteine wird gemanagt. Technische Bausteine und deren Releases, die nicht mehr zukunftsfähig sind oder sich im Einsatz nicht bewährt haben, werden abgelöst. So werden die Zukunftsfähigkeit und Tragfähigkeit von technischen Standards sichergestellt.

Der Blueprint setzt Rahmenvorgaben (siehe Leitplanke in Abschnitt 3.4) für die Weiterentwicklung der IT-Landschaft. So kann die häufig blumenkohlförmig gewachsene heterogene IT-Landschaft schrittweise durch Projekte und Wartungsmaßnahmen in die Richtung der technischen Vision entwickelt werden (siehe Bild 7.49). Durch angemessene, tragfähige und zukunftsfähige Standards wird die IT auf absehbare Business-Änderungen vorausschauend vorbereitet.

In Abhängigkeit von der strategischen Positionierung der IT im Gesamtunternehmen (siehe Abschnitt 2.3) gibt es unterschiedliche Motive für die technische Standardisierung. Diese werden im Einsatzszenario „Standardisierung und Homogenisierung" (siehe Abschnitt 6.2.8) ausgeführt.

BILD 7.49 Technologiemanagement

Die technischen Standards wie z. B. die „erlaubten" Technologien, Datenbanken, Middleware-Lösungen und Referenzarchitekturen sind ein wichtiger Input für das IT-Bebauungsmanagement und das Management der Betriebsinfrastruktur (siehe Bild 7.50). Sie setzen Vorgaben für die technische Realisierung von Informationssystemen, Schnittstellen und Infrastrukturelemente, die insbesondere bei der Gestaltung der zukünftigen IT-Landschaft zu berücksichtigen sind.

Umgekehrt liefern das IT-Bebauungsmanagement und das Management der Betriebsinfrastruktur Informationen darüber, welche technischen Elemente in Informationssystemen, Schnittstellen oder in der Betriebsinfrastruktur wirklich verbaut sind. Diese Verbauungsinformationen sind ein wichtiger Input für die technische Standardisierung. Darüber hinaus wird Standardisierungsbedarf aufgedeckt. Hohe Wartungskosten, Heterogenität, Qualitätsprobleme oder eine hohe technische Komplexität liefern Anhaltspunkte für einen möglichen Bedarf.

Für jeden Standardisierungsbedarf z. B. für Datenbanken wird im Blueprint, auch technisches Referenzmodell (TRM) genannt, eine Schublade, eine technische Domäne, vorgesehen. „Der Griff in die richtige Schublade" erleichtert das Auffinden der zum Problemkontext passenden technischen Bausteine.

Strukturierung und Visualisierung des Blueprints

Technische Domänen werden häufig entsprechend unternehmensspezifischen Architekturfestlegungen wie z. B. „Tiers" oder/und „Layer" strukturiert. Tiers sind logische vertikale Aufteilungen eines Informationssystems. „Layer" teilen Informationssysteme im Gegensatz dazu horizontal auf. Jede Tier und jeder Layer hat klar definierte Verantwortlichkeiten.

Beispiel für Tiers:

- **Die Präsentationsschicht** ist verantwortlich für die Aufbereitung und Visualisierung von Daten und weiteren Inhalten.
- **Die Businessschicht** stellt die fachlichen Funktionalitäten z. B. als Business Services zur Verfügung.
- **Die Ressourcenschicht** stellt die Daten für das Informationssystem direkt über eine Datenbank oder indirekt über andere anzubindende Informationssysteme zur Verfügung.

Häufig werden die aufgeführten Tiers durch Integrationsschichten für die Frontend-Integration z. B. über Portale und die Backend-Integration z. B. über EAI ergänzt.

Ein Beispiel für die Aufteilung in Layers und Tiers finden Sie in Bild 7.51. Als Layer werden hier nur „Fachlichkeit" und „Technik" verwendet. Die Technikschicht wird im Allgemeinen weiter aufgeteilt, z. B. in Softwareinfrastruktur und HW-/NW-Infrastruktur. Die „Fachlichkeit" wird unternehmensspezifisch entsprechend den „IT-fachlichen" Strukturierungseinheiten wie z. B. Kerngeschäftsprozessen oder funktionalen Blöcken aufgeteilt. Neben Layers und Tiers werden häufig Querschnittsaspekte wie z. B. Systemmanagement oder Sicherheit als weitere Strukturierungskriterien für technische Domänen verwendet.

Grafisch wird das technische Referenzmodell durch sogenannte „Cluster-Grafiken" visualisiert (siehe Abschnitt 5.4.1). In Bild 7.52 finden Sie ein Beispiel für einen unternehmensspezifischen Ordnungsrahmen.

BILD 7.51 Beispiel für Layers und Tiers

Bei diesem Beispiel-Ordnungsrahmen wird die Aufteilung im Wesentlichen entsprechend der Layer durchgeführt und um die Querschnittsaspekte „Systemmanagement" und „Sicherheit" ergänzt. Die Fachlichkeit findet sich im obersten Layer „Standardsoftware und Kaufkomponenten". Diese technische Domäne ist im Beispiel entsprechend den unternehmensspezifischen IT-fachlichen Einheiten u. a. in „ERP", „SCM" und „SRM" unterteilt.

Der Technik-Layer wird im Beispiel weiter strukturiert in Softwareinfrastruktur, PC-Infrastruktur, Bürokommunikation und Betriebsinfrastruktur. Die Softwareinfrastruktur umfasst alle technischen Bausteine für Individual-Softwarelösungen. Die Bausteine werden häufig zu Plattformen mit kompatiblen Technologien, benannt nach der Schlüsseltechnologie, zusammengefasst. Ein Beispiel dafür ist die Java-JSF-Plattform, die als Ganzes betrachtet werden kann. Die Plattformen können auch auf Code-Ebene zu Packages gebündelt werden. So lässt sich sicherstellen, dass nur „zusammenpassende" Komponenten auch zusammen verwendet werden. So können die Bereitstellungs-, Support- und Beratungskosten erheblich reduziert sowie die Verbauung im IT-Bebauungsmanagement vereinfacht werden. Zusammenhänge und Abhängigkeiten wie z. B. Komplementärtechnologien, Substitutions- und Konkurrenztechnologien werden transparent.

Die Plattformen können, wie in der Abbildung angedeutet, sofern erforderlich, weiter strukturiert werden. Dies sollte aber nur dann durchgeführt werden, wenn die Anzahl der einzuordnenden technischen Bausteine hinreichend groß und heterogen ist.

7 EAM-Methodensammlung

BILD 7.52 Beispiel für technische Domänen in einem Blueprint

Tipps:
- Legen Sie die technischen Domänen unternehmensweit einheitlich fest!
- Verwenden Sie sprechende, leicht verständliche Bezeichnungen für die technischen Domänen. Dadurch wird in der richtigen Schublade gesucht.
- Strukturieren Sie den Blueprint entsprechend Ihren unternehmensspezifischen Architekturfestlegungen, wie z. B. Layer und Tier.
- Fassen Sie, soweit möglich, kompatible Bausteine zu logischen Plattformen zusammen. So können Sie die Bausteine zu Software-Packages bündeln und damit Abhängigkeitsfehler vermeiden, Testaufwände reduzieren und die Verbauung im IT-Bebauungsmanagement erleichtern.

- Bei der unternehmensspezifischen Festlegung der technischen Domänen sollten Sie sich zumindest bei der Begriffsfestlegung an Standards orientieren. Ein häufig verwendeter Standard ist das technische Referenzmodell aus TOGAF [TOG09]. Nutzen Sie dieses als Input und prägen Sie dies unternehmensspezifisch aus. Verwenden Sie insbesondere nur die im Unternehmenskontext relevanten Schubladen.
  Hinweis: Beim TOGAF TRM sind die fachlichen und die Software-Infrastruktur-Schubladen häufig nicht ausreichend. Gestalten Sie diese entsprechend Ihren Zielsetzungen.

Der Blueprint wird im Allgemeinen entweder durch eine „Cluster-Grafik" oder aber eine „Technische Bebauungsplan-Grafik" visualisiert. In Bild 7.53 wird das Referenzmodell in Bild 7.52 mit technischen Bausteinen angereichert. Für das Fach „Datenbanken" sind in der Abbildung beispielhaft die Datenbanksysteme ORACLE 10, MySQL und SQL Server aufgenommen.

In Bild 7.53 wird zu den Blueprint-Elementen als ergänzende Information deren Freigabestatus angezeigt. So kann der Grafik auf einen Blick entnommen werden, welche technischen Bausteine, z. B. in Projekten, überhaupt und unter welchen Bedingungen verwendet werden dürfen.

In Bild 7.54 wird der gefüllte Blueprint als technische Bebauungsplan-Grafik dargestellt. Die technischen Bausteine werden in der Abbildung entsprechend ihrer Zugehörigkeit zu Technische Domänen und Tiers in den technischen Bebauungsplan einsortiert.

BILD 7.53 Beispiel Blueprint mit Inhalten (Cluster-Grafik)

Technische Domänen

Softwareinfrastruktur

Legende:
Technische Bausteine
Planungsstatus: Ist
Standardkonformität:
- nicht standard-konform
- bedingt freigegeben
- freigegeben

↑ Technischer Baustein - Technische Domäne
← Technischer Baustein - Attribut „Tier"

2. Dimension: Plattform Java | Plattform .Net | Datenbanken | Middleware | Referenzachitekturen

Tiers:

Tier	Plattform Java	Plattform .Net	Datenbanken	Middleware	Referenzarchitekturen
Präsentation	JSF, Swing, TomCat, …	ASP.NET, …		HTTP, …	JEE-Referenzarchitektur / .Net-Referenzarchitektur
Business-Logik	JEE, WebSphere, …	Windows Serv. 2008, BizTalk, …	PL/SQL	Web-Services, BPMS, ESB, …	
Ressourcen			ORACLE 10, SQL Server	MQ-Series, XI	

BILD 7.54 Beispiel Blueprint mit Inhalten (technische Bebauungsplan-Grafik)

Bei der Visualisierung über eine technische Bebauungsplan-Grafik werden im Allgemeinen technische Domänen, gegebenenfalls in Ausschnitten, als x-Achse verwendet. Für die zweite Dimension, die y-Achse, kann ein beliebiges Attribut gewählt werden. Häufig werden die Standorte bzw. Lokationen,[8] der Freigabestatus bzw. der Standardisierungsgrad oder Verantwortlichkeiten oder die Tier-Zugehörigkeit als zweite Dimension verwendet.

In der technischen Bebauungsplan-Grafik können analog zur Cluster-Grafik die technischen Bausteine entsprechend verschiedenen Kriterien durch z. B. farbliche Hervorhebung oder aber einen unterschiedlichen Kantentyp unterschieden werden. Neben dem Freigabestatus bzw. dem Grad der Standardkonformität werden häufig Aspekte wie z. B. die Standorte oder Lokationen, die Verantwortlichkeiten, der technische Zustand des technischen Bausteins, das Sicherheitslevel oder aber z. B. Kosten auf diese Art und Weise hervorgehoben.

Die Verbauung der technischen Bausteine wird typischerweise ebenso in technischen Bebauungsplan-Grafiken visualisiert. Im Unterschied zur Blueprint-Darstellung in Bild 7.54 wird als zweite Dimension „Informationssysteme" verwendet (siehe Bild 7.55). Für jedes Informationssystem wird in einer Zeile deren technische Realisierung, sortiert nach technischen Domänen, abgebildet. So ist z. B. das Informationssystem ACTAC R2.3 mit den technischen Bausteinen „JEE 5" aus der technischen Domäne „Plattform Java" und mit den Datenbanken „ORACLE 10" und „MySQL" technisch realisiert. Neben der Verbauung können auch weitere Informationen, wie z. B. die Standardkonformität, hervorgehoben werden.

Für die Visualisierung der technischen Bebauung kann man zudem Zuordnungstabellen und Listen verwenden (siehe Abschnitt 5.4). Für die Visualisierung der Betriebsinfrastrukturbebauung werden insbesondere Plattform-Grafiken, Topologie-Grafiken und Zuordnungstabellen verwendet (siehe [Haf04] und [Buc07]). Wenn für die Visualisierung der Betriebsinfrastrukturbebauung technische Bebauungsplan-Grafiken genutzt werden, findet man die Standorte

---

[8] Das gilt z. B., wenn unterschiedliche technische Standards an den verschiedenen Unternehmensstandorten bestehen.

BILD 7.55 Technische Verbauung, dargestellt in einer technischen Bebauungsplan-Grafik

häufig auf der y-Achse. Auf der x-Achse werden die Betriebsinfrastrukturstandards, gegebenenfalls gruppiert nach Betriebsstrukturen wie z. B. Server-Plattformen, angezeigt. Für die Darstellung von Beziehungen z. B. zu technischen Standards können auch Zuordnungstabellen verwendet werden.

Wesentlich für das Technologiemanagement ist die initiale Festlegung und Weiterentwicklung des Blueprints und die Steuerung der Verbauung der technischen Standards. Hierzu finden Sie in den folgenden Abschnitten Hilfestellungen.

7.6.1 (Weiter-)Entwicklung des Blueprints

Im Folgenden finden Sie einen Schritt-für-Schritt-Leitfaden für die (Weiter-)Entwicklung Ihres Blueprints.

I. Ermitteln Sie Ihren Reifegrad der technischen Standardisierung

Nutzen Sie das im Folgenden beschriebene Reifegradmodell für die technische Standardisierung, um Ihren Reifegrad zu bestimmen. Dieses Reifegradmodell hat sich ergänzend zum EAM-Reifegradmodell bewährt. Das EAM-Reifegradmodell zielt primär darauf ab, die Organisation und Prozesse abhängig vom jeweiligen Reifegrad zu gestalten. Beim hier vorgestellten Technologiemanagement-Reifegradmodell geht es primär darum, zu ermitteln, welche Kategorien von technischen Standards überhaupt im Rahmen der technischen Standardisierung festgelegt werden sollten. Folgende Technologiemanagement-Reifegrade werden unterschieden (siehe Bild 7.56):

BILD 7.56 Technologiemanagement-Reifegrade

- **Reifegrad Einstieg**
  Dieser Reifegrad beinhaltet im Wesentlichen die Endgerätestandardisierung.
- **Reifegrad „Black-Box"-Standardisierung**
  Durch die Standardisierung „fertiger" Einheiten, wie z. B. Technologien, IT-Kaufprodukte und Werkzeuge, werden verbindliche Vorgaben für Projekte, Wartungsmaßnahmen und den Betrieb gesetzt.
- **Reifegrad „White-Box"-Standardisierung**
  Der Reifegrad „White-Box"-Standardisierung zielt auf die Steigerung der technischen Qualität der Informationssysteme ab.

Die aufeinander aufbauenden Reifegrade werden im Folgenden weiter detailliert.

Reifegrad Einstieg

Das große Kosteneinsparungspotenzial ist im Allgemeinen die Hauptmotivation für den Einstieg in die technische Standardisierung. Der Einstieg erfolgt über die technische Standardisierung der Commodity-IT-Produkte, wie z. B. PC-Infrastruktur und Bürokommunikation, oder der Betriebsinfrastruktur. Über diese Endgerätestandardisierung lassen sich Skaleneffekte erzielen und das Know-how für die standardisierten Plattformen bündeln. Durch standardisierte Arbeitsplatzrechner und Betriebsplattformen können der Einkauf, die Bereitstellung und der Betrieb vereinfacht werden. So sind mit relativ geringem Aufwand enorme Kosteneinsparungen möglich. Wesentlicher Hebel für die Umsetzung ist die Zentralisierung der IT-Beschaffung, z. B. durch einen technischen Einkauf. Spezifische Rollen, Gremien und Prozesse sind nicht erforderlich. Es gibt keine Anforderung an den EAM-Reifegrad für die technische Bebauung.

Reifegrad „Black-Box"-Standardisierung

Im Rahmen der „Black-Box"-Standardisierung wird die technische Standardisierung auf Technologien, IT-Kaufprodukte und Werkzeuge ausgedehnt. Technologien, wie z. B. SAP, JEE und.Net, geben die technischen Eckpfeiler für die Weiterentwicklung der IS-Landschaft und den Betrieb vor. IT-Kaufprodukte und Werkzeuge sind „Black-Box"-Komponenten, die ohne Veränderung als Ganzes genutzt werden. Technologien, IT-Kaufprodukte und Werkzeuge werden als verbindliche Vorgaben für Projekte und Wartungsmaßnahmen sowie für die Betriebsinfrastrukturplanung gesetzt.

Die Umsetzung der „Black-Box"-Standardisierung geht einher mit der Umsetzung des EAM-Reifegrads „Transparenz" für die technische Bebauung, d. h., Sie müssen die Standardisierungsprozesse in die Durchführungs- und Entscheidungsprozesse integrieren sowie ein Gremium für die technische Standardisierung etablieren (siehe Abschnitt 7.6). Qualifizierte IT-Architekten (siehe Abschnitt 8.2.1) müssen aufgebaut werden, die die für Projekte und Wartungsmaßnahmen Verantwortlichen adäquat beraten. Spätestens bei der Inbetriebnahme von neuen oder veränderten Informationssystemen ist durch Reviews und Abnahmen zu überprüfen, ob die technischen Standards auch wirklich umgesetzt wurden.

> **Tipp:**
> Treiben Sie parallel zur „Black-Box"-Standardisierung die technische Homogenisierung aktiv mit voran. Nur durch Ablösen der nicht standardisierten technischen Bausteine können Sie die Heterogenität eindämmen und somit nachhaltig Kosten einsparen.

Reifegrad „White-Box"-Standardisierung

Bei der „White-Box"-Standardisierung werden darüber hinaus Referenzarchitekturen und Architekturmuster, technische Komponenten und fachliche Standardsoftware wie z. B. Siebel standardisiert. Bei der „White-Box"-Standardisierung werden nicht nur fertige technische Bausteine als Ganzes verbaut. Die „innere" Struktur der Informationssysteme wird zumindest in Ausschnitten vorgegeben, um deren technische Qualität zu steigern.

Unter Einbeziehung von für das Unternehmen relevanten technischen Innovationen (siehe Abschnitt 6.3.6) werden von den IT-Architekten erprobte „White-Box"-Standards für die Projekte, die Wartungsmaßnahmen und den Betrieb zur Verfügung gestellt.

Durch die Vorgabe von Referenzarchitekturen und Architekturmustern wird auf konzeptioneller Ebene die Softwarearchitektur von Informationssystemen vereinheitlicht. Es werden praktisch erprobte Lösungsmuster z. B. für den Datenzugriff und insbesondere auch für die Umsetzung der nichtfunktionalen Anforderungen wie z. B. Performance oder Sicherheit bereitgestellt.

Technische Komponenten wie z. B. Framework-Komponenten können für die Individualentwicklung von Informationssystemen genutzt werden. Fachliche Standardsoftware wird in der Regel für bestimmte Anwendungsfelder als Soll-Bebauung vorgegeben. Durch z. B. Konfigurations-Templates lässt sich die Einführung bzw. der Rollout der Standardsoftware erheblich vereinfachen (siehe hierzu [Vog05]).

Für die bestimmungsgemäße Anwendung der „White-Box"-Standards müssen die IT-Architekten insbesondere die Projekte qualifiziert beraten. Die IT-Architekten sollten entweder in den Projekten selbst als Softwarearchitekten wirken oder aber die Softwarearchitekten der Projekte unterstützen.

> **Wichtig:**
> - Die Angemessenheit und das Kosten-Nutzen-Verhältnis von technischen Standards entscheiden darüber, ob ein technischer Standard wirklich nachhaltig angewendet wird.
> - Die Einfachheit der Nutzung der „White-Box"-Standards und die Beratungskompetenz der IT-Architekten entscheiden letztendlich über die bestimmungsgemäße Anwendung der „White-Box"-Standards. Siehe hierzu auch [Sta09] und [Vog05].
>
> IT-Architekten müssen einen hohen Skill-Level und Projekterfahrungen in der Umsetzung von Standardisierungsmaßnahmen aufweisen.
> Bilden Sie IT-Architekten entsprechend aus, wenn Sie nicht über solche hochqualifizierten Softwarearchitekten verfügen.

Die qualitativ hochwertige Erstellung und vor allem die Wartung der „White-Box"-Standards erfordern im Allgemeinen hohe Aufwände. Damit Standardisierung nicht zum Selbstzweck wird, sollten Sie die Standardisierungskosten für die Bereitstellung und die Wartung und Pflege dem Nutzen gegenüberstellen. Das Verhältnis von Kosten und Nutzen ist permanent zu überwachen.

In Abhängigkeit von der Strategie und den Zielsetzungen sowie dem Reifegrad der technischen Standardisierung (siehe Tabelle 7.9) werden unterschiedliche Kategorien von Standards notwendig. Der Einstiegspunkt für die technische Standardisierung ist im Allgemeinen die Standardisierung der Commodity-IT-Produkte, wie z. B. die PC-Infrastruktur, durch einen zentralisierten Einkauf. In einer zweiten Ausbaustufe („Black-Box"-Standardisierung) werden in der Regel Technologien, IT-Kaufprodukte und Werkzeuge als verbindliche technische Vorgabe für Projekte und Wartungsmaßnahmen vorgegeben. Darüber hinaus können auch Standards für die „innere" Struktur („White-Box"-Standardisierung) der Informationssysteme und Schnittstellen in Form von Referenzarchitekturen und Architekturmustern, technischen Komponenten (z. B. Frameworks) und Lösungen für fachliche Einsatzzwecke (wie z. B. SAP Templates) festgelegt werden.

> **Wichtig:**
> Der Aufwand für die Erstellung von „White-Box"-Standards ist beträchtlich.
> Wägen Sie Kosten und Nutzen sorgfältig ab und überwachen Sie diese permanent.

Die Nutzenpotenziale korrelieren zu diesen Stufen. In Tabelle 7.9 finden Sie eine Zuordnung.

TABELLE 7.9 Nutzenpotenziale in Korrelation zu den Technologiemanagement-Reifegraden

	Reifegrade		
	Einstieg	„Black-Box"	„White-Box"
Kosteneinsparung			
Nutzung von Skaleneffekten und einer zentralen Verhandlungsmacht im Einkauf	X	X	X
Know-how-Bündelung	X	X	X
Hohe technische Qualität			
Wiederverwendung von bewährten technischen „Black-Box"-Bausteinen		X	X
Standardisierung von „White-Box"-Standards			X
Angemessene IT-Unterstützung (z. B. Flexibilität)			
Referenzarchitekturen und Architekturmuster, die das Prinzip der Service- und Komponentenorientierung unterstützen			X
Standard-Middleware- und Schnittstellen/API-Lösungen wie z. B. ein Enterprise Service Bus		X	X
Zukunftssicherheit			
Business- und IT-Innovationen (IT-Innovationsmanagement)		X	X

II. Legen Sie die technischen Domänen fest.

Legen Sie in Abhängigkeit von Ihrem Reifegrad und Ihren Zielsetzungen sowie Ihrer IT-Strategie die „Schubläden" und „Fächer" Ihres Blueprints fest. Nutzen Sie hierzu die Hilfestellungen weiter oben in diesem Abschnitt.

> **Wichtig:**
> Nutzen Sie für die Festlegung der technischen Domänen Best Practices und Standards, wie das TOGAF TRM (siehe Abschnitt 5.1).
> Gehen Sie über alle technischen Domänen und hinterfragen Sie, ob in Ihrem Unternehmenskontext hier Standardisierungsanforderungen bestehen.

III. Initiale Festlegung und kontinuierliche Weiterentwicklung und Pflege der technischen Standards

Für die initiale Befüllung des Blueprints sind folgenden Aktivitäten notwendig:

a) **Ermitteln Sie die aktuell genutzten technischen Bausteine** durch die Analyse der IS-Bebauung und der Betriebsinfrastruktur

Führen Sie beim Aufsetzen des Technologiemanagements eine Bestandsaufnahme durch. Ermitteln Sie die aktuell verwendeten technischen Bausteine für die technische Realisierung von Informationssystemen, Schnittstellen und der Betriebsinfrastruktur sowie für fachliche Einsatzzwecke. Sortieren Sie die technischen Bausteine in die technischen Domänen wie z. B. Datenbanken ein. Die bestehenden technischen Bausteine sind mögliche Kandidaten für den Blueprint.

Standardisierungsmöglichkeiten bestehen gegebenenfalls bei allen Kategorien wie z. B. Datenbanken mit mehr als einem technischen Baustein oder aber auch bei verschiedenen Releases einer Datenbank. Es können aber auch durchaus verschiedene technische Standards für den gleichen Einsatzzweck, z. B. für große Organisationen und kleine Organisationen, festgelegt werden.

Prüfen Sie, ob Sie diese bereits vorhandenen „De facto"-Standards in den Blueprint aufnehmen wollen. Legen Sie für die technischen Bausteine den Freigabestatus bzw. die Standardkonformität fest.

b) **Sammeln Sie Ihre Standardisierungsanforderungen**
Sammeln Sie Standardisierungsanforderungen und ordnen Sie diese technischen Domänen zu.

Standardisierungsanforderungen können aus unterschiedlichen Quellen stammen:

- Standardisierungsbedarf abgeleitet aus der IT-Strategie, wie z. B. für eine SOA-Referenzarchitektur und eine Integrationsplattform
- Technologische Trends aus dem IT-Innovationsmanagement (siehe [Han10]), wie z. B. Social Computing
- Standardisierungsbedarfe aus der Analyse der IS-Bebauung oder der Betriebsinfrastruktur, wie z. B. Informationssysteme für fachliche Einsatzgebiete oder aber Datenbanksysteme
- Aktuelle „Pains" in Projekten, Wartungsmaßnahmen oder dem Betrieb, wie z. B. fehlende Monitoring-Lösungen
- Aktuelle bewährte Lösungen aus Projekten oder dem Betrieb

c) **Bewerten Sie die Standardisierungsanforderungen**
Auf der Basis der Standardisierungsanforderungen und der strategischen Vorgaben sind Vorschläge für die technische Zielbebauung zu entwickeln. In Bild 7.57 wird angedeutet, in welchen technischen Domänen neue technische Standards zu erstellen sind sowie in welchen technischen Domänen die bestehenden technischen Standards geändert werden müssen bzw. auslaufen sollten.

Diese Standardisierungskandidaten werden in der Regel bezüglich ihrer Kosten[9], ihres Nutzens und ihrer operativer Dringlichkeit insbesondere bezüglich Kriterien wie z. B. Reifegrad, Strategiekonformität und Einsatzrisiken bewertet, bevor sie einem Gremium, wie z. B. das Blueprint-Board (siehe Abschnitt 8.2.2), zur Entscheidung vorgelegt werden.

d) **Entscheidung über die Standardisierungskandidaten** z. B. durch das Blueprint-Board

e) **Umsetzung der Standardisierungsmaßnahmen entsprechend der Entscheidung**

---

[9] Sowohl die einmaligen Kosten für die Erstellung des technischen Standards inkl. z. B. Lizenzkosten sowie die fortlaufenden Kosten wie z. B. für Wartung, Schulung oder Support.

BILD 7.57 Änderungsbedarf im Blueprint

Wichtig:

Nehmen Sie in den initialen Blueprint nur strategische Vorgaben und bewährte Lösungen aus Ihrem Unternehmen auf (Mischung aus Top-down- und Bottom-up-Vorgehen). So können Sie die Weiterentwicklung strategisch ausrichten und schaffen gleichzeitig Akzeptanz für die Vorgaben.

Analysieren Sie alle technischen Domänen und legen Sie Ihre Standards für Technologien wie z. B. JEE oder IT-Produkte wie z. B. ORACLE 9.2 fest. Beschränken Sie sich dabei auf das Sinnvolle und Notwendige, dessen Umsetzung auch möglich und gleichzeitig angemessen ist. Einige Schubladen dürfen durchaus auch leer bleiben, wenn aktuell noch kein Standard sinnvoll festzulegen ist.

Die Weiterentwicklung der technischen Standards erfolgt ausgerichtet an der Unternehmens- und IT-Strategie sowie den Geschäftsanforderungen. Der Blueprint ist kontinuierlich an die veränderte Situation anzupassen. Dabei helfen Ihnen folgende Fragestellungen:

- Welche bestehenden technischen Standards sind noch angemessen, tragfähig und zukunftsfähig?
- Für welche technischen Trends und Neuerungen sollten neue technische Standards für das Unternehmen erstellt werden? Welche bestehenden technischen Standards sollte man dafür ablösen?

- Für welchen im Rahmen der Analyse der IS-Bebauung oder im Rahmen der operativen Projektabwicklung identifizierten Handlungsbedarf und für welche Optimierungspotenziale sollten neue technische Standards erstellt oder bestehende verändert werden?

Durch die Umsetzung der verabschiedeten Standardisierungsmaßnahmen wird der Blueprint weiterentwickelt. Beispiele für Standardisierungsmaßnahmen:

- Erstellung von Referenzarchitekturen oder Architekturmustern
  Z. B. Erstellung einer Referenzarchitektur für „JSF"- oder „Web 2.0"-Anwendungen
- Evaluierung von IT-Kaufprodukten
  Bei der Evaluierung von IT-Kaufprodukten werden die am Markt verfügbaren IT-Kaufprodukte ermittelt, entsprechend den unternehmensspezifischen Anforderungen bewertet, eine Vorauswahl getroffen und eine Empfehlung für eines der IT-Kaufprodukte aus der Vorauswahl abgegeben.
  Z. B. Auswahl von DMS, CMS oder Workflow-Engines
- Erstellung von technischen Komponenten
  Entsprechend den unternehmensspezifischen Anforderungen werden technische Komponenten entwickelt oder angepasst bzw. konfiguriert.
  Z. B. unternehmensspezifische Frameworks für fachliche Transaktionen oder Auditing
- Bereitstellung von Migrationshilfestellungen
  Wenn technische Standards, die in Informationssystemen oder Schnittstellen verbaut wurden, auslaufen, müssen Hilfestellungen für die Migration z. B. auf Nachfolgerbausteine gegeben werden. Dies kann z. B. ein Migrationskonzept, ergänzt um Migrationsskripte, sein. Migrationshilfestellungen sind insbesondere auch bei neuen Releases technischer Bausteine erforderlich.

Die Umsetzung von Standardisierungsmaßnahmen wird häufig in Form eines Projekts von technischen Spezialisten angegangen, fallweise auch mit Unterstützung der Produktanbieter. Für alle neuen oder veränderten technischen Bausteine muss über einen Freigabeprozess die technische Qualität überprüft, die Abnahme erteilt, der Freigabestatus festgelegt und der technische Baustein im Blueprint veröffentlicht werden. So wird der Blueprint Schritt für Schritt in Richtung Soll-Bebauung überführt.

Nach Aufnahme eines neuen technischen Standards in den Blueprint müssen dessen Tauglichkeit, Kosten und Nutzen kontinuierlich überwacht und ein Feedback von den Nutzern eingeholt werden. Ein Nutzenversprechen im Standardisierungsantrag muss nicht zwangsläufig eintreten! Wenn Sie feststellen, dass für einen technischen Baustein kaum Nachfrage besteht, er nicht tragfähig oder zukunftsfähig ist oder das Kosten/Nutzen-Verhältnis unangemessen ist, sollten Sie ihn schnellstmöglich aus dem Blueprint entfernen. Wenn der Baustein bereits im Einsatz ist, müssen Sie eine Alternative und einen Migrationsweg aufzeigen.

Wichtig:

- Achten Sie auf die Angemessenheit, Tragfähigkeit, Zukunftsfähigkeit und einfache Nutzbarkeit aller neuen oder veränderten technischen Bausteine. Häufig werden technische Bausteine aus Best Practices in Projekten unter Mitwirkung der Softwarearchitekten aus der „Linie" konsolidiert. Dies erhöht zudem die Akzeptanz der technischen Standards.
- Kommunikation von neuen und veränderten technischen Standards
Technische Standards können nur dann angewendet werden, wenn sie bekannt sind. Der technische Blueprint muss z. B. im Intranet veröffentlicht werden. Wichtig sind auch Hilfsmittel für die Nutzung. Nur durch Hilfsmittel für die Nutzung wie z. B. ein Nutzungskonzept oder Checklisten kann die bestimmungsgemäße Verbauung der technischen Bausteine sichergestellt werden. Minimal muss an dieser Stelle ein Link zur Dokumentation bzw. zu den Installationspaketen des technischen Bausteins vorhanden sein.
- Kontinuierliches Aufräumen
Sorgen Sie dafür, dass der Blueprint immer auf einem aktuellen Stand ist. Im Rahmen der Pflege sind die bestehenden Standards kontinuierlich zu überprüfen und nicht mehr relevante Standards als „abzulösen" zu markieren. Nur so bleiben die technischen Standards wartbar und nur so realisieren Sie die angestrebte Kosteneinsparung.

7.6.2 Steuerung der Verbauung der technischen Standards

Die besten technischen Standards helfen nicht, wenn sie nicht verwendet werden. Nur durch die aktive Steuerung der Verbauung (siehe Abschnitt 8.3.4) können die mit dem Technologiemanagement verbundenen Ziele (siehe Einsatzszenario „Standardisierung und Homogenisierung" in Kapitel 6) erreicht werden. Es muss sichergestellt werden, dass die festgelegten technischen Standards im Rahmen der Projekte und Wartungsmaßnahmen sowie im Betrieb eingehalten und abzulösende Standards auch wirklich abgelöst werden.

Wichtig:
Durch die kontinuierliche Überwachung der Tragfähigkeit und Zukunftsfähigkeit, der Kosten und des Nutzens sowie der Häufigkeit des Einsatzes kann die Weiterentwicklung des Blueprints wirkungsvoll gesteuert werden. Hierfür sind z. B. Projekt- oder Nutzerbefragungen geeignet.

7.7 Management der Betriebsinfrastruktur

Technische Standards können ebenso für den Betrieb vorgegeben werden. So können z. B. Standards für Hardware, Betriebssysteme oder Netzwerkkomponenten im Rahmen der Festlegung der „Service Strategy" und im „Service Design" (siehe ITIL V3 [Buc07]) gesetzt werden. Für weiterführende Informationen hierzu sei auf [Buc07], [Joh07] und [itS08] verwiesen.

Die Dokumentation, Planung und Steuerung der Weiterentwicklung der Betriebsinfrastruktur werden in diesem Buch dem operativen IT-Management zugeschlagen. Hilfestellungen hierzu finden Sie in der aufgeführten Literatur und in Kapitel 6 in den Einsatzszenarien.

> **Zusammenfassung und Ausblick:**
>
> Mithilfe der in diesem Kapitel aufgeführten Best Practices können Sie Ihr EAM einfach und effektiv gestalten, innerhalb weniger Monate in einer ersten Ausbaustufe erfolgreich einführen und dann schrittweise ausbauen. So können Sie den in Abschnitt 4.4.2 beschriebenen Nutzen von EAM verwirklichen und die Erfolge kommunizieren und vermarkten. Die Schritt-für-Schritt-Anleitungen in diesem Kapitel helfen Ihnen dabei.

8 EAM Governance

Kleine Taten, die man ausführt, sind besser als große, die man plant.

George C. Marshall, amerikanischer General und Politiker (1880-1959)

Eine für Ihr Unternehmen adäquate EAM Governance füllt das Enterprise Architecture Management erst mit Leben. Sie sorgt einerseits dafür, dass die Daten hinreichend vollständig, aktuell und qualitativ hochwertig sind. Andererseits stellt sie sicher, dass die strategischen Vorgaben, die technischen Standards und die Soll-Bebauung tatsächlich umgesetzt werden. In Bild 8.1 finden Sie alle dafür wesentlichen Bestandteile im EAM-Governance-Haus.

BILD 8.1 EAM-Governance-Haus

Um EAM „zum Fliegen" zu bekommen und nachhaltig im Unternehmen zu verankern, sind folgende Aspekte relevant:

- **Angemessene Organisation („Wer?")**
  Eine adäquate IT-Organisationsform mit zugeschnittenen Rollen und Verantwortlichkeiten sowie funktionierende Gremien sind für eine schnelle und fundierte Informationsbeschaffung sowie kurze Entscheidungswege im EAM maßgeblich. Best Practices zu den für das Enterprise Architecture Management erforderlichen organisatorischen Strukturen und deren Etablierung finden Sie in Abschnitt 8.2.

- **Einfach anwendbare Regeln („Was?")**
  Das Management einer Unternehmensarchitektur hat eine hohe Komplexität. Für die Dokumentation aller Bestandteile der Unternehmensarchitektur sind einfach nutzbare unternehmensspezifische Richtlinien für die Modellierung (Modellierungsrichtlinien) und ein Pflegekonzept notwendig, um hinreichend aktuelle und qualitativ hochwertige Daten mit einer einheitlichen Granularität zu erhalten. Die Daten werden entsprechend der Fragestellungen der verschiedenen Stakeholder-Gruppen visualisiert. Auch hierfür sind Regeln ebenso wie für die Steuerung der Weiterentwicklung der IT-Landschaft und von EAM notwendig. Für Letzteres wird in der Regel ein Steuerungsinstrumentarium bereitgestellt, das den Status sowie den Fortschritt der Umsetzung transparent macht. Siehe hierzu Abschnitt 8.3.

- **Schlanke EAM-Prozesse („Wie?")**
  EAM umfasst alle Prozesse zur Dokumentation, Qualitätssicherung, Analyse, Gestaltung und Steuerung der Weiterentwicklung der IT-Landschaft. Siehe hierzu Abschnitt 8.4.

- **Verankerung in der Organisation („Womit?")**
  Zum „Fliegen" kommt EAM aber erst, wenn die EAM-Ergebnisse für Investitionsentscheidungen und für die Planung und Steuerung genutzt werden. Voraussetzung hierfür ist eine enge Integration der EAM-Prozesse in die Durchführungs-, Planungs- und Entscheidungsprozesse. Siehe hierzu Abschnitt 8.5.

In diesem Kapitel beantwortete Fragen:

- Auf welchen Säulen fußt eine EAM Governance?
- Wie spielt die EAM Governance mit der IT-Governance zusammen? Kann CobiT ohne Anpassungen angewendet werden?
- Wie beeinflusst die IT-Organisationsform Ihre EAM Governance?
- Welche Rollen, Verantwortlichkeiten und Gremien sind für eine effektive EAM Governance notwendig?
- Welches Regelwerk ist für die Einführung und den Betrieb von EAM erforderlich?
- Welche EAM-Prozesse gibt es und wie können diese in der Organisation verankert werden?
- Welche Kennzahlen müssen Sie für die wirksame Steuerung der Weiterentwicklung der Geschäftsarchitektur und der IT-Landschaft bereitstellen?

8.1 Einordnung und Abgrenzung

EAM Governance ist ein wesentlicher Bestandteil der IT-Governance. Unter IT-Governance werden Grundsätze, Verfahren und Methoden zusammengefasst, die sicherstellen, dass mit Hilfe der eingesetzten IT die Geschäftsziele erreicht, Ressourcen verantwortungsvoll eingesetzt und Risiken angemessen überwacht werden (siehe [Mey03], [IGI08] und [ISA13]).

Zur Umsetzung einer IT-Governance haben sich neben unternehmensspezifischen Ansätzen sogenannte Rahmenwerke etabliert, die Strukturen, Hilfsmittel und die Vorgehensweise bei der IT-Steuerung definieren. Ein allgemein akzeptiertes Rahmenwerk ist CobiT (siehe [itS12]). CobiT ist ein internationaler IT-Governance-Standard. Er integriert internationale Standards wie z. B. die technischen Standards ISO/IEC 20000, EDIFACT, ISO 9000 und SPICE (siehe [Joh11]).

CobiT bietet einen Leitfaden für die Durchführung der Kontroll- und Führungsaufgaben. Die aktuelle fünfte Version von CobiT zielt auf eine ganzheitliche Betrachtung im Kontext einer „Enterprise Governance" und nicht mehr rein auf eine IT-Governance wie in den Vorgängerversionen ab. Die Prinzipien hinter der aktuellen CobiT-5.0-Version sind:

- **Nutzen der Stakeholder steht im Mittelpunkt**
  Ausgangspunkt stellt eine Stakeholder-Analyse dar, in der die Bedürfnisse der Stakeholder-Gruppen identifiziert werden. Auf dieser Basis können die Anforderungen für das unternehmensspezifische Governance Framework abgeleitet werden. Die Unternehmens-Governance muss sicherstellen, dass der aus der Stakeholder-Analyse hervorgehende angestrebte Nutzen zu optimalen Kosten und mit steuerbaren Risiken erreichbar ist. Dies heißt aber auch, die Interessen der Stakeholder gegeneinander abzuwägen und die Entscheidungen unter Abwägung von Kosten-Nutzen- und Risikoaspekten ganzheitlich zu treffen.

- **End-to-end-Perspektive**
  Governance und Management werden in CobiT 5 aus einer unternehmensweiten Sicht betrachtet, in der das IT-Governance-System sich nahtlos in das unternehmensweite Governance-System integrieren lässt. Ziel ist es immer, dass die IT die geschäftlichen Abläufe unterstützt und einen Wertbeitrag leistet. Sie muss ökonomisch und risikobewusst handeln.

- **Bereitstellung eines einzigen integrierten Frameworks**
  CobiT 5 liefert einen Rahmen und integriert andere Standardwerke und deckt so alle Themenbereiche ab. Integriert werden u. a. COSO, ISO/IEC 9000, ISO/IEC 31000, ISO/IEC 38500, ITIL, ISO/IEC 27000 Series, TOGAF, PMBOK/PRINCE2 oder CMMI.

- **Bereitstellung einer gesamthaften übergreifenden Sicht**
  Das CobiT 5 Framework deckt alle Aktivitäten der Steuerung und Führung übergreifend ab. IT-Ziele werden aus Unternehmenszielen abgeleitet und entsprechende Aktivitäten für die Umsetzung ermittelt.

- **Unterscheidung zwischen Governance und Management**
  CobiT 5 macht eine klare Unterscheidung zwischen Governance und Management. Governance stellt sicher, dass die Stakeholder-Bedürfnisse, -Bedingungen und -Optionen bewertet werden und die notwendigen Vorgaben gesetzt und kontrolliert werden. Management ist dafür zuständig, alle dafür notwendigen Aktivitäten zu planen, durchzuführen und zu überwachen. Hierzu gibt es fünf Governance- und 32 Managementprozesse.

IT-Governance liegt in der Verantwortung von Führungskräften wie z. B. dem CIO. Für die unterschiedlichen Kernbereiche einer IT-Governance gibt es durchaus unterschiedliche Verantwortliche. Folgende Kernbereiche haben sich (siehe [itS08]) als wesentlich herauskristallisiert:

- **Business-Alignment** (CobiT: Strategic Alignment)
  Die IT muss an den Geschäftsanforderungen ausgerichtet werden.
- **Sicherstellung der Leistungserbringung** (CobiT: Value Delivery)
  Der operative Geschäftsbetrieb muss ebenso wie eine angemessene und kostengünstige IT-Unterstützung sichergestellt werden. Das Dienstleistungs- und Produktportfolio der IT sollte darüber hinaus einen Wert- und Strategiebeitrag erbringen (siehe Abschnitt 8.3.4.3).
- **Ressourcenmanagement** (CobiT: Resource Management)
  Alle IT-Assets wie z. B. Informationssysteme, Rechner oder aber auch Mitarbeiter und Lieferanten (siehe Abschnitt 6.2.7) sind verantwortungsvoll zu managen.
- **Erfolgsmessung** (CobiT: Performance Management)
  Die Umsetzung der strategischen Vorgaben, der Vorgaben aus der Ziel-Landschaft sowie der technischen Standards sind ebenso zu überwachen wie die Abwicklung von Projekten und Wartungsmaßnahmen sowie die effiziente Leistungserbringung (siehe Abschnitt 6.2.4).
- **Risikomanagement** (CobiT: Risk Management)
  Die wachsende Abhängigkeit der Unternehmen von ihrer IT und die höhere Bedrohung der Unternehmensdaten durch z. B. Sicherheitslücken und kriminelle Aktivitäten führen zu einem geschärften Risikobewusstsein. Ein konsequentes Risiko- und Sicherheitsmanagement ist unabdingbar.

In den letzten Jahren hat sich der Schwerpunkt „Compliance" verstärkt herausgebildet. Nach Vorfällen skandalöser Betriebsführung in Firmen wie z. B. Worldcom oder Enron wurden neue gesetzliche und aufsichtsrechtliche Vorschriften erlassen. Für die Umsetzung der Vorschriften wie z. B. Sarbanes-Oxley Act (SOX), MaK, Basel II, KonTraG und Solvency II (siehe [Joh11]) im Kontext der Corporate Governance (siehe [Wei04] und [Wei06]) sind aufwendige Aktivitäten notwendig, um die Angemessenheit und Ordnungsmäßigkeit sowohl der Systementwicklung als auch des Systembetriebs nachzuweisen.

> **Wichtig:**
> - Ihr IT-Governance-Modell muss alle genannten Kernbereiche abdecken.
> - Verwenden Sie CobiT als Ausgangspunkt für die Festlegung Ihrer unternehmensspezifischen EAM Governance. Eine Anpassung an Ihre spezifischen Rahmenbedingungen ist jedoch erforderlich.
> - Die CobiT-Prozessbeschreibungen im Kontext von „Align, Plan and Organize (APO)", insbesondere APO03, sind für eine EAM Governance relevant. Nutzen Sie die Hilfestellungen aus CobiT 5 (siehe [ISA13]). Weitere Tipps und Hilfestellungen für die Operationalisierung finden Sie in den folgenden Abschnitten.

EAM Governance ist ein Teilbestandteil Ihrer IT-Governance. EAM Governance füllt das Enterprise Architecture Management erst mit Leben. Sie sorgt einerseits dafür, dass die Daten hinreichend vollständig, aktuell und qualitativ hochwertig sind. Andererseits forciert sie, dass die EAM-Ergebnisse für Investitionsentscheidungen und für das strategische und operative IT-Management genutzt werden.

Jede Ausbaustufe von EAM (siehe Abschnitt 4.4.1) erfordert eine auf die jeweilige Organisation zugeschnittene EAM Governance. In einer ersten Ausbaustufe wird häufig eher zentralistisch gearbeitet. In einem kleinen Kreis hochqualifizierter und hochmotivierter Unternehmensarchitekten werden schnell verwertbare und vermarktbare Ergebnisse erstellt. Schrittweise kann dann das Enterprise Architecture Management und damit einhergehend die EAM Governance ausgebaut und optimiert werden.

Wichtig:
Gestalten Sie für jede Ausbaustufe von EAM eine adäquate EAM Governance. Erster Schritt ist hierbei die Einschätzung Ihrer Ausgangslage. Nutzen Sie hierzu Prozess-Reifegradmodelle (siehe [Foe08]) und das EAM-Reifegradmodell (siehe Abschnitt 7.1). Für die Standortbestimmung können Sie darüber hinaus die Hilfestellungen aus Abschnitt 2.3 heranziehen.

Wie kommen Sie nun zu der für Ihre Ausbaustufe von EAM passenden EAM Governance?

Hierzu müssen Sie die zu Beginn des Kapitels aufgeführten Aspekte „Angemessene Organisation", „Einfach anwendbare Regeln", „Schlanke EAM-Prozesse" und „Verankerung in der Organisation" mit Leben füllen. Hilfestellungen hierfür finden Sie in den nächsten Abschnitten.

8.2 Organisatorische Aspekte der EAM Governance

> *It is the changes in the way our work is organized which will make the biggest differences to the way we live.*
>
> C. Handy (1989)

Eine angemessene Organisation mit auf die Zielsetzungen und Rahmenbedingungen zugeschnittenen Rollen und Verantwortlichkeiten sowie funktionierende Gremien bestimmen maßgeblich die Durchsetzungskraft und den Aufwand für die Steuerung. So hängen z. B. die Schnelligkeit von Entscheidungen oder aber die Möglichkeiten der Standardisierung von der gewählten IT-Organisationsform ab.

Für jede Ausbaustufe von EAM muss eine adäquate EAM Governance und damit einhergehend eine EAM-Organisation gestaltet und die Organisation und Kultur entsprechend weiterentwickelt werden. Hierzu finden Sie im Folgenden Hilfestellungen und Best-Practices zu folgenden Themenfeldern:

- Rollen und Verantwortlichkeiten in EAM (siehe Abschnitt 8.2.1)
- Entscheidungsfelder und Gremien (siehe Abschnitt 8.2.2)
- Auswirkungen der IT-Organisationsform auf die Wirksamkeit von EAM (siehe Abschnitt 8.2.3)
- Veränderung der IT-Organisation (siehe Abschnitt 8.2.4)

> **Wichtig:**
> Eine adäquate IT-Organisationsform, klar definierte Rollen und Verantwortlichkeiten sowie funktionierende Gremien sind für eine schnelle und fundierte Informationsbeschaffung sowie kurze Entscheidungswege im EAM maßgeblich. Durch einen stetigen Veränderungsprozess müssen Sie Ihre Organisation kontinuierlich an veränderte Rahmenbedingungen anpassen und optimieren.

8.2.1 Rollen und Verantwortlichkeiten im EAM

Für ein funktionierendes EAM sind vor allen Dingen folgende Stakeholder-Gruppen wichtig:

- **Benannte Auftraggeber und Sponsoren**
  Auftraggeber und Sponsoren haben Einfluss und „sorgen" initial für die entsprechenden Budgets und dafür, dass die richtigen Personen im EAM-Projekt mitwirken. Später machen Sie aktiv Marketing mit den EAM-Erfolgen und helfen, EAM zum Fliegen zu bekommen. Siehe hierzu Abschnitt Stakeholder-Analyse in Abschnitt 7.2.

- **Klar festgelegte Rolle Unternehmensarchitekt** (oder Rollen)
  Unternehmensarchitekten sind die Kümmerer, Planer und Gestalter der Unternehmensarchitektur und in der Einführungsphase die „Arbeiter", die die Konzeption verantworten.

- **Explizit benannte Nutznießer**
  Nutznießer sind die Stakeholder(-gruppen), die Interesse an EAM haben und für die EAM-Ergebnisse wertvoll sind. Der Nutzen kann z. B. in der Unterstützung bei der strategischen Planung und Steuerung der IT oder aber bei der Umsetzung von Compliance- und Sicherheitsanforderungen liegen (siehe Stakeholder-Analyse in Abschnitt 7.2).

- **Festgelegte Datenlieferanten**
  Datenlieferanten können Personen oder aber auch IT-Systeme sein. Datenlieferanten sind maßgeblich für die Aktualität und Qualität der Daten. Für alle Elemente der Unternehmensarchitektur muss die Datenpflege sichergestellt werden (siehe Pflegekonzept in Abschnitt 8.3.1).

Alle Rollen und Verantwortlichkeiten müssen klar beschrieben sein. Hilfestellungen finden Sie hierbei im Abschnitt 8.3. Von besonderer Bedeutung für das Enterprise Architecture Management ist die Rolle des Unternehmensarchitekten. Dieser widmen wir uns im Folgenden.

Ein Unternehmensarchitekt ist für alle EAM-Prozesse (siehe Abschnitt 8.4) für die gesamte Bebauung oder einen Ausschnitt (Teilarchitektur und/oder fachliche oder technische Domäne) der Bebauung verantwortlich. Er führt jedoch nicht notwendigerweise alle EAM-Prozesse selbst durch. So erfolgt die Datenpflege zum Teil durch andere Stakeholder. Auch die Analyse der Bebauungsdatenbasis kann von verschiedenen anderen Stakeholder-Gruppen durchgeführt werden. Eine unternehmensspezifische Ausgestaltung über das Pflegekonzept ist erforderlich (siehe Abschnitt 8.3).

Je nach Organisationsstruktur, Firmengröße sowie Reifegrad und Zielsetzungen von EAM gibt es zudem durchaus unterschiedliche Arten von Unternehmensarchitekten. Folgende Verantwortlichkeiten (Teilrollen) sind gegebenenfalls an unterschiedliche Personen „verteilt", wobei die Namensgebung in der Regel sehr unternehmensspezifisch ist:

- **Geschäftsarchitekt** für die Vorgabe der Modellierungsrichtlinien der Geschäftsarchitektur sowie Sammlung, Qualitätssicherung, Konsolidierung, Abstimmung, Veröffentlichung und Steuerung der Weiterentwicklung der Geschäftsarchitektur (Ist, Plan und Soll)
  Datenlieferanten für den Geschäftsarchitekten sind andere Rollen und auch Personen, die unabhängig von EAM im Unternehmen etabliert sein können. Hierzu zählen die **Prozessmanager** im Rahmen vom Prozessmanagement, die **Capability Manager** im Rahmen vom Business Capability Management, die **Produktmanager** im Kontext des Produktmanagements, **Business-Planer** in der Business-Planung oder Unternehmensstrategieentwicklung sowie **Organisationsentwickler** zur Festlegung von detaillierten Organisationsstrukturen und deren Kommunikation im Unternehmen.

- **IS-Bebauungsplaner** für die IS-Architektur und das Zusammenspiel mit den anderen Teilarchitekturen
  Die IS-Bebauungsplanung und die Steuerung der Weiterentwicklung der IT-Landschaft werden in der Regel vom IS-Bebauungsplaner selbst durchgeführt. So pflegt er in der Regel selbst auch die Soll-IS-Bebauung, die IT-Roadmap sowie die Ergebnisse aus dem Projektportfoliomanagement oder Projektsteuerungsgremien ein. Die Dokumentation der Ist-IS-Landschaft erstellt er häufig nicht selbst, da er nicht alle Informationssysteme und Schnittstellen im Detail kennt. Die IS-Verantwortlichen, soweit schon festgelegt, werden hier aktiv. Wenn noch nicht festgelegt, werden die Daten in der Regel von Projektmitarbeitern, wie z. B. Facharchitekten, geliefert oder eingepflegt. Der IS-Bebauungsplaner unterstützt die IS-Verantwortlichen und Projektmitarbeiter methodisch und führt eine Qualitätssicherung der „fremd" erstellten Dokumentation durch.

  Die Gesamtbebauung kann sowohl vom IS-Bebauungsplaner als auch von allen EAM-Nutznießern analysiert werden und entsprechende Ergebnisse lassen sich aus der EAM-Datenbasis herausziehen. Der IS-Bebauungsplaner bietet gegebenenfalls die Dienstleistung an, entsprechend den Fragestellungen der Nutznießer Analysen durchzuführen oder diese so vorzubereiten, dass die EAM-Nutznießer diese zukünftig selbst durchführen können.

  IS-Bebauungsplaner sind für die IS-Konsolidierung und das IS-Portfoliomanagement (siehe EAM-Einsatzszenarien in Kapitel 6) verantwortlich. Sie liefern zudem Input für die fachliche und technische Standardisierung.

- **IT-Architekt** für die technische Architektur
  Der IT-Architekt ist verantwortlich für die übergreifende Bereitstellung, Weiterentwicklung sowie Sicherstellung der Einhaltung des Blueprint sowie für die Beratung und Unterstützung bei der Nutzung der technischen Standards. Wenn ein technischer Standard nicht vom IT-Architekten selbst erstellt wird, muss er zumindest die Qualitätssicherung und die Abnahme durchführen.

- **Infrastrukturarchitekt** für die Betriebsinfrastruktur-Architektur (siehe [itS08] und [Joh11])
  Ein Infrastrukturarchitekt ist für die Überprüfung und Weiterentwicklung der Betriebsinfrastruktur-Architektur verantwortlich. Hierzu zählt unter anderem die Betriebsinfrastrukturkonsolidierung (siehe EAM-Einsatzszenarien in Kapitel 6). Er ist ebenso an der technischen Standardisierung von Infrastrukturelementen und Plattformen beteiligt.

- **Informations-Bebauungsplaner** sind nur in großen Unternehmen und nur dann notwendig, wenn dem Informationsmanagement im Unternehmen ein hoher Stellenwert eingeräumt wird. Sie sind für die Informationsbebauung, d. h. für die Bebauungselemente Geschäftsobjekte und Informationsobjekte aus der fachlichen beziehungsweise der IS-Bebauung und deren Zusammenspiel mit der Gesamtbebauung verantwortlich. Die Rolle des Informations-Bebauungsplaners geht einher mit der Einführung der Informationsarchitektur als separater Teilarchitektur.

  Wenn das Informationsmanagement nicht explizit im EAM etabliert ist, werden dessen Aufgaben vom Prozessmanager (oder aber Capability Manager) zusammen mit dem IS-Bebauungsplaner übernommen. Der Prozessmanager dokumentiert und gestaltet die Geschäftsprozesse im Zusammenspiel mit den Geschäftsobjekten. Der IS-Bebauungsplaner ist dagegen verantwortlich für die IS-Bebauung, d. h. auch für die Informationsobjekte und deren Zusammenspiel mit Informationssystemen und dem Informationsfluss. Die Beziehung zwischen Informationsobjekten und Geschäftsobjekten kann von beiden Rollen gepflegt werden. Dies muss unternehmensspezifisch das Pflegekonzept (siehe Abschnitt 8.3.1) klar festlegen.

- **Übergreifender Unternehmensarchitekt** für die Festlegung und Weiterentwicklung der EAM-Methode und Werkzeuglandschaft sowie übergreifende Konsolidierung, Qualitätssicherung und Steuerung der Weiterentwicklung der Gesamtbebauung.

  Für die Weiterentwicklung der EAM-Methode und der Werkzeuglandschaft kann die Verantwortung gegebenenfalls auch geteilt sein. Es kann übergreifende fachliche, IS-, technische, Informations- und Betriebsinfrastruktur-Unternehmensarchitekten geben. Diese können die Methode für ihre jeweilige Teilarchitektur gestalten. Dann ist jedoch zusätzlich wiederum die Rolle eines übergreifenden Unternehmensarchitekten erforderlich. Dieser ist für das Zusammenspiel und die Beziehungen der Bebauungen untereinander verantwortlich und dafür, dass die bebauungsübergreifenden Fragestellungen der Stakeholder wirklich beantwortet werden können.

In Abhängigkeit von der Größe und Organisationsform des Unternehmens können diese Teil-Rollen unterschiedlich zusammengefasst werden. In mittelständischen Unternehmen gibt es in der Regel nur eine Rolle, die alle Teil-Rollen inkludiert. In größeren und in dezentral organisierten Unternehmen findet man hingegen viele dieser Teilrollen. Die Rollen Prozessmanager, Capability Manager und Geschäftsarchitekt sind häufig zusammengefasst, wenn das Prozessmanagement oder das Business Capability Management im Unternehmen etabliert ist. Andernfalls werden häufig die Rollen IS-Bebauungsplaner und Geschäftsarchitekt von einer Person mit Leben gefüllt. Dann ist EAM in der Regel ausschließlich in der IT angesiedelt und die Geschäftsarchitektur dient im Wesentlichen nur als fachlicher Bezugsrahmen für die IT-Bebauung.

Häufig findet man in größeren oder dezentral organisierten Unternehmen darüber hinaus eine Aufteilung entsprechend organisatorischer Zuständigkeiten, sogenannte Bebauungs-Cluster.

Die Verantwortlichkeiten für die fachliche und die IS-Bebauung werden in der Regel entsprechend der Organisation der Business-Einheiten, wie z. B. Vertrieb und Produktion, verteilt. Bei der technischen Bebauung werden die Verantwortlichkeiten hingegen entsprechend der technischen Expertise für technische Domänen, wie z. B. JEE- und SAP-Cluster, aufgeteilt. Für die Betriebsinfrastruktur-Bebauung zählt die organisatorische Struktur im Betrieb, wie z. B. die Aufteilung in die Rechenzentrumsstandorte. Weitere Informationen zu Abhängigkeiten von der Organisationsform finden Sie in Abschnitt 8.2.3.

Welche Abhängigkeit besteht zum EAM-Reifegrad?

Bei einem niedrigen EAM-Reifegrad (siehe Abschnitt 7.1), wie z. B. „initial" oder „im Aufbau", gibt es in der Regel noch wenige EAM-Sponsoren und wenige erfahrene Unternehmensarchitekten. EAM ist noch nicht in die Planungs-, Durchführungs- und Entscheidungsprozesse integriert und der Nutzen muss erst aufgezeigt werden. Die Pflege der Bebauungsdaten muss „zentralistisch" angegangen werden, da EAM noch nicht wirklich „lebt". Wenige hochmotivierte und qualifizierte Unternehmensarchitekten müssen die erforderlichen Daten einsammeln, qualitätssichern und konsolidieren und in die Bebauungsdatenbasis einpflegen. Nur so lässt sich eine hinreichend vollständige, aktuelle und qualitativ hochwertige Bebauungsdatenbasis für zumindest einen Ausschnitt des Unternehmens gewährleisten.

Bei den höheren Reifegraden ist EAM im Unternehmen bereits durchgesetzt und in die Planungs-, Durchführungs- und Entscheidungsprozesse integriert. Die Datenpflege und auch die Analysen werden von den Verantwortlichen für die Detaildaten überwiegend selbst durchgeführt. Der Anstoß erfolgt in der Regel entlang der Prozesse, wie z. B. bei der Inbetriebnahme eines neuen Informationssystem-Releases. Die Unternehmensarchitekten haben neben ihrer Planungs- und Steuerungsfunktion die Aufgabe, die Qualität der Gesamtbebauung zu sichern.

> **Wichtig:**
> Die Ausprägung der EAM-Rollen muss abhängig von Ihrer Organisationsstruktur, Firmengröße sowie Reifegrad und Zielsetzungen von EAM gestaltet werden.
> Legen Sie die Verantwortlichkeiten für jeden EAM-Prozess und insbesondere die Pflegeverantwortung für jeden Bebauungselementtyp, jede Beziehung und für alle Attribute explizit fest (siehe Pflegekonzept in Abschnitt 8.3.1).

Welchem Skill-Profil muss ein Unternehmensarchitekt genügen?

Das Skill-Profil eines Unternehmensarchitekten ist sehr anspruchsvoll, doch lässt sich nur mit einem solchen Profil der in Abschnitt 4.4.2 aufgeführte Nutzen erreichen. Das Anforderungsprofil eines Unternehmensarchitekten im Detail:

- **Sehr erfahrener, langjähriger Mitarbeiter mit IT- und Business-Know-how**, der sowohl fachlich wie technisch einen guten Überblick über die IS-Landschaft hat und auch im Unternehmen gut „verdrahtet" ist.

  Der Unternehmensarchitekt muss ein Sparringspartner für die Fach- und IT-Seite sein, um die wesentlichen Informationen für die Dokumentation der IT-Landschaft oder die Bebauungsplanung zu erhalten. Er muss sowohl die Fach- als auch die IT-Sprache sprechen und die Geschäftsprozesse und IT-Prozesse in seinem Umfeld verstehen. Er muss die richtigen

Fragen stellen können. Zudem verfügt er über eine umfangreiche Projekt- und Betriebserfahrung. Der Unternehmensarchitekt muss die typischen Problemstellungen von Projekten und im Betrieb selbst in einer Projektrolle, z. B. eines Softwarearchitekten (siehe [Sta09] und [Vog05]), erfahren haben. Er darf die Bodenhaftung und den Praxisbezug nie verlieren.

Ein IT-Architekt und Infrastrukturarchitekt benötigt zudem ein fundiertes Softwarearchitektur- und Technologieverständnis sowie eine hohe technische Lösungskompetenz. Er muss schnell angemessene technische Empfehlungen und eine realistische Einschätzung über neue Technologien und Trends abgeben können.

- **Schnelles Auffassungsvermögen, hohes Abstraktionsvermögen, konzeptionelle Fähigkeiten, strategisches Denken und methodische Kompetenz**
  Der Unternehmensarchitekt muss in der Lage sein, schnell die „richtigen Schubladen" zu finden und Wesentliches vom Unwesentlichen zu trennen. Das ist essenziell, um aus dem Wust an Informationen aussagekräftige Antworten auf die verschiedenen Fragestellungen abzuleiten. Zudem muss er die Sachverhalte schnell in der richtigen Granularität in der EAM-Datenbasis abbilden können.

- **Großes Engagement, gute kommunikative Fähigkeiten, Durchhaltevermögen und Überzeugungskraft**
  EAM ist insbesondere in den ersten Jahren nach der Einführung kein Selbstläufer. Der Unternehmensarchitekt muss nachhaltig dranbleiben und das Management, die IS-Verantwortlichen, die Projektleiter oder die Fachseite immer wieder vom Nutzen überzeugen sowie Konsens in einer Gruppe von Personen mit unterschiedlichem Background herstellen. Unternehmensarchitekten müssen lernen, konstruktiv „Nein" zu sagen.

- **Innovationskraft, unternehmerisches Denken und Weitsicht**
  Der Unternehmensarchitekt muss über Innovationskraft verfügen, um Business- und IT-Optimierungspotenzial zu identifizieren. Unternehmerisches Denken ist wichtig, um die strategischen Implikationen über alle Business- und IT-Bereiche hinweg zu erkennen und deren Wert bewerten zu können. Zudem ist Weitsicht notwendig, um kurz-, mittel- und langfristige Planungshorizonte im Blick zu behalten.

Wie viele Unternehmensarchitekten sind erforderlich?

Die erforderliche Anzahl der Unternehmensarchitekten hängt einerseits von der Größe, der Organisationsstruktur und vom EAM-Reifegrad des Unternehmens ab, andererseits von der konkreten Ausgestaltung der EAM-Methode und dem Mengengerüst. Folgende Fragen sollten Sie sich bei der Überprüfung Ihrer EAM-Organisation stellen:

- Größe und Organisationsstruktur
  - Gibt es dezentrale EAM-Einheiten? Wie viele und in welchen Einheiten? Besteht eine zentrale übergreifende EAM-Einheit? Welche Skill-Levels findet man in den verschiedenen Einheiten?
  - Sind Prozesse ausgelagert? Wie ist das EAM-Führungsmodell bezüglich dieser Prozesse gestaltet?
  - Wie groß sind die Organisationseinheiten und wie sieht das Führungsmodell aus?
- EAM-Reifegrad
  - Welcher EAM-Reifegrad liegt für die verschiedenen Teilarchitekturen in den verschiedenen für EAM relevanten Organisationseinheiten vor?

- Ausgestaltung EAM-Methode (Unternehmensarchitektur und EAM Governance)
    - Welche Bebauungselementtypen, Attribute und Beziehungen sind entlang welches Prozesses von wem zu pflegen? Gibt es hier Unterschiede in Unternehmensteilen?
    Wie stark ist die Geschäftsarchitektur ausgeprägt? Werden überwiegend nur Listen der fachlichen Bebauungselemente hinterlegt? Sind Beziehungen zwischen den fachlichen Bebauungselementen zu pflegen? Ist hier noch Abstimmungs- oder Konsolidierungsaufwand zu leisten?
    Wie stark ist die Betriebsinfrastruktur-Architektur ausgeprägt? Werden nur grobgranulare Infrastrukturelemente gepflegt? Sind die Konsolidierung und Weiterentwicklung z. B. in Richtung von Plattformen anzugehen?
    Gibt es eine separate Informationsbebauung?
    Werden Beziehungen zwischen Bebauungselementtypen attributiert, wie z. B. Verwendungsbeziehungen zwischen Informationssystemen und Informationsobjekten?
    Wird nur die aktuelle Bebauung gepflegt? Wird eine Bebauungsplanung durchgeführt, und wenn ja, für welche Teilarchitekturen und Bebauungselemente? Von wem und wann?
    - Zu welchen Planungs-, Durchführungs- und Entscheidungsprozessen gibt es bereits Schnittstellen? Sind diese schon etabliert?
    - Welche Aktualitäts- und Qualitätsanforderungen bestehen in Bezug auf die verschiedenen Elemente, Attribute und Beziehungen? Für welche Unternehmensteile?
    - Wie sieht das Dienstleistungsangebot der Unternehmensarchitekten aus? Arbeiten sie in Projekten aktiv mit oder sind sie nur an Abnahmen beteiligt? Stellen sie Serviceleistungen, wie z. B. bedarfsgerechte Analysen, für die verschiedenen Stakeholder-Gruppen bereit?
    - Welche Arten von Unternehmensarchitekten gibt es?
    - Wie sind Unternehmensarchitekten in die Planungs-, Durchführungs- und Entscheidungsprozesse eingebunden?
    - Wie gut ist die Werkzeugunterstützung? Für die Pflege? Für die Ableitung von Ergebnissen? Für die Bebauungsplanung? Für die Steuerung der Weiterentwicklung?
- Mengengerüst
    - Wie viele Ausprägungen der Bebauungselementtypen und Beziehungen, wie z. B. Geschäftsprozesse, Informationssysteme und Schnittstellen, gibt es?
    - Wie ist die Änderungshäufigkeit für die verschiedenen Bebauungselemente, Attribute und Beziehungen?
    - Wie viele Projekte gibt es pro Einheit, an denen Unternehmensarchitekten beteiligt werden sollten?

> **Wichtig:**
> Halten Sie die Anzahl der Unternehmensarchitekten möglichst klein. Ein schlagkräftiges und hochqualifiziertes Team ist für ein effektives EAM erforderlich. Achten Sie darauf, dass die Unternehmensarchitekten genügend Praxisbezug behalten!
>
> Hinweis: In einer Umfrage haben wir ermittelt, dass circa 0,7 bis 1,5 Unternehmensarchitekten (umgerechnet auf Vollzeit) pro 100 Informationssysteme in Unternehmen notwendig sind, wenn der Schwerpunkt auf dem IT-Bebauungsmanagement liegt.

Für mittelständische Unternehmen reicht im Allgemeinen ein Unternehmensarchitekt in Teilzeit für das Gesamtunternehmen. Für größere Unternehmen muss in Abhängigkeit von der Beantwortung obiger Fragen die Anzahl der erforderlichen Unternehmensarchitekten festgelegt werden. Wenn mehrere Unternehmensarchitekten in einem Bereich vorhanden sind, gibt es in der Regel einen Vorgesetzten, z. B. Lead-Architekt genannt, der die Vertretung der Gruppe in Gremien übernimmt.

> **Das Wesentliche zur Rolle Unternehmensarchitekt:**
> - Unternehmensarchitekten haben eine Dokumentations-, Gestaltungs- und Qualitätssicherungsfunktion sowie eine Steuerungsfunktion.
> - Etablieren Sie EAM-Rollen, deren Kapazitäten sowie organisatorische Zuordnung entsprechend Ihrer Unternehmensgröße, Organisationsstruktur, EAM-Reifegrad, Ausprägung Ihrer EAM-Methode und dem Mengengerüst Ihrer EAM-Datenbasis.
> - Führen Sie die Rolle Informations-Bebauungsplaner und eine Informationsarchitektur ein, wenn das Informationsmanagement organisatorisch verankert werden soll.
>
> Hilfestellungen für die Gestaltung der EAM-Rollen in Abhängigkeit von Ihrer Organisationsform finden Sie in Abschnitt 8.2.3.

8.2.2 Entscheidungsfelder und Gremien

Ein Einfluss auf Entscheidungen kann nur über die Einbindung in entsprechende Gremien ausgeübt werden. Die Steuerungsgremien und deren Zusammensetzung sind unternehmensspezifisch auszugestalten. Hierzu sind alle unternehmensspezifischen Entscheidungsfelder zu ermitteln und entsprechende Gremien und Entscheidungsprozesse zu installieren.

Folgende Entscheidungsfelder findet man im Kontext der IT häufig in der Praxis:

- Strategische IT-Vorgaben (u. a. grobes Ziel-Bild und Leitplanken)
- Geschäftsarchitektur (u. a. aktuelle und zukünftige Geschäftsprozesse, Produkte oder fachliche Funktionen)
- IS-Architektur (u. a. aktuelle und zukünftige Informationssysteme, Schnittstellen und deren Informationsfluss)
- Technische Architektur (u. a. technische Standardisierung inklusive IT-Innovationsmanagement)
- Betriebsinfrastruktur-Architektur (u. a. Infrastrukturelemente und -plattformen im Kontext des Servicemanagements)
- Geschäftsanforderungen (u. a. im Kontext vom Demand Management sowie Anforderungsmanagement)
- IT-Investitionen und Priorisierung (u. a. Festlegung des Projektportfolios und der IT-Budgets)
- IT-Ressourcen (u. a. Mitarbeiter, Lieferanten und Partner)

Bei den meisten der aufgeführten Entscheidungsfelder gibt es ein Zusammenspiel zwischen Unternehmensführung, den Fachbereichen und der IT. Dieses muss ausgestaltet werden. Um Einfluss zu nehmen, muss die IT die Umsetzung der strategischen und operativen Geschäftsanforderungen zielorientiert vorantreiben. Ein Szenario könnte wie folgt aussehen:

- Die Entscheidungsfelder „Geschäftsarchitektur" und „Geschäftsanforderungen" liegen in der Hoheit der Fachbereiche. Die Geschäftsarchitektur wird in der Regel im Rahmen der Business-Planung oder Unternehmensstrategieentwicklung gestaltet. Die Geschäftsanforderungen werden über die Unternehmensstrategie und die Fachbereiche eingebracht und von diesen priorisiert. Die IT berät das Business bezüglich Lösungsmöglichkeiten und deren IT-Auswirkungen sowie bringt IT-Innovationen ein.
- Abgeleitet von der Unternehmensstrategie, der Geschäftsarchitektur und den Geschäftsanforderungen werden im Rahmen der IT-Strategieentwicklung die strategischen IT-Vorgaben (siehe Abschnitt 3.3) entwickelt und die IS-Architektur von der IT gestaltet. Die Unternehmensführung gibt z. B. über Budgets Randbedingungen, unter anderem auch für die IT-Ressourcen, vor.
- Die IT-Investitionsplanung und die Priorisierung erfolgen gemeinsam in einem Gremium, in dem Fachbereiche, IT und Unternehmensführung vertreten sind. Die IT muss hier die Aspekte der strategischen IT-Planung allen Beteiligten „nahebringen", um ausreichend Budgets für deren Umsetzung zu erhalten. Sie muss das Ziel-Bild und den damit verbundenen Business-Nutzen sowie den Fortschritt bei der Umsetzung z. B. über Kennzahlen (siehe Abschnitt 8.3.4.4) aufzeigen.

Wichtig:

Nur wenn EAM-Input für die Priorisierung und für Investitionsentscheidungen eine Rolle spielt, kann die IT-Landschaft effektiv weiterentwickelt werden.

- Die Entscheidungsfelder „Technische Architektur" und „Betriebsinfrastruktur-Architektur" liegen häufig in der Hoheit der IT selbst. Das Business kann durch Zielvorgaben und SLAs Einfluss auf die IT nehmen. Ein Beispiel für eine Zielvorgabe ist die Betriebskostenreduktion um 20 %.

Wichtig:

Entscheidend für den Einfluss der IT ist ihre Einbindung in die Gesamt-Unternehmensorganisation. Über die Beteiligung der IT an interdisziplinären Planungsteams kann sie einen Beitrag zur Geschäftsentwicklung leisten. Erst durch die gemeinsame Planung von Business und IT verstehen die Beteiligten die Hintergründe, Beweggründe und Zusammenhänge der Business- und der IT-Planung. Ein Papierdokument leistet dies nicht.

Wenn Ihre IT noch nicht in die Business-Planung eingebunden ist, liegt dies in der Regel an der aktuellen Positionierung der IT (siehe Abschnitt 2.3). Die IT wird noch nicht als Partner oder Enabler des Business wahrgenommen.

> **Tipp:**
> Verändern Sie die Wahrnehmung des Business über die IT durch die aktive Einbindung von Business-Vertretern in IT-Investitionsentscheidungen und in den Budgetierungsprozess. Durch die enge Kommunikation wird ein gemeinsames Verständnis geschaffen.
>
> Die fachliche Priorisierung und Budgetierung muss die Fachseite verantworten. Die IT sitzt ansonsten zwischen allen Stühlen. Wichtig sind insbesondere die Budgetierung und eine leistungsbezogene Verrechnung. Nur so kann die IT den Kosten auch einen Nutzen gegenüberstellen und diesen gegenüber den Fachbereichen und dem Management darstellen.

Um Einfluss zu nehmen, muss darüber hinaus die IT-Verantwortung ebenso wie die Gremien zur strategischen und operativen Steuerung der IT in der Unternehmensführung verankert sein. Der CIO kann z. B. entweder selbst Mitglied in der Unternehmensführung sein oder aber als Stab an die Unternehmensführung berichten. Die Unternehmensführung muss die Gremien und die Entscheidungsprozesse z. B. für das Projektportfoliomanagement festlegen.

Auf dieser Basis könnte eine Gremienlandschaft für die Entscheidungsfelder wie folgt aussehen.

Gremien für die Entscheidungsfelder

Folgende Gremien decken die genannten Entscheidungsfelder ab:

- **IT-Board**
  Das IT-Board setzt sich im Allgemeinen aus Vertretern der Unternehmensführung und dem CIO zusammen, die in einem Turnus von z. B. einem Quartal tagen. Im IT-Board sind Entscheidungen bezüglich strategischer IT-Themen angesiedelt. Das IT-Board verabschiedet die IT-Strategie sowie die IT-Kosten- und Investitionsplanung und ist für die Festlegung und Überwachung der Zielerreichung und der IT-Governance-Bestandteile verantwortlich.

- **EAM-Board**
  Das EAM-Board setzt sich in der Regel aus dem CIO und insbesondere den IS-Bebauungsplanern und Geschäftsarchitekten und weiteren Unternehmensarchitekten (oder den Lead Architekten bei großen Organisationen) sowie gegebenenfalls weiteren IT-Führungskräften und Führungskräften oder Know-how-Trägern aus den Geschäftseinheiten zusammen.

  In einem interdisziplinären Team aus IS-Bebauungsplanern, Geschäfts- sowie IT-Architekten kann die IT-Umsetzung der Geschäftsanforderungen effizient und effektiv geplant werden. Die fachlichen Bebauungsplaner sind dabei häufig in den Fachbereichen organisatorisch angesiedelt.

  Ziel des EAM-Boards ist die Gestaltung der optimalen Geschäftsunterstützung. Im EAM-Board werden inhaltliche Empfehlungen über die Weiterentwicklung der IT-Landschaft sowie der EAM-Methode und -Werkzeugunterstützung verabschiedet. Es werden Planungsprämissen für die IS-Bebauungsplanung vorgegeben, Planungsvarianten bewertet und eine Empfehlung für die Soll-IS-Bebauung und die IT-Roadmap gegeben. Dies ist ein wichtiger Input für die IT-Strategieentwicklung, für Investitionsentscheidungen und das Projektportfoliomanagement.

BILD 8.2 Projektportfoliomanagement

- **Projektportfolio-Board**
  Das Projektportfolio-Board (siehe Bild 8.2) setzt sich im Allgemeinen aus Vertretern der Unternehmensführung, dem CIO und Führungskräften aus den Geschäftseinheiten (Linie und Programme) sowie gegebenenfalls weiteren Führungskräften aus der IT zusammen (siehe [Ber03-I], [Blo06] und [Buc05]).

  Im Projektportfolio-Board wird das Projektportfolio gesteuert. Projektanträge werden bewertet und priorisiert und das Projektportfolio wird festgelegt. Es werden Projekte gestartet, gestoppt oder unterbrochen und in diesem Rahmen Investitionsentscheidungen getroffen; gegebenenfalls wird dabei das IT-Board einbezogen. Entscheidungsgrundlage sind aufbereitete Informationen zu den beantragten Projekten und zu Fortschritt und Performance der laufenden Projekte.

  Wesentliche Kriterien für die Bewertung von Projekten sind typischerweise Kosten und Nutzen, Strategie- und Wertbeitrag sowie eine Risikoeinschätzung. Für die Einschätzung der Konformität zur Ziel-Landschaft und zu den technischen Standards lassen sich z. B. der Abdeckungsgrad von Geschäftsprozessen oder fachlichen Funktionen, die Strategiekonformität, der Standardisierungsgrad, die Kritikalität oder aber der Gesundheitszustand von Informationssystemen verwenden. Diese Informationen können aus dem Enterprise Architecture Management und dem strategischen IT-Controlling bezogen werden (siehe Abschnitt 6.2.10).

- **Blueprint-Board**
  Das Blueprint-Board besteht in der Regel aus dem CIO und den IT-Verantwortlichen für den Betrieb, der Anwendungsentwicklung und gegebenenfalls der PC-Infrastrukturbereit-

stellung sowie insbesondere aus erfahrenen Vertretern aus dem Kreis der IT-Architekten sowie IS-Bebauungsplanern.

Das Blueprint-Board überwacht die Angemessenheit, Tragfähigkeit und Zukunftsfähigkeit sowie die Kosten und den Nutzen der technischen Standards. Im Blueprint-Board werden Entscheidungen im Hinblick auf die Weiterentwicklung des Blueprints getroffen. Standardisierungsanträge werden bewertet und priorisiert. Der Blueprint wird festgelegt, und Standardisierungsmaßnahmen werden überwacht (siehe Abschnitt 7.6). In der Praxis findet man Blueprint-Boards mit oder ohne Entscheidungskompetenz für Investitionen[1].

Das EAM- und das Blueprint-Board sind die wesentlichen Gremien im Kontext vom Enterprise Architecture Management. Diese Gremien sind notwendig, um Entscheidungen über die Ziel-Landschaft (Soll-IS-Bebauung und Blueprint sowie zukünftige Betriebsinfrastruktur) und die Methode und Werkzeugunterstützung von EAM an und für sich zu treffen.

> **Wichtig:**
> Integrieren Sie die EAM-Gremien in Ihre vorhandene Gremienstruktur. Nur so können Sie Einfluss auf Investitions- und Strategieentscheidungen nehmen.

Sie müssen die EAM-Gremien in die vorhandene Gremienlandschaft integrieren. Hierzu müssen Sie die Entscheidungsfelder zu den Gremien zuordnen und auf dieser Basis das Zusammenspiel der Gremien so festlegen, dass jeweils der erforderliche Input geleistet und die Entscheidungen gegebenenfalls eskaliert werden können. Ein wesentlicher Aspekt hierbei ist die Zusammensetzung der Gremien und die Gremienordnung.

In Bild 8.3 finden Sie die Zuordnung der Gremien zu den Entscheidungsfeldern. Für die Dokumentation der Entscheidungs-, Partizipations- und Durchführungsrechte sowie -pflichten können Sie z. B. E – Entscheidend, A – Ausführend, B – Beratend und I – Informiert in der Matrix angeben.

		Entscheidungsfelder						
		Strategische IT-Vorgaben	Geschäfts-architektur	IS-Architektur	Technische Architektur & Betriebs-infrastruktur	Geschäfts-anforde-rungen	IT-Investi-tionen	IT-Ressourcen
Gremien	IT-Board	E	I	I	I	I	E	I
	EAM-Board	B	E	E	B	I	I/B	I
	Projekt-portfolio-Board	I	I	I	I	E/I	E	I
	Blueprint-Board	I	I	I/B	E	I	I/B	I

E – Entscheidend, A – Ausführend, B – Beratend und I – Informiert

BILD 8.3 Beispiel für die Zuordnung der Gremien zu den Entscheidungsfeldern

---

[1] In jedem Fall ist der Umfang der Investitionsentscheidungen erheblich eingeschränkt.

8.2 Organisatorische Aspekte der EAM Governance

		Entscheidungsfelder						
		Strategische IT-Vorgaben	Geschäfts-architektur	IS-Architektur	Technische Architektur & Betriebsinfrastruktur	Geschäfts-anforderungen	IT-Investitionen	IT-Ressourcen
Entscheidungsrechte	Unternehmensführung	E	I	I	I	I	E	I
	Geschäftseinheiten	B	E	B	I	E	B	B
	Zentrale IT	E	I	B	E	B	B	E
	Dezentrale IT	A	B	E	B	E/A	B	E
	IT-Dienstleister	B	I	B	I (B/A)	I/A	I	I/A

E - Entscheidend, A - Ausführend, B - Beratend und I – Informiert

BILD 8.4 Beispiel mit detaillierten Entscheidungs- und Mitwirkungsrechten

Sie können mittels einer Matrix, in der Sie den acht IT-Entscheidungsfeldern die Entscheidergruppen gegenüberstellen, Ihre Entscheidungsstruktur festlegen bzw. dokumentieren. Auf dieser Basis können Sie die Zusammensetzung der erforderlichen Gremien ableiten.

Im Beispiel in Bild 8.4 wird von einer dezentralen Organisationsstruktur mit Geschäftseinheiten und dezentralen IT-Einheiten, die den Geschäftseinheiten zugeordnet sind, sowie einer zentralen IT-Einheit und ausgelagerten IT-Dienstleistern (siehe Abschnitt 6.2.7) ausgegangen.

Auf dieser Basis können Sie festlegen, welche Rollen einzubinden sind. Ein Beispiel hierfür finden Sie in Bild 8.5. Hier werden sowohl die EAM-Rollen als auch die Managementrollen aufgeführt.

In der Regel leitet der CIO die IT-Steuerungsgremien. Er vertritt die Interessen der IT in der Unternehmensführung und sorgt für die Umsetzung von Unternehmensentscheidungen in der IT.

Die Entscheidungsstruktur muss den jeweiligen Gegebenheiten, der Unternehmensorganisation (siehe Abschnitt 8.2.3) und der strategischen Ausrichtung sowie der Positionierung der IT Rechnung tragen. In jeder guten Entscheidungsstruktur ist für alle Entscheidungsfelder festgelegt, wer für die Entscheidungen verantwortlich ist und damit bei Nichterreichung zur Rechenschaft gezogen werden kann. Zum Beispiel werden IT-Investitionen häufig im Rahmen der unternehmensweiten Budgetplanung bestimmt, die das Top-Management abgesegnet hat.

Die Gremienstruktur muss unternehmensindividuell entsprechend dem Reifegrad sowie der Firmenkultur und -strategien festgelegt werden (siehe [Mas06] und [Vah05]). Die Namensgebung ist zudem unternehmensspezifisch. In größeren Unternehmen gibt es ggf. mehrstufige Gremienstrukturen, wobei in der ersten Stufe das mittlere Management und in der nächsten Stufe das höhere Management vertreten ist.

		Gremien			
		IT-Board	EAM-Board	Projektportfolio-Board	Blueprint-Board
Rollen	Unternehmensführung	X		X	
	Führung Geschäftseinheiten	(X)	(X)	X	
	Geschäftsarchitekten		X		
	CIO	X	X	X	X
	Führung IT-Einheiten		(X)	(X)	X
	IS-Bebauungsplaner		X		X
	IT-Architekten		X		X

BILD 8.5 Beispiel für die Zuordnung von Rollen zu Gremien

Tipps:
- Achten Sie darauf, dass die Gremien einerseits klein genug sind, um schnell und effektiv Entscheidungen treffen zu können, aber andererseits alle Verantwortlichen für die jeweiligen Entscheidungsfelder vertreten sind.
- Legen Sie von Anfang an einen festen Turnus oder Jour-fixe-Termin und eine Standardagenda für die Gremiensitzungen fest. So wird das Gremium ein Stück weit manifestiert.
- Legen Sie zudem eine Gremienordnung fest, in der unter anderem auch geregelt wird, welche festen Mitglieder und welche Teilnehmer gemäß den Agendapunkten eingeladen werden.

Ob die Zusammenarbeit zwischen Business und IT eng und vertrauensvoll ist, hängt maßgeblich von den handelnden Personen auf beiden Seiten ab. Die Rollen müssen adäquat besetzt werden. Durch kompetente engagierte Ansprechpartner in der IT, die auch das notwendige Geschäftsverständnis mitbringen, lässt sich das Image der IT erheblich verbessern. Gute technische und fachliche sowie Kommunikations- und Führungsskills sind für alle Schlüsselrollen unabdingbar.

> **Wichtig:**
> - Der Einfluss der IT korreliert mit der Einbindung in die Entscheidungsprozesse und Gremien.
> - Legen Sie für alle Entscheidungsfelder Gremien und Entscheidungsprozesse sowie die Rollen und Verantwortlichkeiten auf der Fach- und der IT-Seite mit ihren Entscheidungs-, Partizipations- und Durchführungsrechten und -pflichten verbindlich fest.
> - Stellen Sie über entsprechende Gremien und Entscheidungsprozesse sicher, dass sich die Unternehmensführung zu IT-Zielen und IT-Investitionen committet. Nur so können Sie den Einfluss Ihrer IT im Unternehmen stärken. Dies ist die Basis für ein effektives Enterprise Architecture Management.

8.2.3 IT-Organisationsform

Die EAM Governance muss abhängig von der Organisationsform der IT gestaltet werden. Bei einer zentralen IT-Organisation kann direkt Einfluss auf alle IT-Bereiche genommen werden. In dezentralen IT-Organisationen sind Einflussnahme und Durchsetzung von strategischen Vorgaben ungleich schwerer. Im Folgenden werden daher die verschiedenen IT-Organisationsformen und deren Auswirkungen auf die EAM Governance beleuchtet. Darüber hinaus werden Sourcing- und Globalisierungsfragestellungen erörtert.

Zentrale oder dezentrale IT-Organisation?

Autonomie von Geschäftseinheiten geht im Allgemeinen mit der Nutzung unterschiedlicher IT-Systeme und Technologien in den Geschäftseinheiten und mit einer Autonomie der dezentralen IT einher. Dies führt zu einem größeren Fit und einer größeren Flexibilität bei der Umsetzung der Geschäftsanforderungen für die Geschäftseinheit. Für das Gesamtunternehmen hat dies jedoch aufgrund der fehlenden Standardisierung höhere Kosten zur Folge.

Das Gegenteil der Autonomie ist die Zentralisierung. Hier werden häufig IT-Leistungen in einer eigenen Einheit, einem SharedService-Center, zentralisiert und die IT-Systeme und -Prozesse standardisiert, um die Kosten durch Nutzung von Skalenvorteilen zu reduzieren.

Traditionell zentralisierte Organisationen stellen häufig fest, dass die von allen genutzten Infrastrukturen oft nicht den Bedürfnissen neuer und kleinerer Geschäftseinheiten gerecht werden. Deshalb werden nach und nach IT-Kompetenzen auf die lokale Ebene verlegt, wohingegen das traditionell diversifizierte Unternehmen Aufgaben zunehmend zentralisiert, um die Standardisierungsvorteile nutzen zu können.

Die Art der IT-Organisation ändert sich in vielen Unternehmen wie ein Pendel, das zwischen zentralen und dezentralen Organisationsformen hin und her schwingt. Ein Pendelausschlag ist jeweils mit der Zielsetzung verbunden, die Stärken der neuen Organisationsform zu nutzen und die aktuellen Nachteile zu vermeiden. Häufig können aber erst nach dem Einschwingen einer neuen Organisation deren Vor- und Nachteile wirklich eingeschätzt werden. Laufende Organisationsänderungen sind Teil des kontinuierlichen Change-Managements im Unternehmen.

BILD 8.6 Beispiele für zentrale und dezentrale Organisationsformen in der IT

In Bild 8.6 werden die zentralisierte IT, die dezentralisierte IT und eine Mischform mit dezentraler IT und übergreifenden Kompetenzzentren (CC) sowie übergreifenden Betriebsfunktionen dargestellt.

Die Mischform beinhaltet sowohl zentrale Bestandteile wie den zentralen Betrieb oder zentrale IT-Services sowie die übergreifende Planung und Steuerung der IT, in der eine Gesamtsicht über die IT-Landschaft hergestellt und die Performance der IT gesteuert wird. Des Weiteren sind Kompetenzzentren z. B. für EAM sowohl in der zentralen IT als auch in den dezentralen IT-Einheiten angesiedelt. Die Kompetenzzentren bilden eine virtuelle verteilte Organisation. Dies deuten die Pfeile in Bild 8.6 an. Die Zentrale hat die methodische Hoheit und die Konsolidierungsaufgabe. Die dezentralen Kompetenzzentren haben die fachliche Hoheit aufgrund ihrer Prozess- und Marktnähe.

In Konzernen findet man häufig eine Mischform wie in Bild 8.7 dargestellt. UF steht hier für die Unternehmensführung der Teilunternehmen.

BILD 8.7 Beispiel einer Organisationsstruktur in einem Konzern

BILD 8.8 Beispiel für eine IT-Organisation

Eine Beispielorganisation einer Mischorganisationsform finden Sie in Bild 8.8.

In diesem Beispiel gibt es eine zentrale IT, die den zentralen Betrieb und die zentral genutzten Komponenten und Systeme wie z. B. die Controlling-Systeme sowie für Individualentwicklungen nutzbare Standardkomponenten bereitstellt und die übergreifende Standardisierung und Konsolidierung der IT-Landschaft sowie von Methoden und Verfahren vorantreibt. Daneben gibt es separate Geschäftseinheiten-ITs für die verschiedenen Geschäftseinheiten, z. B. Ressort-ITs genannt. Sie sind im Allgemeinen entsprechend den Geschäftseinheiten strukturiert – in diesem Fall entsprechend den Wertschöpfungsketten (mit WSK abgekürzt). Die Geschäftseinheiten-ITs haben ebenso wie die zentrale IT Stabseinheiten für die strategische IT-Planung (IT-Strategieentwicklung, IT-Bebauungsmanagement und Technologiemanagement) und Kompetenzzentren, z. B. für Technologien oder Standardprodukte wie SAP.

Durch eine Mischorganisationsform wird im Allgemeinen ein Kompromiss zwischen Standardisierung und Autonomie erreicht. Inwieweit das Pendel in die eine oder andere Richtung schwingt, muss unternehmensindividuell festgelegt werden.

Sowohl die zentralen als auch die dezentralen Organisationsformen haben ihre individuellen Vor- und Nachteile. Diese sind in Bild 8.9 zusammengefasst.

Die jeweils adäquate Organisationsform muss immer unternehmensspezifisch festgelegt werden. Sie können in Abhängigkeit vom Reifegrad Ihrer Organisation (siehe [IGI08] und [Joh11]), Kultur, Strategie und Struktur zwischen den unterschiedlichen Ansätzen wählen.

Die Organisationsform muss den jeweiligen Gegebenheiten und der strategischen Ausrichtung sowie der Positionierung der IT Rechnung tragen. Bei innovativen Firmen oder Firmen mit

```
                    IT-Vision und Leadership
                    Übergreifende Planung
                    & Steuerung der IT
                                    Business-
                                    bezogene IT-
Unzureichende Reaktions -    Skaleneffekte    Prioritäten    Fehlende Standardisierung
geschwindigkeit                                              und Homogenisierung
                          Standardisierung &    Kosten-
Keine Kontrolle der dezentralen  Homogenisierung  kontrolle  Fehlende
Einheiten über die zentralen IT -                            Gesamtkostenbetrachtung
Kosten                    Kritische Masse    Reaktions-
                          an Skills          geschwindigkeit  Insellösungen
Wenig Berücksichtigung
dezentraler Anforderungen
                          Strategische Kontrolle
                          Synergien
Zentrale IT-Organisation    Mischform    Dezentrale IT-Organisation
```

BILD 8.9 Vor- und Nachteile einer zentralen bzw. dezentralen IT-Organisation nach [Mar00]

starkem Wachstum findet man häufig größere dezentrale Anteile. Große zentrale Anteile finden Sie häufig bei effizienzorientierten Firmen, wo der IT-Schwerpunkt auf dem kostengünstigen und zuverlässigen Basisbetrieb liegt.

Zentrale IT-Einheiten stellen sicher, dass die Investitionen und die Veränderungen im Sinne der IT-Strategie getätigt werden. Sie sind häufig verantwortlich für die Entwicklung von IT-Vorgaben und die Überwachung der Einhaltung sowie für die Festlegung und Weiterentwicklung von Standards. Dezentrale ITs agieren dann innerhalb der durch die zentrale IT vorgegebenen Rahmenbedingungen.

> **Wichtig:**
> Eine zentrale IT-Governance, und damit auch eine zentrale EAM Governance, ist sowohl für die Umsetzung der strategischen übergreifenden IT-Vorgaben als auch für eine übergreifende Standardisierung erforderlich. Die Unternehmensführung muss diese in der Organisation verankern. Nur mit den entsprechenden Befugnissen der zentralen Stellen sind die Vorgaben durchsetzbar.

Rein föderale Modelle erweisen sich häufig als sehr schwerfällig. Aufgrund der großen Anzahl von Beteiligten besteht die Gefahr, dass viele Entscheidungen verzögert und gleichzeitig viele Kompromisse eingegangen werden. Um dies zu verhindern, müssen die Entscheidungsprozesse sorgfältig „gemanagt" werden. Anhand vereinbarter Kriterien für die Priorisierung oder Eskalation und geeigneter Eskalationsinstanzen gilt es sicherzustellen, dass Entscheidungen ausreichend schnell getroffen werden.

Der aktuelle Pendelschlag in der IT-Organisationsgestaltung geht in Richtung dezentraler IT-Organisationen. Den Geschäftseinheiten wird ein gewisser Grad an Autonomie eingeräumt. Andererseits „verschlanken" sich die IT-Organisationen zunehmend und konzentrieren sich aus Kostengründen auf das fachlich orientierte Kerngeschäft. IT-Funktionen des Basisbetriebs oder der nicht wettbewerbsdifferenzierenden Bereiche werden zum Teil an darauf spezialisierte Lieferanten ausgelagert, vor allem dann, wenn die Funktionen nicht zu den IT-Kernkompetenzen gehören.

Wie werden EAM-Rollen den Organisationseinheiten zugeordnet?

In Tabelle 8.1 finden Sie eine typische Zuordnung der EAM-Rollen (siehe Abschnitt 8.2.1) zu den Organisationseinheiten.

TABELLE 8.1 Typische Zuordnung der EAM-Rollen zu den Organisationseinheiten

	Zentrale IT-Organisation	Dezentrale IT-Organisation	Mischform (siehe Abbildung 7.8)
Geschäfts-architekt	Stabseinheit in der zentralen IT oder aber Stabseinheit im Business	Stabseinheit in den Geschäftseinheiten-ITs oder aber Stabseinheiten in Geschäftseinheiten für das jeweilige Bebauungs-cluster	Stabseinheit in den Geschäftseinheiten-ITs oder aber Stabseinhei-ten in Geschäftsein-heiten für das jeweilige Bebauungscluster
IS-Bebauungs-planer	Stabseinheit in der zentralen IT im Kontext der strate-gischen IT-Planung	Stabseinheit in den Ge-schäftseinheiten-ITs für das jeweilige Bebauungs-cluster (Kontext strategi-sche IT-Planung)	Stabseinheit in den Geschäftseinheiten-ITs für das jeweilige Bebau-ungscluster (Kontext strategische IT-Planung)
IT-Architekt			
Infrastruktur-architekt			Stabseinheit in der zentralen IT im Kontext der strategischen IT-Planung
Informations-bebauungsplaner			Stabseinheit in den Geschäftseinheiten-ITs für das jeweilige Bebau-ungscluster (Kontext strategische IT-Planung)
Unternehmens-architekt		Eine Stabseinheit (Kon-text strategische IT-Pla-nung) der Geschäftsein-heiten-IT übernimmt die übergreifenden Aufgaben	Stabseinheit in der zentralen IT im Kontext der strategischen IT-Planung

Das Wesentliche zur IT-Organisationsform:

- Wählen Sie die für Sie adäquate Organisationsform. Wägen Sie hierzu die Vor- und Nachteile der dezentralen, zentralen und Mischorganisationsformen ab.
- Enterprise Architecture Management ist eine bereichs- beziehungsweise konzernübergreifende Aufgabe. Deshalb muss die EAM Governance durch zentrale IT-Stellen mit entsprechenden Befugnissen autorisiert durch die Unternehmensführung geführt werden. Im Allgemeinen werden hierzu Gremien mit Vertretern aus den Geschäftseinheiten beziehungsweise verbundenen Unternehmen eingerichtet.

Sourcing-Entscheidungen und EAM-Governance

Nicht alle Leistungen können oder sollten von der internen IT selbst erbracht werden. Wie sieht es dabei mit dem Enterprise Architecture Management aus?

Hilfestellungen für Sourcing-Entscheidungen finden Sie im Einsatzszenario in Abschnitt 6.2.7. Enterprise Architecture Management ist hierbei entweder ein Kandidat für den Kompetenzaufbau bzw. das selektive Outsourcing oder aber für das „Insourcing".

Globalisierung und EAM Governance

Auch der Trend der Globalisierung hat erhebliche Auswirkungen auf die IT-Organisation und die EAM Governance.

Im Zuge der zunehmenden Globalisierung von Unternehmen durch z. B. Fusionen muss die IT dieser Unternehmen mit neuen Herausforderungen wie z. B. der Diversifikation aufgrund gesetzlicher und kultureller Unterschiede umgehen können. Der Trend geht hier weg von der zentralen IT für alle Unternehmensanteile hin zur globalen IT. Ziel ist es, die Kompetenzen und die kulturellen Besonderheiten zu nutzen („international global denken"). Globale Organisationen bilden, je nach Bedarf und um alle Chancen zu nutzen, virtuelle Teams von Mitarbeitern, Beratern, Zulieferern und Kunden. Das globale Wissen und die Fähigkeiten werden vernetzt.

Das Kunstwort „Glocalisation" trifft dabei das Vorgehen am besten. „Think global – act local" bringt den Inhalt prägnant auf den Punkt (siehe Bild 8.10).

Für die verschiedenen IT-Funktionen und Teile der IT-Landschaft muss über deren globale Verteilung entschieden werden. Die IT kann so organisiert werden, dass die IT-Funktionen

BILD 8.10 Glocalisation

zwar global verteilt sind, zentrale Funktionen für die Standardisierung, die Planung und Steuerung der IT und Kompetenzzentren sowie zentrale Services wie z. B. Rechenzentrumsleistungen zentral sichergestellt werden.

So kann ein Gleichgewicht zwischen den Anforderungen des Gesamtunternehmens im Hinblick auf die Steuerbarkeit und Kosteneffizienz sowie den lokalen Anforderungen der lokalen Unternehmen gefunden werden. Die IT-Services werden dort erbracht, wo dies am besten möglich ist. Damit können die Vorteile des globalen Unternehmens genutzt werden. Einer der Vorteile ist die Nutzung des internationalen Arbeitsmarkts, insbesondere in den Schwellenländern.

Tipps zur Globalisierung:
- Schaffen Sie organisatorische und technische Strukturen, die die Zusammenarbeit und das Teilen von Wissen fördern. Virtuelle Teams und eine umfangreiche Kollaborations- und Wissensmanagementplattform sind essenziell, um durch die Dezentralisierung kein Wissen „zu verlieren". Reisezeiten können durch die Verwendung moderner Videokonferenzsysteme reduziert werden.
- EAM Governance sollte in den lokalen ITs zentral geführt werden. Die Vorgabe von Methoden und die Konsolidierung müssen übergreifend über alle lokalen ITs erfolgen.
- Stellen Sie sicher, dass das Team die erforderlichen Skills hat. Interkulturelle Kompetenz, Teamfähigkeit und Reisebereitschaft sind erforderlich. Bilden Sie die Teams entsprechend aus! Beginnen Sie rechtzeitig damit: Der Aufbau ist eine langfristige Maßnahme.
- Führen Sie globale Methoden und Werkzeuge für alle Kernaktivitäten der Projekte wie z. B. Projektmanagement oder Anforderungsmanagement und Enterprise Architecture Management ein.
Stellen Sie darüber hinaus sicher, dass diese Methoden und Werkzeuge wirklich verwendet werden. Eine mögliche Maßnahme hierzu sind Zertifizierungen.
- Etablieren Sie eine globale Führung und schaffen Sie Anreizsysteme über z. B. Zielvereinbarungen.

Wichtig:
Abhängig von Ihrem EAM-Reifegrad (siehe Abschnitt 7.1) und Ihren spezifischen Randbedingungen müssen Sie die für Sie passende EAM Governance und damit einhergehend auch EAM-Organisation für jede Ausbaustufe von EAM festlegen.

Die Einführung von EAM erfolgt in Stufen (siehe Abschnitt 7.3). Jede Ausbaustufe von EAM erfordert eine auf diese und die jeweilige Organisation zugeschnittene EAM Governance. In einer ersten Ausbaustufe wird häufig eher zentralistisch gearbeitet. In einem kleinen Kreis hochqualifizierter und hochmotivierter Unternehmensarchitekten werden schnell verwertbare und vermarktbare Ergebnisse erstellt. Schrittweise können dann das Enterprise Architecture Management und damit einhergehend die EAM Governance ausgebaut und optimiert werden.

8.2.4 Veränderung der IT-Organisation

Existieren heißt sich verändern.
Sich verändern heißt reifen.
Reifen heißt sich selbst endlos neu erschaffen.

Henri Bergson

Die Einführung einer EAM Governance ist in der Regel mit der Veränderung der Organisation und Kultur des Unternehmens verbunden. Neue Kompetenzen sind in Business und IT aufzubauen. Dies fängt beim CIO an. Der CIO wird zur Unternehmerpersönlichkeit mit Technologieverständnis. Das Verständnis für das Geschäft, die Kunden und den Wettbewerb sowie ein Partnernetzwerk sind ebenso wichtig wie kommunikative Fähigkeiten, Überzeugungskraft und strategisches Denken sowie Konsequenz, Durchhaltevermögen und natürlich auch IT-Kompetenz. Der CIO muss Technologien und technische Aussagen der IT selbst einschätzen können, Technologie-Detail-Expertise benötigt er jedoch nicht.

Erfahrene Unternehmensarchitekten werden ebenso wichtig wie Projektmanager, fachliche Architekten oder Softwarearchitekten. Nur so kann die IT die Fachbereiche kompetent beraten und nur so wird sie zum Partner oder gar Enabler des Business.

Im Rahmen eines langen Change-Prozesses müssen die Kultur verändert und die fehlenden Kompetenzen aufgebaut werden. Dieser Change-Prozess ist notwendig, um eine businessorientierte und gestaltende IT zu erreichen und damit aus IT Mehrwert zu generieren. Die IT-Manager müssen die Wahrnehmung des Managements verändern. Sie müssen dafür sorgen, als tragendes Element des Geschäfts wahrgenommen zu werden, und eine Wettbewerbsdifferenzierung erreichen.

BILD 8.11 Veränderungsprozess zur organisatorischen Verankerung von EAM

Im Rahmen des Change-Management-Prozesses müssen Sie Ihre EAM Governance den sich verändernden Rahmenbedingungen anpassen und im Unternehmen verankern (siehe Bild 8.11).

Mithilfe von Reifegradmodellen wie z. B. dem CobiT Reifegradmodell (siehe [Joh11], [itS08] und [Luf00]) und der Standortbestimmung (siehe Abschnitt 2.3) sowie der EAM-Reifegradbestimmung (siehe Abschnitt 7.1) können Sie Ihre aktuelle Ausgangslage ermitteln, kritische Punkte identifizieren und auf dieser Basis die nächsten Schritte festlegen.

Entscheidet sich ein Unternehmen, seine IT konsequent am Geschäft auszurichten und dadurch den Reifegrad zu erhöhen, steht es je nach Ausgangslage unterschiedlichen Herausforderungen gegenüber. Hartnäckigkeit, Konsequenz und Durchhaltevermögen sowie Abschied von zum Teil liebgewonnenen Gewohnheiten sind notwendig, um eine wirkungsvolle EAM Governance im Unternehmen zu verankern. Unklare Zielsetzungen, nicht messbare Zielerreichung oder eine fehlende Gesamtsicht sowie die daraus resultierende Inseloptimierung, operative Hektik und fehlende Personalentwicklung sind häufige Fallstricke.

Die handelnden Menschen müssen den Wandel verstehen und sich damit identifizieren. Nur so werden sie ihn aktiv mitgestalten und – vor allem – mittragen. Die Einbeziehung aller Betroffenen und eine funktionierende Kommunikation sind also essenziell.

Ein Projekt zur Einführung eines Enterprise Architecture Managements startet im Allgemeinen euphorisch. Relativ rasch sind erste theoretische Konzepte erstellt. Im Rahmen der Detaillierung und insbesondere der Beantwortung der Fragestellung „Wie stellt man eine wirksame EAM Governance nachhaltig sicher?" wird offenbar, dass eine Menge Arbeit und vor allem Kommunikation erforderlich sind, um alle relevanten Stakeholder in der Unternehmensführung, in den Fachbereichen und den IT-Funktionen zu überzeugen.

Bezüglich Details sei auf weiterführende Literatur verwiesen (siehe [Dop02]und [Bae07]).

Wichtig:
- Bestimmen Sie Ihre Ausgangslage, und setzen Sie ein Change-Management-Programm auf.
- Qualifizieren Sie Ihre IT. Business-Know-how, Kommunikationsskills und Überzeugungskraft sind ebenso wichtig wie Technologie-Know-how.

8.3 EAM-Regelwerk

Das Management einer Unternehmensarchitektur hat eine hohe Komplexität und benötigt klar definierte Regeln. Hierzu zählen insbesondere:

- **Pflegekonzept**
  Ein Pflegekonzept regelt die Datenbereitstellung, Dokumentation und Qualitätssicherung der EAM-Datenbasis. Siehe hierzu Abschnitt 8.3.1.

- **Modellierungsrichtlinien**
  Für die Dokumentation aller Bestandteile der Unternehmensarchitektur sind einfach nutzbare unternehmensspezifische Richtlinien für die Modellierung (Modellierungsrichtlinien) notwendig, um qualitativ hochwertige Daten mit einer einheitlichen Granularität zu erhalten. Sie müssen festlegen, welche Elemente der Unternehmensarchitektur Sie nutzen möchten und welche Attribute und Beziehungen Sie benötigen. Zusätzlich müssen Sie die Art und Granularität der Modellierung bestimmen. Siehe hierzu Abschnitt 8.3.2.

- **Visualisierungsempfehlungen**
  Für die Beantwortung der Fragestellungen Ihrer Stakeholder sind Visualisierungsempfehlungen als Richtlinie oder Orientierungshilfe für Unternehmensarchitekten wichtig. Siehe hierzu Abschnitt 8.3.3.

- **Steuerungsinstrumentarium**
  Ein Steuerungsinstrumentarium ist notwendig, um die Weiterentwicklung der Geschäftsarchitektur und der IT-Landschaft wirksam zu steuern. Hier müssen der Status sowie der Fortschritt bei der Umsetzung über einen Plan-Ist-Abgleich und über geeignete Steuerungsgrößen sichtbar gemacht werden. Siehe hierzu Abschnitt 8.3.4.

Wichtig sind im Kontext von strukturellen Vorgaben auch die Steuerungsgrößen, die Sie für Ihre IT-Steuerung benötigen. Von besonderer Bedeutung sind hierbei die Steuerungsgrößen für die strategische Steuerung der Weiterentwicklung der IT-Landschaft (siehe Abschnitt 8.4.2) und der Weiterentwicklung von EAM an sich. Ein Teil dieser Steuerungsgrößen kann aus EAM-Daten gewonnen werden, wie z. B. der Bebauungsplanfit oder die Standardkonformität. Ein anderer Teil kann lediglich als Attribut an ein Bebauungselement oder eine Beziehung beigepackt werden, um diese für EAM-Analysen, z. B. Portfolioanalysen, oder EAM-Steuerungssichten zu nutzen. Die Steuerungsgrößen können entweder direkt in der EAM-Datenbasis erfasst oder aus den unterschiedlichsten Systemen z. B. aus dem IT-Controlling oder Projektportfoliomanagement in die EAM-Datenbasis importiert werden. Siehe hierzu Abschnitt 8.4.1.

8.3.1 Pflegekonzept

EAM stiftet nur dann Nutzen, wenn die Ergebnisse aussagekräftig und richtig sind. Wenn den EAM-Ergebnissen einmal misstraut wird, ist es schwierig, wieder Akzeptanz zu finden. Deshalb müssen die Bebauungsdaten hinreichend vollständig, aktuell und in einer hohen Qualität sowie in der richtigen Granularität zur Verfügung stehen. Dies wird über die Erstellung und Anwendung eines Pflegekonzepts sichergestellt.

Das Pflegekonzept regelt die Datenbereitstellung sowie die Dokumentation und Qualitätssicherung der Bebauungsdaten. Die Datenbereitstellung hat vielfältige Aspekte. Hierzu zählen die Datenherkunft, die Prozesse und die Verantwortlichen für die Datenbeschaffung und Übermittlung. Alle Bebauungselemente und Beziehungen sowie deren Attribute entsprechend der spezifischen Unternehmensarchitektur müssen hierzu analysiert werden.

> **Wichtig:**
> Ein Pflegekonzept ist essenziell, um sicherzustellen, dass eine Bebauungsdatenbasis zu jeder Zeit in einer hinreichenden Vollständigkeit, Qualität, Aktualität und angemessenen Granularität vorliegt.

Die Kerndaten, erweiterten Daten, Steuerungsgrößen und Beziehungen der Unternehmensarchitektur werden im Allgemeinen von unterschiedlichen Stakeholdern und Systemen entlang unterschiedlicher Prozesse bereitgestellt (siehe Abschnitt 8.4). Daher ist die Aktualität unterschiedlich und es kann auch nur die Aktualität der Bereitstellungsprozesse erreicht werden. Dies wird im Folgenden als hinreichende Aktualität bezeichnet. Entsprechende Beispiele:

- Im Rahmen von Projekten und Wartungsmaßnahmen verändern sich die Kerndaten und die erweiterten Daten der Ist- und teilweise der Plan-Bebauungselemente. Die Aktualisierung muss also gekoppelt mit diesen Durchführungsprozessen erfolgen, spätestens jedoch bei der Inbetriebnahme. Die Detaillierung nimmt mit zunehmendem Projektfortschritt zu. So werden Informationssysteme z. B. in Teilsysteme aufgeteilt, sobald diese in der IT-Konzeption feststehen, und diese Teilsysteme dann den jeweiligen Geschäftsprozessen oder fachlichen Funktionen zugeordnet.
- In der Bebauungsplanung werden der Ziel-Zustand und die Umsetzungsplanung gestaltet, d. h. die Soll- und Plan-Bebauungselemente (alle Datenkategorien) werden angepasst. Gegebenenfalls handelt es sich hierbei zunächst nur um Planungsszenarien, die erst ein Entscheidungsgremium verabschieden muss.
- Die Kerndaten und die Steuerungsgrößen von Plan-Bebauungselementen ändern sich aufgrund von Entscheidungen im Projektportfoliomanagement und Release-Management.
- Die Geschäftsprozesse und Geschäftsobjekte ändern sich im Rahmen des Prozessmanagements. Die fachlichen Funktionen, Produkte und Geschäftseinheiten ändern sich im Rahmen der Business-Planung. Die Beziehung von Geschäftsobjekten zu Informationssystemen wird im Rahmen einer Aktualisierung während der Bebauungsplanung gepflegt.

Initial erfolgt die Datenbeschaffung in der Regel über eine Bestandsaufnahme. Hierfür kann häufig auf vorhandene Datensammlungen zurückgegriffen werden. Dies können z. B. Bestandsaufnahmen im Kontext von Projekten, Ergebnisse von Geschäftsprozessanalysen, Prozessdokumentation, Einkaufslisten, das DL- und Produktportfolio sowie die Listen aus dem Servicemanagement (CMDB) sein. Häufig sind diese Datensammlungen jedoch veraltet, in unterschiedlicher Granularität und Qualität sowie nicht vollständig vorhanden.

Datenprobleme entstehen aber insbesondere beim „Betrieb" von EAM. Lassen Sie uns dies etwas näher beleuchten:

- **Partielle Befüllung (Unvollständigkeit)**
  In einer Bebauungsdatenbasis werden die verstreuten Informationen aus den organisatorischen Bereichen und Projekten zu einem Ganzen zusammengeführt. Viele organisatorische Einheiten in Business und IT sind involviert. Von allen müssen Informationen eingesammelt werden. Dies kann sich bei der einen oder anderen Einheit durchaus schwierig gestalten. Eine hinreichend vollständige Liste z. B. von Geschäftsprozessen, Geschäftsobjekten, Geschäftseinheiten, Informationssystemen, Informationsobjekten, Schnittstellen, technischen Bausteinen und Infrastrukturelementen sowie Beziehungen zwischen diesen Elementen muss vorliegen, um Ihre Fragestellungen fundiert beantworten zu können.

- **Unzureichende Aktualität**

  Die Daten werden in der Regel von unterschiedlichen Stakeholdern und Systemen entlang unterschiedlicher Prozesse zu verschiedenen Zeitpunkten bereitgestellt. So werden z. B. Projektinformationen entsprechend der Projektstatusberichte und der Entscheidungen im Projektportfoliomanagement frühestens nach Vorliegen der Daten aktualisiert. Die Planungs- und Entscheidungsprozesse geben die Taktrate vor. Ein weiteres Beispiel ist die Veränderung der Kerndaten von Informationssystemen im Rahmen der Projektabwicklung. In der Regel werden die Veränderungen frühestens bei den Quality Gates des Projekts oder bei der Inbetriebnahme der Anwendungen eingepflegt. Die Aktualität der Daten entspricht höchstens der des liefernden Planungs-, Entscheidungs- oder IT-Prozesses.

  Die Prozessdokumentation wird oft – zumindest jährlich – aktualisiert, häufig gekoppelt an Prüfintervalle, z. B. im Kontext von Compliance. Die Dokumentation der aktuellen und der zukünftigen IS-Landschaft wird in der Regel zumindest jährlich mit der IT-Strategieentwicklung aktualisiert. Die Aktualisierung der Informationssystemdaten erfolgt in der Regel in kürzeren Zeitabständen, gekoppelt an bestimmte Ereignisse in IT-Prozessen, wie z. B. die Inbetriebnahme eines neuen Systems.

  Infolge einer häufig fehlenden oder unzureichenden organisatorischen Einbettung von EAM werden Veränderungen der Daten vom jeweiligen Datenlieferanten nicht oder verzögert bereitgestellt. Der Unternehmensarchitekt bekommt häufig überhaupt nicht mit, dass sich z. B. die Planung eines Projekts oder aber die Funktionalität eines Informationssystems über Wartungsmaßnahmen geändert hat. Häufig ist zudem der Datenlieferant unklar und die Datenbeschaffung ist nicht geregelt.

> **Wichtig:**
>
> In der Gesamtbebauung können durch unterschiedliche Aktualitäten Inkonsistenzen entstehen. In der Prozessdokumentation kann z. B. auf Informationssysteme referenziert werden, die aktuell schon nicht mehr produktiv sind. Je enger die Kopplung zwischen den verschiedenen Bebauungen, desto größer ist die Gefahr von Inkonsistenzen.
>
> Achten Sie bei der Festlegung Ihrer Unternehmensarchitektur darauf, dass die Anteile der Gesamtbebauung mit unterschiedlichem Life-Cycle möglichst lose gekoppelt sind. Nur so kann sichergestellt werden, dass die Gesamtbebauung zu jedem Pflegezeitpunkt hinreichend konsistent ist.
>
> Legen Sie Ihre Aktualitätsanforderungen für alle Elemente der Unternehmensarchitektur anhand Ihrer Fragestellungen fest!
> Beispiel: Wenn Sie jederzeit Auskunft darüber geben können wollen, welche Informationssysteme welche Geschäftsprozesse unterstützen, müssen Sie sicherstellen, dass bei jeder Prozessänderung und bei jeder Weiterentwicklung eines Informationssystems die Beziehungen zwischen Geschäftsprozessen und Informationssystemen aktualisiert werden.
>
> Stellen Sie durch entsprechende organisatorische Maßnahmen eine hinreichende Aktualität sicher. Entscheidend hierfür sind klare Rollen und Verantwortlichkeiten sowie Pflegeprozesse, integriert in die IT- und Entscheidungsprozesse.

- **Unzureichende Qualität**
  Die Datenqualität ist stark vom Datenlieferanten abhängig. Datenlieferanten können Personen oder aber auch IT-Systeme sein.

  > **Wichtig:**
  > Problematisch sind insbesondere Redundanzen und Inkonsistenzen. Beispiele hierfür sind organisatorische Redundanzen und Dateninkonsistenzen aufgrund unterschiedlicher Datenquellen. Redundanzen und Inkonsistenzen verursachen in der Regel hohe Aufwände in der Pflege und Konsolidierung. Inkonsistente Daten können zu wirtschaftlichen oder Imageschäden führen, wenn z. B. falsche Preisdaten aufgrund von Dateninkonsistenzen in Kundenaufträgen errechnet werden.

  Eine unzureichende Datenqualität kann unterschiedliche Ursachen haben. Hierzu zählen:

- **Schlampige Erfassung**
  Die Daten der Bebauungsdatenbasis werden entweder vom Datenlieferanten direkt selbst erfasst beziehungsweise übertragen oder durch Unternehmensarchitekten auf Basis des Inputs vom Datenlieferanten aufgenommen. Gründe für eine schlechte Datenqualität sind einerseits fehlende oder unqualifizierte Datenlieferanten oder Unternehmensarchitekten. Wenn der Datenlieferant nicht versteht, wofür die Daten später genutzt werden sollen, wird es ihm schwerfallen, eine ausreichende Datenqualität zu liefern. Häufig fehlt aber auch das erforderliche Abstraktionsvermögen. Er versteht die Vorgaben für die Dokumentation (Modellierungsrichtlinien genannt) nicht oder kann sie nicht anwenden. Ein typisches Ergebnis hierfür sind technische Namen für Informationssysteme (z. B. „Transaktion 120") und Informationsobjekte (z. B. „X12").

  Andererseits fehlt beim Datenlieferanten oder Unternehmensarchitekten häufig das Interesse oder er hat nicht genügend Zeit für eine fundierte Erhebung oder Abstimmung und „erledigt" seine Aufgaben formal.

- **Keine Unterscheidung zwischen Ist- und Plan-Bebauung**
  Die fehlende Unterscheidung zwischen Ist- und Plan-Bebauung bei der Datenerfassung ist ein häufiger Spezialfall der schlampigen Erfassung. Bei Erfassung von Projektdaten werden diese mit der aktuell gültigen und produktiven Ist-Bebauung vermischt und somit die Datenqualität verschlechtert, da keine zeitpunktbasierten Abfragen mehr durchgeführt werden können.

- **Beziehungen zwischen Bebauungselementen unzureichend gepflegt**
  Dies ist ein weiterer, häufig vorkommender Spezialfall der schlampigen Erfassung oder der partiellen Befüllung. Insbesondere aufgrund fehlender Verantwortlichkeiten für die Beziehungen zwischen Bebauungselementen werden diese nur unzureichend gepflegt. Ein Beispiel ist die Zuordnung von Informationssystemen zu Geschäftsprozessen. Diese Zuordnung wird häufig nicht aktualisiert, wenn sich Geschäftsprozesse oder Informationssysteme verändern.

- **Keine abgestimmten Begriffe**
  Die Einträge z. B. für Geschäftsprozesse oder Geschäftsobjekte werden häufig nicht mit allen Verantwortlichen abgestimmt. So sind z. B. „Kundenauftrag" und „Auftrag" und „Vertriebsauftrag" in der Liste der Geschäftsobjekte enthalten. Die Semantik hinter den Begriffen ist nicht klar. Daher werden sie auch unterschiedlich genutzt.

> **Empfehlung:**
>
> Stellen Sie eine hohe Qualität und Aktualität der Datenbasis durch eine explizite regelmäßige Qualitätssicherung und Datenbereinigung sowie kontinuierliche Optimierung sicher. Der Unternehmensarchitekt ist für die Datenqualität verantwortlich und muss regelmäßig eine Qualitätssicherung genauso wie eine Datenbereinigung durchführen. Das Intervall kann durchaus unterschiedlich sein. Monatliche oder vierteljährliche Qualitätsüberprüfungen sind sehr verbreitet (siehe Pflegekonzept im Abschnitt 8.3.1). Im Pflegekonzept muss beschrieben werden, was wann und in welcher Form zu qualitätssichern ist.

- **Uneinheitliche Modellierung**
  Eine uneinheitliche Modellierung der Bebauungselemente und Beziehungen ist sehr verbreitet. Eine unklare Methode, d. h. keine oder unzureichende Modellierungsrichtlinien, oder aber deren Nichteinhaltung sind die typischen Ursachen. So ist die Semantik der Bebauungselemente, wie z. B. „Was ist ein Informationssystem", nicht klar. Ein Beispiel hierfür ist, wenn die Präsentationsschicht, die Businesslogik und das Datenhaltungssystem eines Informationssystems als getrennte Einheiten modelliert werden.

  Andererseits kann auch beim jeweiligen Datenlieferanten eine unterschiedliche Vorstellung über die Granularität von Bebauungselementen und deren Beziehungen bestehen. So lassen sich Service-Komponenten einmal als Informationssystem und einmal als Teil eines Informationssystems modellieren. Auch die Zuordnung von Informationssystemen zu Geschäftsprozessen ist unterschiedlich handhabbar. Die Zuordnung kann auf Wertschöpfungskettenebene oder Aktivitätenebene erfolgen.

  Querschnittsaspekte wie z. B. SOA, Portal und Data Warehouse werden häufig auch uneinheitlich modelliert. Services können als fachliche Funktionen oder als Teilinformationssysteme oder sogar als technische Bausteine modelliert werden. Portale können die über das Portal den Nutzern angebotenen Informationssysteme beinhalten. Alternativ können Schnittstellen zwischen dem Portalinformationssystem und den angebotenen Informationssystemen modelliert werden. Ein DWH lässt sich fachlich oder technisch strukturieren.

Ursachen für die Datenqualitätsprobleme sind in der Regel das fehlende Pflegekonzept oder aber die Tatsache, dass dieses nicht vollständig in die Praxis umgesetzt wird. Eine unzureichende Werkzeugunterstützung kann ein weiterer Grund sein.

> **Wichtig:**
>
> Entscheidungen sind so gut wie die verfügbare Datenbasis. Die Aktualität, Vollständigkeit und Qualität der Datenbasis lassen häufig zu wünschen übrig, da die Pflege oder aber die Qualitätssicherung nicht oder nicht konsequent durchgeführt werden.
>
> Bauen Sie hochqualifizierte Unternehmensarchitekten auf, die die Qualitätssicherung der Bebauungen regelmäßig durchführen.
>
> Erstellen Sie ein Pflegekonzept und stellen Sie eine gute Werkzeugunterstützung bereit.

Ermitteln Sie hierzu für alle festgelegten Bebauungselemente, Beziehungen und Attribute, im Rahmen welcher Prozesse wer wann welche Änderung veranlasst, durchführt, konsolidiert oder qualitätssichert. Auf dieser Basis können Sie die Datenbereitstellung und Datenpflege im Pflegekonzept beschreiben. Von besonderer Bedeutung ist hierbei die Qualitätssicherung der Bebauungsdatenbasis, da die „eingesammelten" Daten häufig eine unterschiedliche Qualität aufweisen und nicht immer den Modellierungsrichtlinien entsprechen.

Überprüfen Sie die Vollständigkeit, Aktualität, Granularität und Qualität vorhandener Datensammlungen, bevor Sie diese in die Bebauungsdatenbasis übernehmen.

Hilfestellungen und Templates für die Erstellung Ihres Pflegekonzepts finden Sie in Abschnitt 8.3.1.

8.3.2 Modellierungsrichtlinien

Die Modellierungsrichtlinien legen fest, welche Strukturen in welchen Granularitäten und in welcher Form abzubilden sind. Es werden Vorgaben für die Modellierung aller Bebauungselementtypen und deren Attribute und Beziehungen sowie für die Modellierung von Querschnittsaspekten wie z. B. SOA, Portal oder Data Warehouse erstellt.

Erstellen Sie Modellierungsrichtlinien für die Art und Granularität der Modellierung aller Bebauungselementtypen, deren Attribute und Beziehungen. Hilfestellungen hierzu erhalten Sie in der detaillierten Dokumentation der Best-Practice-Unternehmensarchitektur in Abschnitt 5.3. Weitere Beispiele für Modellierungsrichtlinien finden Sie im Download-Anhang F. Hier sehen Sie u. a. Beispiele bezüglich der Festlegung von Geschäftsprozessen in der EAM-Dokumentation, der Umsetzung der Serviceorientierung oder aber des Aufbaus und der Granularität von Informationssystemen.

> **Wichtig:**
> Legen Sie Modellierungsrichtlinien abhängig von Ihren Fragestellungen für alle Teilarchitekturen der Best-Practice-Unternehmensarchitektur fest. Die Modellierungsrichtlinien bilden zusammen mit den Visualisierungsempfehlungen die Vorgabe für die Dokumentation der Bebauungselemente (siehe Abschnitt 8.3.3) und den Maßstab für die Qualitätssicherung der Bebauungen (siehe Abschnitt 8.3.1). Nur so erzielen Sie eine einheitliche Modellierung.
>
> Achten Sie bei den Modellierungsrichtlinien auf angemessene Strukturen und Pflegbarkeit; vermeiden Sie „Modellitis"! Beschränken Sie sich auf die Daten, die Sie für die Beantwortung der Fragestellungen wirklich benötigen.
>
> Eine Sammlung von Modellierungsrichtlinien für die Geschäftsarchitektur und die IS-Architektur finden Sie im Download-Anhang F. Aus dieser Sammlung können Sie einfach die für Sie relevanten Richtlinien auswählen.

8.3.3 Visualisierungsempfehlungen

Für die Beantwortung der Fragestellungen Ihrer Stakeholder sind Visualisierungsempfehlungen als Richtlinie oder Orientierungshilfe wichtig. Für die Beantwortung von gleichen Fragestellungen in unterschiedlichen Unternehmensbereichen sollte möglichst die gleiche und bewährte Art der EAM-Ergebnisdarstellung genutzt werden. Jede wiederkehrende Fragestellung sollte möglichst automatisiert zusammen mit der entsprechenden EAM-Ergebnisdarstellung, z. B. in Form einer gespeicherten Abfrage, in einem EAM-Werkzeug abgerufen und Stakeholdern zugeordnet werden können.

Wichtig:

Unternehmensarchitekten sollten Dienstleistungen für z. B. die Analyse der EAM-Datenbasis oder Bebauungsplanung anbieten. Ein wesentliches Mittel hierfür sind Self-Service-Abfragen, die der Unternehmensarchitekt den EAM-Nutznießern zur Verfügung stellen sollte. So kann die Akzeptanz von EAM durch wahrgenommenen Nutzen schnell erhöht werden.

Visualisierungsempfehlungen zur Beantwortung einer Sammlung von wichtigen Fragestellungen finden Sie in den Abschnitten 4.4.2, 7.2, 7.5.1 und im Download-Anhang D.

8.3.4 Steuerungsinstrumentarium

> *Wer ein Ziel hat, findet einen Weg – sagt man.*
> *Findet er den Weg allerdings nicht,*
> *dann sollte es sein Ziel sein, einen Weg zu bauen,*
> *den er dann beschreiten kann, um das Ziel zu finden!*
>
> Willy Meurer, (*1934), Aphoristiker und Publizist, Toronto

Ein mit den Planungs- und Entscheidungsprozessen verzahntes strategisches Steuerungsinstrumentarium ist notwendig, um die Weiterentwicklung der Geschäftsarchitektur und der IT-Landschaft wirksam zu steuern. Durch die Business-Planung und die strategische IT-Planung werden ein Ziel-Bild und Leitplanken vorgegeben. Die Geschäftsarchitektur und IT-Landschaft wird über Projekte und Wartungsmaßnahmen in Richtung des Ziel-Zustands Schritt für Schritt weiterentwickelt (gesteuerte Evolution). Durch eine enge Integration in die Planungs-, Durchführungs- und Entscheidungsprozesse (siehe Abschnitt 8.5) wird die Umsetzung forciert. Abhängig vom Einfluss der Unternehmensarchitekten beziehungsweise der EAM-Sponsoren im IT-Management wird entweder nur Input für die Steuerung der Weiterentwicklung gegeben oder diese aktiv gesteuert. Über ein geeignetes Steuerungsinstrumentarium muss eine fundierte Entscheidungsgrundlage für die Business- und IT-Steuerung geschaffen werden. Hier müssen insbesondere der aktuelle Status sowie der Fortschritt bei der Umsetzung über einen Plan-Ist-Abgleich und über geeignete Steuerungsgrößen wie z. B. Bebauungsplanfit, Standardisierungsgrad oder aber die Kostenentwicklung über die Zeit sichtbar gemacht werden. Dies führen wir im Folgenden weiter aus.

8.3.4.1 Strategisches IT-Controlling

Die klassischen Instrumente des Controllings, die den Ressourcenverbrauch von Business und IT sowie die Zuordnung auf Kostenstellen transparent machen, sind zwar sehr wichtig, reichen aber bei Weitem nicht aus. Ein strategisches Steuerungsinstrumentarium ist erforderlich, das neben einer Kostentransparenz insbesondere auch die inhaltlichen und strategischen Aspekte abdeckt. Siehe hierzu das folgende Zitat aus [Bie07]:

„Erfolgreiches Handeln in Unternehmen verlangt das Treffen von Entscheidungen über den richtigen Einsatz knapper Ressourcen. Es gehört zu den wesentlichen Aufgaben der Entscheidungsvorbereitung, den Entscheidungsträgern die für eine Entscheidung erforderlichen Informationen verfügbar zu machen. Im Optimalfall gehören hierzu (vollständige) Informationen über die Handlungsalternativen, die möglichen Umweltzustände zum Zeitpunkt der Entscheidung, die Bewertungskriterien und deren Verknüpfung (Zielfunktion) sowie die möglichen Ergebnisse bei der Auswahl einer Handlungsalternative in einer gegebenen Umweltsituation."

Ein strategisches Steuerungsinstrumentarium hilft dabei, zugeschnitten auf die Steuerungsaufgaben der jeweiligen Verantwortlichen Informationen für eine fundierte Entscheidung bereitzustellen. Durch das strategische Controlling werden die Ist-Werte der operativen Messgrößen gesammelt und konsolidiert, ein Plan-Ist-Vergleich wird durchgeführt, Prognosen werden erstellt und die Ergebnisse entsprechend der Steuerungsaufgabe aufbereitet.

Der Methodenkasten des strategischen IT-Controllings umfasst unter anderem:

- **Balanced Scorecard (BSC)**
  Die Balanced Scorecard ist eine ziel- und kennzahlenbasierte Managementmethode, die sowohl die Vision und Strategie eines Unternehmens als auch relevante interne und externe Aspekte sowie deren Wechselwirkungen betrachtet. Ein Unternehmen wird parallel über mehrere Perspektiven und diesen zugeordnete Kennzahlen gesteuert. Typische Perspektiven einer BSC sind Finanz-, Kunden-, Prozess- und Mitarbeiterperspektive (siehe [Blo06]).

- **Lifecycle-Analyse**
  Die technischen Standards und die Informationssysteme haben eine begrenzte Lebensdauer. Der Lifecycle-Status (siehe Abschnitt 5.3) ist für die Planung der strategischen Weiterentwicklung der IT-Landschaft (siehe [Ker08]) maßgeblich.

- **Portfolio-Analyse**
  Portfolios können sowohl genutzt werden, um den Ist-Zustand zu veranschaulichen, als auch, um den Soll- oder Plan-Zustand oder deren Kombination anhand verschiedener Kriterien aufzuzeigen. So lassen sich z. B. Planungsszenarien entwickeln, die als Leitlinie für die Weiterentwicklung der IT-Landschaft genutzt werden können (siehe Abschnitt 3.4.2 sowie [Buc05] und [Ker08]).

- **SWOT-Analyse**
  Die SWOT-Analyse ist ein Instrument des strategischen Managements. Stärken und Schwächen sowie Chancen und Risiken werden analysiert. Durch die Gegenüberstellung der Stärken/Schwächen-Analyse und der Chancen/Risiken-Analyse können Strategien für die Ausrichtung oder Weiterentwicklung der IT abgeleitet werden. Die Stärken und Schwächen sind dabei relative Größen und sollten im Vergleich mit dem Wettbewerb betrachtet werden (siehe [Min05] und [Ker08]).

- **Szenario-Techniken**
  Die Szenario-Technik ist eine Methode der strategischen Planung. Durch die Analyse möglicher Entwicklungen in der Zukunft werden Veränderungsmöglichkeiten frühzeitig erkannt. Es werden im Allgemeinen unterschiedliche Szenarien für die relevanten Fälle sowie für Extremfälle erstellt. Szenarien können sowohl für einen bestimmten Zeitpunkt erstellt werden als auch einen Trend vorhersagen (siehe [Min05] und [Ker08]).

- **Benchmarking**
  Ein Benchmark ist ein Vergleich von im Allgemeinen standardisierten Kennzahlen zwischen verschiedenen Unternehmen oder Organisationen. Die Vergleichbarkeit der Kennzahlen muss sichergestellt sein. Hierbei werden häufig die Vergleichszahlen von den leistungsfähigsten Organisationen als Best Practice angesehen und als Maßstab verwendet (siehe [Min05] und [Ker08]).

- **Potenzial-Analyse**
  Durch die Analyse aller IT-Assets, insbesondere der Fähigkeiten der Mitarbeiter und Lieferanten, werden die Kompetenzen der IT und die Entwicklungsmöglichkeiten transparent (siehe [Min05] und [Ker08]).

Im Folgenden wird das strategische IT-Controlling näher beleuchtet. Bezüglich des strategischen Business-Controllings sei auf [All05] und [Ahl06] verwiesen.

Der Leitsatz des strategischen IT-Controllings lautet: „Die richtigen Dinge tun." So werden Effektivität und damit die Zielsetzung des strategischen Controllings salopp umschrieben. Das strategische IT-Controlling sichert die Erreichung der langfristigen Ziele und Rahmenbedingungen ab, unter denen der operative Leistungsprozess erfolgt. Es unterstützt das IT-Management bei der Formulierung, Umsetzung und Überwachung der strategischen Vorgaben und Planungen. Mittels Frühindikatoren werden Abweichungen frühzeitig erkannt.

Im Gegensatz dazu adressiert das operative IT-Controlling im Wesentlichen die Effizienz: „Die Dinge richtig tun." Maßstab für das operative IT-Controlling sind häufig Kosteneinsparungen oder aber Gewinn- oder Rentabilitätssteigerungen im Unternehmen. Durch die Festlegung von Kennzahlen und durch das Reporting wird Input für die operative Steuerung der Leistungserbringung gegeben.

Mithilfe des strategischen IT-Controllings muss der Grad der Umsetzung der strategischen Vorgaben sowie der Planung transparent werden. Hierfür werden adäquate Steuerungsgrößen benötigt, die mit operativen Messgrößen aus der Projektabwicklung und dem Betrieb in Beziehung gesetzt werden.

In Bild 8.12 wird der Regelkreis, bestehend aus der strategischen IT-Planung („PLAN"), dem operativen IT-Management („DO"), dem strategischen IT-Controlling („CHECK") und der IT-Steuerung („ACT") dargestellt. Dieser Regelkreis ist das universelle Grundmuster jeder Steuerung. Es besteht aus den Schritten Planung, Umsetzung, Analyse und Korrektur und wird so lange durchlaufen, bis das Steuerungsziel erreicht wurde oder aber eine vorgegebene Zeitspanne verstrichen ist (siehe [KüM07]).

Durch die strategische IT-Planung werden das Ziel-Bild und die Leitplanken (siehe Kapitel 3) für alle Planungs-, Durchführungs- und Entscheidungsprozesse und damit insbesondere auch für das operative IT-Management und das strategische IT-Controlling vorgegeben. Dies sind die Zielvorgaben zum Abgleich mit den realen Ist-Werten und Messgrößen. Mithilfe z. B. eines Kennzahlensystems müssen die realen Messgrößen und Ist-Werte aus dem operativen

BILD 8.12
Regelkreis der strategischen IT-Steuerung

Betrieb in Verbindung mit den Steuerungsgrößen gebracht und Abweichungen transparent werden. So wird eine gesamthafte Sicht auf die IT-Performance bereitgestellt. Der Wert der IT wird sichtbar und kann nachhaltig gesteigert werden.

Die Verbindungen zwischen den verschiedenen Steuerungsebenen lassen sich über die Struktur- und Beziehungsinformationen aus dem EAM herstellen. Über die Verknüpfungen zwischen den Ebenen können Sie businessorientierte Vorgaben an die IT weitergeben. So lassen sich z. B. die mit den Geschäftsprozessen verbundenen Ziele als Vorgaben für die geschäftsprozessunterstützenden Informationssysteme verwenden.

Durch die Verknüpfung der Kennzahlen der strategischen IT-Steuerungsebene mit den Basismessgrößen auf der operativen Steuerungsebene entsprechend den von EAM vorgegebenen Strukturen und Beziehungen wird die Basis für eine fundierte Steuerung der IT geschaffen. Die Basismessgrößen können z. B. über das System-Monitoring auf Ebene der Betriebsinfrastruktur erfasst, zu sinnvollen Informationen aggregiert, auf einige wenige Kennzahlen verdichtet und in einem Cockpit verfügbar gemacht werden (siehe Bild 8.13).

Je nach Steuerungsaufgabe benötigt man unterschiedliche Informationen und ein unterschiedliches Steuerungsinstrumentarium. Mögliche Steuerungsaufgaben sind z. B. die Steuerung der Weiterentwicklung der IT-Landschaft oder aber die IT-Kostensteuerung. Für die operative IT-Steuerung werden häufig Kosten oder SLA-Erfüllung als Steuerungsgrößen verwendet, für die strategische IT-Steuerung hingegen TCO, Nutzen, Strategie- und Wertbeitrag oder Gesundheitszustand und Standardkonformität. Siehe hierzu die Abschnitte 8.3.4.2 und 8.3.4.3.

Kosten spielen sowohl im strategischen als auch im operativen IT-Management eine zentrale Rolle. Daher gehen wir im Folgenden kurz auf die IT-Kostensteuerung ein.

BILD 8.13
Steuerungsebenen

IT-Kostensteuerung

Für die IT-Kostensteuerung ist eine transparente Kosten- und Leistungsverrechnung der IT notwendig. So können die IT-Kosten exakt und nachvollziehbar in Bezug zu Steuerungsobjekten wie z. B. den Deckungsbeiträgen von Produkten gebracht werden. Letztendlich geht es darum, einen monetären Wert für die IT-Services zu bestimmen. Kostentransparenz ist wichtig, um die IT zu „entlasten", die IT zu steuern und weiterzuentwickeln und insbesondere auch für die Fachbereiche kalkulierbar zu machen. Durch Heranziehung bekannter Kosten lässt sich ein Kosten-Nutzen-Abgleich durchführen. Die IT-Kosten können in die Geschäftsprozess- oder Produktkalkulation einfließen. Eine vollständige Kostentransparenz ist nur über eine vollständige und verursachungsgerechte Verrechnung aller IT-Kosten zu erzielen.

Auf der Basis des Dienstleistungs- und Produktportfolios können die verschiedenen IT-Leistungen im Unternehmen benannt und auch bepreist werden. Der Leistungskatalog kann sowohl Infrastruktur-Services als auch Beratungsleistungen beinhalten. Die „Performance" jeder IT-Leistung muss anhand von relevanten Kennzahlen wie z. B. SLA-Erfüllung oder Verfügbarkeit gemessen und bewertet werden. So lässt sich das Leistungspotenzial der IT einschätzen.

Die Kosten werden im Rahmen der IT-Budgetplanung geplant. Die IT-Budgetplanung wird durchgeführt, um konkrete Aussagen für die kommenden Jahre hinsichtlich der Investitionen für den Erhalt und die Erweiterung der IT-Leistungserbringung zu erhalten. Bei der IT-Budgetplanung sind sowohl Innovationen als auch laufende Kosten wie z. B. Wartungs- oder Personalkosten zu berücksichtigen.

Häufig werden insbesondere in Großunternehmen die IT-Kosten zwar in großer Vielfalt an Granularität und Tiefe gemessen und gesteuert, der Geschäftsnutzen der IT ist hingegen nicht bekannt. Dies öffnet den typischen Vorurteilen gegenüber der IT Tür und Tor – „viel zu teuer", „zu unflexibel und langsam" oder „nur ein zusätzlicher Kostenfaktor".

Transparenz hinsichtlich Nutzen und Wertbeitrag von IT-Betrieb und -Projekten ist ein wichtiges Entscheidungs- und Steuerungsinstrument für CIOs, CFOs und Kunden der IT. Der CIO benötigt eine Argumentations- und Entscheidungshilfe gegenüber seinen Kunden und Lieferanten. Der CFO muss IT-Investitionen klare Nutzenpotenziale entgegenstellen. Für die Kunden der IT müssen die Umsetzung von Anforderungen, SLAs und Verbesserungen der Prozessunterstützung transparent gemacht werden.

> **Wichtig:**
> Bei der IT-Budgetplanung sollten Sie sich nicht ausschließlich auf Kosten konzentrieren. Die IT-Budgetierung läuft häufig so ab: Jedes Jahr werden die IT-Budgets geplant. Sind sie zu hoch, ist der übliche Ansatz „Deckeln" und Priorisieren, bis das IT-Budget „passt". Weichen Sie von dieser Denkart ab und stellen Sie den Kosten die Nutzenargumente gegenüber.

Nun schauen wir uns die verschiedenen Steuerungsaufgaben der unterschiedlichen Stakeholder-Gruppen näher an.

8.3.4.2 Steuerungssichten für die verschiedenen Stakeholder-Gruppen

Alle relevanten Entscheider mit ihren unterschiedlichen Anliegen sind bei der Gestaltung des Steuerungsinstrumentariums zu berücksichtigen. Neben den IT-Verantwortlichen, die sowohl Investitionsentscheidungen als auch die strategische IT-Planung und IT-Leistungserbringung verantworten, sind auch Führungskräfte im Business und in der IT sowie die IT-Mannschaft zu unterstützen. Sie benötigen Informationen über den aktuellen Zustand, Prognosen und den Vergleich mit den Plan-Werten. Darüber hinaus dürfen alle Stakeholder, die eine Risikoverantwortung tragen, wie z. B. Compliance- oder Sicherheitsverantwortliche, nicht vergessen werden. Sie brauchen ein Instrumentarium, um entsprechende Kontrollpunkte zu setzen und zu überprüfen.

Compliance ist neben Sicherheit ein wichtiger Aspekt für die Unternehmens- und IT-Steuerung. Die Umsetzung nahezu aller Compliance-Anforderungen wie Sarbanes-Oxley Act (SOX), MaK, Basel II, KonTraG oder Solvency II haben signifikante Auswirkungen. Die Richtigkeit der vorzulegenden Finanzberichte und der Nachweis der Angemessenheit und Ordnungsmäßigkeit sowohl der Systementwicklung als auch des Systembetriebs sind unabdingbar.

Unterschiedliche Entscheidergruppen haben je nach fachlicher Ausrichtung, Führungsspanne und Organisation unterschiedliche Anforderungen an ihre individuelle Steuerungssicht.

Die verschiedenen Anforderungen sind bei der Auswahl der relevanten Kennzahlen zu berücksichtigen. Für jede Sicht ist ein maßgeschneidertes Steuerungsinstrumentarium aufzubauen. Hierfür werden im Allgemeinen Kennzahlensysteme wie z. B. BSC (siehe [Blo06]) und Cockpits zur Visualisierung verwendet.

> **Wichtig:**
> Ein Cockpit liefert eine strukturierte und kompakte Steuerungssicht. In dem Cockpit fließen alle relevanten Plan-, Ist- und Prognosewerte aus den verschiedenen operativen und strategischen Managementfunktionen zusammen. Sowohl betriebswirtschaftliche als auch fachliche, technische und organisatorische Informationen können als aussagekräftige Grafiken und Kennzahlen dargestellt werden. So lassen sich komplexe Zusammenhänge erkennen.

Folgende Sichten sollten auf jeden Fall unterschieden werden:

- **Sicht der Unternehmensführung**
  Die Unternehmensführung benötigt Kennzahlen, die unter anderem die Markt- und Umsatzentwicklung sowie die Positionierung und Effizienz des Unternehmens aufzeigen. Ein Teilaspekt davon ist in der Regel auch die IT-Performance. Hier werden häufig die Zielerreichung, Kosten, Risiken und der Nutzen der IT in einer einzigen oder in wenigen Kennzahlen transparent gemacht. Die IT-Kosten werden häufig auch im Benchmark mit externen IT-Dienstleistern oder IT-Abteilungen von vergleichbaren Unternehmen betrachtet. Risiken müssen insbesondere im Hinblick auf Projekte und den operativen Geschäftsbetrieb, Sicherheits- und Compliance-Aspekte sowie in der Umsetzung von Geschäftsanforderungen transparent gemacht werden. Business-Nutzen wird häufig in Form von z. B. Einspar-/Optimierungspotenzialen oder aber Strategie- oder Wertbeitrag oder aber durch den businessorientierten Innovationsgrad erfasst.

  Wesentliche Kennzahlen: IT-Kosten (absolut, historisch und im Benchmark), Risiko (pro Projekt, Geschäftsbetrieb, Compliance, Sicherheit), Nutzen (Einspar-/Optimierungspotenziale, Strategie- oder Wertbeitrag, Innovationsanteil oder -grad) sowie Wettbewerbsdifferenzierung, Veränderlichkeit, Kritikalität, Umsatz oder Deckungsbeitrag, Strategiefit, Kundenzufriedenheit, Wirtschaftlichkeit, ROI und Flexibilität

- **Sicht der Fachbereichsverantwortlichen**
  Fachbereichsverantwortliche brauchen Sicherheit darüber, dass ihr Geschäft reibungslos läuft. Handlungsbedarf, wie z. B. zu lange Durchlaufzeiten oder Qualitätsprobleme, muss auf einen Blick erkannt werden können. Ein wichtiger Punkt ist hierbei die möglichst optimale und gleichzeitig zuverlässige und kosteneffiziente Unterstützung durch die IT. Kennzahlen wie Geschäftsabdeckung oder aber Kundenzufriedenheit werden für die Bewertung der Business-Unterstützung herangezogen. SLA-Erfüllung und IT-Kosten werden als Kriterien für die Überprüfung der Zuverlässigkeit und Kosteneffizienz der IT genutzt.

  Wesentliche Kennzahlen: Grad und Qualität der Business-Unterstützung von Geschäftsprozessen und fachlichen Funktionen, Kundenzufriedenheit, fachbereichsrelevante Kosten (pro Projekt, Umsetzung der Geschäftsanforderungen, Wartung und Betrieb der Informationssysteme, Infrastrukturkosten z. B. für Betrieb, PC- und Netzwerkinfrastruktur), zuverlässiger Geschäftsbetrieb über z. B. Geschäftskritikalität, SLA-Erfüllung und Risiko

(Projekt, Geschäftsbetrieb, Compliance, Sicherheit) sowie Abhängigkeitsgrad, fachliche Ownerschaft, Standardisierungsgrad, Grad und Anzahl von Redundanzen und Inkonsistenzen, Automatisierungsgrad, Nutzungsgrad, Strategie- und Wertbeitrag

- **Sicht des CIO und von IT-Verantwortlichen**
  IT-Verantwortliche benötigen Kennzahlen einerseits, um die Business-Unterstützung sowie die Kosten, den Status und die Zuverlässigkeit des operativen Geschäftsbetriebs im Griff zu haben. Andererseits sind Kennzahlen nötig, die die strategische und operative Steuerung der Weiterentwicklung entsprechend den IT-Zielen und den strategischen und operativen Planungen ermöglichen.

  Ein CIO braucht eine Gesamtsicht auf die IT. In einem darauf zugeschnittenen strategischen Steuerungsinstrumentarium können alle Steuerungsgrößen für die operative und strategische Steuerung der IT zusammengefasst werden. Es verschafft einen umfassenden Überblick über die Konformität zur Planung und den Status der Leistungserbringung sowie über die Einhaltung von Compliance- oder Sicherheitsanforderungen. Zur Visualisierung kann z. B. ein Cockpit verwendet werden (siehe Bild 8.14).

  Wesentliche Kennzahlen: Die IT-Verantwortlichen benötigen die Kennzahlen der anderen Sichten für die Sicherstellung des Business-Alignment und weitere Kennzahlen, um Trend-Analysen, Soll-Ist-Vergleiche und verlässliche Prognosen zu erstellen, Investitionen präzise zu planen und die IT proaktiv zu steuern. Die Basis hierfür bilden die in Tabelle 8.2 aufgeführten Kennzahlen für die strategische IT-Steuerung. Darüber hinaus sind gegebenenfalls weitere operative Kennzahlen notwendig. Siehe hierzu [Küt11].

Im CIO-Cockpit in Bild 8.14 werden einerseits strategische Steuerungsgrößen wie z. B. die Business-Abdeckung und IS-Klassifikation verwendet. Andererseits werden sowohl operative Steuerungsgrößen – wie z. B. die IT-Performance, die Kostenübersicht, der Lieferanten- und Projektstatus – als auch die SLAs für die Betriebsstandorte überwacht. Mithilfe der „Lupe" kann der CIO einzelne Bereiche genauer ansehen. So erhält er ein gutes Hilfsmittel für die IT-Steuerung und kann bei Veränderungen schnell reagieren. Voraussetzung ist aber, dass die richtigen Steuerungsgrößen identifiziert und bereitgestellt werden.

Wie bereits ausgeführt, benötigt ein Fachbereichsverantwortlicher andere Informationen. Bild 8.15 verwendet ein fachliches Domänenmodell als Basis (siehe Abschnitt 8.5.1) und bezieht die Steuerungsinformationen wie SLA-Erfüllung und Grad der Business-Abdeckung auf die einzelnen fachlichen Anteile.

In der Unternehmensführung sind wieder andere Steuerungsgrößen von Belang. IT-Aspekte gehen hier zum Teil nur in konsolidierter Form ein. Bild 8.16 zeigt hierfür ein Beispiel. Die IT-Performance aggregiert hier viele IT-Steuerungsgrößen.

Bei der Aufbereitung der Steuerungsgrößen können z. B. Indikatoren eingesetzt werden. Ein Indikator ist ein Signal, das zu einem bestimmten Berichtszeitpunkt eine Aussage über die geplante oder tatsächliche Ausprägung eines Steuerungsobjekts macht. Das Signal kann als Zahl oder grafisch dargestellt werden.

Eine Ampel ist eine spezifische Ausprägung für einen Indikator. Sie setzt Kennzahlenwerte in Farbsignale um. In der Praxis verwendet man häufig entweder zweifarbige (rot – grün) oder dreifarbige Ampeln (rot – gelb – grün). Um die Farbsignale zu erhalten, sind die Kennzahlenwerte entsprechend einem Raster in „Schubladen" zu clustern; z. B. hohes Risiko, mittleres Risiko oder niedriges Risiko. Jeder dieser Raster kann dann einer Farbe zugeordnet werden.

BILD 8.14 Beispiel eines CIO-Cockpits

Auf diese Weise lassen sich Aussagen schneller erfassen. Häufig werden hier auch Skalen verwendet, wie z. B. 0, 25, 50, 75 oder 100 %, wenn keine detaillierten Zahlen notwendig sind. So wird die prinzipielle Aussage auf einen Blick transparent. Neben Ampeln können auch Portfolios genutzt werden, wenn eine zweidimensionale Klassifikation der Steuerungsobjekte vorliegt, z. B. Strategie- und Wertbeitrag.

Für die Zusammenstellung und Aufbereitung von Kennzahlen wird häufig ein Tabellenkalkulationsprogramm mit Diagrammfunktionen verwendet. Darüber hinaus können auch OLAP-, BSC- oder Cockpit-Werkzeuge genutzt werden.

Durch die grafische Aufbereitung der Kennzahlen können Anwender Informationen rascher und besser aufnehmen und verarbeiten, weil Bilder aussagekräftiger als Texte und Zahlen sind. Beispiele für Visualisierungen (siehe [Mar00]): u. a. Geschäftsgrafiken wie z. B. Balken-, Säulen- oder Kurvendiagramme sowie Portfolios als Grafiken für multidimensionale Werte oder Bäume, Netze und Landkarten für Strukturdarstellungen.

BILD 8.15 Beispiel IT-Steuerungscockpit für einen Fachbereichsverantwortlichen

Legende:

SLA-Erfüllung:
- vollständige SLA-Erfüllung
- SLA-Erfüllung mit Einschränkungen
- SLA nicht erfüllt

Grad der Business-Abdeckung:
- keine Abdeckung
- geringfügige Abdeckung
- teilweise Abdeckung
- überwiegende Abdeckung
- vollständige Abdeckung

Führungsprozesse:
- Risikomanagement
- Unternehmens-Controlling
- Unternehmens-Entwicklung

Vertrieb & Marketing:
- Vertriebssteuerung
- Vertriebscontrolling
- Vertriebsunterstützung
- Provisionsabrechnung
- Marketing

Leben / Kranken / Komposit:
- Abwicklung von Vertrag & Leistung
- Produktmanagement
- Versicherungsmathematik
- Antragsbearbeitung
- Vertragsverwaltung / Bestandsverwaltung
- Schadens-/Leistungsbearbeitung
- Risikoprüfung

Übergreifende Geschäftsdaten:
- Partnerverwaltung
- Vorgangsverwaltung

Unterstützende Prozesse:
- Einkauf
- Zahlungsverkehr (u.a. In-/Exkasso)
- HR
- Recht

Markt

Marktvolumen vs. Erlös
— Marktvolumina
— Erlös

Marktanteil
- Unternehmen
- Wettbewerber 1
- Wettbewerber 2
- Wettbewerber 3

Umsatz

	Jan-12	Feb-12	Ma-12	Apr-12	Mai-12	Jun-12	Jul-12	Aug-12	Sep-12	Okt-12	Nov-12	Dez-12
Ertrag	259.000	282.000	330.000	293.000	287.000	290.000	284.000	326.000	281.000	306.000	328.000	370.000
Ertrag Forecast	269.000	267.000	267.000	262.000	303.000	298.000	316.000	330.000	246.000	236.000	295.000	395.000
Varianz	-18.000	35.000	62.000	30.000	-16.000	-1.000	-3.000	34.000	70.000	32.000	-24.000	-24.000

Projekte

	Zeit	Inhalt	Kosten
Projekt 1			
Projekt 2			
Projekt 3			

Wichtigkeit / **Dringlichkeit**

Risiko
- klein
- mittel
- hoch

Lieferanten

Lief 1 | Lief 2 | Lief 3
- Lieferfähigkeit
- Ergebnisqualität
- Termintreue
- Preisindex

IT-Performance
- Zuverlässigkeit
- Kundenzufriedenheit
- Servicequalität
- Wirtschaftlichkeit

Geschäftsstellen

Ort 1 | Ort 2 | Ort 3 | Ort 4 | Ort 5

- Reklamationen / Kdkontakte
- Umsatz / Monat (normiert)
- Kosten / Monat (normiert)

BILD 8.16 Beispiel Cockpit für die Unternehmensführung

Ziel der klassischen Geschäftsgrafik ist es, Zahlenwerte und deren Beziehungen untereinander darzustellen. Zur Abbildung struktureller Zusammenhänge zwischen Informationen finden vielfach Bäume (z. B. Organigramme, Entscheidungsbäume) Anwendung. Räumliche oder topologische Zusammenhänge werden durch Landkarten dargestellt, z. B. die räumliche Verteilung der Geschäftsstellen (siehe [Ahl06]).

> **Wichtig:**
>
> Entscheidend für die Wirksamkeit des strategischen Steuerungsinstrumentariums sind die adäquate zielgruppengerechte Auswahl und Darstellung der Steuerungsgrößen. Wählen Sie passend zu den Steuerungsaufgaben der Entscheidergruppen aus der Liste der Kennzahlen die geeigneten aus (siehe Tabelle 8.2).
>
> Pro Entscheidergruppe sollten Sie jeweils nur maximal fünf bis acht strategische Steuerungsgrößen definieren und mithilfe von EAM Steuerungsvisualisierungen, wie z. B. Torten-, Balken-, Linien- oder Spider-Diagramme, übersichtlich visualisieren. Cockpits sind hierfür gut geeignet. Das Wesentliche muss in einer kompakten aussagekräftigen und vor allen Dingen zielgruppenspezifischen Darstellung deutlich gemacht werden. So werden komplexe Zusammenhänge und Trends erkennbar. Grenzwertabhängige Alerts*, z. B. in Form einer Ampeldarstellung, signalisieren sofortigen Handlungsbedarf. Die Entscheidergruppen haben damit einen umfassenden Überblick über ihren Steuerungsbereich. Entscheidungen werden mit einem Mehr an Sicherheit getroffen.
>
> Hilfestellungen für die Ableitung Ihres Steuerungsinstrumentariums finden Sie in Abschnitt 8.3.4.4.
>
> ---
> * Alerts sind Schwellenwerte.

Nun schauen wir uns die Steuerungsaufgaben und die dafür benötigten Steuerungsgrößen der verschiedenen Stakeholder-Gruppen etwas näher an.

8.3.4.3 Steuerungsgrößen entsprechend der Steuerungsaufgaben

If you can't measure it, you can't manage it.

Peter Ferdinand Drucker

Für jede Steuerungsaufgabe sind dedizierte Steuerungsgrößen als Basis für fundierte Entscheidungen notwendig. Die Herausforderungen für CIOs, die in Abschnitt 2.2 beschrieben wurden, sind ein guter Ausgangspunkt für die Ableitung der Steuerungsgrößen. Entsprechend Ihren Herausforderungen und Steuerungsaufgaben müssen Sie Ihre Kennzahlen identifizieren. Hier können Ihnen Best-Practice-Kennzahlen helfen. In der folgenden Tabelle 8.2 finden Sie zu den Herausforderungen für CIOs repräsentative Steuerungsaufgaben und Steuerungsgrößen zusammengefasst. Die wichtigsten Steuerungsgrößen sind fett markiert. Diese Tabelle können Sie nutzen, um Vorschläge für adäquate Steuerungsgrößen abzuleiten und diese dann mit den Stakeholdern zu besprechen.

Als Steuerungsobjekte können Sie die angegebenen Bebauungselemente oder einen Ausschnitt der Bebauung mit diesen Elementen verwenden. Beispiele für solche Kennzahlen sind die Anzahl der Informationssysteme im Bebauungscluster „Vertrieb" oder aber die IT-Kosten in der fachlichen Domäne Vertrieb pro User.

TABELLE 8.2 Repräsentative Steuerungsaufgaben und Steuerungsgrößen für die Bewältigung der Herausforderungen von CIOs

Heraus-forderung	Steuerungs-aufgabe	Steuerungsgrößen* und Steuerungsobjekte**
Operational Excellence		
IT/Geschäft im Griff	Risiken angemessen managen (Compliance, Sicherheit, Business Continuity)	Schutzbedarf (von Geschäftsprozessen oder fachlichen Funktionen oder Produkten) und Sicherheitslevel (von Elementen der IS-Architektur), Dokumentationsgrad, **Geschäftskritikalität**, SOX-Relevanz, **Risiko**, Grad der Compliance Steuerungsobjekte: Fachliche und IT-Bebauungselemente
		SLA-Erfüllung (z. B. Ausfallsicherheit, Performance, Verfügbarkeit, Zuverlässigkeit, Kundenzufriedenheit und Service-Qualität zusammengefasst oder einzeln) Steuerungsobjekte: alle Elemente der IT-Architekturen; häufig Leistungen, Infrastruktur-Service und Informationssysteme sowie Basisbetrieb gesamthaft
		Fehlerquoten, Vorgangsbearbeitungszeit oder Auftragsdurchlaufzeit Steuerungsobjekte: Geschäftsprozesse oder fachliche Funktionen
	Kostenreduktion im Basisbetrieb	IT-Kosten sowie Soll-Ist-Vergleich und **IT-Kostenentwicklung über die Zeit** und Kostensatz-Benchmark in der Branche oder vergleichbaren Unternehmen Steuerungsobjekte: alle Elemente der IT-Architekturen; häufig Informationssysteme und Basisbetrieb gesamthaft
		Lieferantenbewertung: **Lieferfähigkeit, Ergebnisqualität und Termintreue** sowie Standardkonformität, Effizienz und Effektivität des Ressourceneinsatzes Steuerungsobjekte: Geschäftspartner
	Beherrschung und/oder Reduktion der Komplexität	**Standardkonformität oder Standardisierungsgrad**, Grad und Anzahl von Redundanzen und Inkonsistenzen, Grad und Anzahl von Elementen und Abhängigkeiten (Schnittstellen, technologische und Datenabhängigkeiten), IT-Komplexität, Anzahl Nutzer, Nutzungsgrad, **technischer Gesundheitszustand**, Integrationsfähigkeit, Erweiterbarkeit, Modularität, Prozentsatz unklarer Verantwortlichkeitszuordnungen
		Veränderung der Kennzahlen über die Zeit; insbesondere Anzahl, Standardisierungsgrad, IT-Komplexität und Kostenentwicklung über die Zeit
		Steuerungsobjekte: IT-Bebauungselemente und teilweise auch fachliche Bebauungselemente

TABELLE 8.2 (*Fortsetzung*) Repräsentative Steuerungsaufgaben und Steuerungsgrößen für die Bewältigung der Herausforderungen von CIOs

Herausforderung	Steuerungsaufgabe	Steuerungsgrößen* und Steuerungsobjekte**
	Optimierung des Tagesgeschäfts und des Business-IT-Alignment	**Effizienz und Effektivität des Demand Managements**: Anzahl der Geschäftsanforderungen in unterschiedlichem Genehmigungsstatus, Anzahl „hängender" Anforderungen, Durchlaufzeit von Anforderungen bis zur Entscheidung, Indikator für die Budgeteinhaltung von Geschäftsanforderungen sowie die Entwicklung dieser Kennzahlen über die Zeit Steuerungsobjekte: Geschäftsanforderungen **Projektstatus**: Überblick über die Einhaltung von zeitlichen, inhaltlichen und Kostenvorgaben für alle Projekte sowie Risikoeinschätzung, Strategiekonformität, Standardkonformität, Bebauungsplanfit und Kosten/Nutzen-Abschätzungen Steuerungsobjekte: Projekte Grad und Qualität der IT-Unterstützung von Geschäftsprozessen oder Capabilities (**Business-Abdeckung**), Eigenleistungstiefe, Kerneigenleistungsfähigkeit und Leistungspotenzial Steuerungsobjekte: fachliche Domänen, Geschäftsprozesse, fachliche Funktionen, fachliche Zuordnung, Elemente der IS-Bebauung Grad und Qualität der Abdeckung von Geschäftsanforderungen Steuerungsobjekte: Geschäftsanforderungen sowie Zuordnung von Elementen zu Geschäftsanforderungen **Business-Abdeckung**, Risiko und **Wertbeitrag** sowie fachliche Ownerschaft, Kostenentwicklung über die Zeit Steuerungsobjekte: fachliche Domänen, Geschäftsprozesse, fachliche Funktionen, fachliche Zuordnung, Elemente der IS-Bebauung Prozesstransparenz, Prozesskomplexität und Prozessqualität Steuerungsobjekte: Geschäftsprozesse Automatisierungsgrad, **Nutzungsgrad**, Grad und Anzahl von Redundanzen und Inkonsistenzen, Standardisierungsgrad und -konformität Steuerungsobjekte: Elemente der fachlichen und IS-Bebauung

TABELLE 8.2 (*Fortsetzung*) Repräsentative Steuerungsaufgaben und Steuerungsgrößen für die Bewältigung der Herausforderungen von CIOs

Herausforderung	Steuerungsaufgabe	Steuerungsgrößen* und Steuerungsobjekte**
Strategic Excellence		
Strategische Ausrichtung	Setzen von strategischen Ziel- und Rahmenvorgaben sowie Operationalisieren der strategischen Vorgaben	**Wettbewerbsdifferenzierung**, **Veränderungsdynamik**, Budgeteinhaltung, **Strategie- und Wertbeitrag**, Kosten/Nutzen (sowie einzeln) und erforderliche Skills, **Standardisierungsgrad oder -konformität**, Strategiekonformität und Bebauungsplanfit Steuerungsobjekte: Elemente der fachlichen und IT-Bebauung
Weiterentwicklung des Geschäfts	Business-Agilitäts-Enabling	Grad der Umsetzung der Serviceorientierung oder Komponentisierung und Bebauungsplanfit Steuerungsobjekte: Informationssysteme
		Integrationsgrad, Integrationsfähigkeit, Testautomatisierungsgrad, **technischer Gesundheitszustand oder technische Qualität**, Bebauungs- und **Strategiekonformität, Bebauungsplanfit** sowie Standardkonformität Steuerungsobjekte: Elemente der IT-Bebauungen
	Business-Innovation und -Transformation	**Innovationsgrad** oder Innovationsrate sowie Potenzial und Reifegrad von Technologien (IT-Innovationsmanagement) Zukunftsfähigkeit, technischer Gesundheitszustand oder technische Qualität Steuerungsobjekte: technische Bausteine und Elemente der IS-Bebauung sowie teilweise fachliche Bebauungselemente

* Kennzahlen sind unternehmensspezifisch abzuleiten. Hilfestellungen finden Sie in [Küt07].
**Steuerungsobjekte sind jeweils Bebauungselemente verdichtet für einen Ausschnitt der Bebauung.

Wichtig:

Viele der genannten Steuerungsgrößen sind sehr „fortgeschritten". Starten Sie zu Beginn mit einigen wenigen Kennzahlen, die pragmatisch ermittelt werden. In späteren Ausbaustufen können Sie die Kennzahlen verfeinern, wenn die Messgrößen vorhanden oder einfach zu beschaffen sind. Sie sollten dafür nicht erst eine neue Informationswelt aufbauen müssen. Die Informationen müssen aus bestehenden Systemen, wie z. B. Projektportfoliomanagement- oder Controlling-Systemen, extrahiert werden oder sich einfach mit geringem Aufwand über eine pragmatische Meinungsbildung ermitteln lassen.

Verfahren Sie getreu dem Motto von Lord Kelvin: „The degree to which you can express something in numbers is the degree to which you really understand it."

Für die für Sie relevanten Steuerungsaufgaben müssen Sie Kennzahlen festlegen. In einer ersten Ausbaustufe sollten Sie sich auf wenige aussagekräftige Kennzahlen aus den für Sie relevanten Dimensionen beschränken. Folgende Dimensionen haben sich bewährt:

- **Strategisches Alignment:** z. B. Strategiebeitrag, Standardkonformität oder Strategiekonformität von Informationssystemen oder Projekten (jeweils hoch, mittel oder niedrig)
- **Fachlicher Zustand:** z. B. Business-Abdeckung oder Risiko von Geschäftsprozessen oder fachlichen Funktionen (jeweils hoch, mittel oder niedrig)
- **Business-Alignment der IT:** z. B. Wertbeitrag oder Business-Abdeckung von Informationssystemen (jeweils hoch, mittel oder niedrig)
- **Technischer Zustand:** z. B. IT-Komplexität und technischer Gesundheitszustand von Informationssystemen, technischen Bausteinen oder Infrastrukturelementen (jeweils hoch, mittel oder niedrig)
- **Compliance und Sicherheit:** z. B. SOX-Relevanz sowie Schutzbedarfsklassifikation und Sicherheitslevel von Geschäftsprozessen bzw. Informationssystemen (jeweils hoch, mittel oder niedrig)
- **Relevanz:** z. B. Geschäftskritikalität von Informationssystemen und Geschäftsprozessen (jeweils hoch, mittel oder niedrig) sowie Anzahl Benutzer von Informationssystemen
- **IT-Performance des Basisbetriebs:** z. B. SLA-Erfüllung (hoch, mittel oder niedrig)
- **Projektstatus:** z. B. Kosten-, Termin-, inhaltlicher Status und Risiken aus dem Projektcontrolling von Projekten über Ampeln (grün, gelb, rot) sowie Bebauungsplanfit und Standardkonformität der Projekte (jeweils hoch, mittel oder niedrig)
- **Reife der Organisation:** z. B. erforderliche Skills der Geschäftseinheiten (vorhanden, teilweise, ungenügend)
- **Kosten:** z. B. IT-Kosten (insbesondere Betriebskosten) oder Entwicklung der IT-Kosten über die Zeit

Beschränken Sie sich dabei auf die für Sie relevanten Dimensionen entsprechend Ihrer Steuerungsaufgaben. Die meisten Steuerungsgrößen können Sie einfach über eine pragmatische Meinungsbildung in Rahmen von wenigen Workshops mit den Experten aus Business und IT ermitteln. Kostenkennzahlen der für das strategische IT-Management relevanten Steuerungsobjekte, wie z. B. Informationssysteme, sind deutlich schwieriger zu beschaffen. Hier gibt es zwei pragmatische Vorgehensweisen:

- Grobes Abschätzen der Kosten von Informationssystemen durch die Applikationsverantwortlichen oder andere Experten in diesem Umfeld.
- Verteilung von Kosten der SLAs sowie Budgets für Projekte und Wartungsmaßnahmen, falls SLAs und Budgets den Informationssystemen **einfach zugeordnet** werden können.

Letztendlich müssen Sie mit dem Zahlenmaterial arbeiten, über das Sie verfügen, und daraus das Beste machen. So liegen z. B. die IT-Kosten für den Betrieb in Summe typischerweise als Information vor. Diese Information können Sie nutzen, um die Entwicklung der IT-Kosten über die Zeit aufzuzeigen. Analog können Sie über die zeitliche Veränderung der Anzahl der Informationssysteme pro Bebauungscluster auf einen Blick den Nutzen von EAM aufzeigen.

Neben strategischen Klassifikationen werden häufig auch operative Aspekte betrachtet, die im Rahmen einer EAM-Bestandsaufnahme mit erfasst werden. Beispiele hierfür sind der SLA-Erfüllungsgrad und das Lizenzmodell. Auch anhand dieser Attribute können die Funktionserfüllung eingeschätzt und Optimierungspotenziale abgeleitet werden.

> **Wichtig:**
> Beschränken Sie sich auf die wesentlichen Kennzahlen. Aus Gründen der Übersichtlichkeit, Verständlichkeit, Nachvollziehbarkeit und Ermittelbarkeit sollten Sie nicht mehr als 20 Kennzahlen auswählen.
>
> Für alle Kennzahlen müssen die Inhalte und die Ermittlung klar definiert werden (siehe [Han10] und [Küt11]). So kann man unter dem Begriff „IT-Kosten" sowohl IT-Kosten für den Basisbetrieb als auch für Projekte, pro User oder pro Transaktion und pro Jahr oder pro Monat verstehen.
>
> Initiieren Sie Maßnahmen, wenn Sie noch kein ausreichendes Zahlenmaterial haben, um eine feingranulare Kostensteuerung in der Zukunft zu ermöglichen. Bauen Sie Ihr strategisches und operatives IT-Controlling entsprechend Ihren Bedürfnissen aus. Über diesen Weg können Sie mittelfristig bei einem höheren Reifegrad auch „exakte" Kennzahlen bestimmen. Siehe hierzu [Küt11].
>
> Die Kennzahlen für die aktive Steuerung der Weiterentwicklung der Geschäftsarchitektur und der IT-Landschaft können genutzt werden, um den Nutzen von EAM aufzuzeigen. Der Nutzen wird offensichtlich, wenn z. B. die IT-Kosten über die Zeit sinken oder die Business-Abdeckung erhöht oder die Anzahl von Informationssystemen durch Abschaltung reduziert wird. Für die Weiterentwicklung der EAM-Methode und -Werkzeugunterstützung können auch Kennzahlen definiert werden. Beispiele hierfür sind die Vollständigkeit, Verständlichkeit, Nutzbarkeit, Wartbarkeit, Wirksamkeit, Kosten/Nutzen, Effizienz, Effektivität und Erweiterbarkeit.
>
> Mehr zu Kennzahlen und Kennzahlenermittlung finden Sie in [Küt06], [Küt07], [KüM07] und [Küt11].

Was sind Kennzahlen überhaupt?

Eine Kennzahl ist eine Zahl, die zu einem bestimmten Berichtszeitpunkt eine Aussage über die geplante oder tatsächliche Ausprägung eines Merkmals eines Steuerungsobjekts macht. Die Merkmale können sich sowohl auf Zeitpunkte als auch auf Zeiträume beziehen. Eine Kennzahl nimmt unterschiedliche Werte an (siehe [Küt07]). Auf Basis einer Vorschrift zur quantitativen, reproduzierbaren und objektiven Messung einer Größe wird der Kennzahlenwert zu einem bestimmten Stichtag bestimmt. Man unterscheidet folgende Typen von Kennzahlen:

- **Qualitative und quantitative Kennzahlen**
  Quantitative Kennzahlen sind messbar wie z. B. die Verfügbarkeit eines Rechners. Qualitative Kennzahlen wie z. B. Kundenzufriedenheit, Strategiebeitrag oder Code-Qualität müssen quantifiziert werden. Messbare Werte können empirisch oder aber durch z. B. Anwendung von gegebenenfalls mehrstufigen Bewertungsschemas mit Hilfsgrößen ermittelt werden. Die Einzelbewertungen können z. B. Befragungen ermitteln.

  In Tabelle 8.3 wird ein schematisches Beispiel für die Ermittlung des Strategiebeitrags abgebildet. Für jedes Projekt oder Informationssystem muss (z. B. durch Befragung) quantifiziert werden, welchen Beitrag es zu den verschiedenen Business-Treibern leistet. Über das gewichtete Mittel lässt sich daraus der Gesamtstrategiebeitrag für jedes Projekt oder Informationssystem ermitteln.

TABELLE 8.3 Quantifizierung eines qualitativen Merkmals

	Gewichtung	Objekt I	Objekt II	Objekt III	Objekt IV	Summe
Business-Treiber A						
Business-Treiber B						
Business-Treiber C						
Summe						

BILD 8.17 Quantifizierung eines qualitativen Merkmals (mehrstufiges Bewertungsschema)

Bild 8.17 zeigt ein schematisches Beispiel für das Merkmal „Strategiekonformität". Jeder Projektvorschlag wird in Bezug auf die Steuerungsobjekte Informationssysteme, Lieferanten und technische Bausteine entsprechend einem Bewertungsschema jeweils einzeln bewertet. Über ein gewichtetes Mittel wird auf dieser Basis die Gesamtstrategiekonformität ermittelt.

- **Absolute Zahlen bzw. Verhältniszahlen**
  Eine Kennzahl kann entweder eine absolute Zahl oder aber eine Zahl sein, die im Verhältnis zu anderen Informationen steht.

  Absolute Kennzahlen bilden Sachverhalte ohne Abhängigkeit von einer anderen Kennzahl ab, z. B. Investitionssumme, Projektlaufzeit, Summe der IT-Kosten, die Anzahl der IT-Mitarbeiter oder aber die Einführungskosten eines Projekts.

  Verhältniskennzahlen nutzen weitere Hilfsgrößen oder stehen in Abhängigkeit zu anderen Kennzahlen. Beispiele hierfür sind der Innovations- oder Fertigstellungsgrad.

  Zu den Verhältniskennzahlen zählen:

  - **Verlaufskennzahlen**
    Verlaufskennzahlen, auch Indexkennzahlen genannt, geben Auskunft über den zeitlichen Verlauf von z. B. der Entwicklung des IT-Budgets oder der Anzahl der Nutzer eines Informationssystems. Hierüber können auch historische Betrachtungen angestellt werden.

- **Beziehungskennzahlen**
  Beziehungskennzahlen stehen in Beziehung zu anderen Kennzahlen, z. B. die IT-Kosten, bezogen auf den Umsatz, oder aber die Kosten, bezogen auf den Nutzen.

- **Anteilskennzahlen**
  Anteilskennzahlen setzen Teilmengen in Bezug zur Gesamtmenge oder anderen Teilmengen. Beispiele sind u. a. der Anteil der Infrastrukturkosten an den Gesamt-IT-Kosten oder der Anteil der IT-Kosten an den Gesamtkosten.

- **Benchmark-Kennzahlen**
  Benchmark-Kennzahlen benötigen Vergleichskennzahlen aus der Branche oder aus anderen Unternehmensbereichen. In einem internen oder externen Vergleich werden die Kennzahlen des Unternehmens den Vergleichskennzahlen gegenübergestellt. Ein Beispiel hierfür sind IT-Kosten pro Arbeitsplatz im internationalen Branchenvergleich. Um die notwendige Vergleichbarkeit zu erzielen, bedarf es einer einheitlichen Grundlage. Ein Ansatzpunkt hierfür können Standards wie z. B. CobiT oder ITIL bilden.

TABELLE 8.4 Template für die Beschreibung einer Kennzahl

ID: <Eindeutige ID>	Name: <Verbale Bezeichnung> Steuerungsobjekte
Definition	Kurze Beschreibung (zugrunde liegende Zielsetzung und Kontext, z. B. zugrunde liegende Strategie)
Kennzahlentyp	Angabe des Kennzahlentyps, z. B. qualitativ/quantitativ; absolut/Verhältnis und der Maßeinheit z. B., Stück oder %
Zielvorgabe	Zielwerte bzw. bei Benchmark-Kennzahlen die externen Vergleichswerte
Grenz-/Toleranzwerte	Die Zielvorgaben werden häufig nicht genau getroffen. Durch die Grenz- und Toleranzwerte werden die tolerierten Abweichungen definiert.
Darstellung	Form und Umfang der grafischen oder zahlenmäßigen Darstellung, z. B. als Ampel-Chart, in dem die Ergebniswerte gerastert werden.
Datenquellenqualität und -aktualität sowie -periodizität	Aus welchen Quellen stammen die Rohdaten? Aus welchen vorhandenen Berichtssystemen oder aber von welchen Datenbeständen können die Daten extrahiert werden?
	Dokumentation der Datenverfügbarkeit, -qualität und -aktualität (z. B. online, täglich, wöchentlich oder monatlich)
	Angabe des erwarteten Aufwands zur Ermittlung der Kennzahlen
Berechnungsweg	Angabe des Berechnungswegs durch z. B. Formeln oder Bewertungsschemas
Gültigkeit	Gültigkeitszeitraum der Kennzahl
Adressaten	An wen wird die ermittelte Kennzahl berichtet?
Archivierung	Angabe der Archivierungspflichten und deren Begründung
	Gesetzliche Anforderungen oder Anforderungen aus der Revision oder aber Zeitreihen-Analysen sind mögliche Begründungen.
Verantwortlicher	Wer ist für die Zielerreichung verantwortlich?

> **Wichtig:**
> Benchmark-Kennzahlen sind nur dann aussagekräftig, wenn die Inhalte und der logische Kontext dem der Vergleichskennzahlen entsprechen. Die Aussagekraft und der Kontext einer Benchmark-Kennzahl sind vor der Anwendung zu prüfen. So vermeidet man, dass „Äpfel" mit „Birnen" verglichen werden.

Kennzahlen schaffen einerseits Transparenz, andererseits werden sie zur Kontrolle der Zielerreichung eingesetzt.

Vorgehen bei der Auswahl der Kennzahlen

Die Auswahl der „richtigen" Kennzahlen ist eine der größten Herausforderungen bei der Einführung eines EAM-Steuerungsinstrumentariums. Aus der Fülle von potenziellen Kennzahlen für die IT – es können mehr als 100 Kennzahlen sein – müssen Sie aus Gründen der Übersichtlichkeit, Verständlichkeit, Nachvollziehbarkeit und Ermittelbarkeit die geeigneten auswählen. Es sollten nicht mehr als 20 Kennzahlen werden.

Folgendes Vorgehen zur Reduktion der Kennzahlen hat sich in der Praxis bewährt:

1. Ermittlung der „Long List" aller potenziell relevanten Kennzahlen durch Bestimmung der möglichen Kennzahlen für die Steuerungsaufgabe.
2. Kritische Prüfung unter enger Einbeziehung der Stakeholder, welche Kennzahlen steuerungsrelevant sind. Erfahrungsgemäß kann auf diesem Wege die „Long List" um mehr als ein Viertel reduziert werden.
3. Überprüfung der Kennzahlen im Hinblick auf Ausgewogenheit, Redundanzarmut, Orthogonalität und auf Abdeckung der Geschäftsanforderungen und IT-Ziele. Hierbei wird darauf geachtet, dass für die verschiedenen Steuerungsziele nur wenige (idealerweise eine) aussagekräftige Kennzahlen verbleiben. Ein weiteres, wenn nicht das wichtigste Kriterium sind darüber hinaus die Zielsetzungen der Entscheidergruppen, die vorab sehr sorgfältig analysiert werden müssen.
4. Überprüfung der Kennzahlen im Hinblick auf ihre Ermittelbarkeit. Es müssen also z. B. folgende Fragen geklärt werden: Liegen die zugrunde liegenden Messgrößen und Informationen in hinreichender Aktualität und Qualität vor? Oder müssen neue Informationen beschafft werden? Wenn ja, kann dies über eine pragmatische Meinungsbildung durch Business- und IT-Verantwortliche in der geforderten Aktualität und Qualität erfolgen, oder müssen die Informationen aus bestehenden Systemen extrahiert oder dort sogar erst eingepflegt werden? Letztendlich geht es also darum, den Aufwand für die Datenbereitstellung abzuschätzen und dem Nutzen gegenüberzustellen.
5. Präzise Beschreibung der Kennzahlen unter Nutzung einer standardisierten Vorlage (siehe Tabelle 8.4).

Aufgrund der fehlenden Validität oder der Verfügbarkeit vieler Daten bzw. der zugrunde liegenden Reports ist eine eingehende Prüfung bereits während der Konzeptionsphase notwendig.

Mit Hilfe einer präzisen Beschreibung kann sichergestellt werden, dass sich alle Anforderungen wirklich umsetzen lassen. Spätestens jetzt fällt auf, dass bestimmte Ideen nicht realisierbar sind. Auf diesem Wege fallen häufig viele Kennzahlenkandidaten heraus. Im Rahmen der Planung wird für eine Kennzahl ein Zielwert vorgegeben, z. B. Kostenreduktion um 30 %. Ggf. wird ein Schwellenwert festgelegt, der angibt, wann ein Eingreifen erforderlich ist.

Die zentralen Messgrößen für operative IT-Kennzahlen kommen im Wesentlichen aus dem IT-Betrieb (z. B. Event-Monitoring im Systemmanagement), der Kostenrechnung und dem Projekt- und Projektportfoliocontrolling sowie der internen Leistungskontierung. Die strategischen Messgrößen kommen im Wesentlichen aus qualitativen Bewertungen durch die Fachbereiche, die Unternehmensführung sowie durch die IT-Verantwortlichen. Alle benötigten Informationen (ex post/ex ante) müssen ad hoc abrufbar und analysierbar sein. Dies kann nur durch die Integration von Informationen aus bestehenden Systemen wie z. B. internen Leistungsverrechnungs-, Frühwarn-, Risikomanagement-, strategischen und operativen Planungs-, Performance-, Monitoring- und Betriebsüberwachungssystemen erfolgen.

Neue Kennzahlen, die z. B. noch nicht im Rahmen des vorhandenen Reportings erhoben werden, sind häufig nur mit großem Aufwand oder unzureichender Qualität und Frequenz verfügbar. Häufig ist eine Anpassung von Reporting-Systemen oder sogar OLTP-Systemen erforderlich. Daher ist die Auswahl der wirklich relevanten Kennzahlen insbesondere im Hinblick auf deren fortlaufende Beschaffung von besonderer Bedeutung.

Für alle Kennzahlen ist die Frequenz anzugeben, mit der sie bereitgestellt werden müssen. Wenn die Kennzahlen über eine pragmatische Meinungsbildung ermittelt werden, muss ihre Aktualisierung über einen Prozess und ein Anreizsystem verankert werden. So kann z. B. die Bestimmung der strategischen Klassifikation von Informationssystemen von den verantwortlichen Bebauungsplanern im Rahmen der strategischen IT-Planung durchgeführt werden. Über Zielvereinbarungen lässt sich z. B. ein Anreiz schaffen, die Kennzahlen anforderungsgerecht zu aktualisieren. Über geeignete Qualitätssicherungsmaßnahmen müssen darüber hinaus die Qualität und Konsistenz der Kennzahlen regelmäßig überprüft werden.

Die Zusammenfassung von Einzelkennzahlen zu Steuerungsgrößen und den Steuerungssichten ist notwendig, weil einzelne Kennzahlen häufig lediglich Zustände von Teilen bewerten und wenig über Gesamtzusammenhänge und übergreifende Phänomene aussagen. Im Gegenteil: Einzelkennzahlen sind häufig mehrdeutig und daher nur eingeschränkt aussagekräftig. So ist z. B. die isolierte Betrachtung der Kennzahl „IT-Kosten/Umsatz" alleine kaum sinnvoll. Branchenabhängig, z. B. in Abhängigkeit vom Grad der Business-Unterstützung oder aber abhängig vom Innovationsgrad, kann in einer Gesamtbetrachtung ein konkretes Bild entstehen (siehe hierzu [Küt06], [Küt07] und [KüM07]).

Ziel ist es, die Kennzahlen zu Steuerungsgrößen in Steuerungssichten zusammenzufassen, Mehrdeutigkeiten auszuschließen und mögliche Abhängigkeiten zu berücksichtigen.

> **Das Wesentliche zu Kennzahlen:**
> - Beschränken Sie sich auf das Wesentliche.
>   Aus Gründen der Übersichtlichkeit, Verständlichkeit, Nachvollziehbarkeit und Ermittelbarkeit sollten Sie nicht mehr als 20 Kennzahlen auswählen.
> - Dokumentieren Sie jede Kennzahl entsprechend einem einheitlichen Schema und benennen Sie klar die Aussage und Bedeutung im Kontext der strategischen und operativen IT-Steuerung.
> - Die erforderlichen Kennzahlen müssen adäquat für die jeweiligen Fragestellungen, inhaltlich richtig, aussagekräftig, einfach ermittelbar und überprüfbar sowie hinreichend aktuell sein.

- Getreu der Aussage „Ich kann nur steuern, was ich intelligent messe", müssen die Messgrößen vorhanden oder einfach zu beschaffen sein. Sie sollten dafür nicht erst eine neue Informationswelt aufbauen müssen. Die Informationen müssen aus bestehenden Systemen extrahiert werden oder sich einfach über eine pragmatische Meinungsbildung ermitteln lassen.
- Fassen Sie Kennzahlen über ein Kennzahlensystem zu Steuerungsgrößen zusammen. So kann z. B. der Grad des Business Alignment über eine Kombination aus dem Grad und der Qualität der Geschäftsprozessunterstützung und dem Nutzungsgrad ermittelt werden (siehe [Küt06]).

8.3.4.4 Einführung eines Steuerungsinstrumentariums

Nach der Festlegung eines Steuerungsinstrumentariums muss dieses operationalisiert und dann pilotiert werden. Wesentlich hierfür ist die Unterfütterung der Kennzahlen mit Messgrößen. Nur so können Sie Steuerungsinformationen in der geforderten Aktualität und Qualität bereitstellen. Kennzahlensysteme und Cockpits sind aufzubauen. Hierfür müssen gegebenenfalls vorhandene Reporting- oder OLTP-Systeme angepasst und die Messgrößen in das Kennzahlensystem integriert werden.

> **Wichtig:**
> Wählen Sie pragmatische Methoden statt filigraner Rechenmodelle!
> Beschränken Sie sich auf die wesentlichen und ermittelbaren Kennzahlen und Steuerungsgrößen!

Darüber hinaus ist eine Vielzahl von organisatorischen Maßnahmen zu treffen, um die zuverlässige Sammlung der Messwerte zu ermöglichen und darauf basierend ein regelmäßiges Reporting zu gewährleisten. Ein hoher Aufwand besteht in der kontinuierlichen Überwachung und Nachsteuerung im Hinblick auf eine ausreichende Datenqualität der Kennzahlen.

Definieren Sie Standardreports oder andere automatisierte Verfahren und fordern Sie konsequent ein, dass sie verfügbar gehalten werden. So können Sie sicherstellen, dass die erforderlichen Informationen zur Steuerung des Unternehmens und der Prozesse zeitgerecht zur Verfügung stehen. Alle neuen Steuerungsgrößen müssen unmittelbar mit einem Anreizsystem verknüpft sein, um sicherzustellen, dass sie in hoher Qualität erhoben werden.

Am Ende der Pilotphase muss das Steuerungsinstrumentarium einer geplanten Revision unterzogen werden. Ziel muss es sein, die ursprünglichen Kennzahlen, wenn möglich, zu reduzieren. Prüfen Sie,

- ob sich die Kennzahlen als so aussagekräftig erweisen wie zunächst angenommen;
- ob es weiterer oder anderer Kennzahlen zur Steuerung bedarf;
- ob die Qualität der Messwerte zufriedenstellend ist;
- ob die Kennzahlen auch bei organisatorischen Veränderungen stabil bleiben.

Darüber hinaus sei auf weiterführende Literatur verwiesen (siehe [Küt11] und [KüM07]).

> **Wichtig:**
> Die Steuerungsinstrumentarien für die verschiedenen Stakeholder-Gruppen sind ihrer Zielsetzung und ihrem Fokus entsprechend zu gestalten. Das Steuerungsinstrumentarium sollte in einem überschaubaren Zeithorizont von maximal einem Jahr sowohl entwickelt und abgestimmt als auch eingeführt werden. Nur so können Sie das Management davon überzeugen und die Wirkung verpufft nicht sofort.
>
> Die Steuerungsinstrumentarien müssen im praktischen Einsatz erprobt werden. Nach der initialen Festlegung muss das Feedback der jeweiligen Stakeholder-Gruppe eingeholt und das Steuerungsinstrumentarium darüber iterativ weiterentwickelt werden.

■ 8.4 EAM-Prozesse

Das Enterprise Architecture Management umfasst alle Prozesse zur Erbringung von Informations-Services, zur Pflege, Bebauungsplanung, Steuerung der Weiterentwicklung der IT-Landschaft und Geschäftsarchitektur sowie der EAM-Methode und -Werkzeugunterstützung (siehe Bild 8.18). Diese Prozesse müssen möglichst schlank im Hinblick auf ein gutes Kosten-Nutzen-Verhältnis gestaltet werden.

BILD 8.18
EAM-Prozesse

Folgende Prozesse werden unterschieden:

- **Pflege der EAM-Datenbasis** (Ist, Soll und Plan)
  Die Geschäftsarchitektur und die IT-Landschaft werden initial entsprechend unternehmensspezifisch festzulegenden Modellierungsrichtlinien erhoben und bei Veränderungen aktualisiert. Dies schließt insbesondere auch eine Qualitätssicherung der Bebauungen mit ein (siehe Abschnitt 8.4.1).

- **Erbringung von Informations-Services**
  Die Unternehmensarchitekten erbringen Unterstützungsleistungen für die verschiedenen Stakeholder-Gruppen, indem Sie z. B. über die Analyse der Bebauungen Fragestellungen der verschiedenen Stakeholder beantworten (siehe Abschnitt 7.2) oder aber Input für Entscheidungen oder die Planung liefern. Dies kann z. B. Teil einer Projektunterstützung sein (siehe Abschnitt 6.2.6).

- **Gestaltung (Bebauungsplanung)**
  Der Ziel-Zustand und dessen Umsetzungsplanung werden entsprechend den Geschäftsanforderungen, der Unternehmens- und IT-Strategie und den internen und externen Randbedingungen im Rahmen der fachlichen (siehe Abschnitt 7.4), der IS-Bebauungsplanung (siehe Abschnitt 7.5.2) und der technischen Standardisierung (siehe Abschnitt 7.6) gestaltet.

- **Steuerung der Weiterentwicklung der IT-Landschaft**
  Die zukünftige Geschäftsarchitektur und IT-Landschaft werden für Projekte und Wartungsmaßnahmen als Rahmenvorgabe gesetzt und der Status der Umsetzung wird transparent gemacht. Die Umsetzung wird über eine enge Integration in die Planungs-, Entscheidungs- und IT-Prozesse forciert (siehe Abschnitt 8.5). So werden die Business-Planung und insbesondere die businessorientierte strategische IT-Steuerung wirksam unterstützt (siehe Abschnitt 6.3.4).

- **Weiterentwicklung der EAM-Methode und -Werkzeugunterstützung**
  Die unternehmensspezifische Unternehmensarchitektur zusammen mit den Visualisierungen zur Beantwortung der Fragestellungen der Stakeholder sowie die EAM Governance werden kontinuierlich entsprechend des Feedbacks in Ausbaustufen weiterentwickelt. Siehe hierzu Abschnitt 7.3.

Beim Einstieg ins Enterprise Architecture Management wird im Allgemeinen mit dem Pflegeprozess begonnen. Erst nach dessen Etablierung steht eine hinreichend vollständige, aktuelle, qualitativ hochwertige Datenbasis mit der richtigen Granularität zur Verfügung. Diese ist für das Aufsetzen der Bebauungsplanung, die Erbringung von Informations-Services sowie die Steuerung der Weiterentwicklung der Geschäftsarchitektur und der IT-Landschaft Voraussetzung.

Sehen wir uns nun die noch nicht weiter beschriebenen EAM-Prozesse genauer an. Die Weiterentwicklung der EAM-Methode und der -Werkzeugunterstützung wird in Abschnitt 7.3 ausgeführt.

8.4.1 Pflege der EAM-Datenbasis

Die Pflege der Geschäftsarchitektur und der IT-Landschaft in ihrem Zusammenspiel schafft die Grundlage für die Beantwortung der Fragestellungen der unterschiedlichen Stakeholder (siehe Abschnitt 7.2) sowie der zielgerichteten Steuerung der Weiterentwicklung der Geschäftsarchitektur und der IT-Landschaft. Die Pflege beinhaltet insbesondere die Dokumentation und die Qualitätssicherung der EAM-Daten.

> **Wichtig:**
> Die Dokumentation muss sich an Ihren Fragestellungen und an den für die Beantwortung erforderlichen und zugleich beschaffbaren Informationen ausrichten.
>
> In den Abschnitten 2.2, 4.42 und im Download-Anhang D finden Sie Hilfestellungen für die Ermittlung Ihrer Fragestellungen.

Lebenszyklus der Dokumentation

Die Dokumentation sowie die Elemente der Bebauungen sind einem Lebenszyklus unterworfen:

- Die Dokumentation muss initial erstellt werden. Dies erfolgt im Rahmen einer Bestandsaufnahme. Hierfür kann häufig auf vorhandene Datensammlungen zurückgegriffen werden. Dies können z. B. Bestandsaufnahmen im Kontext von Projekten, Ergebnisse von Geschäftsprozess-Analysen, Prozessdokumentationen, Einkaufslisten, das DL- und Produktportfolio sowie die Listen aus dem Servicemanagement (CMDB) sein. Häufig sind diese Datensammlungen jedoch veraltet, in unterschiedlicher Granularität und Qualität sowie nicht vollständig vorhanden.

> **Wichtig:**
> Überprüfen Sie die Vollständigkeit, Aktualität, Granularität und Qualität vorhandener Datensammlungen, bevor Sie diese in die Bebauungsdatenbasis übernehmen.

- Die Veränderungen in der IT-Landschaft müssen in der Bebauungsdatenbasis und den grafischen Visualisierungen hinreichend zeitnah entsprechend der Modellierungsrichtlinien (siehe Abschnitt 8.3.2) nachgezogen werden.

> **Wichtig:**
> Stellen Sie über eine Qualitätssicherung sicher, dass die Modellierungsrichtlinien eingehalten werden. Nur so erhalten Sie eine systematische, einheitliche und qualitativ hochwertige Bebauungsdatenbasis.

- Nicht mehr aktuelle Aspekte der Dokumentation müssen aus dieser entfernt und gegebenenfalls archiviert werden.

Die initiale Dokumentation der IT-Landschaft lässt sich nach der Konzeption des Enterprise Architecture Managements in relativ kurzer Zeit (im Allgemeinen wenige Monate) durchführen. Die kontinuierliche Pflege inklusive Aufräumen erfordert jedoch eine intensive Abstimmung mit vielen Stakeholdern und die Verankerung in der Organisation (siehe Abschnitt 8.5).

Um sicherzustellen, dass die Dokumentation kontinuierlich in hinreichender Vollständigkeit, Qualität, Aktualität und mit angemessener Granularität gepflegt wird, müssen Sie ein Pflegekonzept (siehe Abschnitt 8.3.1) erstellen.

Über die Qualitätssicherung der Bebauungen stellen Sie sicher, dass Letztere und deren Beziehungen untereinander sowie zum Unternehmenskontext (Projekte, Ziele, Leistungen und Geschäftsanforderungen) hinreichend vollständig, aktuell, in einer hohen Qualität und in der richtigen Granularität vorliegen (siehe Abschnitt 8.3.1).

8.4.2 Steuerung der Weiterentwicklung der IT-Landschaft

Die IT-Landschaft muss in Richtung des Ziel-Zustands Schritt für Schritt weiterentwickelt werden (gesteuerte Evolution). Der Soll-Zustand und die IT-Roadmap müssen verbindlich für Projekte, Wartungsmaßnahmen und den Betrieb vorgegeben und der Status sowie der Fortschritt der Umsetzung transparent gemacht werden. Durch eine enge Integration in die Planungs-, Durchführungs- und Entscheidungsprozesse (siehe Abschnitt 8.5) wird die Umsetzung forciert. Abhängig vom Einfluss der Unternehmensarchitekten beziehungsweise der EAM-Sponsoren im IT-Management wird entweder nur Input für die Steuerung der Weiterentwicklung gegeben oder diese aktiv gesteuert.

Der Status und Fortschritt der Umsetzung wird über einen Plan-Ist-Abgleich und über geeignete Steuerungsgrößen wie z. B. Bebauungsplanfit, Standardisierungsgrad oder aber die Kostenentwicklung über die Zeit sichtbar. Dies führen wir im Folgenden weiter aus.

Plan-Ist-Abgleich

Im Plan-Ist-Vergleich werden die Ergebnisse von Projekten mit der Planung abgeglichen. Fachliche Domänenmodelle (siehe Abschnitt 5.4.1) stellen die Bezugspunkte für den Plan-Ist-Abgleich für die IS-Bebauung bereit. Über einen Synchroplan (siehe Bild 8.19) wird für Planungszeitpunkte und wichtige Meilensteine, wie z. B. die Inbetriebnahme von Informationssystemen, der Fortschritt erkennbar. In einem Synchroplan können Änderungen in der fachlichen, IS-, technischen und Betriebsinfrastruktur-Bebauung in Verbindung mit Projekten anschaulich dargestellt werden.

> **Wichtig:**
> In einem Synchroplan müssen die Visualisierungen eines Grafiktyps für jeden Synchronisationspunkt die gleiche Struktur aufweisen. In Cluster-Grafiken eignen sich farbige Hervorhebungen, in Bebauungsplan-Grafiken muss der Bezugsrahmen gleich sein und in Cluster-Informationsfluss-Grafiken müssen die Cluster sowie die räumliche Anordnung der Informationssysteme annähernd gleich sein. Nur so werden Unterschiede (die Weiterentwicklung) sichtbar. ∎

Neben einem Synchroplan kann auch eine zeitliche Abfolge von Portfolios für die Darstellung der Veränderungen bzw. des Fortschritts genutzt werden (siehe EAM-Einsatzszenario „IS-Portfoliomanagement" in Kapitel 6). Häufig wird neben den „Planungsscheiben" auch die Soll-Vorgabe abgebildet. So wird der Umsetzungsgrad auf einen Blick sichtbar.

BILD 8.19 Beispiel einer Synchroplan-Grafik

Festlegung von geeigneten Steuerungsgrößen

Für die Steuerung der Weiterentwicklung sind geeignete Steuerungsgrößen festzulegen und ein Steuerungsinstrumentarium zu etablieren (siehe Abschnitt 8.3.4). So kann sowohl der aktuelle Status (wo stehen wir heute?) als auch der Fortschritt bei der Weiterentwicklung der IT-Landschaft (sind wir auf dem richtigen Weg?) transparent gemacht werden.

Sie sollten Steuerungsgrößen bereitstellen, die sowohl den Grad der Umsetzung der Soll-IS-Landschaft und der technischen Standards als Ganzes als auch die Zielerreichung für die einzelnen Bebauungselemente (z. B. Informationssysteme) sichtbar machen. Für die aktive Steuerung der Weiterentwicklung der IT-Landschaft sind notwendig:

- Status und Fortschritt bei der Umsetzung der Bebauungsplanung (Soll-IS-Bebauung und IT-Roadmap) und IT-Konsolidierung aufzeigen.
  Beispiele: Bebauungsplanfit und Entwicklung der IT-Komplexität über die Zeit für einen Ausschnitt der Bebauung
- Status und Fortschritt bei der Umsetzung oder die Einhaltung von strategischen Vorgaben transparent machen.
  Beispiele: Strategie- und Wertbeitrag oder Kostenentwicklung über die Zeit von Informationssystemen sowie Strategiekonformität von Projekten
- Einhaltung des Blueprints überprüfen.
  Beispiel: Standardkonformität eines Informationssystems oder Projekts

- Einhaltung von Zielvorgaben an Bebauungselemente (Steuerungsobjekte) überprüfen. Beispiel: Abgleich zwischen Schutzbedarf von Geschäftsprozessen und Sicherheitslevel von Informationssystemen
- Handlungsbedarf oder Optimierungspotenzial in der IT-Landschaft im Zusammenspiel mit der Geschäftsarchitektur aufzeigen sowie Abhängigkeiten und Auswirkungen analysieren. Beispiel: Gesundheitszustand von Informationssystemen oder Prozessqualität und -transparenz.

Wichtig:

Über die Betrachtung der Veränderung über die Zeit kann man den Nutzen von EAM, wie z. B. um 10 % verringerte Kosten über die Zeit oder geringere Anzahl von Informationssystemen durch Abschaltung, gut aufzeigen. In Abschnitt 8.3.4.3 finden Sie weitere Informationen zu Steuerungsgrößen und Hilfestellungen für die Ableitung Ihrer Kennzahlen.

Stellen Sie die Wirksamkeit von EAM durch ein Nach-Controlling sicher. Stellen Sie sicher, dass dabei die Nutzenargumente von Vorhaben und auch von EAM selbst überprüft werden.

8.5 Verankerung in der Organisation

Der Nutzen von EAM entsteht nur, wenn die EAM-Prozesse in die Planungs-, Entscheidungs- und Durchführungsprozesse integriert sind. So hilft es wenig, wenn transparent ist, dass ein Projekt nicht konform zu Standards oder der Soll-IS-Bebauung ist, wenn es keine Handhabe gibt, dies zu ändern. Zudem veraltet der EAM-Datenbestand, wenn die Änderungen innerhalb von Projekten und Wartungsmaßnahmen sowie aus der Business- und IT-Planung nicht wieder eingepflegt werden. EAM wird ein „nutzloses" Datengrab.

Wichtig:

Erwecken Sie Ihr EAM „zum Leben". Wesentlich sind:
- Einfluss von EAM auf Entscheidungen; insbesondere im Projektportfoliomanagement, aber auch bei Entscheidungen im Projekt-, Wartungs- oder Betriebskontext
- Sicherstellung einer hinreichend aktuellen, vollständigen und qualitativ hochwertigen EAM-Datenbasis durch eine zeitgerechte Aktualisierung der Datenbasis

Einfluss von EAM auf Entscheidungen

Ziel von EAM ist es, die Geschäftsarchitektur und die IT-Landschaft strategisch weiterzuentwickeln. Das Geschäft soll optimiert oder sogar befähigt und die IT-Landschaft zukunftsfähig, kosteneffizient und flexibel weiterentwickelt werden. Im Rahmen der IS-Bebauungsplanung werden die Soll-IS-Landschaft und die IT-Roadmap zur Umsetzung gestaltet. Im Technologiemanagement werden zukunftsfähige und agilitätsunterstützende technische Standards entwickelt. Die Umsetzung muss über die Business-, Investitionsplanung sowie insbesondere im Rahmen von Projekten, Wartungsmaßnahmen und dem Betrieb erfolgen. EAM muss Einfluss auf Investitions- und Strategieentscheidungen bekommen.

Einfluss auf Strategieentscheidungen zu bekommen, ist nicht so einfach. Viele wesentliche Entscheidungen, z. B. über die Standardisierung von Geschäftsprozessen und damit einhergehend der IT-Unterstützung oder aber im Hinblick auf Geschäftsanforderungen, werden im Business getroffen. Die Unternehmensarchitekten müssen hierzu in der Unternehmensstrategieentwicklung und Business-Planung eingebunden sein und eine tragende Rolle im Demand-Management (siehe Abschnitt 6.2.14) spielen.

Insbesondere haben aber auch inhaltliche Projektentscheidungen großen Einfluss darauf, ob die Soll-IS-Landschaft umgesetzt wird und die Standardisierung erfolgt. Unternehmensarchitekten sollten bereits in der Planungs- und Initialphase von Projekten eingebunden werden (siehe Bild 8.20), um frühzeitig die Auswirkungen aufzuzeigen. Die Unternehmensarchitekten können die Projekte und das Management beraten, indem sie planungskonforme Lösungsvorschläge für die Geschäftsanforderungen unterbreiten. Diese Lösungsvorschläge müssen einen echten Mehrwert liefern. Nur wenn der zuvor versprochene Nutzen tatsächlich geliefert wird, können sich die Unternehmensarchitekten etablieren. Ansonsten werden die Unternehmensarchitekten wieder ausgegrenzt (siehe EAM-Reifegradmodell in Abschnitt 7.1).

BILD 8.20 Integration in Projekte

Wichtig:
Die Einbindung der Unternehmensarchitekten in Projekte oder aber in die Strategieentwicklung ist keine Selbstverständlichkeit. Ein Unternehmensarchitekt muss sich erst beweisen, bevor er Einfluss nehmen kann. Er muss erst durch seine Kompetenz einen Mehrwert für die Projekte oder die Strategieentwicklung liefern.

Eine Anordnung von oben allein führt im Allgemeinen nicht zu den gewünschten Ergebnissen. Er muss zeitnah einen wertvollen Input – wie z. B. Analyseergebnisse für projektspezifische Fragestellungen, „what-if"-Analysen oder Bebauungspläne – bereitstellen.

Im Projektverlauf müssen z. B. über Reviews (Quality Gates) die Konformität zu den Zielvorgaben festgestellt und bewertet werden sowie die Veränderungen in der Bebauung eingepflegt werden. In der Regel muss aber aufgrund der Vielzahl von Projekten und der beschränkten Anzahl von Unternehmensarchitekten im Unternehmen ein Projekt-Hijacking erfolgen. Es muss eine Auswahl von Projekten getroffen werden. Projekte können z. B. aufgrund ihrer Größe, Komplexität, Neuartigkeit, Auswirkungen auf die Bebauung und Verwendung von neuen Technologien klassifiziert werden. Entsprechend der Ausprägungen kann dann eine Entscheidung getroffen werden. Für große, komplexe, neuartige Projekte mit großen Auswirkungen auf die Bebauung wird im Allgemeinen ein Unternehmensarchitekt „abgestellt", der die Reviews durchführt und das Projekt berät. Bei den anderen Projektklassen muss individuell eine Entscheidung getroffen werden.

Wichtig:
Wirklichen Einfluss hat EAM aber erst dann, wenn die Empfehlungen und Review-Ergebnisse der Unternehmensarchitekten bei Investitionsentscheidungen berücksichtigt werden. Idealerweise sollten hierzu Kennzahlen zur Überprüfung der Konformität zur Soll-IS-Bebauung (z. B. Bebauungsplanfit) und zum Blueprint (z. B. Standardkonformität) sowie zur IT-Konsolidierung als feste Bewertungskriterien im Projektportfoliomanagement, Multiprojektsteuerung und Projektsteuerung (Projektsteuerkreise) aufgenommen werden. So werden auch die Projekte erreicht, die nicht von Unternehmensarchitekten begleitet werden.

Wichtig sind insbesondere die Kennzahlen im Kontext IT-Konsolidierung. Es muss insistiert werden, dass bei der Umsetzung von Geschäftsanforderungen kein unnötiger Ballast entsteht. Über Regeln, wie z. B. „80 % der Funktionalität ist gut genug", kann viel erreicht werden. Wichtig ist auch, dass die als abzulösend gekennzeichneten Informationssysteme wirklich abgeschaltet werden. So gibt es in einigen Unternehmen die Regel, dass für jedes in einem Projekt eingeführte neue System auch eines abgeschaltet werden muss. Dies kann ggf. etwas über Zeiträume oder Domänen aufgeweicht werden. Eine explizit kommunizierte Abschaltliste schafft hier wahre Wunder.

Die Aufnahme dieser EAM-Kennzahlen erfordert aber einen hohen EAM-Reifegrad (siehe Abschnitt 7.1) und ein Management-Commitment, da die strategische Orientierung und auch die IT-Konsolidierung zunächst zu Mehrkosten führen, die von Projekten nur ungern getragen werden. Ein gewisser Nachdruck und Durchhaltewillen sind notwendig. Im Projektportfolio muss eine Balance zwischen operativen und strategischen Maßnahmen gefunden werden. Dies ist aber insbesondere im Kontext von Kosteneinsparungen schwierig. Die Budgets der Projekte des Projektportfolios dürfen nicht weiter einfach nach dem „Rasenmäherprinzip" reduziert werden.

Neben fest in den Entscheidungsprozessen verankerten EAM-Steuerungsgremien ist insbesondere der Einbezug von einflussreichen EAM-Vertretern in den Entscheidungsgremien notwendig. Die EAM-Gremien müssen in die Gesamt-Gremienlandschaft integriert werden. Dies wird im Folgenden weiter ausgeführt.

Integration der EAM-Gremien in die Gremienlandschaft

In Ihrem Unternehmen gibt es sicherlich bestehende Gremien für IT-Investitions- und Strategieentscheidungen. Häufig nutzen diese aber nicht das inhaltliche Fundament von EAM. Die EAM-Gremienentscheidungen und -empfehlungen sollten in typische Gremien (ggf. mit anderem Namen) wie das IT- und Projektportfolio-Board (siehe Abschnitt 8.2.2) einbezogen werden.

> **Wichtig:**
>
> Um die Einbeziehung sicherzustellen, müssen die Leiter der EAM-Gremien als Mitglieder im IT- und Projektportfolio-Board integriert werden. Wenn der CIO der Leiter der EAM-Gremien ist, dann ist dies durch seine Person bereits sichergestellt.
>
> Wichtige Voraussetzung ist die organisatorische Verankerung der IT-Verantwortung in der Unternehmensführung. Der CIO kann z. B. entweder selbst Mitglied in der Unternehmensführung sein oder aber als Stab an die Unternehmensführung berichten. Die Unternehmensführung muss die Gremienzusammensetzung und die Entscheidungsprozesse wie z. B. das Projektportfoliomanagement festlegen.
>
> Legen Sie für alle Entscheidungsfelder Gremien und Entscheidungsprozesse fest! Für alle Entscheidungsprozesse müssen Sie die Prozesse selbst, die Gremien sowie die Rollen und Verantwortlichkeiten auf der Fach- und der IT-Seite mit ihren Entscheidungs-, Partizipations- und Durchführungsrechten und -pflichten verbindlich festlegen. Der Einfluss der IT korreliert mit der Einbindung in die Entscheidungsprozesse und Gremien.

Sicherstellung einer hinreichend aktuellen, vollständigen und qualitativ hochwertigen EAM-Datenbasis

Alle Veränderungen in der IT-Landschaft und der Geschäftsarchitektur im Zusammenspiel mit dem Unternehmenskontext müssen zeitnah und in einer hohen Qualität in die EAM-Datenbasis eingepflegt werden.

> **Wichtig:**
>
> Wenn die Aktualisierung aufgrund der Veränderungen nicht verzahnt mit den Planungs-, Entscheidungs- und IT-Prozessen erfolgt, müssen Sie dafür Sorge tragen, dass die veränderten Daten zumindest im Rahmen eines fest vorgegebenen Zeitraums, z. B. monatlich, regelmäßig aktualisiert werden. Im Rahmen der regelmäßigen Aktualisierung sollte ebenso eine Konsistenzsicherung bzw. Qualitätssicherung der Dokumentation erfolgen. Nur so gewährleistet man eine ausreichende Datenqualität über die Zeit hinweg.
>
> Siehe hierzu das Pflegekonzept in Abschnitt 8.3.1.

Besonders wichtig ist hierbei die zeitnahe Dokumentation der folgenden Veränderungen:

- Projektabwicklung: An den wesentlichen Projektmeilensteinen (Quality Gates), spätestens aber bei der Inbetriebnahme ist die Ist- bzw. die Plan-Bebauung zu aktualisieren.
- Analog bei Wartungsmaßnahmen: Zu definierten Zeitpunkten entlang des Wartungsprozesses, spätestens aber bei der Inbetriebnahme, sollten die Veränderungen eingepflegt werden.
- Projektportfoliomanagement: Nach den Sitzungen der Projektportfolio-Boards ist das veränderte Projektportfolio mit ihrem Zusammenspiel mit der Plan-IS- und technischen Bebauung in die EAM-Datenbasis aufzunehmen.
- IS-Bebauungsplanung: Nach der Festlegung der Soll-IS-Bebauung und der IT-Roadmap durch das EAM-Board ist die Soll- bzw. Plan-Bebauung zu aktualisieren. Gegebenenfalls können auch die Planungsszenarien und deren Freigabestatus in der EAM-Datenbasis gehalten oder eingepflegt werden.
- Technologiemanagement: Die durch das Blueprint-Board verabschiedeten Veränderungen im Blueprint müssen in die EAM-Datenbasis als Bezugspunkt für die IS-Bebauung und die Infrastrukturelemente aufgenommen werden.
- Management der Betriebsinfrastruktur: Die Planung und die Veränderungen in der Betriebsinfrastruktur müssen grobgranular in der Betriebsinfrastruktur-Bebauung berücksichtigt werden.
- Unternehmensstrategieentwicklung, Business-Planung, Geschäftsprozessmanagement oder/und Business Capability Management: Veränderungen in der Geschäftsarchitektur müssen zeitnah erfasst werden.

Die EAM-Pflege wird in Abschnitt 8.4.1 detailliert beschrieben.

> **Wichtig:**
>
> Um eine hinreichend aktuelle und qualitativ hochwertige EAM-Datenbasis zu erhalten, müssen die EAM-Pflegeprozesse in die Planungs-, Entscheidungs- und Durchführungsprozesse integriert werden. Die Informationen und Entscheidungen aus diesen Prozessen müssen für EAM zeitnah bereitgestellt werden. Insbesondere die Integration in die Projektabwicklung ist entscheidend. Über die Mitarbeit in den Projekten und/oder Quality Gates müssen die Informationen über die Veränderung der IT-Landschaft gesammelt und in die EAM-Datenbasis eingepflegt werden.
>
> Abhängig vom Einfluss der Unternehmensarchitekten bzw. deren Vertreter im IT-Management wird entweder nur Input für die Steuerung der Weiterentwicklung gegeben oder diese aktiv gesteuert (siehe EAM-Reifegradmodell in Abschnitt 7.1).

Voraussetzungen für eine erfolgreiche EAM Governance:

- Treten Sie in einen intensiven Dialog mit dem Business. Nur so können Sie eine vertrauensvolle Beziehung zu den Fachbereichen aufbauen.
  Wesentlich hierfür sind klar definierte und etablierte Gremien und Rollen auf Fach- und IT-Seite sowie eine institutionalisierte Zusammenarbeit, die auf einem regelmäßigen Austausch basiert.
- Sichern Sie sich die Unterstützung Ihrer Unternehmensführung.
  Ein Mitglied aus der Unternehmensführung muss in den Gremien zur strategischen und operativen Steuerung der IT vertreten sein.
- Legen Sie für alle Entscheidungsfelder Gremien und Entscheidungsprozesse fest.
  Für alle Entscheidungsprozesse müssen Sie die Prozesse selbst, die Gremien sowie die Rollen und Verantwortlichkeiten auf der Fach- und der IT-Seite mit ihren Entscheidungs-, Partizipations- und Durchführungsrechten und -pflichten verbindlich festlegen.
  Der Einfluss der IT korreliert mit der Einbindung in die Entscheidungsprozesse und Gremien.
- Wählen Sie Ihre IT-Organisationsform in Abhängigkeit von der Struktur, Organisation und Kultur Ihres Unternehmens.
- Ermitteln Sie Ihr Leistungspotenzial und Ihre Kerneigenleistungsfähigkeit.
  Legen Sie Ihr zukünftiges Leistungspotenzial und Ihre Kerneigenleistungsfähigkeit in einer Sourcing-Strategie fest!
- Wenn Sie länderübergreifend agieren, berücksichtigen Sie die Grundsätze einer globalen IT.
- Bestimmen Sie Ihre Ausgangslage und setzen Sie ein Change-Management-Programm auf.
- Qualifizieren Sie Ihre IT. Business-Know-how, Kommunikationsskills und Überzeugungskraft sind ebenso wichtig wie Technologie-Know-how.
- Ermitteln Sie die Steuerungsaufgaben und dokumentieren Sie diese inklusive der Festlegung der dafür Verantwortlichen.
- Ermitteln Sie die adäquaten Steuerungsgrößen für die Steuerungsaufgaben, integrieren Sie diese in die Planungs- und Steuerprozesse und unterfüttern Sie sie mit beschaffbaren Messgrößen.
- Unterstützen Sie das strategische Controlling durch eine gute Werkzeugunterstützung. Nur so erstellen Sie ein zeitgerechtes und qualitativ hochwertiges Stakeholder-bezogenes Reporting. Ihr Ziel ist die richtige Information zur richtigen Zeit am richtigen Ort.
- Last but not least: Verankern Sie das Steuerungsinstrumentarium in der Organisation.

Glossar

Agiler Festpreis	Ist ein verbindlicher Gesamtpreis für eine gegebene Menge von Anforderungen mit inhaltlichem Spielraum. Der Auftraggeber erhält realisierte Anforderungen im Gesamtwert des Gesamtpreises und kann die Inhalte im Projektverlauf ändern. Hierzu wird ein für den Auftraggeber transparentes Verfahren für die Aufwandsschätzung bei neuen oder veränderten Geschäftsanforderungen sowie das Verfahren für den Austausch von Anforderungen im Lieferumfang vereinbart. So hat der Auftraggeber Planungssicherheit und zugleich Anforderungsflexibilität. Lästige und aufwendige Change-Request-Verfahren werden eingespart.
Agilität	Die Fähigkeit eines Unternehmens, sich schnell auf alle Arten von Veränderungen einzustellen und das Geschäftsmodell anzupassen.
Aktivität	Aktivitäten sind feingranulare Bausteine von (Teil-)Geschäftsprozessen. Ein Geschäftsprozess umfasst mehrere zusammenhängende, strukturierte Aktivitäten, die gemeinsam ein Ergebnis erzeugen, das für Kunden einen Wert darstellt.
Aktuelle Bebauung	Besteht aus der Ist- und der Plan-Bebauung. Durch die aktuelle Bebauung wird der aktuelle Kenntnisstand der Bebauung dokumentiert.
Ampel	Spezifische Ausprägung für einen Indikator. Eine Ampel visualisiert Kennzahlenwerte durch Farben. In der Praxis verwendet man häufig entweder zweifarbige („rot" – „grün") oder dreifarbige Ampeln („rot" – „gelb" – „grün").
Analyse-Muster	Bewährte und verallgemeinerte Schablone für die Identifikation und Visualisierung von Anhaltspunkten für Handlungsbedarf oder Optimierungspotenzial in der Dokumentation einer IT-Landschaft.
Analyseprojekt	Ist eine Untersuchung eines fachlichen Anforderungsbündels, deren Gegenstand, Inhalt und Ziele vorweg festgelegt werden. Die Ausführung erfolgt in der Regel innerhalb eines Projekts in einem festen Zeit- und Budgetrahmen.
Änderungsanforderung	Ist eine formalisierte Forderung, eine bestimmte Eigenschaft oder ein Produktmerkmal eines oder mehrerer IT-Systeme zu verändern.
Anforderungsliste	Ist eine Aufzählung von Anforderungen, die in der Regel priorisiert, klassifiziert und bewertet werden.

Anforderungs-management	Ist eine wesentliche Kernaktivität in Vorgehensmodellen für die effiziente und effektive Entwicklung von IT-Systemen. Es umfasst die Anforderungs-erhebung, -dokumentation und -validierung sowie Management der Anforderungen und deren Änderungen und der Maßnahmen zur Umsetzung.
Anwendungs-feld	Fachlich zusammenhängender Bereich, wie z. B. die Geschäftsprozesse einer Wertschöpfungskette oder aber die fachlichen Funktionen eines funktionalen Clusters.
Architektur-Muster	(Auch Architektur-Baustein genannt) Bewährte und verallgemeinerte Lösungsschablone für eine Problemstellung in einem spezifischen Kontext. Beispiel: „Datenzugriff aus einer JEE-Anwendung auf eine relationale Datenbank".
Areal	Als Areal wird eine zusammenhängende Fläche in einer z. B. Portfolio-Grafik bezeichnet. Allen Elementen, die in demselben Areal liegen, können dieselben Aussagen zugeordnet werden.
Balanced Scorecard (BSC)	Ziel- und kennzahlenbasierte Managementmethode, welche sowohl die Vision und Strategie eines Unternehmens als auch relevante interne und externe Aspekte sowie deren Wechselwirkungen betrachtet.
	Ein Unternehmen wird parallel über mehrere Perspektiven und diesen zugeordnete Kennzahlen gesteuert. Typische Perspektiven einer BSC sind Finanz-, Kunden-, Prozess- und Mitarbeiterperspektive (siehe [Blo06]).
Baseline	Geschäftsanforderungen entwickeln sich über die Zeit weiter, ändern sich und werden weiter detailliert. Eine Geschäftsanforderung kann also über die Zeit in unterschiedlichen Versionen vorliegen. Für die Budgetierung und Planung muss bekannt sein, welche Menge von Geschäftsanforderungen zu einem bestimmten Zeitpunkt gültig ist bzw. war. Die Baseline bildet eine Klammer um eine Menge von Geschäftsanforderungen mit der zu einem bestimmten Zeitpunkt gültigen Version der jeweiligen Geschäftsanforderung.
	Beispiel: Die Baseline „Release 2012.3 - Planungsstand 2011.12" fasst alle Geschäftsanforderungen zusammen, die nach Planungsstand 2011.12 für das Release 2012.3 geplant und damit in der Jahresplanung berücksichtigt sind.
Basis-Infrastruktur	Setzt sich aus IT-Produkten zusammen, die unverändert vom Markt bezogen werden können. Zur Basis-Infrastruktur zählen z. B. PCs und PC-Arbeitsplatzsoftware wie z. B. Office- oder Kommunikationsplattformen und Server-Infrastruktur-Komponenten.
Bebauung	Instanziierung einer Unternehmensarchitektur, d. h., sie beinhaltet alle Ausprägungen der jeweiligen Gesamt- oder Teilarchitektur, wie z. B. der fachlichen, der IS-, der technischen und der Betriebsinfrastruktur-Architektur. Eine Bebauung füllt die durch die Architektur vorgegebenen Strukturen.

Bebauungsplan	Manifestiert in vielen Unternehmen die bestehende und die geplante Bebauung im Business und in der IT. Häufig wird hierfür eine Bebauungsplan-Grafik genutzt; sie ist daher neben der Portfolio-Grafik das wichtigste Instrument für die Umsetzung der Business- und IT-Ziele. Der Bebauungsplan stellt die Verbindung innerhalb und zwischen Business- und IT-Strukturen her.
Bebauungsplaner	Sind verantwortlich für die Dokumentation, die Qualitätssicherung und Analyse sowie die strategische Planung und Steuerung, gegebenenfalls für einen Ausschnitt der aktuellen und der zukünftigen Gesamtbebauung. Sie managen den jeweiligen Ausschnitt im Überblick. Die aus verschiedenen Quellen stammenden Detaildaten, die in unterschiedlicher Qualität, Aktualität, Vollständigkeit und Granularität vorliegen, müssen von den Bebauungsplanern eingefordert, qualitätsgesichert und konsolidiert werden. Aufbauend auf dieser hochwertigen Datenbasis liefert der Bebauungsplaner Antworten für die verschiedenen Fragestellungen der Nutznießer und gestaltet die zukünftige Bebauung. *Synonym:* Unternehmensarchitekt
Bebauungsplangrafik	Dient zur Einordnung von Bebauungselementen eines Elementtyps in einen zweidimensionalen Bezugsrahmen wie z. B. Zuordnung von Informationssystemen zu Geschäftsprozessen und Geschäftseinheiten.
Bebauungsplanung	Im Rahmen der Bebauungsplanung werden ausgehend von den strategischen und operativen Geschäftsanforderungen und Rahmenbedingungen die Soll-Bebauung und die IT-Roadmap zur Umsetzung gesamthaft oder in Ausschnitten gestaltet.
Benchmark	Vergleich von im Allgemeinen standardisierten Kennzahlen zwischen verschiedenen Unternehmen oder Organisationen. Die Vergleichbarkeit der Kennzahlen muss sichergestellt sein. Hierbei werden häufig die Vergleichszahlen von den leistungsfähigsten Organisationen als Best Practice angesehen und als Maßstab verwendet (siehe [Min05] und [Ker08]).
Best Practices	Stellen Wissen, Methoden und Standards zu Praktiken dar, die sich bei einer Vielzahl von Organisationen und Unternehmen in der Vergangenheit als wertvoll erwiesen haben (siehe [Ebe08]).
Betriebsinfrastruktur-Bebauung	Beschreibt die HW- und NW-Einheiten und -Services, auf denen Informationssysteme betrieben werden.
Blueprint	Legt die Standards für HW-, NW- und SW-Infrastruktur sowie auf Anwendungsebene (wie z. B. SAPx) und fachlicher Ebene (wie z. B. EDIFACT) fest. Der Blueprint sollte in der Informationssystem- und Betriebsinfrastruktur-Bebauung „verbaut" werden.
Business Alignment der IT	Darunter wird die Ausrichtung der IT am Geschäft verstanden.

Business-Analyse	Ist eine Tätigkeit zur Identifikation von Geschäftsanforderungen sowie Ableitung und Herbeiführung von fachlichen Lösungen, die Unternehmen helfen, ihre Ziele zu erreichen. Eine Lösung besteht oft in der Bereitstellung von IT-Komponenten, kann aber auch Prozessverbesserungen oder organisatorische Änderungen umfassen.
Business-Analyse-Instrumentarium	Ist eine Sammlung von Best-Practices zu Ergebnistypen sowie Methoden und Verfahren, um Geschäftsanforderungen und fachliche Zusammenhänge zu identifizieren, zu verstehen, zu kommunizieren sowie fachliche Lösungen abzuleiten und herbeizuführen.
Business-Analyst	Sind die Hauptakteure im Demand Management. Sie nehmen Geschäftsanforderungen auf, strukturieren, klassifizieren, analysieren und bewerten sowie gestalten und planen die Umsetzungspakete wie z. B. Projektanträge oder Wartungsmaßnahmen. Business-Analysten fungieren als Brücke zwischen den Fachbereichen und der IT. Sie managen die Geschäftsanforderungen der Fachbereiche und übersetzen die Anforderungen in die jeweilige „Sprache". Zudem stellen sie sicher, dass die Geschäftsanforderungen wirklich umgesetzt werden.
Business Capability	Business Capabilities sind (Geschäfts-)Fähigkeiten, die eine Organisation, eine Person oder ein System besitzt und auf die sich das Unternehmen stützt, um seine Geschäftsziele zu erreichen. Geschäftsfähigkeiten werden von Menschen oder Systemen in Prozessen unter Nutzung von Technologien und weiteren Ressourcen mit Leben gefüllt, um so das fachliche Leistungsvermögen des Unternehmens bereitzustellen. Die Fähigkeiten werden im Wesentlichen durch Geschäftsfunktionen beschrieben, die durch Ressourcen- oder Technologieanforderungen konkretisiert werden können. Es wird in der Regel zwischen wettbewerbsdifferenzierenden und unterstützenden Geschäftsfunktionen unterschieden. *Synonym:* Fachliche Funktion
Business Capability Management	Ist ein systematischer Ansatz zur Identifikation der aktuell oder zukünftig für das Unternehmen relevanten Fähigkeiten (Business Capabilities) und zur schnellen Anpassung des Geschäftsmodells und der Geschäftsprozesse sowie deren IT-Unterstützung an veränderte Marktanforderungen und Wettbewerbsbedingungen.
Business Capability Map	Ist ein fachliches Domänenmodell auf der Basis von Business Capabilities (fachlichen Funktionen).
Business Continuity Management	Business Continuity Management (kurz BCM) ist ein systematisches Notfall- und Krisenmanagement zur Bewältigung von denkbaren Situationen, die zum Stillstand kritischer Prozesse führen und damit das Überleben des Unternehmens bedrohen können. Diese Prozesse sowie die möglichen Risiken, denen sie ausgesetzt sind, gilt es zu ermitteln. Die maximal tolerierbaren Ausfallzeiten der kritischen Geschäftsprozesse sind zu definieren. Für alle Risiken müssen die möglichen Auswirkungen (z. B. finanziell oder aber immateriell, wie z. B. den Ruf des Unternehmens betreffend) und die Eintrittswahrscheinlichkeit benannt und Maßnahmen vorgegeben werden, die im Falle des Eintritts der verschiedenen Risiken durchzuführen sind.

Business-IT	Beinhaltet alle Serviceleistungen zur Unterstützung des Geschäftsbetriebs, z. B. IT-Beratung oder Anwendungsentwicklung, zugeschnitten auf die Geschäftsprozesse.
Business-IT-Koordination	Ist eine Beratungsfunktion für die Fachabteilungen sowie eine Vermittler- und Dolmetscherfunktion zwischen den Fach- und IT-Abteilungen.
Business-Plan	Ist das unternehmerische Gesamtkonzept für ein geplantes Geschäftsvorhaben und mündet nach der Verwirklichung in der Unternehmensstrategie beziehungsweise dem Geschäftsmodell des Unternehmens. Der Business-Plan beschreibt das wirtschaftliche Umfeld, die Ziele, die benötigten finanziellen Mittel und die vorgesehenen Schritte zur Umsetzung.
Business-Planung	Umfasst alle Tätigkeiten zur Erstellung eines Business-Plans.
Business-Service	Ein Business-Service ist ein fachlich orientierter Service, der im Business sichtbar und in der Sprache der Anwender beschrieben ist. Er stellt fachliche Funktionalität (fachliche Funktion) für die Nutzung in Geschäftsprozessen bereit und setzt damit eine für das Unternehmen notwendige Geschäftsfähigkeit (Business Capability) um. Business-Services werden zu Geschäftsprozessen orchestriert und füllen Geschäftsfähigkeiten (Business Capabilities) mit Leben. Beispiele für Business-Services sind die Bereitstellung von Produktdaten eines Autos für Kunden oder aber die Erfassung eines Versicherungsantrags. *Synonym:* Geschäftsfunktion
Business-Transformation	Business-Transformationen verändern das Geschäftsmodell und/oder die Organisation des Unternehmens gravierend. Beispiele für Business-Transformationen sind Merger & Acquisitions, Outsourcing, neue Kooperationsmodelle und gravierende Umstrukturierungen.
Change Management	Change Management ist ein ganzheitlicher Ansatz, der Veränderungen im Unternehmen vorbereitet, begleitet und nachhaltig einführt.
Change Request (CR)	Änderungswunsch, der eingeht, nachdem der Umfang der umzusetzenden Anforderungen verbindlich festgelegt wurde. Ein CR kann den Umfang der umzusetzenden Anforderungen erweitern, verändern oder reduzieren. Die Auswirkungen des CR sind zu bewerten, bevor über die Annahme entschieden wird.
Chief Information Officer (CIO)	Die Rolle des CIO wird unternehmensspezifisch unterschiedlich definiert. Das Aufgabengebiet und der Verantwortungsbereich differieren. Zu den Hauptaufgaben eines CIO gehören im Allgemeinen die Ausrichtung der IT auf die Unternehmensstrategie sowie der Aufbau und Betrieb geeigneter IT-Landschaften. In vielen Unternehmen ist der CIO direkt dem CEO (Chief Executive Officer) unterstellt. In wenigen Unternehmen ist er Mitglied der Geschäftsführung (siehe [KüM07]).
Cluster-Analyse	Wird eingesetzt, um fachlich eng zusammengehörige Funktionen, Geschäftsprozesse, Geschäftsobjekte und Geschäftseinheiten sowie Informationssysteme, Betriebsinfrastruktureinheiten und Projekte zu identifizieren. Dies ist eine Form der Abhängigkeits-Analyse.

CMMI (Capability Maturity Model Integration)	Qualitätsmanagementmodell für die System- und Softwareentwicklung und verwandte Bereiche und Nachfolger des bekannten CMM (Capability Maturity Model). Es wurde vom Verteidigungsministerium der USA entwickelt, um die Qualität von Software-Zulieferern standardisiert beurteilen zu können.
Compliance	Bezeichnet die Einhaltung von Maßregeln, Gesetzen und Richtlinien. Darunter werden alle Aktivitäten zusammengefasst, die erforderlich sind, um gesetzliche, vertragliche und sonstige Auflagen sicher zu erfüllen. Zu diesen Auflagen gehören im IT-Management-Umfeld hauptsächlich Sicherheitsanforderungen, wie z. B. Informationssicherheit, Verfügbarkeit, Aufbewahrungsvorgaben und Datenschutz.
CobiT (Control Objectives for Information and Related Topics)	Referenzmodell für IT-Governance, das eine Menge von Kontrollzielen für die IT-Prozesse definiert. Die aktuelle Version ist CobiT 4.1.
Cockpit	Steuerungsinstrument für einen Manager. Es bietet eine strukturierte und kompakte Darstellung aller wesentlichen Informationen zu den Steuerungsobjekten. Diese werden üblicherweise grafisch visualisiert.
Commercial-off-the-Shelf-Produkt (COTS)	COTS-Produkte sind relativ kostengünstige IT-Massen-Kaufprodukte, die ohne Veränderung einfach nur genutzt werden. Beispiele hierfür sind Betriebssysteme und Programme für Textverarbeitung, Präsentation und E-Mails.
Commodity	Ursprünglich die englische Bezeichnung für Güter, die direkt aus der Natur gewonnen werden, sich gut lagern lassen und in ihrer Qualität leicht vergleichbar sind. Für die Beschaffungsentscheidung ist in der Regel nur ihr Preis relevant, so dass sie gängigerweise auf Börsen (Commodity Exchanges) gehandelt werden. In der IT wird damit ein Produkt oder eine Dienstleistung bezeichnet, die von einer Vielzahl von Anbietern in vergleichbarer Qualität erbracht werden kann und damit relativ leicht einen Anbieterwechsel möglich macht. Beispiel: Betrieb von Rechenzentren (siehe [KüM07]).
Compliance	Unter Compliance wird die Einhaltung gesetzlicher und aufsichtsrechtlicher Regelwerke oder auch freiwilliger Kodizes verstanden. Beispiele sind Basel II, GDBdU, KonTraG oder Sarbanes-Oxley Act (SOX) (siehe [KüM07]). Darunter werden alle Aktivitäten zusammengefasst, die erforderlich sind, um gesetzliche, vertragliche und sonstige Auflagen sicher zu erfüllen. Zu diesen Auflagen gehören im IT-Management-Umfeld hauptsächlich Sicherheitsanforderungen, wie z. B. Informationssicherheit, Verfügbarkeit, Aufbewahrungsvorgaben und Datenschutz.
Configuration Management Database (CMDB)	In einer CMDB werden alle Informationen über die Configuration Items der IT-Infrastruktur (Informationssysteme, Clients, Netzwerk, Server, Speicher) und deren Beziehung zueinander zur Unterstützung der Servicemanagement-Prozesse bereitgestellt.

Controlling	Teilbereich des Managements. Es umfasst alle Tätigkeiten und Hilfsmittel, um sowohl die Planung als auch die Entscheidungsvorbereitung kontinuierlich zu unterstützen (siehe [KüM07]).
Data Governance	Im Rahmen der „Data Governance" werden durch organisatorische Richtlinien und Standards eine hohe Datenqualität und die Compliance bzgl. z. B. externer Vorgaben sichergestellt. Hierzu werden Qualitätsmetriken, Prozesse, Rollen und Verantwortlichkeiten definiert.
Daten-Cluster	Stellt eine Menge von Geschäftsobjekten dar, die fachlich eng zusammengehören. Geschäftsobjekte sollten zu Daten-Cluster zusammengefasst werden, wenn eine der folgenden Bedingungen erfüllt ist: • Eine Menge von Geschäftsobjekten, die mehrfach in dieser Zusammenstellung in einem Geschäftsprozess, einem Produkt oder einer fachlichen Funktion verwendet wird. • Eine Menge von Geschäftsobjekten, die mehrfach in dieser Zusammenstellung einer Geschäftseinheit zugeordnet sind oder deren Mehrzahl in Verantwortung von Geschäftseinheiten eines Organisations-Clusters liegen. • Eine Menge von Geschäftsobjekten, die mehrfach in dieser Zusammenstellung in der IS-Bebauung auftreten, d. h. entweder Informationssystemen zugeordnet sind oder über Schnittstellen ausgetauscht werden.
Definition of Done (DoD)	Mit dem Umsetzungsverantwortlichen getroffene Vereinbarung zu Kriterien, die erfüllt werden müssen, damit eine Geschäftsanforderung als vollständig und korrekt umgesetzt gilt. Die DoD ist häufig in Form einer Checkliste gehalten. Beispiele für Bestandteile einer DoD sind „Implementierung inklusive Unit-Tests ist im Versionierungssystem eingespielt", „Code-Review wurde durchgeführt", „Benutzerdokumentation ist angepasst" oder „Integrationstest ist erfolgreich abgeschlossen". Die DoD kann je Detaillierungsebene von Geschäftsanforderungen spezifisch ausgeprägt sein.
Demand Management	Ist eine organisatorische Einheit bestehend aus Business-Analysten für das Management der strategischen und operativen Geschäftsanforderungen. Das Demand Management vermittelt und dolmetscht zwischen den Fach- und IT-Abteilungen. Die wesentliche Tätigkeit im Demand Management ist die Business-Analyse, d. h. die Identifikation, Aufnahme, Bündelung, fachliche Planung, Bewertung und Steuerung der Umsetzung von Geschäftsanforderungen.
Dienstleistungs- und Produktportfolio	Die Gesamtheit aller IT-Dienstleistungen und IT-Produkte in einem Unternehmen, die für die IT-Kunden bereitgestellt werden. Beispiel: Applikationsbetrieb oder aber Infrastrukturbereitstellung oder aber Unterstützungsleistungen für die Geschäftsprozessmodellierung.
Disziplin	Befasst sich mit der Behandlung gewisser Stoffgebiete oder Teilbereiche. Es umfasst sowohl inhaltliche als auch organisatorische Aspekte. Beispiele für Disziplinen sind das Enterprise Architecture Management oder das Demand Management.

Domäne	Strukturierung nach festgelegten Kriterien. So kann z. B. die Bebauung nach IS-Domänen oder fachlichen Domänen strukturiert werden.
	Bündelt kohärentes Wissen und Vorgehensweisen. Domänen sind organisationsinvariant und strukturieren das Geschäft nach festgelegten Kriterien. So kann z. B. die IS-Bebauung nach organisatorischen Bereichen aufgeteilt werden.
Due Diligence	Ist ein amerikanischer Rechtsbegriff, der jedoch im deutschsprachigen Raum eine weitere Bedeutung erhalten hat. Es wird im Allgemeinen darunter die sorgfältige Analyse, Prüfung und Bewertung eines Objekts im Rahmen z. B. einer Akquisition verstanden. Im IT-Umfeld umfasst dies in der Regel die Bestandsaufnahme und die Bewertung des Produkt- und Dienstleistungsspektrums, der IT-Landschaft sowie der Prozesse.
EAM Framework	Im EAM Framework werden die für EAM relevanten Stakeholder, deren Ziele und Fragestellungen sowie die für die Beantwortung der Fragestellungen erforderlichen fachlichen und technischen Strukturen sowie Visualisierungen, Listen und Steuerungssichten beschrieben.
End-to-end	Erstreckt sich vom Kundenbedürfnis über alle Stationen bis zur Befriedigung des Kundenbedürfnisses. Häufig sind hierzu auch externe Partner mit zu involvieren.
Enterprise Architecture Framework	Unterstützt die Erstellung und Pflege der Unternehmensarchitektur. Sie stellt eine Grundlage dar, aus der sich eine konkrete Unternehmensarchitektur ableiten lässt. Je nach Framework liegt der Schwerpunkt auf der Strukturierung oder der Entwicklung der Unternehmensarchitektur.
Enterprise Architecture Management (EAM)	Ist ein systematischer und ganzheitlicher Ansatz für das Verstehen, Kommunizieren, Gestalten und Planen der fachlichen und technischen Strukturen im Unternehmen. Es hilft dabei, die Komplexität der IT-Landschaft zu beherrschen und die IT-Landschaft strategisch und businessorientiert weiterzuentwickeln. EAM ist ein wesentlicher Bestandteil des strategischen IT-Managements und beinhaltet alle Prozesse für die Dokumentation, Analyse, Qualitätssicherung, Planung und Steuerung der Weiterentwicklung der IT-Landschaft und der Geschäftsarchitektur.
EAM-Board	Im EAM-Board werden inhaltliche Empfehlungen über die Weiterentwicklung der IT-Landschaft und Geschäftsarchitektur sowie der EAM-Methode und - Werkzeugunterstützung verabschiedet. Es werden Planungsprämissen für die Bebauungsplanung vorgegeben, Planungsvarianten bewertet und Rahmenvorgaben für die Soll-Bebauung und Roadmap zur Umsetzung gegeben. Dies ist ein wichtiger Input für die IT-Strategieentwicklung, für Investitionsentscheidungen und das Projektportfoliomanagement.
Ergebnistyp	Ist eine grafische oder tabellarische Darstellung, um Daten auszuwerten und Informationen darzustellen.
Erweiterte Daten	Unternehmensspezifische Daten, die den Bebauungselementen als Zusatzinformation hinzugefügt werden. Beispiele hierfür sind die Größe eines Informationssystems in „Lines-of-Code" oder Herstellerinformationen zu einem Informationssystem.

Erweiterte Prozesslandkarte	Stellt die Teilgeschäftsprozesse des Unternehmens mit ihren wesentlichen Schnittstellen End-to-end dar. *Synonym:* Swimlane-Diagramm
Fachliche Bebauung	Beschreibt die wesentlichen fachlichen Einheiten eines Unternehmens, die maßgeblich das „Geschäft" bestimmen. Die wesentlichen Elemente der fachlichen Bebauung sind Geschäftsprozesse, fachliche Funktionen, Produkte, Geschäftseinheiten und Geschäftsobjekte sowie Vertriebskanäle und Geschäftspartner.
Fachlicher Bezugsrahmen	Gibt fachliche Strukturen als Anknüpfungs- und Orientierungspunkte für die IT-Bebauung vor. Der Bezugsrahmen wird häufig als fachliche Cluster-Grafik oder in Form der Achsen einer Bebauungsplan-Grafik (z. B. Soll-Geschäftsprozesse) dargestellt.
Fachliche Domäne	Fachliche Einteilungen, die typischerweise die fachliche oder Informationssystembebauung strukturieren.
Fachliches Domänenmodell	Beschreibt die Geschäftsarchitektur eines Unternehmens im Überblick. Durch fachliche Domänen wird eine übergeordnete fachliche Strukturierung vorgegeben. Als fachliche Domänen werden häufig grobgranulare Geschäftsprozesse, fachliche Funktionen, Produkte, Geschäftsobjekte und/oder Geschäftseinheiten genutzt. Die wesentlichen aktuellen oder zukünftigen fachlichen Bebauungselemente, wie z. B. Geschäftsprozesse oder fachliche Funktionen werden in die fachlichen Domänen einsortiert. Das Ergebnis ist dann ein fachliches Domänenmodell. Ein fachliches Domänenmodell gibt damit eine gemeinsame Sprache vor und schafft Bezugspunkte für die Verknüpfung mit den IT-Strukturen. Es bestimmt den Rahmen für die Weiterentwicklung in Business und IT.
Fachliche Funktion	Eine in sich abgeschlossene und zusammenhängende fachliche Funktionalität wie z. B. „Kundenkontakt-Management". Mithilfe der fachlichen Funktionen wird das fachliche Leistungsvermögen des Unternehmens („Business Capabilities") beschrieben. Fachliche Funktionen sind unabhängig von der Umsetzung in Geschäftsprozessen. *Synonym:* Business Capability
Fachliches Klassenmodell	Stellt die wesentlichen Entitäten und deren Beziehungen sowie Geschäftsregeln dar.
Fachliches Komponentenmodell	Gliedert die einzelnen, IT-technisch umgesetzten oder umzusetzenden Funktionen, in fachliche Cluster, die Komponenten.
Fachliche Nähe	Fachliche Nähe, z. B. zu einem Prozesscluster, besteht dann, wenn das Objekt eine große Zahl oder ausschließlich die Geschäftsprozesse des Prozess-Clusters unterstützt (analog für die anderen fachlichen Bebauungselemente).

Fachliches Referenzmodell	Gibt für ein Unternehmen oder eine Klasse von Unternehmen – z. B. eine Branche – eine Empfehlung für die fachliche Strukturierung vor. Auf dieser Basis erfolgen die Dokumentation und Gestaltung der unternehmensspezifischen Geschäftsarchitektur.
	Fachliche Referenzmodelle helfen dabei, das eigene Verständnis über Strukturen und Zusammenhänge zu schärfen. Beispiele sind VAA [Ges01] im Versicherungsumfeld oder eTOM in der Telekommunikation (siehe [Ber03-1] oder [Joh11]).
	Standardreferenzmodelle lassen sich selten unverändert auf die Gegebenheiten eines konkreten Unternehmens übertragen. Sie werden für die Anwendung im Unternehmen entsprechend der spezifischen Geschäftsanforderungen und Randbedingungen angepasst. Ergebnis ist das unternehmensspezifische fachliche Domänenmodell.
Feature	Features sind funktionale oder nichtfunktionale Eigenschaften (fachliche Funktionen) eines oder mehrerer Systeme oder Produkte, die für den Anwender einen unmittelbaren Wert darstellen. Sie werden vom Anwender als eine in sich geschlossene Einheit (ein sinnvolles Ganzes) wahrgenommen. Bei (Software-)Produkten wird häufig bei der Bestimmung der Features hinterfragt, ob dieses Feature für den Käufer kaufentscheidend ist.
	Ein Feature wird über ein Projekt oder eine Wartungsmaßnahme in einem Release in einem oder mehreren miteinander verbundenen IT-Systemen umgesetzt. Für die Priorisierung und Umsetzungsplanung werden Features häufig in Teil-Features zerlegt, wenn ein Feature nicht in einer Iteration umgesetzt werden kann.
	Beispiele für Features für den Themenbereich „Geschäftspartnermanagement" sind „Geschäftspartner-Stammdatenverwaltung", „Geschäftspartnersegmentierung" und „Marketingaktionsschnittstelle". Teil-Features der „Geschäftspartner-Stammdatenverwaltung" sind „Geschäftspartner-Stammdatenpflege", „Beziehungsgeflechtpflege" und „Kündigungsbearbeitung".
Fertigungstiefe	Anteil der vom Unternehmen selbst durchgeführten Prozesse. Häufig konzentrieren sich die Unternehmen zunehmend auf ihre Kernkompetenzen zur Erhöhung der Wertschöpfung des Unternehmens.
Flexibilität	Schnelle Anpassung der IT-Systeme an veränderte Geschäftsanforderungen und Rahmenbedingungen (Agilität).
Führendes System	Informationssystem für ein Geschäftsobjekt oder Informationsobjekt, das der Master für das Geschäftsobjekt bzw. Informationsobjekt ist. Vom führenden Informationssystem können andere Informationssysteme das Geschäftsobjekt beziehen. Das führende Informationssystem muss eine ausreichende Datenqualität sicherstellen.
Führungsprozesse	Geschäftsprozesse für die Planung, Steuerung und das Controlling der Leistungserbringung.

Funktionales Referenzmodell	Eine Ausprägung eines fachlichen Domänenmodells. In einem funktionalen Referenzmodell werden die fachlichen Funktionen, die Fähigkeiten (Capabilities) des Unternehmens, dokumentiert.
	Synonym: Business Capability Map
Funktions-Cluster	Eine Menge von fachlichen Funktionen, die fachlich eng zusammengehören. Kandidaten für Funktions-Cluster liegen vor, wenn eine der folgenden Bedingungen erfüllt sind:
	- Eine Menge von fachlichen Funktionen, die mehrfach in dieser Zusammenstellung einem Geschäftsprozess oder einem Produkt zugeordnet sind.
	- Eine Menge von fachlichen Funktionen, die mehrfach in dieser Zusammenstellung einer Geschäftseinheit zugeordnet sind oder deren Mehrzahl in Verantwortung von Geschäftseinheiten eines Organisations-Clusters liegen.
	- Eine Menge von fachlichen Funktionen, die mehrfach in dieser Zusammenstellung von einem Informationssystem unterstützt werden.
	- Eine Menge von fachlichen Funktionen, die die gleichen Business-Ziele umsetzen.
Geschäfts-anforderung	Beschreibt das, was ein Anforderungssteller zur Lösung seines Problems oder zur Erreichung seines Ziels benötigt oder was ein System oder eine Systemkomponente erfüllen muss, um Vorgaben zu genügen (siehe IEEE 1990 [IEE90]).
	Geschäftsanforderungen leiten sich aus der Unternehmens- oder IT-Strategie ab oder resultieren aus Veränderungsanforderungen aus dem Geschäftsbetrieb. Sie beschreiben das Ergebnis der Veränderung nach der Umsetzung. Die Veränderungen können organisatorischer, prozessualer oder technischer Natur sein.
Geschäfts-architektur	Beschreibt die wesentlichen fachlichen Einheiten eines Unternehmens, die maßgeblich das Geschäft bestimmen. Die wesentlichen Elemente sind Geschäftsprozesse, fachliche Funktionen, Produkte, Geschäftseinheiten und Geschäftsobjekte sowie Vertriebskanäle und Geschäftspartner. Mittels fachlicher Einteilungen, fachliche Domänen genannt, kann die fachliche Bebauung strukturiert werden.
Geschäfts-einheit	Logische oder strukturelle Einheiten des Unternehmens, wie z. B. Bereiche und Werke des Unternehmens, oder logische Nutzergruppen, wie z. B. „Außendienst" und „Innendienst".
Geschäfts-modell	Beschreibt die Geschäftsinhalte und deren Differenzierung gegenüber dem Wettbewerb gesamthaft für das Unternehmen oder aber für eine Geschäftseinheit.
	Das Geschäftsmodell ist der Kern der Unternehmensstrategie. Es bestimmt das Was und das Wie. Im Geschäftsmodell werden zur Konkretisierung der Ziele im Wesentlichen die Dimensionen Produkte, Kunden und Ressourcen festgelegt.

Geschäftsobjekt	Ein abgestimmter, fachlicher Begriff für abstrakte oder konkrete Objekte, die in engem Zusammenhang mit der Geschäftstätigkeit des Unternehmens stehen. Geschäftsobjekte können in einer Beziehung zueinander stehen und werden von Geschäftsprozessen verwendet. Beispiele für Geschäftsobjekte sind Kunde, Produkt oder Auftrag. Die konkreten Daten eines Informationssystems, auch Informationsobjekte genannt, können sich logisch auf ein Geschäftsobjekt beziehen. So kann z. B. ein Informationssystem Master für die Kundennummern und Kundennamen sein und diese mit anderen Informationssystemen austauschen.
Geschäftspartner	Ein Geschäftspartner ist jemand, an dem ein Unternehmen ein geschäftliches Interesse hat. Es ist ein übergeordneter Begriff für Kunden, Lieferanten und Partner des Unternehmens. Häufig werden auch Gruppen von Geschäftspartnern unterschieden. Ein Beispiel sind die Kundengruppen „Privatkunden", „Firmenkunden" und „Institutionen".
Geschäftsprozess	Geschäftsprozesse bestehen aus einer Abfolge von zielgerichteten Aktivitäten zur Umsetzung des Geschäftsmodells des Unternehmens. Geschäftsprozesse leisten einen unmittelbaren Beitrag zur Wertschöpfung oder unterstützen andere wertschöpfende Geschäftsprozesse. Geschäftsprozesse haben einen definierten Anfang und ein definiertes Ende mit einem klar festgelegten Ergebnis. In der Regel werden Geschäftsprozesse mehrfach durchgeführt.
Geschäftsregel	Spezifische Richtlinien, die das Geschäftsverhalten beeinflussen oder leiten Sie sind ein Mittel, um die Umsetzung der Unternehmensstrategie und die aktuellen Geschäftsanforderungen zu kontrollieren und durchzusetzen.
Geschäftsrelevante IT-Produkte	Entstehen durch die Bündelung von einzelnen IT-Leistungen und -Produkten zu Leistungsangeboten, die für das Business als Paket in einem gewissen Geschäftskontext sinnvoll einsetzbar sind. Beispiel: Bereitstellung eines Pakets für Außendienstler, das sowohl die Softwarepakete als auch die Anbindung und die Hardware beinhaltet.
Geschäftstreiber	Die Erfolgsfaktoren für das Geschäft. Sie korrelieren im Allgemeinen mit den strategischen Zielen oder strategischen Geschäftsanforderungen.
Gesundheitszustand	Kann sowohl fachlich als auch technisch betrachtet werden. Der fachliche Gesundheitszustand beschreibt den Grad bzw. die Qualität der Abdeckung von Geschäftsanforderungen. Der technische Gesundheitszustand ist bestimmt durch technische Qualitätsanforderungen. Diese entscheiden maßgeblich darüber, ob z. B. ein System wirtschaftlich sinnvoll und planbar an neue Geschäftsanforderungen angepasst und anschließend gewartet werden kann: Stimmt die Architektur nicht oder verhindert ein schlechtes Design die Weiterentwicklung, so sind sowohl das zugrunde liegende System selbst als auch die Lieferantenbeziehung gefährdet.
Governance	Grundsätze, Verfahren und Maßnahmen, die sicherstellen, dass die Geschäftsziele erreicht, Ressourcen verantwortungsvoll eingesetzt und Risiken angemessen überwacht werden (angelehnt an [Mey03]).

Granularität	Die Granularität ist ein Maß für die Feinkörnigkeit (Detailgrad) des Betrachtungsgegenstands. In der Regel wird zwischen grobgranular und feingranular unterschieden.
Gremium	Bezeichnet die Zusammenarbeit von Personen in einer Gruppe (Ausschuss, Kollegium), die sich zum Zweck der Beratung über einen speziellen Themenkomplex bzw. der Beschlussfassung über diesen Themenbereich über einen längeren Zeitraum hinweg bildet (siehe wikipedia.org).
Handlungsbedarf	Definiert die Notwendigkeit, Veränderungen im Business oder in der IT vorzunehmen.
Indikator	Zeigt zahlenmäßig oder grafisch auf, was in Betracht gezogen wird, um die geplante Zielerreichung zu überprüfen oder zu messen. Ein Indikator stellt somit eine möglichst genau zu formulierende Messgröße dar, die zu einem bestimmten Berichtszeitpunkt eine Aussage über die geplante oder tatsächliche Ausprägung eines Steuerungsobjekts macht (siehe [KüM07]).
Informationsbebauung	Umfasst die Beschreibung der unternehmensweit abgestimmten Begriffe (Geschäftsobjekte) und der IS-spezifischen Informationsobjekte sowie deren Zuordnung untereinander und ihre Verwendung in der fachlichen und Informationssystembebauung.
Informationsfluss-Grafik	Dient zum Aufzeigen von Abhängigkeiten und Zusammenhängen zwischen Informationssystemen und deren fachlich logischem Informationsfluss.
Informationsmanagement	Beinhaltet die systematische, methodengestützte Planung und Steuerung der betrieblichen Informationsversorgung. Die Wertschöpfung aller Unternehmensbereiche hängt in erheblichem Umfang von der Qualität der Daten ab.
Informationsobjekt	IS-spezifischer Begriff. Informationsobjekte werden von Informationssystemen auf unterschiedliche Art (z. B. CRUD) genutzt und über Schnittstellen transportiert. Sie stehen in Relation zu Geschäftsobjekten, die die fachlich übergreifend abgestimmten Begriffe repräsentieren.
Informationssystem	Ein Informationssystem ist eine logische Zusammenfassung von Funktionalitäten, die der Anwender als technische oder fachliche Einheit begreift (siehe [Sie02]). Es unterstützt im Allgemeinen zusammengehörige fachliche Funktionen, die sich logisch und technisch abgrenzen lassen. *Synonyme:* Applikation oder Anwendung
Informationssystem-Bebauung	(Kurz IS-Bebauung.) Dokumentiert die IS-Landschaft des Unternehmens, d. h. die Informationssysteme und ihre Schnittstellen inkl. deren Informationsfluss. Die IS-Bebauung kann durch fachliche oder technische Domänen oder andere Kriterien, auch Bebauungscluster genannt, strukturiert werden.
Infrastruktur-Bebauung	Dokumentiert auf einer groben Granularität die Betriebsinfrastrukturelemente des Unternehmens.
Infrastrukturelemente	Über Infrastrukturelemente werden die logischen HW- und NW-Einheiten, auf denen Informationssysteme betrieben werden, abgebildet. Die Infrastrukturelemente werden im Allgemeinen im Enterprise Architecture Management auf grober logischer Ebene erfasst.

Infrastruktur-Service	Betriebsinfrastrukturplattformen können Infrastruktur-Services anbieten und Infrastruktur-Services von anderen nutzen. Die Services (Leistungen) werden in einem standardisierten Service-Katalog mit deren SLAs und gegebenenfalls auch Preisen beschrieben, um sie am Markt (interner oder externer Kunde) anzubieten. Die Leistungen können bezüglich funktionaler und dann im Anschluss bezüglich SLA-Aspekte zu aussagekräftigen und verrechenbaren Leistungen verfeinert werden. Die Differenzierung erlaubt eine gezielte Kostensteuerung.
Infrastruktursysteme	Stellen im Allgemeinen Dienste bereit, die von anderen Infrastruktursystemen oder Informationssystemen genutzt werden können. Im Unterschied zu Informationssystemen stellen sie in der Regel keine Business-Unterstützung bereit, z. B. implementieren sie keine fachlichen Funktionen. Infrastruktursysteme sind daher typischerweise auch nicht in einer IS-Bebauung enthalten. Ein Beispiel hierfür ist eine Portalinfrastruktur.
Inkonsistenz	Bezeichnet einen Zustand, in dem zwei Dinge, die beide als gültig angesehen werden, nicht miteinander vereinbar sind. Inkonsistenzen verursachen in der Regel hohe Aufwände für die Konsolidierung. Inkonsistente Daten können zu wirtschaftlichen oder Image-Schäden führen, wenn z. B. falsche Preisdaten in Kundenaufträgen errechnet werden (siehe www.wikipedia.org).
Inkrement	Ist ein Ergebnis nach einer oder mehreren Iterationen. Im agilen Kontext wird es häufig gleichgesetzt mit einem Stück fertiger lauffähiger Software entsprechend der Definition von „Done".
Insourcing	Die Eigenerstellung von bisher extern eingekauften Produkten bzw. Leistungen. Es erfolgt eine Ausweitung der Wertschöpfungskette auf die bisher extern eingekauften Leistungen, um Kosten zu senken und neue Geschäftsfelder wahrnehmen zu können.
Integrationsarchitektur	Eine Integrationsarchitektur liefert unternehmensspezifische Vorgaben für die serviceorientierte Umsetzung von Geschäftsanforderungen. Hierzu zählen Technologie-, Softwarearchitektur- und Infrastrukturaspekte für Entwicklung, Betrieb und Governance der involvierten Einzelsysteme und deren Zusammenspiel (End-to-end).
	Beispiele hierfür sind Architekturvorgaben für die lose Kopplung von Komponenten über einen ESB (Enterprise Service Bus) oder aber die Herauslösung der Geschäftsregeln und Ablaufsteuerung aus dem Programmcode und die Hinterlegung dieser in einer Rules Engine und einem BPMS (Business Process Management System).
Investitionsthema	Investitionsthemen beschreiben Maßnahmen zur Umsetzung der Ziele eines Unternehmens oder einer Geschäftseinheit. Sie werden im Rahmen der Budgetierung ermittelt, bewertet und mit Budget versehen. Die Budgetzuordnung erfolgt in der Regel für eine Planungsperiode (z. B. ein Jahr) und kann im Rahmen einer rollierenden Planung z. B. je Quartal angepasst werden.
	Investitionsthemen werden häufig durch Schlagworte benannt, wie z. B. „Einführung CRM (Customer Relationship Management)" oder „Partnerintegration des Unternehmens Energy Verde". Investitionsthemen werden durch die Untergliederung in Themenbereiche konkretisiert.

IS-Cluster	Eine Menge von fachlich eng zusammengehörigen Informationssystemen. Informationssysteme sind unter anderem dann fachlich zusammenhängend, wenn sie z. B. gemeinsame Daten nutzen, die gleichen Geschäftsprozesse unterstützen oder in Verantwortung von einer gemeinsamen Geschäftseinheit liegen. Hieraus können Optimierungsmöglichkeiten für z. B. die enge Kopplung oder das Zusammenlegen von Informationssystemen abgeleitet werden.
IS-Domäne	Fasst anhand eines oder mehrerer Kriterien verschiedene Informationssysteme zusammen. IS-Domänen werden häufig verwendet, um einerseits die IS-Landschaft und andererseits die Verantwortlichkeiten für die Bebauungsplanung aufzuteilen.
IS-Kategorie	Bezeichnet einen Typ von Informationssystemen wie z. B. OLTP- oder OLAP-Informationssysteme.
IS-Landschaft	Die Gesamtheit aller betrieblichen Informationssysteme in einem Unternehmen. Die IS-Landschaft besteht im Wesentlichen aus den Informationssystemen, deren Daten und Schnittstellen *Synonyme:* Anwendungs- oder Applikationslandschaft.
Ist-Bebauung	Beschreibt den aktuell produktiven Stand der Bebauung, z. B. alle Geschäftsprozesse, die aktuell so ausgeführt sind, oder alle Informationssysteme, die aktuell produktiv genutzt werden.
Ist-Zustand	Der Ist-Zustand gibt den aktuell gültigen Stand von Daten und Informationen wieder.
IT-Architektur	Darunter werden die statischen und dynamischen Aspekte verstanden, die die (Grund-)Struktur eines Systems definieren. Eine IT-Architektur besteht aus verschiedenen Sichten: - Konzeptionelle Sicht: Kontext, Kerninhalte und Zusammenspiel mit dem Umfeld - Logische Sicht: Logische, fachliche und technische Komponenten und deren Zusammenspiel - Technische Sicht: Implementierungseinheiten, z. B. Codestruktur und Abbildung von Implementierungseinheiten auf die logischen Komponenten und auf die Deployment-Einheiten - Infrastruktursicht: Abbildung der Deployment-Einheiten auf die Betriebsinfrastruktur sowie Betriebssicht (Sicherstellung der betriebsrelevanten Anforderungen)
IT-Bebauungsmanagement	Eine Metapher aus der Stadt- und Landschaftsplanung. Das IT-Bebauungsmanagement schafft Transparenz über die IT-Landschaft und stellt die Verknüpfung zwischen Business- und IT-Strukturen (die „Brücke" zwischen Business und IT) her. Mithilfe einer Unternehmensarchitektur werden die verstreuten Informationen aus dem Business und der IT, wie z. B. Geschäftsprozesse und Informationssysteme, verknüpft und ein Gesamtblick auf die IT im Unternehmen geschaffen. Abhängigkeiten und Auswirkungen von fachlichen und IT-Änderungen werden transparent. Es wird Transparenz sowohl über den Ist-Zustand als auch über den Ziel-Zustand sowie die Umsetzungsplanung hergestellt.

IT-Board	Ist für die übergreifende Planung und Steuerung der IT verantwortlich und verabschiedet die IT-Strategie sowie die IT-Kosten- und Investitionsplanung. Das IT-Board setzt sich im Allgemeinen aus Vertretern der Unternehmensführung und dem CIO sowie dem Management der Geschäftseinheiten zusammen. Die Unternehmensführung gibt z. B. über Budgets Randbedingungen für die IT-Investitionen vor.
IT-Commodity	siehe Commodity
IT-Dienstleistungs- und Produktportfolio	Die Gesamtheit aller IT-Dienstleistungen und IT-Produkte in einem Unternehmen, die für die IT-Kunden bereitgestellt werden. Beispiel: Applikationsbetrieb oder aber Infrastrukturbereitstellung oder aber Unterstützungsleistungen für die Geschäftsprozessmodellierung.
IT-Funktionalität	Ist eine durch ein Informationssystem bereitgestellte fachliche Funktion. *Synonym:* IT-Funktionalität
IT-Governance	Grundsätze, Verfahren und Maßnahmen, die sicherstellen, dass mit Hilfe der eingesetzten IT die Geschäftsziele abgedeckt, Ressourcen verantwortungsvoll eingesetzt und Risiken angemessen überwacht werden (siehe [Mey03]).
IT-Kaufprodukt	Unter IT-Produkten werden Software- und Hardware-Lösungen verstanden, die vom Markt als Produkt ohne unternehmensspezifische Anpassung bezogen werden. Hierzu zählen u. a. PCs, PC-Arbeitsplatzsoftware, wie z. B. Office- oder Kommunikationsplattformen und Server-Infrastruktur-Komponenten.
IT-Konsolidierung	Optimiert den Einsatz von Menschen, Prozessen und Technologie für einen effizienteren und/oder effektiveren Betrieb. Die Ziele von IT-Konsolidierung liegen in der Optimierung von IT-Ressourcen, um Kosten zu reduzieren, den Service-Level zu verbessern und um die Flexibilität der Unternehmen zu erhöhen.
IT-Koordinatoren-Gremium	Ist für die übergreifende Planung und Steuerung der Umsetzung von Geschäftsanforderungen verantwortlich. Häufig gibt es sowohl unternehmensübergreifende als auch geschäftseinheitenweite Gremien. Die von den Fachbereichen eingebrachten Geschäftsanforderungen werden übergreifend entsprechend der Umsetzungspakete (Projekte, Wartungsbudgets) priorisiert und in die Umsetzung eingesteuert.
IT-Landschaft	Besteht aus der Gesamtheit aller IT-Systeme des Unternehmens, wie z. B. Informationssysteme, Daten, Schnittstellen, technische Bausteine und Betriebsinfrastrukturen.
IT-Leistungsverrechnung	Hier werden genau spezifizierte Produkte oder Leistungen zu vorab kalkulierten und periodenweise festgelegten Preisen an den Nutzer bzw. Kunden abgegeben (siehe [KüM07]).
IT-Management	Beinhaltet alle Planungs- und Steuerungsaufgaben im IT-Umfeld. Ziel ist die Steigerung des Wertbeitrags der IT zum Unternehmenserfolg und die Minimierung der mit der IT verbundenen Risiken und Kosten.

IT-Produkt	Soft- und/oder Hardwareelement, das als Ganzes als Eigenentwicklung oder Kaufsoftware erstellt, erworben oder lizenziert wurde.
IT-Projektportfolio	Das IT-Projektportfolio eines Unternehmens beinhaltet alle aktiven IT-Projekte des Unternehmens, von deren Genehmigung bis zu deren Beendigung.
IT-Revision	Prüft im unmittelbaren Auftrag der Unternehmensführung die IT-Organisationseinheiten sowie IT-Prozessabläufe hinsichtlich der Einhaltung von Vorgaben und Vorschriften. Prüfkriterien sind die Ordnungsmäßigkeit, Risiken, Sicherheit, Wirtschaftlichkeit, Zukunftssicherheit und Zweckmäßigkeit. Schwerpunkte der IT-Revision als Teil der internen Revision sind Prüfung der IT-Systeme und -Infrastrukturen, IT-Leistungserstellung und IT-gestützte Abläufe (siehe [KüM07]).
IT-Strategie	Leitet sich aus der Unternehmensstrategie ab. Sie gibt durch Planungsprämissen und strategische Vorgaben den formalen und verbindlichen Rahmen für die Weiterentwicklung der IT vor. Eine IT-Strategie wird regelmäßig überprüft und bei Bedarf angepasst. Eine erfolgversprechende IT-Strategie gibt als Teil der Unternehmensstrategie eine Vision und Leitplanken vor und verbindet das Vorhandene mit dem notwendigen Neuen. Sie beinhaltet viele Teilstrategien, wie z. B. die Infrastruktur-, Applikations-, Innovations-, Sourcing- und Investmentstrategie.
IT-Strategieentwicklung	Ist der Prozess zur initialen Erstellung der IT-Strategie oder Anpassung der IT-Strategie in regelmäßigen Zeitabständen an veränderte Rahmenbedingungen.
IT-System	Alle technischen, informationsverarbeitenden Einheiten werden IT-Systeme genannt. IT-Systeme können sowohl Informationssysteme (z. B. SAP R/3), Datenbankmanagementsysteme (z. B. Oracle) ohne oder im Zusammenspiel mit Betriebssystemen (z. B. Unix) als auch Hardware-/NW-Komponenten sein.
Iteration	Ist die wiederholte Durchführung einer oder mehrerer Aktivitäten. Die Anzahl der Iterationen steht entweder vorher fest oder richtet sich nach dem Fortschritt oder der Erfüllung eines Abbruchkriteriums.
ITIL (Information Technology Infrastructure Library)	Eine herstellerunabhängige Sammlung von „Best Practices" für das IT-Servicemanagement. ITIL ist zum De-facto-Standard für das IT-Servicemanagement geworden.
Kennzahl	Zahl, die zu einem bestimmten Berichtszeitpunkt eine Aussage über die geplante oder tatsächliche Ausprägung eines Merkmals eines Steuerungsobjekts macht. Die Merkmale selber können sich sowohl auf Zeitpunkte als auch auf Zeiträume beziehen. Eine Kennzahl nimmt unterschiedliche Werte an (siehe [KüM07]). Eine Kennzahl kann entweder eine absolute Zahl, wie z. B. Investitionssumme oder Projektlaufzeit, oder aber eine Zahl sein, die im Verhältnis zu anderen Informationen steht, wie z. B. Innovations- oder Fertigstellungsgrad. Im Rahmen der Planung wird für die Kennzahl ein Zielwert vorgegeben, z. B. Kostenreduktion um 30 %. Ggf. wird ein Schwellenwert festgelegt, der angibt, wann ein Eingreifen erforderlich ist.

Kennzahlensystem	Beinhaltet eine Menge von Kennzahlen, die in Abhängigkeit zueinander stehen können. Eines der bekanntesten Kennzahlensysteme ist die Balanced Scorecard. Ein Kennzahlensystem gibt zu einem bestimmten Zeitpunkt eine qualitative Aussage über den geplanten oder tatsächlichen Zustand von vorab festgelegten Steuerungsobjekten (siehe [KüM07]).
Kerndaten	Daten, die die Bebauungselemente beschreiben, unter anderem die Namen von z. B. Geschäftsprozessen, Informationssystemen oder technischen Bausteinen.
Kernkompetenz	Als Kernkompetenz bezeichnet man eine oder mehrere Fähigkeiten eines Unternehmens, durch die nachhaltig Wettbewerbsvorteile erreicht werden.
Kernprozesse	Geschäftsprozesse, die der Wertschöpfung im Rahmen der Erstellung von Produkten bzw. Erbringung von Dienstleistungen dienen.
Key Performance Indicator (KPI)	Der KPI bezeichnet Kennzahlen, anhand derer man den Fortschritt oder den Erfüllungsgrad hinsichtlich wichtiger Zielsetzungen oder kritischer Erfolgsfaktoren innerhalb einer Organisation messen und/oder ermitteln kann. KPIs verschaffen einen schnellen Überblick über den Status und signalisieren Handlungsbedarf. Sie bieten aber ohne eine Operationalisierung (Herunterbrechen auf fassbare Kennzahlen) keine ausreichende Grundlage für Entscheidungen (siehe [KüM07]).
Key-User	Wichtige Anwender von Informationssystemen.
Komponentisierung	Evolutionäres Zerschlagen von Applikationen in orthogonale IT-Funktionalitäten.
Laufzeitumgebung	Technische Infrastruktur, um ein Informationssystem auszuführen.
Lean Management	Ist ein Führungs- und Organisationskonzept zur schlanken, aber gleichzeitig effektiven und effizienten Gestaltung der Aufbau- und Ablauforganisation einer Geschäftseinheit oder eines Unternehmens. Operational und Strategic Excellence wird ohne Verschwendung in einem kontinuierlichen Verbesserungsprozess angestrebt. Wesentlich ist dabei die Konzentration auf die für die Wertschöpfung wesentlichen Aktivitäten, diese optimal aufeinander abzustimmen und jegliche Form von Verschwendung und Blindleistung, wie z. B. überflüssige Prozesse, Prozessschritte oder organisatorische Einheiten sowie Formalien, zu vermeiden.
Legacy	Software wird als „Legacy" bezeichnet, wenn sie in Wartung ist und nicht permanent an die neuen, unternehmensspezifischen technischen Standards angepasst wird. „Software systems become legacy systems when they begin to resist modification and evolution." ([Sea03])
Leitlinien	Konkrete und verbindliche Prämissen und Orientierungshilfen für IT-Entscheidungen.
Lieferantenmanagement	Umfasst die Entwicklung und Steuerung des Lieferantenportfolios in Abhängigkeit von der Kerneigenleistungsfähigkeit und Sourcing-Strategie. Es beinhaltet die Auswahl, die Bewertung und das Controlling des Lieferantenportfolios.

Lifecycle	Beschreibt die Zustände eines Objekts und deren Veränderung.
Lokation	Ein physischer Ort der Leistungserbringung. Beispiele: Werke, Standort oder Standortteil.
Lösungsidee	Teil einer Soll- oder Plan-Bebauung, der für einen IT-relevanten Aspekt eine mögliche Umsetzung der zugeordneten Business- bzw. IT-Anforderung beinhaltet.
Mandant	Ein Unternehmensteil, der ggf. rechtlich selbstständig ist, für den eine individuelle und abgegrenzte Sicht auf den Datenbestand benötigt wird.
Maßnahme	Ist ein Vorhaben, das eine Veränderung organisatorischer, technischer oder prozessualer Natur einführt. Maßnahmen werden durch die Linienorganisation umgesetzt. Sie erfüllen nicht die Kriterien, die eine Umsetzung als Projekt erfordern (geringes Budget, begrenzte Wirkung, zum Beispiel auf nur ein IT-System, auf einen Detailprozess oder innerhalb einer Abteilung oder eines Bereichs). Maßnahmen sollten dem Demand Management bekannt gemacht werden, werden durch dieses aber in der Regel nicht an das Projektportfoliomanagement weitergegeben.
Masterplan	Ist eine strategische Projektplanung, in der die wesentlichen grobgranularen Maßnahmen zur Umsetzung des Ziel-Bilds gesamthaft aufgeführt sind. Die Planung in der absehbaren Zukunft ist konkreter und je weiter es in die Zukunft geht, umso visionärer wird der Plan. Der Masterplan wird entsprechend der Veränderungen in der Strategie, Geschäftsanforderungen und Randbedingungen fortgeschrieben.
Masterplan-Grafik	Visualisiert zeitliche Abhängigkeiten von z. B. strategischen Maßnahmen oder Projekten.
Maturity Level	Beschreibt den Reifegrad eines Unternehmens oder von Teilen, wie z. B. Teilarchitekturen oder Geschäftsprozessen, in Stufen.
Merger & Acquisitions (M&A)	Sammelbegriff für Unternehmenstransaktionen, bei denen sich insbesondere große Gesellschaften zusammenschließen oder den Eigentümer wechseln (siehe www.wikipedia.org).
Methode	Ist eine systematische Vorgehensweise, um Aufgaben aus einem bestimmten Kontext zu lösen. Häufig wird eine Handlungsvorschrift und/oder die Art und Weise der Durchführung vorgegeben, wie, ausgehend von vorgegebenen Bedingungen, ein Ziel erreicht werden kann.
Migrationsstrategie	Geplantes und organisiertes Vorgehen, um eine IT-Lösung durch eine andere IT-Lösung abzulösen. Wesentlich ist hierbei die Bewertung der Umsetzungszeit, der Umsetzungskosten-/nutzen und der Umsetzungsrisiken.
Mission	Zweck einer Organisation, der ihre Existenz rechtfertigt.
Mittelfristplanung	In einer Mittelfristplanung wird typischerweise für einen längeren, aber noch überschaubaren Zeitraum in der Zukunft die Ziel-Bebauung festgelegt. Als Zeitraum wird häufig drei bis maximal fünf Jahre gewählt. Eine Mittelfristplanung ist also ein Meilenstein in Richtung der Soll-Bebauung.

Modell	Ist eine Abbildung eines Ausschnitts der Realität. Modelle können z. B. über mathematische Formeln, Grafiken, aber auch in natürlicher Sprache dargestellt sein. Ein „gutes" Modell zeichnet sich dadurch aus, dass Modellersteller und Modellnutzer anhand des Modells das gleiche Verständnis für den durch das Modell abgebildeten Ausschnitt aus der Realität entwickeln können. Ein Modell kann beliebig viele Diagramme und eine beliebige Anzahl von Modellelementen enthalten. Modellelemente können über beliebig viele Diagramme visualisiert werden.
Modellierungsrichtlinie	Legt fest, welche Strukturen in welchen Granularitäten und auf welche Art und Weise abzubilden sind. Es werden Vorgaben für die Modellierung aller Bebauungselementtypen und deren Beziehungen sowie für die Modellierung von Querschnittsaspekten wie z. B. SOA, Portal oder Data Warehouse gemacht.
Monitoring	Im CobiT werden unter Monitoring die vier Prozesse „Prozesse überwachen", „interne Steuerung bewerten", „unabhängige Bewertung einholen" und „unabhängige Auditierung vorsehen" zusammengefasst (siehe [KüM07]).
Multiprojektmanagement	Ist die übergreifende Steuerung und Überwachung von mehreren untereinander abhängigen Projekten. Aufgrund der fachlichen und technischen Abhängigkeiten können Projekte nicht isoliert betrachtet werden. Entscheidungen in einem Projekt können Auswirkungen in anderen Projekten nach sich ziehen. Diese Wechselwirkungen werden im Rahmen des Multiprojektmanagements behandelt.
Offshoring	Verlagerung der IT-Services in Niedriglohnländer, z. B. China (Offshore) oder Ungarn (Nearshore), um die Personalkosten durch das Lohnkostengefälle zu senken. Das Einsparpotenzial muss unternehmensspezifisch eingeschätzt werden. Häufig wird auch die Organisationsform eines Offshore-Entwicklungszentrums gewählt. IT-Funktionen werden in Niedriglohnländer verlagert und externe Ressourcen in einem eigenen Unternehmen oder Joint Venture gebündelt.
Operational Excellence	Fähigkeit, das aktuelle Geschäft kostenangemessen und zuverlässig mithilfe der IT zu unterstützen und dabei die IT-Unterstützung kontinuierlich zu verbessern.
Operational Model	Stellt das Unternehmen mit seinen wesentlichen Beziehungen zu den Geschäftspartnern, wie z. B. Lieferanten, Partnern, Dienstleistern, Kunden, Shared Service Centern, Aufsichts- und Regulierungsbehörden oder Tochtergesellschaften.
Operative Ausrichtung	Im Fokus der operativen Ausrichtung liegt das Tagesgeschäft. In der Planung werden kurzfristige Zeithorizonte von weniger als einem Jahr, häufig auch die laufende Rechnungs- bzw. Berichtsperiode für einen Teil des Unternehmens oder Aktivitäten adressiert.

Operatives Prozessmanagement	Das operative Prozessmanagement wickelt die bestehenden Prozesse im Tagesgeschäft bestmöglich ab, um die vorgegebenen Leistungskennzahlen zu erreichen und die Potenziale bestehender Prozesse auszuschöpfen. Es modelliert, analysiert, designt und misst die Prozesse innerhalb seines Verantwortungsbereichs, der an den Schnittstellen zu anderen Organisationseinheiten endet. Es treibt die kontinuierliche Prozessverbesserung und verantwortet das Change Management für seine Prozesse (siehe auch [Sch10]).
Opportunitätskosten	Erlöse, die nicht entstehen, weil Möglichkeiten (Opportunitäten) zur Nutzung von Ressourcen nicht wahrgenommen werden (siehe www.wikipedia.org).
Organisations-Cluster	Eine Menge von Geschäftseinheiten, die fachlich eng zusammengehören. Kandidaten für Organisations-Cluster liegen vor, wenn eine der folgenden Bedingungen erfüllt ist: • Eine Menge von Geschäftseinheiten, die zusammenhängende Geschäftsprozesse ausführen. Zusammenhängende Geschäftsprozesse sind z. B. Geschäftsprozesse, die eine gemeinsame Wertschöpfungskette (gemeinsamen Vater) haben. • Eine Menge von Geschäftseinheiten, die die Mehrzahl der Funktionen eines funktionalen Clusters oder die die Mehrzahl von Geschäftsprozessen eines Prozess-Clusters ausführen. • Eine Menge von Geschäftseinheiten, die für die Mehrzahl der Funktionen eines funktionalen Clusters oder für die Mehrzahl von Geschäftsprozessen eines Prozess-Clusters oder für die Mehrzahl von Geschäftsobjekten eines Daten-Clusters fachlich verantwortlich sind.
Organisationseinheit	Strukturelle Einheiten des Unternehmens; dies können Einheiten der Aufbauorganisation oder Werke bzw. Niederlassungen sein.
Organisationsstruktur	Die Art, wie ein Unternehmen strukturiert ist, z. B. die Geschäftseinheiten wie Abteilungen des Unternehmens oder die Standorte oder Werke des Unternehmens.
O-Ton Kunde	Ist die wörtliche Formulierung der Anforderung des Anforderungsstellers („Originalton").
Outsourcing	Nutzung externer Ressourcen und Verlagerung von Prozessen zu einem externen Anbieter mit dem Ziel, Kosten insbesondere durch Skalenvorteile zu reduzieren.
Owner	Der Owner eines Bebauungselements ist fachlich verantwortlich für dieses. So kann z. B. ein Geschäftsprozess Daten-Owner für ein Geschäftsobjekt sein.
Performance Management	Ist eine systematische Überprüfung und Steuerung der Leistungserstellung im Unternehmen zur Steigerung der Leistung im Unternehmen. Dies umfasst sowohl die Prozesse als auch das Ergebnis der Prozesse. IT Performance Management und Application Performance Management sind die typischen Ausprägungen im IT-Umfeld. Diese zielen im Wesentlichen darauf ab, einen zuverlässigen und sicheren Geschäftsbetrieb zu gewährleisten.

Pflegekonzept	Mit einem Pflegekonzept werden Richtlinien für die Dokumentation der Geschäftsarchitektur und/oder der IT-Landschaft vorgegeben. Es enthält einerseits Modellierungsrichtlinien für die einheitliche Dokumentation in einer angemessenen Granularität. Andererseits werden die Datenbeschaffung und Qualitätssicherung sowie die Werkzeugunterstützung im Pflegekonzept klar geregelt. Ein Pflegekonzept ist essenziell, um sicherzustellen, dass eine Bebauungsdatenbasis kontinuierlich in hinreichender Qualität und angemessener Granularität gepflegt wird.
Plan-Bebauung	Geplanter Zustand einer Bebauung zu einem bestimmten Zeitpunkt. Plan-Bebauungen beschreiben einen Schritt von der Ist- zur Soll-Bebauung bzw. einen Schritt zwischen zwei Plan-Bebauungen. Im Rahmen der Bebauungsplanung kann es mehrere gültige Plan-Bebauungen (=Planungsszenarien) geben. Dies sind dann mögliche Lösungsvarianten für die Umsetzung der Soll-Bebauung.
Planung	Alle Aktivitäten zur Festlegung von Zielen und Strategien zur Zielerreichung. Am Ende jeder Planungsaktivität steht eine Entscheidung, welches Ziel in welchem Zeitraum wie erreicht werden soll.
Planungsebene	Über eine Planungsebene sind die Granularität und der zeitliche Planungshorizont festgelegt. Wir unterscheiden die Planungsebenen „Unternehmensplanung", „Projektportfolio- und Produktplanung" sowie „Projekt- und Maßnahmenplanung".
Planungsperiode	Eine Planungsperiode ist der Zeitraum, für den eine Planung durchgeführt wird. Nach der Länge dieses Zeitraums kann man weiter unterteilen in langfristige Planung über mehrere Jahre, mittelfristige Planung über ein Jahr sowie kurzfristige Planung bis zu einem Jahr.
Planungsszenarien	Alternative Plan-Bebauungen z. B. für verschiedene alternative IT- oder Business-Ideen.
Plattform	In einer Plattform werden in der Regel technisch eng zusammenhängende Bausteine und Infrastrukturelemente zusammengefasst, die für die Entwicklung, die Wartung oder den Betrieb eines oder mehrerer Informationssysteme erforderlich sind.
Portfolio	Der Begriff stammt ursprünglich aus dem Wertpapiergeschäft. In einem Portfolio werden zweidimensional verschiedene Objekte, wie z. B. Projekte, Informationssysteme oder Prozesse, entsprechend ihren Ausprägungen für die zwei Dimensionen einsortiert. Hierdurch wird ein Gesamtüberblick über die Eingruppierung der Objekte bzgl. der gewählten Dimensionen geschaffen.
Portfolio-Grafik	Dient zur übersichtlichen Visualisierung von relativen „Wertigkeiten" von Bebauungselementen oder Strategien für Bebauungselemente auf einen Blick.
Prämisse	Ist eine als wahr unterstellte Aussage, aus der man logische Schlussfolgerungen ziehen kann.

Prinzipien	Voneinander unabhängige Grundsätze, die die Wahlfreiheit bezüglich Auswahl, Gestaltung oder Vorgehen einschränken und einen Entscheidungskorridor vorgeben. Die Prinzipien sind grundsätzlich anzuwenden. Abweichungen von den Grundsätzen sind bei entsprechender Begründung ggf. möglich. Prinzipien sind an sich beständig, d. h., sie werden nicht durch schnellen Technologie- oder Produktwechsel beeinflusst. Beispiele: „Serviceorientierung" oder „Best-of-Breed".
Produkt	Ergebnis des Leistungsprozesses eines Unternehmens, z. B. eine Ware wie ein Auto oder ein Rechner. Ein Produkt kann sowohl materiell als auch immateriell sein.
Produkt-Cluster	Eine Menge von Produkten, die fachlich eng zusammengehören. Kandidaten für Produkt-Cluster liegen vor, wenn eine der folgenden Bedingungen erfüllt ist: ▪ Eine Menge von Produkten, die mehrfach in dieser Zusammenstellung einer Geschäftseinheit zugeordnet sind. ▪ Eine Menge von Produkten, die mehrfach in dieser Zusammenstellung von einem Informationssystem unterstützt werden. ▪ Eine Menge von Produkten, die die gleichen Business-Ziele umsetzen. ▪ Eine Menge von Produkten, die mehrfach in dieser Zusammenstellung einer Geschäftseinheit zugeordnet sind oder deren Mehrzahl in Verantwortung von Geschäftseinheiten eines Organisations-Clusters liegen.
Produktlandkarte	Ausprägung eines fachlichen Referenzmodells. Eine Produktlandkarte legt das Produktspektrum des Unternehmens fest und stellt dessen Zusammenwirken grafisch dar. Sie gibt eine fachliche Strukturierung für das Unternehmen vor, die als fachlicher Bezugsrahmen für die Gestaltung der IS-Bebauung herangezogen werden kann.
Produktplanung	In der Produktplanung werden ausgehend von den strategischen und operativen Geschäftsanforderungen und der Produktvision die Features zumindest der nächsten Releases eines Produkts entsprechend der strategischen Vorgaben und Randbedingungen aus der Unternehmensplanung festgelegt.
Programm	Der Begriff wird häufig anstelle von Projekt verwendet, wenn das Projekt strategische oder übergreifende Bedeutung hat. Häufig wird auch ein Projektbündel einer gewissen Größenordnung als Programm bezeichnet.
Projekt	Ein Vorhaben, das im Wesentlichen durch die Einmaligkeit der Bedingungen in ihrer Gesamtheit gekennzeichnet ist, z. B. Zielvorgabe, zeitliche, finanzielle, personelle und andere Begrenzungen, Abgrenzung gegenüber anderen Vorhaben und projektspezifische Organisation (siehe [GPM03]).
Projektantrag	Enthält sämtliche Informationen für die Entscheidung für oder gegen die Durchführung des Projekts im Projektportfoliomanagement. In der Regel sind dies Informationen zu Anforderungssteller, Auftraggeber, Projektorganisation, Ausgangslage, Randbedingungen, Zielen, Annahmen, Handlungsfelder und Handlungsbedarfe, grobe fachliche und technische Lösungsideen und Abgrenzung, Risikobetrachtung, erwarteter Nutzen, Kosten- und Zeitrahmen sowie Wirtschaftlichkeit, die zu diesem Zeitpunkt vorliegen.

Projekt-Cluster	Anhaltspunkte für Projekt-Cluster liegen vor, wenn im Rahmen der Projekte die Mehrzahl der Veränderungen die gleichen Geschäftseinheiten betreffen oder an den gleichen Geschäftsprozessen, fachlichen Funktionen, Produkten, Geschäftsobjekten, Informationssystemen, technischen Bausteinen oder Schnittstellen sowie zugehöriger Betriebsinfrastruktur in einer zumindest überlappenden Projektlaufzeit vorgenommen werden.
Projektidee	Ist eine erste große Skizze für einen Projektantrag.
Projektportfolio	Das Projektportfolio eines Unternehmens ist die Menge all seiner aktiven Projekte von deren Genehmigung bis zu deren Beendigung. Ein Projektportfolio kann z. B. Organisations-, Strategie-, Softwareentwicklungs-, Architektur- oder Infrastrukturprojekte umfassen. Da Projekte laufend neu genehmigt, neu priorisiert, verworfen und beendet werden, ändert sich das Projektportfolio ständig. Ziel des Projektportfoliomanagements ist es, die richtigen Projekte zum richtigen Zeitpunkt im richtigen Umfeld durchzuführen.
Projektportfolio-Board	Im Projektportfolio-Board wird das Projektportfolio des Unternehmens oder eines Geschäftsbereichs gesteuert. Projektanträge werden bewertet, priorisiert und das Projektportfolio wird festgelegt. Es werden Projekte gestartet, gestoppt oder unterbrochen und in diesem Rahmen Investitionsentscheidungen getroffen; gegebenenfalls unter Einbeziehung des Investitionskreises. Entscheidungsgrundlage sind aufbereitete Informationen zu den beantragten Projekten und zum Fortschritt und der Performance der laufenden Projekte.
Projektportfoliomanagement	Unter Projektportfoliomanagement wird die regelmäßige Planung, Priorisierung, übergreifende Überwachung und Steuerung aller Projekte eines Unternehmens oder einer Geschäftseinheit verstanden. Zu den Aufgaben des Projektportfoliomanagements gehören - die Definition von Projekten und Programmen, - die Bewertung von Projektanträgen, - die Bewilligung, Zurückstellung und Ablehnung von Projektanträgen, - die laufende Überwachung von Projekten aus der Sicht der Auftraggeber, - die Wahrnehmung übergreifender Projekt- und Qualitätsmanagementaufgaben - sowie das projektübergreifende Informations- und Wissensmanagement.
Projektportfolioplanung	Ist ein wesentlicher Bestandteil des Projektportfoliomanagements. In der Projektportfolioplanung werden das Projektportfolio und dessen Roadmap zur Umsetzung geplant und entsprechend veränderter Anforderungen und Rahmenbedingungen angepasst. Die Projektportfolioplanung ist eng mit der Produktplanung bei produktorientierten Unternehmen wie z. B. Versicherungen oder IT-Produkthersteller verbunden. Produkte können hierbei sowohl Fertigungserzeugnisse, Dienstleistungen, IT-Kaufprodukte als auch IT-Individualsoftware sein.

Projekt-steuerkreis	Ein Projektsteuerkreis, häufig auch Lenkungsausschuss genannt, entscheidet über Projektaufträge, setzt Randbedingungen für die Projektdurchführung, ernennt den Projektleiter, entscheidet über die Ressourcen- und Budgetzuteilung sowie bei inhaltlichem und budgettechnischem Änderungsbedarf und setzt übergeordnete Unternehmensinteressen durch.
Prozessablauf-diagramm	Zeigt den Prozessablauf im Detail. Er beschreibt, welcher Auslöser einen Prozess anstößt, in welcher Reihenfolge und unter welchen Bedingungen Aktivitäten durchgeführt werden und wer eine Aktivität im Prozess ausführt.
Prozess-bebauung	Im Rahmen der Prozessbebauung werden die Ist- und Soll-Geschäftsprozesse des Unternehmens dokumentiert. Unternehmensabhängig gibt es unterschiedlich viele Prozessebenen. In der untersten Prozessebene wird typischerweise der Prozess detailliert auf Basis von sogenannten ereignisgesteuerten Prozessketten (EPKs) modelliert. Die Bebauung bietet unter anderem eine Grundlage für die Bewertung der Prozesse mittels des CMMI-Verfahrens.
Prozess-Cluster	Eine Menge von Geschäftsprozessen, die fachlich eng zusammengehören. Kandidaten für Prozess-Cluster liegen vor, wenn eine der folgenden Bedingungen erfüllt ist: • Eine Menge von Geschäftsprozessen, die Daten-Owner für die Mehrzahl von Geschäftsobjekten eines Daten-Clusters sind oder, falls keine Daten-Owner modelliert, nahezu die gleichen Geschäftsobjekte nutzen. • Eine Menge von Geschäftsprozessen, die mehrfach in dieser Zusammenstellung von einem Informationssystem unterstützt werden. • Eine Menge von Geschäftsprozessen, die die gleichen Business-Ziele umsetzen. • Eine Menge von Geschäftsprozessen, die mehrfach in dieser Zusammenstellung einer Geschäftseinheit zugeordnet sind oder deren Mehrzahl in Verantwortung von Geschäftseinheiten eines Organisations-Clusters liegen.
Prozess-komplexität	Kriterien für die Einschätzung der Prozesskomplexität sind die Heterogenität in z. B. Verantwortlichkeiten, Anzahl und Komplexität von Schnittstellen bzw. Prozessabhängigkeiten bzw. Leistungsbeziehungen sowie Koordinationsaufwand.
Prozess-landkarte	Ausprägung eines fachlichen Referenzmodells. Eine Prozesslandkarte stellt die Geschäftsprozesse in der Regel auf Wertschöpfungskettenebene des Unternehmens in ihrem Zusammenwirken grafisch dar. Sie gibt eine fachliche Strukturierung für das Unternehmen vor, die sich in der Regel in der Organisation widerspiegelt.
Prozess-management	Teilt sich in die beiden Komponenten „strategisches" und „operatives" Prozessmanagement auf. Im strategischen Prozessmanagement wird die Frage nach der Effektivität von Geschäftsprozessen beantwortet. Die Geschäftsprozesse werden strategisch weiterentwickelt. Beim operativen Prozessmanagements werden Prozesse dokumentiert, modelliert, analysiert, umgesetzt, überwacht und optimiert (siehe [Rei09]).

Prozess-transparenz	Wird auf Basis der Vollständigkeit, Nachvollziehbarkeit, Angemessenheit, Messbarkeit und/oder des Kommunikationsgrads eingeschätzt.
Quality Gate	Sind Meilensteine in der Projektdurchführung, bei denen anhand vorher definierter Kriterien über die Freigabe der nächsten Phase oder des nächsten Inkrements entschieden wird
Quick Win	Eine Strategie mit dem Ziel, zunächst jene Maßnahmen umzusetzen, die schnell zu sichtbaren Ergebnissen führen (siehe www.wikipedia.org). Durch Quick Wins können Sie Skeptiker davon überzeugen, dass Sie auf dem richtigen Weg sind. Nichts motiviert mehr als der Erfolg selbst. So können Sie im Veränderungsprozess Akzeptanz für etwaige Neuerungen schaffen.
Ramp-up	Phase im Lebenszyklus einer neuen Software oder einer neuen Software-Veröffentlichung nach dem Entwicklungsschluss und vor der allgemeinen Marktfreigabe. Dabei wird die Software in der Regel bei ausgewählten Kunden installiert und dort, unter Betreuung durch den Hersteller, sogenannten Produktivtests unterzogen (siehe www.wikipedia.org).
Realisierungs-anforderung	Eine Realisierungsanforderung ist eine Aussage über eine Eigenschaft oder eine Leistung, die ein IT-System aus Sicht des Anforderungsstellers erbringen muss. Sie beschreibt nicht, wie diese Leistung zu erbringen ist. Realisierungsanforderungen werden im Rahmen vom Anforderungsmanagement in Projekten oder Wartungsmaßnahmen ermittelt. Eine Realisierungsanforderung bezieht sich immer auf ein System oder Produkt. Eine Realisierungsanforderung wird über ein Projekt oder eine Wartungsmaßnahme in einer Iteration umgesetzt. Im agilen Umfeld wird häufig stattdessen die Einheit einer User Story (siehe [Coh04])) verwendet.
Referenz-architektur	(Auch Musterarchitektur genannt.) Musterhafte Beschreibung der Architektur eines (Teil-)Informationssystems einer Kategorie von Informationssystemen, z. B. für webbasierte Anwendungen. In einer Referenzarchitektur werden technische Bausteine des Standardisierungskatalogs „verbaut" und die Regeln für das Zusammenwirken der Bausteine festgelegt.
Referenzmodell	Allgemeines oder idealtypisches Modell für eine Klasse von Sachverhalten, das als Ausgangspunkt für die Ableitung eines spezifischen Modells für den Sachverhalt oder aber als Vergleichsobjekt herangezogen werden kann. Da im Allgemeinen Erfahrungswissen in Referenzmodellen konsolidiert wird, erreicht man durch deren Anwendung eine Beschleunigung (Kosteneinsparung) und Qualitätsverbesserung bei der Ableitung spezifischer Modelle.
Reifegrad-modell	Ein Reifegradmodell gibt verschiedene Reifegradstufen vor. Jede Reifegradstufe beschreibt Anforderungen oder Qualitätsniveaus, die erfüllt sein müssen, damit diese Stufe als „erreicht" gilt. Die Einstufung erfolgt mit Hilfe eines definierten Assessment-Verfahrens. Reifegradmodelle dienen der systematischen Analyse der Ist-Situation, der Definition der Soll-Situation und der Roadmap zur Umsetzung.

Release	Ist eine Menge von Softwareeinheiten, die als Ganzes für die Nutzung bereitgestellt werden.
Richtlinie	Verbindliche Anweisung. Sie schafft Orientierung bei IT-Entscheidungen. Abweichungen von Richtlinien sind explizit zu begründen. Richtlinien unterstützen die Einhaltung und die Durchsetzung von Vorgaben.
Risiko	Ereignis, das die Zielerreichung gefährdet.
Schablone	Ist eine „Kopiervorlage" mit eindeutigem Namen. Eine Schablone besteht aus einem Teilausschnitt der Bebauungsdaten.
Schnittstelle	Definiert eine ggf. gerichtete Abhängigkeit zwischen zwei Informationssystemen. Hierbei kann zwischen Informationsfluss und Kontrollfluss unterschieden werden. Der Begriff „Schnittstelle" wird im Kontext des IT-Bebauungsmanagements in der Regel im Sinn von „Informationsfluss" zwischen Informationssystemen gebraucht. Über Schnittstellen werden somit Informationsobjekte zwischen Informationssystemen in einer bestimmten Flussrichtung übertragen.
Service	Ein Service (Dienst) ist eine klar abgegrenzte Funktionalität, die ein Servicegeber einem Servicenehmer über eine oder mehrere Schnittstellen bereitstellt. Jedem Service liegt ein Vertrag zugrunde. Der Vertrag legt einerseits die bereitgestellte Funktionalität und andererseits nichtfunktionale Eigenschaften (QoS – Quality of Service), wie z. B. Sicherheitslevel oder Performance, fest. *Synonym:* Dienst
Service-IT	Umfasst die Erbringung aller IT-Commodity-Dienstleistungen wie z. B. Endgerätebereitstellung oder IT-Betrieb.
Service-Level-Agreement (SLA)	Vereinbarung zwischen Servicegeber und Servicenehmer über Qualität und Quantität der Service-Leistungen (eindeutig nachweisbar, nachvollziehbar). Bestandteile sind u. a. Leistungsdefinitionen, Servicezeiten und Reaktionszeiten.
Service-Level-Management	Prozess zur Sicherstellung der Service-Level-Agreements durch den Servicegeber und die Kontrolle durch den Servicenehmer. Basis sind Service Monitoring und Service Reporting.
Servicemanagement	Fasst alle Aufgaben zusammen, die für Aufbau, Pflege und Ausbau sämtlicher Serviceaktivitäten gegenüber den Kunden notwendig sind. Dies umfasst sowohl den Support und Betrieb von Informationssystemen und Infrastruktur als auch Beratungsleistungen. ITIL ist die Referenz für das Servicemanagement.
Serviceorientierte Architektur (SOA)	Ist ein IT-Architekturstil, in dem Services (Dienste) die zentrale Rolle spielen. Die IT-Landschaft wird in modulare Services strukturiert. Jeder Service trägt direkt oder indirekt zur Wertschöpfung bei und kann flexibel zur Umsetzung von Geschäftsprozessen genutzt werden.
Shared Service Center	Zentralisierung von IT-Leistungen in einer eigenen Einheit und Standardisierung der IT-Systeme und -Prozesse mit dem Ziel, die Kosten durch Skalenvorteile zu reduzieren.

Skaleneffekt	Wird auch als Größenvorteil bezeichnet. Er spiegelt sich in der Senkung der Stückkosten wider. Ursache für solche Effekte liegen einerseits in der Einkaufsmacht und andererseits im höheren Spezialisierungsgrad (vgl. mein-wirtschaftslexikon.de).
Software-Produktlinie	„A software product line is a set of software-intensive systems that share a common, managed set of features satisfying needs of a particular market segment or mission and that are developed from a common set of core assets in a prescribed way." Siehe Software Engineering Institute (SEI) der Carnegie Mellon Universität.
Soll-Bebauung	Die Vision, der Ziel-Zustand der Bebauung zur Umsetzung der Business- und IT-Ziele, entweder ohne Zeitpunkt oder aber in Soll-Stufen (z. B. 2012, 2015, …). Die Soll-Bebauung ist die optimale Bebauung. Ihre Umsetzung ist ungewiss, da sich die Rahmenbedingungen und die Geschäftsanforderungen über die Zeit ändern. Die Soll-Bebauung gibt einen verbindlichen Orientierungs- und Gestaltungsrahmen für die Umsetzung vor. Dies sind in der Regel grobe, strategische Aussagen, z. B. zu Technologien, Herstellern oder IT-Produkten. Diese Aussagen werden durch Prinzipien und Richtlinien weiter ergänzt. Die bestehende Bebauung sowie der strategische und operative Handlungsbedarf sind neben den strategischen Vorgaben wesentlicher Input für die Festlegung der Soll-Bebauung.
Soll-Szenario	Planungsszenario für die gesamte Bebauung oder einen Teilausschnitt der Bebauung. Soll-Szenarien sind mögliche Soll-Bebauungen für den jeweiligen Betrachtungsbereich.
Sourcing-Strategie	Hier werden zentrale Eckpfeiler gesetzt, um den richtigen Mix aus „make or buy" zu finden. Die Sourcing-Strategie hängt stark von der Eigenleistungsfähigkeit des Unternehmens ab.
Sponsor	Ist der Auftraggeber oder gegebenenfalls ein anderer nutznießender Stakeholder. Er gibt bei der Einführung der Disziplin Rückendeckung. Er hat Einfluss und sorgt initial für die entsprechenden Budgets und dafür, dass die richtigen Personen im Einführungsprojekt und später in der Linie mitwirken. Später macht er aktiv Marketing mit den Erfolgen und hilft, die Disziplin „zum Fliegen zu bekommen".
Stakeholder	Bezeichnet eine Person oder logische Gruppe, die ein Interesse an der Durchführung oder dem Ergebnis einer Tätigkeit oder eines Prozesses hat.
Stakeholder-Analyse	Analyse der Beteiligten an einer Aufgabe oder einem Prozess(schritt) hinsichtlich festgelegter oder festzulegenden Kriterien.
Stakeholder-Gruppe	Besteht aus einer Menge von Stakeholder.
Stellgröße	Einflussgröße, über die die Steuerungsobjekte beeinflussbar sind. Eine oder mehrere Kennzahlen des Kennzahlensystems sollen die angestrebten Zielwerte annehmen. Stellgrößen sind selber keine Kennzahlen, können aber mit einzelnen Kennzahlen in einer direkten Beziehung stehen. In der Regel wirkt die Veränderung einer Stellgröße auf mehrere Kennzahlen (siehe [KüM07]).

Steuerkreis	Ist verantwortlich für die Vorgabe von Zielen und Randbedingungen sowie die Überwachung deren Einhaltung. Ein Steuerkreis besteht entsprechend seiner Zielsetzung (siehe Projektsteuerkreis) aus den Entscheidungsträgern in diesem Kontext. In einer Gremienordnung, auch Geschäftsordnung genannt, werden sowohl die Häufigkeit und Dauer der Sitzungen als auch alle Verfahrensregelungen, nach denen Sitzungen dieses Gremiums abzulaufen haben, zusammengefasst.
Steuerungsgrößen	Sind maßgeblich für die Unternehmens- und IT-Steuerung. Sie sind unternehmensspezifisch. Beispiele hierfür sind die Wettbewerbsdifferenzierung von Geschäftsprozessen oder der Strategiebeitrag oder der Gesundheitszustand eines Informationssystems.
Steuerungsinstrumentarium	Ist ein Hilfsmittel, um zielgerichtet die Einhaltung von Planvorgaben zu überprüfen und durchzusetzen. Hierzu werden der aktuelle Status, der Fortschritt und/oder eine Prognose für die zukünftige Entwicklung Stakeholder-orientiert in einer Steuerungssicht als Input zur Verfügung gestellt.
Steuerungsobjekt	Aspekt, der zielorientiert zu steuern ist. Steuerungsobjekte können u. a. Dienstleistungen, Prozesse, Produkte, Informationssysteme, Personen, Geschäftseinheiten oder Projekte sein.
Strategic Excellence	Fähigkeit, das Unternehmen oder den jeweiligen Verantwortungsbereich strategisch auszurichten und systematisch weiterzuentwickeln. Aufgrund der sich immer schneller ändernden Randbedingungen und Geschäftsanforderungen müssen hierzu gegebenenfalls auch das Geschäftsmodell, die Organisationsstrukturen und die Geschäftsprozesse hinterfragt und angepasst werden.
Strategie	Eine Unternehmensstrategie steht für die langfristigen Vorgaben, die für den Aufbau, den Erhalt oder die Weiterentwicklung des Unternehmens erfolgskritisch sind. Sie beschäftigt sich mit der Frage, auf welche Art und Weise Ziele erreicht werden können.
Strategien	Maßnahmen zur Absicherung der Erreichung der strategischen Ziele. Strategien sind mittel- bis langfristig angelegt.
Strategiebeitrag	Bezeichnet den Grad der Konformität zur Unternehmensstrategie.
Strategische Ausrichtung	Bei strategischer Ausrichtung werden ein langfristiger Zeithorizont, in der Regel länger als drei Jahre, und die wesentlichen Produktbereiche, Aktivitäten des Unternehmens oder das Unternehmen als Ganzes adressiert. Die Planung ist eher abstrakt und global.
Strategisches IT-Controlling	Zielt auf die Steigerung der Effektivität ab. Es stellt entscheidungsrelevante Informationen für das Management bereit.
Strategische IT-Maßnahmenplanung	Schafft einen langfristigen und unternehmensweiten Plan zur Gestaltung der IT-Landschaft. Ein strategischer Maßnahmenplan besteht in der Regel aus mehreren Teilplänen. Jeder Teilplan nimmt konkreten Bezug auf mindestens eine Kategorie von IT-Assets wie z. B. Betriebsinfrastruktur.

Strategisches IT-System	Ist eine grobe Planungseinheit für die strategische IT-Planung, die die Funktionalitäten für eine fachliche (Teil-)Domäne bereitstellt. Häufig hat das strategische IT-System noch keinen Namen und es wird stattdessen nur eine grobe strategische Aussage zum angestrebten Soll-Zustand wie z. B. SAP im Geschäftsfeld A und Microsoft im Front-Office oder auch nur eine strategischen Vorgabe für eine fachliche oder technische Domäne, wie z. B. „Kauflösung" gemacht.
Swimlane-Diagramm	Beschreibt, wie ein Geschäftsprozess End-to-end im Unternehmen abläuft. Es stellt die wesentlichen Teilprozesse und Aktivitäten in ihrer logisch zeitlichen Abfolge, die zwischen diesen übertragenen Informationen, die ausführenden Organisationseinheiten sowie die beteiligten externen Geschäftspartner dar. *Synonym:* erweiterte Prozesslandkarte
Synchroplan	Ein aus verschiedenen Plänen, z. B. von Projekten, konsolidierter „synchronisierter" Plan, der sowohl die inhaltlichen als auch die zeitlichen Abhängigkeiten zwischen den Projekten berücksichtigt.
Tailoring	Bezeichnet die Anpassung oder Konfiguration von Bausteinen an die unternehmensspezifischen Anforderungen und Randbedingungen.
Taktische Ausrichtung	Die Planung und Steuerung erfolgt bei einer taktischen Ausrichtung in einem mittelfristigen Zeithorizont von einem bis drei oder fünf Jahre. Die Planung ist detaillierter als bei der strategischen Ebene, sie fokussiert aber zumeist nur die wesentlichen Bestandteile des Unternehmens oder der Aktivitäten.
Technische Bausteine	Liefern Informationen zur technischen Realisierung von Informationssystemen oder Schnittstellen. Die Standardisierung erfolgt über das Technologiemanagement.
Technische Bebauung	Macht Vorgaben für die technische Realisierung von Informationssystemen, Schnittstellen und Betriebsinfrastrukturbestandteilen. Eine technische Bebauung kann sowohl Referenzarchitekturen und Architektur-Muster als auch IT-Produkte, Komponenten und Werkzeuge enthalten und in technische Domänen strukturiert sein.
Technische Domäne	Strukturiert den Blueprint, den Standardisierungskatalog für die technische Bebauung. Beispiele für technische Domänen sind „Datenbanken", „Fachliche Standardsoftware" oder „Laufzeitumgebungen".
Technische Standardisierung	Beinhaltet alle Prozesse zur Planung und Steuerung der technischen Standardisierung, um die Flexibilität und Qualität durch adäquate Architekturen zu erhöhen und die Kosten durch technische Standardisierung (Prinzipien, Standardarchitekturen, Tools, Blueprints und Best-Practice-Beispiele) zu reduzieren. Im Rahmen des Technologiemanagements werden die unternehmensspezifischen IT-Standards wie z. B. Datenbanken für die Weiterentwicklung der IT-Landschaft vorgegeben. Dies ist ein wichtiger Input im IT-Bebauungsmanagement zur Steuerung der Verbauung der technischen Bausteine.

Themenbereich	Themenbereiche beschreiben die Kundenbedürfnisse auf höchster Ebene. Sie füllen die Investitionsthemen mit Inhalten, so dass diese grob abgeschätzt und priorisiert werden können. Jeder Themenbereich kann jeweils unabhängig bewertet und priorisiert werden. Die Umsetzung eines Themenbereichs erfolgt über Projekte oder Wartungsmaßnahmen in einem oder mehreren Releases eines oder mehrerer IT-Systeme. Der Inhalt eines Themenbereichs wird in der Regel in wenigen Sätzen oder Aufzählungspunkten beschrieben. Die verfolgten Ziele müssen dabei klar hervorgehen. Beispiele für Themenbereiche für das Investitionsthema „CRM" sind „Geschäftspartnermanagement", „Call Center Unterstützung" und „Servicesteuerung".
TCO	TCO steht für Total Cost of Ownership und bezeichnet alle anfallenden Kosten von der Entwicklung, Nutzung und dem Betrieb über die gesamte Lebensdauer.
Unternehmensarchitektur	Eine Unternehmensarchitektur (Enterprise Architecture) schafft eine gesamthafte Sicht auf das Unternehmen. Sie legt die wesentlichen fachlichen und IT-Strukturen fest und verknüpft sie miteinander. Auf dieser Basis lassen sich das Business und die IT und ihre Zusammenhänge beschreiben. Eine gemeinsame Sprachbasis, „eine Brücke" zwischen Business und IT, wird geschaffen. So kann die strategische Weiterentwicklung von Business und IT aktiv gesteuert werden.
Unternehmensplanung	Ist ein systematisches und zukunftsorientiertes Durchdenken und Festlegen von Mitteln und Wegen zur Erreichung der Unternehmensziele (siehe [Kle00]). Die Ziele und Strategien des Unternehmens werden in Plänen dokumentiert, die häufig für die verschiedenen Geschäftseinheiten des Unternehmens in Einzelpläne und/oder Rahmenvorgaben heruntergebrochen werden. Auf Basis der Pläne und der gesetzten Rahmenbedingungen, wie z. B. Budgettöpfe oder eine Produkt-Vision, kann das Unternehmen zielorientiert gesteuert werden, da die Zielerreichung durch einen Plan-Ist-Vergleich überprüft werden kann.
Unternehmensstrategie	Gibt das Geschäftsmodell, Organisation, Prozesse und Zielvorgaben für die Steuerung des Unternehmens vor. Es ist eine umfassende Beschreibung des Entscheidungsverhaltens der Unternehmensführung zur Sicherung zukünftiger Erfolgspotenziale. Obwohl sie sich von einem zukünftigen Erfolg ableitet, gibt sie den Weg vor, wie in der Gegenwart entschieden werden soll. Die Unternehmensstrategie gibt Antwort auf folgende essenzielle Fragen: „Wo stehen wir mit unserem Unternehmen? (Ist-Zustand)", „Wo wollen wir hin? (Ziel- und Soll-Zustand)" und „Wie kommen wir dorthin? (Weg zum Ziel)" (siehe [Tie07]).
Unternehmensstrategieentwicklung	Ist der Prozess zur Entwicklung oder Aktualisierung der Unternehmensstrategie.

Unterstützende Prozesse	Geschäftsprozesse zur Unterstützung der Kern- und Führungsprozesse zur Gewährleistung einer reibungslosen Leistungserbringung.
Use-Case	Beschreibt das nach außen hin für den Nutzer eines Systems sichtbare Verhalten.
User Story	Ist eine in Alltagssprache gehaltene möglichst in einem Satz formulierte Realisierungsanforderung. Eine User Story hat in der Regel eine Überschrift anhand derer die User Story identifiziert wird. Eine bewährte „Standardform" für User-Stories ist „As a <role>, I want <goal/desire> so that <benefit>". Ein Beispiel für eine User Story: „Kundendaten im CRM-System: Als Verantwortlicher für Kundendaten möchte ich, dass die Daten eines registrierten Portalbenutzers in das CRM-System übernommen werden, damit diese an zentraler Stelle vorliegen."
Verantwortlichkeit	Dafür Sorge zu tragen, dass die Entwicklung des Verantwortungsbereichs im gewünschten Sinne verläuft (siehe www.wikipedia.org). Verantwortung besteht aus den drei untrennbaren Bestandteilen Aufgabe, Befugnis und Rechenschaftspflicht. Es ist also nicht möglich, für die Durchführung einer Aufgabe ohne die entsprechenden Befugnisse (z. B. Zeichnungsrecht, Weisungsrecht) verantwortlich zu sein (sog. Kongruenzprinzip). Ebenso bedeutet Verantwortung, dass aus falschem Handeln oder Nicht-Handeln Konsequenzen wie z. B. Vertragsstrafen oder disziplinarische Strafen erwachsen (siehe http://wirtschaftslexikon.gabler.de).
Verbauung	Bezeichnung für die Nutzung bzw. Verlinkung einer Bebauung mit einer anderen Bebauung. Beispiel: Bei der Pflege der IS-Bebauung oder bei der Bebauungsplanung wird die technische Bebauung genutzt, um Elemente daraus als technische Realisierung den Informationssystemen oder Schnittstellen zuzuordnen.
Verfahren	Sind ausführbare Vorschriften oder Anweisungen zur Anwendung von Methoden. Sie beschreiben einen konkreten Weg zur Lösung bestimmter Probleme oder Problemklassen.
Vertriebskanal	Vertriebskanäle, auch Absatzkanäle genannt, schaffen den Zugang zu Kunden für den Verkauf der Produkte und Dienstleistungen des Unternehmens. Beispiele für Vertriebskanäle sind der Direktvertrieb über unternehmenseigene Verkaufsniederlassungen (z. B. Outlets), der indirekte Vertrieb über den Handel oder der Vertrieb über Internet, wie z. B. Self-Service-Portale. Als Multikanal-Vertrieb wird die gleichzeitige Nutzung mehrerer Vertriebskanäle wie Handel, Internet und Außendienst bezeichnet.
Vision	Langfristig ausgerichtetes Ziel-Bild, an dem sich sämtliche Aktivitäten orientieren. Eine Vision ist eine Wunschvorstellung, die die aktuelle Ausgangslage berücksichtigt, d. h. prinzipiell umsetzbar ist. Eine Vision dient als Leitgedanke für alle Beteiligten.
Vorhaben	Projekte, Programme oder Wartungsmaßnahmen, die als Ganzes geplant und gesteuert werden.

Wartung	Adressiert die Veränderung eines IT-Produkts nach dessen Auslieferung, um Fehler zu beheben, Performanz oder andere Attribute zu verbessern oder Anpassungen an die veränderte Umgebung vorzunehmen. (Definition gemäß IEEE 610.12-1990)
Wartungsmaßnahme	Ein „kleines" Projekt, das in der Regel nicht in einer Projektorganisation, sondern selbstständig durch Wartungsverantwortliche durchgeführt wird. Für Wartungsmaßnahmen gelten im Vergleich zu Projekten geringere formale Auflagen für Planung und Steuerung. Projekte und Wartungsmaßnahmen werden häufig über den erwarteten Aufwand oder das zugewiesene Budget voneinander abgegrenzt. Unternehmensspezifisch kann z. B. festgelegt sein, dass bis zu einem Budget von 100 Tsd € ein Vorhaben als Wartungsmaßnahme durchgeführt wird, ab einem Budget von 100 Tsd € ist das Vorhaben als Projekt durchzuführen.
Wertbeitrag	Bezeichnet den Grad der Unterstützung des aktuellen Geschäfts.
Wertschöpfungskette	Gesamtheit der Primär- und Sekundärprozesse, die in einem Unternehmen zur Schaffung von Mehrwert beitragen (nach [Por85]). Mehrwert kann hierbei durch die Differenzierung am Markt oder aber durch die Verbesserung der Kostenstruktur erzielt werden. Konkret heißt dies: der Weg des gesamten Produkts bzw. der gesamten Dienstleistung vom Lieferanten über den Hersteller bis zum Endkunden (End-to-end).
Ziel	Bezeichnet einen in der Zukunft liegenden, gegenüber dem Gegenwärtigen im Allgemeinen veränderten, erstrebenswerten und angestrebten Zustand (Zielvorgabe). Ein Ziel ist somit ein definierter und angestrebter Endpunkt eines Prozesses, meist einer menschlichen Handlung. Mit dem Ziel ist häufig der Erfolg eines Projekts bzw. einer mehr oder weniger aufwendigen Arbeit markiert (siehe www.wikipedia.org).
Zuständigkeit	Legt Verantwortlichkeiten für Elemente wie z. B. Prozesse fest. Die Zuständigkeit kann in Form einer RACI (responsible, accountable, consulted, informed) festgelegt werden.

Abkürzungen

ADM	Architecture Development Method (TOGAF)
BPMN	Business Process Modeling Notation
CIO	Chief Information Officer
CMDB	Configuration Management Database
CMMI	Capability Maturity Modell Integration
CMS	Content Management System
COTS	Commercial-off-the-Shelf-Produkt
CRAMM	CCTA Risk Analysis and Management Method
CRUD	C-Create, R-Read, U-Update, D-Delete
C4ISR	Command, Control, Communications, Computers, Intelligence, Surveillance, and Reconnaissance
DMS	Dokumenten Management System
DoD	Department of Defense
DoDAF	Department of Defense Architecture Framework
DWH	Data Warehouse
EAI	Enterprise Application Integration
EAM	Enterprise Architecture Management
EPK	Ereignisgesteuerte Prozesskette (Kontext ARIS Prozessmodellierung siehe [Sch01])
ERP	Enterprise Resource Planning
ESB	Enterprise Service Bus
GfK	Gesetz über die Finanzkontrolle
HW	Hardware
IAF	Integrated Architecture Framework
IS	Informationssystem
ITIL	IT Infrastructure Library
JIT	Just in Time
JRE	Java Runtime Environment
LOC	Lines of Code
M&A	Mergers & Acquisitions

MSBA	Microsoft Services Business Architecture
NW	Netzwerk
OLA	Operating Level Agreement
OLAP	Online Analytical Processing
OLTP	Online Transaction Processing
PoC	Proof of Concept
SADT	Structured Analysis and Design Technique
SCM	Supply Chain Management
SLA	Service Level Agreement
SOA	Service Oriented Architecture
SOX	Sarbanes-Oxley Act
SPICE	Software Process Improvement and Capability Determination
SRM	Supplier Relationship Management
SWOT	Strength, Weakness, Opportunity, Threats
TAFIM	Technical Architecture Framework for Information Management
TCO	Total Cost of Ownership
TOGAF	The Open Group Architecture Framework
UC	Underpinning Contract
VAA	Versicherungs-Anwendungs-Architektur
VR	Virtual Reality

Literatur

[Abd00] Aberdeen Group: Enterprise Application Integration: Evolving to Meet e-Business Demands (Report), Feb. 2000

[Aie04] Aier, S.; Schönherr, M. (Hrsg.): Enterprise Application Integration – Serviceorientierung und nachhaltige Architekturen. 1. Auflage. Gito, Berlin 2004

[Aie05] Aier, S.; Schönherr, M. (Hrsg.): Unternehmensarchitekturen und Systemintegration. 1. Auflage. Gito, Berlin 2005

[Ahl06] Ahlrichs, F.; Knuppertz, Th.: Controlling von Geschäftsprozessen. Prozessorientierte Unternehmenssteuerung umsetzen. 1. Auflage. Schäffer-Poeschel, 2006

[All05] Allweyer, Th.: Geschäftsprozessmanagement. 1. Auflage. W3L, Witten 2005

[Bae07] Bär, M.; Krumm, R.; Wiehle, H.: Unternehmen verstehen, gestalten, verändern. Das Graves-Value-System in der Praxis. 1. Auflage. Gabler, 2007

[Bal08] Bals, L. (Autor); Jahns, Ch. (Hrsg.).: Sourcing of Services. International Aspects and Complex Categories. 1. Auflage. Gabler, 2008

[Bar12] Barth, Stephan: Kostensprung. Earned Value Analyse: Kostenkontrolle in agilen Projekten. iX 07/2012.

[Bas03] Bass, L.; Clements, P.; Kazman, R.: Software Architecture in Practice. 2. Auflage. Addison-Wesley Longman, Amsterdam 2003

[Bea09] Bea, F. X.; Haas, J.: Strategisches Management. 5. Auflage. UTB-Verlag. Düsseldorf 2009

[Bei05] Beimborn, D.; Martin, S.; Homann, U.: Capability-orientated Modeling of the Firm. In: Proceedings of the IPSI 2005 Conference. Category: Proceedings. http://www.wiwi.de/publikationen/protected/CapabilityorientatedModelingoft1269.pdf. Registrierung erforderlich, zuletzt aufgerufen am 7.4.2010. Amalfi/Italien: IPSI 2005 Conference

[Ber03-1] Bernhard, M. G.; Blomer, R.; Bonn, J. (Hrsg.): Strategisches IT-Management – Bd. 1: Organisation – Prozesse – Referenzmodelle. Symposion Publishing, Düsseldorf 2003

[Ber03-2] Bernhard, M. G.; Blomer, R.; Bonn, J. (Hrsg.): Strategisches IT-Management – Bd. 2: Fallbeispiele und praktische Umsetzung. 1. Auflage. Symposion Publishing, Düsseldorf 2003

[Bie07] Biethahn, J.; Huch, B. (Hrsg.): Informationssysteme für das Controlling: Konzepte, Methoden und Instrumente zur Gestaltung von Controlling-Informationssystemen. 1. Auflage. Springer, Berlin 2007

[Bit11] BITKOM: Enterprise Architecture Management – neue Disziplin für die ganzheitliche Unternehmensentwicklung. BITKOM, 2011

[Blo06] Blomer, R.; Mann, H.; Bernhard, M. G. (Hrsg.): Praktisches IT-Management. Controlling, Kennzahlensysteme, Konzepte. 1. Auflage. Symposion Publishing, Düsseldorf 2006

[Boa99] Boar, B. H.: Constructing Blueprints for Enterprise IT Architectures. Wiley & Sons, USA 1999

[Boe04] Böckle, G.; Knauber, P.; Pohl, K.; Schmid, K.: Software-Produktlinien: Methoden, Einführung und Praxis. 1. Auflage. dpunkt.verlag 2004

[Bos00]	*Bosch, J.:* Design and Use of Software Architectures: Adopting and Evolving a Product-Line Approach. 1. Auflage. Addison-Wesley Amsterdam 2000
[Bpm09]	*European Association of Business Process Management (EABPM) (Hrsg.):* Business Process Management Common Body of Knowledge – BPM CBOK, Version 2.0. Verlag Dr. Götz Schmidt, Gießen 2009
[Bre06]	*Brenner, W.; Witte, Ch.:* Erfolgsrezepte für CIOs. Was gute Informationsmanager ausmacht. 1. Auflage. Hanser, München 2006
[Buc05]	*Buchta, D.; Eul, M.; Schulte-Croonenberg, H.:* Strategisches IT-Management: Wert steigern, Leistung steuern, Kosten senken. 2. Auflage. Gabler, Wiesbaden 2005
[Buc07]	*Buchsein, R.; Victor, F.; Günther, H.; Machmeier, V.:* IT-Management mit ITIL V3. 1. Auflage. Vieweg+Teubner, Wiesbaden 2007
[Bur04]	*Burke, B.:* Enterprise Architecture or City Planning? http://techupdate.zdnet.com/techupdate/stories/main/Enterprise_Architecture_or_City_Planning.html
[Cam09]	*Cameron, B.; Kalex, U.:* Webinar (Web Seminar) on Business Capability Management; Forrester Research & alfabet AG, Juni 2009; http://www.alfabet.de/news/veranstaltungen/webinar_driving_productive_it_investment
[Coc00]	*Cockburn, A.:* Writing Effective Use Cases. Addison-Wesley Longman, Amsterdam 2000
[Coc06]	*Cockburn, A.:* Agile Software Development: The Cooperative Game. Second Edition. Addison-Wesley Longman, Amsterdam 2006
[Coe03]	*Coenenberg, A. G.; Salfeld, R.:* Wertorientierte Unternehmensführung – Vom Strategieentwurf zur Implementierung. 1. Auflage. Schäffer-Poeschel, Stuttgart 2003
[Coh04]	*Cohn, M.:* User Stories Applied: For Agile Software Development. Addison-Wesley Longman, Amsterdam, 2004
[Coh06]	*Cohn, M.:* Agile Estimating and Planning. Prentice Hall, Upper Saddle River, 2006
[Der09]	*Dern, G.:* Management von IT-Architekturen. 3. Auflage. Vieweg+Teubner, Wiesbaden 2009
[Dic85]	*Dickson, G. W.; Wetherbe, J. C.:* The Management of Information Systems. McGraw-Hill Professional, New York 1985
[Die06]	*Dietrich, L.; Schirra, W.:* Innovationen durch IT – Erfolgsbeispiele aus der Praxis. 1. Auflage. Springer, Berlin 2006
[DOD04-1]	*Department of Defence Architecture Framework Working Group:* DoD Architecture Framework Version 1.0, Volume I: Definitions and Guidelines. USA 2004
[DOD04-2]	*Department of Defence Architecture Framework Working Group:* DoD Architecture Framework Version 1.0, Volume II: Product Descriptions. USA 2004
[Dom11]	*Dombrowski, Boris:* Business Capability Management – Gezielte Ausrichtung der Artefakte einer Unternehmensarchitektur; 2011; www.generate-value.com
[Dop02]	*Doppler, K.; Lauterburg, Ch.:* Chance Management. Den Unternehmenswandel gestalten. 10. Auflage. Campus, Frankfurt 2002
[DMü11]	*Donig, Jens und Mühlbauer, Susanne:* Denn sie wissen nicht, was sie tun – den Überblick über agile Backlogs behalten. http://www.hood-group.com/uploads/tx_koproducts/donig_muehlbauer_OS_Agility_2011_k1.pdf (Download 2012-07-07)
[Ebe08]	*Ebel, N.:* ITIL V3: Basis-Zertifizierung – Grundlagenwissen und Zertifizierungsvorbereitung für die ITIL Foundation-Prüfung. 1. Auflage. Addison-Wesley, München 2008
[Ebe10]	*Ebert, Ch.:* Systematisches Requirements Engineering: Anforderungen ermitteln, spezifizieren, analysieren und verwalten. 3. Auflage. dpunkt.verlag, München 2010
[Eng08]	*Engels, G.; Hess, A.; Humm, B.; Juwig, O.; Lohmann, M.; Richter, J.-P.:* Quasar Enterprise: Anwendungslandschaften serviceorientiert gestalten. 1. Auflage. dpunkt.verlag, Heidelberg 2008

[Eva03]　*Evans, E.:* Domain-Driven Design: Tackling Complexity in the Heart of Software. Addison-Wesley Longman, Amsterdam 2003

[Fel08]　*Feldbrügge, R.; Brecht-Hadraschek, B.:* Prozessmanagement leicht gemacht: Geschäftsprozesse analysieren und gestalten. 2. Auflage. Redline, München 2008

[Fer05]　*Ferstl, O. K.; Sinz, E. J.; Eckert, S. (Hrsg.), T. Isselhorst:* Wirtschaftsinformatik 2005: eEconomy, eGovernment, eSociety. S. 627–646. 1. Auflage. Physica, Heidelberg 2005

[Fis10]　*Fischermanns, G.:* Praxishandbuch Prozessmanagement. 9. Auflage. Götz Schmidt, Gießen 2010 (ibo Schriftenreihe Band 9)

[Foe05]　*Foegen, M.:* Architektur und Architekturmanagement – Modellierung von Architekturen und technisches Architekturmanagement in der Software-Organisation. wibas GmbH, Darmstadt 2005 http://www.wibas.de/e20/e2695/e52/e915/architekturundarchitekturmanagement_de.pdf

[Foe08]　*Foegen, M.; Solbach, M.; Raak, C.:* Der Weg zur professionellen IT. Eine praktische Anleitung für das Management von Veränderungen mit CMMI, ITIL oder SPICE. 1. Auflage. Springer, Heidelberg 2008

[Fre10]　*Freund, J.; Rücker, B.:* Praxishandbuch BPMN 2.0. 2. Auflage. Hanser Verlag, München 2010

[Frö07]　*Fröhlich, M.; Glasner, K.:* IT-Governance – Leitfaden für eine praxisgerechte Implementierung. 1. Auflage. Gabler, Wiesbaden 2007

[Gad07]　*Gadatsch, A.:* Grundkurs Geschäftsprozess-Management. Methoden und Werkzeuge für die IT-Praxis: Eine Einführung für Studenten und Praktiker. 5., verbesserte und erweiterte Auflage. Vieweg Verlag, Wiesbaden 2007

[Gar05]　*Gartner Research Publication*, G00128285, Juni 2005; Audrey Apfel, Gartner Symposium/ITxpo 2005

[Gar08]　*Gartner Research Publication*, November 2008; Cannes, France, Symposium/ITxpo 2008

[Gar10]　*Gartner Research Publication*, November 2010; Cannes, France, Symposium/ITxpo 2010

[Gau09]　*Gausemeier, J.; Plass, Ch.; Wenzelmann, Ch.:* Zukunftsorientierte Unternehmensgestaltung – Strategien, Geschäftsprozesse und IT-Systeme für die Produktion von morgen. 1. Auflage. Hanser, München 2009

[Ges01]　*Gesamtverband der Deutschen Versicherungswirtschaft e.V. (GDV):* Die Anwendungsarchitektur der deutschen Versicherungswirtschaft (VAA). http://www.gdv-online.de/vaa/

[Glo11]　*Gloger, B.:* Scrum: Produkte zuverlässig und schnell entwickeln. Mit beigehefteter Scrum-Checkliste 2010. 3. Auflage. Hanser-Verlag, München 2011

[GPM03]　*GPM Deutsche Gesellschaft für Projektmanagement e.V.:* Projektmanagement Fachmann. 7. Auflage. RKW, Eschborn 2003

[Gui03]　*Guiney, E.; Kulak, D.; Lavkulich, E.:* Use Cases: Requirements in Context. 2. Auflage. Addison-Wesley Longman, Amsterdam 2003

[Gün09]　*Günterberg, Brigitte:* 2003 Unternehmensgrößenstatistik – Unternehmen, Umsatz und sozialversicherungspflichtige Beschäftigte 2004 bis 2009 in Deutschland, Ergebnisse des Unternehmensregisters (URS 95). Publikation des Instituts für Mittelstandsforschung, Bonn 2009

[Haf04]　*Hafner, M.; Schelp, J., et al:* Technisches Architekturmanagement als Basis effizienter und effektiver Produktion von IT-Services. HMD 41 (237), S. 54–66, 2004

[Han09]　*Hanschke, I.:* Bauplan für eine SOA-Landschaft. In: IT-Management, Mai 2009

[Han11]　*Hanschke, I.:* Enterprise Architecture Management einfach und effektiv – Ein praktischer Leitfaden für die Einführung von EAM. 1. Auflage. Hanser-Verlag, München 2011

[Hei01]　*Heilmann, H. (Hrsg.):* Strategisches IT-Controlling. 1. Auflage. dpunkt.verlag, Heidelberg 2001

[Hei09]	*Heinrich, L. J.; Stelzner, D.:* Informationsmanagement: Grundlagen, Aufgaben, Methoden. 9. Auflage. Oldenbourg, München 2009
[Her06]	*Herzwurm, G. (Hrsg.):* IT – Kostenfaktor oder strategische Waffe? Geschäftsziele und IT in Einklang bringen. 1. Auflage. Lemmens, Bonn 2006
[Hes92]	*Hesse, W.; Merbeth, G.; Frölich, R.:* Software-Entwicklung – Vorgehensmodelle, Projektführung, Produktverwaltung. Handbuch der Informatik, Band 5.3, Oldenbourg 1992
[HGG12]	*Hanschke, I.; Giesinger G.; Goetze, D.:* Business Analyse – einfach und effektiv: Geschäftsanforderungen verstehen und in IT-Lösungen umsetzen. Hanser, München 2012
[Hir11]	*Hirzel, M.; Seldmayer, M.; Alter. W.:* Projektportfolio-Management: Strategisches und operatives Multi-Projektmanagement in der Praxis: Strategisches und operatives Multi-Projektmanagement in der Praxis. 3.Auflage. Gabler Verlag 2011
[HLo12]	*Hanschke, I.; Lorenz, R.:* Strategisches Prozessmanagement – einfach und effektiv: Ein praktischer Leitfaden. Hanser, München 2012
[Hof10]	*Hofmann, J.; Schmidt, W. (Hrsg.):* Masterkurs IT-Management: Grundlagen, Umsetzung und erfolgreiche Praxis für Studenten und Praktiker. 2. Auflage. Vieweg + Teubner Verlag 2010
[Hor02]	*Horn, E.; Reinke, T.:* Softwarearchitektur und Softwarebauelemente. Eine Einführung für Softwarearchitekten. Hanser, München 2002
[Hor12]	*Horváth, P.; Gleich, R.; Voggenreiter, D.:* Controlling umsetzen: Fallstudien, Lösungen und Basiswissen. 5. Auflage. Schäffer-Poeschel, 2012
[Hrb10]	*Hruby, P.:* Model-Driven Design Using Business Patterns. Springer, Berlin Heidelberg 2010
[Hru06]	*Hruschka, P.; Starke, G.:* Praktische Architekturdokumentation: Wie wenig ist genau richtig? In: OBJEKTspektrum, Nr. 1, S. 52–57, 2006
[IIBA09]	International Institute of Business Analysis: A Guide to the Business Analysis Body of Knowledge® (BABOK® Guide). Version 2.0. Toronto 2009
[IEE00]	*ANSI/IEEE Std 1471:* Recommended Practice for Architectural Descriptions of Software-Intensive Systems. http://www.iso-architecture.org/ieee-1471/
[IFE05]	*Institute For Enterprise Architecture Developements:* Trends in Enterprise Architecture 2005: How are Organizations Progressing? http://www.ea-consulting.com/Reports/Enterprise%20Architecture%20Survey%202005%20IFEAD%20v10.pdf
[IGI08]	*IT Governance Institute:* CobiT 4.1. http://www.isaca.org/cobit.htm (Download 2008-01-03)
[ISA13]	*IT Governance Institute:* CobiT 5. http://www.isaca.org/cobit (Download 2013-02-02)
[itS08]	*itSMF und ISACA:* Praxishandbuch. ITIL-COBIT-Mapping. Gemeinsamkeiten und Unterschiede der IT-Standards. 1. Auflage. Symposion Publishing, Düsseldorf 2008
[Jac11]	*Jacobson, I.; Spence, I.; Bittner, K.:* USE-CASE 2.0. The Guide to Succeeding with Use Cases. Ivar Jacobson International S.A, 12/2011. http://www.ivarjacobson.com/download.ashx?id=1282
[Joh11]	*Johannsen, W.; Goeken, M.:* Referenzmodelle für IT-Governance. Strategische Effektivität und Effizienz mit COBIT, ITIL & Co. 2. Auflage. dpunkt.verlag, Heidelberg 2011
[Kag06]	*Kagermann, H.; Österle, H.:* Geschäftsmodelle 2010 – Wie CEOs Unternehmen transformieren. 1. Auflage. Frankfurter Allgemeine Buch, Frankfurt 2006
[Kel06]	*Keller, W.:* IT-Unternehmensarchitektur. Von der Geschäftsstrategie zur optimalen IT-Unterstützung. 1. Auflage. dpunkt.verlag, Heidelberg 2006
[Ker08]	*Kerth, K.; Asum, H.:* Die besten Strategietools in der Praxis. Welche Werkzeuge brauche ich wann? Wie wende ich sie an? Wo liegen die Grenzen. 3. Auflage. Hanser, München 2008
[Keu08]	*Keuper, F.; Schomann, M.; Grimm, R. (Hrsg.).:* Strategisches IT-Management. Management von IT und IT-gestütztes Management. 1. Auflage. Gabler, Wiesbaden 2008

[Kle00]   Klenger, F.: Operatives Controlling. 5. Auflage. Oldenbourg Verlag. München 2000

[Klu06]   Kluge, C.; Dietzsch, A.; Rosemann, M.: Conference Proceedings of the 14th European Conference on Information Systems, Göteborg, Sweden 2006. How to realise Corporate Value from Enterprise Architecture. http://www.bpm.fit.qut.edu.au/projects/refmod/ECIS2006%20-%20Kluge, %20Dietzsch, %20Rosemann%20-%20How%20to%20realise%20corporate%20value%20from%20Enterprise%20Architecture_final.pdf

[Kra04]   Krafzig D.; Banke, K.; Slama, D.: Enterprise SOA: Service Oriented Architecture Best Practices; Prentice Hall, 2004

[Krc05]   Krcmar, H.: Informationsmanagement. 4. Auflage. Springer, Berlin 2005

[Krc90]   Krcmar, H.: Bedeutung und Ziele von Informationssystem-Architekturen. Wirtschaftsinformatik 32 (5), S. 395–402, 1990

[Krc09]   Krcmar, H.: Informationsmanagement, 5. Auflage, Springer-Verlag Berlin, 2009

[Krü03]   Krüger, S.; Seelmann-Eggebert, J.: IT-Architektur-Engineering – Systemkomplexität bewältigen und Kosten senken. 1. Auflage. Galileo, Bonn 2003

[Küt06]   Kütz, M.: IT-Steuerung mit Kennzahlensystemen. 1. Auflage. dpunkt.verlag, Heidelberg 2006

[Küt07]   Kütz, M.: Kennzahlen in der IT – Werkzeuge für Controlling und Management. 2. Auflage. dpunkt.verlag, Heidelberg 2007

[Küt11]   Kütz, M.: Kennzahlen in der IT – Werkzeuge für Controlling und Management, 4. Auflage, dpunkt.verlag, Heidelberg 2011

[KüM07] Kütz, M.; Meier, A. (Hrsg.).: IT-Controlling. 1. Auflage. dpunkt.verlag, HMD Heft 254, Heidelberg, April 2007

[Kuh11]   Kuhrmann, M.; Ternité, T.; Friederich, J.: Das V-Modell® XT anpassen: Anpassung und Einführung kompakt für V-Modell® XT Prozessingenieure. 1. Auflage. Springer-Verlag, Berlin Heidelberg 2011

[Lan05]   Lankhorst, M.: Enterprise Architecture at Work. Modelling, Communication and Analysis. 1. Auflage. Springer, Heidelberg 2005

[Lan11]   Lang, M.; Amberg M.: Erfolgsfaktor IT-Management: So steigern Sie den Wertbeitrag Ihrer IT. 1. Auflage. Symposion Publishing GmbH Düsseldorf 2011

[Lef11]   Leffingwell, D.: Agile Software Requirements – Lean Requirements Practices for Teams, Programs, and the Enterprise. 1. Auflage. Addison-Wesley 2011

[Lei07]   Leitel, J.: Entwicklung und Anwendung von Bewertungskriterien für Enterprise Architecture Frameworks. Technische Universität München, Fakultät für Informatik, Masterarbeit 2007. http://wwwmatthes.in.tum.de/file/Publikationen/2007/Le07/Le07.pdf

[Lit05]   Litke, H.-D.: Projektmanagement – Handbuch für die Praxis. Konzepte – Instrumente – Umsetzung. 1. Auflage. Hanser-Verlag, München 2005

[Luf00]   Luftman, J. N.: Assessing Business-IT Alignment Maturity. In: Communications of the Association for Information Systems 4 (2000), Dezember 2000

[Mai05]   Maizlish, B.; Handler, R.: IT Portfolio Management Step-by-Step. 1. Auflage. Wiley & Sons, USA 2005

[Mar00]   Marty, R.: Wertorientierte IT-Governance. 1. Auflage. Springer, Berlin 2000

[Mas05]   Masak, D.: Moderne Enterprise Architekturen. 1. Auflage. Springer, Berlin 2005

[Mas06]   Masak, D.: IT-Alignment: IT-Architektur und Organisation (Xpert.Press). 1. Auflage. Springer, Berlin 2006

[Mat04-1] Matthes, F.; Wittenburg, A.: Softwarekarten zur Visualisierung von Anwendungssystemlandschaften und ihren Aspekten – Eine Bestandsaufnahme. Technische Universität München, Fakultät für Informatik, Lehrstuhl für Informatik 19 (sebis), Technischer Bericht, 2004

[Mat04-2] *Matthes, F.; Wittenburg, A.:* Softwarekartographie: Visualisierung von Anwendungslandschaften und ihren Schnittstellen. Technische Universität München, Fakultät für Informatik, Lehrstuhl für Informatik 19 (sebis), Technischer Bericht, 2004

[Mat11] *Matthes, D.:* Enterprise Architecture Frameworks Kompendium; Springer-Verlag, Heidelberg 2011

[Mey03] *Meyer, M., et al.:* IT-Governance: Begriff, Status quo und Bedeutung. Wirtschaftsinformatik 45, S. 445–448., 2003

[Mic07] *Microsoft:* Microsoft Services Business Architecture (MSBA) – Getting Started with SOA, 2007

[Min05] *Mintzberg, H., et al.:* Strategy Safari. Eine Reise durch die Wildnis des strategischen Managements. 1. Auflage. Redline Wirtschaft. Heidelberg 2005

[MIT03] *MIT Sloan School Center:* MIT Sloan School for Information Systems Research (CISR), 2003

[Mol10] *Moldaschl, Manfred:* Das Elend des Kompetenzbegriffs – Kompetenzkonstrukte in der aktuellen Unternehmenstheorie; Erschienen in: In: M. Stephan; W. Kerber; T. Kessler; M. Lingenfelder (Hg.): 25 Jahre ressourcen- und kompetenzorientierte Forschung. Wiesbaden: Gabler No. 3/2010, S. 3–40.

[Mül05] *Müller-Stewens, G.; Lechner, Ch.:* Strategisches Management – Wie strategische Initiativen zum Wandel führen. 3. Auflage. Schäffer-Poeschel, Stuttgart 2005

[Nie05] *Niemann, K. D.:* Von der Unternehmensarchitektur zur IT-Governance. 1. Auflage. Vieweg+Teubner, Wiesbaden 2005

[Oes08] *Oestereich, B.; Weiss, C.:* APM – Agiles Projektmanagement. Erfolgreiches Timeboxing für IT-Projekte. dpunkt.verlag, Heidelberg 2008

[Oes09] *Oestereich, B.:* Die UML Kurzreferenz 2.3 für die Praxis. Oldenburg Wissenschaftsverlag GmbH, München 2009

[Omg11] *Object Management Group:* Business Process Model and Notation (BPMN). Version 2.0. OMG, 2011. http://www.omg.org/cgi-bin/doc?formal/11-01-03.pdf

[Ost06] *Osterloh, M.; Fros, J.:* Prozessmanagement als Kernkompetenz. Wie Sie Business Reengineering strategisch nutzen können. 5. Auflage. Gabler Verlag, Wiesbaden 2006

[Pax10] *Paxmann, S.; Fuchs, G.:* Der unternehmensinterne Businessplan: Neue Geschäftsmöglichkeiten entdecken, präsentieren, durchsetzen. 2. Auflage. Campus-Verlag, 2010

[Pey07] *Peyret, H.:* The Forrester Wave™: Enterprise Architecture Tools, Q2 2007. http://www.metastorm.com/library/reports/AR_PV_Forrester_Wave_EA_Q207.pdf

[Poh08] *Pohl, K.:* Requirements Engineering: Grundlagen, Prinzipien, Techniken. 2. Auflage. dpunkt.verlag München 2008

[Por85] *Porter, M.; Millar, V. E.:* How information gives you competitve advantage. In: Harvard Business Review. 63. Jg., 1985, Nr. 4, S. 149–160.

[Rat08] *Rattay, G.; Patzak, G.:* Projektmanagement: Leitfaden zum Management von Projekten, Projektportfolios und projektorientierten Unternehmen. 5. Auflage. Linde Verlag, 2008

[Rei09] *Reinheimer, S. (Hrsg.).:* Prozessmanagement. Praxis der Wirtschaftsinformatik. HMD. Heft 266. April 2009. dpunkt.verlag, Heidelberg 2009

[Res11] *Resch, O.:* Einführung in das IT-Management: Grundlagen, Umsetzung, Best-Practice. 2. Auflage. Erich Schmidt Verlag Berlin 2011

[Rob06] *Robertson, S.; Robertson, J.:* Mastering the Requirements Process. Second Edition. Pearson Education, Boston 2006

[Rog95] *Rogers, E. M.:* Diffusion of Innovations. 4. Auflage. The Free Press, New York 1995

[Rom07] *Romeike, F.:* Rechtliche Grundlagen des Risikomanagements: Haftungs- und Strafvermeidung für Corporate. 1. Auflage. Schmidt, Berlin 2007

[Rüt06]	*Rüter, A.; Schröder, J.; Göldner, A.:* IT-Governance in der Praxis. 1. Auflage. Springer, Berlin 2006
[Rup07]	*Rupp, Ch.; Queins, S.; Zengler, B.:* UML 2 glasklar. Praxiswissen für die UML-Modellierung. 3. Auflage. Hanser, 2007
[Rup09]	*Rupp, Ch.:* Requirements-Engineering und -Management: Professionelle, iterative Anforderungsanalyse für die Praxis. 5. Auflage. Hanser-Verlag München 2009
[SAP12-1]	*SAP Enterprise Service* Workplace. http://esworkplace.sap.com/
[SAP12-2]	*SAP Library* – Glossar. Englische Version: http://help.sap.com/saphelp_glossary/en/index.htm Deutsche Version: http://help.sap.com/saphelp_glossary/de/index.htm
[Sch01]	*Scheer, A.-W.:* ARIS – Modellierungsmethoden, Metamodelle, Anwendungen. 4. Auflage. Springer, Berlin 2001
[Sch04]	*Schönherr, M.:* Enterprise Architecture Frameworks. In: *Aier, S.; Schönherr, M. (Hrsg.):* Enterprise Application Integration – Serviceorientierung und nachhaltige Architekturen. 1. Auflage. Gito, Berlin 2004
[Sch07]	*Schönherr, M.:* Erarbeitung von Blueprints mit Architekturframeworks. Technische Universität Berlin, 2007
[Sch10]	*Schmelzer, H. J.; Sesselmann, W.:* Geschäftsprozessmanagement in der Praxis. Kunden zufrieden stellen. Produktivität steigern. Wert erhöhen. 7. Auflage. Hanser-Verlag München 2010
[Sea03]	*Seacord, R. C.; Plakosh, D.; Lewis, G. A.:* Modernizing Legacy Systems: Software, Technologies, Engineering Processes, and Business Practices. 1. Auflage. Addison-Wesley, Boston 2003
[Seb08]	*Sebis: Matthes, F.; Buckl, S.; Schweda, Ch. M.:* Enterprise Architecture Management Tool Survey 2008. 1. Auflage. Sebis, 2008
[Sei11]	*Seidl, J.:* Multiprojektmanagement: Übergreifende Steuerung von Mehrprojektsituationen durch Projektportfolio- und Programmmanagement. 1. Auflage. Springer-Verlag, Berlin Heidelberg 2011
[Sek05]	*Sekatzek, P:* Visualisierung von IT-Bebauungsplänen in Form von Softwarekarten – Konzeption und prototypische Umsetzung. Technische Universität München, Fakultät für Informatik, Masterarbeit 2005
[Ses07]	*Sesselmann, W.; Schmelzer, H. J.:* Geschäftsprozessmanagement in der Praxis. Kunden zufrieden stellen, Produktivität steigern, Wert erhöhen: Kunden zufrieden stellen – Produktivität steigern – Wert erhöhen. 6. Auflage. Hanser, München 2007
[Sie02]	*Siedersleben, J. (Hrsg.):* Standardarchitektur der Informationssysteme bei sd&m, München 2002
[Skk04]	*Schekkerman, J.:* How to survive in the Jungle of Enterprise Architecture Frameworks. 2. Auflage. Trafford Publishing, Canada 2004
[Sla11]	*Slama, D.; Nelius, R.:* Enterprise BPM. Erfolgsrezepte für unternehmensweites Prozessmanagement. 1. Auflage. Heidelberg 2011
[Sow92]	*Sowa, J. F.L; Zachman J. A.:* Extending and Formalizing the Framework for Information Systems Architecture. In: IBM Systems Journal. Vol. 31, No. 3, S. 590–616, 1992
[Sta09]	*Starke, G.:* Effektive Software-Architekturen – Ein praktischer Leitfaden. 4. Auflage. Hanser, München 2008
[Ste05]	*Müller-Stewens, G.; Lechner, Ch.:* Strategisches Management. 2. Auflage. Schäffer-Poeschel, Stuttgart 2005
[Tie07]	*Tiemeyer, E.:* Handbuch IT-Management. Konzepte, Methoden, Lösungen und Arbeitshilfen für die Praxis. 2. Auflage. Hanser, München 2007

[TOG01]   *The Open Group:* Other Architectures and Architectural Frameworks. The Open Group 2001. http://www.opengroup.org/architecture/togaf7-doc/arch/p4/others/others.htm (Download 2007-05-07)

[TOG03]   *The Open Group:* TOGAF™ (The Open Group Architecture Framework) Version 8.1 „Enterprise Edition". The Open Group 2003

[TOG07]   *The Open Group:* Downloading TOGAF™ Version 8 „Enterprise Edition". The Open Group 2007. http://www.opengroup.org/architecture/togaf8/downloads.htm (Download 2007-05-07)

[TOG08]   *The Open Group:* TOGAF™ Version 8.1.1 „Enterprise Edition". http://www.opengroup.org/architecture/togaf (Download 2008-01-03)

[TOG09]   *The Open Group:* TOGAF™ Version 9. 1. Auflage. Van Haren Publishing, 2009

[UML11-1] *Object Management Group:* OMG Unified Modeling Language (OMG UML), Infrastructure Version 2.4.1. OMG, 2011. http://www.omg.org/spec/UML/2.4.1/Infrastructure

[UML11-2] *Object Management Group:* OMG Unified Modeling Language (OMG UML), Superstructure Version 2.4.1. OMG, 2011. http://www.omg.org/spec/UML/2.4/Superstructure

[Vah05]   *Vahs, D.:* Organisation. Einführung in die Organisationstheorie und -praxis. 5. Auflage. Schäffer Poeschel, Kornwestheim 2005

[Vog05]   *Vogel, O.; Arnold, I.; Chughtai, A.; Ihler, E.; Mehlig, U.; Neumann, T.; Völter, M.; Zdun, U.:* Software-Architektur. Grundlagen – Konzepte – Praxis. 1. Auflage. Spektrum Akademischer Verlag, München 2005

[War02]   *Ward, J.; Peppard, J.:* Strategic Planning for Information Systems. 3. Auflage. Wiley & Sons, USA 2002

[Wei04]   *Weill, P.; Ross, J. W.:* IT Governance – How Top Performers Manage IT Decision Rights for Superior Results. McGraw-Hill Professional, New York 2004

[Wei06]   *Weill, P.; Ross, J. W.; Robertson, D. C.:* Enterprise Architecture as a Strategy. McGraw-Hill Professional, New York 2006

[Win03]   *Winter, R.:* Methodische Unterstützung der Strategiebildung im Retail Banking. In: BIT – Banking and Information Technology, Nr. 2, S. 49–58, 2003

[Win08]   *Aier, S.; Kurpjuweit, S.; Schmitz, O.; Schulz, J.; Thomas, A.; Winter, R.:* An Engineering Approach to Enterprise Architecture Design and its Application at a Financial Service Provider, 2008

[Win11]   *Winter, R.:* Business Engineering Navigator: Gestaltung und Analyse von Geschäftslösungen „Business-to-IT". 1. Auflage. Springer-Verlag Berlin Heidelberg, 2011

[Wol10]   *Wolf, H.; van Solingen, R.; Rustenburg, E.:* Die Kraft von Scrum: Inspiration zur revolutionärsten Projektmanagement-Methode. 1. Auflage. Addison-Wesley, München 2010

[Zac08]   *The Zachman Institute for Framework Advancement:* Mission Statement and Zachman Framework. http://www.zifa.com (Download 2008-01-03)

[Zac87]   *Zachman, J.:* A Framework for Information Systems Architecture. In: IBM Systems Journal, Vol. 26, No. 3, S. 277–293, 1987

[Zin04]   *Zink, K. J.:* TQM als integriertes Managementkonzept. Das EFQM Excellence Modell und seine Unterstützung. 1. Auflage. Hanser, München 2004

Stichwortverzeichnis

A
Abdeckungsanalyse 477
Abhängigkeitsanalyse 478
Ableitung der IT-Ziele 93
Agiler Festpreis 585
Agiles Vorgehen 159
Agilität 344, 585
Akteur 310
Aktivität 86, 585
Aktualisierungsperiode 226
Aktualität 548
Aktuelle Bebauung 585
Ampel 585
Analyse-Muster 194, 195, 476, 585
Analyseprojekt 585
Änderungsanforderung 585
Anforderungsliste 585
Anforderungsmanagement 586
Anwendungsfeld 586
Applikations-Services 452
Architektur-Muster 227, 586
Areal 586
Aufgabenorientierte Services 452
Aufwand 87
Automatisierungsgrad 226

B
Balanced Scorecard 553, 586
Baseline 586
Basis-Infrastruktur 586
Bebauung 196, 586
Bebauungscluster 526
Bebauungselemente 212
Bebauungsplan 587
Bebauungsplan-Grafik 238, 246, 355, 587
Bebauungsplaner 587
Bebauungsplanung 587
Benchmark 428, 587
Benchmarking 554
Berichtspflichten 18
Best-of-Breed 100

Best Practices 587
Best-Practice-Unternehmensarchitektur 195, 196
Best-Practice-Visualisierungen 195
Betriebsinfrastruktur-Architektur 198
Betriebsinfrastruktur-Bebauung 587
Betriebsinfrastrukturplanung 7
„Big Bang"-Einführungsstrategie 491
Blueprint 24, 228, 245, 283, 297, 346, 455, 503, 587
Blueprint-Board 533
Blueprint Cluster-Analyse 478
Blueprint-Grafik 238, 245
Bottom-up-Ansatz 459
BSC 553, 586
Busines Capability Management 244
Business-Agilität 21
Business-Alignment 522
Business Alignment der IT 463, 587
Business-Alignment der IT 24, 147
Business-Analyse 588
Business-Analyse-Instrumentarium 460, 588
Business-Analyst 588
Business Capability 22, 42, 344, 431, 588
Business Capability Management 42, 431, 588
Business Capability Map 238, 588, 595
Business Continuity Management 18, 144, 280, 281, 588
Business Enabler 16
Business-IT 589
Business-IT-Koordination 589
Business-Partner 28
Business-Plan 41, 325, 589
Business-Planung 325, 589
Business-Service 433, 589
Business-Transformation 350, 432, 589
Business-Zustandsanalyse 478

C
Capability Maturity Model 428
Change Management 589

Change Request   589
CIO   589
Cluster-Analyse   478, 589
Cluster-Grafik   238
Cluster-Informationsfluss-Grafik   239, 255
CMDB   590
CMMI   590
CobiT   521, 590
CobiT Reifegradmodell   545
Cockpit   590
Commodity   590
Compliance   133, 522, 590
Compliance-Analyse   478
Controlling   591
COTS   590

D
Data Governance   591
Datenabhängigkeitsanalyse   478
Datenbereitstellung   416, 546
Daten-Cluster   591
Datenlieferant   524
Datenqualität   549
Datenvolumen   226
Definition of Done   591
Delta-Analyse   499
Demand Management   45, 75, 320, 591
Dienst   611
Dienstleistungs- und Produktportfolio   131, 591
Disziplin   591
Dokumentation   576
Domäne   207, 592
Due Diligence   592

E
EAM   3, 75, 144, 592
– Einführung   159
– Nutzen   159, 165
EAM-Board   532, 592
EAM-Datenbasis   158
EAM-Einsatzszenarien   195
EAM Framework   160, 186, 592
EAM Governance   161, 196
EAM-Pflegeprozesse   158
EAM-Produkte   7
EAM-Reifegrad   160
Early Adopters   348
Early Majority   348
effizientes Software-Engineering-Instrumentarium   23
Einführung von EAM   159
Enabler und Money-Maker   28

End-to-end   592
Enterprise Architecture   143, 615
Enterprise Architecture Framework   592
Enterprise Architecture Management   3, 43, 75, 145, 592
Entitätenzentrierte Services   452
Entscheidungsfelder   530
Ergebnisse der IS-Bebauungsplanung   480
Ergebnisse der Konzeption   396
Ergebnistyp   592
Erweiterte Daten   208, 592
Erweiterte Prozesslandkarte   239, 243, 593
„Evolutionäre" Einführungsstrategie   491

F
Fachbereichsverantwortliche   558
Fachliche Abdeckungsanalyse   477
Fachliche Bebauung   214, 593
Fachliche Bebauungsplan-Grafik   246
Fachlicher Bezugsrahmen   489, 593
Fachliche Domäne   450, 593
Fachliches Domänenmodell   43, 238, 241, 450, 593
Fachliche Funktion   212, 344, 593
Fachliches Klassenmodell   593
Fachliches Komponentenmodell   238, 244, 593
Fachliche Nähe   593
fachliche Objektmodelle   237
Fachliches Referenzmodell   241, 594
Feature   83, 594
Fehlende Unterscheidung zwischen Ist- und Plan-Bebauung   549
Fertigungstiefe   594
Flexibilität   344, 594
Fragestellungen   145, 235
Freigabestatus   230
Freiraum für Innovationen   20
Führendes System   594
Führungsprozesse   594
Funktionales Referenzmodell   238, 243, 455, 458, 595
Funktions-Cluster   595

G
Genehmigungsstatus   210
Geschäftsanforderung   208, 595
Geschäftsarchitekt   525
Geschäftsarchitektur   197, 424, 455, 595
Geschäftseinheit   213, 595
Geschäftsfunktion   589
Geschäftsmodell   28, 344, 595
Geschäftsobjekt   212, 452, 596
Geschäftspartner   212, 596

Geschäftsprozess 86, 212, 448, 596
Geschäftsregel 312, 596
Geschäftsrelevante IT-Produkte 596
Geschäftstreiber 596
Gestaltungs-Muster 487
Gesundheitszustand 100, 596
Globalisierung 351, 542
Glocalisation 542
Governance 453, 596
Granularität 597
Granularitäten 84
Graph 239
Gremien 524, 530
Gremium 597

H
Handlungsbedarf 597
Harmonisierung 351
Heat Map 243
Herausforderungen für CIOs 16
Heterogenitätsanalyse 478
Homogenisierung 19

I
Indikator 597
Informationsarchitektur 223, 526
Informationsbebauung 223, 597
Informations-Bebauungsplaner 526
Informationsfluss 221
Informationsfluss-Grafik 239, 255, 597
Informationsmanagement 597
Informationsobjekt 219, 597
Informationssystem 131, 219, 452, 597
Informationssystem-Architektur 197
Informationssystem-Bebauung 597
Infrastruktur-Bebauung 597
Infrastrukturelemente 597
Infrastruktur-Service 598
Infrastruktursysteme 598
Inkonsistenz 477, 598
Inkrement 462, 598
Innovationskraft der IT 24
Innovatoren 348
Insourcing 127, 292, 598
Instanzkennung 210
Integrationsarchitektur 23, 343, 598
Integrationsbedarf 477
Integrationsgrad 478
Investitionsplanung 133, 141, 325
Investitionsthema 83, 598
IS-Architektur 197
IS-Bebauung 597
IS-Bebauungsplaner 525

IS-Bebauungsplanung 479
IS-Cluster 599
IS-Domäne 599
IS-Kategorie 599
IS-Landschaft 131, 599
IS-Portfolio 106
IS-Strategien 107
Ist-Bebauung 202, 599
Ist-Zustand 599
IT-Architekt 525
IT-Architektur 453, 599
IT-Bebauungsmanagement 474, 599
IT-Board 532, 600
IT-Budgetplanung 557
IT-Commodity 600
IT-Dienstleistungs- und Produktportfolio 600
IT-Funktion 600
IT-Funktionalität 600
IT-Governance 521, 600
IT-Innovationsmanagement 24, 45, 156
IT-Kaufprodukt 227, 600
IT-Komplexität 19
IT-Konsolidierung 19, 22, 460, 600
IT-Koordinatoren-Gremium 600
IT-Kostensteuerung 556
IT-Landschaft 344, 600
IT-Leistungsverrechnung 600
IT-Management 600
– strategisches 9
IT-Produkt 601
IT-Projektportfolio 601
IT-Realität 476
IT-relevante Aspekte 495
IT-Revision 601
IT-Roadmap 148, 323
IT-Roadmap-Grafik 240, 260
IT-Sicherheit 18
IT-Steuerungsgremien 535
IT-Strategie 42, 130, 346, 448, 601
IT-Strategiedokument 133
IT-Strategieentwicklung 42, 75, 601
IT-System 459, 601
IT-System-Release 85
IT-Verantwortliche 559
iteraplan 7
Iteration 90, 601
Iterationsplanung 90
ITIL 601

K
Kategorie 225, 234
Kennzahl 571, 601
Kennzahlensystem 602

Kerndaten 208, 602
Kernkompetenz 602
Kernprozesse 602
Key-User 602
Komponentisierung 602
Konzeptionsphase 69, 390
Kostenfaktor 27
KPI 602
Kritikalitätsanalyse 478
Kümmerer 422

L

Laggards 349
Late Majority 349
Laufzeitumgebung 602
Lean Management 602
Lebenszyklus 209
Legacy 452, 602
Leistung 208
Leistungspotenzial der IT 26
Leitfaden 136
Leitlinie 457, 602
Leitplanken 76, 97
Lieferantenmanagement 48, 602
Lifecycle 603
Lifecycle-Analyse 553
Life-Cycle-Grafik 240, 257
Logische Instanz 85
Logisches IT-System 84
Lokation 603
Lösungsidee 603

M

M&A 603
Make-or-Buy 100
Mandant 603
Maßnahme 603
Maßnahmenplanung 133, 141
Maßnahmen- und Investitionsplanung 133
Masterplan 81, 603
Masterplan-Grafik 240, 258, 603
Maturity Level 603
Merger & Acquisitions 21, 148, 343, 350
Methode 603
Migrationsstrategie 603
Mission 603
Mittelfristplanung 603
Modell 604
Modellierungsrichtlinien 423, 520, 546, 604
Money-Maker 16
Monitoring 604
Müllanalyse 478
Multiprojektmanagement 45, 604

N

Nachfolger-Grafik 240, 261
Nutzen 87
Nutzen von EAM 159, 165
Nutznießer 524
Nutzungszeitraum 209

O

Offshoring 127, 292, 604
OpenSource-Strategie 100
Operational Excellence 16, 151, 272, 604
Operational Model 604
Operative Ausrichtung 604
Operatives IT-Controlling 47
Operative Planungsebene 81
Operatives Prozessmanagement 42, 605
Opportunitätskosten 605
Orchestration Services 452
Organisations-Cluster 605
Organisationseinheit 605
Organisationsstruktur 605
Organisatorischer Handlungsbedarf 477
O-Ton Kunde 605
Outsourcing 127, 292, 448, 605
Owner 605

P

Performance Management 522, 605
Pflegekonzept 423, 545, 546, 577, 606
Physikalische Instanz 86
Pilotierung 69, 390
Plan-Bebauung 202, 606
Planung 606
Planungsebene 606
Planungs-Muster 490
Planungsperiode 606
Planungsstatus 209
Planungsszenarien 148, 194, 480, 606
Plattform 606
Plattform-Grafik 240, 259, 283
Portfolio 606
Portfolio-Analyse 553
Portfolio-Grafik 239, 253, 323, 480, 606
Potenzial-Analyse 554
Prämisse 606
Prinzipien 98, 148, 457, 485, 607
Produkt 212, 607
Produkt-Cluster 607
Produktlandkarte 607
Produktplanung 607
Programm 607
Projekt 208, 607
Projektantrag 607

Projekt-Cluster 608
Projektidee 608
Projektplanung 90
Projektportfolio 608
Projektportfolio-Board 533, 608
Projektportfoliomanagement 45, 608
Projektportfolioplanung 606, 608
Projektsteuerkreis 609
Protokoll 226
Prozessablaufdiagramm 609
Prozessbebauung 609
Prozess-Cluster 609
Prozesskomplexität 609
Prozesslandkarte 238, 242, 325, 609
Prozessmanagement 609, 610
Prozessmanager 429
Prozess-Owner 429

Q
Qualitätsanforderung 311
Qualitätssicherung 422
Quality Gate 158, 610
Quick Win 610

R
Ramp-up 610
Randbedingungen 98
Realisierungsanforderung 84, 90, 610
Redundanzen 477
Referenzarchitektur 227, 453, 610
Referenzmodell 610
Regelkreis 554
Reifegrad 539
– Black-Box-Standardisierung 511
– Einstieg 510
– White-Box-Standardisierung 511
Reifegradmodell 545, 610
Release 611
Releasemanagement 261
Release-Nummer 209
Ressourcenmanagement 522
Richtlinie 611
Risiko 611
Risikomanagement 144, 522
Roadmap 76, 480, 485, 488
Roadmap-Planung 87

S
Schablone 611
Schlampige Erfassung 549
Schnittstelle 219, 344, 611
Scoring-Modell 127, 292
Service 433, 611

Service-IT 611
Service-Katalog 208
Service-Level-Management 611
Servicemanagement 611
Serviceorientierte Architektur 344, 611
Shared Service Center 611
Sicherheit 133
Skaleneffekt 612
SLA 611
SOA 344, 611
SOA-Referenzarchitektur 453, 457
Software-Produktlinie 612
Soll-Bebauung 202, 455, 612
Soll-IS-Landschaft 323, 480
Soll-Landschaft 148
Soll-Szenario 612
Sourcing-Strategie 612
Sponsor 612
Sprachbasis 143
Stakeholder 612
Stakeholder-Analyse 379, 612
Stakeholder-Gruppe 195, 379, 612
Standardisierung 19
Standardkonformität 230
Standardvorgehensweise 196
Standortbestimmung 25
Stellenwert der IT 25, 30, 31
Stellgröße 612
Steuerkreis 613
Steuerungsgröße 209, 613
Steuerungsinstrumentarium 39, 133, 546, 613
Steuerungsobjekt 613
Strategic Excellence 613
Strategie 346, 448, 455, 613
Strategien 98, 104, 148, 485, 613
Strategiebeitrag 87, 613
Strategische Ausrichtung 613
Strategisches IT-Controlling 47, 613
Strategische IT-Maßnahmenplanung 613
Strategische IT-Planung 73, 148
strategische IT-Steuerung 149
Strategisches IT-System 84, 614
strategische Planung der IT-Landschaft 196
Strategische Planung und Steuerung der IT 147
Strategische Planungsebene 80
Strategische Positionierung 25, 32
Strategisches Prozessmanagement 42
strategisches Steuerungsinstrumentarium 553
„Swimlane"-Darstellung 242
Swimlane-Diagramm 614
SWOT-Analyse 553
Synchroplan 81, 258, 577, 614

Szenario 207
Szenariotechniken 554

T

Tailoring 451, 614
Taktische Ausrichtung 614
Taktisches IT-Management 7
Taktische Planungsebene 80
TCO 100, 615
Technische Architektur 198
Technische Bausteine 614
Technische Bebauung 228, 614
Technische Bebauungsplan-Grafik 247, 283
Technische Domäne 228, 614
technische Integrationsfähigkeit 478
Technische Komponenten 228
Technisches Referenzmodell 238, 296
Technische Standards 503
Technische Standardisierung 614
Technische Vision 503
Technische Vorgaben 98
Technologiebeobachtung 348
Technologiebewertung 348
Technologiemanagement 132, 503
– Reifegrad Black-Box-Standardisierung 510
– Reifegrad Einstieg 510
– Reifegrad White-Box-Standardisierung 510
Technologien 227
Teil-Geschäftsprozess 86
Template 99, 420, 570
Themenbereich 83, 615
TOGAF 188
Top-down-Ansatz 455
Tragfähigkeit 24
Transparenz 9, 145
Transparenzsichten 146, 235

U

Uneinheitliche Modellierung 550
Unternehmensarchitekt 524, 526

Unternehmensarchitektur 143, 195, 615
Unternehmensführung 558
Unternehmensplanung 606, 615
Unternehmensstrategie 41, 433, 615
Unternehmensstrategieentwicklung 41, 615
Unterstützende Prozesse 616
Use-Case 312, 616
User Story 616

V

Verankerung in der Organisation 70, 391
Verantwortlichkeit 616
Verbauung 229, 616
Verfahren 616
Vermögenswert 28
Vertriebskanal 212, 616
Vision 76, 455, 616
Visualisierungen 146, 235
Visualisierungsempfehlungen 546, 552
Vollständigkeit 547
Vorhaben 616

W

Wartung 617
Wartungsmaßnahme 617
Werkzeuge 228
Werkzeugunterstützung 7
Wertbeitrag 87, 617
Wertschöpfungskette 86, 617
Wert- und Strategiebeitrag der IT 23
Wirtschaftlichkeitsanalyse 478

Z

Zachman 186
Ziel 208, 617
Ziel-Bild 76, 93
zukünftiges Leistungspotenzial 37
Zukunftssicherheit 24
Zuordnungstabelle 239, 256
Zuständigkeit 617

HANSER

Bedarfsgerechte IT-Lösungen entwickeln.

I. Hanschke, G. Giesinger, D. Goetze
Business-Analyse – einfach und effektiv
Geschäftsanforderungen verstehen und
in IT-Lösungen umsetzen
326 Seiten.
ISBN 978-3-446-42662-7
→ Auch als E-Book erhältlich

Unternehmen müssen in der Lage sein, sich zu verändern und an die jeweiligen Markt- und Wirtschaftsbedingungen schnell anzupassen. Die Tätigkeit der Business-Analyse und deren organisatorische Verankerung im Demand Management sind wesentliche Erfolgsfaktoren dafür. Die erforderlichen Veränderungen werden erkannt, fachlich gestaltet und umgesetzt. Das Projektportfolio sowie die einzelnen Projekte und Wartungsmaßnahmen werden an den Geschäftserfordernissen ausgerichtet und die Produktivität bei der Umsetzung wird gesteigert.

Wir stellen für Sie in diesem Buch die Business-Analyse-Methode GAME^2 – »Geschäftsanforderungen analysieren und managen – einfach und effektiv« – bereit und helfen Ihnen, die Demand-Management-Disziplin mit Leben zu füllen.

Mehr Informationen zu diesem Buch und zu unserem Programm
unter **www.hanser-fachbuch.de/computer**

HANSER

Einfach und effektiv

Inge Hanschke
**Enterprise Architecture Management -
einfach und effektiv**
Ein praktischer Leitfaden für die Einführung von EAM
343 Seiten
ISBN 978-3-446-42694-8

Enterprise Architecture Management (EAM) in einem Unternehmen einzuführen ist eine komplexe Aufgabe. Entscheidend für den Erfolg sind ein klares Zielbild sowie eine Nutzen stiftende und machbare erste Einführungsstufe.

Genau dabei unterstützt Sie dieser Praxisleitfaden. Er hat zwei Schwerpunkte: Einerseits vermittelt er eine ganzheitliche Sicht auf das Enterprise Architecture Management, seine Ziele und seinen Nutzen. Aus der Praxis abgeleitete Einsatzszenarien liefern IT-Verantwortlichen und IT-Strategen nachvollziehbare Argumente, um ihr Unternehmen von der Notwendigkeit von EAM zu überzeugen. Andererseits erfahren Sie ganz konkret, wie Sie EAM Schritt für Schritt in Ihrem Unternehmen einführen können. Mit dieser Anleitung können Sie EAM in der ersten Einführungsstufe erfolgreich in kurzer Zeit umsetzen und dann ausbauen.

Die beschriebenen Methoden und Vorgehensweisen sind vielfach in der Praxis erprobt. Anschauliche Visualisierungen und Praxisbeispiele ergänzen und vertiefen die vermittelten Inhalte.

Mehr Informationen zu diesem Buch und zu unserem Programm unter **www.hanser-fachbuch.de/computer**

HANSER

Einfach und effektiv

Inge Hanschke, Rainer Lorenz
Strategisches Prozessmanagement - einfach und effektiv
Ein praktischer Leitfaden
248 Seiten
ISBN 978-3-446-42695-5
→ Auch als E-Book erhältlich

Wenn Sie als Prozessmanager, Unternehmensarchitekt oder Business Analyst angesichts der Fülle Ihrer Detailprozesse den Wald vor lauter Bäumen nicht mehr sehen, brauchen Sie den Überblick über das Ganze. Sie müssen eine ganzheitliche Sicht auf die Prozesslandschaft und ihre Abhängigkeiten schaffen, damit auf dieser Basis strategische Unternehmens- oder Projektentscheidungen getroffen werden können. Das ist die strategische Seite des Prozessmanagements.

In diesem Leitfaden vermitteln Ihnen die Autoren anhand vieler Praxisbeispiele einerseits einen Einblick, was für das strategische Prozessmanagement wirklich notwendig ist. Andererseits geben sie Ihnen eine Schritt-für-Schritt-Anleitung von der Identifikation und Dokumentation der Geschäftsprozesse (end-to-end) bis zur Analyse und Gestaltung der zukünftigen Prozesslandschaft. Dafür stellen sie Ihnen erprobte Modelle und Methoden vor und zeigen, wie diese für die Business-Planung und für das strategische IT-Management wirkungsvoll genutzt werden können.

Mehr Informationen zu diesem Buch und zu unserem Programm unter **www.hanser-fachbuch.de/computer**

Das Standardwerk.

Tiemeyer
Handbuch IT-Management
Konzepte, Methoden, Lösungen und
Arbeitshilfen für die Praxis
5., überarbeitete und erweiterte Auflage
ISBN 978-3-446-43557-5
→ Auch als E-Book erhältlich

Damit Sie als IT-Manager für die Praxis gerüstet sind, stellt dieses Handbuch umfassendes, aktuelles und unverzichtbares Wissen aus allen Bereichen des IT-Managements zur Verfügung.

Die Autoren, allesamt Experten auf ihrem Gebiet, vermitteln Ihnen die Fähigkeit zur Entwicklung von IT-Strategien und zur Planung von IT-Architekturen sowie fundiertes Wissen zu Managementthemen und Führungsaufgaben. Sie erhalten einen Einblick in wichtige Handlungsfelder der IT sowie Unterstützung für die erfolgreiche Nutzung bewährter Methoden und Instrumente im IT-Management.

Neu in der 5. Auflage: zusätzliche Kapitel zu den Themen IT-Anforderungsmanagement, Informations- und Datenmanagement sowie Cloud Computing.

Mehr Informationen zu diesem Buch und zu unserem Programm unter **www.hanser-fachbuch.de/computer**

DAS PROFIMAGAZIN FÜR SOFTWARE-ENTWICKLER

Testen Sie jetzt

dotnetpro und sichern Sie sich 2 Ausgaben kostenfrei!

Schwerpunkte:

- Tools
- Architektur
- Technologien
- Visual Studio
- .NET Framework

Jetzt anfordern unter:

www.dotnetpro.de/probelesen